Mehrfache Staatsangehörigkeit

SCHRIFTEN ZUM STAATS- UND VÖLKERRECHT

Herausgegeben von Prof. Dr. Dieter Blumenwitz

Band 97

Peter Lang
Frankfurt am Main · Berlin · Bern · Bruxelles · New York · Oxford · Wien

Tido Oliver Hokema

Mehrfache Staatsangehörigkeit

Eine Betrachtung aus völkerrechtlicher und verfassungsrechtlicher Sicht

Unter Berücksichtigung
des Staatsangehörigkeitsreformgesetzes
vom 15. Juli 1999

Peter Lang
Europäischer Verlag der Wissenschaften

Die Deutsche Bibliothek - CIP-Einheitsaufnahme

Hokema, Tido Oliver:

Mehrfache Staatsangehörigkeit : eine Betrachtung aus völkerrechtlicher und verfassungsrechtlicher Sicht ; unter Berücksichtigung des Staatsangehörigkeitsreformgesetzes vom 15. Juli 1999 / Tido Oliver Hokema. - Frankfurt am Main ; Berlin ; Bern ; Bruxelles ; New York ; Oxford ; Wien : Lang, 2002
(Schriften zum Staats- und Völkerrecht. Bd. 97)
Zugl.: Marburg, Univ., Diss., 2001
ISBN 3-631-39149-8

D 4
ISSN 0172-7796
ISBN 3-631-39149-8

www.peterlang.de

Meinen Eltern

und

meiner Frau Grit

in Liebe und Dankbarkeit gewidmet.

Die vorliegende Arbeit ist im Rahmen eines von der Hanns-Seidel-Stiftung e.V. geförderten und in Zusammenarbeit mit dem Lehrstuhl für Völkerrecht, allgemeine Staatslehre, deutsches und bayerisches Staatsrecht und politische Wissenschaften organisierten Promotionskollegs zu „Völkerrechtliche Fragen der Friedenssicherung“ entstanden.

Ziel des Kollegs war es, verschiedene für die Frage der künftigen Friedenssicherung relevante Themen zu bearbeiten und durch den stetigen Austausch der Teilnehmer die Interdependenz der Einzelthemen zu der übergeordneten Thematik der Friedenssicherung herauszuarbeiten.

Prof. Dr. D. Blumenwitz

Vorwort

Die vorliegende Arbeit wurde im September 2001 abgeschlossen und im Wintersemester 2001/2002 von dem Fachbereich Rechtswissenschaften der Philipps-Universität Marburg an der Lahn als Dissertation angenommen.

Für die Betreuung der Dissertation und den fachlichen Austausch möchte ich meinem Doktorvater, Herrn Prof. Dr. Gilbert Gornig, danken. Des Weiteren gilt mein Dank Herrn Prof. Dr. Hans-Detlef Horn für die zügige Erstellung des Zweitgutachtens.
Danken möchte ich auch Frau Renate Schwartze und Frau Heike Speier für die gute Zusammenarbeit am Lehrstuhl.
Die Arbeit wurde durch ein Begabtenstipendium der Hanns-Seidel-Stiftung aus Mitteln des Bundesministeriums für Bildung und Forschung (BMBF) gefördert. In diesem Zusammenhang möchte ich mich bei Herrn Prof. Dr. Dieter Blumenwitz für die Betreuung im Rahmen des Promotionskollegs „Völkerrechtliche Fragen der Friedenssicherung" der Hanns-Seidel-Stiftung bedanken.

Besonderer Dank gilt meiner Frau Grit für die aufopferungsvolle Unterstützung während der Erstellung meiner Dissertation.

Oldenburg (Oldb.), im November 2001 Tido Oliver Hokema

Inhaltsverzeichnis

Abkürzungsverzeichnis

a. A.	andere Ansicht
a. F.	alte Fassung
Abl.	Amtsblatt
Abs.	Absatz
Abschn.	Abschnitt
AdG	Archiv der Gegenwart
AEMR	Allgemeine Erklärung der Menschenrechte
AJIL	American Journal of International Law
Anm.	Anmerkung
AöR	Archiv des öffentlichen Rechts
Art.	Artikel
AsylVerfG	Asylverfahrensgesetz
Aufl.	Auflage
AuslG	Gesetz über die Einreise und den Aufenthalt von Ausländern im Bundesgebiet
AVR	Archiv für Völkerrecht
Az.	Aktenzeichen
BAnz.	Bundesanzeiger
BBG	Bundesbeamtengesetz
Bd.	Band

BdGV	Berichte der deutschen Gesellschaft für Völkerrecht
BGBl.	Bundesgesetzblatt
BMI	Bundesministerium des Innern/Bundesminister des Innern
BMVg	Bundesminister der Verteidigung/Bundesministerium der Verteidigung
BT-Drucks.	Bundestagsdrucksache
BVerfG	Bundesverfassungsgericht
BVerfGE	Entscheidung des Bundesverfassungsgerichts
BVerfSchG	Gesetz über die Zusammenarbeit der Bundes und der Länder in Angelegenheiten des Verfassungsschutzes und über das Bundesamt für Verfassungsschutz (Bundesverfassungsschutzgesetz)
BVerwG	Bundesverwaltungsgericht
BVerwGE	Entscheidungen des Bundesverwaltungsgerichts
BW	Baden-Württemberg
BWVA	Bundeswehrverwaltungsamt
CDU	Christlich Demokratische Union Deutschlands
CSU	Christlich Soziale Union Deutschlands
d. h.	das heißt
DDR	„Deutsche Demokratische Republik“
DM	Deutsche Mark
DÖV	Die Öffentliche Verwaltung
DVBl.	Deutsches Verwaltungsblatt

e. V.	eingetragener Verein
EG	Europäische Gemeinschaft/Europäische Gemeinschaften
EGMR	Europäischer Gerichtshof für Menschenrechte
EGV	Vertrag zur Gründung der Europäischen Gemeinschaft (Amsterdamer Fassung)
EG-Vertrag	Vertrag zur Gründung der Europäischen Gemeinschaft (Maastrichter Fassung)
EinbRL	Einbürgerungsrichtlinien
Einl.	Einleitung
EMRK	(Europäische) Konvention zum Schutze der Menschenrechte und Grundfreiheiten vom 04.11.1950, ETS No. 5; BGBl. 1952 II, S. 686 ff.
EPIL	Encyclopedia of Public International Law
Erg.-Lief.	Ergänzungslieferung
ETS	European Treaty Series
EU	Europäische Union
EuGH	Europäischer Gerichtshof
EuGRZ	Europäische Grundrechte-Zeitschrift
EuZW	Europäische Zeitschrift für Wirtschaftsrecht
EZAR	Entscheidungssammlung zum Ausländerrecht
f.	folgende Seite
FAZ	Frankfurter Allgemeine Zeitung
FDP	Freie Demokratische Partei

ff.	folgende Seiten
FS	Festschrift
GA	Generalanwalt
Ges. Bl.	Gesetzblatt
GG	Grundgesetz für die Bundesrepublik Deutschland
Gz.	Geschäftszeichen
HessVGH	Hessischer Verwaltungsgerichtshof
Hrsg.	Herausgeber
HS	Halbsatz
HStR	Handbuch des Staatsrechts der Bundesrepublik Deutschland
i. V. m.	in Verbindung mit
ICJ	International Court of Justice
IGH	Internationaler Gerichtshof
ILC	International Law Commission
ILM	International Legal Materials
InfAuslR	Informationsbrief Ausländerrecht
JöR	Jahrbuch des öffentlichen Rechts der Gegenwart
Jura	Juristische Ausbildung
JW	Juristische Wochenschrift
JZ	Juristenzeitung
Kap.	Kapitel

KSZE	Konferenz für Sicherheit und Zusammenarbeit in Europa
lat.	lateinisch
lit.	littera
LNTS	League of Nations Treaty Series
m. w. N.	mit weiteren Nachweisen
n. F.	neue Fassung
n. v.	nicht veröffentlicht
NATO	North Atlantic Treaty Organization
NJ	Neue Justiz
NJW	Neue Juristische Wochenschrift
nlat.	neulateinisch
No.	Number
Nr.	Nummer
ns	nationalsozialistisch/nationalsozialistischen
NVwZ	Neue Zeitschrift für Verwaltungsrecht
NW	Nordrhein-Westfalen
NZWehrr	Neue Zeitschrift für Wehrrecht
ÖBGBl.	Österreichisches Bundesgesetzblatt
OSZE	Organisation für Sicherheit und Zusammenarbeit in Europa (vormals KSZE)
OVG	Oberverwaltungsgericht

p.	page
PCIJ	Permanent Court of International Justice
R.I.A.A.	Reports of International Arbitral Awards
RdC	Recueil des Cours
Rdnr.	Randnummer
Reg. Bl.	Regierungsblatt
Reichsgesetzbl.	Reichsgesetzblatt
RGBl.	Reichsgesetzblatt
RGSt	Entscheidungen des Reichsgerichts in Strafsachen
Rs.	Rechtssache
RuStAG	Reichs- und Staatsangehörigkeitsgesetz
S.	Seite/Satz
Slg.	Sammlung
SPD	Sozialdemokratische Partei Deutschlands
SRÜ	Seerechtsübereinkommen der Vereinten Nationen
StAG	Staatsangehörigkeitsgesetz
StAR-VwV	Allgemeine Verwaltungsvorschrift zum Staatsangehörigkeitsrecht (StAR-VwV) vom 13.12.2000, BAnz. 2001, S. 1418 ff.
StAZ	Das Standesamt
StIGH	Ständiger Internationaler Gerichtshof
subs.	Subsession

Suppl.	Supplement
Tz.	Textziffer
u.a.	unter anderem/und andere/und anderen
UBWV	Unterrichtsblätter für die Bundeswehrverwaltung
UN	United Nations
UNESCO	United Nations Educational, Scientific and Cultural Organization
UNO	United Nations Organization (Vereinte Nationen)
UNTS	United Nations Treaty Series
US	United States
USA	United States of America
v.	von/versus
VG	Verwaltungsgericht
VGH	Verwaltungsgerichtshof
Vgl.	vergleiche
Vol.	Volume
Vor	Vorbemerkung
VwZG	Verwaltungszustellungsgesetz
WehrPflG	Wehrpflichtgesetz
z. B.	zum Beispiel
ZaöRV	Zeitschrift für ausländisches öffentliches Recht und Völkerrecht

ZAR	Zeitschrift für Ausländerrecht und Ausländerpolitik
ZDG	Gesetz über den Zivildienst der Kriegsdienstverweigerer (Zivildienstgesetz)
Ziff.	Ziffer
ZRP	Zeitschrift für Rechtspolitik

1. Kapitel: Einleitung und völkerrechtliche Regelungen der Staatsangehörigkeit und der Mehrstaatigkeit

A. Einleitung

„Es trifft auch zu, daß innerstaatlich und international doppelte oder mehrfache Staatsangehörigkeit als ein Übel betrachtet wird, das sowohl im Interesse der Staaten wie im Interesse der betroffenen Bürger nach Möglichkeit vermieden oder beseitigt werden sollte.[1]

Diese Aussage hat das Bundesverfassungsgericht in einem seiner Urteile getroffen. Die durchgeführte Änderung des Reichs- und Staatsangehörigkeitsgesetzes durch die Bundesregierung läuft dieser Aussage eher entgegen, da sie die Mehrstaatigkeit in vermehrter Form zulässt. Die Gesetzesänderungsbestrebungen haben zu vielen Diskussionen innerhalb der Bundesrepublik Deutschland geführt und eine breite Öffentlichkeit erregt. Dies ging sogar so weit, dass die CDU bei ihrem Wahlkampf zur Hessischen Landtagswahl eine Unterschriftensammlung für die Integration von Ausländern und gegen die doppelte Staatsangehörigkeit durchführen ließ. Sie war damit sehr erfolgreich und gewann unter anderem auch damit die Landtagswahl am 7. Februar 1999[2]. Dies zeigt, dass die Bevölkerung in der Bundesrepublik Deutschland grundsätzlich gegen die allgemeine Vergabe der doppelten Staatsangehörigkeit ist[3]. Dieses Ergebnis ist auch durch Umfragen bestätigt worden.

Die Bundesregierung änderte das Staatsangehörigkeitsgesetz dennoch, aber die generelle Hinnahme der Mehrstaatigkeit wurde nicht eingeführt. Dazu hätte sie auch keine Mehrheit gefunden. Das deutsche Staatsangehörigkeitsrecht wurde durch ein Bündnis aus SPD, BÜNDNIS 90/DIE GRÜNEN und FDP geändert. Es wurden das *ius soli*-Prinzip und ein sogenanntes „Optionsmodell“ eingeführt. Mit der Einführung des *ius soli*-Prinzips bei der Geburt durch ausländische Eltern verfolgte der Gesetzgeber das Ziel, in Deutschland aufwachsenden Kindern frühzeitig die deutsche Staatsangehörigkeit zu erteilen, um damit die *Integration in die deutschen Lebensverhältnisse* zu erleichtern. Zudem soll langfristig die Kongruenz zwischen inländischer Wohnbevölkerung und den Staatsangehörigen gesichert werden. Der Gesetzgeber sah sich dazu veranlasst, da im Jahre 1998 von den 7,32 Millionen Ausländern in der Bundesrepublik Deutschland 51 Prozent seit mindestens zehn Jahren in Deutschland lebten[4]. Von dieser Zahl der ausländischen Bevölkerung lebten allein 38 Prozent seit über 15 Jahren und 29 Prozent seit über 20 Jahren in der Bundesrepublik Deutschland[5]. Dieser Auslän-

---

1 BVerfGE 37, 217 (254).

2 FAZ vom 09.02.1999, S. 1.

3 Reumann, FAZ vom 09.02.1999, S. 3.

4 BT-Drucks. 14/533, S. 11.

5 BT-Drucks. 14/533, S. 11.

deranteil führte dazu, dass 1998 bereits mehr als 1,12 Millionen Ausländer in der Bundesrepublik Deutschland geboren wurden. Da sich nach Ansicht des Gesetzgebers aufgrund der langen Aufenthaltsdauer der Lebensmittelpunkt der Ausländer in die Bundesrepublik Deutschland verlagert hat und sich die Ausländer deshalb mittlerweile den Verhältnissen desjenigen Staates, dessen Staatsangehörigkeit sie besitzen, entfremdet haben, hätte auf diese Situation mit der Änderung staatsangehörigkeitsrechtlicher Vorschriften reagiert werden müssen[6]. Gerade in Bezug auf die zweite und die dritte Ausländergeneration in Deutschland sei dies besonders notwendig[7]. Da sich ein „modernes Staatsangehörigkeitsrecht auch an integrationspolitischen Zielen auszurichten" habe, müsse auch das Abstammungsprinzip beim Erwerb der Staatsangehörigkeit modifiziert werden[8]. Die Änderung des Staatsangehörigkeitsrechts war aufgrund dieser Probleme schon im Jahre 1993 angedacht worden. Auch dieser Vorschlag sah die Hinnahme der Mehrstaatigkeit in besonderen Fällen vor, konnte sich aber nicht durchsetzen.[9] Die nunmehr vollzogene Änderung des Staatsangehörigkeitsrechts geht über den Vorschlag von 1993 weit hinaus und hat wie oben schon erwähnt eine breite Öffentlichkeit erregt.
Auch die CDU war grundsätzlich für die Änderung des Staatsangehörigkeitsrechts. Die seit dem 1. Januar 2000 – teilweise bereits am 1. August 1999 – in Kraft getretene Fassung des Staatsangehörigkeitsrechts geht ihr aber entschieden zu weit, da sie den Erwerb der Staatsangehörigkeit eher als Schlusspunkt, denn als Beginn der Integration von Zuwanderern sieht. Probleme, die das neu gefasste Gesetz aufwerfen wird, werden sogar von Mitgliedern der Regierungskommission zur Zuwanderung, gesehen. So erklärte Hailbronner auf dem Deutschen Verwaltungsrichtertag, dass durch die Reform Probleme aufgeworfen würden, die noch nicht absehbar seien.[10]
Aufgrund dieses aktuellen Tagesgeschehens beschäftigt sich die Arbeit mit den Problemen der Mehrstaatigkeit aus völkerrechtlicher und verfassungsrechtlicher Sicht unter Berücksichtigung der Änderungen durch das Staatsangehörigkeitsreformgesetz vom 15. Juli 1999[11]. Ein besonderes Augenmerk soll auf die möglicherweise entstehenden internationalen Verwicklungen durch Mehrstaatigkeit gelegt werden. Dabei ist auch auf die Frage einzugehen, ob die Zulassung der Mehrstaatigkeit zur Integration von Ausländern beiträgt oder ob dies eher zur Vergrößerung der Assimilationsprobleme führt.

---

6 BT-Drucks. 14/533, S. 11.
7 BT-Drucks. 14/533, S. 11.
8 BT-Drucks. 14/533, S. 11.
9 BT-Drucks. 12/533; Blumenwitz, ZAR 1993, S. 151 ff.
10 Müller, FAZ vom 11.05.2001, S. 8.
11 Gesetz zur Reform des Staatsangehörigkeitsrechts vom 15.07.1999, BGBl. 1999 I, S. 1618 ff.

B. Grundlagen der Staatsangehörigkeit und Mehrstaatigkeit

I. Begriff der Staatsangehörigkeit

1. Allgemein

Die Staatsangehörigkeit einer Person stellt einen rein juristischen Begriff dar[12], der die rechtliche Beziehung einer Person zu ihrem Heimatstaat umschreibt[13]. Sie bildet ein allgemeines rechtliches Treueband, welches den Staatsbürger auf Dauer und ohne räumliche Beschränkung an einen Staat bindet, auf einer tatsächlichen sozialen Bindung gründet und aus dem sich eine gegenseitige Bindung zwischen Staatsangehörigem und Staat ergibt[14]. Die Staatsangehörigkeit wirkt in dem Sinne räumlich unbeschränkt, so dass der Staatsbürger nicht nur auf dem jeweiligen Territorium der Hoheitsgewalt des Heimatstaates unterworfen ist, sondern über die räumlichen Grenzen hinaus durch die Staatsangehörigkeit der Personalhoheit des Heimatstaates unterliegt[15]. Dies unterscheidet den Staatsangehörigen von Ausländern oder Staatenlosen, die der Hoheitsgewalt eines Staates nur unterworfen sind, wenn sie sich auf dessen Staatsgebiet aufhalten. Ein Staat hat über diese Personen Hoheitsgewalt nur im Rahmen des Territorialitätsprinzips. Die Staatsangehörigkeit ist somit auch Abgrenzungskriterium der Personalhoheit der Staaten untereinander[16].

Die tatsächliche soziale Beziehung zwischen Staatsangehörigen und Staat beruht auf der innerstaatlichen bürgerlichen Gemeinschaft, deren Glieder die Staatsangehörigen darstellen. Sie sind die Individuen, die durch ihre Eltern in die Gemeinschaft geboren wurden und durch Fortpflanzung den Fortbestand der Gemeinschaft sichern. Die Nachfahren folgen der Beziehung der Eltern zum Staat und treten grundsätzlich in alle Rechte ein, die den Eltern gewährt wurden[17].

Die gegenseitige Bindung zwischen Staat und Staatsangehörigen resultiert in einer Rechte- und Pflichtenbeziehung zwischen Staat und Staatsangehörigen in Gegenseitigkeitserwartung[18]. Sie unterscheidet den Staatsangehörigen vom Ausländer und Staatenlosen, da zwischen diesen und dem Staat ein solches Gegenseitigkeitsverhältnis nicht besteht. Die Pflichten des Staatsangehörigen gehen dabei weiter als diejenigen, die Ausländer oder Staatenlose in einem Land ha-

---

12 Kimminich/Hobe, S. 90.

13 Hailbronner, in: Vitzthum, Abschn. III, Rdnr. 100.

14 Seidl-Hohenveldern/Stein, Rdnr. 1298; Gloria, in: Ipsen, § 24, Rdnr. 3; Guggenheim, S. 285; differenzierend dabei Randelzhofer, in: Maunz/Dürig, Artikel 16 GG, Rdnr. 8; Edmunds, S. 141 f.; Hörnig, S. 16.

15 Randelzhofer, in: Maunz/Dürig, Artikel 16 GG, Rdnr. 8.

16 Hailbronner, in: Vitzthum, Abschn. III, Rdnr. 99.

17 Schätzel/de Vattel, Bd. III, S. 143; Gloria, in: Ipsen, § 24, Rdnr. 8.

18 Gloria, in: Ipsen, § 24, Rdnr. 3.

ben[19]; sie haben nämlich den Charakter der Nützlichkeit für den Staat, wie die Ableistung des Wehrdienstes durch den Staatsangehörigen[20]. Die Pflichten des Staates haben den Charakter der Nützlichkeit für den Staatsbürger, wie die Gewährung des diplomatischen Schutzes seitens des Staates[21]. Aber auch bestimmte Rechte können allein den Staatsangehörigen vorbehalten bleiben. Als Beispiel ist hier das Wahlrecht anzuführen[22]. Ein solches Gegenseitigkeitsverhältnis besteht auch nicht bei Personen, die mit einem Staat in einer engeren, völkerrechtlich anerkannten vertraglichen Rechtsbeziehung stehen, wie Schutzgenossen[23] oder den Einwohnern von Mandatsgebieten[24], da hier nur eine einseitige vertragliche Verpflichtung zur Gewährung von Pflichten durch den Staat

---

[19] Randelzhofer, in: Maunz/Dürig, Artikel 16 GG, Rdnr. 8.

[20] Für die Bundesrepublik Deutschland siehe § 1 WehrPflG. Wehrpflichtig sind danach alle Männer [...] die Deutsche im Sinne des Grundgesetzes sind.

[21] Die Gewährung des diplomatischen Schutzes stellt allerdings nur ein völkerrechtliches Recht des Staates gegenüber anderen Staaten dar, welches er nur in Bezug auf seine Staatsangehörigen ausüben kann. Innerstaatlich kann der diplomatische Schutz aber als eine Verpflichtung des Staates ausgestaltet werden. Aufgrund der Beschränkung auf die eigenen Staatsangehörigen im Völkerrecht kann diese Verpflichtung aber nur in Bezug auf die eigenen Staatsangehörigen entstehen. Siehe dazu näher unten.

[22] So in der Bundesrepublik Deutschland die Regelung im BWahlG. Für das aktive Wahlrecht statuiert § 12 Absatz I BWahlG: Wahlberechtigt sind alle Deutschen im Sinne des Artikels 116 Absatz 1 des Grundgesetzes [...]. Für das passive Wahlrecht findet sich die Regelung für die Bundesrepublik Deutschland in § 15 Absatz I Nr. 1 BWahlG: Wählbar ist, wer am Wahltage (1.) seit mindestens einem Jahr Deutscher im Sinne des Artikels 116 Absatz 1 des Grundgesetzes ist [...]. Siehe auch die Regelung in Artikel 2 Absatz 5 der US-amerikanischen Verfassung, welche die Ausübung der Präsidentschaft an die Geburt in den Vereinigten Staaten von Amerika anknüpft. Gloria, in: Ipsen, § 24, Rdnr. 3; so wuchs gerade aus dem Nationalstaatsgedanken und der zunehmenden Beteiligung der Bürger an der Ausübung der Staatsgewalt in den letzten beiden Jahrhunderten die Notwendigkeit, dahingehende Bestimmungen über die Zugehörigkeit zu einen bestimmten Staate und damit über die Staatsangehörigkeit zu erlassen. Randelzhofer, in: Maunz/Dürig Artikel 16 GG, Rdnr. 1.

[23] Dahm, Bd. I, S. 451; so auch die Einwohner der Protektorate. Ein solches Schutzverhältnis kann dann bestehen, wenn sich ein Staat vertraglich verpflichtet hat, den diplomatischen oder konsularischen Schutz eines Staates in einem Drittland zu übernehmen, in dem dieser Staat nicht vertreten ist. Solche Fälle entstehen vor allem bei der Übernahme der Vertretung eines anderen Staates im Kriege oder nach dem Abbruch der diplomatischen Beziehungen des Staates mit dem Drittstaat. Als Beispiel eines Staates, der nicht in bestimmten Staaten vertreten ist, ist auf Liechtenstein zu verweisen, dessen Protektion gänzlich durch die Schweiz übernommen wird. Siehe dazu Dahm, Bd. I, S. 452; Guggenheim, Völkerrecht, S. 292.

[24] Obwohl diese unter dem diplomatischen Schutz des Mandatars stehen, können sie weder als Staatsangehörige angesehen werden, noch besteht aufgrund der Ausübung des diplomatischen Schutzes ein Gegenseitigkeitsverhältnis. Guggenheim, S. 294.

besteht. Die Rechte- und Pflichtenbeziehung im Gegenseitigkeitsverhältnis ist somit allein Ausdruck der Staatsangehörigkeit.

2. Doppelte Natur des Staatsangehörigkeitsbegriffs

Teilweise wird in der Literatur vertreten, der Begriff der Staatsangehörigkeit habe eine doppelte Natur und zerfalle in einen völkerrechtlichen und einen innerstaatlichen Begriff. Da die Staatsangehörigkeit sowohl auf staatsrechtlicher als auch auf völkerrechtlicher Ebene relevant werde, müsse hinsichtlich des Staatsangehörigkeitsbegriffes auch zwischen einem staatsrechtlichen und einem völkerrechtlichen Begriff der Staatsangehörigkeit unterschieden werden[25]. Ebenso wird vertreten, dass der Erlass von staatsangehörigkeitsrechtlichen Regelungen grundsätzlich innerstaatliches Recht sei und in Bezug auf den internationalen Bereich keine Bedeutung habe[26]. Die Staatsangehörigkeit stelle aber einen völkerrechtlichen Begriff dar, wenn sie Regelungsgegenstand des Völkerrechts werde[27]. Die Staatsangehörigkeit reduziere sich im völkerrechtlichen Bereich allein auf eine Schutzangehörigkeit und eine Anwendungsreglementierung bei Zusammentreffen mit dem Staatsangehörigkeitsrecht anderer Staaten[28]. Für das Völkerrecht sei nur die passive dauernde Zugehörigkeit eines Menschen zu einem bestimmten Staat relevant, da nach diesem alle Menschen nur als Angehörige der Staaten zu sehen seien[29]. Andere sehen in der Regelung der Staatsangehörigkeit durch den einzelnen Staat eine Wahrnehmung der völkerrechtlichen Ermächtigung durch das völkerrechtliche Staatsangehörigkeitsrecht, schließlich wird die Notwendigkeit eines völkerrechtlichen Staatsangehörigkeitsbegriffs bejaht, da es aufgrund der vielen innerstaatlichen Regelungen und den daraus folgenden unterschiedlichen nationalen Staatsangehörigkeitsrechten keinen einheitlichen Begriff der Staatsangehörigkeit geben könne[30]. Insgesamt wird deutlich, dass die Diskussion um einen völkerrechtlichen und einen innerstaatlichen Begriff der Staatsangehörigkeit unmittelbar mit der Problematik der Kompetenzregelung der Staatsangehörigkeit einhergeht.

Die Staatsangehörigkeit kann aber dennoch nur als ein einheitlicher Begriff verstanden werden. Dass sie sowohl auf innerstaatlicher als auch auf völkerrechtli-

---

25 Makarov, Allgemeine Lehren des Staatsangehörigkeitsrechts, S. 10; Makarov, Staatsangehörigkeit, in: Wörterbuch des Völkerrechts, Bd. III, S. 323 (324); Schleser, Die deutsche Staatsangehörigkeit, S. 33 f.; Wengler, in: FS für Schätzel, S. 545 (547).

26 Schleser, Die deutsche Staatsangehörigkeit, S. 34; Wengler in: FS für Schätzel, S. 545 (549).

27 Wengler, in: FS für Schätzel, S. 545 (548).

28 Schleser, Die deutsche Staatsangehörigkeit, S. 34; Weis, Staatsangehörigkeit und Staatenlosigkeit im gegenwärtigen Völkerrecht, S. 3; Wengler, in: FS für Schätzel, S. 545 (547 f.).

29 Verdross, 4. Auflage, S. 235.

30 Zum Streitstand siehe Makarov, Allgemeine Lehren des Staatsangehörigkeitsrechts, S. 9 ff.; Schleser, Die deutsche Staatsangehörigkeit, S. 32 ff.

cher Ebene von erheblicher Relevanz ist, soll dabei unbestritten bleiben. Innerstaatlich bleibt es der Regelung des jeweiligen Staates überlassen, die Kriterien für die Erteilung oder den Verlust seiner Staatsangehörigkeit festzusetzen sowie mit bestimmten Rechten oder Pflichten auszugestalten. Dabei ist der nationale Gesetzgeber bei der Erteilung jedoch an den vom Völkerrecht gesetzten Rahmen gebunden. So kann er an die Staatsangehörigkeit keine Rechtsfolgen knüpfen, die dem Völkerrecht widersprechen. Weitet er seine Regelungskompetenz entweder dahingehend aus, dass er räumlich den innerstaatlichen Bereich verlässt oder seine innerstaatliche Regelungskompetenz überschreitet, bewegt sich der innerstaatliche Gesetzgeber nicht mehr in seiner *domaine réservé*[31]. Werden bei der innerstaatlichen Bestimmung der Staatsangehörigkeit Bereiche tangiert, die einen völkerrechtlichen Bezug haben, so endet die alleinige Regelungskompetenz des Staates[32]. Der Staat handelte dann *ultra vires*. Der Begriff der Staatsangehörigkeit kann demnach nicht allein in der innerstaatlichen oder der völkerrechtlichen Rechtsordnung angesiedelt werden, vielmehr ist es ein einheitliches Rechtsinstitut, an welches beide Rechtsordnungen bestimmte Rechtsfolgen knüpfen. Er kann somit auch nur als ein einheitlicher Begriff des innerstaatlichen und völkerrechtlichen Rechtskreises zu verstehen sein.

3. Rechtsnatur der Staatsangehörigkeit

Die Bestimmung der Rechtsnatur der Staatsangehörigkeit ist bis heute strittig. Teilweise wird sie als ein Rechtsverhältnis zwischen Staat und Staatsangehörigem[33], teilweise nur als ein Status bzw. als eine rechtliche Eigenschaft[34] angesehen, welche dem Individuum seitens des Staates eingeräumt wird[35].

a. Bürger, Individuum oder Staatsangehöriger

Bei der Betrachtung der Staatsangehörigkeit treten neben dem Begriff Staatsangehöriger auch die Begriffe (Staats-) Bürger und Individuum auf. Sie werden neben dem Begriff des Staatsangehörigen in der Völkerrechtsgeschichte teilwei-

---

[31] So ist es dem Staat auch untersagt, die Staatsangehörigkeit anderer Staaten zu regeln. Eine Einschränkung besteht auch dahingehend, dass die anderen Staaten die Regelungen dann nicht unbedingt anerkennen müssen. Randelzhofer, *Nationality*, in: EPIL III, S. 501 (503).

[32] Diese Einschränkung der Freiheit der Staaten durch das Völkerrecht findet sich auch in Artikel 1 des Übereinkommens zur Vermeidung von Konflikten der Staatsangehörigkeit (LNTS Vol. 179, p. 89), welches wohl schon Völkergewohnheitsrecht darstellt. Randelzhofer, *Nationality*, in: EPIL III, S. 501 (502).

[33] BVerfGE 54, 53 (70); Makarov, Allgemeine Lehren des Staatsangehörigkeitsrechts, S. 19 f.

[34] Makarov, Staatsangehörigkeit, in: Wörterbuch des Völkerrechts, Bd. III, S. 323 (323).

[35] Makarov, Allgemeine Lehren des Staatsangehörigkeitsrechts, S. 19; Kimminich, in: Bonner Kommentar Artikel 16 GG, Rdnr. 4; Renner, in: Hailbronner/Renner, 3. Auflage, Einl. C, Rdnr. 2.

se synonym gebraucht[36], bezüglich der nationalen Rechtsordnungen jedoch teilweise unterschieden[37].

Der Begriff des Bürgers wurzelt in der Antike in der Zeit der athenischen Demokratie. Das Bürgerrecht bezeichnete die Mitgliedschaft einer Person in einem politischen Verband und war Ausdruck eines gleichstufigen Zusammenlebens verschiedener Personen in einer Gruppe. Der Begriff des Individuums entspringt der mittelalterlichen Rechtsordnung und wurde hauptsächlich in der monarchischen Herrschaft gebraucht. Er war Ausdruck des Unterordnungsverhältnisses zwischen den in dem monarchischen Staat lebenden Personen und dem Monarchen[38]. Mit der Abkehr von der mittelalterlichen Rechtsordnung, dem Wandel der Gesellschaftsformen und dem Erstarken des Republikverständnisses in den letzten beiden Jahrhunderten wurde dann die Bezeichnung der auf dem Staatsgebiet ansässigen Personen als Bürger wieder gebräuchlich[39]. Beide Begriffe standen nunmehr nebeneinander für die Bezeichnung einer Person, die auf einem bestimmten Staatsgebiet lebt[40]. Neben diesen beiden Ausdrücken wurde der Begriff Staatsangehöriger erst in der letzten Hälfte des 19. Jahrhunderts mit der Entstehung des modernen Staatsbegriffes in den juristischen Sprachgebrauch mit aufgenommen[41].

Das sich wandelnde Staatsverständnis, die jeweils vorherrschenden neuen Staatsideen und das damit einhergehende Gemeinschaftsleben ließen eine innerstaatliche Unterscheidung des Staatsangehörigen und des Staatsbürgers wieder aufkommen[42]. So führte die Akzentuierung der Identifikation der staatlichen Gemeinschaft zu einer strikten Trennung der Begriffe der Staatsangehörigkeit und der Staatsbürgerschaft[43]. Die Staatsangehörigkeit umfasste alle diejenigen Personen, die einem bestimmten Staatsverband angehörten[44]. Die Staatsbürgerschaft hingegen bezeichnete die Eigenschaft eines politischen Vollbürgers. So konnte eine Person durchaus Staatsangehöriger eines bestimmten Staates sein, Staatsbürger hingegen erst dann, wenn er bestimmte Pflichten, vor allem Treuepflichten erfüllte[45]. Diese Treuepflichten bestanden nach dem deutschen Staatsverständnis gegenüber Volk und Staat, nach sowjetischem Staatsverständnis gegenüber der Klasse der werktätigen Bevölkerung[46]. Sie beinhalteten vor allem

---

36 Edmunds, S. 139.
37 Dazu näher Hörnig, S. 16 ff.
38 Edmunds, S. 139 f.
39 Edmunds, S. 140.
40 Edmunds, S. 139 f.
41 Edmunds, S. 140.
42 Hörnig, S. 18 f.
43 Hörnig, S. 19.
44 Hörnig, S. 19 f.
45 Hörnig, S. 20.
46 Hörnig, S. 20.

die Ausübung der Schul-, Wehr- und Arbeitsdienstpflicht[47]. Staatsbürgerschaft als Vollbürgerschaft wurde innerstaatlich zur Voraussetzung beispielsweise für den Eintritt in bestimmte Ämter[48].
Der Begriff der Staatsbürgerschaft hat in den letzten fünf Dekaden wieder an Bedeutung verloren. Dennoch ist er staatsrechtlich nicht ohne Interesse, da die Staatsbürgerschaft Ausdruck der Erfüllung bestimmter Pflichten ist, die mit der Staatsangehörigkeit einhergehen[49]. Diese sind auch heute noch mit der Staatsangehörigkeit verbunden, hinsichtlich des staatsrechtlichen Interesses aber nicht mehr von großer Bedeutung[50]. Außerhalb des Staatsrechtes ist eine Unterscheidung zwischen Staatsangehörigkeit und Staatsbürgerschaft nicht von Interesse, da im Völkerrecht nur die Beziehung zwischen der Person und dem Staat von Bedeutung ist und nicht der damit einhergehenden Verpflichtungen. Aufgrund des Ursprungs dieser Differenzierung im staatsbürgerlichen Verständnis, ist also aus völkerrechtlicher Sicht eine Unterscheidung zwischen (Staats-) Bürger und Staatsangehörigen irrelevant.
Der Begriff des Individuums ist hinsichtlich des staatsrechtlichen Verständnisses ohne Bedeutung geblieben, jedoch wird der Begriff in letzter Zeit wieder vermehrt im Völkerrecht gebräuchlich. Er wird hauptsächlich zur Bezeichnung eines Rechtsstatus von Einzelpersonen als Träger von Grundrechten gebraucht[51].

b. Staatsangehörigkeit als Rechtsverhältnis

Die Rechtsnatur der Staatsangehörigkeit wird teilweise als ein Rechtsverhältnis zwischen dem Staat und dem Staatsangehörigen betrachtet. Diese Betrachtungsweise wurzelt in dem Verhältnis des Monarchen zu seinen Untertanen[52]. So wurde vor allem im englischen *common law* die Beziehung zwischen dem König und seinen Untertanen von der Lehre der *perpetual allegiance* geprägt. Die Unterordnung der Untertanen stellte die Gegenleistung für die Schutzausübung durch den König dar; dieses Schutzverhältnis war das gegenseitige Band zwi-

---

47 Hörnig, S. 20.

48 Siehe auch § 2 des Reichbürgergesetzes vom 15.09.1935 (RGBl. 1935 I, S. 1146).

49 v. Münch, FAZ vom 08.03.1999, S. 10.

50 Im Grundgesetz wird an allen einschlägigen Stellen von „Staatsangehörigkeit" gesprochen, an keiner Stelle dagegen von „Staatsbürgerschaft". Vgl. v. Münch, FAZ vom 08.03.1999, S. 10.

51 Der Begriff des Individuums findet vor allem Erwähnung in Bezug auf die völkerstrafrechtliche Verantwortung von Einzelpersonen oder bezüglich der Einräumung eines *locus standi* für Einzelpersonen im Bereich der Menschenrechte. Hold-Ferneck, Bd. I, S. 247.

52 Renner, in: Hailbronner/Renner, 3. Auflage, Einl. C Rdnr. 2; Kimminich, in: Bonner Kommentar Artikel 16 GG Rdnr. 2

schen den Beteiligten[53]. Dies formte eine nähere Beziehung zwischen den Untertanen und dem Monarchen und stellte sich als ein Austauschverhältnis zwischen Monarchen und Untertanen dar.
Überträgt man diesen Gedanken auf das heutige Staatssystem und wird der Begriff des Königs durch den des Staates sowie der Begriff der Untertanen durch den des Staatsangehörigen ersetzt, so kann man die Staatsangehörigkeit als Gegenseitigkeitsverhältnis zwischen dem Staat und dem Bürger verstehen, durch das beide Teile gegenseitig verpflichtet werden und aus dem gegenüber beiden Teilen bestimmte Rechte erwachsen[54]. Diese Betrachtung hat nach der Entstehung des modernen Staatsangehörigkeitsbegriffs[55] zunächst in der französischen Rechtstheorie Einzug gefunden, welche das Band, das die Person an den Staat bindet, als *lien politique et juridique*, also als politisches und rechtliches Rechtsverhältnis, bezeichnete[56]. Sie wurde dann auch von deutschen Staatstheoretikern übernommen und als öffentlich-rechtliches Rechtsverhältnis zwischen dem Einzelnen und dem Staat erklärt[57].

c. Staatsangehörigkeit als Status bzw. rechtliche Eigenschaft

Die Einordnung der Staatsangehörigkeit als eine rechtliche Eigenschaft oder Status wurzelt im römischen Recht. Dort wurde eine Unterteilung in drei wesentliche Stufen menschlicher Rechtsfähigkeit vorgenommen[58]. Eine Stufe stellte dabei die Unterteilung in Römer und Nichtrömer dar, dem sogenannten

---

[53] Dazu näher erläuternd: Makarov, Allgemeine Lehren des Staatsangehörigkeitsrechts, S. 21 ff.; Zur mittelalterlichen Rechtsordnung und der Lehenspyramide als System der gegenseitigen Treuepflicht, siehe Kimminich, in: Bonner Kommentar, Artikel 16 GG, Rdnr. 2.

[54] Renner, in: Hailbronner/Renner, 3. Auflage, Einl. C, Rdnr. 2; Makarov, Allgemeine Lehren des Staatsangehörigkeitsrechts, S. 21; siehe auch v. Münch, FAZ vom 08.03.1999, S. 10.

[55] Kimminich, in: Bonner Kommentar, Artikel 16 GG, Rdnr. 2; Makarov, Allgemeine Lehren des Staatsangehörigkeitsrechts, S. 21; der Begriff der Staatsangehörigkeit entwickelte sich erst nach Ende des Mittelalters mit der Entstehung des modernen Staatsbegriffes, also mit dem Ende des 18. und dem Beginn des 19. Jahrhunderts. Gerade die Beteiligung der Bürger an der Staatsgewalt des modernen Staates machte es notwendig, eine Bestimmung vorzunehmen, wer zur Beteiligung berechtigt war. Kimminich, in: Bonner Kommentar, Artikel 16 GG, Rdnr. 2; Randelzhofer, *Nationality*, in: EPIL III, S. 501 (501 f.); Roellecke, FAZ vom 10.02.1999, S. 44.

[56] Makarov, Allgemeine Lehren des Staatsangehörigkeitsrechts, S. 22 f.

[57] Isay, S. 48; Berber, Bd. I, S. 374; Makarov, Allgemeine Lehren des Staatsangehörigkeitsrechts, S. 23 mit weiteren Nachweisen.

[58] So unterschied man in der römischen Antike zwischen dem *status libertatis*, dem *status familiae* und dem *status civitatis*. Kimminich, in: Bonner Kommentar, Artikel 16 GG, Rdnr. 2; zur Differenzierung siehe nähere Hinweise, in: Makarov, Allgemeine Lehren des Staatsangehörigkeitsrechts, S. 24.

status civitatis[59]. Diese Einstufung hielt auf dem Wege des französischen Privatrechts und dem späteren *Code civil* Einzug in das moderne Recht[60].
Der Staat stelle eine Gebietskörperschaft dar und da das Staatsvolk das konstitutive Element dieser Gebietskörperschaft darstelle, müsse auch dem jeweiligen Individuum als Teil und als Mitglied der Gebietskörperschaft eine bestimmte rechtliche Stellung eingeräumt werden. Die Staatsangehörigkeit verkörpere die Mitgliedschaft in der Gebietskörperschaft Staat. Die Stellung des Mitglieds, also des Staatsangehörigen, in der Gebietskörperschaft wird deshalb als Status bezeichnet[61]. Dieser Ansicht hat sich mittlerweile auch das Bundesverfassungsgericht in seiner Rechtsprechung angeschlossen[62].

d. Stellungnahme

Der Begriff der Staatsangehörigkeit ist heute unmittelbar mit dem modernen Staatsbegriffs verbunden[63]. Die Bestimmung der Rechtsnatur der Staatsangehörigkeit muss sich deshalb auch am heutigen Staatsbegriff orientieren. Ein Vergleich mit der mittelalterlichen Lehensordnung birgt schon deshalb Schwierigkeiten, da das Verständnis der ständischen Ordnung heute überholt ist und sich auch nicht unter den modernen Staatsbegriff subsumieren lässt. Die Staatsangehörigkeit immer noch als ein Rechtsverhältnis zu bezeichnen, welches das Schutz- und Treueverhältnis zwischen Staat und Bürger zum Inhalt hat, wird dem heutigen Staatsbegriff nicht mehr gerecht[64]. Vielmehr muss eine Beurteilung der Begrifflichkeit der Staatsangehörigkeit, abgelöst von einer historischen Betrachtung bis ins Mittelalter, nach dem Verständnis des modernen Staatsbegriffes erfolgen.
Heute stellt das Staatsvolk eines der drei Elemente des Staates dar. Der Staat als eine Gebietskörperschaft ist somit auf sein Staatsvolk als ein konstitutives Element angewiesen. Teil dieses Staatsvolkes ist der Staatsangehörige. Der einzelne Staatsangehörige ist somit Teil eines für den Staat konstitutiven Elementes, ihm wird folglich eine bestimmte Stellung im Staat eingeräumt. Diese Stellung be-

---

59 Kaser, Das römische Privatrecht, S. 235; Kimminich, in: Bonner Kommentar, Artikel 16 GG, Rdnr. 2.

60 Makarov, Allgemeine Lehren des Staatsangehörigkeitsrechts, S. 24 f.

61 Makarov, Allgemeine Lehren des Staatsangehörigkeitsrechts, S. 26; Kimminich, in: Bonner Kommentar, Artikel 16 GG, Rdnr. 3; siehe auch v. Münch, FAZ vom 08.03.1999, S. 10.

62 BVerfGE 37, 217 (239); mit näherer Begründung Kimminich, in: Bonner Kommentar, Artikel 16 GG, Rdnr. 2.

63 Kimminich, in: Bonner Kommentar, Artikel 16 GG, Rdnr. 2.

64 So auch Renner, nach dessen Ansicht die Statustheorie die einzige Theorie darstellt, die in besonderer Weise dem demokratischen Verständnis von dem Verhältnis zwischen Staat und Individuum gerecht zu werden vermag. Renner, in: Hailbronner/Renner, 3. Auflage, Einl C, Rdnr. 5.

schreibt den Status des Individuums im Staat sowie im Verhältnis zum Völkerrecht[65]. Demnach kann es sich nach der Beurteilung des Begriffs der Staatsangehörigkeit im Rahmen eines Verständnisses nach dem modernen Staatsbegriff nicht mehr um ein Rechtsverhältnis handeln, da ein solches staatstheoretisch nicht konstruiert werden kann. Als rechtliches Verhältnis lässt sich nur das aus der Staatsangehörigkeit resultierende Rechte- und Pflichtenverhältnis bezeichnen, welches auf die Rechtsnatur der Staatsangehörigkeit an sich zunächst keine Auswirkungen hat, sondern nur auf der Sekundärebene relevant ist[66].
Diese rechtliche Einordnung der Rechtsnatur der Staatsangehörigkeit steht auch nicht wie behauptet im Widerspruch zu der Rechtsprechung des IGH im Fall Nottebohm[67]. Dort wurde Staatsangehörigkeit als ein rechtliches Band zwischen Staat und Bürger bezeichnet[68]. Die Rechtsprechung war deshalb auf Kritik gestoßen, da die Bezeichnung als Rückfall in die Betrachtung der Staatsangehörigkeit als Rechtsverhältnis angesehen werden könnte[69]. Diese Bezeichnung des IGH, dass die Beziehung zwischen Staat und Bürger die Existenz eines physischen oder realen Bandes oder einer substanziellen Beziehung voraussetzt, welche den Staat mit dem Bürger verknüpfe, legt allerdings nur dar, dass die Staatsangehörigkeit nicht allein vom Willen des Bürgers und des Staates abhänge, sondern vielmehr weitere Voraussetzungen an die Staatsangehörigkeit geknüpft werden müssten[70]. Das spezifische Band sei folglich zwar die Grundlage für die Erteilung der Staatsangehörigkeit durch den Staat, aber nicht seine rechtliche Ausgestaltung[71]. Die Entscheidung spricht demnach nicht gegen eine Bezeichnung der rechtlichen Natur der Staatsangehörigkeit als Status.

---

65 Vgl. auch die Ansicht von Marx: Indem der Einzelne nur durch den Staat hindurch am völkerrechtlichen Verkehr teilnehme, werde er durch den Staat mediatisiert. Marx, Vor § 1 RuStAG, Rdnr. 95; Dahm hingegen vertritt die Ansicht, dass der Einzelne durch den Staat nicht mehr völlig mediatisiert werde. Es sei vielmehr, unabhängig von seiner Staatsangehörigkeit, als Mensch Träger völkerrechtlich anerkannter Rechte und Pflichten. Dahm, Bd. I, S. 445; soll nach Ansicht von Dahm der Mensch eigene Rechte und Pflichten auf völkerrechtlicher Ebene geltend machen können, so spricht dies allein schon für eine Abschwächung des vertretenen Rechte- und Pflichtenverhältnisses des Bürgers zum Staat. Ist er aufgrund seiner eingeräumten Rechtsstellung allein schon berechtigt, auf völkerrechtlicher Ebene unabhängig vom Staat diese Rechte geltend zu machen, so würden die Rechtsbeziehung zum Staat und die daraus resultierenden Schutzansprüche überflüssig.

66 Siehe dazu näher unten.

67 ICJ Reports 1955, S. 1 ff.

68 ICJ Reports 1955, S. 23.

69 Kimminich, in: Bonner Kommentar, Artikel 16 GG, Rdnr. 5; ablehnend auch Randelzhofer, der das Urteil nur in Beziehung mit doppelter Staatsangehörigkeit sieht und daraus keine Folgen für die Staatsangehörigkeit an sich sieht. Randelzhofer, *Nationality*, in: EPIL III, S. 501, (506 f.).

70 Loewenfeld, AVR 5 (1955/56), S. 387 (399).

71 Kunz, AJIL 54 (1960), S. 536 (552).

4. Ergebnis

Die Rechtsnatur der Staatsangehörigkeit beurteilt sich allein nach dem modernen Staatsbegriff. Eine Bezeichnung als Rechtsverhältnis zwischen Staat und Staatsangehörigem ist danach nicht mehr zutreffend, vielmehr hat der Staatsangehörige im modernen Staat eine bestimmte Stellung inne, die ihn gleichzeitig zum unverzichtbaren Bestandteil des Staates werden lässt. Der rechtliche Charakter als Wesenselement des Staates verbietet es, die Staatsangehörigkeit als ein Rechtsverhältnis zu bezeichnen, welches normalerweise zwischen zwei Rechtssubjekten besteht. Der Staatsangehörige ist nämlich im Verhältnis zum Staat kein anderes Rechtssubjekt, sondern nur Bestandteil des Rechtssubjekts Staat. Somit ist die Staatsangehörigkeit ihrer Rechtsnatur nur als Status zu bezeichnen.

II. Begriff der Mehrstaatigkeit

Mehrfache Staatsangehörigkeit liegt dann vor, wenn ein Individuum mehr als die Staatsangehörigkeit eines Staates besitzt[72]. Es muss sich dabei allerdings um eine Staatsangehörigkeit eines absolut souveränen Völkerrechtssubjektes handeln. Die Zugehörigkeit zu einem Gliedstaat innerhalb eines Bundesstaates, die auch als unechte Staatsangehörigkeit bezeichnet wird, ist für das Völkerrecht ohne Bedeutung[73]. Sie kann höchstens eine Art der inneren, aber keinesfalls der äußeren Staatsangehörigkeit darstellen[74].

Ihrer Rechtsnatur nach unterscheidet sich die mehrfache Staatangehörigkeit nicht von der der einfachen Staatsangehörigkeit. Das Individuum hat lediglich mindestens zwei nebeneinander stehende Staatsangehörigkeiten inne, wobei beide der selben Rechtsnatur entsprechen. Dem Staatsangehörigen kommt folglich in jedem Staat, dessen Staatsangehörigkeit er besitzt, der selbe Status zu.

C. Inhalt des Staatsangehörigkeitsbegriffs

I. Beinhaltete Rechte und Pflichten

Der Begriff der Staatsangehörigkeit bezeichnet nicht nur die abstrakte Stellung des Staatsangehörigen im Staat. Vielmehr zieht diese Stellung auf Sekundärebene noch bestimmte Rechtsfolgen nach sich, nämlich Rechte und Pflichten, die aus der Stellung des Staatsangehörigen im Staat resultieren und Staat sowie Staatsangehörigem im Gegenseitigkeitsverhältnis obliegen.

Die Rechte und Pflichten, die mit der Staatsangehörigkeit verbunden sind, können vielfältiger Natur sein. Sie bestehen sowohl auf nationaler als auch auf völkerrechtlicher Ebene. Zu den innerstaatlich garantierten Rechten und Pflichten

---

[72] Hailbronner, in: Hailbronner/Renner, 3. Auflage, Einl. F. Rdnr. 1 m. w. N.

[73] Dahm, Bd. I, S. 486; Hailbronner, in: Hailbronner/Renner, 3. Auflage, Einl. F. Rdnr. 1.

[74] Dahm, Bd. I, S. 487.

gehören zum einen das Wahlrecht, durch das das Staatsvolk seinen Willen zum Ausdruck bringen kann, sowie zum anderen die Wehrpflicht, die der Staat seinen Staatsangehörigen abverlangen kann. Auf der völkerrechtlichen Ebene werden an die Staatsangehörigkeit das Recht des Bürgers auf diplomatischen Schutz des Staates gegenüber seinen Staatsangehörigen geknüpft, aber auch die Verpflichtung des Staates, die eigenen Staatsangehörigen wieder aufzunehmen. Das Rechte- und Pflichtenverhältnis besteht auf innerstaatlicher Ebene zwischen dem Staat und seinen Staatsangehörigen, auf völkerrechtlicher Ebene mangels Völkerrechtssubjektivität meist nur zwischen den Staaten aber zugunsten der Staatsangehörigen eines Staates. Die Staaten gehen in letzter Zeit jedoch vermehrt dazu über, durch völkerrechtliche Vereinbarungen Staatsangehörigen auch eigene Rechte gegenüber den Staaten einzuräumen, so dass auch auf völkerrechtlicher Ebene teilweise eine Rechte- und Pflichtenbeziehung zwischen Staat und Staatsangehörigem entsteht[75].

Diese Rechte- und Pflichtenbeziehung zwischen Staat und Staatsangehörigem macht den eigentlichen Inhalt der Staatsangehörigkeit aus. Die mit der Staatsangehörigkeit verbundenen Rechte und Pflichten stellen aber kein konstitutives Element der Staatsangehörigkeit dar. Die Staatsangehörigkeit an sich ist nämlich in ihrer Entstehung von Rechten und Pflichten zwischen Staat und Bürger nicht abhängig, vielmehr handelt es sich dabei um bestimmte innerstaatliche oder völkerrechtliche Rechtsfolgen, die an den Erwerb der Staatsangehörigkeit geknüpft sind[76].

Ob die mit der Staatsangehörigkeit verbundenen Rechte und Pflichten automatisch mit dem Erwerb der Staatsangehörigkeit entstehen oder erst nachträglich, ist allerdings strittig. Diese Diskussion ist nur relevant, wenn die Staatsangehörigkeit als ein Status des Bürgers betrachtet wird. Denn wird die Rechtsnatur der Staatsangehörigkeit von vorneherein als Rechtverhältnis zwischen Staat und Bürger betrachtet, so entstehen diese Rechte bereits allein aus dem Austauschverhältnis zwischen Staat und Staatsbürger. Ob die Rechte und Pflichten automatisch aus der Staatsangehörigkeit entstehen, soll dabei zusätzlich noch davon abhängen, ob es sich um den staatlichen oder völkerrechtlichen Bereich handelt.

---

[75] Vor allem im Bereich der Menschenrechte bekommen Staatsangehörige in letzter Zeit vermehrt eigene Beschwerderechte eingeräumt, die sie auch gegenüber dem eigenen Staat geltend machen können. Als Beispiel ist hier das Individualbeschwerderecht im Rahmen der Europäischen Menschenrechtskonvention anzuführen.

[76] Die Rechte können, wie es auch Renner zutreffend darstellt, nicht konstitutiv, das heißt eine Voraussetzung für die Staatsangehörigkeit, sein. Gegen eine konstitutive Wirkung spricht allein schon die Mehrstaatigkeit. Knüpft einer der Staaten, dessen Staatsangehörigkeit der Mehrstaater besitzt, an die Staatsangehörigkeit die Ableistung des Wehrdienstes, so wäre es bei einer Betrachtung nach dem konstitutiven Element nur schwer zu begründen, warum die betroffene Person gerade diese Staatsangehörigkeit erhielte. Renner, in: Hailbronner/Renner, 3. Auflage, Einl. C, Rdnr. 6.

Dabei wird auch hier auf die Unterscheidung zwischen dem völkerrechtlichen und innerstaatlichen Begriff der Staatsangehörigkeit zurückgegriffen[77].

1. Unterteilung in einen innerstaatlichen und völkerrechtlichen Begriff
Die Vertreter, die eine Unterteilung in einen innerstaatlichen und einen völkerrechtlichen Begriff der Staatsangehörigkeit vornehmen, sehen im innerstaatlichen Bereich keine automatische Entstehung von Rechten und Pflichten aus der Staatsangehörigkeit. Sie begründen dies damit, dass – auch in Bezug auf das Staatsangehörigkeitsrecht der Bundesrepublik Deutschland – erst nachträglich durch die innerstaatliche Gesetzgebung bestimmte Rechtsfolgen an den Besitz der Staatsangehörigkeit geknüpft würden. Sowohl Artikel 16 Absatz 1 GG als auch die Normen des StAG (RuStAG)[78] regelten nur den Erwerb der deutschen Staatsangehörigkeit, eine Regelung über eine unmittelbare Begründung von Rechten oder Pflichten, die mit dem Erwerb der deutschen Staatsangehörigkeit verbunden seien, beinhalteten sie jedoch nicht. Die Staatsangehörigkeit sei nicht Grundlage einer gegenseitigen Rechte- und Pflichtenbeziehung zwischen Staat und Bürger, sondern nur deren Voraussetzung[79]. Die aus der Staatsangehörigkeit resultierenden Rechte, wie das Wahlrecht, oder Pflichten, wie die Wehrpflicht[80], seien keine automatische Folge der Staatsangehörigkeit. Insbesondere die Tatsache, dass auf tatbestandlicher Seite noch weitere Voraussetzungen wie der ständige Aufenthalt in der Bundesrepublik Deutschland gem. § 1 Absatz 1 Nr. 1 WehrPflG an die Rechte- und Pflichtenstellung geknüpft seien, lassen den Schluss zu, dass sich mit dem Erwerb der Staatsangehörigkeit innerstaatlich noch keine automatische Pflichtenbeziehung zwischen Staat und Staatsangehörigem ergebe. Die Staatsangehörigkeit ist innerstaatlich gesehen aber lediglich

---

[77] Wengler, in: FS für Schätzel, S. 545 (546 ff.); Randelzhofer, in: Maunz/Dürig, Artikel 16 GG, Rdnr. 9. Kritisch dazu Makarov, Staatsangehörigkeit, in: Wörterbuch des Völkerrechts, Bd. III, S. 323 (324); Renner, in: Hailbronner/Renner, 3. Auflage, Einl. C, Rdnr. 7. Dabei bleibt selbst in der Literatur ungeklärt, was unter einem innerstaatlichen und einem völkerrechtlichen Begriff der Staatsangehörigkeit zu verstehen ist. Teilweise wird auf die völkerrechtliche Ermächtigung zur innerstaatlichen Regelung der Staatsangehörigkeit abgestellt, zum Teil darunter die innerstaatliche Rechtsgestaltung zu Staatsangehörigkeitsfragen verstanden. Kimminich sieht in dem Ausdruck des völkerrechtlichen Staatsangehörigkeitsrechts allein schon einen Widerspruch in sich. Da die Staatsangehörigkeit einen Ausfluss der staatlichen Souveränität darstelle, könne mit den Begriffen völkerrechtliches Staatsangehörigkeitsrecht und völkerrechtlicher Staatsangehörigkeitsbegriff nur gemeint sein, dass die grundsätzliche Freiheit der Staaten, die Staatsangehörigkeit innerstaatlich zu regeln, durch völkerrechtliche Regeln eingeschränkt werde. Kimminich, in: Bonner Kommentar Artikel 16 GG, Rdnr. 12 f.

[78] Reichs- und Staatsangehörigkeitsgesetz vom 22.07.1913 (RGBl. 1913, 583 ff.). Mit Wirkung vom 01.01.2000 nunmehr Staatsangehörigkeitsrecht.

[79] Randelzhofer, in: Maunz/Dürig Artikel 16 GG, Rdnr. 9.

[80] Siehe § 1 I WehrPflG.

ein *Bereitschaftsstatus*, an den eine Rechte- und Pflichtenbeziehung geknüpft werden könne[81].

Auf völkerrechtlicher Ebene soll mit dem Erwerb der Staatsangehörigkeit jedoch diese Rechte- und Pflichtenbeziehung automatisch entstehen. Dabei wird maßgeblich auf die Ausübung des diplomatischen Schutzes und der Pflicht zur Aufnahme der eigenen Staatsangehörigen abgestellt[82]. Die Staatsangehörigkeit aus völkerrechtlicher Sicht verschiebe sich damit von einer gegenseitigen Pflichtenbeziehung zwischen Staat und Staatsangehörigem auf eine solche des Staates gegenüber den anderen Staaten[83].

Es wird allerdings verkannt, dass selbst auf völkerrechtlicher Ebene das Rechte- und Pflichtenverhältnis nicht automatisch entsteht, da auch die Gewährung des diplomatischen Schutzes an bestimmte tatbestandliche Voraussetzungen gebunden ist. Die Gewährung des Schutzes seitens des Staates ist nämlich davon abhängig, dass der Staatsangehörige im Ausland zunächst mit allen ihm im Ausland zustehenden rechtlichen Möglichkeiten versucht, das gegen ihn gerichtete Unrecht abzuwehren, bevor er den völkerrechtlichen Schutz seines Heimatstaates, den diplomatischen Schutz, beanspruchen kann (sog. *local remedies rule*)[84]. Dies bedeutet, dass an die Ausübung des diplomatischen Schutzes weitere Voraussetzungen geknüpft werden und die Staatsangehörigkeit selbst im Völkerrecht nicht automatisch zu einer Rechte- bzw. Pflichtenbeziehung des Staates gegenüber anderen Staaten führen kann.

2. Keine Unterscheidung in völkerrechtlichen und innerstaatlichen Bereich

Überwiegend wird jedoch eine Unterscheidung zwischen innerstaatlichem und völkerrechtlichem Bereich abgelehnt. Zwar findet grundsätzlich eine Unterscheidung zwischen dem inländischen und dem völkerrechtlichen Rechtskreis hinsichtlich der Rechtswirkungen der Staatsangehörigkeit statt[85], es wird jedoch davon ausgegangen, dass sich allein aus der Staatsangehörigkeit wechselseitige Rechte und Pflichten ergeben, welche somit auch ein Bestandteil ihrer Begriff-

---

[81] Randelzhofer, in: Maunz/Dürig, Artikel 16 GG, Rdnr. 9.

[82] Weis, Staatsangehörigkeit und Staatenlosigkeit im gegenwärtigen Völkerrecht, S. 3; Makarov, Allgemeine Lehren des Staatsangehörigkeitsrechts, S. 29; Marx, Vor § 1 RuStAG, Rdnr. 102; Randelzhofer, in: Maunz/Dürig, Artikel 16 GG, Rdnr. 9; Wengler sieht das Schutzrecht des Staates und die Personalhoheit als von vornherein untrennbar mit der Staatsangehörigkeit verknüpft an. Nach seiner Ansicht stellen sie die Essentialia des völkerrechtlichen Begriffs der Staatsangehörigkeit dar. Wengler, in: FS für Schätzel, S. 545 (549).

[83] Randelzhofer, in: Maunz/Dürig, Artikel 16 GG, Rdnr. 9.

[84] Geck, *Diplomatic Protection*, in: EPIL I (1992), S. 1045 (1056); Gloria, in: Ipsen, § 24, Rdnr. 38.

[85] Siehe Dahm, Bd. I, S. 444 f.

lichkeit seien[86]. Das Rechte- und Pflichtenverhältnis entstehe originär mit dem Erwerb der Staatsangehörigkeit, die weitere Ausgestaltung richte sich nach nationalem und internationalem Recht. Es bleibe dem innerstaatlichen Recht überlassen, die Folgen, die sich aus der Knüpfung des Bandes ergeben, national zu regeln, sowie bestehende wieder aufzuheben oder zu ändern[87]. Ebenso könnten die Staaten in dem zulässigen Rahmen bestimmte Rechte und Verpflichtungen, die an die Staatsangehörigkeit geknüpft sind, wieder aufheben oder ändern.
Die Akzessorietät[88], die zwischen der Staatsangehörigkeit und der mit ihr verbundenen Rechten und Pflichten besteht, endet nach dieser Ansicht mit dem Verlust der Staatsangehörigkeit, entsteht jedoch originär mit deren Erwerb, wobei es den Staaten anheim gestellt wird, diese Beziehung weiter auszugestalten.

3. Stellungnahme

Mit der Staatsangehörigkeit sind Rechte und Pflichten verbunden. Sie sind allerdings nicht die Folge einer Rechtsbeziehung zwischen Staat und Staatsangehörigem, denn aufgrund der Betrachtung der Staatsangehörigkeit als Status des Staatsangehörigem nach dem modernen Staatsbegriff vermittelt die rechtliche Eigenschaft des Staatsangehörigen noch keine unmittelbare Rechtsfolge der Staatsangehörigkeit *per se*. Vielmehr entsteht das Rechte- und Pflichtenverhältnis der Staatsangehörigkeit auf sekundärer Ebene und schließt sich an den Status des Staatsangehörigen an. Daher entsteht es auch unmittelbar mit dem Erwerb des Status des Staatsangehörigen, also mit dem Erwerb der Staatsangehörigkeit. Hierbei besteht auch kein Unterschied aus völkerrechtlicher und nationaler Sicht, da sich der Status des Staatsangehörigen sowohl in innerstaatlicher als auch in völkerrechtlicher Sicht nicht unterscheidet.

II. Ergebnis

Die Rechte und Pflichten des Staates gegenüber dem Staatsangehörigen machen den eigentlichen Inhalt der Staatsangehörigkeit aus. Sie bestehen sowohl auf innerstaatlicher als auch auf völkerrechtlicher Ebene. In ihrer Entstehung sind sie originär und entsprechen der ureigenen Beziehung zwischen dem Staat und seinem Staatsangehörigen. Die weitere Ausgestaltung dieser Rechte und Pflichten obliegt dabei den Staaten in den Grenzen des Völkerrechts.

D. Kompetenz zur Regelung der Staatsangehörigkeit

Die Regelung für den Erwerb der Staatsangehörigkeit eines Staates obliegt den jeweiligen Staaten[89]. Der Erwerb der Staatsangehörigkeit fällt in den innerstaat-

---

[86] Dahm, Bd. I, S. 444 f.; Randelzhofer, in: Maunz/Dürig, Artikel 16 GG Rdnr. 9.
[87] Makarov, Allgemeine Lehren des Staatsangehörigkeitsrechts, S. 30.
[88] Wengler, in: FS für Schätzel, S. 545 (545 f.).
[89] Renner, in: Davy, S. 174; Verdross, 4. Auflage, S. 235.

lichen Bereich, der *domaine réservé* eines jeden Staates und somit in denjenigen Kompetenzbereich, der sich dem Einfluss anderer Staaten entzieht. Das hat zur Folge, dass sowohl die Regelung des Erwerbs als auch des Verlustes den innerstaatlichen Rechtsvorschriften vorbehalten ist[90]. Die Erteilung der Staatsangehörigkeit ist somit eine ureigene Kompetenz des jeweiligen Staates[91]. Das Völkerrecht kann die Staatsangehörigkeit weder verleihen, noch eine bereits erworbene wieder entziehen[92]. Dieser Grundsatz ist bereits in Artikel 1 Satz 1 der Haager Konvention über gewisse Fragen beim Konflikt von Staatsangehörigkeitsgesetzen vom 12. April 1930[93] enthalten. Obwohl dies früher einige Autoren dahingehend deuteten, dass hinsichtlich der Regelung der Staatsangehörigkeit gar keine völkerrechtlichen Grenzen bestünden[94], ist heute unbestritten anerkannt, dass der Regelung der Staatsangehörigkeit durch die Staaten ein völkerrechtlicher Rahmen gesetzt wird[95]. So ist in Fällen, in denen Bereiche des internationalen Rechts tangiert sind, die Regelung der Staatsangehörigkeit nicht mehr alleiniger Gegenstand innerstaatlicher Gesetzgebung, die dem Völkerrecht verschlossen ist. Die Regelungskompetenz der Staaten muss dann vielmehr den im Völkerrecht anerkannten Normen entsprechen[96].

---

90 *PCIJ in Nationality Decrees in Tunis and Marocco*, PCIJ, Series B, No. 4 (1923), S. 24; Makarov, Allgemeine Lehren des Staatsangehörigkeitsrechts, S. 10; Randelzhofer, *Nationality*, in: EPIL III, S. 501 (502); Verdross, 4. Auflage, S. 235; Berber, Bd. I, S. 374 f.; Randelzhofer, in: Maunz/Dürig, Artikel 16 GG, Rdnr. 10; Weis, Staatsangehörigkeit und Staatenlosigkeit im gegenwärtigen Völkerrecht, S. 4; Doehring, Staatsrecht, S. 89; BVerfGE 37, 217 (218); Dahm/Delbrück/Wolfrum, Völkerrecht, Bd. I/1, S. 123.

91 Renner, in: Davy, S. 174.

92 Weis, Staatsangehörigkeit und Staatenlosigkeit im gegenwärtigen Völkerrecht, S. 6.

93 Art 1 Satz 1: *Dem einzelnen Staate steht es zu, durch seine Gesetzgebung zu bestimmen, wer seine Staatsangehörigkeit besitzt.* [...]; LNTS Bd. CLXXIX, S. 89; deutscher Text in: Hecker, Mehrfache völkerrechtliche Verträge zum Staatsangehörigkeitsrecht, S. 13 ff. Die Konvention trat am 01.07.1937 in Kraft. Mitgliedstaaten der Konvention sind Australien, Belgien, Brasilien, China, Großbritannien, Indien, Kanada, Malta, Monaco, Niederlande, Norwegen, Pakistan, Polen und Schweden. Mit Vorbehalt unterzeichneten: Dänemark, Japan, Kolumbien, Kuba, Mexiko, Peru und die Schweiz. Hecker, Mehrfache völkerrechtliche Verträge zum Staatsangehörigkeitsrecht, S. 12 f.

94 Vgl. Verdross, 4. Auflage, S. 235; Bluntschli, S. 213, Anm. 364.

95 Kimminich, in: Bonner Kommentar, Artikel 16 GG, Rdnr. 14; Verdross, 4. Auflage, S. 235, 240; Randelzhofer, *Nationality*, in: EPIL III, S. 501 (502); Randelzhofer, in: Maunz/Dürig, Artikel 16, Rdnr. 13; *PCIJ in Nationality Decrees in Tunis and Marocco*, PCIJ, Series B, No. 4 (1923), S. 24.

96 Gloria, in: Ipsen, § 24, Rdnr. 4; Verdross, 4. Auflage, S. 237; Weis, Staatsangehörigkeit und Staatenlosigkeit im gegenwärtigen Völkerrecht, S. 6; Seidl-Hohenveldern/Stein, Rdnr. 1310; dies gilt auch in Bezug auf die Einbürgerung von Bürgern anderer Staaten, die damit der Personalhoheit der einbürgernden Staates unterworfen würden. Dazu Seidl-Hohenveldern/Stein, Rdnr. 1311; Ziemske, S. 61; so auch das Ergebnis des Rechtsgutachtens des StIGH hinsichtlich der Staatsangehörigkeitsdekrete von Tunesien und Marokko.

Begrenzt ist die innerstaatliche Kompetenz einerseits dahingehend, dass der Erwerb der Staatsangehörigkeit an völkerrechtlich anerkannte Anknüpfungspunkte gebunden ist. Zwar stehen diese Anknüpfungspunkte dem innerstaatlichen Gesetzgeber nicht entgegen, allerdings wird die Staatsangehörigkeit, die aufgrund eines nicht durch das Völkerrecht anerkannten Anknüpfungspunktes erteilt worden ist, von anderen Staaten nicht anerkannt[97]. Zudem besteht das Verbot der Regelung einer fremden Staatsangehörigkeit[98]. Das Verbot untersagt es einem Staat, Regelungen zu treffen, nach denen bestimmt wird, wer unter welchen Voraussetzungen die Staatsangehörigkeit eines anderen Staates erwirbt oder wieder verliert[99]. Hier ist auch Artikel 2 der Haager Konvention über gewisse Fragen beim Konflikt von Staatsangehörigkeitsgesetzen vom 12. April 1930[100] anzuführen, wonach die Frage, welchem Staat eine betroffene Person angehört, stets nach den Gesetzen dieses Staates zu entscheiden ist[101]. Allerdings ist es einem Staat nicht untersagt, seine eigene Staatsangehörigkeit in Bezug auf andere Staatsangehörige eines anderen Staates zu regeln. Hier greift der Staat nicht in die Kompetenz des anderen Staates ein, da er nur seine eigene Staatsangehörigkeit regelt. Diese überschneidet sich lediglich mit einer bereits vorhandenen Staatsangehörigkeit eines anderen Staates.

Das Verbot der Regelung der fremden Staatsangehörigkeit findet ebenso keine Anwendung in den Fällen der sogenannten „funktionellen Staatsangehörigkeit“[102]. Im Gegensatz zu der „allgemeinen Staatsangehörigkeit“ wird unter der „funktionellen Staatsangehörigkeit“ die Staatsangehörigkeit im Sinne eines bestimmten Gesetzes oder eines Staatsvertrages verstanden[103]. Kimminich sieht

---

Weis, Staatsangehörigkeit und Staatenlosigkeit im gegenwärtigen Völkerrecht, S. 4; so auch Artikel 1 Satz 2 der Haager Konvention über gewisse Fragen beim Konflikt von Staatsangehörigkeitsgesetzen: *Die anderen Staaten müssen diese Gesetzgebung anerkennen, so weit sie mit den internationalen Verträgen, der internationalen Übung und den auf dem Gebiet der Staatsangehörigkeit allgemein anerkannten Rechtsgrundsätzen im Einklang stehen.* Hecker, Mehrfache völkerrechtliche Verträge zum Staatsangehörigkeitsrecht, S. 16.

97 Randelzhofer, in: Maunz/Dürig, Artikel 16 GG, Rdnr. 13.

98 Gloria, in: Ipsen, § 24, Rdnr. 5; Randelzhofer, in: Maunz/Dürig, Artikel 16 GG, Rdnr. 11.

99 Randelzhofer, in: Maunz/Dürig, Artikel 16 GG, Rdnr. 11; Gloria, in: Ipsen, § 24, Rdnr. 5.

100 Art 2: *Darüber, ob jemand einem Staat angehört, ist stets nach den Gesetzen dieses Landes zu entscheiden.* LNTS Bd. CLXXIX, S. 89; deutscher Text in: Hecker, S. 13 ff.

101 Vgl. auch Kimminich, in: Bonner Kommentar, Artikel 16 GG, Rdnr. 15.

102 Randelzhofer, in: Maunz/Dürig, Artikel 16 GG, Rdnr. 12.

103 Makarov, Allgemeine Lehren des Staatsangehörigkeitsrechts, S. 12 f.; Randelzhofer, in: Maunz/Dürig, Artikel 16 GG, Rdnr. 12; Kimminich, in: Bonner Kommentar, Artikel 16 GG, Rdnr. 15. Als Beispiel des Begriffs einer funktionellen Staatsangehörigkeit siehe Artikel 1 Nr. 3 des Abkommens zwischen der Bundesrepublik Deutschland und der Arabischen Republik Syrien über die Förderung und den gegenseitigen Schutz von Kapitalanlagen; BGBl. 1979 II, S. 423 (424).

einen typischen Fall der „funktionellen Staatsangehörigkeit" dann als gegeben an, wenn ein Staat eine andere Staatsangehörigkeit nur für bestimmte meist innerstaatliche Zwecke definiert, ohne seine Pflicht zur Anerkennung der fremden Staatsangehörigkeitsgesetze zu verletzen[104]. Der Staat treffe hierbei keine Regelung bezüglich der Staatsangehörigkeit an sich[105].
Ferner ist der Staat bei der Regelung seiner Staatsangehörigkeit auch an das Völkerrecht gebunden, wenn er bi- oder multilaterale völkerrechtliche Vereinbarungen getroffen hat, welche die Regelung seiner Staatsangehörigkeit betreffen. Außerdem hat er die allgemeinen Grundsätze des Völkerrechts zu beachten, wie die Regeln der Völkergewohnheitsrechts einschließlich des zwingenden Völkergewohnheitsrechts.
Die Kompetenz zur Regelung der Staatsangehörigkeit ist aus völkerrechtlicher Sicht also grundsätzlich eine Kompetenz, die dem jeweiligen innerstaatlichen Gesetzgeber obliegt. Dennoch ist der nationale Gesetzgeber in der Regelung seiner Staatsangehörigkeit völkerrechtlichen Vorgaben unterworfen. Diese sind zum einen bestimmte Anknüpfungspunkte der Staatsangehörigkeit, ohne welche die innerstaatliche Regelung eine völkerrechtliche Anerkennung nicht erhält sowie die sich aus dem Völkergewohnheitsrecht und Völkervertragsrecht ergebenden Beschränkungen.

E. Völkerrechtliche Anknüpfungspunkte

I. Grundlagen

Obwohl die Regelung der Staatsangehörigkeit eines Staates zu dessen *domaine réservé* gehört und er staatsangehörigkeitsrechtliche Vorschriften nach eigenem Ermessen erlassen kann, ist er in bestimmter Weise auch an völkerrechtliche Vorgaben gebunden. Hierzu zählen die völkerrechtlichen Anknüpfungspunkte, die bei der Erteilung der Staatsangehörigkeit zu beachten sind. Die völkerrechtlichen Anknüpfungspunkte stellen ihrer rechtlichen Eigenschaft nach keine verbindliche völkerrechtliche Vorschrift in dem Sinne dar, dass sich daraus ein Rechtsanspruch für den Einzelnen im positiven Sinne entwickeln könnte[106] oder entgegenstehendes nationales Recht automatisch nichtig wäre. Eine Person kann sich beim Anspruch auf Erwerb der Staatsangehörigkeit eines Staates also nicht auf völkerrechtliche Normen berufen. Vielmehr stellen sie völkerrechtliche Tatbestände dar, die klären, wann staatsangehörigkeitsrechtliche Regelungen eines

---

[104] Kimminich, in: Bonner Kommentar, Artikel 16 GG, Rdnr. 15.

[105] Siehe hierzu auch Makarov, Allgemeine Lehren des Staatsangehörigkeitsrechts, S. 13 ff.; Makarov/v. Mangoldt, Einl. I, Rdnr. 7 f. m. w. N.

[106] Randelzhofer, *Nationality*, in: EPIL III, S. 501 (503); ausschließlich *ius soli* und *ius sanguinis* sollten bereits in Artikel 3 des Entwurfs der *Harvard Law School* eine Regelung finden.

Staates zwischenstaatlich anerkannt werden dürfen und wann ein Staat seine Staatsangehörigkeit an eine bestimmte Person völkerrechtlich wirksam verleihen kann. Sie bilden somit einen gemeinsamen Nenner, der eine Anerkennung der jeweiligen staatsangehörigkeitsrechtlichen Normen auf internationaler Ebene gewährleistet. Somit ergibt sich trotz der grundsätzlichen Freiheit der Staaten ein von der internationalen Rechtsordnung zu respektierender Rahmen, in dem sich der Staat bei der Regelung seiner Staatsangehörigkeit bewegen kann[107].
Aufgrund der Anknüpfungspunkte richtet sich der Erwerb der Staatsangehörigkeit nach natürlichen Vorgängen, politischen Ereignissen in Verbindung mit völkerrechtlich relevanten Vorgängen, nach Willensakten des erteilenden Staates und des Individuums oder nach Tatsachen oder Geschehnissen, die auf eine Willensentscheidung des Individuums schließen lassen[108].
Grundsätzlich gibt es zwei Hauptgruppen der Erwerbstatbestände. Die eine Gruppe umfasst die Tatbestände des originären Erwerbs der Staatsangehörigkeit durch die Geburt, also einen Erwerb durch einen natürlichen Vorgang. Die zweite Gruppe umfasst Tatbestände des derivativen (nachträglichen) Erwerbs. Darunter fallen Erwerbstatbestände durch politische Vorgänge, wie der Erwerb im Zuge der Staatennachfolge, der Erwerb durch Einbürgerung, der sowohl einen Willensakt des einbürgernden Staates als auch des einzubürgernden Individuums voraussetzt, oder der sonstige Erwerb, wie beispielsweise infolge einer Heirat, einer Adoption oder einer Legitimation eines Individuums. Der originäre Erwerb setzt keinen Willensakt der betroffenen Person voraus, der derivative Erwerb ist in der Regel an einen Willensakt des Einzubürgernden geknüpft.

II. Originärer Erwerb

Beim originären Erwerb (Erwerb durch Geburt) knüpft die Staatenpraxis an die Abstammung einer Person oder die Geburt einer Person auf einem bestimmten Staatsgebiet an[109]. Diese beiden Prinzipien sind als Erwerbstatbestände der Staatsangehörigkeit bei der Geburt heute in der Staatenpraxis als Anknüpfungspunkte anerkannt.

---

[107] Die Regelung der Staatsangehörigkeit mag zwar eine ureigene Kompetenz der Staaten darstellen, jedoch sind Regelungen im Bereich des Staatsangehörigkeitsrechts auf internationaler Ebene, ebenso wie andere Kompetenzbereiche des Völkerrechts auch Einschränkungen unterworfen. Diese Schranken ergeben sich aus dem Völkervertrags- und Völkergewohnheitsrecht. Hat sich der betroffene Staat bestimmten Teilen seines Kompetenzbereichs begeben, so hat er die Regelungskompetenz hinsichtlich dieser Materie aus dem innerstaatlichen in den internationalen, also den völkerrechtlichen, Bereich verlagert. So u.a. Renner, in: Davy, S. 174.

[108] Dahm, Bd. I, S. 452 f., 456.

[109] Ziemske, S. 65; Verdross, 4. Auflage, S. 237; Renner, in: Davy, S. 174.

1. Abstammungsprinzip (ius sanguinis)

Bei der Anknüpfung an die Abstammung einer Person *(ius sanguinis)*[110] richtet sich der Staatsangehörigkeitserwerb eines Kindes nach der Staatsangehörigkeit der Eltern[111]. Der Geburtsort des Kindes ist dabei unbeachtlich[112]. Der Staat hat die Möglichkeit, einer Person die Staatsangehörigkeit zu erteilen, wenn mindestens einer ihrer ehelichen Elternteile die Staatsangehörigkeit des erteilenden Staates besitzt[113]. Das *ius sanguinis*-Prinzip ist das historisch bedeutsamste Prinzip zur Übertragung der Staatsangehörigkeit auf Kinder. Es hat aber entgegen seiner Übersetzung nichts mit einem sogenannten „Blutrecht" zu tun[114]. Vielmehr wird rechtshistorisch an den Grundsatz der bürgerlichen Gemeinschaft auf einem Staatsgebiet angeknüpft[115]. Der Fortbestand des Staates ist von der Fortpflanzung der Bürger abhängig, die durch Geburt die eigenen Rechte ihren Nachfahren „übertragen"[116]. Dabei besteht die rechtliche Vermutung, dass jeder Bürger seinen Nachfahren das Recht vorbehält, ebenfalls Mitglied der staatlichen Gemeinschaft zu werden[117]. Das Prinzip schützt vor allem die Interessen der Auswanderungsländer. Durch den übergroßen Exodus der Staatsbürger eines Auswanderungslandes soll mit der Weitergabe der Staatsangehörigkeit nach dem *ius sanguinis*-Prinzip die Staatsangehörigkeit der Eltern solange wie möglich an die Nachfahren weitergegeben werden, um damit auch die Bindung an das Heimatland aufrecht zu erhalten und die Einheit der Volkszugehörigen auch im Ausland gewährleisten zu können. Der Ursprung des *ius sanguinis*-Prinzips ist damit allein das Nationalitätenprinzip, nach dem die Einheit von Staat- und

---

110 *Sanguis, sanguinis lat.*: Blut, Geblüt, Blutsverwandtschaft, Abkömmling

111 Kimminich/Hobe, S. 90; Weis, Staatsangehörigkeit und Staatenlosigkeit im gegenwärtigen Völkerrecht, S. 7; Verdross, 4. Auflage, S. 237; Guggenheim, S. 286; Schätzel/de Vattel, Bd. III, S. 143; Ziemske, S. 65; Feer, S. 18; dabei ist nicht Voraussetzung, dass beide Elternteile dieselbe Staatsangehörigkeit besitzen. Nach vielen Staatsangehörigkeitsrechten genügt es, dass ein Elternteil Inländer ist. Teilweise findet auch eine Unterscheidung zwischen ehelicher und nichtehelicher Geburt statt. Bei letzterer ist dann die Staatsangehörigkeit der Mutter von Bedeutung. Siehe Dahm, Bd. I, S. 453.

112 Hailbronner, in: Vitzthum, Abschn. III, Rdnr. 104; Doehring, Staatsrecht, S. 90; Feer, S. 18; Kimminich/Hobe, S. 90.

113 Seidl-Hohenveldern/Stein, Rdnr. 1319; für die Bundesrepublik Deutschland siehe § 4 Absatz 1 StAG; Gloria, in: Ipsen, § 24, Rdnr. 9. Die Staatsangehörigkeit richtet sich im Regelfall nach der Staatsangehörigkeit des Vaters, bei nichtehelichen Kindern nach der Staatsangehörigkeit der Mutter.

114 v. Mangoldt, ZAR 1999, S. 243 (244).

115 v. Mangoldt, ZAR 1999, S. 243 (244); Schätzel/de Vattel, Die Klassiker des Völkerrechts, Bd. III, S. 143.

116 Schätzel/de Vattel, Bd. III, S. 143.

117 Schätzel/de Vattel, Bd. III, S. 143.

Volkszugehörigkeit angestrebt wird[118]. Das *ius sanguinis*-Prinzip liegt auch dem deutschen Staatsangehörigkeitsrecht zugrunde[119].

2. Geburtslandprinzip (ius soli)

Einen weiteren Anknüpfungspunkt für den originären Erwerb der Staatsangehörigkeit bildet der Geburtsort einer Person. Der Staat hat die völkerrechtlich anerkannte Kompetenz, jeder auf seinem Staatsgebiet geborenen Person seine Staatsangehörigkeit zu verleihen. Dies ist unabhängig davon, ob die Eltern oder auch nur eines der Elternteile die Staatsangehörigkeit des Geburtslandes besitzen[120]. Dieses sog. *ius soli*-Prinzip[121] findet sich vor allem in den Staatsangehörigkeitsgesetzen der Einwanderungsländer, ist jedoch gegenüber dem *ius sanguinis*-Prinzip das ältere Recht.

Ein Bestreben der Einwanderungsländer ist es, durch das *ius soli*-Prinzip, die Nachkommen der Einwanderer so früh wie möglich an das Einwanderungsland zu binden, selbst dann, wenn die Eltern die Staatsangehörigkeit des betreffenden Staates selbst noch nicht besitzen[122]. Daneben wird das *ius soli*-Prinzip dazu benutzt, um die Entstehung von Staatenlosigkeit beim originären Erwerb der Staatsangehörigkeit zu vermeiden.

Der räumliche Geltungsbereich des *ius soli*-Prinzips umfasst das Staatsgebiet des Staates, der das *ius soli*-Prinzip praktiziert. Es ist allerdings nicht allein auf das Kerngebiet des Staates beschränkt, sondern es erstreckt sich auch auf die Geburt auf Schiffen oder auf Flugzeugen, die unter seiner Flagge unterwegs sind[123]. Da Schiffe und Flugzeuge nicht als Gebietsteile eines Staates angesehen

---

118 Seidl-Hohenveldern/Stein, Rdnr. 1319; Dahm, Bd. I, S. 453.

119 Reichs- und Staatsangehörigkeitsgesetz vom 22.07.1913 (RGBl. 1913, 583 ff.). Mit Wirkung vom 01.01.2000 nunmehr Staatsangehörigkeitsrecht. Trotz der Einführung des *ius soli*-Prinzips in § 4 Absatz 3 StAG, verfolgt das deutsche Staatsangehörigkeitsrecht in § 4 Absatz 1 StAG immer noch das *ius sanguinis*-Prinzip. Siehe dazu näher unten Kapitel 3. Das *ius sanguinis*-Prinzip ist zudem Grundlage des österreichischen Staatsangehörigkeitsrechts, vgl. ÖBGBl. 1965/250 i.d.F. ÖBGBl. 1983/170.

120 Gloria, in: Ipsen, § 24, Rdnr. 9; Ziemske, S. 65; Guggenheim, S. 286; v. Mangoldt, ZAR 1999, S. 243 (244); Weis, Staatsangehörigkeit und Staatenlosigkeit im gegenwärtigen Völkerrecht, S. 7; Hailbronner, in: Vitzthum, Abschn. III, Rdnr. 104; Verdross, 4. Auflage, S. 237; Kimminich/Hobe, S. 90; Doehring, Staatsrecht, S. 90; Dahm, Bd. I, S. 453; die Anknüpfung an das Geburtsland ist vor allem verbreitet im Staatsangehörigkeitsrecht der klassischen Einwanderungsländer.

121 *Solum, soli lat.*: Boden, Grund, Land.

122 Guggenheim, S. 286, Fußnote 355; Dahm, Bd. I, S. 453; Kimminich/Hobe, S. 90; Seidl-Hohenveldern/Stein, Rdnr. 1318; Rittstieg, NJW 1991, S. 1383 (1385); v. Münch, FAZ vom 08.03.1999, S. 10.

123 Randelzhofer, *Nationality*, in: EPIL III, S. 501 (503); geht man entgegen der heute überwiegenden Ansicht davon aus, dass Schiffe als schwimmende Gebietsteile angesehen werden, so stellt sich dieses Problem nicht. Eine Geburt auf dem Schiff oder in einem

werden, kann die Geburt dort aber auch durch die innerstaatlichen Vorschriften beschränkt werden[124].

Eine Ausnahme von der Anknüpfung an das *ius soli*-Prinzip besteht auf dem Gebiet des Diplomaten- und Konsularrechts. Die Besonderheiten des Diplomaten- und Konsularwesens verbieten es, bei der Geburt der Kinder von Personen, die aufgrund einer diplomatischen oder konsularischen Mission in einem *ius soli*-Land verweilen, ebenfalls das *ius soli*-Prinzip anzuwenden. Neben der besonderen extraterritorialen Eigenschaft des diplomatischen oder konsularischen Dienstes, wird dies auch damit begründet, dass hier eine nähere tatsächliche Beziehung mit dem Empfangsstaat nicht besteht[125]. Eine diesbezügliche Regelung findet sich zum einen in Artikel 12 des Haager Übereinkommens und war ebenfalls in dem Entwurf der *Harvard Law School* in Artikel 5 vorgesehen[126]. Im Anschluss an das Wiener Diplomatenrechtsübereinkommen und das Wiener Konsularrechtsübereinkommen wurde eine diesbezügliche Regelung in einem Fakultativprotokoll über den Erwerb der Staatsangehörigkeit[127] zu dem jeweili-

---

Flugzeug würde dann automatisch eine Geburt auf dem betreffenden Territorium des Flaggenstaates darstellen. Zu den unterschiedlichen Bewertungen der verschiedenen Rechtsordnungen, siehe Dahm, Bd. I, S. 453, Fußnote 1.

124 Insofern ungenau beim Inlandbegriff des § 4 Absatz 3 StAG. Siehe dazu näher unten.

125 Guggenheim, S. 287.

126 Verdross, 4. Auflage, S. 239 f.; Dahm, Bd. I, S. 455; Artikel 5 des *Research in international Law - Nationality* sollte festlegen: *A state may not confer its nationality at birth (jure soli) upon a person born within its territory if such person is a child of an alien having diplomatic immunity therein, or otherwise not subject to its jurisdiction.* AJIL 23, Special Supplement, April 1929, S. 11 (13).

127 Fakultativprotokoll vom 18.04.1961 zum Erwerb der Staatsangehörigkeit zum Wiener Übereinkommen über diplomatische Beziehungen, BGBl. 1964 II, S. 1006 ff. Artikel II des Fakultativprotokolls über den Erwerb der Staatsangehörigkeit zum Wiener Übereinkommen über diplomatische Beziehungen enthält folgende Regelung: *Mitglieder der Mission, die nicht Angehörige des Empfangsstaats sind, sowie die zu ihrem Haushalt gehörenden Familienmitglieder erwerben nicht lediglich kraft der Rechtsvorschriften des Empfangsstaats dessen Staatsangehörigkeit.* BGBl. 1964 II, S. 1006 (1007).
Das Protokoll ist für folgende Staaten in Kraft: Ägypten (09.07.1964), Argentinien (24.04.1964), Belgien (01.06.1968), Botsuana (11.05.1969), Dänemark (01.11.1968), Dominikanische Republik (24.04.1964), Estland (20.11.1991), Finnland (08.01.1970), Gabun (02.05.1964), Guinea (09.02.1968), Indien (14.11.1965), Indonesien (04.07.1982), Irak (24.04.1964), Iran (05.03.1965), Island (17.06.1971), Italien (25.07.1969), Jugoslawien, ehem. (24.04.1964), Kambodscha (30.09.1965), Kenia (31.07.1965), Demokratische Republik Kongo (14.08.1976), Republik Korea (06.04.1977), Laos (24.04.1964), Libyen (07.07.1977), Madagaskar (24.04.1964), Malawi (29.05.1980), Malaysia (09.12.1965), Marokko (25.03.1977), Mazedonien (am 17.09.1991 Erklärung über die Weiteranwendung nach der Sezession von Jugoslawien), Myanmar (06.04.1980), Nepal (28.10.1965), Nicaragua (08.02.1990), Niederlande (07.10.1984), Niger (27.04.1966), Norwegen (23.11.1967), Oman (30.06.1974), Panama (24.04.1964), Paraguay

gen Übereinkommen ausgestaltet[128], obwohl bereits zu dieser Zeit von einer völkergewohnheitsrechtlichen Regel auszugehen war[129].

3. Probleme beim originären Erwerb der Staatsangehörigkeit

Probleme beim originären Erwerb der Staatsangehörigkeit entstehen dadurch, dass sich das *ius sanguinis* und das *ius soli*-Prinzip gegenseitig nicht ausschließen[130]. Obwohl die völkerrechtlichen Anknüpfungspunkte für die Erteilung der Staatsangehörigkeit auch hinsichtlich des originären Erwerbs einem bestimmten *numerus clausus* unterliegen[131], sind auch Mischformen beider Prinzipien möglich. In der Literatur wird hierbei oftmals missverständlich der Begriff der „Kombination" der beiden Prinzipien oder von „Mischsystemen" gesprochen. Dies ist insofern irreführend, als dass es sich hauptsächlich nur um eine subsidiäre und kumulative Geltung beider Prinzipien handelt. Meist liegt dabei der Schwerpunkt auf einem der beiden Erwerbstatbestände und der andere gilt subsidiär[132]. Völkerrechtliche Hindernisse stehen der Anwendung solcher Misch-

---

(22.01.1970), Philippinen (15.12.1965), Schweden (20.04.1967), Schweiz (12.07.1992), Sri Lanka (30.08.1978), Suriname (27.11.1992), Tansania (24.04.1964), Thailand (22.02.1985), Tunesien (23.02.1968), Zentralafrikanische Republik (18.04.1973); Quelle: Fundstellennachweis B (2000), S. 442 ff. (Stand: 31.12.2000).

Fakultativprotokoll vom 23.04.1963 zum Erwerb der Staatsangehörigkeit zum Wiener Übereinkommen über konsularische Beziehungen, BGBl. 1969 II, S. 1674 ff.

Artikel II des Fakultativprotokolls über den Erwerb der Staatsangehörigkeit zum Wiener Übereinkommen über konsularische Beziehungen statuiert: *Mitglieder der konsularischen Vertretung, die nicht Angehörige des Empfangsstaats sind, sowie die mit ihnen im gemeinsamen Haushalt lebenden Familienangehörigen erwerben nicht lediglich kraft der Rechtsvorschriften des Empfangsstaats dessen Staatsangehörigkeit.* (BGBl. 1969 II, S. 1674 (1675));

Das Protokoll ist für folgende Staaten in Kraft: Ägypten (19.03.1967), Belgien (09.10.1970), Bulgarien (10.08.1989), Dänemark (15.12.1972), Dominikanische Republik (19.03.1967), Estland (20.11.1991), Finnland (01.08.1980), Gabun (19.03.1967), Ghana (19.03.1967), Indien (28.12.1977), Indonesien (04.07.1982), Irak (13.02.1970), Iran (05.07.1975), Island (01.07.1978), Italien (25.07.1969), Kenia (19.03.1967), Republik Korea (06.04.1977), Laos (08.09.1973), Madagaskar (19.03.1967), Malawi (25.03.1981), Marokko (25.03.1977), Nepal (19.03.1967), Nicaragua (08.02.1990), Niederlande (16.01.1986), Niger (21.07.1978), Norwegen (14.03.1980), Oman (30.06.1974), Panama (27.09.1967), Paraguay (22.01.1970), Pilippinen (19.03.1967), Schweden (18.04.1974), Schweiz (12.07.1992), Senegal (19.03.1967), Suriname (11.10.1980), Thailand (15.05.1999), Tunesien (23.02.1968); Quelle: Fundstellennachweis B (2000), S. 456 ff. (Stand: 31.12.2000).

128 Randelzhofer, *Nationality*, in: EPIL III, S. 501 (503).

129 So schon Dahm, Bd. I, S. 455; Verdross, 4. Auflage, S. 239 f.

130 Samore, AJIL 45 (1951), S. 476 (476).

131 Dahm, Bd. I, S. 455.

132 Doehring, Staatsrecht, S. 90; Verdross, 4. Auflage, S. 237; Dahm, Bd. I, S. 454.

systeme nicht entgegen, da hier *de facto* der *numerus clausus* der Anknüpfungspunkte nicht durchbrochen wird, weil eine subsidiäre Anwendung des *ius sanguinis* von der Staatengemeinschaft grundsätzlich anerkannt ist[133] und dadurch auch kein neuer Anknüpfungspunkt für den originären Erwerb der Staatsangehörigkeit geschaffen wird. Nicht zuletzt besteht sogar eine Pflicht einer subsidiären Anwendung, wenn es um die Vermeidung der Staatenlosigkeit geht[134].
Da eine Kombination von *ius soli* und *ius sanguinis* teilweise mit erheblichen Schwierigkeiten verbunden ist, soll auf diese im Folgenden näher eingegangen werden.

a. Kumulation von Anknüpfungspunkten
Dem Staat steht es grundsätzlich frei, nach welchem Prinzip er seine Staatsangehörigkeit vergibt. Deswegen hat er die Möglichkeit, beide anerkannten Formen kumulativ zu kombinieren. Er kann verlangen, dass bei dem Staatsangehörigkeitserwerb aufgrund Geburt sowohl das *ius sanguinis* als auch das *ius soli*-Prinzip erfüllt sein muss, sich also die Staatsangehörigkeit der Neugeborenen sowohl von den Eltern als auch davon ableitet, wo das Kind geboren wird. In diesem Falle stehen die beiden Prinzipien nicht im Verhältnis der Subsidiarität, sondern gelten gleichberechtigt nebeneinander. Diese kumulative Verbindung beider Prinzipien verkleinert den Kreis der originären Erwerber, da es die Möglichkeit, die Staatsangehörigkeit der Eltern zu erlangen, erschwert, wenn das Kind bei einem Auslandsaufenthalt der Eltern geboren wird.
Die kumulative Kombination von Anknüpfungspunkten des originären Erwerbs ist aus der Staatenpraxis bekannt. Derartige Voraussetzungen an den originären Erwerb der Staatsangehörigkeit setzte das tschechoslowakische Staatsangehörigkeitsrecht von 1949 voraus. Danach war für den Erwerb der tschechoslowaki-

---

133 Renner, in: Davy, S. 174 f.; Randelzhofer, *Nationality*, in: EPIL III, S. 501 (503); die Folgen einer kombinierten Anwendung können zu einer Häufung der Mehrstaatigkeit in dem betreffenden Staat führen, anderseits kann die Erteilung der Staatsangehörigkeit durch das Erfordernis des kumulativen Vorliegens der Voraussetzungen zu Erschwerungen führen und demnach auch die Möglichkeit der Entstehung der Staatenlosigkeit erhöhen.

134 Vgl. Artikel 1 des Übereinkommens zur Verminderung der Staatenlosigkeit vom 30.08.1961, BGBl. 1977 II, S. 597 (598 f.); Signatarstaaten des Übereinkommen sind Armenien (16.08.1994), Aserbaidschan (14.11.1996), Australien (13.12.1975), Bolivien (04.01.1984), Bosnien-Herzegowina (13.03.1997), Bundesrepublik Deutschland (Transformation per Gesetz vom 29.06.1977 - BGBl. 1977 II, S. 597), Costa Rica (31.01.1978), Dänemark (09.10.1977), Irland (13.12.1975), Kanada (15.10.1978), Kiribati (12.07.1979 - Erklärung über die Weiteranwendung), Lettland (13.07.1992), Libyen (14.08.1989), Niederlande (11.08.1985), Niger (15.09.1985), Norwegen (13.12.1975), Panama (04.08.1991), Österreich (13.12.1975), Schweden (13.12.1975), Slowakei (02.07.2000), Swasiland (14.02.2000), Tschad (10.11.1999), Vereinigtes Königreich (13.12.1975). Quelle: Fundstellennachweis B (2000), S. 447 f. (Stand: 31.12.2000).

schen Staatsangehörigkeit grundsätzlich erforderlich, dass der Erwerber auf dem Staatsgebiet der Tschechoslowakei geboren wurde und zumindest eines der beiden Elternteile die tschechoslowakische Staatsangehörigkeit besaß[135].
Gewährt das Geburtsland originären Erwerb nur bei Vorliegen des *ius sanguinis*-Prinzips, kann das Kind sogar staatenlos werden. Dies war auch nach tschechoslowakischem Recht denkbar. Bei einer Auslandsgeburt erwarb das Neugeborene nämlich nur dann die tschechoslowakische Staatsangehörigkeit, wenn beide Elternteile Tschechoslowaken waren. War dies nicht der Fall, sondern besaß nur der Vater oder die Mutter die tschechoslowakische Staatsangehörigkeit, konnte der Erwerb der Staatsangehörigkeit nur auf Antrag erfolgen. Die Entscheidung über den Erwerb beruhte dann auf verwaltungsbehördlicher Ermessensentscheidung[136].
Dennoch verbietet die internationale Rechtsordnung eine solche Verschärfung der nationalen Staatsangehörigkeitsvorschriften nicht. Es bestehen durch die Anerkennung bestimmter Anknüpfungspunkte nur Mindestanforderungen, die an die Erteilung der Staatsangehörigkeit durch Staaten geknüpft werden. Eine Kombination dieser Anforderungen geht somit über das geforderte Minimum hinaus, steht dementsprechend im Einklang mit der internationalen Rechtsordnung und obliegt allein dem Kompetenzbereich der betroffenen Staaten. Eine Verschärfung der staatsangehörigkeitsrechtlichen Regelungen durch eine Kombination der völkerrechtlich anerkannten Anknüpfungspunkte ist dementsprechend völkerrechtsgemäß, solange dadurch nicht Vorschriften des allgemeinen Völkerrechts oder bilaterale Vereinbarungen verletzt werden[137].

b. Alternative Anwendung von Anknüpfungspunkten

aa. Entstehung von Staatenlosigkeit

Schwierigkeiten beim originären Erwerb der Staatsangehörigkeit ergeben sich zudem dann, wenn sich die beiden Prinzipien des originären Erwerbs der Staatsangehörigkeit der Staaten lückenhaft überschneiden und diese Lücken nicht sub-

---

135 Siehe dazu die Regelung im Staatsangehörigkeitsgesetz der Tschechoslowakei vom 13.07.1949 mit den Ausführungen von Dahm, Bd. I, S. 454; siehe auch Biesenbach, S. 82 f. Die Tschechoslowakei änderte damit ihr Staatsangehörigkeitsrecht grundlegend. Denn in ihrem ersten Staatsangehörigkeitsrecht vom 09.04.1920 war nur der Erwerb *iure soli* vorgesehen.

136 Ähnliche Probleme ergaben sich beim Staatsangehörigkeitserwerb in Bulgarien. Vgl. dazu näher Biesenbach, S. 80 f.; Dahm, Bd. I, S. 454, Fußnote 4.

137 Hat sich der Staat vertraglich verpflichtet, Staatenlosigkeit zu vermeiden, so hat er dementsprechend seine innerstaatliche staatsangehörigkeitsrechtliche Gesetzgebung anzupassen. Entsteht durch eine kumulative Anwendung der originären Anknüpfungspunkte Staatenlosigkeit, so hat er die geeigneten Maßnahmen zu treffen, um dies zu verhindern und somit seinen zwischenstaatlichen Verpflichtungen nachzukommen.

sidiär durch die Anwendung des anderen Prinzips durch den jeweiligen Gesetzgeber geschlossen werden[138]. Bei Eintritt dieses „Negativkonfliktes"[139] kann es vorkommen, dass die betroffene Person von Geburt an staatenlos wird, das heißt sie kein Staat nach seinem innerstaatlichen Recht als eigenen Staatsangehörigen ansieht[140]. Dieser Fall wird auch als originäre Staatenlosigkeit bezeichnet. Staatenlosigkeit entsteht beispielsweise bei Geburt eines Kindes in einem Land, dessen Staatsangehörigkeitsrecht allein nach dem *ius soli*-Prinzip verfährt, die Eltern aber die Staatsangehörigkeit eines Staates besitzen, welcher allein nach *ius sanguinis* seine Staatsangehörigkeit erteilt. Ist in dem Geburtsland nicht eine subsidiäre Regelung durch das *ius soli*-Prinzip vorgesehen, so wird das Kind staatenlos. Um diesen Problemen vorzubeugen wurde das Staatenlosenabkommen[141] geschlossen, welches für solche Fälle eine *ius soli*-Regelung vorschreibt[142]. Aufgrund dieses Übereinkommens kam auch das Staatsangehörigkeitsrecht der Bundesrepublik Deutschland zum ersten Mal mit dem *ius soli*-Prinzip in Kontakt. Im Ausführungsgesetz zum Staatenlosenübereinkommen wurde erstmalig eine Regelung des *ius soli* in das deutsche Staatsangehörigkeitsrecht aufgenommen und blieb auch bis zum Staatsangehörigkeitsreformgesetz vom 15. Juli 1999 die einzige Durchbrechung des Grundsatzes des Abstammungsprinzips[143].

bb. Mehrfache Staatsangehörigkeit

Neben der Möglichkeit des Negativkonfliktes besteht auch die Möglichkeit eines Positivkonfliktes der Staatsangehörigkeit. Ein Positivkonflikt tritt ein, wenn sich die Staatsangehörigkeitsvorschriften verschiedener Staaten nicht lückenhaft überschneiden, sondern überlappen. In diesem Falle kann es vorkommen, dass ein Individuum mehr als eine Staatsangehörigkeit eines Staates besitzt. Man spricht dann von mehrfacher Staatsangehörigkeit[144]. Dabei muss es sich um eine echte Staatsangehörigkeit handeln, die abgeleitet von völkerrechtlichen Normen erworben worden ist. Die Zugehörigkeit zu einem Gliedstaat innerhalb eines Bundesstaates allein begründet noch keine Staatsangehörigkeit des Bundesstaates und des Gliedstaates und folglich auch keine mehrfache Staatsangehörig-

---

138 Hannappel, S. 39.

139 Der Begriff „Konflikt" ist hierbei eigentlich verwirrend, da es einen Konflikt der Prinzipien *ius soli* und *ius sanguinis* nicht geben kann. Zur Begrifflichkeit siehe Jürgens, S. 56.

140 Hannappel, S. 39; Sauerland/Hokema, NZWehrr, S. 150 (151 f.).

141 Übereinkommen über die Rechtsstellung von Staatenlosen vom 28.09.1954, BGBl. 1976 II, S. 474 ff.

142 Randelzhofer, *Nationality*, in: EPIL III, S. 501 (503).

143 Siehe auch v. Mangoldt, in: ZAR 1999, S. 243 (247).

144 Dahm, Bd. I, S. 486 f.; Weis, Nationality, S. 161, 169; Hailbronner, in: Hailbronner/Renner, 3. Auflage, Einl. F, Rdnr. 1.

keit[145]. Teilweise wird hier von einer unechten Staatsangehörigkeit gesprochen[146].
Mehrstaatigkeit resultiert folglich aus der Unabhängigkeit der Staaten bei der Wahl der Anknüpfungspunkte, also durch das Auseinandergehen der innerstaatlichen Staatsangehörigkeitsregeln[147]. Mehrstaatigkeit kann sowohl beim originären als auch beim derivativen Erwerb der Staatsangehörigkeit entstehen.
Ein Kind wird bei der Geburt Mehrstaater, wenn es in einem Land geboren wird, in dem das *ius soli*-Prinzip gilt, das Staatsangehörigkeitsrecht des Heimatstaates der Eltern aber dem *ius sanguinis*-Prinzip folgt[148]. So erlangt das Kind einerseits die Staatsangehörigkeit des Geburtsstaates, andererseits die des Heimatstaates der Eltern. Da an die Erteilung der Staatsangehörigkeit in den meisten Fällen kein Erfordernis des längeren Aufenthalts in dem betreffenden Land geknüpft ist, reicht allein der kurzzeitige Aufenthalt während der Geburt aus, die Staatsangehörigkeit nach dem Territorialprinzip zu erwerben.
Eine andere Möglichkeit des Erwerbs ist die gleichzeitige Anwendung des *ius soli* und des *ius sanguinis*-Prinzips. Dies ist der Fall nach der Änderung des Staatsangehörigkeitsgesetzes in der Bundesrepublik Deutschland nach dem 1. Januar 2000. Nach Artikel 4 Absatz 3 Satz 1 StAG erwirbt ein Kind, welches von ausländischen Eltern abstammt, dann die deutsche Staatsangehörigkeit, wenn es im Inland geboren wurde und ein Elternteil seit acht Jahren rechtmäßig seinen gewöhnlichen Aufenthalt im Inland hat und eine Aufenthaltsberechtigung oder seit drei Jahren eine unbefristete Aufenthaltserlaubnis besitzt. Ein Vorbehalt bezüglich des Erwerbs einer anderen Staatsangehörigkeit besteht nicht. Das Kind erwirbt die deutsche Staatsangehörigkeit somit selbst dann, wenn das Heimatland der Eltern bei der Geburt des Kindes nach dem nationalen Staatsangehörigkeitsrecht die Staatsangehörigkeit nach dem Abstammungsprinzip erteilt. Das Kind wird demnach Mehrstaater.
Die häufigste Ursache für das Entstehen mehrfacher Staatsangehörigkeit durch Geburt ist heute jedoch die Konstellation, dass ein Kind, dessen Eltern verschiedene Staatsangehörigkeiten besitzen, nach dem jeweiligen Heimatrecht der Eltern sowohl die Staatsangehörigkeit des Vaters als auch die Staatsangehörigkeit der Mutter erwirbt[149].

---

145 Hailbronner, in: Hailbronner/Renner, 3. Auflage, Einl. F, Rdnr. 1.

146 Dahm, Bd. I, S. 486 f.; Hailbronner, in: Hailbronner/Renner, 3. Auflage, Einl. F, Rdnr. 1.

147 Makarov, Friedenswarte 56, S. 357 (357); Hailbronner, in: Hailbronner/Renner, 3. Auflage, Einl. F, Rdnr. 2; Renner, in: Davy, S. 175; Hannappel, S. 45.

148 Hannappel, S. 45; Hailbronner, in: Hailbronner/Renner, 3. Auflage, Einl. F, Rdnr. 2; Makarov/von Mangoldt, Einl. II, Rdnr. 1.

149 Makarov/von Mangoldt, Einl. II, Rdnr. 1; Hailbronner, in: Hailbronner/Renner, in: Hailbronner/Renner, 3. Auflage, Einl. F, Rdnr. 2; Hannappel, S. 45.

cc. Probleme bei der Kombination von Anknüpfungspunkten

Die alleinige Anknüpfung an das *ius soli*-Prinzip wird heute von fast keinem Staat mehr praktiziert[150]. Aber auch die strenge Anwendung des *ius sanguinis*-Prinzips findet man heute nur noch in wenigen Staaten. Höhere Anforderungen diesbezüglich bestanden in Europa in Österreich, den skandinavischen Staaten Dänemark, Norwegen und Schweden sowie Italien, Polen, Rumänien, der Schweiz und San Marino[151], ferner auf dem Balkan, in der Türkei und den asiatischen Staaten China und Japan[152]. Bis auf wenige Ausnahmen hat sich daran nichts geändert[153]. Eine Ausnahme der anderen Art bildet allein der Staat der Vatikanstadt. Dort ist weder das *ius soli* noch das *ius sanguinis*-Prinzip etabliert. Die Erlangung der Staatsangehörigkeit ist dort im Wege des originären Erwerbs überhaupt nicht möglich.

In der heutigen Staatenpraxis überwiegen die gemischten Systeme hinsichtlich des originären Erwerbs der Staatsangehörigkeit[154]. Das Hauptproblem ist heute die Entstehung von mehrfacher Staatsangehörigkeit und nicht die Entstehung von Staatenlosigkeit, da sich die Staaten des Problems der Staatenlosigkeit angenommen und geeignete Mittel zu dessen Vermeidung getroffen haben[155]. Die Anwendung dieser gemischten Systeme erweist sich aber als schwierig. Gerade die Erteilung der Staatsangehörigkeit aufgrund des *ius soli*-Prinzips wirft das Problem auf, dass das Kind keine Beziehung zu dem Geburtsland hat[156]. Dies zeigt sich vor allem in den Fällen, wenn das Kind mehr oder weniger zufällig in einem Land geboren wird, zu dem die Eltern keine Beziehung entwickelt haben. Das Völkerrecht enthält keine Regelung hinsichtlich einer Voraussetzung einer näheren Beziehung zu dem Land, welches seine Staatsangehörigkeit durch *ius soli* vermittelt. Allein im Zusammenhang mit der Problematik des diplomatischen Schutzes hat sich das Prinzip der Effektivität der Staatsangehörigkeit entwickelt. Es ist in Bezug auf den originären Erwerb der Staatsangehörigkeit aber nicht anwendbar[157].

Daher sollte bei dem *ius soli*-Erwerb eine bestimmte kulturelle Zugehörigkeit mit einer gewissen Nation oder einem Kulturvolk näher ins Auge gefasst werden. Das Völkerrecht verlangt eine solche Zugehörigkeit grundsätzlich nicht.

---

[150] Lediglich die sechs südamerikanischen Staaten Argentinien, Bolivien, Brasilien, Chile, Kuba, Panama, Paraguay, Peru und Uruguay folgten noch Mitte des letzten Jahrhunderts der strengen Regel des *ius soli*. Samore, AJIL 45 (1951), S. 476 (476).

[151] Renner, ZAR 1993, S. 49 ff.

[152] Samore, AJIL 45 (1951), S. 476 (476).

[153] Renner, ZAR 1993, S. 49 ff.

[154] Dahm, Bd. I, S. 454.

[155] Insbesondere durch das Staatenlosenübereinkommen, BGBl. 1976 II, S. 473 ff.

[156] Dahm, Bd. I, S. 454.

[157] Dahm, Bd. I, S. 455.

Allein die formale Voraussetzung der Geburt auf einem bestimmten Staatsgebiet reicht als Anknüpfungspunkt aus. Eine gewisse Zugehörigkeit zu einer bestimmten Kulturnation wird dem Kind durch diese Anknüpfung nicht vermittelt. Wird das Kind in einem Land geboren, dessen Staatsangehörigkeit seine Eltern ebenfalls besitzen, so ist diese Problematik weniger relevant, da durch die Erziehung und die gesellschaftliche Integration dem Kind im Laufe seines frühen Lebens eine solche Zugehörigkeit zu einer Kultur vermittelt wird. Tritt dieser Zustand allerdings nicht ein, so kann es vorkommen, dass dem Kind im Laufe seines gesamten Lebens die nähere kulturelle Beziehung zu diesem Land fehlt. Aber auch bei einer Anwendung des *ius sanguinis*-Prinzips über mehrere Generationen hinweg werden Probleme ersichtlich. Das Motiv der Auswanderungsländer, das *ius sanguinis*-Prinzip anzuwenden, war vor allem die Hoffnung, die auswandernden Staatsangehörigen könnten dadurch an die staatliche Gemeinschaft im Auswanderungsland gebunden werden und somit die Volkszugehörigkeit des Auswanderungslandes aufrechterhalten werden. Wenn die Anknüpfung an das *ius sanguinis*-Prinzip bereits über mehrere Generationen von Auswanderern erfolgt und diese neuen Generationen nicht mehr in dem Land leben, dessen Staatsangehörigkeit sie besitzen, verlieren sie die Beziehung zu der staatlichen Gemeinschaft und fühlen sich dem Volk nicht mehr zugehörig, dessen Staatsangehörigkeit sie besitzen[158]. In dem Harvard Entwurf wurde bereits ein Vorschlag an die Staaten unterbreitet. Es sollte einem Staat dann nicht mehr möglich sein, seine Staatsangehörigkeit bei der Geburt durch die Anwendung des *ius sanguinis* Prinzips erteilen zu können, wenn diese Person auf dem Gebiet eines anderen Staates geboren wurde und bereits die beiden vorherigen Generationen in diesem Land geboren wurden und dort ihren stetigen Wohnsitz hatten[159]. In der Staatenpraxis hat sich eine derartige Betrachtungsweise allerdings nicht durchgesetzt, die Anknüpfungspunkte bei einem originären Erwerb werden relativ weit verstanden, obwohl eine solche Einschränkung der Anknüpfungspunkte, wie sich auch aus dem Entwurf der *Harvard School* ergibt, wünschenswert wäre.

dd. Resümee

Die Staatenlosigkeit stellt in der heutigen Zeit kaum noch ein Problem dar, da die Staaten bemüht sind, diese zu verhindern. Die Kombination der *ius soli* und *ius sanguinis*-Prinzipien führt vielmehr zum Erwerb der doppelten Staatsangehörigkeit oder zum Erwerb einer Staatsangehörigkeit, mit der sich die betroffene

---

158 Dahm, Bd. I, S. 454.

159 Artikel 4: *A state may not confer its nationality at birth (jure sanguinis) upon a person born in the territory of another state, beyond the second generation of persons born and continuously maintaining an habitual residence therein, if such person has the nationality of such other state.* AJIL 23, Special Supplement, April 1929, S. 11 (13).

Person nicht verbunden fühlt. Die aufgeworfenen Problembereiche haben gezeigt, dass die Staaten auch für diese staatsangehörigkeitsrechtlichen Fragen eine Lösung finden sollten.

III. Derivativer Erwerb der Staatsangehörigkeit (nachträglicher Erwerb)

Neben dem originären Erwerb der Staatsangehörigkeit durch die Geburt, besteht auch die Möglichkeit, nachträglich die Staatsangehörigkeit zu erwerben. Hier steht vor allem die Naturalisierung (Einbürgerung) im Vordergrund[160]. Der innerstaatliche Regelungsspielraum der Staaten ist auch hinsichtlich des nachträglichen Erwerbs durch das Völkerrecht begrenzt. Für die nachträgliche Erteilung der Staatsangehörigkeit wurden verschiedene völkerrechtliche Anknüpfungspunkte entwickelt, die von der Staatenpraxis anerkannt sind. Bei dem nachträglichen Erwerb der Staatsangehörigkeit ergibt sich eine Unterscheidung zwischen dem willentlichen Erwerb und dem Erwerb, der unabhängig von dem Willen des Betroffenen ist. Unter dem Erwerb mit Willen des Einzubürgernden fallen die Erwerbstatbestände durch Antrag, Option oder Reklamation[161]. Demgegenüber beruhen die Erwerbstatbestände, die gegen den Willen des Betroffenen die Staatsangehörigkeit verleihen, meist auf Gesetz oder Verwaltungsakt. Die Staatsangehörigkeit wird demnach vom Staat durch einen einseitigen Akt auferlegt, so dass man hier auch von einer Zwangseinbürgerung sprechen kann[162]. Einen Sonderfall stellen die Fälle der sogenannten Selbsteinbürgerung dar. Dies sind Erwerbstatbestände, die einen Wechsel der Staatsangehörigkeit automatisch verursachen, jedoch ein gewisses Willenselement enthalten. Hierzu zählen vor allem die Eheschließung, die Niederlassung im Lande oder der Eintritt in den Staatsdienst[163].

1. Völkerrechtliche Voraussetzungen für den derivativen Erwerb

a. Wohnsitzerlangung

Ein Anknüpfungspunkt für die Erteilung der Staatsangehörigkeit ist die Wohnsitzerlangung in einem Staat mit dem Willen der dauerhaften Niederlassung (*animo manendi*). Da die Grundlage für den Erwerb der Staatsangehörigkeit bei dauerhafter Niederlassung in einem Staat in der Existenz einer engeren Verbindung zum Staat liegt, wie dies beispielsweise bei der Geburt der Fall ist[164], reicht

---

160 Dahm, Bd. I, S. 456; eine genaue Bezeichnung der Naturalisierung enthielt auch schon Artikel 1 (c) des Harvard Entwurfs: *"Naturalization" is the process by which a state confers its nationality upon a natural person after birth.*

161 Dahm, Bd. I, S. 456.

162 Dahm, Bd. I, S. 456.

163 Dahm, Bd. I, S. 456.

164 Randelzhofer, *Nationality,* in: EPIL III, S. 501 (503).

eine Anknüpfung an den reinen Grundbesitz im Land allein noch nicht aus[165]. Vielmehr wird diese engere Beziehung erst während der längeren Niederlassung eines Ausländers in einem Staat aufgebaut, die Beziehung zu dem bisherigen Heimatstaat dagegen abgebaut[166].

Kritisch zu beurteilen ist die Ansicht, dass die Erteilung der Staatsangehörigkeit auch gegen den Willen des Betroffenen möglich sei, wenn dieser den Wohnsitz nicht nur zeitweilig gewählt habe[167]. Die Erteilung der Staatsangehörigkeit wird damit begründet, dass die freiwillige Niederlassung auf einem bestimmten Gebiet eine stärkere Verbindung zwischen dem Staat und dem Individuum darstelle als die Geburt auf einem Staatsgebiet, die häufig nur zufällig erfolge[168]. Zwar ist dem Argument beizupflichten, dass eine dauernde Niederlassung auf einem bestimmten Gebiet eine stärkere Verbindung einer Person zu einem Staat aufweist als die zufällige Geburt auf dem Hoheitsgebiet, doch muss der Erwerb der Staatsangehörigkeit dem freien Willen des Einzubürgernden entsprechen. Eine Zwangseinbürgerung eines auch dauernd in einem Staate Niedergelassenen verstößt daher gegen die freie Selbstbestimmung des Betroffenen[169]. Zudem wäre es völkerrechtswidrig, wenn das einbürgernde Land neben der Zwangseinbürgerung den Verlust der bisherigen Staatsangehörigkeit verfügte. Dem einbürgernden Staat ist es nämlich völkerrechtlich untersagt, über die Staatsangehörigkeit eines anderen Staates zu befinden. Deshalb wäre eine Einbürgerung ohnehin nur im Wege der Hinnahme der bisherigen Staatsangehörigkeit möglich.

Dennoch ist es den Staaten überlassen, die Niederlassung auf ihrem Staatsgebiet als Grundlage für eine Antrags- oder sogar Anspruchseinbürgerung zu qualifizieren. Hier obliegt aber die Einbürgerung der freien Willensentscheidung des Betroffenen. Die Grenze zur Zwangseinbürgerung wird auch dann nicht überschrittenen, wenn der Ausländer vor die Wahl gestellt wird, einen Einbürgerungsantrag zu stellen oder den Staat zu verlassen[170].

b. Verehelichung

Die Heirat eines anderen Staatsangehörigen als Anknüpfungspunkt für die Erteilung der Staatsangehörigkeit ist im Völkerrecht allgemein anerkannt[171]. Als

---

165 Guggenheim, S. 287; Verdross, 4. Auflage, S. 237 f.; siehe auch den Fall Anderson v. NV Transadine Handelmaatschappij, Münch, Anderson v. NV Transadine Handelmaatschappij-Fall, in: Wörterbuch des Völkerrechts, Bd. I, S. 44 f.

166 Verdross, 4. Auflage, S. 239.

167 Verdross, 4. Auflage, S. 237, 239; Randelzhofer, *Nationality*, in: EPIL III, S. 501 (503).

168 Randelzhofer, *Nationality,* in: EPIL III, S. 501 (503).

169 So auch Feer, S. 39.

170 Verdross, 4. Auflage, S. 239.

171 Seidl-Hohenveldern/Stein, Rdnr. 1320; Verdross, 4. Auflage, S. 237; Guggenheim, S. 286; Randelzhofer, *Nationality,* in: EPIL III, S. 501 (503); Denkschrift zum Überein-

Grundlage der Anknüpfung an die Ehe dient dabei vor allem die Einheit von Ehe und Familie[172]. In Bezug auf den Staatsangehörigkeitserwerb durch die Eheschließung haben in den letzten Jahrzehnten viele Veränderungen stattgefunden, die auf ein die Gleichberechtigung von Mann und Frau anerkennendes Gesellschafts- und Staatsverständnis zurückzuführen sind.
Zwar gab es keine absolut einheitliche Regelung bei der Eheschließung verschiedener Staatsangehöriger, doch bestand meist die traditionelle Verfahrensweise, wonach die verheiratete Frau durch die Eheschließung, auch ohne ihre Zustimmung, die Staatsangehörigkeit des Ehemannes erwarb[173]. Ob ihre bisherige Staatsangehörigkeit dabei verloren ging, oblag dem Staatsangehörigkeitsrecht ihres Heimatstaates[174]. Der Staatsangehörigkeitswechsel betraf somit einerseits nur die Frau und nicht den Ehemann, andererseits erfolgte er meist automatisch mit der Eheschließung. Diese Verfahrensweise warf sowohl Bedenken hinsichtlich der Gleichbehandlung von Mann und Frau als auch hinsichtlich der Freiwilligkeit des Staatsangehörigkeitserwerbs auf, da die Einbürgerung der Ehefrau nicht unter Berücksichtigung ihrer freien Selbstbestimmung erfolgte und deshalb als eine Form der Zwangseinbürgerung zu charakterisieren war[175].
Eine einheitliche Regelung fand sich erst im Übereinkommen über die Staatsangehörigkeit verheirateter Frauen vom 20. Februar 1957[176]. Nach Artikel 1 des

---

kommen über die Staatsangehörigkeit verheirateter Frauen, BT-Drucks. 7/254, S. 10 (10 f.).

172 Seidl-Hohenveldern/Stein, Rdnr. 1320; Feer, S. 41.

173 Denkschrift zum Übereinkommen über die Staatsangehörigkeit verheirateter Frauen, BT-Drucks. 7/254, S. 10 (10); § 6 RuStAG bestimmte bis zum 31.03.1953, dass die Ehefrau mit der Eheschließung die Staatsangehörigkeit des Mannes erwirbt. Nach § 16 RuStAG erstreckte sich bis zum 31.03.1953 die Einbürgerung des Mannes ebenfalls auf die Ehefrau. Wegen der Unvereinbarkeit des sogenannten Erstreckungserwerbs der Ehefrau mit dem Gleichberechtigungsgrundsatz vom Mann und Frau gemäß Artikel 3 Absatz 2 des Grundgesetzes ist dies seit dem 01.04.1953 jedoch ausgeschlossen. Es widerspräche dem Grundsatz des Artikel 3 Absatz 2 des Grundgesetzes, wenn die Ehefrau ohne ihr Zutun die Entscheidung des Ehemannes hinsichtlich der Änderung seiner Staatsangehörigkeit akzeptieren müsste. Nach der Änderung des RuStAG und der seit dem 01.04.1953 geltenden Fassung muss die Ehefrau selbst einen (eigenen) Antrag auf Einbürgerung stellen. Lichter/Hoffmann, § 16 RuStAG, Rdnr. 17, S. 126; Schleser, Die deutsche Staatsangehörigkeit, S. 218; Verdross, 4. Auflage, S. 239; Witte, S. 17.

174 Hörnig, S. 28.

175 Siehe auch Feer, S. 41.

176 Übereinkommen über die Staatsangehörigkeit verheirateter Frauen vom 20.02.1957, BGBl. 1973 II, S. 1249 ff.
Das Übereinkommen ist für folgende Staaten in Kraft: Albanien (25.10.1960), Antigua und Barbuda (01.11.1981 - Erklärung über die Weiteranwendung), Argentinien (08.01.1964), Armenien (16.08.1994), Aserbaidschan (14.11.1996), Australien (12.06.1961), Bahamas (10.07.1973 - Erklärung über die Weiteranwendung), Barbados (24.01.1980), Belarus (23.03.1959), Bosnien-Herzegowina (06.03.1992 - Erklärung über

Übereinkommens hat weder die Eheschließung noch der nachträgliche Erwerb einer anderen Staatsangehörigkeit durch den Ehemann einen Einfluss auf die Staatsangehörigkeit der Ehefrau[177]. Damit wurde der automatische Erwerb der Staatsangehörigkeit des Mannes durch die Frau mit der Eheschließung seitens der Vertragsstaaten ausgeschlossen. Vielmehr haben sich die Vertragsstaaten dazu verpflichtet, der Ehefrau eines anderen Staatsangehörigen mit der Hochzeit einen privilegierten Einbürgerungsanspruch einzuräumen[178]. Ein solcher Rechtsanspruch kann allerdings von bestimmten weiteren Voraussetzungen abhängig gemacht werden, die im Ermessen des Staates stehen.[179] Auch das Staatsangehörigkeitsrecht der Bundesrepublik Deutschland sieht einen solchen privilegierten Rechtsanspruch in § 9 StAG vor[180].
Ein grundsätzlicher Wechsel der Staatsangehörigkeit der Frau durch die Eheschließung wird somit durch die Vertragsstaaten nicht mehr verlangt. Das Prin-

---

die Weiteranwendung), Brasilien (04.03.1969), Bulgarien (20.09.1960), Bundesrepublik Deutschland (Transformation per Gesetz vom 23.08.1973), China (Taiwan) (21.12.1958), Côte d'Ivoire (31.01.2000), Dänemark (20.09.1959), Dominikanische Republik (11.08.1958), Ecuador (27.06.1960), Fidschi (10.10.1970 - Erklärung über die Weiteranwendung), Finnland (13.08.1968), Ghana (13.11.1966), Guatemala (11.10.1960), Irland (11.08.1958), Island (16.01.1978), Israel (11.08.1958), Jugoslawien (ehem.) (11.06.1959), Kanada (19.01.1960), Kasachstan (28.03.2000), Kirgisistan (11.05.1997), Kroatien (08.10.1991 - Erklärung über die Weiteranwendung), Kuba (11.08.1958), Lesotho (04.10.1966 - Erklärung über die Weiteranwendung), Lettland (13.07.1992), Libyen (14.08.1989), Luxemburg (20.10.1977), Malawi (07.12.1966), Malaysia (25.05.1959), Mali (03.05.1973), Malta (21.09.1964 - Erklärung über die Weiteranwendung), Mauritius (12.03.1968 - Erklärung über die Weiteranwendung), Mazedonien (17.09.1991 - Erklärung über die Weiteranwendung), Mexiko (03.07.1979), Neuseeland (17.03.1959), Nicaragua (09.04.1986), Niederlande (06.11.1966; außer Kraft am: 16.11.1993), Norwegen (18.08.1958), Österreich (18.04.1968), Polen (01.10.1959), Rumänien (02.03.1961), Russische Föderation (16.12.1958), Sambia (24.10.1964 - Erklärung über die Weiteranwendung), Schweden (11.08.1958), Sierra Leone (27.04.1961 - Erklärung über die Weiteranwendung), Singapur (09.08.1965 - Erklärung über die Weiteranwendung), Slowakei (01.01.1993 - Erklärung über die Weiteranwendung), Slowenien (25.06.1991 - Erklärung über die Weiteranwendung), Sri Lanka (28.08.1958), St. Lucia (22.02.1979 - Erklärung über die Weiteranwendung), St. Vincent und die Grenadinen (27.10.1979), Swasiland (17.12.1970), Tansania (26.02.1963), Trinidad und Tobago (31.08.1962 - Erklärung über die Weiteranwendung), Tschechische Republik (01.01.1993 - Erklärung über die Weiteranwendung), Tunesien (23.04.1968), Uganda (14.07.1965), Ukraine (03.03.1959), Ungarn (02.03.1960), Venezuela (29.08.1983), Zypern (16.08.1960 - Erklärung über die Weiteranwendung). Quelle: Fundstellennachweis B (2000), S. 366. (Stand: 31.12.2000).

177 Siehe Artikel 1 des Übereinkommens, BGBl. 1973 II, S. 1249 (1250).

178 So in Artikel 3 Absatz 1 des Übereinkommens, BGBl. 1973 II, S. 1249 (1251).

179 Gloria, in: Ipsen, § 24, Rdnr. 12.

180 Vgl. die Neufassung des § 9 RuStAG durch das Gesetz vom 08.09.1969 (BGBl. 1969 I, S. 1581) zur Anpassung an die vereinbarten Bestimmungen.

zip der Familieneinheit, wie es in der Staatenpraxis bisher gepflegt wurde, wird durch das Abkommen ermöglicht, eine Zwangseinbürgerung der Ehefrau aber grundsätzlich ausgeschlossen. So ist durch das Abkommen die Einbürgerung der Ehefrau nicht mehr gegen ihren Willen, sondern nur noch mit ihrem Einverständnis möglich und somit auch das Prinzip der Gleichbehandlung der Geschlechter in den Vordergrund gerückt worden[181]. Dennoch praktizieren einige Staaten, die nicht durch das Übereinkommen gebunden sind, weiterhin den automatischen Wechsel der Staatsangehörigkeit der Frau durch Heirat[182]. Dies verstößt gegen den allgemeinen Rechtsgrundsatz der Kulturvölker der Gleichheit von Mann und Frau sowie das Recht auf freie Selbstbestimmung. Zudem ist anzumerken, dass die Staaten völkerrechtlich nicht legitimiert sind, über die bisherige Staatsangehörigkeit der Frau zu bestimmen. Es wäre ohnehin nur ein zusätzlicher Erwerb der Staatsangehörigkeit des Mannes neben der bisherigen zulässig.

Obwohl eine weitere vertragliche Regelung noch aussteht[183], haben die Staaten den Staatsangehörigkeitserwerb im Zusammenhang mit der Eheschließung weiter liberalisiert. Die Staaten sind in ihren nationalen Gesetzen dazu übergegangen, den Staatsangehörigkeitserwerb des Ehepartners auch dem Ehemann zu ermöglichen, so dass es den Ehepartnern heute einerseits freisteht, ob sie überhaupt die Staatsangehörigkeit des Ehegatten annehmen[184]. Dabei kann wieder Mehrstaatigkeit entstehen, wenn die Möglichkeit gegeben wird, die alte Staatsangehörigkeit beizubehalten. Den Staaten steht es allerdings frei, die Einbürgerung aufgrund von Verehelichung von der Aufgabe der alten Staatsangehörigkeit abhängig zu machen.

c. Adoption

Als völkerrechtlicher Anknüpfungspunkt ist weiterhin die Adoption anerkannt[185]. Unter Adoption wird die Annahme eines Kindes nach den bürgerlich-

---

181 Randelzhofer, *Nationality,* in: EPIL III, S. 501 (504); Denkschrift zum Übereinkommen über die Staatsangehörigkeit verheirateter Frauen, BT-Drucks. 7/254, S. 10 (10).

182 Gloria, in: Ipsen, § 24, Rdnr. 12, so z.B. Belgien, Iran, Italien, Liechtenstein, Schweiz.

183 Die Frage nach der Durchsetzung der Prinzipien des Übereinkommens wurde selbst auf der Ebene des Europarates diskutiert. Die Beratende Versammlung machte jedoch den Vorschlag, das Abkommen, welches durch den Wirtschafts- und Sozialrat der Generalversammlung der Vereinten Nationen vorgeschlagen wurde, zu unterzeichnen, da ein Abkommen desselben Ziels allein für den räumlichen Bereich des Europarats überflüssig sei. Denkschrift zum Übereinkommen über die Staatsangehörigkeit verheirateter Frauen, BT-Drucks. 7/254, S. 10 (10).

184 Vgl. dazu die Ausführungen zu § 9 StAG.

185 Randelzhofer, in: Maunz/Dürig, Artikel 16, Rdnr. 21; Gloria, in: Ipsen, § 24, Rdnr. 13; Randelzhofer, *Nationality,* in: EPIL III, S. 501 (504).

rechtlichen Vorschriften verstanden[186]. Sie dient der familienrechtlichen Eingliederung von Außenstehenden in die Adoptivfamilie und begründet ein Eltern-Kind-Verhältnis kraft Gesetzes unter dem gleichzeitigen Erlöschen der bisherigen Verwandtschaftsverhältnisse[187]. Die Festsetzung der Voraussetzungen für die Adoption ist dem einzelnen nationalen Gesetzgeber überlassen.
Wesentliches Kriterium bei der Adoption ist aus völkerrechtlicher Sicht die Änderung des Bürgerstatus[188]. Durch die Annahme des Kindes durch die Eltern soll es auch deren Staatsangehörigkeit erwerben. Die Adoption ist somit ebenfalls als Ausdruck der Einheitlichkeit von Ehe und Familie anzusehen. Die Adoption hat in einigen Staaten den automatischen Erwerb der Staatsangehörigkeit der Adoptiveltern zur Folge, andere Staaten gestehen dem Adoptierten lediglich einen Antrag auf erleichterte Einbürgerung zu[189]. Ob die Adoption den automatischen Erwerb der Staatsangehörigkeit der Eltern nach sich zieht oder nur einen privilegierten Einbürgerungsanspruch des Kindes einräumt, ist davon abhängig, ob es sich bei dem Staat um einen Staat handelt, der in seinen Staatsangehörigkeitsgesetzten das *ius soli*-Prinzip zugrunde legt oder das *ius sanguinis*-Prinzip. Nur die Adoption eines Kindes durch Eltern, deren Staatsangehörigkeitsrecht dem Grundsatz des Erwerbs nach dem *ius sanguinis*-Prinzip folgt, kann einen automatischen Erwerb der Staatsangehörigkeit des Kindes nach sich ziehen[190]. Da die Eltern nach dem *ius sanguinis*-Prinzip die Staatsangehörigkeit vermitteln, stellt dies den notwendigen Anknüpfungspunkt für den Erwerb der Staatsangehörigkeit dar, der sich dann auch auf die Adoption erstreckt[191]. Nichts anderes würde nämlich gelten, wenn das Adoptivkind als Kind dieser Eltern geboren würde, da sich der Staatsangehörigkeitserwerb auch nach dem *ius sanguinis*-Prinzip vollzöge. In einem solchen Fall ist ein automatischer Staatsangehörigkeitserwerb zu rechtfertigen.
Problematisch erweist sich dagegen der Staatsangehörigkeitserwerb in den Staaten, die ausschließlich dem *ius soli*-Prinzip folgen. Wird das Kind nicht in diesem Staat geboren, so fehlt der maßgebliche Anknüpfungspunkt für den automatischen Erwerb der Staatsangehörigkeit der Eltern, da die Staatsangehörigkeit nicht von der der Eltern abgeleitet werden kann[192]. So sehen einige dem *ius*

186 Vgl. § 6 StAG.
187 Ziemske, S. 123.
188 Randelzhofer, *Nationality*, in: EPIL III, S. 501 (504); Guggenheim, S. 286 f.
189 Gloria, in: Ipsen, § 24, Rdnr. 13.
190 Gloria, in: Ipsen, § 24, Rdnr. 13.
191 So auch in Luxemburg, Belgien, der Schweiz und Deutschland; Gloria, in: Ipsen, § 24, Rdnr. 13; siehe in Deutschland den gesetzlichen Erwerb der Staatsangehörigkeit gemäß § 6 StAG.
192 Beispiele hierfür finden sich im Staatsangehörigkeitsrecht von Dänemark, Kanada, Spanien, Ungarn und den USA.

soli-Prinzip folgende Länder lediglich die Möglichkeit vor, das angenommene Kind auf separaten Antrag erleichternd einzubürgern. Der Erwerb der Staatsangehörigkeit erfolgt nicht durch Gesetz, sondern auf dem Wege der Antrags- oder Anspruchseinbürgerung. Ist das Kind allerdings auf dem Staatsgebiet geboren, auf dem es auch von Staatsangehörigen dieses Staates adoptiert wird, ist eine Antrags- oder Anspruchseinbürgerung nicht notwendig, da die Geburt auf diesem Staatsgebiet dann einen ausreichenden Anknüpfungspunkt für den automatischen Erwerb der Staatsangehörigkeit dieses Staates darstellt.
Der automatische Erwerb der Staatsangehörigkeit bei der Adoption verstößt auch nicht gegen die freie Selbstbestimmung des Kindes. Dies liegt daran, dass es sich hierbei um einen Erwerbstatbestand handelt, der zwar selbst keinen Tatbestand des originären Staatsangehörigkeitserwerbs darstellt, aber an einen solchen angelehnt ist. Bei den originären Anknüpfungspunkten wird auch nicht an die freie Selbstbestimmung des Einzelnen angeknüpft. Dieser Gedanke wird auf den Staatsangehörigkeitserwerb im Rahmen der Adoption tradiert.

d. Legitimation

Unter Legitimation wird die Annahme eines bereits geborenen Kindes durch die spätere Eheschließung der Eltern verstanden[193]. Das nicht eheliche Kind erwirbt durch die spätere Eheschließung der Eltern deren Staatsangehörigkeit[194]. Die Legitimation ist als Anknüpfungspunkt für den Erwerb der Staatsangehörigkeit völkerrechtlich anerkannt[195]. Teilweise praktizieren die Staaten dabei eine automatische Erteilung der Staatsangehörigkeit bei dieser Art der Veränderung des Bürgerstatus, andere erleichtern in Fällen der Legitimation die Einbürgerungsvoraussetzungen[196]. Die Bezugpunkte liegen dabei parallel zu denen der Adoption. So ist es auch möglich den automatischen gesetzlichen Erwerb der Staatsangehörigkeit durch das Kind in Staaten vorzusehen, die das *ius sanguinis*-Prinzip verfolgen, da sich die Staatsangehörigkeit von den Eltern ableitet.

e. Einbürgerung auf Antrag

Der größte Teil der Fälle des nachträglichen Erwerbs der Staatsanghörigkeit findet durch die Einbürgerung auf Antrag statt. Sie bedarf in der Regel keines geburts- oder familienrechtlichen Bezugs einer Person zu einem Staat oder seinen Staatsangehörigen[197]. Allein der freiwillige Antrag auf Einbürgerung stellt eine für das Völkerrecht ausreichende Anknüpfung für die Verleihung der Staatsangehörigkeit dar, da er den Willen einer Person zum Ausdruck bringt, einem be-

---

193 Gloria, in: Ipsen, § 24, Rdnr.14.
194 Ziemske, S. 123.
195 Randelzhofer, *Nationality*, in: EPIL III, S. 501 (504).
196 Randelzhofer, *Nationality*, in: EPIL III, S. 501 (504).
197 Ziemske, S. 124.

stimmten Staat anzugehören[198]. Der Erwerb der Staatsangehörigkeit auf Antrag wird deshalb auch als freiwillige Naturalisation bezeichnet[199]. Innerstaatlich werden an die Einbürgerung auf Antrag in der Regel noch weitere Voraussetzungen, wie der längere Aufenthalt auf dem Staatsgebiet oder Sprachkenntnisse, gestellt[200]. Solche weiteren Voraussetzungen entsprechen zwar dem Völkerrecht, sind aber nicht obligatorisch[201].

Teilweise wird eine engere Beziehung zwischen dem Einbürgerungsbewerber und dem Staat verlangt. Dabei werden vor allem die Entscheidung des IGH im Fall „Nottebohm"[202] und einige innerstaatliche Verfahrensweisen angeführt[203]. Abgesehen von der Anwendbarkeit der Entscheidung ist von einer solchen engeren Beziehung allein durch den Willen des Einbürgerungsbewerbers auszugehen. Tatsächlich verlangen viele Staaten, eine solche engere Beziehung. Dies ist aber nur innerstaatlich ausschlaggebend und völkerrechtlich unerheblich.

f. Bestehen eines besonderen Treueverhältnisses

Ein weiterer Grund für die Verleihung der Staatsangehörigkeit kann auch die Eingehung eines bestimmten Treueverhältnisses des Ausländers mit dem anderen Staat sein. Dies ist im Regelfall der freiwillige Eintritt in den Staatsdienst[204]. Der Anknüpfungspunkt ist hier das Loyalitätsverhältnis des Staates zu seinem Staatsdiener und das Verständnis, dass ein Staatsdiener nur Staatsangehöriger des Staates sein kann, demgegenüber er seine Dienste erbringt.

g. Völkerrechtliche Gebietsveränderungen

Problematisch erweist sich die Verleihung der Staatsangehörigkeit bei völkerrechtlich bedingten Gebietsveränderungen. Staatsangehörigkeitsrechtliche Fragen werden nämlich dann relevant, wenn ein Staat einen Teil seines Staatsgebietes an einen anderen Staat abtritt oder verliert. Schwierigkeiten ergeben sich ebenso bei einer Sezession oder einer Dismembration eines Staates.

---

198 Randelzhofer, *Nationality,* in: EPIL III, S. 501 (504); Randelzhofer, in: Maunz/Dürig, Artikel 16 GG, Rdnr. 22.

199 Randelzhofer, in: Maunz/Dürig, Artikel 16 GG, Rdnr. 22.

200 Seidl-Hohenveldern/Stein, Rdnr. 1329; dabei wird vor allem bei Staatsangehörigen anderer Staaten verlangt, dass diese auf ihre bisherige Staatsangehörigkeit verzichten. Dies stellt jedoch nach Ansicht Seidl-Hohenvelderns/Steins keine Pflicht, sondern lediglich ein Recht des Staates dar.

201 Guggenheim, S. 287; Randelzhofer, in: Maunz/Dürig, Artikel 16 GG, Rdnr. 22.

202 ICJ Reports 1955, S. 1 ff.; siehe dazu näher unten.

203 Gloria, in: Ipsen, § 23, Rdnr. 10.

204 Seidl-Hohenveldern/Stein, Rdnr. 1331; Randelzhofer, *Nationality,* in: EPIL III, S. 501 (504); Verdross, 4. Auflage, S. 237; Randelzhofer, in: Maunz/Dürig, Artikel 16 GG, Rdnr. 20.

Die Frage der Nachfolge in die Staatsangehörigkeit wird vor allem seit den territorialen Verschiebungen durch die Pariser Vorortverträge diskutiert. Teilweise wird vertreten, dass der Wechsel des Staatsgebiets und der damit verbundene Wechsel des territorialen Souveräns automatisch in einem Wechsel der Staatsangehörigkeit resultiert[205]. Dabei wird auf die Verträge von Versailles (1919), St. Germain (1919) und Trianon (1920) verwiesen, die eine diesbezügliche Regelung vorsahen[206]. Ob eine völkervertragliche Ermächtigung für den automatischen Wechsel der Staatsangehörigkeit bei Abschluss der Verträge existierte, mag bezweifelt werden. Jedenfalls erscheint es aufgrund der daraus resultierenden Widerstände als äußerst zweifelhaft, ob eine derartige Regelung völkergewohnheitsrechtlich anerkannt war[207]. Die Nachfolge in die Staatsangehörigkeit verstößt zumindest heute gegen das Selbstbestimmungsrecht der Völker.
Den Staaten steht es jedoch frei, diese Frage der Staatsangehörigkeit der Bewohner per Vertrag zu regeln. Dass diesbezüglich sogar eine Pflicht bestehe, wird teilweise mit der Argumentation abgelehnt, dass eine solche Pflicht einen Verstoß gegen das Recht der Staaten darstellen würde, ihre Staatsangehörigkeit selbst zu regeln[208]. Selbst wenn dies so sein sollte, ist das Recht der Staaten, in diesem Bereich frei zu entscheiden, sehr eingeengt, da sich die Staaten in staatsangehörigkeitsrechtlichen Angelegenheiten mittlerweile zwischenstaatlich in vielen Bereichen gebunden haben. Eine Pflicht zur vertraglichen Regelung bei völkerrechtlichen Gebietsverschiebungen ergibt sich nämlich zumindest durch das Staatenlosenübereinkommen vom 30. Juni 1961, da dadurch die Entstehung der Staatenlosigkeit in dem betroffenen Gebiet verhindert wird.[209]
Völkerrechtliche Gebietsveränderungen sind trotz der dadurch entstehenden Probleme als Anknüpfungspunkte für den Erwerb der Staatsangehörigkeit völkerrechtlich anerkannt, da die neu hinzukommende Bevölkerung nunmehr völkerrechtlich zum Staatsvolk des Zessionars gehören muss.

---

205 Brownlie, S. 658.

206 Randelzhofer, *Nationality*, in: EPIL III, S. 501 (505).

207 Randelzhofer, *Nationality*, in: EPIL III, S. 501 (505).

208 Randelzhofer, *Nationality*, in: EPIL III, S. 501 (505)

209 So statuiert Artikel 10 des Übereinkommens zu Verminderung der Staatenlosigkeit vom 30.06.1961:
Artikel 10 (1): *In alle zwischen Vertragsstaaten geschlossenen Verträge über Gebietsabtretung sind Bestimmungen aufzunehmen, die sicherstellen, dass infolge der Abtretung niemand staatenlos wird. Jeder Vertragsstaat wird sich nach Kräften dafür einsetzen, dass auch in alle derartigen von ihm mit einem Staat, der nicht Vertragspartei dieses Übereinkommens ist, geschlossenen Verträge solche Bestimmungen aufgenommen werden.*
Artikel 10 (2): *In Ermangelung solcher Bestimmungen verleiht ein Vertragsstaat, an den Hoheitsgebiet abgetreten wird oder der auf andere Weise Hoheitsgebiet erwirbt, seine Staatsangehörigkeit den Personen, die andernfalls infolge der Abtretung staatenlos würden.* (BGBl. 1977 II, S. 598, 603).

h. Reintegration (Wiedereinbürgerung)

Die Reintegration ist die Wiedereinbürgerung nach dem vorherigen Verlust der Staatsangehörigkeit. Sie stellt einen Sonderfall der Einbürgerung dar und ist nur mit der Zustimmung der betreffenden Person möglich[210]. Eine Reintegration kommt ausschließlich bei den Individuen in Betracht, die vormals die Staatsangehörigkeit des Landes besaßen, sie allerdings durch bestimmte Umstände verloren haben. Als Beispiel kann hier der Verlust der Staatsangehörigkeit durch Verehelichung angeführt werden, wenn die Ehefrau aufgrund einer Veränderung der Verhältnisse die tatsächliche Beziehung zu ihrem ehemaligen Heimatstaat wiederhergestellt hat[211]. Hauptsächlich findet die Reintegration Anwendung bei der Wiedergutmachung von Unrechtstatbeständen, die eine Ausbürgerung bewirkt haben. Hierzu zählen die Ausbürgerungen im „Dritten Reich"[212]. Einen verfassungsrechtlich garantierten Tatbestand der Reintegration stellt Artikel 116 Absatz 2 GG dar.

i. Besondere Regelungen

Als besondere Regelung des Staatsangehörigkeitserwerbs wird teilweise die Regelung des Staates der Vatikanstadt angesehen. Der Erwerb ist nach dem Staatsangehörigkeitsrecht des Vatikanstaates mit der Bekleidung eines Amtes und dem Wohnsitz im Staatsgebiet verbunden[213]. Teilweise wird der Erwerb dieser Staatsangehörigkeit noch unter den originären Erwerb der Staatsangehörigkeit subsumiert[214]. Originärer Erwerb der Staatsangehörigkeit setzt jedoch entweder einen Erwerb der Staatsangehörigkeit aufgrund Geburt durch Anwendung des *ius sanguinis*-Prinzips oder des *ius soli*-Prinzips voraus. Da allerdings die Staatsangehörigkeit des Vatikanstaates nur unter den oben genannten Kriterien erworben werden kann, kann ein originärer Erwerb allein schon begrifflich ausgeschlossen werden.

Der Erwerb der Staatsangehörigkeit nach den Regeln des Vatikanstaates stellt aber keinen eigenen völkerrechtlichen Anknüpfungspunkt dar, da er sich aus vorhandenen Anknüpfungspunkten, nämlich einem bestimmten Treueverhältnis und der permanenten Wohnsitzerlangung zusammensetzt. Das Staatsangehörigkeitsrecht des Vatikanstaates verlangt lediglich das kumulative Vorliegen beider Anknüpfungspunkte.

---

210 Dahm, Bd. I, S. 456; Verdross, 4. Auflage, S. 238.

211 Guggenheim, S. 287.

212 Gloria, in: Ipsen, § 24, Rdnr. 11.

213 Weis, Staatsangehörigkeit und Staatenlosigkeit im gegenwärtigen Völkerrecht, S. 7; Randelzhofer, *Nationality*, in: EPIL III, S. 501 (503).

214 Ziemske, S. 65 (Fußnote 56); Weis, Staatsangehörigkeit und Staatenlosigkeit im gegenwärtigen Völkerrecht, S. 7.

j. Weitere Voraussetzungen an die Erteilung der Staatsangehörigkeit

aa. Effektivität der Staatsangehörigkeit

Als weitere Voraussetzung des Erwerbs der Staatsangehörigkeit wird in der völkerrechtlichen Literatur seit dem Urteil des IGH im sogenannten „Nottebohm-Fall“[215] teilweise die Effektivität der Staatsangehörigkeit gefordert[216]. Der IGH hat in diesem Urteil die Staatsangehörigkeit als *„[...] legal bound having at its basis a social fact of attachment, a genuine connection of existence, interests and sentiments, together with the existence of reciprocal rights and duties“*, bezeichnet.

Die Effektivität ist allerdings neben den erforderlichen völkerrechtlichen Anknüpfungspunkten keine völkerrechtliche Schranke, die den innerstaatlichen Gesetzgeber von der Erteilung seiner Staatsangehörigkeit abhält. Obwohl der Staat zwar die Anknüpfungspunkte der Staatsangehörigkeit nicht willkürlich wählen darf[217], sondern eine bestimmte Beziehung zwischen dem Staat und seinem Staatsangehörigen gefordert wird, bedeutet dies noch nicht, dass das Prinzip der Effektivität aus völkerrechtlicher Sicht auf Erwerbstatbestände der Staatsangehörigkeit anwendbar ist. Es betrifft nur die Tatbestände in denen sich die Frage der Ausübung des diplomatischen Schutzes bei Kollisionsproblemen im Rahmen von mehrfacher Staatsangehörigkeit ergibt[218]. Dies bedeutet aber nicht, dass der Staat nicht dennoch solche Anforderungen an den Erwerb seiner Staatsangehörigkeit stellt.

Allgemein wird eine gewisse Lebensbeziehung zwischen dem Einzubürgernden und dem einbürgernden Staat beim derivativen Erwerb der Staatsangehörigkeit verlangt[219]. So muss derjenige, der die Staatsangehörigkeit erwerben möchte, in dem betroffenen Staat ansässig sein, Staatsdienst oder Militärdienst ableisten oder abgeleistet haben oder sonstige politische Verdienste um den Staat erworben haben[220]. Der Staat kann jedoch auch weitere Kriterien, wie eine berufliche Tätigkeit oder die Fähigkeit zum Unterhalt der Familie, als Entscheidungsvoraussetzung heranziehen oder auch die Abstammung und die Kulturzugehörigkeit des Einzelnen in die Entscheidung mit einfließen lassen[221]. Dies ist ihm im Rahmen seiner freien Kompetenz und Ermessensentscheidung innerstaatlich überlassen. Diese weiteren Kriterien sind aber keine völkerrechtliche Voraussetzung. Das Völkerrecht fordert somit für den Staatsangehörigkeitserwerb weniger

---

215 ICJ Reports 1955, p. 4.

216 Gloria, in: Ipsen, § 24, Rdnr. 6; Verdross, 4. Auflage, S. 237.

217 Dahm, Bd. I, S. 458.

218 Randelzhofer, in: Maunz/Dürig, Artikel 16 GG, Rdnr. 22; Kimminich, in: Bonner Kommentar, Artikel 16 GG, Rdnr. 18.

219 Dahm, Bd. I, S. 457.

220 Dahm, Bd. I, S. 457.

221 Dahm, Bd. I, S. 457.

als eine *„genuine connection"*, verbietet es dem betreffenden Staat aber nicht, höhere Anforderungen an den Erwerb zu stellen.

bb. Zugehörigkeit zur Kulturnation

Es gibt noch weitere Voraussetzungen, die der Staat bei der Erteilung der Staatsangehörigkeit zugrunde legen kann. Solche Erwerbsvoraussetzungen können an unterschiedliche Aspekte geknüpft werden[222]. Es kommt dabei auf die Eigenart des Staates und dem damit verbundenen Verständnis und Verhältnis des Staates zu seinen Staatsangehörigen an. Einige qualifizieren die Staatsangehörigkeit als eine durch Abstammung und Zugehörigkeit zum Staatsvolk schicksalhafte bestimmte Bindung, andere betrachten das Staatsvolk als eine Willensgemeinschaft derjenigen, die dem Staat aufgrund ihrer freien Entscheidung angehören. Die jeweilige Einstellung ist in einem hohen Maße von geschichtlichen oder religiösen Überlieferungen wie auch weltanschaulichen, politischen und militärischen Gründen geprägt[223]. Die unterschiedlichen Auffassungen lassen sich vor allem durch eine Gegenüberstellung des Verständnisses der Einwanderungsländer und der klassischen Auswanderungsländer dokumentieren[224].

Die Bedeutung kultureller Verbindungen kann schon aus den völkerrechtlichen Anknüpfungspunkten beim originären Erwerb hergeleitet werden. So geht das Völkerrecht davon aus, dass die Eltern, die die Staatsangehörigkeit ihrer Kinder bestimmen (*ius sanguinis*-Prinzip), auch die kulturellen Werte des Staates den Kindern vermitteln. Aber auch beim *ius soli*-Prinzip wird die Vermittlung dieser Werte erwartet. Sind in diesem Falle die Eltern nicht bereits Staatsangehörige des *ius soli*-Staates, so wird die kulturelle Integration durch den längeren Aufenthalt im Geburtsland erwartet. Die Entscheidung zur Vergabe der Staatsangehörigkeit liegt aber letztendlich allein beim Staat. Die Identifikation der Staatsangehörigen mit der Kulturnation ist mithin kein völkerrechtliches Gebot. Die Tatsache, dass sich insoweit kein Völkergewohnheitsrecht entwickelt hat, ergibt sich schon aus der unterschiedlichen Handhabung der staatsangehörigkeitsrechtlichen Normen in Einwanderungs- und Auswanderungsländern. Die einen legen mehr Wert auf die Nation, die anderen mehr auf die Vergrößerung des Staatsvolkes. Die Frage geht also einher mit der Frage der Identität des Staatsvolkes mit dem Staat. Sie entsteht bei einem Einwanderungsland erst dann, wenn ein Volk eingewandert ist, dass ein Identitätsgefühl schaffen kann. Hier kann auf das Beispiel der USA verwiesen werden. Die Vereinigten Staaten haben als Einwanderungsland zunächst auf die Vervielfältigung des Staatsvolkes gedrängt. Nunmehr hat sich eine US-amerikanische Kultur und Identität der

---

222 Dahm, Bd. I, S. 453.

223 Verdross, 4. Auflage, S. 237; Dahm, Bd. I, S. 453; Guggenheim, S. 285.

224 Dahm, Bd. I, S. 453.

Staatsangehörigen entwickelt. Auch sind keine weiteren Einwanderer für eine Bevölkerungsentwicklung notwendig, so dass die Einwanderungspolitik verschärft wurde.

2. Mehrstaatigkeit beim derivativen Erwerb der Staatsangehörigkeit

Mehrstaatigkeit tritt beim derivativen Erwerb der Staatsangehörigkeit dann ein, wenn der Verlust der bisherigen Staatsangehörigkeit nicht zur Voraussetzung gemacht wird[225]. Die Schwierigkeit besteht in diesem Zusammenhang, dass der Wille des Einbürgerungsbewerbers nicht automatisch den Austritt aus der bisherigen Staatsangehörigkeit mit beinhaltet. Aufgrund seiner Regelungskompetenz hat der Staat nur die Möglichkeit, die Erteilung seiner eigenen Staatsangehörigkeit an die Bedingung der Aufgabe der bisherigen zu knüpfen. Es steht ihm hingegen nicht zu, per nationaler Gesetzgebung die fremde Staatsangehörigkeit des Einzubürgenden erlöschen zu lassen, da nur der bisherige Heimatstaat diese Kompetenz inne hat.

IV. Gesamtergebnis der völkerrechtlichen Anknüpfungspunkte

Der Erwerb der Staatsangehörigkeit vollzieht sich beim originären Erwerb grundsätzlich nach dem Abstammungs- *(ius sanguinis)* oder dem Geburtslandsprinzip *(ius soli)*. Dabei kann durch eine kumulative oder alternative Anwendung dieser Anknüpfungspunkte Staatenlosigkeit oder Mehrstaatigkeit entstehen.

Der derivative Erwerb der Staatsangehörigkeit kann an die Anknüpfungspunkte Wohnsitzerlangung, Verehelichung, Adoption, Legitimation oder Antragseinbürgerung gebunden werden oder durch völkerrechtliche Gebietsveränderungen und Reintegration erfolgen. Den Staaten steht es dabei frei, weitere Anforderungen, wie die Zugehörigkeit zur Kulturnation, aufzustellen. Völkerrechtlich sind solche Voraussetzungen jedoch nicht verbindlich. Auch beim derivativen Erwerb kann Mehrstaatigkeit entstehen, nämlich dann, wenn die alte Staatsangehörigkeit nicht aufgegeben wird. Auch die Frage nach der Aufgabe der alten Staatsangehörigkeit ist dem innerstaatlichen Recht vorbehalten.

F. Pflicht zur Vermeidung der mehrfachen Staatsangehörigkeit

Da die Regelungskompetenz der Staatsangehörigkeit im Hoheitsbereich der einzelnen Staaten liegt, ist es zumindest innerstaatlich möglich, die Entstehung von Mehrstaatigkeit zu vermeiden. Der einbürgernde Staat kann dies aber nicht verfügen, da das Ausscheiden aus der bisherigen Staatsangehörigkeit nicht in seinen Regelungsbereich fällt[226]. Es steht dem einbürgernden Staat somit frei, den

---

[225] Hannappel, S. 45.

[226] Dahm, Bd. I, S. 457.

Erwerb seiner Staatsangehörigkeit von der Aufgabe der bisherigen Staatsangehörigkeit abhängig zu machen. Dies ist jedenfalls dann möglich, wenn der bisherige Heimatstaat des Betroffenen das Ausscheiden aus seiner Staatsangehörigkeit vorsieht. Das Erfordernis des Ausscheidens aus der bisherigen Staatsangehörigkeit verstößt nicht gegen das Völkerrecht, greift insbesondere nicht in den innerstaatlichen Bereich des bisherigen Heimatstaates des Einbürgerungsbewerbers ein und beruht, wie der Erwerb der neuen Staatsangehörigkeit, auf der freien Willensentscheidung des Betroffenen. Da der Erwerb der neuen Staatsangehörigkeit nur in den wenigsten Fällen nach den Vorschriften des bisherigen Heimatstaates das Ausscheiden aus seiner Staatsangehörigkeit zur Folge hat, und der Erwerb auch nicht von dessen Zustimmung abhängt[227], liegt es im Regelungsbereich des Staates, dessen Staatsangehörigkeit „hinzuerworben" werden soll, Regelungen zu treffen, um aus der mehrfachen Staatsangehörigkeit resultierende Schwierigkeiten zu vermeiden. Diese Schwierigkeiten entstehen im zwischenstaatlichen Bereich, wie bei der Ausübung des diplomatischen Schutzes oder bei der Ausübung der Wehrpflicht. Aufgrund dieser Schwierigkeiten könnte sich eine Pflicht zur Vermeidung mehrfacher Staatsangehörigkeit herleiten.

I. Pflicht aus dem allgemeinen Völkerrecht

Im allgemeinen Völkerrecht wurden oftmals die Probleme der mehrfachen Staatsangehörigkeit diskutiert. Sie wird nicht zuletzt wegen der mit ihr verbundenen Probleme in der völkerrechtlichen Literatur[228] sowie seitens nationaler Gerichte als ein Übel dargestellt[229]. Wenn Staaten die Mehrstaatigkeit überwiegend als ein Übel ansehen, so stellt sich die Frage, ob nicht eine völkerrechtliche Pflicht besteht, ein solches Übel zu verhindern. Obwohl die Staaten sich der Auswirkungen mehrfacher Staatsangehörigkeit bewusst sind, lässt sich eine Pflicht zur Vermeidung der mehrfachen Staatsangehörigkeit im Völkerrecht nicht erkennen. Zwar legen sie in ihren nationalen Staatsangehörigkeitsgesetzen Wert darauf, die Einbürgerung anderer Staatsangehöriger nur unter der Aufgabe der bisherigen Staatsangehörigkeit vorzunehmen, in ihrer Verfahrensweise sind sie allerdings nicht restriktiv genug. Einerseits ist dies rechtlich nicht möglich, da sie über die bisherige Staatsangehörigkeit nicht entscheiden können und ein Ausscheiden aus der bisherigen teilweise rechtlich unmöglich ist. In diesen Fällen liegt die Ursache der Entstehung von Mehrstaatigkeit allein im Staatsangehörigkeitsrecht des bisherigen Heimatstaates. Andererseits wird das Entstehen mehrfacher Staatsangehörigkeit zunehmend aus politischen Gründen multikultu-

---

227 Dahm, Bd. I, S. 457.
228 Dahm, Bd. I, S. 486.
229 BVerfGE 37, 217 (254).

reller Akzeptanz hingenommen. Dies hat vornehmlich einen historischen Hintergrund. Die Einbürgerungspolitik der Einwanderungsstaaten, war darauf ausgerichtet, neue Individuen an den neuen Staat zu binden. Dies hatte den legitimen Hintergrund der Vermehrung eines benötigten, aber nicht vorhandenen Staatsvolkes. Eine Gleichsetzung von Staatsangehörigkeit und Nation war nicht notwendig, da eine Nation noch nicht vorhanden war, sondern sich diese aus dem neuen Staatsvolk heraus entwickeln sollte. Ziel des Einwanderungsstaates war es deshalb, mit der Erteilung einer neuen Staatsangehörigkeit zumindest das Identitätsgefühl zu einem bestimmten Gebiet zu schaffen und den Einwanderer an dieses zu binden. Dieses Ziel, welches durch das Staatsangehörigkeitrecht der Einwanderungsstaaten vor allem im 19. Jahrhundert verfolgt wurde, hat sich auf das Staatsangehörigkeitsrecht der Auswanderungsstaaten, deren Ziel die Einheit von Staatsangehörigkeit und Nation war, übertragen.

Auch der Rechtsprechung des Internationalen Gerichtshofes im Fall „Nottebohm" ist eine völkerrechtliche Pflicht zur Vermeidung der mehrfachen Staatsangehörigkeit nicht zu entnehmen. Zwar stellt das Gericht in seiner Entscheidung den Anspruch der Effektivität an die Staatsangehörigkeit. Dieser Effektivitätsgrundsatz bezieht sich jedoch nicht auf den Erwerb einer weiteren Staatsangehörigkeit, sondern dient lediglich der Vermeidung von Problemen nach der Entstehung mehrfacher Staatsangehörigkeit im Bereich des diplomatischen Schutzes. Obwohl der Effektivitätsgrundsatz in der Literatur oftmals dargestellt wird[230], hat er keine Wirkung auf den Zeitpunkt des Erwerbs der zusätzlichen Staatsangehörigkeit. Eine diesbezügliche Verfahrensweise der Staaten wäre zwar wünschenswert, jedoch besteht kein Grundsatz der Effektivität bei der Einbürgerung von Ausländern.

Die Entstehung mehrfacher Staatsangehörigkeit wird, obwohl den Staaten die damit einhergehenden Folgen bewusst sind, dennoch geduldet. Eine einheitliche rechtliche Praxis der Staaten hat sich trotz der Bemühungen einiger Staaten im allgemeinen Völkerrecht bislang nicht entwickelt. Die angestrebten Lösungsmodelle dieser Staaten konnten sich bislang noch nicht durchsetzen, darunter auch die Einführung einer allgemeinen Optionspflicht für Personen mehrfacher Staatsangehörigkeit[231], die teilweise schon als *lege lata* angesehen wurde[232]. Völkergewohnheitsrechtlich kann sich eine Lösung im Bereich der mehrfachen Staatsangehörigkeit zudem nur schwer durchsetzen. Neben den allgemeinen Kriterien für die Entstehung von Völkergewohnheitsrecht, wird dessen Entstehung allein schon deshalb erschwert, da bei jeder Übung unter Rechtsüberzeugung, schon mindestens zwei Staaten involviert sein müssen. Dies ist bei der

---

230 Randelzhofer, in: Maunz/Dürig, Artikel 16 GG, Rdnr. 38 f.; Dahm, Bd. I, S. 458.
231 Dahm, Bd. 1, S. 487.
232 Isay, JW 1924, S. 1481 f.

Entstehung von Völkergewohnheitsrecht sonst nicht der Fall. Dort reicht es bereits aus, dass von einem Staat ein bestimmtes völkerrechtlich erhebliches Verhalten unter der darauf gerichteten Rechtsüberzeugung praktiziert wird, das anderen Staaten ebenfalls nachzuweisen ist. Bei der Vermeidung von Mehrstaatigkeit hingegen ist ein aufeinander ausgerichtetes Verhalten von mindestens zwei Staaten in Bezug auf die Vermeidung von Mehrstaatigkeit erforderlich, um einen Fall der *consuetudo* nachweisen zu können. Für eine übereinstimmende Staatenpraxis in zwei Fällen wäre somit schon das übereinstimmende Verhalten von vier Staaten erforderlich. Die Entstehung von Völkergewohnheitsrecht ist somit im Bezug auf die Staatsangehörigkeit quasi ausgeschlossen.

Eine allgemeine völkerrechtliche Pflicht der Staaten zur Vermeidung der Entstehung mehrfacher Staatsangehörigkeit beim Erwerb ihrer Staatsangehörigkeit besteht jedenfalls nicht.

II. Pflicht aus dem Völkervertragsrecht

Die Pflicht zur Vermeidung mehrfacher Staatsangehörigkeit kann sich jedoch aus bi- und multilateralen Verträgen ergeben.

1. Historische Verträge

Die Staaten haben in der Vergangenheit in Bezug auf die Entstehung von Problemen der mehrfachen Staatsangehörigkeit völkerrechtliche Verträge abgeschlossen, welche die mehrfache Staatsangehörigkeit zum Gegenstand hatten[233]. Wichtige Verträge, waren die Bancroft-Verträge der Vereinigten Staaten von Amerika in den Jahren 1868 und 1889. Darin wurde vereinbart, dass eingebürgerte Staatsangehörige einer Vertragspartei nach einem Zeitraum von fünf Jahren nur noch als Staatsangehörige des einbürgernden Staates angesehen wurden. Außerdem sollte die dauerhafte Niederlassung in der alten Heimat nach der Einbürgerung in dem neuen Staat als Verzicht auf die Einbürgerung angesehen werden[234]. Die Entstehung der mehrfachen Staatsangehörigkeit war damit temporär begrenzt. Aufgrund des Verhaltens des Einbürgerungserwerbers wurde nach einer bestimmten Zeit entschieden, welche Staatsangehörigkeit er letztendlich behalten sollte. Die Bancroft-Verträge verloren ihre Gültigkeit nach dem Ersten Weltkrieg. Da dies Gegenstand der Pariser Friedensverträge war, wurde der vertragliche Inhalt nicht mehr Gegenstand eines neuen Vertragsschlusses[235]. Der Ansatz der Vermeidung von Mehrstaatigkeit wurde auch in Verträge mit anderen Staaten übernommen. So schlossen die Vereinigten Staaten von Amerika neben den Verträgen mit den deutschen Staaten und dem Norddeutschen

---

[233] Dahm, Bd. I, S. 488.

[234] Dahm, Bd. I, S. 488; RGSt. 4, 271 ff.; RGSt. 29, 391 ff.

[235] Siehe Artikel 278 des Vertrages von Versailles; Artikel 230 des Vertrages von St. Germain; Artikel 213 des Vertrages von Trianon; Artikel 158 des Vertrages von Neuilly.

Bund weitere Verträge, die diese Regelung zum Gegenstand hatten[236]. Das Prinzip war ebenfalls Gegenstand der Regelung in der Konvention von Rio vom 13. August 1906[237] betreffend den Status Eingebürgerter, die ihren Wohnsitz in die Heimat zurückverlegen. Gemäß Artikel II der Konvention wurde sogar nach einem Aufenthalt von nur zwei Jahren in dem bisherigen Heimatstaat vermutet, dass der Staatsangehörige nicht mehr in den anderen Staat, dessen Staatsangehörigkeit er ebenfalls erworben hat, zurückkehrt[238].
Eine einvernehmliche Lösung der Problematik der mehrfachen Staatsangehörigkeit wurde von der Haager Konferenz 1930 erwartet. Allerdings prallten hier die Interessen der Einwanderungs- und Auswanderungsländer so stark aufeinander, dass es zu keiner zufriedenstellenden Lösung des Problems kam[239]. So wurde nicht das Problems der mehrfachen Staatsangehörigkeit beseitigt, vielmehr kodifizierten die Vertragsparteien in der Konvention über gewisse Fragen beim Konflikt von Staatsangehörigkeitsgesetzen vom 12. April 1930[240] allein staatsangehörigkeitsrechtliche Grundfragen[241] und schrieben Lösungen für Fragen des Konfliktes mehrfacher Staatsangehörigkeit fest, wie die im Falle des diplomatischen Schutzes[242]. Es wurde lediglich eine Regelung für die Fälle getroffen, in denen ein Mehrstaater ohne eigenen Willen zwei Staaten angehörte. Diese Regelung traf somit nur die Fälle des originären Erwerbs der Staatsangehörigkeit sowie des gesetzlichen Erwerbs der Staatsangehörigkeit, den der Betroffene in keinem Fall willentlich beeinflussen konnte. Aber selbst für diese Fälle war keine staatliche Entscheidung vorgesehen, sondern die Staaten überließen es der Entscheidung des Einzelnen, ob er auf eine der beiden Staatsangehörigkeiten verzichten wollte[243]. Zudem einigten sich die Vertragsparteien darauf, dass die Ehefrau nach Auflösung ihrer Ehe, durch die sie ihre alte Staatsangehörigkeit verloren hatte, die alte Staatsangehörigkeit nur wiedererlangen könnte, wenn sie die durch Eheschließung erworbene Staatsangehörigkeit des nunmehr geschie-

236 Dahm, Bd. I, S. 488; Verträge aufgeführt in Weis, Nationality, S. 136 f.

237 AJIL, Bd. 7 (1913), Suppl. S. 226.

238 AJIL, Bd. 7 (1913), Suppl. S. 226 (227).

239 Dahm, Bd. I, S. 488.

240 Konvention über gewisse Fragen beim Konflikt von Staatsangehörigkeitsgesetzen vom 12.04.1930, Martens, N.R.G., 3. Serie, Bd. 34, S. 399 ff.

241 Vgl. Artikel 3 der Konvention, in dem festgehalten wurde, dass der Mehrstaater von jedem Staat, dessen Staatsangehörigkeit er besitzt, als eigener Staatsangehöriger angesehen werden kann.

242 Vgl. Artikel 4 der Konvention, in dem die diplomatische Schutzgewährung gegenüber dem anderen Heimatstaat ausgeschlossen wurde.

243 Vgl. Artikel 6 der Konvention. Die freie Entscheidung des Mehrstaaters war allerdings noch dahingehend beschränkt, dass der Staat, dessen Staatsangehörigkeit aufgegeben werden sollte, zustimmungspflichtig war.

denen Mannes wieder aufgab[244]. Obwohl in der Präambel die Vermeidung der Doppelstaatigkeit als Ziel aufgenommen wurde, konzentrierte sich die Konvention bis auf wenige Ausnahmen nur auf die Regelung der daraus entstehenden Probleme. Eine Ursachenbekämpfung wurde nicht betrieben. Aus der Schlussakte, die völkerrechtlich allerdings keine Bindungswirkung entfaltet, wurden dennoch die Wünsche deutlich, die sich auch an den Völkerbund richteten, der sich dieser Angelegenheit aber nicht mehr angenommen hat. So blieb es dabei, dass es nach Artikel III der Schlussakte der Konferenz[245] den Staaten anheim gestellt wurde, durch die innerstaatliche Regelung die Fälle der Mehrstaatigkeit zu vermeiden. Dabei sollte darauf geachtet werden, dass seitens der Staaten der Verzicht auf die durch Geburt entstandene mehrfache Staatsangehörigkeit erleichtert werden sollte[246]. Zudem wurde der Wunsch geäußert, die Staaten sollten den Erwerb ihrer Staatsangehörigkeit durch Einbürgerung von der Aufgabe der bisherigen Staatsangehörigkeit abhängig machen[247].
Die Lösung des Problems der mehrfachen Staatsangehörigkeit war somit weiterhin dem innerstaatlichen Gesetzgeber überlassen. Die Staaten haben es nicht erreichen können, den innerstaatlichen Kompetenzbereich des jeweils anderen Staates im Bereich der mehrfachen Staatsangehörigkeit zugunsten des Völkerrechts zu beschränken. Die Bestrebungen der Schlussakte waren somit bereits damals zum Scheitern verurteilt. Hinzu kam, dass die Entscheidung über den Erwerb oder den Verlust nicht im Ermessen der Staaten lag, sondern vom Willen des Mehrstaaters abhing, dem in den meisten Fällen jedoch aus Pratikabilitätsgründen an der Mehrstaatigkeit gelegen war. Zudem wurde die Durchsetzung der getroffenen Regelungen durch die geringe Zahl der ratifizierenden Staaten erschwert, da allein 28 der 49 Signatarstaaten die Konvention nicht ratifizierten und von den anderen Staaten acht einen Vorbehalt erklärten[248].

2. *Übereinkommen über die Verringerung der Mehrstaatigkeit und über die Wehrpflicht von Mehrstaatern vom 6. Mai 1963*

Auch aus dem Übereinkommen über die Verringerung der Mehrstaatigkeit und über die Wehrpflicht von Mehrstaatern vom 6. Mai 1963[249] lässt sich keine generelle Pflicht zur Vermeidung der mehrfachen Staatsangehörigkeit herleiten.

---

[244] Vgl. Artikel 11 der Konvention.

[245] Acht Empfehlungen der Schlussakte der Haager Konferenz zur Kodifikation internationalen Rechts vom 13.03. – 12.04.1930 vom 12.04.1930. Deutscher Text in: Hecker, S. 28 f.

[246] Vgl. Artikel IV der Schlussakte; Hecker, S. 29.

[247] Vgl. Artikel V der Schlussakte.

[248] Vgl. Hecker, S. 13 ff.

[249] Übereinkommen des Europarats über die Verringerung der Mehrstaatigkeit und über die Wehrpflicht von Mehrstaatern vom 06.05.1963, BGBl. 1969 II, S. 1954 ff.

Zwar verpflichten sich die Vertragsstaaten in Artikel 1 des Übereinkommens, den Erwerb der Staatsangehörigkeit nur vom Verlust der vorherigen Staatsangehörigkeit abhängig zu machen. Dies trifft aber nur die Fälle des Erwerbs der Staatsangehörigkeit infolge einer ausdrücklichen Willenserklärung durch Einbürgerung, Option oder Wiedereinbürgerung. Die Fälle des originären Erwerbs der mehrfachen Staatsangehörigkeit sind damit schon nicht Regelungsgegenstand des Übereinkommens. Artikel 2 des Übereinkommens nimmt Bezug auf die Fälle, in denen bereits Mehrstaatigkeit entstanden ist. So bekommen Mehrstaater das Recht eingeräumt, auf eine oder mehrere Staatsangehörigkeiten zu verzichten. Der Verzicht steht hier allerdings unter dem Genehmigungsvorbehalt des Staates, auf dessen Staatsangehörigkeit verzichtet werden soll. Eine generelle Verpflichtung zur Verhinderung der Entstehung von Mehrstaatigkeit sowie der Verringerung der Fälle von Mehrstaatigkeit der Vertragsstaaten untereinander enthält auch dieses Abkommen nicht. Den Vertragsstaaten steht es aber gemäß Artikel 4 des Übereinkommens frei, die Fälle von Mehrstaatigkeit in stärkerem Maße durch innerstaatliche Regelungen sowie zwischenstaatliche Vereinbarungen zu verhindern als dies in dem Übereinkommen vorgesehen ist. Da das Übereinkommen aber nur von dreizehn Staaten ratifiziert[250] wurde, ist dessen Anwendungsbereich stark begrenzt. Zudem werden in Artikel 5 ff. des Übereinkommens keine Regelungen zur weiteren Verhinderung der Konflikte der Wehrpflicht durch die Vermeidung mehrfacher Staatsangehörigkeit getroffen, sondern allein Regelungen, nach denen der Mehrstaater seine Wehrpflicht nicht zu erfüllen hat. Eine weitere Einschränkung der Entstehung der Fälle von Mehrstaatigkeit ist auch nicht in den drei zum Übereinkommen geschlossenen Protokollen vorgenommen worden[251].

---

[250] Mitgliedstaaten des Übereinkommens sind: Belgien (19.07.1991), Dänemark (17.12.1992), Bundesrepublik Deutschland (18.12.1969), Frankreich (28.03.1968), Irland (17.04.1973), Italien (28.03.1968), Luxemburg (12.11.1971), Niederlande (10.06.1985), Norwegen (27.12.1969), Österreich (01.09.1975), Schweden (06.04.1969), Spanien (17.08.1987), Vereinigtes Königreich (08.08.1971). Quelle: Fundstellennachweis B (2000), S. 459 f. (Stand: 31.12.2000).

[251] *Protocol amending the Convention on the Reduction of Cases of Multiple Nationality and Military Obligations in Cases of Multiple Nationality* vom 24.11.1977 (ETS No. 95), in Kraft getreten am 08.09.1978, Mitgliedstaaten sind Belgien, Dänemark, Luxemburg, Niederlande, Norwegen, Spanien, Schweden und dem Vereinigten Königreich. (Stand: 19.01.2001); *Additional Protocol to the convention on the Reduction of Cases of Multiple Nationality and Military Obligations in Cases of Multiple Nationality* vom 24.11.1977 (ETS No. 97), in Kraft getreten am 17.10.1983, Mitgliedstaaten sind Aserbaidschan, Luxemburg, Niederlande und Norwegen (Stand: 19.03.2001); *Second Protocol amending the Convention on the Reduction of Cases of Multiple Nationality and Military Obligations in Cases of Multiple Nationality* vom 02.02.1993 (ETS No. 149), in Kraft getreten am 24.03.1995, Mitgliedstaaten sind Frankreich, Italien und die Niederlande (Stand: 19.03.2001).

Der völkervertraglichen Verhinderung der Mehrstaatigkeit stand zudem das Bestreben vieler Staaten entgegen, eine regionale Einheit in wirtschaftlicher oder räumlicher Hinsicht zu schaffen. Dabei gingen sie davon aus, dass die Einführung mehrfacher Staatsangehörigkeit der Schaffung dieser Einheit dienlich sei[252]. Dieser Gedanke liegt auch heute dem Entwurf des Europäischen Übereinkommens über die Staatsangehörigkeit zugrunde[253].
Bei der Lösung der Problematik der Mehrstaatigkeit bestand zudem immer die Schwierigkeit, neue Regelungen mit der Vermeidung von Staatenlosigkeit in Einklang zu bringen. Eine vertragliche Vereinbarung zur Vermeidung der Entstehung mehrfacher Staatsangehörigkeit birgt immer die Gefahr in sich, bei zu restriktiver Verfolgung einen Anstieg der Fälle von Staatenlosigkeit zu verursachen.
Das Beispiel des Staatsangehörigkeitsrechts der ehemaligen Tschechoslowakei verdeutlicht, dass durch eine Kumulation völkerrechtlicher Anknüpfungspunkte zwar die Entstehung mehrfacher Staatsangehörigkeit vermieden werden kann, durch solche strengen Anforderungen allerdings die Gefahr des Anstiegs der Fälle von Staatenlosigkeit besteht[254]. Die Staatenlosigkeit stellt neben der mehrfachen Staatsangehörigkeit das größere Übel dar, da das Individuum in diesem Fall überhaupt keine Staatsangehörigkeit besitzt. Dies bedeutet allerdings nicht, dass die Staaten völkervertraglich zwischen der Mehrstaatigkeit und der Staatenlosigkeit abwägen müssen. Sie können trotz der Vermeidung der Staatenlosigkeit die Entstehung von Mehrstaatigkeit ausschließen.

3. Resümee

Völkervertraglich ist zwar eine Tendenz zu erkennen, die auf eine Verminderung der Fälle von Mehrstaatigkeit schließen lässt, eine striktes Verbot der Entstehung der Mehrstaatigkeit enthalten diese Abkommen allerdings nicht. Selbst das Europäische Übereinkommen über die Staatsangehörigkeit vom 6. November 1997 als letztes Übereinkommen, welches sich mit der multiplen Staatsangehörigkeit beschäftigt, enthält in Kapitel V keine ausdrücklichen Beschränkungen in Bezug auf die Erteilung der mehrfachen Staatsangehörigkeit seitens eines Staates. Vielmehr beschränkt es sich auf die Lösung von Konflikten, die aus der mehrfachen Staatsangehörigkeit entstehen, wie die Leistung der Wehrdienstes. Dies wird auch aus der Präambel zum Europäischen Übereinkommen über die

---

252 Vgl. die Präambel der Konvention über die Errichtung einer doppelten Staatsangehörigkeit zwischen den Staaten Elfenbeinküste, Dahome, Niger, Obervolta und Togo vom Dezember 1965. Hecker, S. 102.

253 Vgl. die Präambel der *European Draft Convention on Nationality* vom 06.11.1997 (ETS No. 166).

254 Vgl. oben die Praxis der Tschechoslowakei bei dem originären Erwerb der Staatsangehörigkeit.

Staatsangehörigkeit vom 6. November 1997 ersichtlich[255]. Aber auch die Abkommen, die sich um die Lösung bestehender Konflikte bemühen, stellen immer noch die Ausnahme dar und binden zudem nur wenige Vertragspartner. Eine Pflicht der Staaten ergibt sich somit auch nicht aus dem Völkervertragsrecht.

[255] *European Convention on Nationality* vom 06.11.1997 (ETS No. 166), in Kraft zwischen Österreich, Moldawien und der Slowakei seit dem 01.03.2000. (Stand: 19.03.2001).

2. Kapitel: Deutsche Regelung zur Staatsangehörigkeit und Mehrstaatigkeit

A. Entstehung des deutschen Staatsangehörigkeitsrechts

Die Wurzeln des deutschen Staatsangehörigkeitsrechts reichen bis zum Ende des 18. Jahrhunderts zurück. Die von Frankreich ausgehende Entwicklung der europäischen Nationalstaaten ließ es notwendig erscheinen, auch die Zugehörigkeit zum Nationalstaat abzugrenzen[256]. Dies war in der vorhergehenden Zeit nicht notwendig, da das Mittelalter nur das persönliche Treueverhältnis zwischen Lehnsherrn und Lehnsmännern kannte[257]. Die Zugehörigkeit eines Individuums war raumgebunden. Es galt der *Grundsatz „quiquid est in territorio, etiam est de territorio"*. Das Individuum, das seinen Wohnsitz in einem Staat hatte, wurde auch als dessen Angehöriger betrachtet. Die Angehörigkeit begann mit der Niederlassung und endete mit der Auswanderung[258]. Die Anknüpfung der Angehörigkeit des Individuums an den Wohnsitz wurde später zugunsten der Beziehung zwischen Individuum und Staat durchbrochen. Nicht mehr der Wohnsitz war nun maßgebliches Kriterium für die Angehörigkeit, an seine Stelle traten die Kriterien der Abstammung oder des Geburtsortes[259].

I. Erste Entwicklungen der Staatsangehörigkeit in den deutschen Ländern

An die Entwicklung bis zum Ende des 18. Jahrhunderts schloss sich eine Entwicklung an, die zur Folge hatte, dass die Zugehörigkeit zu einem Staat kodifiziert wurde[260]. Hervorzuheben ist hierbei zunächst die Einführung der „Bundesuntertänigkeit" durch die Gründung des Deutschen Bundes am 8. Juni 1815. In Artikel 18 der Bundesakte wird zwar von den „Untertanen der deutschen Bundesstaaten" gesprochen, diese Eigenschaft ist allerdings nicht vergleichbar mit der Schaffung einer Staatsangehörigkeit, da die Formulierung nur bezweckte, die Angehörigkeit auf den Staat als politisches Gebilde zu beziehen und nicht mehr auf die Fürsten[261]. Die Kodifizierung vollzog sich daher allein in den einzelnen Staaten. So wurde im Königreich Bayern durch das Edikt über das Indigenat[262] vom 26. Mai 1818[263] als Erste Beilage zur Verfassungsurkunde ein bay-

---

256 Lichter/Hoffmann, S. 1; Renner, in: Hailbronner/Renner, 3. Auflage, Einl. A, Rdnr. 3; Schätzel, Staatsangehörigkeitsrecht, S. 2 f.

257 Schätzel, S. 2.

258 Schätzel, S. 2.

259 v. Mangoldt, ZAR 1999, S. 243 (244); Schätzel, S. 3; Renner, in: Hailbronner/Renner, 3. Auflage, Einl. A, Rdnr. 3.

260 Renner, in: Hailbronner/Renner, 3. Auflage, Einl. A, Rdnr. 4 f.; Lichter/Hoffmann, S. 1.

261 Marx, Einl. Vor § 1 RuStAG, Rdnr. 4; Ziemske, S. 234.

262 *Indigenat (lat.-nlat.)*, Staatsangehörigkeit.

263 Ges. Bl. S. 141; Abdruck auch in Schätzel, S. 699 f.

erisches Indigenat eingeführt, welches gemäß § 1 des Ediktes *„zum vollen Genusse aller bürgerlichen und öffentlichen und Privatrechte"* erforderlich sei und *„durch die Geburt oder die Naturalisation"* erworben wurde[264]. Die Verfassung des Großherzogtums Hessen vom 17. Mai 1820 bestimmte in Artikel 12, *„dass der Genuß aller bürgerlichen Rechte in dem Großherzogthume, sowohl der Privatrechte als auch der öffentlichen"* nur den *„Inländern"* zusteht[265]. In Artikel 13 der Verfassung wurden die Erwerbstatbestände, in Artikel 17 der Verfassung die Verlusttatbestände geregelt[266]. Andere Staaten, wie das Herzogtum Coburg-Saalfeld[267] oder das Königreich Württemberg[268] regelten Ähnliches in ihren Verfassungen.

Als wegweisend kann auch die Regelung in Preußen angesehen werden. Zwar kannte man in Alt-Preußen bis zum Anfang des 19. Jahrhunderts kein allgemeines preußisches Staatsangehörigkeitsrecht, sondern nur ein Bürgerrecht in den einzelnen preußischen Territorien[269]. Aber bereits in der Verordnung vom 15. September 1818 wegen Auswanderung wurde ein gemeinsames Indigenat für den Preußischen Staat anerkannt[270]. Eine generelle Regelung über den Erwerb und Verlust des Indigenats des Preußischen Staats gab es allerdings nicht. Dies wurde vielmehr bis zu dem Gesetz über die Erwerbung und den Verlust der Eigenschaft als preußischer Untertan sowie über den Eintritt in fremde Staatsdienste im Jahre 1842 der Verwaltungspraxis überlassen[271]. Erst dort fand diese rechtliche Eigenschaft ihre weitere Ausgestaltung[272].

Von einer Staatsangehörigkeit im heutigen Sinne wurde in den Urkunden allerdings noch nicht gesprochen. Meist wird von einem Indigenat des Individuums oder sogar noch von dem Untertan gesprochen, wie in der Verfassung des Herzogtums Sachsen-Meiningen vom 23. August 1829[273] oder in dem Gesetz über

---

264 Marx, Einl. Vor § 1 RuStAG, Rdnr. 6; Renner, in: Hailbronner/Renner, 3. Auflage, Einl. A, Rdnr. 4.

265 Text auszugsweise in: Makarov/v. Mangoldt, Einl. IV, Rdnr. 4.

266 Text in: Lichter/Hoffmann, S. 705. Vgl. dazu auch Marx, Vor § 1 RuStAG, Rdnr. 4; Renner, in: Hailbronner/Renner, 3. Auflage, Einl. A, Rdnr. 5.

267 Vgl. § 5 der Verfassung des Herzogtums Coburg-Saalfeld vom 08.08.1821, vgl. dazu Renner, in: Hailbronner/Renner, 3. Auflage, Einl. A, Rdnr. 5.

268 Vgl. die Verfassungsurkunde für das Königreich Württemberg vom 25.09.1819, welche in § 19 das Staatsbürgerrecht regelt und in den §§ 32 ff. weiter ausgestaltet. Text in: Lichter/Hoffmann, S. 752; siehe dazu auch Marx, Vor § 1 RuStAG, Rdnr. 7.

269 Lichter/Hoffmann, S. 717; Marx, Vor § 1 RuStAG, Rdnr. 10.

270 Lichter/Hoffmann, S. 717.

271 Marx, Vor § 1 RuStAG, Rdnr. 10; Lichter/Hoffmann, S. 717.

272 Vgl. §§ 1 ff. des Gesetzes über die Erwerbung und den Verlust der Eigenschaft als preußischer Untertan sowie über den Eintritt in fremde Staatsdienste vom 31.12.1842, Text in: Lichter/Hoffmann, S. 719 ff.; siehe dazu auch Ziemske, S. 234 f.; Schätzel, S. 3.

273 Vgl. § 6 des Grundgesetzes für die vereinigte landschaftliche Verfassung des Herzogtums Sachsen-Meiningen vom 23.08.1829. *„Untertanen sind diejenigen, die von inländischen*

die Erwerbung und den Verlust der Eigenschaft als preußischer Untertan sowie über den Eintritt in fremde Staatsdienste vom 31. Dezember 1842[274]. Teilweise taucht bereits der Begriff des Staatsbürgers auf, wie beispielsweise in der Verfassungsurkunde für das Königreich Württemberg, in der von den allgemeinen Rechtsverhältnissen der Staatsbürger gesprochen wird[275].

II. Reichsstaatsangehörigkeit und einheitliche deutsche Staatsangehörigkeit

Die Reichsgewalt in Fragen der Staatsangehörigkeit als auch eine Reichsstaatsangehörigkeit wurden erstmals in der Verfassung des Deutschen Reiches vom 28. März 1849 vorgesehen. So war in § 57 der Verfassung die Möglichkeit des Reichs vorgesehen, gesetzliche Normen über Erwerb und Verlust des Reichs- und Staatsbürgerrechts aufzustellen[276]. Ebenso wurde in den §§ 131 und 132 die deutsche Volkszugehörigkeit und die damit verbundenen Rechte bestimmt. Die Zugehörigkeit zum deutschen Volk sollte sich von der Angehörigkeit der Gliedstaaten ableiten[277].

Eine einheitliche deutsche Staatsangehörigkeit entstand allerdings erst mit der Gründung des Norddeutschen Bundes am 1. Juli 1876. In der Verfassung des Norddeutschen Bundes wurde in Artikel 3 Absatz 1 ein gemeinsames Indigenat und somit eine einheitliche Staatsangehörigkeit auf dem Gebiet des Norddeutschen Bundes eingeführt[278]. Zwar richtete sich die Zugehörigkeit zunächst noch nach den Normen der einzelnen Bundesstaaten[279], dies änderte sich aber mit der Einführung des Gesetzes über die Erwerbung und den Verlust der Bundes- und Staatsangehörigkeit vom 1. Juni 1870[280]. Neben der verfassungsrechtlichen Ein-

---

Eltern geboren sind; [...].“ Text in: Lichter/Hoffmann, S. 740 f. Von Untertanen sprach unter anderem auch das Gesetz über den Erwerb und Verlust des Untertanenrechts im Großherzogtum Sachsen-Weimar-Eisenach vom 06.04.1859 (Reg. Bl. Nr. 12, S. 73); Text auszugsweise in: Lichter/Hoffmann, S. 737 ff.

274 Gesetz über die Erwerbung und den Verlust der Eigenschaft als preußischer Untertan sowie über den Eintritt in fremde Staatsdienste vom 31.12.1842, Text in: Lichter/Hoffmann, S. 719 ff.

275 Verfassungsurkunde für das Königreich Württemberg vom 25.09.1819, Text in: Lichter/Hoffmann, S. 752.

276 Dazu näher: Ziemske, S. 234.

277 § 131: *Das deutsche Volk besteht aus den Angehörigen der Staaten, welche das deutsche Volk bilden.*
§ 132: *Jeder Deutsche hat das deutsche Bürgerrecht. Die ihm kraft dessen zustehenden Rechte kann er in jedem deutschen Lande ausüben. Über das Recht, zur deutschen Reichsversammlung zu wählen, verfügt das Reichswahlgesetz.*

278 Ziemske, S. 235; Marx, Vor § 1 RuStAG, Rdnr. 15; Silagi, S. 47 f.

279 Renner, in: Hailbronner/Renner, 3. Auflage, Einl. A, Rdnr. 7.

280 Gesetz über die Erwerbung und den Verlust der Bundes- und Staatsangehörigkeit vom 01.06.1870, BGBl. S. 355 ff.; Text auch in: Lichter/Hoffmann, S. 687 ff.; sowie in:

führung einer Bundesangehörigkeit, fand diese durch das Gesetz vom 1. Juni 1870 zudem eine einfachgesetzliche Ausgestaltung.
Doch bereits vor dem Ersten Weltkrieg schienen die einfachgesetzlichen Bestimmungen des Bundesgesetzes von 1870 den Bestrebungen des damaligen Gesetzgebers nicht mehr gerecht zu werden. Einhergehend mit den zunehmenden Emigrationsbewegungen am Anfang des 20. Jahrhunderts traten zunehmend Probleme auf, die sich mit den bestehenden Regelungen des Gesetzes von 1870 nicht mehr zufriedenstellend lösen ließen. Vor allem die Auswanderer und die Einwanderungsgesetze der Immigrationsstaaten hatten zur Folge, dass die Nähe zum Heimatstaat immer mehr nachließ. Es wurden auch zunehmend Petitionen an den Reichstag gerichtet, die Verbindung der Staatsangehörigen mit dem Deutschen Reich aufrechtzuerhalten[281]. Der Grund dafür war nicht nur die Aufrechterhaltung des Deutschtums im Ausland, sondern auch die Regelung im Bundesgesetz von 1870, wonach nach einem zehnjährigen ununterbrochenen Aufenthalt im Ausland die deutsche Staatsangehörigkeit entzogen wurde[282].

III. Reichs- und Staatsangehörigkeitsgesetz

Das Staatsangehörigkeitsgesetz wurde am 1. Januar 1914 durch das Reichs- und Staatsangehörigkeitsgesetz vom 13. Juli 1913 ersetzt und galt in veränderter Form bis zum 1. Januar 2000 mit gleicher Bezeichnung weiter. Neben der Zugehörigkeit zu einem der Bundesstaaten wurde als Deutscher im Sinne des § 1 RuStAG auch derjenige angesehen, der die unmittelbare Reichsangehörigkeit besaß[283]. Dies stellte keine Neuerung zu den Regelungen des Gesetzes von 1870 dar, da die unmittelbare Reichsangehörigkeit nach § 33 RuStAG als Ausländer oder Eingeborener in einem Schutzgebiet erworben werden konnte und diese Möglichkeit bereits seit dem Schutzgebietsgesetz vom 15. März 1888 bzw. dem Schutzgebietsgesetz vom 10. September 1900 ohnehin bestand[284]. Gegenüber dem Gesetz von 1870 enthielt das RuStAG bis zu diesem Zeitpunkt außer der Streichung des Verlustgrundes der Staatsangehörigkeit durch Auslandsaufenthalt keine weiteren wesentlichen Änderungen[285]. Lediglich eine politische und

---

Schätzel, S. 13 ff.; vgl. hierzu auch Renner, in: Hailbronner/Renner, 3. Auflage, Einl. A, Rdnr. 7 ff.

281 Marx, Vor § 1 RuStAG, Rdnr. 26.

282 Marx, Vor § 1 RuStAG, Rdnr. 27; § 13 Nr. 3 i. V. m. § 21 des Gesetzes über den Erwerb und den Verlust der Bundes- und Staatsangehörigkeit vom 01.06.1870 (BGBl. 1870, S. 355 ff.).

283 Lichter/Hoffmann, § 1 RuStAG, Rdnr. 1, S. 41; Renner, in: Hailbronner/Renner, 3. Auflage, Einl. B, Rdnr. 1; Marx, Vor § 1 RuStAG, Rdnr. 32; Schleser, Leitfaden durch das deutsche Staatsangehörigkeitsrecht, S. 17.

284 Schätzel, S. 233 (§ 33 RuStAG Nr. 1); Lichter/Hoffmann, § 33 RuStAG, Rdnr. 1, S. 175.

285 Schleser, Leitfaden durch das deutsche Staatsangehörigkeitsrecht, S. 17; Marx, Vor § 1 RuStAG, Rdnr. 33.

gesellschaftliche Veränderung stellte sich mit der deutschen Niederlage nach dem Ersten Weltkrieg und dem Vertrag von Versailles ein. Zwar wurden die Bestimmungen, die sich auf die Schutzgebiete und die nach dem Ersten Weltkrieg verloren gegangenen Gebiete bezogen, im RuStAG gegenstandslos, jedoch erhielt das RuStAG in der Weimarer Reichsverfassung in Artikel 110 seine verfassungsrechtliche Legitimation[286]. Die entstandenen Staatsangehörigkeitskonflikte wurden durch völkerrechtliche Verträge geregelt[287]. Die politischen Ereignisse hatten zwar fundamentale Veränderungen für die betroffenen deutschen Staatsangehörigen zur Folge, nicht aber für das deutsche Staatsangehörigkeitsrecht.

IV. Regelungen nach dem Ersten Weltkrieg

In der Zeit nach dem Ersten Weltkrieg bis zur nationalsozialistischen Machtübernahme 1933 wurde das RuStAG nur unwesentlich verändert[288]. In der nationalsozialistischen Zeit jedoch ergingen tiefgreifende Veränderungen des deutschen Staatsangehörigkeitsrechts. Die ersten wesentlichen Änderungen wurden mit der Verordnung über die deutsche Staatsangehörigkeit vom 5. Februar 1934[289] vorgenommen, die aufgrund des Artikels 5 des Gesetzes über den Neuaufbau des Reiches vom 30. Januar 1934[290] erging. Nach § 1 der Verordnung über die deutsche Staatsangehörigkeit wurde die Staatsangehörigkeit in den Ländern, die seit dem Gesetz von 1870 Grundlage des deutschen Staatsangehörigkeitsrechts war, aufgehoben. Nach § 1 Absatz 2 der Verordnung gab es nur noch eine deutsche Staatsangehörigkeit (Reichsangehörigkeit). Deren Verleihung bedurfte nach § 3 der Verordnung ab sofort der Zustimmung des Reichsministers der Inneren[291]. Einen wesentlichen Einschnitt stellte dann das Gesetz zur Änderung des Reichs- und Staatsangehörigkeitsgesetzes vom 15. Mai 1935 dar[292], welches nach § 1 den Einbürgerungsanspruch beseitigte und die Verleihung der deutschen Staatsangehörigkeit in das pflichtgemäße Ermessen der Einbürgerungsbehörden stellte. Einen Eingriff in die deutsche Staatsangehörigkeit stellte vor allem das Gesetz über den Widerruf von Einbürgerungen und die Aberkennung der deutschen Staatsangehörigkeit vom 14. Juli 1933[293] dar, wonach Einbürgerungen, die in der Zeit zwischen dem 9. November 1918 und dem 30.

---

[286] Vgl. dazu auch Lichter/Hoffmann, S. 4 ff.; Marx, Vor § 1 RuStAG, Rdnr. 38.

[287] Schleser, Leitfaden durch das deutsche Staatsangehörigkeitsrecht, S. 17 ff.

[288] Siehe hierzu: Renner, in: Hailbronner/Renner, 3. Auflage, Einl. B, Rdnr. 4 ff. mit näheren Erläuterungen.

[289] RGBl. 1934 I, S. 85.

[290] RGBl. 1934 I, S. 75.

[291] Erläuternd: Lichter/Hoffmann, S. 202.

[292] RGBl. 1935 I, S. 593.

[293] RGBl. 1933 I, S. 480.

Januar 1933 vorgenommen wurden, widerrufen werden konnten, falls sie nicht als erwünscht anzusehen waren[294]. Das Gesetz schuf die Grundlage dafür, den Personen, die aus politischen Gründen oder aufgrund ihrer Rasse als missliebig betrachtet worden waren, die deutsche Staatsangehörigkeit zu entziehen[295]. Ergänzt wurde das Gesetz dann durch das Reichsbürgergesetz vom 15. September 1935[296], welches zunächst eine Unterscheidung zwischen Staatsangehörigen[297] und Reichsbürgern vornahm und in § 3 dem Reichsminister des Inneren Kompetenzen für die Durchsetzung des Gesetzes einräumte. Aufgrund dieser Kompetenz wurden in der Folgezeit bis 1945 eine große Anzahl von Verordnungen erlassen, die die Regelung der deutschen Staatsangehörigkeit zum Gegenstand hatte. Die größte Auswirkung auf die deutsche Staatsangehörigkeit hatte wohl die Elfte Verordnung zum Reichsbürgergesetz vom 25. November 1941[298], die den kollektiven Verlust der deutschen Staatsangehörigkeit für sich im Ausland aufhaltende Juden deutscher Staatsangehörigkeit vorsah[299]. Durch die Zwölfte Verordnung zum Reichsbürgergesetz vom 25. April 1943[300] wurde in § 1 die deutsche Staatsangehörigkeit auf Widerruf und die deutsche Schutzangehörigkeit eingeführt[301].

In der Zeit des Nationalsozialismus stand die Staatsangehörigkeit also in den Diensten der nationalsozialistischen Ideologie. Zudem traten viele Änderungen durch die Einverleibung anderer Territorien sowie dem Erfordernis der militärischen Stärke im Zweiten Weltkrieg ein[302].

---

294 Vgl. § 1 Absatz 1 des Gesetzes über den Widerruf von Einbürgerungen und die Aberkennung der deutschen Staatsangehörigkeit vom 14.07.1933. Siehe hierzu auch: Marx, Vor § 1 RuStAG, Rdnr. 42; Renner, in: Hailbronner/Renner, 3. Auflage, Einl. B, Rdnr. 9.

295 Lichter/Hoffmann, S. 195, Rdnr. 1.

296 RGBl. 1935 I, S. 1146.

297 Der Staatsangehörige des Deutschen Reiches wurde gemäß § 1 Absatz 1 des Reichsbürgergesetzes bestimmt: *Staatsangehöriger ist der, der dem Schutzverband des Deutschen Reiches angehört und ihm dafür besonders verpflichtet ist.* § 2 Absatz 2 hingegen bestimmte die Reichsbürgerschaft: *Reichsbürger ist nur der Staatsangehörige deutschen oder artverwandten Blutes, der durch sein Verhalten beweist, daß er gewillt und geeignet ist, in Treu dem deutschen Volk und Reich zu dienen.*

298 RGBl. 1941 I, S. 722 ff.

299 Lichter/Hoffmann, S. 215 f.; Marx, Vor § 1 RuStAG, Rdnr. 43; Renner, in: Hailbronner/Renner, 3. Auflage, Einl. B, Rdnr. 9.

300 RGBl. 1943 I, S. 268 f.

301 Lichter/Hoffmann, S. 223 f.

302 Siehe hierzu auch den „Erlaß des Führers über den Erwerb der deutschen Staatsangehörigkeit durch Einstellung in die deutsche Wehrmacht, die Waffen-SS, die deutsche Polizei oder die Organisation Todt“ vom 19.05.1943, RGBl. 1943 I, S. 315.

V. Regelungen nach dem Zweiten Weltkrieg - Grundgesetz

Nach dem Zweiten Weltkrieg wurden die nationalsozialistisch geprägten staatsangehörigkeitsrechtlichen Regelungen des Reichsbürgergesetzes und die zu seiner Durchführung erlassenen Vorschriften durch das Kontrollratsgesetz Nr. 1[303] wieder aufgehoben[304]. Ebenso wurden andere staatsangehörigkeitsrechtliche Vorschriften bereits in der Zeit des Alliierten Kontrollrates aufgehoben[305].

Nach der Entstehung der Bundesrepublik Deutschland wurde durch das Grundgesetz[306] sowohl in Artikel 16 Absatz 1 GG als auch in Artikel 116 GG vom Fortbestand der deutschen Staatsangehörigkeit ausgegangen[307]. Die staatsangehörigkeitsrechtlichen Normen gelten nach Artikel 123 Absatz 1 GG weiter[308]. Davon sind nicht nur die mit der Staatsangehörigkeit befassten Gesetze erfasst, sondern staatsangehörigkeitsrechtliche Rechtsnormen jeden Ranges und somit auch Rechtsverordnungen[309]. Voraussetzung für die Fortgeltung des alten Rechts ist, dass dieses Recht am 7. September 1949, zum Zeitpunkt des Zusammentritts des ersten Bundestages, geltendes Recht war[310]. Die staatsangehörigkeitsrechtlichen Normen sind gemäß Artikel 124, 73 GG Bundesrecht geworden[311].

Aus der verfassungsrechtlichen Bestimmung folgte, dass die Regelungskompetenz des Grundgesetzes über den räumlichen Geltungsbereich des Grundgesetzes hinausging[312]. Zudem enthält das Grundgesetz als erste deutsche Verfassung eine Bestimmung des Deutschenbegriffs sowie eine Regelung, die den Schutz vor Entzug der deutschen Staatsangehörigkeit vorsieht[313].

1. Unterverfassungsrechtliche Regelungen bis zum 15. Juli 1999

Unterhalb der Verfassung wurde einfachgesetzlich damit begonnen, die Auswirkungen der staatsangehörigkeitsrechtlichen Normen aus der Zeit des Nationalsozialismus zu beseitigen. Durch das (Erste) Gesetz zur Regelung von Fragen der Staatsangehörigkeit vom 22. Februar 1955[314] wurden die Auswirkungen von

---

303 Text in: Lichter/Hoffmann, S. 373.

304 Lichter/Hoffmann, S. 224, Rdnr. 2; Marx, Vor § 1 RuStAG, Rdnr. 56.

305 Dazu näher: Renner, in: Hailbronner/Renner, 3. Auflage, Einl. B, Rdnr. 21.

306 BGBl. 1949 I, S. 1 ff.

307 Marx, Vor § 1 RuStAG, Rdnr. 57; Renner, in: Hailbronner/Renner, 3. Auflage, Einl. B, Rdnr. 28.

308 Schleser, Leitfaden durch das deutsche Staatsangehörigkeitsrecht, S. 39.

309 Schulze, in: Sachs, Art. 123 GG, Rdnr. 5.

310 Schulze, in: Sachs, Art. 123 GG, Rdnr. 7.

311 Schleser, Leitfaden durch das deutsche Staatsangehörigkeitsrecht, S. 39.

312 Marx, Vor § 1 RuStAG, Rdnr. 58; es knüpft in Art. 116 Abs. 1 GG an den Gebietsstand des Deutschen Reiches am 31. Dezember 1937 an.

313 Renner, in: Hailbronner/Renner, 3. Auflage, Einl. B, Rdnr. 28.

314 Gesetz zur Regelung von Fragen der Staatsangehörigkeit vom 22.02.1955, BGBl. 1955 I, S. 65 ff.

Sammeleinbürgerungen abschließend geregelt[315]. Das Zweite Gesetz zur Regelung von Fragen der Staatsangehörigkeit vom 17. Mai 1956[316] befasste sich ausschließlich mit den Auswirkungen des Reichsgesetzes über die Wiedervereinigung Österreichs mit dem Deutschen Reich vom 13. März 1938[317] und den damit verbundenen Staatsangehörigkeitsfragen. Mit dem Dritten Gesetz zur Regelung von Fragen der Staatsangehörigkeit vom 19. August 1957[318] wurden die Fragen der Eheschließung ausländischer Frauen mit einem Deutschen und mit dem Gesetz zur Änderung des Reichs- und Staatsangehörigkeitsgesetzes vom 8. September 1969[319] die Einbürgerung von Ehegatten Deutscher geregelt.
Die Änderungen im Staatsangehörigkeitsrecht waren zum einen getragen von dem Gedanken der Gleichberechtigung, zum anderen wurden einige Veränderungen vorgenommen, die aufgrund völkerrechtlicher Verträge erfolgten. So waren die Übereinkommen über die Verringerung von Mehrstaatigkeit und über die Wehrpflicht von Mehrstaatern vom 6. Mai 1963[320], das Übereinkommen zur Verminderung von Staatenlosigkeit vom 30. August 1961[321] und das Übereinkommen über die Staatsangehörigkeit verheirateter Frauen vom 20. Februar 1957[322] in der deutschen Gesetzgebung zu berücksichtigen.
Eine weitere Veränderung brachte dann das Gesetz zur Neuregelung des Ausländerrechts vom 9. Juli 1990[323] mit dem Erlass des Gesetzes über die Einreise und den Aufenthalt von Ausländern im Bundesgebiet (AuslG). Neben den Einbürgerungsvorschriften des RuStAG wurden in §§ 85 f. AuslG auch Vorschriften eingeführt, wonach in Deutschland lebenden Ausländern unter besonderen Umständen ein Einbürgerungsanspruch eingeräumt wurde, der neben den Einbürgerungsregeln des RuStAG bestand.
Mit der Wiedervereinigung Deutschlands am 3. Oktober 1990 galt das RuStAG uneingeschränkt in ganz Deutschland, lediglich die bilateralen Verträge der

---

315 Dazu näher: Lichter/Hoffmann, S. 248 ff.

316 Zweites Gesetz zur Regelung von Fragen der Staatsangehörigkeit vom 17.05.1956, BGBl. 1956 I, S. 431 f.

317 RGBl. 1938 I, S. 237 f.

318 Drittes Gesetz zur Regelung von Fragen der Staatsangehörigkeit vom 19.08.1957, BGBl. 1957 I, S. 1251.

319 Gesetz zur Änderung des Reichs- und Staatsangehörigkeitsgesetzes vom 08.09.1969, BGBl. 1969 I, S. 1581.

320 Übereinkommen über die Verringerung von Mehrstaatigkeit und über die Wehrpflicht von Mehrstaatern vom 06.05.1963, BGBl. 1969 II, S. 1954 ff.

321 Übereinkommen zur Verminderung von Staatenlosigkeit vom 30.08.1961, BGBl. 1977 II, S. 598 ff.

322 Übereinkommen über die Staatsangehörigkeit verheirateter Frauen vom 20.02.1957, BGBl. 1973 II, S. 1250 ff.

323 Gesetz zur Neuregelung des Ausländerrechts vom 09.07.1990, BGBl. 1990 I, S. 1354 ff.

DDR, welche staatsangehörigkeitsrechtliche Fragen betrafen, bedurften einer Anpassung[324].

2. Änderung des RuStAG am 15. Juli 1999

Einen grundlegenden Einschnitt nahm das Gesetz zur Reform des Staatsangehörigkeitsrecht vom 15. Juli 1999[325] vor. Neben der Änderung der Bezeichnung des Reichs- und Staatsangehörigkeitsgesetzes in Staatsangehörigkeitsgesetz wurden auch maßgebliche Veränderungen der staatsangehörigkeitsrechtlichen Vorschriften im StAG und im AuslG vorgenommen. Dazu zählt die Verringerung der Mindestaufenthaltsdauer bei den verschiedenen Einbürgerungsvorschriften des StAG sowie die Einführung des Geburtslandprinzips für Kinder ausländischer Eltern und die großzügigere Hinnahme mehrfacher Staatsangehörigkeit durch Vorschriften des StAG und die dadurch erlassenen Verwaltungsvorschriften und des AuslG. Zur Begründung der Änderungen wurde seitens des Gesetzgebers angeführt, es bestehe ein öffentliches Interesse an der Einbeziehung des auf Dauer in der Bundesrepublik Deutschland lebenden ausländischen Bevölkerungsteils durch die Verleihung der deutschen Staatsangehörigkeit[326]. Diese hätten ihren Lebensmittelpunkt ohnehin nach Deutschland verlagert und sich – was die zweite und dritte Ausländergeneration betrifft – mittlerweile aus den Verhältnissen des Landes, dessen Staatsangehörigkeit sie besitzen, weitgehend entfremdet[327]. Für eine Integration dieser Bürger ausländischer Herkunft müsse die gleichberechtigte Teilhabe am gesellschaftlichen Leben in Deutschland ermöglicht werden, welches nur über den Erwerb der deutschen Staatsangehörigkeit möglich sei[328].

B. Regelungskompetenz der Staatsangehörigkeit in der Bundesrepublik Deutschland

Völkerrechtlich bleibt die Regelung der Staatsangehörigkeit dem nationalen Gesetzgeber im Rahmen des *domaine réservé* überlassen. Dabei obliegt es ihm, innerstaatliche Kompetenznormen zu schaffen und ebenfalls zu regeln, wem er im Rahmen eines föderativen Aufbaus die Kompetenz für die eigene Ausgestaltung überträgt. In der innerstaatlichen Rechtsordnung der Bundesrepublik

---

324 Renner, in: Hailbronner/Renner, 3. Auflage, Einl. B, Rdnr. 42.

325 Gesetz zur Reform des Staatsangehörigkeitsrechts vom 15.07.1999, BGBl. 1999 I, S. 1618 ff.

326 BT-Drucks. 14/533, S. 11.

327 Integration fördern – Einbürgerung erleichtern, Presse- und Informationsamt der Bundesregierung (Hrsg.), S. 8 f.; BT-Drucks. 14/533, S. 11.

328 Vgl. die Rede des Bundesinnenministers Otto Schily vor dem Deutschen Bundestag zur Einbringung des Gesetzesentwurfs zur Reform des Staatsangehörigkeitsrechts, Pressemitteilung des BMI vom 19.03.1999.

Deutschland finden sich mehrere Normen, die die Regelung der deutschen Staatsangehörigkeit zum Gegenstand haben.

I. Artikel 116 Absatz 1 GG als Kompetenznorm

Teilweise wird in der staatsangehörigkeitsrechtlichen Literatur Artikel 116 Absatz 1 GG als Kompetenznorm für den Erlass von staatsangehörigkeitsrechtlichen Vorschriften herangezogen[329]. Artikel 116 Absatz 1 GG regelt:

> *Deutscher im Sinne dieses Grundgesetzes ist vorbehaltlich anderweitiger gesetzlicher Regelung, wer die deutsche Staatsangehörigkeit besitzt oder als Flüchtling oder Vertriebener deutscher Volkszugehörigkeit oder als dessen Ehegatte oder Abkömmling in dem Gebiete des Deutschen Reiches nach dem Stande vom 31. Dezember 1937 Aufnahme gefunden hat.*

Aus dem Wortlaut „vorbehaltlich anderweitiger gesetzlicher Regelung" wird teilweise geschlossen, dass dem einfachen Gesetzgeber die Kompetenz zum Erlass von staatsangehörigkeitsrechtlichen Regeln durch Artikel 116 Absatz 1 GG übertragen wird[330]. Dies ist aber nicht der Fall, denn Artikel 116 Absatz 1 GG beinhaltet lediglich einen Gesetzesvorbehalt[331]. Vielmehr hat die Regelung in Artikel 116 Absatz 1 GG den Zweck, die Ausfüllung des neuen Begriffs zur Disposition des Gesetzgebers zu stellen, um auf politische Entwicklungen reagieren zu können[332] und ist demnach eine Verfassungsnorm, die einen Regelungsgehalt beinhaltet, der vorbehaltlich anderer einfachgesetzlicher Regelungen besteht[333]. Kompetenzzuweisungen enthält Artikel 116 Absatz 1 GG ebenso wenig wie andere Grundrechte, die unter dem Vorbehalt des Gesetzes Geltung beanspruchen. Zudem wäre allein aufgrund der Tatsache, dass es sich um eine Verfassungsnorm handelt, noch nicht zu schließen, dass Artikel 116 Absatz 1 GG auch eine Kompetenzzuweisung an den Bundesgesetzgeber darstellt. Da Artikel 116 GG keinen Vorbehalt eines Bundesgesetzes verlangt[334], könnte es sich ebenso um eine Kompetenzzuweisung an die Länder handeln, es sei denn man sähe aufgrund des Normgehaltes des Artikels 116 GG in der Regelung der

---

329 Hailbronner, Einbürgerung von Wanderarbeitnehmern und doppelte Staatsangehörigkeit, S. 36.

330 Ablehnend: Ziemske, S. 209 f.

331 Maunz, in: Maunz/Dürig, Art. 116 GG, Rdnr. 3; Vedder, in: v. Münch/Kunig, Art. 116 GG, Rdnr. 9; Lübbe-Wolff, in: Dreier, Art. 116 GG, Rdnr. 43.

332 Vedder, in: v. Münch/Kunig, Art. 116 GG, Rdnr. 9; zur Entstehungsgeschichte des Artikels 116 GG siehe auch JöR 1 (1951), S. 823 ff.

333 Vgl. Makarov/v. Mangoldt, Art. 116 GG, Rdnr. 12 ff.; Masing, in: v. Mangold/Klein/Starck, Art. 116, Rdnr. 23.

334 Zu Kompetenztiteln des Bundesgesetzgebers im Rahmen der ausschließlichen Gesetzgebungskompetenz außerhalb des Kataloges des Art. 73 GG siehe: Rengeling, in: HStR IV, § 100, Rdnr. 108.

deutschen Staatsangehörigkeit eine ungeschriebene Regelungskompetenz des Bundesgesetzgebers kraft Natur der Sache.
Artikel 116 Absatz 1 GG stellt somit keine Kompetenzzuweisung auf dem Gebiet des Staatsangehörigkeitsrechts dar.

II. Artikel 70 ff. GG als Kompetenznorm

Gemäß Artikel 70 Absatz 1 GG steht die Gesetzgebungskompetenz grundsätzlich den Ländern zu[335]. Ausnahmen ergeben sich dann, wenn das Grundgesetz auf einem Gebiet dem Bund die Gesetzgebungskompetenz verleiht[336]. Solche Ausnahmen sehen die Artikel 71 ff. GG vor.
Artikel 73 GG regelt die ausschließliche Gesetzgebungskompetenz des Bundesgesetzgebers gemäß Artikel 71 GG[337]. Darunter fällt auch die Regelung der *„Staatsangehörigkeit im Bunde"* gemäß Artikel 73 Nr. 2 GG. Der Begriff der *„Staatsangehörigkeit im Bunde"* ist mit der deutschen Staatsangehörigkeit gleichzusetzen[338]. Die Formulierung diente nur der Unterscheidung der Staatsangehörigkeit in den Ländern nach Artikel 74 Nr. 8 GG a. F.[339], der durch Artikel 1 des Gesetzes zur Änderung des Grundgesetzes vom 27. Oktober 1994[340] aufgehoben wurde[341]. Somit kommt dem Bundesgesetzgeber auf dem Wege der ausschließlichen Gesetzgebungskompetenz nach Artikel 73 Nr. 2 GG die Kompetenz zu, die deutsche Staatsangehörigkeit zu regeln[342].
Dies bedeutet allerdings nicht, dass dem Bundesgesetzgeber die Kompetenz über alle Entscheidungen zukommt, die mit der deutschen Staatsangehörigkeit verbunden sind. Auf die Rechte und Pflichten, die mit der Staatsangehörigkeit einhergehen, erstreckt sich beispielsweise die Kompetenzzuweisung des Artikel

---

335 Sannwald, in: Schmidt-Bleibtreu, Art. 70 GG, Rdnr. 2; Kunig, in: v. Münch/Kunig, Art. 70 GG, Rdnr. 1 ff.; Stettner, in: Dreier, Art. 70 GG, Rdnr. 39.

336 Pieroth, in: Jarass/Pieroth, Art. 70 GG, Rdnr. 1; Sannwald, in: Schmidt-Bleibtreu, § 70 GG, Rdnr. 2.

337 Stettner, in: Dreier, Art. 73 GG, Rdnr. 7; Sannwald, in: Schmidt-Bleibtreu, Art. 73 GG, Rdnr. 21; Pieroth, in: Jarass/Pieroth, Art. 73 GG, Rdnr. 5; Kunig, in: v. Münch/Kunig, Art. 73 GG, Rdnr. 11.

338 Kunig, in: v. Münch, Art. 73 GG, Rdnr. 11; Degenhardt, in: Sachs, Art. 73 GG, Rdnr. 10; Heintzen, in: v. Mangoldt/Klein/Starck, Art. 73 GG, Rdnr. 23.

339 Degenhardt, in: Sachs, Art. 73 GG, Rdnr. 10.

340 Gesetz zur Änderung des Grundgesetzes vom 27.10.1994, BGBl. 1994 I, S. 3146 ff.

341 Kunig, in: v. Münch, Art. 73 GG, Rdnr. 11; Pieroth, in: Jarass/Pieroth, Art. 73 GG, Rdnr. 5; Sannwald, in: Schmidt-Bleibtreu, Art. 73 GG, Rdnr. 22; zu der Regelung in Art. 74 Nr. 8 GG siehe näher: Maunz, in: Maunz/Dürig, Art. 73 GG, Rdnr. 56 ff. (Stand: 1988); Maunz, in: Maunz/Dürig, Art. 74 GG, Rdnr. 119 ff. (Stand: 1984); Hoffmann, AöR 81 (1956), S. 300 (308 ff.).

342 Stettner, in: Dreier, Art. 73 GG, Rdnr. 13; Maunz, in: Maunz/Dürig, Art. 73 GG, Rdnr. 55; Vedder, in: v. Münch/Kunig, Art. 116 GG, Rdnr. 10.

73 Nr. 2 GG nicht[343]. Dies würde der Systematik der verfassungsrechtlichen Zuständigkeitsverteilung auch widersprechen[344].
Artikel 73 GG ermächtigt den Bundesgesetzgeber sachlich zur Regelung des Erwerbs und des Verlustes der deutschen Staatsangehörigkeit kraft Gesetzes[345]. Bei den damit einhergehenden Rechten und Pflichten richtet sich die Regelungskompetenz nach den jeweiligen Sachbereichen.

III. Regelungskompetenz der Europäischen Union

Die Regelungskompetenz des bundesdeutschen Gesetzgebers könnte an die Europäische Union übertragen worden sein. Davon ist vor allem dann auszugehen, wenn die Unionsbürgerschaft als Staatsangehörigkeit der Europäischen Union angesehen werden könnte.
Durch die Bestimmungen zur Änderung des Vertrages zur Gründung einer Europäischen Wirtschaftsgemeinschaft im Hinblick auf die Gründung einer Europäischen Gemeinschaft gemäß Titel II, Artikel G, C des Vertrages über die Europäische Union[346] ist dem EWG-Vertrag ein Abschnitt eingefügt worden, der den Titel Unionsbürgerschaft trägt[347].
Damit ist ein über 20 Jahre dauernder Prozess der Harmonisierung im Bereich der Staatsangehörigkeit verwirklicht worden. Bereits auf dem Pariser Gipfeltreffen der Staats- und Regierungschefs der EG im Jahre 1974 wurden die Gemeinschaftsorgane dazu aufgefordert die Möglichkeit der Schaffung einer europäischen Passunion zu prüfen[348]. Ziel war vor allem, den Marktbürger über die wirtschaftlichen Aspekte hinaus zum „europäischen Bürger" werden zu lassen[349], da der EWG-Vertrag, dessen Ausgangspunkt die Bestrebungen des Ausbaus der Rechtsposition eines Europabürgers waren, zunächst nur die wirtschaftliche Integration der Mitgliedstaaten vorsah[350]. Zwar wurden im EWG-Vertrag nicht nur den Mitgliedstaaten Rechtspositionen zugestanden, sondern auch den Marktbürgern, wie in Artikel 48 ff., Artikel 52 ff. sowie 58 ff. EWG-Vertrag die Freizügigkeit der Arbeitnehmer, die Niederlassungsfreiheit des

343 Sannwald, in: Schmidt-Bleibtreu, Art. 73 GG, Rdnr. 21; Stettner, in: Dreier, Art. 73 GG, Rdnr. 13; Pieroth, in: Jarass/Pieroth, Art. 73 GG, Rdnr. 5.
344 Maunz, in: Maunz/Dürig, Art. 73 GG, Rdnr. 63.
345 Degenhardt, in: Sachs, Art. 73 GG, Rdnr. 11; Maunz, in: Maunz/Dürig, Art. 73 GG, Rdnr. 63; Pieroth, in: Jarass/Pieroth, Art. 73 GG, Rdnr. 5; BVerfGE 83, 37 (52); Heintzen, in: v. Mangoldt/Klein/Starck, Art. 73 GG, Rdnr. 26.
346 Vertrag über die Europäische Union vom 07.02.1992 (Maastricht-Vertrag), BGBl. 1992 II, S. 1253 ff.
347 Siehe dazu auch Thiele, S. 17; Haag, in: Groeben/Thiesing/Ehlermann, Art. 8 EG-Vertrag, Rdnr. 1.
348 Oppermann, in: FS für Doehring, S. 713 (719).
349 Hobe, Der Staat 32 (1993), S. 245 (246).
350 Hobe, Der Staat 32 (1993), S. 245 (247).

Selbstständigen, die Dienstleistungsfreiheit der Arbeitnehmer und Selbstständigen[351]. Doch stellte sich bald heraus, dass gerade den Angehörigen der Mitgliedstaaten eine wesentlich höhere Bedeutung bei der Gestaltung der europäischen Ziele zukam und ihnen deswegen wohl auch dementsprechende Rechte in den Verträgen eingeräumt werden mussten, welche über die im EWG-Vertrag hinausgingen. Es wurde daraufhin eine Arbeitsgruppe eingesetzt, die untersuchen sollte, unter welchen Voraussetzungen und bis zu welcher Frist den Bürgern der Mitgliedstaaten besondere Rechte in ihrer Eigenschaft als Angehörige der Gemeinschaft zuerkannt werden könnten[352]. Diese Arbeit resultierte in dem sogenannten „Tindemanns-Bericht" im Jahre 1975, in dem die Arbeitsgruppe vorschlug, den Angehörigen der Mitgliedstaaten besondere bürgerliche und politische Rechte zu gewähren, da diese „wesentlich" für die Entwicklung der Gemeinschaft angesehen würden[353]. Dazu zählten das europaweite Wahlrecht bei Kommunalwahlen, das Recht auf Zugang zu öffentlichen Ämtern unterhalb der nationalen Ebene, die Ausübung des Versammlungs- und Vereinigungsrechts sowie eine Passunion[354]. Bereits 1984 wurde erneut eine Erweiterung der Rechte des Europabürgers diskutiert. So wurde seitens des Europäischen Rates in diesem Jahr der Ausschuss „Europa der Bürger" eingesetzt, ein Ad-hoc-Ausschuss, der sich bereits mit der Thematik des Abbaus von Grenzkontrollen, der Anerkennung von Diplomen und Prüfungszeugnissen, dem aktiven und passiven Wahlrecht bei Kommunalwahlen sowie den Fragen des konsularischen Schutzes von Staatsangehörigen der Mitgliedstaaten im Ausland beschäftigte[355]. Ebenso wurden Anhörungs- und Beteiligungsrechte der Staatsangehörigen der Mitgliedstaaten auf grenzüberschreitender Ebene sowie auf gesamteuropäischer Ebene gefordert[356]. Daneben wurden im sogenannten Spinelli-Entwurf, dem Entwurf des Europäischen Parlaments bezüglich der Gründung der Europäischen Union von 1984[357], bereits die Einführung einer Unionsbürgerschaft gefordert[358]. Seinen vorläufigen Abschluss fand die Ausgestaltung der Unionsbürgerschaft im Vertrag von Maastricht, dem sie auch ihre letztendliche Bezeichnung zu verdanken hat. Zwar wurden noch Änderungen durch den Amsterdamer Vertrag[359] vorgenommen, jedoch haben diese keine inhaltliche Relevanz mehr.

---

351 Hobe, Der Staat 32 (1993), S. 245 (247).
352 Schneider, S. 3; Hobe, Der Staat 32 (1993), S. 245 (246); Fischer, S. 5.
353 Fischer, S. 5; Schneider, S. 3.
354 Schneider, S. 3; Fischer, S. 5; Hobe, Der Staat 32 (1993), S. 245 (246).
355 Sogenannter Adonnino-Ausschuss. EG-Bulletin 7/1985, S. 20 f.; Hobe, Der Staat 32 (1993), S. 245 (247); Fischer, S. 5 f.
356 Fischer, S. 6.
357 Abl. 1984 C 77/33 ff.
358 Dazu näher auch Schneider, S. 7.
359 BGBl. 1998 II, S. 387 ff. in der berichtigten Fassung BGBl. 1999 II, S. 416.

Die Bezeichnung war somit eher schnelllebig, sie wechselte vom „Marktbürger" zum „EG-Bürger" bis hin zum „Unionsbürger", eben derjenigen Bezeichnung, die durch den Maastrichter Vertrag geschaffen wurde[360]. Sie ist auch Ausdruck des von der Europäischen Union angestrebten integrationspolitischen Fortschritts[361]. Über die Rechtsnatur dieser Unionsbürgerschaft wird jedoch nichts ausgesagt.

1. Rechtsnatur der Unionsbürgerschaft – Staatsangehörigkeit?

Bei der Einführung der Unionsbürgerschaft mangelte es an einem wichtigen Merkmal: Der Bestimmung der Rechtnatur der Unionsbürgerschaft. So wird die Unionsbürgerschaft als ein spezifisches Verhältnis zwischen der Gemeinschaft und den Bürgern der Mitgliedstaaten bezeichnet[362]. Teilweise wird von einem Rechtsverhältnis zwischen den Gemeinschaftsbürgern und der Gemeinschaft gesprochen[363], teilweise von einem Status[364]. Ebenso sollen mit ihr Rechte und Pflichten verbunden sein[365]. Dies ergibt bereits der Wortlaut des Artikel 17 Absatz 2 EG (Artikel 8 Absatz 2 EG-Vertrag)[366], der allerdings nur von den im Vertrag vorgesehenen Rechten und Pflichten spricht.
Der Begriff „Unionsbürgerschaft" ist begrifflich irreführend. Er liegt einerseits nahe am Begriff der Bürgerschaft und der Staatsangehörigkeit, andererseits soll er die Staatsangehörigkeit gemäß Artikel 17 Absatz 2 EG ergänzen, aber nicht ersetzen.
Es könnte sich bei der Unionsbürgerschaft zunächst um eine Staatsangehörigkeit im herkömmlichen Sinne handeln, wie sie Staaten als Völkerrechtssubjekte ihren Bewohnern gegenüber vermitteln können. Dem wird in der Literatur, aber auch in der Rechtsprechung, entgegengehalten, dass die Bezeichnung der Unionsbürgerschaft als europäische Staatsangehörigkeit bedinge, dass die Europäische Union die Kompetenz habe, eine solche Staatsangehörigkeit zu vermitteln. Dies setzte aber grundsätzlich die Staatsqualität der Europäischen Union voraus[367].

---

360 Hobe, Der Staat 32 (1993), S. 245 (245 ff.).
361 Fischer, S. 1.
362 Haag, in: Groeben/Thiesing/Ehlermann, Art. 8 EG-Vertrag, Rdnr. 4.
363 Haag, in: Groeben/Thiesing/Ehlermann, Art. 8 EG-Vertrag, Rdnr. 9.
364 Kluth, in: Calliess/Ruffert, Art. 17 EG-Vertrag, Rdnr. 11.
365 Haag, in: Groeben/Thiesing/Ehlermann, Art. 8 EG-Vertrag, Rdnr. 9.
366 Bei der Zitierweise der Europäischen Verträge wird auf die neue Zitierweise des EuGH ab dem 01.05.1999 verwiesen. Siehe dazu auch EuZW 2000, S. 14 f.
367 Oppermann, Rdnr. 902; Haag, in: Groeben/Thiesing/Ehlermann, Art. 8 EG-Vertrag, Rdnr. 4; Herdegen, Rdnr. 86.

a. Bestimmung des völkerrechtlichen Staatsbegriffs

In der völkerrechtlichen Lehre war lange umstritten, welche Merkmale die Staatseigenschaft ausmachen sollten. Es gab eine Vielzahl von Versuchen, den Staat als Völkerrechtssubjekt hinreichend zu definieren[368]. So sollte nach einer von Liszt-Fleischmann aufgestellten Definition der Staat im Sinne des Völkerrechts eine „selbstherrliche Gebietskörperschaft" darstellen. Damit war die auf einem bestimmten Gebiet angesiedelte, durch eine selbstständige Herrschergewalt zusammengefasste menschliche Gemeinschaft gemeint[369]. Nach Verdross sollte ein souveräner Staat eine vollständige und dauerhafte menschliche Gemeinschaft mit voller Selbstregierung sein, die keine andere irdische Autorität als die des Völkerrechts über sich hat, die durch eine wirksame Rechtsordnung verbunden und so organisiert ist, dass sie am völkerrechtlichen Verkehr teilnehmen kann[370]. Oppenheim verlangt für einen *„proper state"*[371] ein Volk (*people*), ein Land (*country*), eine Regierung (*government*) und die Souveränität dieser Regierung (*sovereign government*)[372]. Ein Staat soll dann gegeben sein, wenn das Volk in einem Land der eigenen souveränen Regierung unterworfen ist[373]. Allen diesen Theorien ist gemeinsam, dass Voraussetzung der Staatseigenschaft die Koexistenz eines geographischen Zuordnungspunktes und einer dort befindlichen menschlichen Besiedelung unter einer gewissen machtmäßigen Kontrolle ist.

Auch nach der sogenannten Drei-Elemente-Lehre wird für das Vorliegen der Staatseigenschaft ein Staatsgebiet, ein Staatsvolk und eine Staatsgewalt vorausgesetzt[374]. Diese von Jellinek im Jahre 1914 begründete Lehre[375] hat sich in der völkerrechtlichen Theorie sowie Rechtsprechung und Staatenpraxis mittlerweile als herrschende Staatsdefinition durchgesetzt[376]. Sie hat bereits im Jahre 1933 Beachtung in der Montevideo-Konvention über die Rechte und Pflichten der

---

368 Die hier aufgezählten Definitionen stellen nur einen Bruchteil der angestellten Definitionsversuche dar. Zu weiteren Definition des Staatsbegriffs siehe auch Berber, Bd. I, S. 115 f.

369 Berber, Bd. I, S. 115.

370 Verdross, S. 192.

371 Oppenheim unterscheidet bei der Staatseigenschaft zwischen *proper states* und sogenannten *colonial states*. Vgl. Oppenheim, International Law, Volume I, § 64.

372 Oppenheim, International Law, Volume I, § 64.

373 *A State proper [...] is in existence when a people is settled in a country under its own Sovereign Government.* Oppenheim, International Law, Volume I, § 64.

374 Kimminich/Hobe, S. 74; Epping, in: Ipsen, § 5, Rdnr. 2; Berber, Bd. I, S. 115; Schneider, S. 18.

375 Jellinek, S. 396 ff.

376 Brownlie, S. 72 ff.; O'Connell, Volume I, S. 304 f.; Kimminich/Hobe, S. 74; Verdross/Simma, § 380; Epping, in: Ipsen, § 5, Rdnr. 2; Berber, Bd. I, S. 115; Schneider, S. 18; VG Köln, DVBl. 1978, S. 510 (511).

Staaten gefunden, allerdings mit dem zusätzlichen Erfordernis, dass das Gebilde, welches einen Staat ausmachen solle, auch die Fähigkeit besitzen müsse, mit anderen Staaten Beziehungen zu unterhalten[377]. In Artikel 1 der Konvention werden folgende Voraussetzungen an das Vorhandensein des Staates gestellt:
a.) eine permanente Bevölkerung
b.) ein bestimmtes abgegrenztes Territorium
c.) eine Regierung, und
d.) die Fähigkeit mit anderen Staaten Beziehungen zu unterhalten[378].
Das zusätzliche Kriterium der Montevideo-Konvention von 1933 (lit. d.) konnte sich allerdings in der Staatenpraxis nicht als Voraussetzung der Staatsqualität durchsetzen.
Die wesentlichen Merkmale eines Staates sind somit das Staatsgebiet, das Staatsvolk und eine Staatsgewalt.

aa. „Staatsgebiet" der Europäischen Union
Staatsgebiet ist die durch Grenzen gekennzeichnete Zusammenfassung von geographischen Räumen unter einer gemeinsamen Rechtsordnung[379]. In diesem Sinne ist die Grenze die Trennlinie zwischen den verschiedenen Rechtsordnungen. Diese Trennung wird geographisch als Linie bezeichnet und umschließt ein Gebiet, das eigentliche Staatsgebiet[380]. Eine genaue Fixierung der Grenzen ist dabei nicht unbedingt notwendig[381]. Vielmehr ist ausreichend, dass zumindest ein unbestrittenes Kerngebiet vorhanden ist[382], eine Mindestgröße des Staatsgebietes wird nicht verlangt[383].
Weder im Vertrag zur Gründung der Europäischen Union noch im Vertrag von Amsterdam findet sich eine Bestimmung über ein europäisches Staatsgebiet. Die

---

377 *Montevideo Convention on the Rights and Duties of States*, LNTS, CLXV, S. 25 ff.
378 *The state as a person of international should possess the following qualifications:*
a.) a permanent population;
b.) a defined territory;
c.) government, and
d.) capacity to enter into relations with the other states.
379 Epping, in: Ipsen, § 5, Rdnr. 4; Schneider, S. 19.
380 Epping, in: Ipsen, § 5, Rdnr. 4.
381 Berber, Bd. I, S. 118; Verdross/Simma, § 380; Seidl-Hohenveldern/Stein, Rdnr. 626. Siehe auch die Entscheidung des IGH im Fall North Sea Continental Shelf (Bundesrepublik Deutschland v. Dänemark/Niederlande) vom 20.02.1969, ICJ Reports 1969, S. 32: *„There is [...] no rule that the land frontiers of a State must be fully delimited and defined, [...]."*
382 Vgl. die Entscheidung des Tribunal Arbitral Mixte Germano-Polonais (Deutsche Continental-Gas-Gesellschaft), ZaöRV 2.2 (1930/31), S. 14 (23); Verdross/Simma, § 380; Epping, in: Ipsen, § 5, Rdnr. 4.
383 Verdross/Simma, § 380.

Europäische Union setzt sich allerdings aus 15 Mitgliedstaaten zusammen. Das Völkerrecht verlangt als Staatsgebiet lediglich eine durch Grenzen gekennzeichnete Zusammenfassung geographischer Räume. Mithin ist eine Zusammenfassung der geographischen Räume sämtlicher Mitgliedstaaten durchaus möglich. Dass diese Gebiete die Staatsgebiete anderer Staaten sind und gleichfalls völkerrechtlich in Erscheinung treten können, ist hierbei zunächst unerheblich. Das Völkerrecht verlangt nämlich nicht, dass sich Teilgebiete dadurch auszeichnen müssten, keinen völkerrechtlichen Stellenwert zu haben bzw. eigenständig völkerrechtlich in Erscheinung treten zu können. Ansonsten wäre es auch nicht möglich, dass Gliedstaaten wie etwa die Bundesländer der Bundesrepublik Deutschland völkerrechtlich verbindliche Verträge abschließen können. Auch föderale Staaten sind souveräne Staaten, deren Staatsqualität sich aus einem Staatsgebiet, einem Staatsvolk und der Staatsgewalt zusammensetzt. Durch diesen Zusammenschluss unterwerfen sich die Mitgliedstaaten zumindest in bestimmten Bereichen einer von ihnen gemeinsam geschaffenen Rechtsordnung und verpflichten sich, diese auf ihrem Gebiet durchzusetzen. Es bestehen somit zumindest 15 nationalstaatliche Gebiete, in denen die europäische Rechtsordnung, auch wenn sie sich nur auf bestimmte Bereiche erstreckt, Anwendung findet. Damit erstreckt sich die europäische Rechtsordnung auf einen bestimmten räumlich abgrenzbaren Teil der Erdoberfläche, auch wenn er sich zunächst aus 15 verschiedenen Staatsgebieten zusammensetzt. Dass die Europäische Union in ihrer Anzahl der Mitgliedstaaten keinen abgeschlossenen Verband darstellt und in ihrer Größe durch Beitritte weiterer Staaten dynamisch ist und bleibt, ist unerheblich. Da das Völkerrecht als Staatsgebiet lediglich einen Kernbereich und keine Mindestgröße voraussetzt, reicht für die Beurteilung als Staatsgebiet allein schon der Zusammenschluss der Staatsgebiete der Gründungsmitglieder der Europäischen Union.

Das geschaffene Gemeinschaftsrecht gilt somit in zusammengefassten geographischen Räumen, die ihrer Eigenschaft nach selbst Staatsgebiete sind. Die Außengrenzen dieser Staaten bilden dabei die Trennlinie zu anderen Gebieten, in denen das von den Mitgliedstaaten geschaffene Recht keine Anwendung findet. Diese Trennlinie ist dann auch Grenze zu anderen geographischen Räumen und zugleich Trennlinie zu anderen Rechtsordnungen. Da diese Außengrenzen aus völkerrechtlicher Sicht nicht starr zu sein brauchen, also keine Fixierung notwendig ist und allein das Staatsgebiet der Gründungsmitglieder als Kerngebiet ausreicht, umschließt diese dynamische Trennlinie die Außengrenze des „Staatsgebietes“ der Europäischen Union.

bb. Europäisches Staatsvolk

Als Staatsvolk wird ein auf Dauer angelegter Verbund von Menschen angesehen, über den der Staat die Hoheitsgewalt im Sinne der Gebietshoheit und bei Aufenthalt außerhalb des Hoheitsgebietes die Personalhoheit inne hat[384]. Die Regierungsform, unter der dieser Menschenverbund zusammenlebt, ist für die Beurteilung als Staatsvolk nicht bedeutend[385]. Neben tatsächlichen und rechtlichen Bestrebungen ist allein die Zusammenfassung von Menschen unter einer gemeinsamen Rechtsordnung ausschlaggebend, selbst wenn sie in einer Vielzahl von Gruppen besteht[386]. Ihre Eigenart bezüglich ihrer Sprache, der Kultur, der Rasse, der Geschichte oder der Religion ist irrelevant. Als Erfordernis wird folglich nicht das Aufwachsen in einem bestimmten geschichtlichen oder kulturellen Kreis verlangt; das Staatsvolk ist vielmehr dynamisch, setzt sich aus dem jeweiligen Menschenverbund zusammen, über den der Staat seine Hoheitsgewalt sowohl innerhalb als auch außerhalb des Hoheitsgebietes entfalten kann.

Das Erfordernis des Staatsvolkes beschränkt sich somit auf zwei wesentliche Merkmale: den Verbund von Menschen und die Hoheitsgewalt über eben diese Menschen.

Der Verbund von Menschen kann allein in dem politischen und geographischen Zusammenschluss der Mitgliedstaaten gesehen werden. Da Kultur, Rasse, Geschichte, Sprache und Religion in diesem Zusammenhang völkerrechtlich nicht von Bedeutung sind, ist allein der räumliche Zusammenschluss der Mitgliedstaaten als ausreichender Verbund der Menschen anzusehen. Durch den Beitritt der Mitgliedstaaten zur Europäischen Union wird somit ein Verbund von Menschen errichtet. Dieser Zusammenschluss ist aufgrund der vertraglichen Fixierung des Zusammenschlusses als ein auf Dauer angelegter Zusammenschluss zu verstehen.

cc. Staatsgewalt als wesentliches Element des Europäischen Staates

Die Staatsgewalt als drittes wesentliches Element des Staates erstreckt sich sowohl auf das Staatsgebiet als auch das Staatsvolk[387]. Sie verbindet diese beiden Elemente und formt aus ihnen den Staat[388]. Die Staatsgewalt bedeutet die Fähigkeit, eine Ordnung auf dem gekennzeichneten Staatsgebiet zu organisieren und nach außen selbstständig und von anderen Staaten rechtlich unabhängig im Rahmen und nach Maßgabe des Völkerrechts zu handeln[389]. Deswegen wird hinsichtlich der Fähigkeit, nach innen die Ordnung auf dem Staatsgebiet zu or-

---

384 Epping, in: Ipsen, § 5, Rdnr. 5; Schneider, S. 20.

385 Berber, Bd. I, S. 116.

386 Epping, in: Ipsen, § 5, Rdnr. 5.

387 Berber, Bd. I, S. 119; Epping, in: Ipsen, § 5, Rdnr. 6.

388 Epping, in: Ipsen, § 5, Rdnr. 6.

389 Epping, in: Ipsen, § 5, Rdnr. 6.

ganisieren, von der inneren Souveränität oder der Verfassungsautonomie, und bei der Fähigkeit nach außen zu handeln, von der äußeren Souveränität gesprochen[390]. In welcher Staats- und Regierungsform diese Staatsgewalt ausgeübt wird, ist unerheblich[391]. Auch die Frage der Legitimität ist nicht eine Frage des Völkerrechts, sondern obliegt der nationalen Rechtsordnung. Es kommt somit weniger auf die Legitimität der Staatsgewalt als vielmehr auf die Effektivität derselben an[392]. Zudem reicht die in Artikel 17 EG (Artikel 8 EG-Vertrag) konstatierte Unionsbürgerschaft schon nicht für eine umfassende Gebietshoheit[393], sowie für eine Personalhoheit[394] im völkerrechtlichen Sinne, wie sie eine Staatsangehörigkeit voraussetzen würde.
Die Bestimmungen des Artikel 17 Absatz 2 EG (Artikel 8 Absatz 2 EG-Vertrag) sprechen von den Rechten und Pflichten des Unionsbürgers. Das Bestehen von Pflichten des Unionsbürgers gegenüber der Europäischen Union ist zwar ein Anzeichen dafür, dass die Personalhoheit gegenüber dem Unionsbürger über die Grenzen der Europäischen Union hinaus bestehen soll. Auch wenn in den Artikel 17 ff. EG (Artikel 8 ff. EG-Vertrag) nicht weiter ausdrücklich von den Pflichten des Unionsbürgers die Rede ist, so ist doch in Artikel 20 von Rechten der Unionsbürger die Rede. Diese sollen jedenfalls – im Hinblick auf die Gewährung des diplomatischen Schutzes – auch im Ausland Geltung beanspruchen. Bedenkt man, dass der diplomatische Schutz letztlich der Ausfluss des passiven Personalitätsprinzips ist, so lässt die Regelung in Artikel 20 EG (Artikel 8 c EG-Vertrag) auf eine Internationalisierung der personalen Beziehung zwischen Unionsbürger und Europäischer Union schließen. Auf der passiven Seite wird die Personalhoheit somit zumindest gegenüber anderen Staaten deutlich. Weiter geht die Hoheitsgewalt der Europäischen Union allerdings nicht. So besteht beispielsweise keine Möglichkeit der Europäischen Union, Hoheitsgewalt über Unionsbürger anzuwenden, die Gesetze auf dem Staatsgebiet eines Drittstaates verletzt haben. Zudem ist auch in dem Bereich des passiven Personalitätsprinzips die Zustimmung von Drittstaaten erforderlich. Das bedeutet, dass die Schutzgewährung gegenüber den Unionsbürgern kein völkerrechtliches Prinzip ist, sondern von der Zustimmung der Drittstaaten abhängt. Zudem steht dieses Recht nicht der Europäischen Union zu, sondern lediglich den einzelnen Mitgliedstaaten derselben.
Die durch Artikel 17 EG (Artikel 8 EG-Vertrag) geschaffene Unionsbürgerschaft schafft somit keine Zusammenfassung aller Menschen oder Gruppen unter eine gemeinsame Rechtsordnung und Staatsgewalt. Zwar findet durch die

---

390 Verdross/Simma, § 382 f.; Epping, in: Ipsen, § 5, Rdnr. 6.
391 Kimminich/Hobe, S. 75.
392 Seidl-Hohenveldern/Stein, Rdnr. 629.
393 Oppermann, Rdnr. 903.
394 Oppermann, Rdnr. 200, 904.

europäischen Verträge eine Anpassung der gemeinsamen Rechtsordnung statt, die einzelnen Mitglieder bleiben jedoch weiterhin eigenständig[395]. Es wird lediglich erreicht, dass das Ausländerkriterium auf europäischer Ebene aufgehoben wird. Gemeinsamkeiten in den Rechtsordnungen werden nur dort geschaffen, wo die Mitgliedstaaten Kompetenzen zur Vereinheitlichung der Rechtsordnung übertragen haben. Solange aber nicht alle Kompetenzen auf die Europäische Union übertragen worden sind, die einzelnen Mitgliedstaaten somit noch individuell Kompetenzen inne haben, besteht weiterhin eine Eigenstaatlichkeit der Mitgliedstaaten und auch ihrer Rechtsordnungen. Es besteht auf dem geographischen Gebiet der Europäischen Union somit keine Zusammenfassung der Bewohner unter eine gemeinsame Rechtsordnung, sondern eine Pluralität der Rechtsordnungen mit Adaptionsbestrebungen.

Die territoriale Hoheitsgewalt der Europäischen Union erstreckt sich also nur auf den räumlichen Geltungsbereich der Europäischen Union und bezieht sich nur auf diejenigen Materien, zu deren Regelung die Mitgliedstaaten der Europäischen Union Kompetenzen übertragen haben. Hierbei wird auch von dem Prinzip der begrenzten Einzelermächtigung gesprochen. Gegenüber den Unionsbürgern kann die Europäische Union ebenfalls nur dort Hoheitsgewalt ausüben, wo ihr seitens der Staaten Kompetenzen übertragen wurden. Außerdem erstreckt sich die Hoheitsgewalt nur auf den innereuropäischen Bereich und nicht auf Drittstaaten. In diesem Fall kann die Europäische Union nur Rechte zugestehen und dies nur, wenn seitens der Drittstaaten eine Zustimmung erfolgt ist.

Die Europäische Union verfügt somit über eine beschränkte territoriale Hoheitsgewalt. Neben der Gebietshoheit verfügt sie nicht über die Personalhoheit. So wird im Bereich des diplomatischen Schutzes die Schutzgewährung nicht durch die Europäische Union, sondern durch die Drittstaaten vermittelt, sie obliegt zudem der Zustimmung der Drittstaaten, auf deren Gebiet sich die schutzsuchende Person aufhält. Dies reicht nicht für die Annahme einer Staats- oder Hoheitsgewalt, die gegenüber dem auf Dauer angelegten Verbund von Menschen ausgeübt wird.

Es handelt sich bei den Unionsbürgern demzufolge auch nicht um das europäische Staatsvolk, sondern lediglich einen auf Dauer angelegten europäischen Verbund von Menschen.

dd. Ergebnis

Die Europäische Union verfügt über einen geographischen Bereich, der sie von anderen Gemeinwesen trennt. Ebenso verfügt sie über einen Verbund von Menschen, der einer gemeinsamen Rechtsordnung unterworfen ist. Allerdings verfügt sie nicht über eine umfassende Hoheitsgewalt, die sich sowohl auf das Ge-

[395] Heintzen, in: v. Mangoldt/Klein/Starck, Art. 73 GG, Rdnr. 25.

biet als auch auf den dort angesiedelten Verbund von Menschen, der im EU-Vertrag als Unionsbürger qualifiziert wird, erstreckt. Die Unionsbürger können somit auch nicht das Staatsvolk der Europäischen Union darstellen. Die Europäische Union erfüllt demnach nicht die völkerrechtlich notwendigen Merkmale eines Staates.

b. Europäische Union als Staatenbund oder Staatenverbund

Die Europäische Union könnte bezüglich ihres rechtlichen Charakters zunächst als Staatenbund (Konföderation) anzusehen sein.

Der Staatenbund verbindet die in ihm zusammengeschlossenen Staaten völkerrechtlich, allerdings übt er nicht selbst Befehlsgewalt über die Einwohner der ihm zugehörigen Einzelstaaten aus[396]. Die Einwirkung auf die Einwohner der Einzelstaaten findet somit nicht direkt, sondern durch die Vermittlung der zu dem Staatenbund verbundenen Staaten statt[397]. Der Staatenbund zeichnet sich vor allem in der Zusammenarbeit der Gliedstaaten in den ureigenen wichtigen Staatsangelegenheiten, wie der Außen- oder Verteidigungspolitik aus[398]. Kennzeichnend dafür sind die eigenen Organe des Staatenbundes[399] sowie die Möglichkeit der Bundesexekution[400].

Dies ist bei der Europäischen Union gerade nicht der Fall. Zum einen mangelt es der Europäischen Union bereits an der Möglichkeit einer Bundesexekution, zum anderen sind die europäischen Gemeinschaften eine entscheidende Grundlage der Europäischen Union, ohne die die umfassende Architektur der Europäischen Union nicht möglich wäre. Es handelt sich bei diesem Gebilde vielmehr um einen Staatenverbund[401]. Dabei meint der Begriff Staatenverbund gerade nicht Konföderation, sondern einen intensiveren Rechts- und Handlungsverbund[402]. Das bestätigt auch das Bundesverfassungsgerichtes in seinem Maastricht Urteil vom 12. Oktober 1993[403]. Der Vertrag über die Europäische Union treffe eine völkerrechtliche Vereinbarung über einen auf Fortentwicklung angelegten mitgliedstaatlichen Verbund[404].

Der Staatenverbund verfügt allerdings über keine eigene Staatsangehörigkeit, so dass sich eine Kompetenzbeschränkung des nationalen Gesetzgebers nicht aus der Eigenschaft der Unionsbürgerschaft als „Staatsangehörigkeit“ ableiten lässt.

---

396 Berber, Bd. I, S. 139.

397 Berber, Bd. I, S. 139.

398 Pechstein/König, Rdnr. 85.

399 Berber, Bd. I, S. 140.

400 Pechstein/König, Rdnr. 85.

401 Vgl. Koenig/Haratsch, Kap. 1, Rdnr. 18; Schweitzer/Hummer, Rdnr. 67.

402 Oppermann, Europarecht, Rdnr. 909.

403 BVerfGE 89, S. 155 (190).

404 BVerfGE 89, S. 155 (200).

2. Kompetenzbeschränkung des nationalen Gesetzgebers durch die mit der Unionsbürgerschaft verbundenen Rechte und Pflichten

Mit der Unionsbürgerschaft sind sekundär ebenso Rechte und Pflichten verbunden wie mit der Staatsangehörigkeit der einzelnen Mitgliedstaaten. Diese aus der Stellung des Unionsbürgers resultierende Beziehung kann als eine Solidargemeinschaft[405] oder auch als eine politische Schicksalsgemeinschaft *sui generis* bezeichnet werden. Sie hat neben der eigentlichen Staatsangehörigkeit der Bürger der Mitgliedstaaten keine automatische völkerrechtliche Bedeutung, sondern nur regional-politischen Stellenwert, der sich zunächst nach außen nicht unmittelbar auswirkt. Sie stellt nur ein einseitiges Rechtsverhältnis der Unionsbürger und der Mitgliedstaaten dar, welches ihre Ausgestaltung durch die Gemeinschaftsverträge findet[406]. Aus denen mit ihr verbundenen Rechten und Pflichten könnte sich jedoch eine Kompetenzbeschränkung des nationalen Gesetzgebers ergeben.

a. Voraussetzungen der Unionsbürgerschaft

Der „Erwerb" der Unionsbürgerschaft richtet sich nach den staatsangehörigkeitsrechtlichen Vorschriften der Mitgliedstaaten, wird somit allein durch die Staatsangehörigkeit der Mitgliedstaaten vermittelt[407] und bleibt auch an die Staatsangehörigkeit dieses Mitgliedstaates geknüpft[408]. Die Unionsbürgerschaft entsteht zwar durch den Erwerb der Staatsangehörigkeit der Mitgliedstaaten, sie vermittelt aber umgekehrt keineswegs die Staatsangehörigkeit der Mitgliedstaaten. So ist es auch nicht möglich, allein aufgrund der Erlangung der Unionsbürgerschaft ohne weiteres in eine Staatsangehörigkeit eines anderen Mitgliedstaates zu wechseln. Ein Wechsel unter den verschiedenen Staatsangehörigkeiten der Mitgliedstaaten der Europäischen Union ist aufgrund mangelnder Kompetenzübertragung auch nicht aufgrund europäischen Rechts möglich, sondern obliegt den nationalen Bestimmungen der Mitgliedstaaten. Es besteht auch kein Bestandsschutz der Unionsbürgerschaft, denn mit dem Verlust der Staatsangehörigkeit des Mitgliedstaates erlischt auch die damit akzessorisch verbundene Unionsbürgerschaft. Somit ist es juristisch nicht richtig, von einem „Erwerb" der Unionsbürgerschaft zu sprechen, da die Unionsbürgerschaft nicht im herkömm-

---

405 Kluth, in: Calliess/Ruffert, Art. 17 EG-Vertrag, Rdnr. 3.

406 Insofern kann hier auch nicht wie bei Kluth von einem unmittelbar statusbegründenden Rechtsverhältnis zwischen Unionsbürger und der Europäischen Union gesprochen werden. Dem Unionsbürger wird nämlich durch den EG-Vertrag überhaupt kein Status eingeräumt. Vielmehr besteht nur ein Rechte- und Pflichtenverhältnis zwischen ihm und den Mitgliedstaaten. Ablehnend: Kluth, in: Calliess/Ruffert, Art. 17 EG-Vertrag, Rdnr. 5.

407 Haag, in: Groeben/Thiesing/Ehlermann, Art. 8 EG-Vertrag, Rdnr. 4; Oppermann, Europarecht, Rdnr. 200.

408 Oppermann, Rdnr. 200.

lichen Sinne originär oder derivativ erworben werden kann. Der Staatsangehörige eines Mitgliedstaates der Europäischen Union bekommt lediglich aufgrund der Tatsache, dass er die Staatsangehörigkeit eines Mitgliedstaates in dem politisch geographischen Raum der Europäischen Union besitzt, bestimmte Rechte eingeräumt, die in ihrer Gesamtheit als Unionsbürgerschaft zu bezeichnen sind.

b. Rechte der Unionsbürger

Zu den Rechten, die mit der Unionsbürgerschaft verbunden sind, zählen die Freizügigkeitsrechte[409]. Dies sind vor allem die Rechte, die den Marktbürgern bereits im EWG-Vertrag zugestanden wurden. Dazu zählen die Bestimmungen über die Freizügigkeit der Arbeitnehmer gemäß Artikel 39 ff. EG (Artikel 48 EG-Vertrag/EWG-Vertrag)[410], die Bestimmungen über die Niederlassungsfreiheit gemäß Artikel 43 ff. EG (Artikel 52 EG-Vertrag/EWG-Vertrag)[411] und die Bestimmungen über die Freiheit des Dienstleistungsverkehrs gemäß Artikel 49 ff. EG (Artikel 59 EG-Vertrag/EWG-Vertrag)[412]. Diesbezüglich wäre die Einführung der Unionsbürgerschaft überflüssig gewesen, da damit keine Rechte verbunden wurden, die den Staatsangehörigen der Mitgliedstaaten nicht ohnehin bereits durch den EWG-Vertrag zugestanden wurden[413]. Artikel 17 Absatz 2 EG (Artikel 8 Absatz 2 EG-Vertrag) hat den Rechtskreis der Staatsangehörigen der Mitgliedstaaten nicht erweitert, sondern hat lediglich deklaratorische Wirkung[414]. Erst im Maastricht-Vertrag wurde den Unionsbürgern in den Artikeln 8 a bis 8 d EG-Vertrag weitere Rechte zugestanden. Darunter fallen das Bewegungs- und Aufenthaltsrecht der Unionsbürger, das Wahlrecht, der diplomatische und konsularische Schutz der Unionsbürger seitens der anderen Mitgliedstaaten sowie das Petitionsrecht beim Europäischen Parlament und die Anrufung des Bürgerbeauftragten. Damit ist eine wesentliche Tendenz zu verzeichnen: Die durch den EU-Vertrag zugestandenen Rechte nähern sich den Rechten, die typischerweise mit der Staatsangehörigkeit verbunden sind an. Über die Individualrechte hinaus wurden die Rechte auch auf die Partizipationsrechte der Staatsangehörigen der Europäischen Union erweitert[415]. Das zeigt sich beispielsweise bei der Regelung der Freizügigkeit, welche gegenüber Ausländern gewissen Beschränkungen unterliegt.

Einen wichtigen Schritt in Richtung der Einführung einer europäischen Staatsangehörigkeit stellt die Einführung des Wahlrechts für Unionsbürger durch Ar-

---

409 Fischer, S. 2; Schneider, S. 65.
410 Vgl. dazu Schneider, S. 66 ff.
411 Vgl. dazu Schneider, S. 69 ff.
412 Vgl. dazu Schneider, S. 72 ff.
413 Schneider, S. 65.
414 Schneider, S. 65.
415 Kluth, S. 85 f.

tikel 19 EG (Artikel 8 b EG-Vertrag) dar. Damit ist ein wesentlicher Aspekt staatsangehörigkeitrechtlicher Rechte, nämlich ein demokratisches Teilhaberecht, Bestandteil der Unionsbürgerschaft geworden[416]. Das Wahlrecht des Unionsbürgers umfasst sowohl die Wahlen zum Europäischen Parlament als auch das aktive und passive Wahlrecht bei Kommunalwahlen. Dieses Recht steht den Unionsbürgern – und dies stellt die herausragende Neuerung dar – nicht nur in ihrem Heimatstaat, sondern auch in den ausländischen Mitgliedstaaten, in denen die Unionsbürger ihren Wohnsitz haben, zu[417].

Dennoch ist durch die Einführung des Wahlrechts der Unionsbürger keine *de facto* Staatsangehörigkeit eingeführt worden, genauso wenig wie bei der Ausweitung der Aufenthalts- und Freizügigkeitsregelungen auf bestimmte Personengruppen oder bei der Übernahme des diplomatischen Schutzes zugunsten der Unionsbürger, da allein durch eine Erweiterung des Rechtskreises unterhalb der Schwelle der staatsangehörigkeitsrechtlichen Vorschriften keine staatsangehörigkeitsrechtlichen Regelungen getroffen werden. Zudem spricht ein wesentlicher Punkt im Hinblick auf das Wahlrecht gegen eine Beurteilung als Staatsangehörigkeit: das Wahlrecht bezieht sich nämlich nur auf die Wahlen im kommunalen Bereich und nicht auch auf die Wahlen auf nationaler Ebene. Es ist ein Unterschied, ob man den Unionsausländern die Chance bietet, auf kommunaler Ebene politisch in Erscheinung zu treten, oder auf der anderen Seite die Möglichkeit gibt, auch auf nationaler Ebene politisch mitzubestimmen. Obwohl das einheitliche Kommunalwahlrecht als ein Mittel zur politischen Integration im Wohnsitzstaat angestrebt wurde[418], kann eine Beteiligung an der politischen Willensbildung nicht – wie von den Politikern gern herbeibeschworen – die Integration des EU-Ausländers fördern. Die Ausübung dieses Rechtes ist nämlich nicht an zeitliche Bedingungen geknüpft, sondern steht jedem Unionsbürger zu, sobald er seinen Wohnsitz in einem anderen EU-Mitgliedstaat begründet. Das Wahlrecht genießt daher auch jeder Student oder Kurzzeitarbeitnehmer, obwohl er sich mit der politischen Situation in dem Mitgliedstaat, in dem er sich zu diesem Zeitpunkt aufhält – womöglich aufgrund der sprachlichen Barriere – noch gar nicht auseinandergesetzt hat. Den Politikern ist dabei jedoch ein Fehler unterlaufen. Sie gehen von dem Trugschluss aus, mit politischer Beteiligung Integration zu bewirken, obwohl die politische Integration und das damit verbundene Wahlrecht am Ende der Integrationsphase stehen müssten.

Die von der Europäischen Union verbürgten Rechte für die Unionsbürger können somit lediglich Mittel zur politischen Integration darstellen – zumindest nach dem Willen ihrer Schöpfer. Sie stellen weder Elemente für die Schaffung

---

416 Siehe auch Bleckmann, Rdnr. 283.

417 Haag, in: Groeben/Thiesing/Ehlermann, Art. 8 b EG-Vertrag, Rdnr. 1.

418 Kluth, in: Calliess/Ruffert, Art. 19 EG, Rdnr. 18.

einer Staatsangehörigkeit dar noch begründen sie eine *de facto* Staatsangehörigkeit.
Die Unionsbürgerschaft ist folglich lediglich eine Wortneuschöpfung verbunden mit der Erweiterung des Rechtskreises der Staatsangehörigen der Mitgliedstaaten der Europäischen Union durch den Vertrag von Maastricht.

c. Pflichten der Unionsbürger

Mit der Unionsbürgerschaft sind gemäß Artikel 17 Absatz 2 EG (Artikel 8 Absatz 2 EG-Vertrag) neben den im Vertrag vorgesehenen Rechten auch Pflichten verbunden. In der staatsangehörigkeitsrechtlichen Entwicklung zählen die seitens des Staates eingeräumten Pflichten zu den wichtigsten Bestandteilen der Rechte und Pflichtenbeziehung zwischen Individuum und Staat. Artikel 17 Absatz 2 EG (Artikel 8 EG-Vertrag) statuiert aber selbst keine Rechte und Pflichten für die Unionsbürger, sondern verweist nur auf die im Vertrag vorgesehenen Verpflichtungen. Ebenso normieren die Artikel 18 bis 21 EG allein Rechte der Unionsbürger, beziehen sich aber nicht auf die mit der Unionsbürgerschaft etwaig einhergehenden Pflichten. Es ist wahrscheinlich, dass den mit der Unionsbürgerschaft einhergehenden Pflichten keine große Rolle zukommen soll, da selbst bei dem in Artikel 22 EG vorgesehenen Bericht der Kommission an das Europäische Parlament nur von der Weiterentwicklung der Rechte der Unionsbürger und nicht der Pflichten die Rede ist[419].
Damit steht im Einklang, dass bei der Ausgestaltung der Unionsbürgerschaft durch den Vertrag von Maastricht und den Vertrag von Amsterdam nur die Schaffung einer Rechtestellung im Vordergrund stand[420]. Die Pflichtenstellung hat also nur eine recht schwache Ausprägung erfahren und beschränkt sich auf Gebiete allgemeiner Art, wie die Unterwerfung unter die Rechtsordnung der Gemeinschaft einschließlich der Bindungswirkung der europarechtlichen Normen[421]. Jedenfalls kann hieraus nicht der Schluss gezogen werden, die Unionsbürgerschaft sei in die Nähe einer Staatsangehörigkeit gerückt und beschränke damit die Kompetenzen des bundesrepublikanischen Gesetzgebers.

3. Resümee zur Unionsbürgerschaft

Die Mediatisierung der Bürger in der Europäischen Union ist durch die Bestimmungen der Unionsbürgerschaft aufgelockert worden[422]. Doch ist dadurch weder der Weg zu einer EU-Staatsangehörigkeit vorgezeichnet[423], noch kann die Uni-

---

419 Vgl. auch Schneider, S. 95.
420 Schneider, S. 95.
421 Dazu näher Schneider, S. 96.
422 Hobe, Der Staat 32 (1993), S. 245 (267).
423 So aber Oppermann, in: FS für Doehring, S. 712 (723).

onsbürgerschaft bereits als eine Vorstufe zu einer Europastaatsangehörigkeit[424] angesehen werden[425]. Eine solche ist nämlich nur möglich, wenn die einzelnen Mitgliedstaaten auf ihre Nationalstaatlichkeit verzichten. Die Europäische Union besäße nur als Staat die Kompetenz, eine EU-Angehörigkeit zu verleihen, die dritten Staaten gegenüber völkerrechtlich Wirkung entfalten kann. Aber diese rechtliche Eigenschaft wurde der Europäischen Union seitens der Mitgliedstaaten eben nicht eingeräumt.

Die Unionsbürgerschaft ist auch in ihrer rechtlichen Eigenschaft nicht mit der einer Staatsangehörigkeit zu vergleichen, da sie dem Unionsbürger keine Stellung einräumt, wie sie der Staatsangehörige in einem Staat inne hat[426]. So war mit der Einführung der Unionsbürgerschaft nicht bezweckt, den einzelnen Bürgern einen besonderen rechtlichen Status einzuräumen, vielmehr sollten ihnen lediglich besondere Rechte durch die Verträge eingeräumt werden[427].

Die Unionsbürgerschaft der Europäischen Union bleibt somit ein Rechte- und Pflichtenverhältnis *sui generis*, welches nach außen, über den geographischen Raum der Europäischen Union hinaus, keinerlei Wirkung entfaltet, solange keine völkerrechtlichen Vereinbarungen der Europäischen Union mit Drittstaaten geschlossen worden sind. Sie schafft dementsprechend auch keinen besonderen Status, da die wesentlichen Merkmale, die dem Unionsbürger einen solchen Status einräumen würden, nicht geregelt sind. So werden die Wehrpflicht und der diplomatische Schutz nicht in dem Verhältnis Unionsbürger und Europäische Union gewährt[428]. Wesentliche zentrale Bereiche der staatsbürgerlichen

---

424 Vgl. dagegen das Resümee Hobes, Der Staat, 32 (1993), S. 245 (267).

425 Insofern allerdings im Ergebnis unklar Fischer, der die Unionsbürgerschaft als eine weiter entwickelte Vorstufe zu einem noch zu verwirklichenden europäischen Bürgerrecht im umfassenden Sinne ansieht, denn aufgrund des mit der Unionsbürgerschaft bereits verbundenen Rechte-Verhältnisses, kann sie als ein Rechtsverhältnis zwischen dem einzelnen Bürger der Europäischen Union und der Europäischen Union angesehen werden. Dies liegt nämlich allein darin begründet, dass dem Bürger durch die Unionsbürgerschaft bestimmte Rechte bereits zugestanden worden sind. Diese sind Rechte des Unionsbürgers geworden und somit auch „Bürgerrechte" in einem gewissen neuen Verständnis. Vgl. Fischer, S. 17.

426 Haag, in: Groeben/Thiesing/Ehlermann, Art. 8 EG-Vertrag, Rdnr. 4; Kaufmann-Bühler, in: Lenz, Art. 17 EG-Vertrag, Rdnr. 2.

427 Haag, in: Groeben/Thiesing/Ehlermann, Art. 8 EG-Vertrag, Rdnr. 2.

428 Der EG-Vertrag enthält in Art. 20 EG (Art. 8 c EG-Vertrag) Regelungen bezüglich des diplomatischen Schutzes der Unionsbürger. Diese sind nicht Ausfluss eines zwischen Unionsbürger und der Europäischen Union bestehenden Pflichtenverhältnisses, sondern ein aufgrund der vertraglichen Verpflichtungen der Mitgliedstaaten gewährter Dienst. Das ist daran zu erkennen, dass nicht die Europäische Union, sondern die einzelnen Mitgliedstaaten zur diplomatischen Schutzausübung berechtigt sind, zudem daran, dass die Schutzgewährung von den jeweiligen nationalen Vorschriften der Mitgliedstaaten abhängig ist und selbst auf diese Schutzausübung kein gebundener Anspruch besteht, da die

Pflichten sind aus der Unionsbürgerschaft ausgeklammert[429]. In diesem Sinne kann sie nur ein völkerrechtliches Minus, ein schmückendes Beiwerk zu den nationalen Staatsangehörigkeiten der Mitgliedstaaten sein[430]. Eine Kompetenzbeschränkung für den deutschen Gesetzgeber ergibt sich somit weder aus der Unionsbürgerschaft an sich noch durch die mit ihr verbundenen Rechte und Pflichten.

4. *Kompetenzbeschränkung durch die Wechselwirkung zwischen nationalem Recht und dem Gemeinschaftsrecht auf dem Gebiet der Staatsangehörigkeit*

Eine Einschränkung der mitgliedstaatlichen Regelungskompetenz auf dem Gebiet der Staatsangehörigkeit wird seit der Entscheidung des EuGH in der Rechtssache Micheletti diskutiert[431]. In seiner Entscheidung hat der EuGH festgestellt, dass die Festlegung der Voraussetzungen für den Erwerb und den Verlust der Staatsangehörigkeit der Zuständigkeit der einzelnen Mitgliedstaaten unterliegt[432] und somit die Kompetenz der Mitgliedstaaten in dieser Angelegenheit anerkannt. Jedoch sei von dieser innerstaatlichen Zuständigkeit nur unter Beachtung des Gemeinschaftsrechts Gebrauch zu machen[433]. Im konkreten Fall ging es um die Auslegung von Artikel 52 EWG-Vertrag in Bezug auf einen Staatsangehörigen eines Mitgliedstaates, der gleichzeitig Drittstaatsangehöriger war[434]. Der EuGH hat hierbei die Ablehnung der Eigenschaft als Gemeinschaftsangehöriger unter Berücksichtigung des gewöhnlichen Aufenthalts als nicht zulässig erachtet[435]. Die Unionsbürgerschaft beansprucht somit auch dann Geltung, wenn die Staatsangehörigkeit des Mitgliedstaates nicht die effektive Staatsangehörigkeit des Drittstaatsangehörigen ist. Im Wesentlichen ist der Gerichtshof dabei der Begründung des Urteils in der Strafsache gegen Vincent Au-

---

Entscheidung, einem Unionsbürger anderer Staatsangehörigkeit diplomatischen Schutz zu gewähren, von objektiven Voraussetzungen, wie den Mangel der Präsenz des anderen Mitgliedstaates sowie dem Ermessen des schutzgewährenden Staates abhängig ist. Siehe dazu unten, diplomatischer Schutz von Unionsbürgern.

429 Kluth, in: Calliess/Ruffert, Art. 17 EG-Vertrag, Rdnr. 5.

430 Kluth, in: Calliess/Ruffert, Art. 17 EG-Vertrag, Rdnr. 3 ff.

431 EuGH, 07.07.1992 – Rs. 369/90 – Mario Vicente Micheletti u.a. gegen Delegación del Gobierno en Cantabria = Slg. 1992 I, S. 4239 ff.; im Einzelnen: Sauerwald, S. 95 ff.

432 EuGH, 07.07.1992 – Rs. 369/90 – Mario Vicente Micheletti u.a. gegen Delegación del Gobierno en Cantabria = Slg. 1992 I, S. 4239 (4262), Tz. 10.

433 EuGH, 07.07.1992 – Rs. 369/90 – Mario Vicente Micheletti u.a. gegen Delegación del Gobierno en Cantabria = Slg. 1992 I, S. 4239 (4262), Tz. 10.

434 Siehe hierzu auch den Vorschlag der spanischen Regierung in den Leitsätzen des Urteils: EuGH, 07.07.1992 – Rs. 369/90 – Mario Vicente Micheletti u.a. gegen Delegación del Gobierno en Cantabria = Slg. 1992 I, S. 4239 (4249).

435 EuGH, 7.7.1992 – Rs. 369/90 – Mario Vicente Micheletti u.a. gegen Delegación del Gobierno en Cantabria = Slg. 1992 I, S. 4239 (4262), Tz. 11.

er[436] gefolgt, der allerdings nicht einen Fall der doppelten Staatsangehörigkeit zum Gegenstand hatte. Bereits hier führte der Gerichtshof aus, dass es keine Bestimmung der Vertrages erlaube, die Angehörigen eines Mitgliedstaates im Anwendungsbereich des Vertrages unterschiedlich zu behandeln, wenn sie zu dem Zeitpunkt, zu dem sie sich auf die Bestimmungen des Gemeinschaftsrechts berufen, die Staatsangehörigkeit eines Mitgliedstaates besitzen[437].
Die erwähnte Rechtsprechung des EuGH hat jedoch keine Auswirkungen auf die Kompetenzen der einzelnen Mitgliedstaaten im Bereich des Erwerbs und Verlustes der Staatsangehörigkeit des einzelnen Mitgliedstaates. Dies wurde auch im Fall Micheletti nochmals herausgestellt. Gemeinschaftsrechtliche Auswirkungen ergeben sich nur bezüglich der mit der Staatsangehörigkeit verbundenen Rechte und Pflichten, wie sie auch Artikel 52 EWG darstellt. Im Fall Micheletti handelte es sich zudem nicht um die Staatsangehörigkeit des betroffenen Mitgliedstaates, sondern um die Staatsangehörigkeit eines anderen Mitgliedstaates der EWG. Auf eine Beschränkung der Mitgliedstaaten bei der Gestaltung ihrer staatsangehörigkeitsrechtlichen Vorschriften, die den Erwerb und den Verlust der Staatsangehörigkeit eines Mitgliedstaates betreffen, kann daraus nicht geschlossen werden.

IV. Resümee

Die Kompetenz zur Regelung der Staatsangehörigkeit in der Bundesrepublik Deutschland obliegt dem Bundesgesetzgeber nach Artikel 73 Nr. 2 GG. Dies bedeutet allerdings nicht, dass dem Bundesgesetzgeber die Kompetenz über alle Fragen zukommt, die mit der Staatsangehörigkeit verbunden sind. Die Kompetenz zur Regelung von Rechten und Pflichten, die sich aus der Staatsangehörigkeit ableiten, ergibt sich aus den jeweiligen Sachbereichen und der damit einhergehenden Gesetzgebungskompetenz der Artikel 70 ff. GG. Aber selbst dann wenn Interessen der Länder berührt sind, bedarf dies noch keiner Zustimmung der Länder[438]. Eine europarechtliche Beschränkung der Kompetenz der Mitgliedstaaten, den Erwerb und Verlust ihrer Staatsangehörigkeit zu regeln, besteht nicht. Dies hat der EuGH im Fall Micheletti bestätigt. Die mit der Staatsangehörigkeit verbundenen Rechte und Pflichten müssen allerdings unter Beachtung des Gemeinschaftsrechts ausgelegt werden. Dies bedeutet keine Ein-

---

[436] EuGH, 07.02.1979 – Rs. 136/78 – Strafsache gegen Vincent Auer = Slg. 1979, S. 437 ff.

[437] EuGH, 07.02.1979 – Rs. 136/78 – Strafsache gegen Vincent Auer = Slg. 1979, S. 437 (450), Tz. 28; vgl. auch die Ausführungen des GA Guiseppe Tesauro vom 30.01.1992, Slg. 1992 I, S. 4253 ff.

[438] Kritisch dazu Walther, der eine Zustimmung der Länder deshalb als wünschenswert erachtet, da sich durch eine großzügige Einbürgerung Auswirkungen auf das Wahlrecht der Landtage ergeben und somit auch Länderinteressen betroffen seien. Walther, in: FAZ v. 11.03.1999, S. 12.

schränkung der Kompetenz zur Regelung der Staatsangehörigkeit, sondern lediglich eine Berührung von staatsangehörigkeitsrechtlichen Fragen mit Gemeinschaftsrecht. Die Kompetenz zur Erteilung der deutschen Staatsangehörigkeit obliegt allein dem Bundesgesetzgeber, der dadurch auch entscheiden kann, in welchen Fällen die mehrfache Staatsangehörigkeit erworben werden kann.

C. Materielle Voraussetzungen der Staatsangehörigkeit

Artikel 73 Nr. 2 GG stellt lediglich eine Kompetenzzuweisung an den Bundesgesetzgeber dar. Weitere Bestimmungen, die der Gesetzgeber bei der inhaltlichen Ausgestaltung der Staatsangehörigkeit zu beachten hat, werden nicht getroffen. Somit schließt sich der Frage der Kompetenzzuweisung die Schwierigkeit an, innerstaatliche Anknüpfungspunkte für die Erteilung der deutschen Staatsangehörigkeit zu finden.

Artikel 16 GG ist hierbei nicht heranzuziehen, da er Verlust- bzw. Entzugstatbestände sowie das Auslieferungsverbot Deutscher regelt und somit lediglich Bestimmungen über die Folgen der deutschen Staatsangehörigkeit beinhaltet. Auch Artikel 116 Absatz 1 1. Alt. GG spricht lediglich von der deutschen Staatsangehörigkeit. Deutscher ist danach zunächst derjenige, der die deutsche Staatsangehörigkeit besitzt. Artikel 116 Absatz 1 1. Alt. GG knüpft dabei die Staatsangehörigkeit förmlich an die Einbürgerung[439]. Dies bedeutet, dass die deutsche Staatsangehörigkeit besitzt und Deutscher im Sinne des Grundgesetzes ist, wer nach deutschem Recht rechtmäßig eingebürgert wurde. Welche Voraussetzungen der Erteilung der Staatsangehörigkeit zugrunde liegen, das heißt welche Kriterien durch den Einbürgerungsbewerber selbst erfüllt sein müssen, gehen daraus direkt nicht hervor. Solche materiellen Voraussetzungen der Staatsangehörigkeit finden sich nur in den einfachen Gesetzen, wie dem Staatsangehörigkeitsgesetz und dem Ausländergesetz. Fraglich ist dabei, ob diese materiellen Voraussetzungen allein dem Ermessen des Gesetzgebers obliegen oder ob der Gesetzgeber einen eingeschränkten Spielraum bei der Gesetzgebung hat.

I. Lehre von der materiellen Staatsangehörigkeit

1. Allgemein

Der Staatsangehörigkeit kommt durch das Vorliegen bestimmter objektiver Gesichtpunkte neben dem formellen Gehalt auch ein materieller Gehalt zu[440]. Sie ist somit nicht nur als ein rein formeller Ansatzpunkt für beliebige internationale und nationale Individualrechtspositionen zu verstehen, sondern vielmehr, aufgrund ihrer Entwicklung aus dem Nationalstaatsprinzip, als Ausdruck einer um-

---

[439] Bleckmann, NJW 1990, S. 1397 (1398).
[440] Bleckmann, NJW 1990, S. 1397 (1398).

fassenden geistigen Einheit[441]. Der Gestaltungsspielraum des Gesetzgebers muss damit anhand des im Grundgesetz verankerten Nationalstaatsprinzips eingeschränkt werden[442]. Die Staatsangehörigkeit ist kein eigens auszugestaltender Begriff, sondern von der Verfassung stark umrissen. Da die Staatsangehörigkeit die Zugehörigkeit zur Nation nur darlegt, muss sie auch von der Verfassung bestimmt werden[443]. Die Staatsangehörigkeit wird damit an die Zugehörigkeit zur Nation geknüpft. Nur wenn die Zugehörigkeit zur Nation tatsächlich besteht, liegen auch die Voraussetzungen für die Erteilung der Staatsangehörigkeit vor[444].

Die Zugehörigkeit zur Kulturnation als Voraussetzung für den Staatsangehörigkeitserwerb geht auch aus dem Inhalt der bis zur Wiedervereinigung im Jahre 1990 geltenden Präambel des Grundgesetzes hervor. Hier ist die Verfassung nicht nur von der staatlichen Einheit, sondern gerade auch von der nationalen Einheit ausgegangen[445]. Somit kann unter Nation nicht nur das Staatsvolk zu verstehen sein, sondern es ist die Kulturnation als solche gemeint[446]. Dies wird auch durch die Regelung in Artikel 116 GG deutlich, welche darlegt, dass neben den eigentlichen Staatsangehörigen ebenfalls die Volkszugehörigen als Deutsche im Sinne des Grundgesetzes anzusehen sind[447]. Die Regelung in Artikel 116 Absatz 1 2. Alt. GG bezieht sich im Wesentlichen auf die Bewohner der ehemaligen deutschen Ostgebiete[448]. Deutscher Volkszugehöriger ist, wer sich in seiner Heimat zum deutschen Volkstum bekannt hat, sofern dieses Bekenntnis durch bestimmte Merkmale, wie Abstammung, Sprache Erziehung und Kultur bestätigt wird[449]. Die Bestimmung in Artikel 116 GG weist dabei auf die historische Situation zur Zeit der Entstehung des Grundgesetzes hin. Sie galt als Maßnahme zum Schutz der Vertriebenen oder geflüchteten deutschen Volkszugehörigen bis zu dem Zeitpunkt, an dem sie die deutsche Staatsangehörigkeit erworben haben und ist als eine Garantie eines Anspruchs auf den Erwerb der deutschen Staatsangehörigkeit zu verstehen[450].

Gerade diese „zweite Kategorie der Deutschen“ im Sinne des Artikels 116 GG zeige, dass das Grundgesetz neben dem förmlichen Begriff der Staatsangehörigkeit auch einen materiellen Begriff der Staatsangehörigkeit kenne, der auf die

441 Bleckmann, DÖV 1988, S. 437 (440).
442 Bleckmann, NJW 1990, S. 1397 ff.; Blumenwitz, ZAR 1993, S. 151 (153); Ziemske, S. 45; Bleckmann, DÖV, 1988, S. 437 ff.
443 Bleckmann, NJW 1990, S. 1397 (1398).
444 Bleckmann, NJW 1990, S. 1397 (1399).
445 Uhlitz, ZRP 1987, S. 191 (191).
446 Bleckmann, NJW 1990, S. 1397 (1399).
447 Bleckmann, NJW 1990, S. 1397 (1399).
448 Uhlitz, ZRP 1987, S. 191 (191 f.); Bleckmann, NJW 1990, S. 1397 (1398).
449 Geiger, § 50 III 1.
450 Geiger, § 50 III 1.

Integration in den Kulturkreis abstelle. Somit könne die deutsche Staatsangehörigkeit nur solchen Individuen verliehen werden, die auch zur deutschen Kulturnation gehören, sich also in die deutsche Kultur integriert hätten[451]. Dies wird auch damit begründet, dass sich der Nationalbegriff nur aus einem objektiven und einem subjektiven Element zusammensetzen könne[452].

2. Erfordernis der Integration in den deutschen Kulturkreis

Obwohl die Verfassung keinerlei ausdrückliche Regelungen für den Erwerb der deutschen Staatsangehörigkeit enthält, ist doch aus der Entwicklung des Staatsangehörigkeitsrechts zu erkennen, dass der Erwerb der Staatsangehörigkeit nicht allein einen formellen Akt darstellen kann. Wenn sich die Staatsangehörigkeit aus dem Erfordernis entwickelt hat, die Zugehörigkeit zum Nationalstaat zu bestimmen[453], so muss die Zugehörigkeit selbst auch Ausdruck in der Staatsangehörigkeit finden. Die Staatsangehörigkeit kann somit kein formaler Akt sein[454]. Der vermeintliche Staatsangehörige muss sich in den vorhandenen Gesellschaftsverband einpassen.

Das Erfordernis der Integration in eine Kultur oder einen Gesellschaftsverband ist auch im Zuge der Veränderungen des deutschen Staatsangehörigkeitsrechts sowie der Zuwanderungspolitik öffentlich diskutiert worden[455]. Dabei ist hervorzuheben, dass dieses Erfordernis im deutschen Staatsangehörigkeitsrecht kein neues Kriterium darstellt, da die Integration des Einbürgerungsbewerbers bereits Voraussetzung des Erwerbs der deutschen Staatsangehörigkeit im deutschen Staatsangehörigkeitsrecht vor der Änderung durch das Staatsangehörigkeitsreformgesetz war, obwohl es an einer ausdrücklichen verfassungsrechtlichen Bestimmung mangelt. Heute verlangt § 9 Absatz 1 Nr. 2 StAG bei der Einbürgerung eines ausländischen Ehegatten, dass *„gewährleistet ist, dass [er] sich in die deutschen Lebensverhältnisse einordne[t]"*. Dazu gehört auch, dass der Einbürgerungsbewerber grundsätzlich deutsche Sprachkenntnisse vorweisen kann, die ein wesentliches Merkmal der sozialen Integration ausmachen[456]. Die Ermessenseinbürgerung nach § 8 StAG enthält zwar keine ausdrückliche Regelung in Bezug auf die Integration des Einbürgerungsbewerbers, doch ergibt sich

---

451 Bleckmann, NJW 1990, S. 1397 (1399); ablehnend: Göbel-Zimmermann/Masuch, DÖV 2000, S. 95 (102).

452 Bleckmann, NJW 1990, S. 1397 (1400); Blumenwitz, ZAR 1993, S. 151 (153).

453 Zur Entwicklung des Staatsangehörigkeitsbegriffes siehe oben.

454 Rupp, ZRP 1989, S. 363 (365).

455 Bey, FAZ vom 09.02.1999, S. 15; Reichard, FAZ vom 22.02.1999, S. 10; Birg, FAZ vom 24.02.1999, S. 11; Heimann, FAZ vom 09.11.2000, S. 15; Benda, FAZ vom 09.11.2000, S. 15; Tibi, FAZ vom 18.12.2000, S. 15; Leithäuser, FAZ vom 17.05.2001, S. 4; Zehnpfennig, FAZ vom 27.12.2000, S. 10.

456 Marx, § 9 RuStAG, Rdnr. 26; Rittstieg, NJW 1991, S. 1383 (1388).

das Erfordernis der Integration des Ausländers nach den „Allgemeinen Verwaltungsvorschriften“ zu § 8 StAG im Rahmen der im Gesetz vorgesehenen Ermessensausübung. Auch hier werden zunächst ausreichende Sprachkenntnisse verlangt[457]. Zudem muss sich der Ausländer vor dem Erwerb der deutschen Staatsangehörigkeit wenigstens acht Jahre in Deutschland aufgehalten haben[458] sowie sein Bekenntnis zur freiheitlich demokratischen Grundordnung bekräftigen[459]. Auch die Bestimmungen über den Staatsangehörigkeitserwerb nach dem Ausländergesetz setzen eine Integration in den deutschen Kulturkreis voraus. Dies ist gemäß § 85 Absatz 1 S. 1 AuslG zunächst dadurch gewährleistet, dass der Einbürgerungsbewerber erst nach Ablauf eines bestimmten Zeitraums eingebürgert werden darf. Hier ist ein Zeitraum von mindestens acht Jahren einzuhalten, in dem der Betroffene seinen gewöhnlichen Aufenthalt in der Bundesrepublik Deutschland gehabt haben muss. Die Aufenthaltszeit stellt somit den Garanten der sozialen Integration und der Einordnung in die deutschen Lebensverhältnisse dar. Da Kultur und verfassungsrechtliche Werte zudem in einem akzessorischen Verhältnis stehen, stellt auch das Erfordernis des § 85 Absatz 1 Satz 1 Nr. 1 AuslG einen Teil der Integration dar. In der dort vorausgesetzten Loyalitätserklärung sieht der Gesetzgeber die innere Hinwendung des Einbürgerungsbewerbers zur Bundesrepublik Deutschland dokumentiert[460]. Der Loyalitätserklärung kommt demnach eine integratorische Funktion zu. Die gesetzliche Regelung in § 86 AuslG unterstreicht die soziale Integration durch die Sprache. Der Gesetzgeber sieht auch hier in den Sprachkenntnissen eine Voraussetzung der Integration in die deutschen Lebensverhältnisse[461]. Sprachkenntnisse seien erforderlich, um die deutschen Medien zu verstehen sowie mit der deutschen Bevölkerung zu kommunizieren und am politischen Willensbildungsprozess zu partizipieren[462]. Sowohl die einfachgesetzlichen Vorschriften als auch die „Allgemeinen Verwaltungsvorschriften“ sehen die Integration in die deutschen Lebensverhältnisse als ein Erfordernis für den Erwerb der deutschen Staatsangehörigkeit an. Das Erfordernis bestand bereits durch das Gesetz über die Erwerbung und den Verlust der Bundes- und Staatsangehörigkeit vom 1. Juni 1870[463]. Es war ebenso maßgebliche Voraussetzung des Reichs- und Staatsangehörigkeitsgesetzes vom

---

457 Vgl. 8.1.2.1.1 f. StAR-VwV.

458 Vgl. 8.1.2.2 StAR-VwV.

459 Vgl. 8.1.2.5 StAR-VwV.

460 Siehe hierzu die Begründung im Gesetzesentwurf zu § 85 AuslG, BT-Drucks. 14/533, S. 18.

461 BT-Drucks. 14/533, S. 18.

462 BT-Drucks. 14/533, S. 18.

463 Gesetz über die Erwerbung und den Verlust der Bundes- und Staatsangehörigkeit vom 01.06.1870, BGBl. 1870, S. 355 ff.

22. Juli 1913[464]. Die staatsangehörigkeitsrechtlichen Vorschriften sind nach der Entstehung des Grundgesetzes gemäß Artikel 123 Absatz 1 GG Bundesrecht geworden. Der Grundgesetzgeber hat nach dem Inkrafttreten des Grundgesetzes diese vorkonstitutionelle Norm des Reichs- und Staatsangehörigkeitsgesetzes in seinen Willen mit aufgenommen[465]. Da hierfür vorausgesetzt wird, dass das vorkonstitutionelle Recht mit dem Grundgesetz, also insbesondere mit seinen Grundrechten und Grundprinzipien vereinbar ist[466], ist daraus zu schließen, dass auch die Integration in den deutschen Kulturkreis als Voraussetzung für den deutschen Staatsangehörigkeitserwerb in den Willen des Grundgesetzgebers mit aufgenommen worden ist. Wäre dies bei der Entstehung des Grundgesetzes nicht im Sinne des Gesetzgebers gewesen, so wäre eine entgegenstehende Regelung getroffen worden. Vielmehr muss aber davon ausgegangen werden, dass der Grundgesetzgeber von einer Weiterwirkung der materiellen Voraussetzung ausgegangen ist. Dafür spricht auch die Regelung in Artikel 116 Absatz 1 GG. Die Integration in den deutschen Kulturkreis ist somit dem deutschen Staatsangehörigkeitsrecht seit jeher immanent und als verfassungsrechtliche Voraussetzung für den Erwerb der Staatsangehörigkeit anzusehen.

3. *Voraussetzungen der Integration in den deutschen Kulturkreis*

a. Kulturkreis, in den sich der Ausländer integrieren muss

Wenn sich der Einbürgerungsbewerber in einen bestimmten Kulturkreis zu integrieren hat, so ist dieser vor der Einbürgerung auch näher zu konkretisieren. In der politischen Diskussion wird in letzter Zeit von dem Erfordernis einer Integration in eine deutsche Leitkultur gesprochen[467]. Schwierigkeiten ergeben sich auch hier dadurch, dass diese deutsche Leitkultur weder verfassungsrechtlich noch einfachgesetzlich ausdrücklich geregelt wird.

Bei der Integration in den deutschen Nationalverband muss eine hinreichende Kenntnis der deutschen Sprache, Kultur und Institutionen vorausgesetzt werden[468]. Für die Einordnung in die deutsche Kultur ist somit mindestens die Einordnung in die rechtlichen, sozialen und gesellschaftlichen deutschen Lebensverhältnisse erforderlich[469]. Die Einordnung in die rechtlichen und sozialen Lebensverhältnisse erfordert dabei die Akzeptanz und Wahrung der vorhandenen

---

464 Reichs- und Staatsangehörigkeitsgesetz vom 22.07.1913, RGBl. 1913, S. 583 ff.

465 BVerfGE, 37, S. 217 (237 f.).

466 Schulze, in: Sachs, Art. 123 GG, Rdnr. 10.

467 FAZ vom 07.11.2000, S. 1 f.; Leithäuser, FAZ vom 07.11.2000, S. 2; Müller, FAZ vom 09.11.2000, S. 15; Heimann, FAZ vom 09.11.2000, S. 15; Benda, FAZ vom 09.11.2000, S. 15; Leithäuser, FAZ vom 17.05.2001, S. 4.

468 Bleckmann, NJW 1990, S. 1397 (1399 f.); Blumenwitz, ZAR 1993, S. 151 (153).

469 Vgl. auch die Begründung zum Gesetzesentwurf eines Staatsangehörigkeitsneuregelungsgesetzes, BT-Drucks. 14/535, S. 15; siehe auch: Wehner, FAZ vom 04.02.1999, S. 16.

Normen und Werte, die eine unbedingte Voraussetzung für ein zwischenmenschliches Zusammenleben darstellen[470]. Einordnung bedeutet aber nicht Unterordnung im Bereich des gesellschaftlichen Zusammenlebens. Zwar ist die Akzeptanz gesellschaftlicher Grundwerte erforderlich, allerdings sind diese gesellschaftlichen Lebensverhältnisse dynamisch und profitieren nicht zuletzt von neuen Erkenntnissen. Eine Anpassung unter der Aufgabe der eigenen Tradition und Werte kann hier selbst aus verfassungsrechtlichen Gründen nicht verlangt werden. Dagegen werden die kulturellen Werte nicht zuletzt auch durch die Verfassung widergespiegelt, deren Entstehung selbst kulturell geprägt worden ist. Das Bundesverfassungsgericht sieht das Wesen der Staatsangehörigkeit darin, dass die betreffende Person selbst ihre staatliche Gemeinschaft mitbildet und mitträgt[471]. Der Integrationsprozess ist also dann erreicht, wenn der Einbürgerungsbewerber die gesellschaftlichen Eigenschaften in ihren grundlegenden Bestandteilen selbst verwirklicht und selbst wenn er sich in Teilen noch davon unterscheidet als Bestandteil der Gesellschaft angesehen werden kann und deren Werte und Normen akzeptiert. Die Identifizierung mit der Gemeinschaft stellt die abgeschlossene Integration dar[472].

b. Integrationswille

aa. Allgemeine Voraussetzungen

Allein das Vorliegen objektiver Kriterien des Kulturverbandes Gesellschaft kann noch nicht die Zugehörigkeit des Einbürgerungsbewerbers zur Gesellschaft dokumentieren. Neben der Bereitschaft zur Aufnahme des Einbürgerungsbewerbers in den Kulturverband, der allein schon aufgrund der Möglichkeit der Einbürgerung gegeben ist, bedarf es auch der Identifizierung des Einbürgerungsbewerbers mit dem Verband. Es muss somit ein Integrationswille des Einbürgerungsbewerbers vorhanden sein[473], der von einem Gefühl der gegenseitigen Solidarität getragen ist[474]. Der Nachweis eines solchen Integrationswillens bereitet in der Praxis einige Schwierigkeiten, da sich subjektive Elemente der Beurteilung eines außenstehenden Betrachters entziehen. Daher ist das Vorhandensein objektiver Kriterien erforderlich, anhand derer der außenstehende Betrachter diese subjektiven Elemente nachvollziehen kann.

Allein durch die Stellung des Einbürgerungsantrages ist noch nicht auf einen Integrationswillen in die deutsche Staatsangehörigkeit zu schließen, vielmehr kann auf einen solchen nur dann geschlossen werden, wenn sich der Einbürge-

470 Siehe auch Huber, in: Goldberg/Şen, S. 11 (11).

471 BVerfGE 37, S. 217 (246).

472 Blumenwitz, ZAR 1993, S. 151 (153).

473 Schmalz-Jacobsen, in: Robertson-Wensauer, S. 109 (114).

474 Bleckmann, NJW 1990, S. 1397 (1399 f.); Blumenwitz, ZAR 1993, S. 151 (153); im Ergebnis auch: Löwer, ZAR 1993, S. 156 (159).

rungswerber erkennbar in die vorhandenen elementaren Strukturen einordnet[475]. Davon kann wohl ausgegangen werden, wenn der Einbürgerungsbewerber mit den anderen Mitgliedern der Gesellschaft kommunizieren kann. Die Sprache ist damit Mittel der Integration[476], ausreichende Sprachkenntnisse Beweis dafür, dass sich der Betroffene integrieren will und nicht das Dasein in einer Parallelgesellschaft anstrebt. Der Integrationswille ist dagegen durch den bloßen Aufenthalt in Deutschland oder den Besuch deutscher Schulen nicht nachweisbar. Da der bloße Aufenthalt in Deutschland nicht bedeutet, dass sich der Einbürgerungswerber auch in die vorhandenen gesellschaftlichen Strukturen einzugliedern versucht und der Besuch deutscher Schulen nicht auf Freiwilligkeit basiert, ist hierdurch objektiv noch nicht auf einen inneren Willen zur Integration zu schließen.

bb. Integration beim derivativen Erwerb

Die kulturelle Integration als Voraussetzung des Erwerbs der deutschen Staatsangehörigkeit erscheint bei dem derivativen Erwerb zunächst unproblematisch, da das objektive materielle Kriterium für die Erteilung der Staatsangehörigkeit nur dann erfüllt ist, wenn eine Integration mit der Kulturnation erfolgt ist. Der Erwerb der Staatsangehörigkeit kann dann nur noch von dem Willen des Einzubürgernden abhängen. Dieser Wille zur Einbürgerung müsste aus der Sicht des Einzubürgernden eine Selbstverständlichkeit sein, da der Staatsangehörigkeitserwerb die unmittelbare Folge des Abschlusses des Integrationsprozesses darstellt.

cc. Integration beim originären Erwerb

Probleme ergeben sich jedoch beim originären Erwerb der Staatsangehörigkeit. Bei einem neugeborenen Individuum lässt sich die Integration in eine bestimmte Kulturnation noch gar nicht nachweisen. Die Entwicklung hin zu einer Kultur ist vielmehr ein Prozess, welchen das Individuum erst im Laufe seines weiteren Lebens vollzieht. Es hängt daher vom weiteren Integrationsprozess des Kindes ab, welcher Kulturnation es zugehörig erscheint. Dennoch verbietet es das Völkerrecht, Kinder bei der Geburt staatenlos werden zu lassen. Deshalb müssen beim originären Staatsangehörigkeitserwerb hinsichtlich der Integrationserfordernisses Ausnahmen gelten.

Das Völkerrecht erkennt bei der Erteilung der Staatsangehörigkeit durch die Geburt seitens der Staaten zwei Prinzipien an: das *ius sanguinis* und das *ius soli*-Prinzip. Eine Integration in einen Kulturverband und eine Eingliederung in die

---

[475] Vgl. auch die Begründung zum Gesetzesentwurf eines Staatsangehörigkeitsneuregelungsgesetzes, BT-Drucks. 14/535, S. 15.

[476] Schmalz-Jacobsen, in: Robertson-Wensauer, S. 109 (115); Leithäuser, FAZ vom 18.04.2001, S. 4.

Gesellschaft bewirkt das *ius sanguinis*-Prinzip, da durch die Anknüpfung der Staatsangehörigkeit der Eltern die wesentlichen Elemente der Kultur von den Eltern auf die Kinder tradiert werden. Die Staatsangehörigkeit der Eltern stellt somit die Garantie für die Integration des Kindes dar[477].

Bei der Verfolgung des *ius soli*-Prinzips besteht eine solche Garantie nicht, da sich allein durch die Geburt auf einem bestimmten Staatsgebiet keine Garantie für eine Integration in die Kultur des Staates ergibt, dessen Staatsangehörigkeit das gerade geborene Individuum erworben hat[478]. Dies war auch durch die Einbürgerungspolitik der Einwanderungsländer nicht bezweckt, denen es zunächst nur auf die Auffüllung ihrer Bevölkerung durch Einwanderer ankam[479].

Eine Integration in einen Kulturverband oder ein Kulturvolk kann demnach nicht allein durch die Erteilung der Staatsangehörigkeit unter Zugrundelegung des völkerrechtlichen Anknüpfungspunktes des *ius soli*-Prinzips erreicht werden. Vielmehr benötigt die Integration auch eine integrationsfördernde Entwicklung. Eine solche Entwicklung muss der Einzubürgernde durch einen längeren Aufenthalt in der Kultur als eigenen Prozess erleben. Bei originärem Erwerb nach *ius soli* wird dieser Prozess durch die elterliche Erziehung verstärkt, wenn diese bereits die Staatsangehörigkeit des Staates besitzen. Die Eltern sind dann die Garanten für den Entwicklungsprozess des Kindes in dem *ius soli*-Staat.

dd. Schwierigkeiten bei der mehrfachen Staatsangehörigkeit

Bei der mehrfachen Staatsangehörigkeit ergeben sich allein schon deshalb Schwierigkeiten, da der Doppelstaater mindestens zwei gesellschaftlichen Ordnungen angehört[480]. Die Mehrstaatigkeit ist somit die *ultima ratio* der Integrationskompromisse. Mehrstaatigkeit ist vor diesem Hintergrund – wie teilweise dargestellt – erst recht kein Mittel zur Integration in einen bestehenden Gesellschaftsverband.

Der Mehrstaater wird bei Erwerb der Staatsangehörigkeit ohne vorherige Integration nicht an den Integrationsprozess herangeführt, da er bereits die Staatsangehörigkeit erworben hat und sich nicht mehr unbedingt in die Gesellschaft einfügen muss. Die mehrfache Staatsangehörigkeit gelangt dann zu einer „Institution", die den Integrationswillen ausländischer (dann mehrstaatiger) Mitbürger sogar schwächt[481]. Damit wäre gerade das Gegenteil von dem erreicht, was die mehrfache Staatsangehörigkeit nach dem Willen des Gesetzgebers bezwecken

---

477 Bleckmann, NJW 1990, S. 1397 (1399); zustimmend auch: Blumenwitz, ZAR 1993, S. 151 (153).

478 Kritisch auch: Blumenwitz, ZAR 1993, S. 151 (153).

479 Dahm, Bd. I, S. 453.

480 Zu den Schwierigkeiten siehe auch: Rößler, FAZ vom 08.02.1999, S. 11 f.

481 Löwer, ZAR 1993, S. 156 (159); siehe auch die Begründung der CDU/CSU-Fraktion u.a. zum Gesetzesentwurf vom 16.03.1999, BT-Drucks. 14/535, S. 15.

sollte. Die Identifikation des Mehrstaaters mit dem Rest der Bevölkerung bliebe aus. Im Resultat führt dies zu einer Ausgrenzung aus der Gesellschaft. Um so wichtiger ist es, bei der Abwägung im Rahmen der Hinnahme der Mehrstaatigkeit auf einen kulturellen Grundkonsens abzustellen. Je größer der kulturelle Unterschied zwischen Herkunftsstaat und Erwerbsstaat ist, desto höhere Anforderungen müssen an die Hinnahme der Mehrstaatigkeit gestellt werden. Muss bei der einfachen Einbürgerung schon ein großes Integrationsniveau vorliegen, so ist es eine logische Folge, dass bei der Hinnahme der Mehrstaatigkeit höhere Anforderungen an das Integrationsniveau gestellt werden müssen[482]. Niedrigere Anforderungen sind dann zu stellen, wenn der Integrationsprozess schon im Rahmen der europäischen Integration vollzogen wurde und bereits von gemeinsamen gesellschaftlichen Grundlagen und Werten ausgegangen werden kann[483]. Der Staatsangehörigkeitserwerb unter Hinnahme der Mehrstaatigkeit hat somit die letzte Ausnahme zu bleiben.

Schwierigkeiten ergeben sich vor allem beim Erwerb der mehrfachen Staatsangehörigkeit *ius soli* nach § 4 Absatz 3 StAG. Für eine Integration in die deutschen Lebensverhältnisse muss hierzu eine Integrationsentwicklung sichergestellt sein, die sich dem Staatsangehörigkeitserwerb anschließt[484]. Haben sich die Eltern selbst noch nicht in den Kulturverband integriert, so ist die Integration des Kindes zumindest gefährdet. Zwar wird an die Erteilung der deutschen Staatsangehörigkeit die Voraussetzung geknüpft, dass sich die Elternteile bereits über einen längeren Zeitraum in der Bundesrepublik Deutschland aufhalten, doch ist dies noch keine Garantie dafür, dass sie die Integration in die deutschen Lebensverhältnisse bewirken. Davon kann nämlich nur ausgegangen werden, wenn die Eltern den Integrationsprozess selbst abgeschlossen haben. Hierzu gehört dann auch der Wille der Integration, der sich durch den Staatsangehörigkeitserwerb manifestiert. Die Integration in den Gesellschaftsverband ist hierbei dann noch schwerer zu gewährleisten[485] als bei einem Integrationsprozess nach einem Staatsangehörigkeitserwerb *iure soli* in anderen Staaten, wenn die Eltern

---

482 Siehe auch die Begründung für eine enumerative Aufzählung der Hinnahmetatbestände der mehrfachen Staatsangehörigkeit unter gleichzeitiger Ablehnung einer etwaigen Generalklausel: Gesetzesentwurf der CDU/CSU-Fraktion u.a. vom 16.03.1999, BT-Drucks. 14/535, S. 15 f.

483 Siehe hierzu auch die Begründung zum Entwurf des Gesetzes zur Reform des Staatsangehörigkeitsrechts in Bezug auf das Ziel der europäischen Integration. BT-Drucks. 14/533, S. 19; im Ansatz auch Uhlitz, ZRP 1987, S. 191 (193).

484 Siehe hierzu auch unter Darstellung des FDP-Optionsmodells: FAZ vom 11.02.1999, S 12.

485 v. Mangoldt, ZAR 1999, S. 243 (250); ohne konkreten Lösungsvorschlag und somit nicht überzeugend Schmalz-Jacobsen, in: Robertson-Wensauer, S. 109 (116).

bereits Staatsangehörige dieses *ius soli*-Staates sind[486]. Durch den Verzicht auf die Ehelichkeit der Abstammung besteht zudem die Gefahr, dass die Integration in der Familie scheitert.
Das neue Modell macht dem Eingebürgerten nur ein Integrationsangebot[487]. Diesbezüglich müssen auch an die Option gemäß § 29 StAG, bei der sich der Betroffene für oder gegen die deutsche Staatsangehörigkeit entscheiden kann, hohe Anforderungen gestellt werden. In diesem Zeitpunkt wird erkennbar, ob der mit dem Staatsangehörigkeitserwerb erhoffte Prozess der Integration abgeschlossen ist. Dies ist der Fall, wenn sich der *ius soli*-Mehrstaater für die deutsche Staatsangehörigkeit entscheidet.
Gerade in Bezug auf die Ausweitung der Fälle mehrfacher Staatsangehörigkeit durch das *ius soli*-Prinzip ist es erforderlich höhere Anforderungen an eine nachträgliche Beibehaltung der mehrfachen Staatsangehörigkeit nach § 29 Absatz 3, 4 StAG zu stellen. Anderenfalls kommt der deutsche Gesetzgeber seinen Integrationsanforderungen nicht nach[488].

II. Ergebnis
Neben den formellen Anforderungen, die der Gesetzgeber an den Erwerb der Staatsangehörigkeit stellt, ist die Integration in den deutschen Gesellschaftsverband Bestandteil des deutschen Staatsangehörigkeitsrecht. Das Erfordernis war dem deutschen Staatsangehörigkeitsrecht bereits vor dem Inkrafttreten des Reichs- und Staatsangehörigkeitsgesetzes im Jahre 1913 immanent. Die Voraussetzung einer positiven Integration in den deutschen Gesellschaftsverband war seither immer die *Voraussetzung* für den Erwerb der deutschen Staatsangehörigkeit. Die Zugehörigkeit zum deutschen Kulturkreis war nach dem Inkrafttreten

---

486 In anderen Staaten, die das *ius soli*-Prinzip anwenden und die Eltern bereits die Staatsangehörigkeit des betroffenen Staaten besitzen, ist Integration des Kindes allein schon durch die Staatsangehörigkeit der Eltern gewährleistet. Unzutreffend sind wohl die Ausführungen zum Entwurf eines Gesetzes zur Erleichterung der Einbürgerung und Hinnahme der Doppelstaatsangehörigkeit vom 10.03.1993. Hier wurde auch in § 4 Absatz 2 des RuStAG-Entwurfes der Erwerb der Staatsangehörigkeit durch Inlandsgeburt durch ausländische Kinder vorgesehen. Sorgen um den Verzicht auf erforderliche Integrationsnachweise wurde mit der Begründung entgegengetreten, die Kinder würden sich regelmäßig auf Grund der abgeschlossenen Integration der Eltern dem Wohnsitzstaat zugehörig fühlen; eine parallel vorhandene ausländische Staatsangehörigkeit bestehe nur formal und bliebe in aller Regel ineffektiv. Einen Nachweis für diese „abgeschlossene Integration" wurde nicht gefordert. BT-Drucks. 12/4533, S. 7.

487 Westerwelle, FAZ vom 01.03.1999, S. 16; Göbel-Zimmermann/Masuch, DÖV 2000, S. 95 (102).

488 Zu den einzelnen Voraussetzungen, die zu einer Beibehaltungsgenehmigung der deutschen Staatsangehörigkeit führen, siehe unten.

des Grundgesetzes, die Grundlage der Bezeichnung der Deutschen nach Artikel 116 Absatz 1 Satz 2 GG.

Der Voraussetzung der Integration als Grundlage des Staatsangehörigkeitserwerbs ist auch durch den Grundgesetzgeber nach den Geschehnissen zur Zeit des „Dritten Reiches" nicht entgegengewirkt worden. Vielmehr wurde diese Voraussetzung beibehalten und in den Willen des Grundgesetzgebers übernommen. Dies hat auch das Bundesverfassungsgericht in seiner Rechtsprechung bestätigt, in der es das Wesen der Staatsangehörigkeit nicht in einer formellen Beziehung zwischen Staat und Bürger sieht, sondern vielmehr an der Beteiligung des Einzelnen an der Bildung der staatlichen Gemeinschaft[489].

Daher ist es verfehlt, das Staatsangehörigkeitsrecht als ein Mittel der Integrationspolitik anzusehen[490] und somit den Staatsangehörigkeitserwerb als integrationsfördernd zu betrachten[491]. Auch wenn das Bestreben besteht, einem größeren Anteil der ausländischen Bevölkerung im Inland die Staatsangehörigkeit zu erteilen, so ist doch zu berücksichtigen, ob sich dieser Teil in den gesellschaftlichen Bestand integriert hat. Integration ist keine einseitige Assimilation, noch unverbundenes Nebeneinander auf Dauer, so dass dem Einbürgerungsbewerber zwar abverlangt werden kann, sich in die Lebensverhältnisse einzuordnen, nicht aber völlig unterzuordnen[492]. Die Einbürgerung ist die Akzeptanz gesellschaftlicher Grundwerte und die Integration in eine vorhandene Leitkultur, die auch vom Integrationswillen des Ausländers getragen ist. Der erleichterte Erwerb der Staatsangehörigkeit ersetzt diesen Integrationswillen nicht, sondern beseitigt ihn. Gerade in Bezug auf die Hinnahmetatbestände der mehrfachen Staatsangehörigkeit ist daher jeder Hinnahmetatbestand in diesem Sinne abzuwägen, da eine vermehrte Hinnahme mehrfacher Staatsangehörigkeit unter Außerachtlassung des Integrationserfordernisses eine kontraproduktive Wirkung verursacht. Eine andere Regelung widerspräche dem staatsangehörigkeitsrechtlichen Verständnis und verstieße zudem gegen verfassungsrechtliche Prinzipien.

---

489 BVerfGE 37, S. 217 (245 f.).

490 Siehe hierzu: Leitlinien der Integrationsförderung der Bundesbeauftragten der Bundesregierung für Ausländerfragen vom Januar 2000; FDP-Bundestagsabgeordneter Westerwelle, FAZ vom 13.03.1999, S. 5; ebenso der Ministerpräsident des Landes Nordrhein-Westfalen, Clement, der die doppelte Staatsangehörigkeit zwar nicht als Ziel der Reform der Staatsangehörigkeitsrechts ansieht, sie aber für eine bessere „Integration" in Kauf nehmen will. FAZ vom 09.02.1999, S. 2; Keskin, in: Goldberg/Şen, S. 29 (32); Kiessler, Reform ohne Doppelpass, in: Goldberg/Şen, S. 39 (42); Monz, in: Goldberg/Şen, S. 43 (44, 50); Özdemir, in: Goldberg/Şen; 69 (72).

491 Vgl. BT-Drucks. 14/533, S. 11; siehe dazu ablehnend auch Kanther, FAZ vom 11.02.1999, S. 12; Huber, in: Goldberg/Şen, S. 11 (14).

492 So auch Benda, FAZ vom 09.11.2000, S. 15.

III. Völkerrechtliche Rechtmäßigkeit

Die materielle Staatsangehörigkeit ändert nichts an den völkerrechtlichen Zuordnungsprinzipien. Das Völkerrecht kann nur festlegen, wem die Staatsangehörigkeit nicht verliehen werden kann. Dabei handelt es sich um eine negative Abgrenzung[493]. Innerhalb dieses abgegrenzten Bereichs kann der Staat rein innerstaatlich regeln, wie er die Staatsangehörigkeit weiter ausgestaltet. Sowohl die formellen Erfordernisse als auch die materiellen Voraussetzungen, die er an den Erwerb seiner Staatsangehörigkeit knüpft, gehören zum innerstaatlichen Regelungsbereich, der *domaine réservé* eines Staates[494].

D. Regelung in der Bundesrepublik Deutschland für den Erwerb der Staatsangehörigkeit

Im Nachfolgenden soll erläutert werden, welche Anknüpfungspunkte im deutschen Staatsangehörigkeitsrecht übernommen worden sind. Dabei sollen die individuellen Schwierigkeiten bei der Umsetzung der völkerrechtlichen Anknüpfungspunkte in das nationale deutsche Recht anhand der spezifisch deutschen Voraussetzungen näher untersucht werden. Ein wesentlicher Schwerpunkt liegt dabei auf einem Vergleich der Erwerbstatbestände vor und nach der Reform vom 1. Januar 2000.

I. Originärer Erwerb und dessen Sonderformen

Der originäre Erwerb der deutschen Staatsangehörigkeit in der Bundesrepublik Deutschland ist durch Geburt sowie durch das Auffinden als Findelkind möglich.

1. Erwerb der deutschen Staatsangehörigkeit durch Geburt

Der Erwerb der deutschen Staatsangehörigkeit durch Geburt findet seine gesetzliche Ausgestaltung in § 4 Absatz 1 und Absatz 3 StAG.

a. Erwerb der Staatsangehörigkeit nach § 4 Absatz 1 StAG

aa. Voraussetzungen

Der Erwerb der deutschen Staatsangehörigkeit ist zunächst nach § 4 Absatz 1 StAG möglich. Hiernach erlangt ein Kind die deutsche Staatsangehörigkeit, wenn ein Elternteil die deutsche Staatsangehörigkeit besitzt. Damit findet in § 4 Absatz 1 StAG das Abstammungsprinzip seine Ausprägung. Daran hat sich auch nach der Änderung des Staatsangehörigkeitsrechts mit Wirkung vom 1. Januar 2000 nichts geändert. Gleichgültig ist, ob die Geburt des Kindes im In- oder

---

[493] Bleckmann, NJW 1990, S. 1397 (1400).
[494] Bleckmann, NJW 1990, S. 1397 (1400).

Ausland stattfindet, da eine Verengung des *ius sanguinis*-Prinzips durch eine zusätzliche Anwendung des *ius soli*-Prinzips nicht stattfindet[495].
Eine gewisse Einschränkung des § 4 Absatz 1 StAG ergibt sich jedoch durch die Einfügung des § 4 Absatz 4 StAG zum 1. Januar 2000. Danach soll der Staatsangehörigkeitserwerb für im Ausland geborene Kinder deutscher Staatsangehöriger eingeschränkt werden. Ein Staatsangehörigkeitserwerb ist danach ausgeschlossen, wenn der maßgebliche Elternteil, von dem das Kind seine Staatsangehörigkeit ableitet, nach dem 31. Dezember 1999 im Ausland geboren wurde[496]. Die deutsche Staatsangehörigkeit wird in diesem Fall ausnahmsweise nur dann erworben, wenn das Kind sonst staatenlos sein würde oder die Eltern die Geburt bei der zuständigen deutschen Auslandsvertretung binnen Jahresfrist anzeigen.
Gegen diese Regelung ergeben sich weder völkerrechtliche noch verfassungsrechtliche Bedenken. Auch ein Verstoß gegen Artikel 16 Absatz 1 GG liegt nicht vor. Es handelt sich im Falle des § 4 Absatz 4 StAG nicht um einen Entzug der deutschen Staatsangehörigkeit, da das Kind die deutsche Staatsangehörigkeit originär überhaupt nicht erwirbt[497]. § 4 Absatz 4 StAG ist somit ein Mittel, Mehrstaatigkeit ab der 2. Generation zu vermeiden, wenn kein Bezug mehr zu Deutschland besteht. Hierdurch wird den Zielen des Übereinkommens zur Verringerung der Mehrstaatigkeit und über die Wehrpflicht von Mehrstaatern[498] entsprochen.

bb. Entstehung mehrfacher Staatsangehörigkeit nach § 4 Absatz 1 StAG

§ 4 Absatz 1 StAG sieht den Staatsangehörigkeitserwerb des Neugeborenen nach dem Abstammungsprinzip vor. Der Erwerb der deutschen Staatsangehörigkeit leitet sich folglich von der Staatsangehörigkeit der Eltern ab, das heißt, der Erwerb der deutschen Staatsangehörigkeit ist nur möglich, wenn ein Elternteil die deutsche Staatsangehörigkeit besitzt. Bei der Geburt im Inland ist die Entstehung der mehrfachen Staatsangehörigkeit dementsprechend zunächst ausgeschlossen, wenn entweder beide Elternteile die deutsche Staatsangehörigkeit besitzen oder der ausländische Elternteil aus einem Land stammt, dessen Staatsangehörigkeitsrecht das *ius soli*-Prinzip verfolgt.
Es besteht aber die Möglichkeit, dass ein Kind, dessen deutsche Staatsangehörigkeit sich bei seiner Geburt nach der Staatsangehörigkeit der Eltern bestimmt, in einem Staat geboren wird, welcher den Erwerb seiner Staatsangehörigkeit bei

---

495 Ursprünglich war sogar vorgesehen, dies explizit in den früheren Fassungen des Gesetzes zu verankern; vgl. Renner, in: Hailbronner/Renner, 3. Auflage, § 4 RuStAG, Rdnr. 1 und 4.

496 Vgl. auch BT-Drucks. 14/533, S. 14.

497 Ebenso: Renner, in: Hailbronner/Renner, 3. Auflage, § 4 StAG, Rdnr. 45.

498 BGBl. 1969 II, S. 1954 ff.

Geburt nach dem Geburtslandprinzip vorsieht. In einem solchen Falle entstünde bei der Geburt mehrfache Staatsangehörigkeit. Dies ist auch nach dem deutschen Staatsangehörigkeitsrecht nicht ausgeschlossen, da sich dieser Erwerb allein nach den staatsangehörigkeitsrechtlichen Vorschriften des Geburtsstaates bestimmt.
Eine weitere Ausnahme besteht dann, wenn die Eltern bereits unterschiedliche Staatsangehörigkeiten haben und die staatsangehörigkeitsrechtlichen Vorschriften der Heimatstaaten einen Staatsangehörigkeitserwerb des Kindes nach dem Abstammungsprinzip vorsehen. In diesem Fall besteht eine Kollision mit anderen staatangehörigkeitsrechtlichen Vorschriften auf multilateraler Ebene. Das Kind, das in einer gemischt nationalen Ehe geboren wird, erwirbt originär mindestens zwei Staatsangehörigkeiten durch Abstammung.

b. Erwerb der Staatsangehörigkeit nach § 4 Absatz 3 StAG

Mit der Änderung des Staatsangehörigkeitsrechts hat der Gesetzgeber die Möglichkeit geschaffen, durch Geburt im Inland die deutsche Staatsangehörigkeit zu erwerben. Dies gilt selbst dann, wenn beide Elternteile Ausländer sind. Einer von beiden aber seit acht Jahren rechtmäßig seinen gewöhnlichen Aufenthalt rechtmäßig im Inland hat und eine Aufenthaltsberechtigung oder seit drei Jahren eine unbefristete Aufenthaltserlaubnis besitzt. Dies ist eine wesentliche Erneuerung gegenüber der strengen Verfolgung des strikten Abstammungsprinzips des Staatsangehörigkeitsrechts seit 1913[499].

aa. Voraussetzungen des *ius soli*-Erwerbs nach § 4 Absatz 3 StAG

Voraussetzung der Erwerbs der deutschen Staatsangehörigkeit *iure soli* ist die Geburt von ausländischen Eltern im Inland, sofern zumindest ein Elternteil die zeitlichen und aufenthaltsrechtlichen Voraussetzungen erfüllt hat.

(1) Inlandsbegriff des § 4 Absatz 3 StAG

Der Erwerb sieht zunächst die Geburt im Inland vor. Der Inlandsbegriff ist trotz der Neueinführung des *ius soli*-Prinzips weder im Staatsangehörigkeitsgesetz noch in den Verwaltungsvorschriften zu Artikel 4 Absatz 3 StAG näher beschrieben[500]. Auch den Begründungen im Gesetzesentwurf zu § 4 Absatz 3 StAG ist keine Bestimmung des Begriffes zu entnehmen[501].

---

[499] Dazu näher: Renner, in: Hailbronner/Renner, 3. Auflage, § 4 StAG, Rdnr. 4 f. und 68 f.; Göbel-Zimmermann/Masuch, DÖV 2000, S. 95 (95); Hailbronner, NVwZ 1999, S. 1273 (1274); v. Mangoldt, ZAR 1999, S. 243 (247); Weber, DVBl. 2000, S. 369 (370); BT-Drucks. 14/533, S. 14.

[500] Vgl. 4.3 StAR-VwV.

[501] Vgl. BT-Drucks. 14/533, S. 14.

Unter Inland im Sinne von § 4 Absatz 3 StAG ist zunächst das Staatsgebiet der Bundesrepublik Deutschland zu verstehen. Das Staatsgebiet gliedert sich in das Landgebiet[502], die Eigengewässer[503], die inneren Gewässer[504] und das Küstenmeer[505]. Hinzu kommt der über dem Landgebiet und den Küstengewässern befindliche Luftraum sowie der beherrschbare Raum unter der Erdoberfläche[506]. Fraglich ist, ob sich der Inlandsbegriff des § 4 Absatz 3 StAG auch auf die unter deutscher Flagge fahrenden Schiffe und Luftfahrzeuge erstreckt, soweit sie sich nicht in anderen Hoheitsgebieten befinden. In diesem Fall wäre bei § 4 Absatz 3 StAG von einem weiten Inlandbegriff auszugehen. Gegen einen weiten Anwendungsbereich spricht die wörtliche Auslegung des Begriffs „Inland". Hiernach ist prinzipiell von einer völkerrechtlichen Definition des Staatsgebietes auszugehen, nach der Schiffe und Luftfahrzeuge nicht zum Staatsgebiet gehören[507]. Zum Inland gehören somit weder Schiffe noch Luftfahrzeuge, die in Deutschland registriert sind. Das Inland umfasst allein das Staatsgebiet, nicht auch diejenigen Gebiete, in denen deutsche Hoheitsgewalt ausgeübt wird. Dasselbe gilt für Militär- und sonstige Staatsschiffe sowie für Militär- und Staatsluftfahrzeuge. Da Botschaften der Bundesrepublik Deutschland in einem fremden Staat ebenso nicht zum deutschen Staatsgebiet gehören, bewirkt die Geburt in einem deutschen Botschaftsgebäude im Ausland auch bei Vorliegen der sonstigen Voraussetzungen des § 4 Absatz 3 StAG nicht den Erwerb der deutschen Staatsangehörigkeit[508].

---

[502] Dahm, Bd. I, S. 617; Verdross/Simma, § 1049; Berber, Bd. I, S. 318; Dahm/Delbrück/Wolfrum, Bd. I/1, S. 383.

[503] Verdross/Simma, § 1049; Dahm, Bd. 1, S. 618; Dahm/Delbrück/Wolfrum, Bd. I/1, S. 383; Berber, Bd. 1, S. 318. Zu den Eigengewässern gehören nicht nur die vom Staatsgebiet umschlossenen Flüsse und Seen, sondern auch die maritimen Eigengewässer, wie Seehäfen, Reeden, Buchten, Binnenmeere und Mündungsgebiete. Verdross, 5. Auflage, S. 272.

[504] Verdross/Simma, § 1049; Dahm/Delbrück/Wolfrum, Völkerrecht, Bd. I/1, S. 383; Dahm, Bd. 1; S. 618. Die inneren Gewässer sind gemäß Artikel 8 des Seerechtsübereinkommens der Vereinten Nationen vom 10.12. 1982 (SRÜ) die landwärts der Basislinie des Küstenmeeres gelegenen Gewässer. Seerechtsübereinkommen der Vereinten Nationen vom 10.12.1982, BGBl. 1994 II, S. 1799 ff. Das Übereinkommen ist für die Bundesrepublik Deutschland in Kraft seit dem 16.11.1994.

[505] Berber, Bd. 1, S. 318; Dahm, Bd. 1, S. 618; Dahm/Delbrück/Wolfrum, Völkerrecht, Bd. I/1, S. 383; Verdross/Simma, § 1049; Renner, in: Hailbronner/Renner, 3. Auflage, § 4 StAG, Rdnr. 70. Siehe dazu auch Artikel 2 SRÜ.

[506] Verdross/Simma, § 1049; Berber, Bd. 1, S. 318; Dahm, Bd. 1, S. 618; Dahm/Delbrück/Wolfrum, Völkerrecht, Bd. I/1, S. 383.

[507] Berber, Bd. I, S. 318; Dahm, Bd. 1, S. 675; a. A. Renner, in: Hailbronner/Renner, 3. Auflage, § 4 StAG, Rdnr. 71.

[508] Ebenso: Renner, in: Hailbronner/Renner, 3. Auflage, § 4 StAG, Rdnr. 70.

Auch die Begründung des Gesetzgebers im Gesetzesentwurfes, lässt nur eine enge Auslegung des Inlandsbegriffes zu[509].

(2) Beide Elternteile als Ausländer
Zudem müssen beide Elternteile Ausländer sein. Das bedeutet, dass der Erwerb *iure soli* nicht möglich ist, wenn ein Elternteil die deutsche Staatsangehörigkeit besitzt. Dies gilt auch für diejenigen Elternteile, die Statusdeutsche im Sinne des § 116 Absatz 1 GG sind. Hier gelten die speziellen Vorschriften des § 40 a StAG sowie des § 7 StAG. Der Erwerb der Staatsangehörigkeit kann sich in dem Fall, dass ein Elternteil deutscher Staatsangehöriger ist, nur nach § 4 Absatz 1 StAG richten. Die Anwendbarkeit des § 4 Absatz 3 StAG ist bei dieser Konstellation ausgeschlossen.

(3) Voraussetzungen an den Aufenthalt der Eltern des Ausländers
Obwohl für die Anwendbarkeit des Geburtslandprinzips vorausgesetzt wird, dass beide Elternteile Ausländer sind, wird in Bezug auf die zeitlichen und aufenthaltsrechtlichen Anforderungen nicht auf beide Elternteile, sondern nur auf einen Elternteil abgestellt. Die deutsche Staatsangehörigkeit kann auch dann erworben werden, wenn nur ein Elternteil die gesetzlich geforderte Aufenthaltsdauer von acht Jahren in der Bundesrepublik Deutschland erfüllt. Der andere Elternteil muss diese zeitliche Voraussetzung nicht erfüllen. Das Kind erwirbt auch dann die Staatsangehörigkeit, wenn der andere Elternteil überhaupt nicht in Deutschland lebt[510]. Nicht erforderlich ist zudem, dass beide Elternteile in ehelicher Lebensgemeinschaft leben[511].
Der rechtmäßige gewöhnliche Aufenthalt muss nach 4.3.1.1. StAR-VwV bei Geburt des Kindes ununterbrochen bestanden haben. Mehrere berechtigte Aufenthalte, die von längeren Auslandsaufenthalten unterbrochen wurden, reichen grundsätzlich nicht aus. Unschädlich sind nur gelegentliche Aufenthalte außerhalb der Bundesrepublik Deutschland, wenn der Aufenthaltszweck seiner Natur nach nur vorübergehend ist[512] und den in § 44 Absatz 1 Nr. 2 AuslG vorgegebenen Rahmen nicht überschreitet[513]. Dafür sollen nach den Verwaltungsvorschriften auch der Maßstab des § 44 Absatz 1 Nr. 3 AuslG und des § 89 Absatz 1 Satz 1 AuslG anzulegen sein, nach denen ein Auslandsaufenthalt von bis zu sechs Monaten unschädlich für die anzurechnende Aufenthaltsdauer im Inland ist[514]. Urlaubsreisen, Besuche bei Verwandten sowie die Regelung von Nach-

509 Vgl. BT-Drucks. 14/533, S. 14.
510 Renner, in: ZAR 1999, S. 154 (157).
511 Siehe dazu auch: Renner, in: ZAR 1999, S. 154 (157).
512 Renner, in: Hailbronner/Renner, 3. Auflage, § 4 StAG, Rdnr. 77.
513 Vgl. 4.3.1.2. StAR-VwV.
514 A. A. Renner, in: Hailbronner/Renner, 3. Auflage, § 4 StAG, Rdnr. 77.

lass- oder Familienangelegenheiten fallen bei der Beurteilung der Aufenthaltsdauer nicht ins Gewicht[515]. Längere Aufenthalte, wie zu Studienzwecken oder einem genehmigten Schulbesuch, sind nur ausnahmsweise unschädlich[516]. Der Aufenthalt in der Bundesrepublik Deutschland muss streng eingehalten werden, da der Gesetzgeber nur von einem Elternteil den achtjährigen Aufenthalt fordert, bildet er doch die Grundlage der Integration in die deutschen Lebensverhältnisse[517].

Ferner muss sich der ausländische Elternteil mit einer Aufenthaltsberechtigung oder seit drei Jahren mit einer unbefristeten Aufenthaltserlaubnis in der Bundesrepublik Deutschland aufhalten. Unter einem rechtmäßigen Aufenthalt sind nach den Verwaltungsvorschriften die Zeiten zu verstehen, in denen der Ausländer eine Aufenthaltserlaubnis (Nr. a.) oder eine Aufenthaltberechtigung (Nr. b.), eine Aufenthaltsbewilligung (Nr. c.), eine Aufenthaltsbefugnis (Nr. d.) nach dem Ausländergesetz, eine EG-Aufenthaltserlaubnis (Nr. e.) oder eine Aufenthaltsgestattung nach § 55 AsylVerfG (Nr. f.) besessen hat. Diesen gleichgestellt sind diejenigen Personen, die von dem Erfordernis einer Aufenthaltsgenehmigung befreit oder vormals deutsche Staatsangehörige oder Statusdeutsche waren (Nr. g.) oder wenn dem Ausländer der Aufenthalt als heimatloser Ausländer im Inland kraft Gesetzes erlaubt war, eine Erlaubnisfiktion nach § 69 Absatz 3 AuslG oder § 68 Absatz 1 Satz 2 AsylVerfG bestand oder der Betroffene über ein Aufenthaltsrecht nach dem Recht der früheren DDR verfügt hatte. Unter die Zeiten eines rechtmäßigen Aufenthaltes im Inland sind nicht die Zeiten zu fassen, in denen der Ausländer nur geduldet war.

Ausgenommen vom Staatsangehörigkeitserwerb nach § 4 Absatz 3 StAG werden diejenigen Ausländer, deren Staatsangehörigkeitserwerb nach *ius soli* aufgrund völkerrechtlicher Vorschriften ausgeschlossen ist. Eine solche Ausnahme wird bei den Kindern von Diplomaten gesehen[518]. Dies gilt auch, wenn sie nicht auf dem Botschaftsgelände geboren werden. Hierbei ist aber zu beachten, dass ein Erwerb der Staatsangehörigkeit bei diesem Personenkreis nur ausgeschlossen ist, wenn eine völkerrechtliche Grundlage für einen solchen Ausschluss besteht. Solche Ausnahmen enthalten das Wiener Übereinkommen über diplomatische Beziehungen vom 18. April 1961[519], das Wiener Übereinkommen über

---

515 Vgl. dazu auch die beispielhafte Aufzählung in 4.3.1.2. StAR-VwV.

516 Vgl. hierzu 4.3.1.2. StAR-VwV, der auf eine entsprechende Anwendung der ausländerrechtlichen Vorschriften verweist.

517 Zustimmend: Renner, in: Hailbronner/Renner, 3. Auflage, § 4 StAG, Rdnr. 78.

518 BT-Drucks. 14/533, S. 14.

519 Wiener Übereinkommen über diplomatische Beziehungen vom 18.04.1961, BGBl. 1964 II, S. 958 ff.

Konsularische Beziehungen[520] sowie deren Fakultativprotokolle über den Erwerb der Staatsangehörigkeit[521]. So regelt Artikel II des Fakultativprotokolls zum Wiener Übereinkommen über diplomatische Beziehungen über den Erwerb der Staatsangehörigkeit: *„Mitglieder der Mission, die nicht Angehörige des Empfangsstaates sind, sowie die zu ihrem Haushalt gehörenden Familienmitglieder erwerben nicht lediglich kraft der Rechtsvorschriften der Empfangsstaaten dessen Staatsangehörigkeit"*[522]. Ansonsten unterliegen Ausländer aufgrund des vorrangigen Territorialitätsprinzips dem Staatsangehörigkeitsrecht der Bundesrepublik Deutschland. Hinsichtlich der Botschaftsangehörigen reicht nach 4.3.1.1. StAR-VwV die Befreiung vom Erfordernis der Aufenthaltsgenehmigung ohnehin nicht für den Erwerb der deutschen Staatsangehörigkeit.

(4) Erweiterung des § 4 Absatz 3 StAG durch § 40 b StAG

Die Regelung des § 40 b StAG stellt eine Erweiterung des Erwerbs nach § 4 Absatz 3 StAG dar. Er sieht für Personen, die bei der Einführung des *ius soli*-Erwerbs nach § 4 Absatz 3 StAG das zehnte Lebensjahr noch nicht vollendet haben, unter Umständen den Erwerb der deutschen Staatsangehörigkeit vor. § 40 b StAG ist kein Tatbestand des originären Erwerbs, da der Erwerb der deutschen Staatsangehörigkeit für den betroffenen Personenkreis nur nachträglich und zudem nur auf Antrag möglich ist[523]. Da er jedoch eine Ausnahme von § 4 Absatz 3 StAG darstellt, soll er auch in diesem Zusammenhang näher erörtert werden.

(a.) Persönlicher Anwendungsbereich des § 40 b StAG

Der persönliche Anwendungsbereich des § 40 b StAG erstreckt sich auf ausländische Personen, die zwischen dem 2. Januar 1990 und dem 31. Dezember 2000 geboren worden sind[524]. Ältere Kinder müssen auf die allgemeinen Bestimmun-

---

[520] Wiener Übereinkommen über konsularische Beziehungen vom 24.04.1963, BGBl. 1969 II, S. 1587 ff.

[521] Fakultativ-Protokoll über den Erwerb der Staatsangehörigkeit vom 18.04.1961 zum Wiener Übereinkommen über diplomatische Beziehungen, BGBl. 1964 II, S. 1006 ff.; Fakultativ-Protokoll über den Erwerb der Staatsangehörigkeit vom 24.04.1963 zum Wiener Übereinkommen über konsularische Beziehungen, BGB. 1969 II, S. 1674 ff.

[522] Fakultativ-Protokoll über den Erwerb der Staatsangehörigkeit vom 18.04.1961 zum Wiener Übereinkommen über diplomatische Beziehungen, BGBl. 1964 II, S. 1007. Im Wortlaut identisch Art. II des Fakultativ-Protokoll über den Erwerb der Staatsangehörigkeit vom 24.04.1963 zum Wiener Übereinkommen über konsularische Beziehungen, BGBl. 1969 II, S. 1675.

[523] BT-Drucks. 14/533, S. 16.

[524] Vgl. dazu auch 40 b StAR-VwV. Am 01.01.1990 geborene Kinder haben das zehnte Lebensjahr am 01.01.2000 bereits vollendet und fallen somit aus dem Anwendungsbereich des § 40 b StAG heraus.

gen über die Einbürgerung verwiesen werden[525]. Zudem müssen diese Kinder personell die Anforderungen des § 4 Absatz 3 Satz 1 StAG erfüllen[526]. Das bedeutet, dass die Kinder zum Zeitpunkt ihrer Geburt von Eltern abstammen, die nicht die deutsche Staatsangehörigkeit besitzen. Die Abstammung von nur einem ausländischen Elternteil reicht hingegen noch nicht aus, wohl aber, dass ein Elternteil oder sogar beide nach diesem Zeitpunkt Deutsche geworden sind, da nur auf die Staatsangehörigkeit der Eltern zum Zeitpunkt der Geburt abgestellt wird[527]. Zum Zeitpunkt der Geburt muss mindestens einer der beiden Elternteile seit acht Jahren rechtmäßig seinen gewöhnlichen Aufenthalt im Inland gehabt haben sowie eine Aufenthaltsberechtigung oder eine Aufenthaltserlaubnis nach § 4 Absatz 3 Nr. 2 StAG besessen haben. Dass sich ein Elternteil nach der Geburt des Kindes acht Jahre im Inland aufgehalten hat, ist nicht ausreichend. Hinsichtlich der einzelnen Voraussetzungen des § 4 Absatz 3 Satz 1 StAG im Rahmen von § 40 b StAG ist auf die Ausführungen zu § 4 Absatz 3 StAG sowie den zugehörigen Verwaltungsvorschriften zu verweisen.

(b.) Antragstellung
Für die Einbürgerung nach der Übergangsregelung des § 40 b StAG ist ein entsprechender Antrag zu stellen, sie erfolgt nicht von Amts wegen[528]. Die Antragsfrist war gemäß § 40 b Satz 2 StAG auf den 31. Dezember 2000 befristet. Es wird aber eine Verlängerung der Antragsfrist über diesen Zeitpunkt hinaus bis zum Ende des Jahres 2002 diskutiert[529]. Eine dementsprechende Gesetzesänderung ist bis Mitte 2001 jedoch noch nicht erfolgt.

(c.) Ergebnis
§ 40 b StAG stellt eine Übergangsregelung für diejenigen Kinder dar, die in dem Zeitraum zwischen dem 2. Januar 1990 und dem 31. Dezember 1999 in Deutschland geboren worden sind, jedoch nicht von der Regelung in § 4 Absatz 3 StAG profitieren. Die Regelung stellt keinen Fall eines originären Erwerbs dar, auch wenn sie Elemente des originären Erwerbs enthält, wie das Abstellen

---

525 Huber/Butzke, NJW 1999, S. 2769 (2770).

526 Hailbronner, NVwZ 1999, S. 1273 (1274); Göbel-Zimmermann/Masuch, DÖV 2000, S. 95 (96); Renner, NJ 2000, S. 15 (16); Renner, in: Goldberg/Şen, S. 77 (89 f.).

527 Vgl. 40 b StAR-VwV.

528 Vgl. zu § 40 b StAG auch Göbel-Zimmermann/Masuch, DÖV 2000, S. 95 (96); Renner, NJ 2000, S. 15 (16).

529 So der Appell der Abgeordneten der Bundestagsfraktionen, die in der „Kinderkommission" versammelt sind, da nur ein geringer Teil des unter § 40 b StAG fallenden Personenkreises tatsächlich von dieser Möglichkeit Gebrauch gemacht hätten. Als Gründe führte die Vorsitzende der „Kinderkommission", Deligöz (BÜNDNIS 90/DIE GRÜNEN) die Sorge vor kulturellen Konflikten in der Familie und die Höhe der Einbürgerungsgebühren an. Vgl. dazu FAZ vom 02.12.2000; siehe auch FAZ vom 23.01.2001, S. 1.

auf die Geburt in Deutschland. Da der Erwerb antragsbedingt ist, kann es sich nur um einen derivativen Erwerb der deutschen Staatsangehörigkeit handeln[530]. Daran ändert nichts, dass bei dem Erwerb nach § 40 b StAG auf den Zeitpunkt der Geburt abgestellt wird. Die Wirkung ist nicht mit der des § 4 Absatz 2 StAG zu vergleichen, die rückwirkend ihre Wirkung entfaltet[531], da der Erwerb der Staatsangehörigkeit trotz der Bezugnahme auf den Geburtszeitpunkt bei dem Erwerb nach § 40 b StAG lediglich *ex nunc* wirkt.

bb. Entstehung mehrfacher Staatsangehörigkeit nach § 4 Absatz 3 StAG und § 40 b StAG

(1) Entstehung mehrfacher Staatsangehörigkeit nach § 4 Absatz 3 StAG

Die mehrfache Staatsangehörigkeit erwirbt ein Kind nach § 4 Absatz 3 StAG dann, wenn das Staatsangehörigkeitsrecht der Eltern des Kindes den Erwerb der Staatsangehörigkeit nach dem *ius sanguinis*-Prinzip vermittelt und die zeitlichen sowie aufenthaltsrechtlichen Voraussetzungen des § 4 Absatz 3 StAG erfüllt sind, da sich in diesem Falle das in Deutschland nach § 4 Absatz 3 geltende *ius soli*-Prinzip und das im Heimatstaat der Eltern geltende *ius sanguinis*-Prinzip überschneiden. Lediglich wenn beide Staaten die Anwendung des *ius soli*-Prinzips vorsehen, entsteht nach dieser Regelung Einstaatigkeit, das heißt das Kind erwirbt nur die deutsche Staatsangehörigkeit. Die mehrfache Staatsangehörigkeit nach § 4 Absatz 3 StAG unterliegt dem Vorbehalt des § 29 StAG.

(2) Entstehung mehrfacher Staatsangehörigkeit nach § 40 b StAG

Nach der Regelung in § 40 b StAG ist die Anspruchseinbürgerung nicht davon abhängig, dass der Einbürgerungsbewerber die bisherige Staatsangehörigkeit aufgibt. Somit erhält das ausländische Kind mit dem Erwerb der deutschen Staatsangehörigkeit diese neben der bisherigen Staatsangehörigkeit. Die mehrfache Staatsangehörigkeit des § 40 b StAG steht ebenso wie die Regelung in § 4 Absatz 3 StAG unter dem Vorbehalt des § 29 StAG.

c. Abkehr vom Abstammungsprinzip

Zunächst wäre zu erörtern, ob die Regelung des § 4 Absatz 3 StAG nicht grundsätzlich eine Abkehr vom Abstammungsprinzip und die Einführung des Geburtslandprinzips darstellt. In der Begründung zu § 4 StAG sieht der Gesetzgeber aber nicht ausdrücklich die Abkehr vom Abstammungsprinzip vor. Vielmehr

---

[530] Siehe hierzu auch die Ausführungen zu § 40 b im Rahmen der Optionsregelung des § 29 StAG, der die Fälle des § 40 b StAG eindeutig von dem *ius soli*-Erwerb unterscheidet. BT-Drucks. 14/533, S. 15 f.

[531] Zu dem Erwerb der Staatsangehörigkeit nach § 4 Absatz 2 StAG siehe unten.

soll dieses neben dem Geburtsortprinzip fortan weitergelten[532] und durch dieses ergänzt werden[533]. In welchem Verhältnis beide Prinzipien nebeneinander stehen sollen, wird gesetzlich nicht geregelt. Es bleibt zunächst offen, ob der Grundsatz des Erwerbs der Staatsangehörigkeit nach Abstammung weiterhin Grundlage des Staatsangehörigkeitsrechts der Bundesrepublik Deutschland sein soll. Davon ist aber aufgrund der Systematik der gesetzlichen Regelung auszugehen, da § 4 Absatz 1 StAG weiterhin als Grundtatbestand des originären Staatsangehörigkeitserwerbs zu verstehen ist, dessen Ausnahmen die Absätze 2 f. darstellen. Von einer Abkehr vom Abstammungsprinzip kann daher nicht ausgegangen werden.

d. Die Vermeidung von Mehrstaatigkeit nach § 29 StAG durch Option

§ 29 StAG regelt die Option der Staatsangehörigkeit in den Fällen des Erwerbs nach § 4 Absatz 3 StAG und § 40 b StAG. Die Regelung ist zusammen mit § 4 Absatz 3 und § 40 b StAG durch das Staatsangehörigkeitsreformgesetz in das Staatsangehörigkeitsgesetz eingefügt worden. § 29 StAG regelt diejenigen Fälle, in denen Mehrstaatigkeit entstanden und bis zum Erreichen der Volljährigkeit nicht aufgegeben worden ist. Verwaltungsvorschriften nach § 39 StAG für die Durchführung der Bestimmungen des § 29 StAG sind bislang noch nicht erlassen worden.

aa. Persönlicher Anwendungsbereich

Der persönliche Anwendungsbereich erstreckt sich nur auf mehrfache Staatsangehörige, welche die deutsche Staatsangehörigkeit nach Maßgabe des § 4 Absatz 3 oder durch § 40 b StAG erworben haben[534], ist also auf die Personen beschränkt, welche die deutsche Staatsangehörigkeit nach dem *ius soli*-Prinzip erworben haben[535]. Auf Personen, die neben der deutschen Staatsangehörigkeit noch eine andere Staatsangehörigkeit auf einem anderen Wege erworben haben, beispielsweise durch Geburt seitens deutscher Eltern in einem *ius soli*-Staat oder aufgrund gemischt nationaler Ehen, ist § 29 StAG nicht anwendbar[536].

bb. Sachlicher Anwendungsbereich

Sachlich regelt § 29 StAG die Option der Staatsangehörigkeit[537]. Das bedeutet, der in § 29 StAG unterworfene Personenkreis hat sich in dem Zeitraum zwi-

---

532 BT-Drucks. 14/533, S. 14.

533 BT-Drucks. 14/533, S. 11; so auch Renner, in: Hailbronner/Renner, 3. Auflage, § 4 StAG, Rdnr. 5.

534 Renner, NJ 2000, S. 15 (17).

535 BT-Drucks. 14/533, S. 15 f.

536 Zu der Vereinbarkeit dieser Ungleichbehandlung mit Art. 3 Abs. 1 GG, siehe unten.

537 BT-Drucks. 14/533, S. 16.

schen Volljährigkeit und der Vollendung des 23. Lebensjahres zwischen der deutschen und der ausländischen Staatsangehörigkeit zu entscheiden. Optiert der Betroffene Mehrstaater während dieses Zeitraumes nicht, so geht die deutsche Staatsangehörigkeit gemäß § 29 Absatz 2 Satz 2 StAG automatisch mit Vollendung des 23. Lebensjahres verloren. Die Optionsregelung ist im deutschen Staatsangehörigkeitsrecht ein Novum. Die Optionsregelung ist ein völkerrechtliches Institut, welches vor allem aus dem Bereich der Staatensukzession stammt und völkerrechtlich zulässig ist.

(1) Voraussetzungen der Option gemäß § 29 Absatz 1 StAG

Die Option der Staatsangehörigkeit richtet sich nach § 29 Absatz 1 StAG. Danach hat der Betroffene nach der Vollendung der Volljährigkeit und nach Hinweis der zuständigen Behörde zu erklären, ob er die deutsche oder die ausländische Staatsangehörigkeit behalten will. Er muss sich also für eine der beiden Staatsangehörigkeiten entscheiden. Die Erklärung bedarf gemäß § 29 Absatz 1 Satz 2 StAG der Schriftform. Der Betroffene muss die Erklärung nicht eigenständig abgeben, vielmehr geht ihr gemäß § 29 Absatz 1 Satz 1 StAG ein Hinweis der zuständigen Behörde an den Erklärenden voraus, der sich nach den in § 29 Absatz 5 StAG aufgestellten Kriterien richtet. Der Betroffene muss gemäß § 29 Absatz 5 StAG umfassend über seine Verpflichtung und die damit verbundenen Rechtsfolgen informiert werden.

(2) Regelung des § 29 Absatz 2 StAG

§ 29 Absatz 2 StAG regelt den Verlust der deutschen Staatsangehörigkeit bei der Option des mehrfachen Staatsangehörigen. Es bestehen zwei Möglichkeiten des Verlustes.

Zum einen kann die deutsche Staatsangehörigkeit durch Option für die ausländische Staatsangehörigkeit verloren gehen. In diesem Fall tritt der Verlust sofort mit Zugang bei der zuständigen Behörde, also bereits mit dem Wirksamwerden der Erklärung, ein. Es bedarf keines besonderen hoheitlichen Aktes mehr. Dieser Vorgang entspricht der Natur der Option, die nur vom freien Willensentschluss des Optanten abhängig ist und nicht von weiteren staatlichen Akten.

Ferner kann die deutsche Staatsangehörigkeit gemäß § 29 Absatz 2 Satz 2 StAG verloren gehen. Dies trifft den Fall, dass der Betroffene trotz des erfolgten Hinweises der zuständigen Behörde bis zum 23. Lebensjahr keine Erklärung darüber abgegeben hat, ob er die deutsche oder die ausländische Staatsangehörigkeit behalten will. Hier handelt es sich nicht um einen Verlust der deutschen Staatsangehörigkeit aufgrund einer positiven Handlung des Betroffenen, sondern einen kraft Gesetzes vorgesehenen Verlustgrund, den der Erklärungspflichtige allerdings in den Händen hält[538]. Der Verlust der deutschen Staatsangehörigkeit tritt allein durch Zeitablauf, nämlich durch das Erreichen der gesetzlichen Altersgrenze von 23 Jahren ein[539]. Zur Beibehaltung der deutschen Staatsangehörigkeit ist somit ein positives Willensbekenntnis erforderlich[540].

(3) Regelung des § 29 Absatz 3 StAG

§ 29 Absatz 3 StAG regelt den Fall, dass sich der Optant für die deutsche Staatsangehörigkeit entscheidet. Dabei besteht auch die Möglichkeit, dass der Betroffene ausnahmsweise die andere Staatsangehörigkeit beibehalten kann.

(a.) Option für die deutsche Staatsangehörigkeit

Auch nach § 29 Absatz 3 StAG muss sich der nach § 29 Absatz 1 StAG Erklärungspflichtige bis zur Vollendung seines 23. Lebensjahres für die Beibehaltung der deutschen Staatsangehörigkeit entschieden haben. Streng genommen ist er somit nicht zur Option für die deutsche Staatsangehörigkeit verpflichtet, sondern für eine Option gegen die andere Staatsangehörigkeit. Nur wenn er dies nachweist, kann der Betroffene die deutsche Staatsangehörigkeit behalten[541]. Eine gesetzliche Vermutung der Beibehaltung der deutschen Staatsangehörigkeit scheidet somit generell aus[542].

(b.) Ausnahme von der Nachweisverpflichtung über die Aufgabe der ausländischen Staatsangehörigkeit

Für den Mehrstaater besteht die Möglichkeit, von der Verpflichtung des Nachweises der Aufgabe oder des Verlustes der ausländischen Staatsangehörigkeit entbunden zu werden. Dafür muss der nach § 29 Absatz 1 StAG zur Erklärung Verpflichtete eine sogenannte Beibehaltungsgenehmigung für die deutsche Staatsangehörigkeit erhalten haben. Die Beibehaltungsgenehmigung muss von dem Betroffenen vor Ablauf der nach § 29 Absatz 3 Satz 3 StAG bestimmten Frist, also dem 21. Lebensjahr, beantragt werden. Später gestellte Anträge, auch wenn sie noch in dem Zeitraum der nach § 29 Absatz 2 StAG verlangten Nachweisfrist gestellt werden, werden nicht mehr berücksichtigt (Ausschlussfrist). Nach dem Verstreichenlassen des 21. Lebensjahres ohne Antragstellung ist eine Beibehaltung beider Staatsangehörigkeiten auch dann nicht mehr möglich, wenn nachträglich eintretende Gründe eine Beibehaltung der deutschen Staatsangehörigkeit rechtfertigen würden.

---

538 Siehe dazu näher unten die Ausführungen zu Artikel 16 Absatz 1 GG.
539 BT-Drucks. 14/533, S. 16.
540 Weber, DVBl. 2000, S. 369 (370).
541 Siehe auch die Begründung in dem Gesetzesentwurf, BT-Drucks. 14/533, S. 16.
542 Weber, DVBl. 2000, S. 369 (370).

Der Betroffene kann sich nur noch für die deutsche Staatsangehörigkeit entscheiden, indem er den Nachweis der Aufgabe oder des Verlustes der anderen Staatsangehörigkeit führt, oder er kann für die ausländische Staatsangehörigkeit optieren, indem er sich entweder durch positives Verhalten für deren Beibehaltung entscheidet oder durch Verstreichenlassen der Nachweispflicht aus der deutschen Staatsangehörigkeit mit Vollendung des 23. Lebensjahres ausscheidet. Beide Staatsangehörigkeiten kann er nicht behalten.
Der Antrag der Beibehaltungsgenehmigung bedarf bislang noch keiner besonderen Form, da dies im Gesetz nicht vorgeschrieben ist und sich ein besonderes Formerfordernis auch nicht aus Verwaltungsvorschriften zu § 29 StAG ergibt. Die Genehmigung der zuständigen Behörde auf Beibehaltung der deutschen Staatsangehörigkeit neben der ausländischen bedarf nach § 29 Absatz 3 Satz 2 StAG allerdings der Schriftform.
Die ablehnende Entscheidung des Antrags führt nach Bestandskraft zum Verlust der deutschen Staatsangehörigkeit[543]. Bestandskraft tritt ein, wenn die Widerspruchsfrist verstrichen ist oder bei der Einlegung von Rechtsmitteln diese endgültig abgelehnt worden sind und keine weiteren Rechtsmittel mehr möglich sind. Überschreitet dieses Verfahren das 23. Lebensjahr des Betroffenen, so führt dies nicht automatisch zum Verlust der deutschen Staatsangehörigkeit[544].

(4) Regelung nach § 29 Absatz 4 StAG
Ob die Genehmigung erteilt wird, richtet sich nach § 29 Absatz 4 StAG. Die Regelung ist aufgrund ihres Wortlautes als gebundene Entscheidung zu verstehen. Wenn die einzelnen Tatbestandsvoraussetzungen vorliegen, darf eine Ermessensausübung der zuständigen Behörde nicht stattfinden. Die Beibehaltung ist unter vier verschiedenen Voraussetzungen vorgesehen. Die ersten beiden Voraussetzungen betreffen die Fälle, in denen die Aufgabe oder der Verlust der bisherigen ausländischen Staatsangehörigkeit nicht möglich ist oder dies für den Betroffenen nicht zumutbar ist. Ferner ist die Hinnahme der Mehrstaatigkeit dann im Rahmen des § 29 StAG möglich, wenn – handelte es sich um einen Fall der Einbürgerung – nach Maßgabe des § 87 AuslG Mehrstaatigkeit hinzunehmen wäre oder hingenommen werden müsste.
Die Vorschrift ist redaktionell missglückt, da nicht ersichtlich ist, was der Gesetzgeber damit meint, die Beibehaltungsgenehmigung sei zu erteilen, wenn bei einer Einbürgerung nach § 87 AuslG Mehrstaatigkeit „hingenommen werden könnte“. Grund der Unklarheit ist eine Klarstellung durch den Gesetzgeber, dass die Hinnahme der Mehrstaatigkeit in § 29 Absatz 4 StAG im Gegensatz zu eini-

543 Weber, DVBl. 2000, S. 369 (371).
544 Kritisch in Bezug auf die verfassungsrechtliche Vereinbarkeit des Verlusts der deutschen Staatsangehörigkeit durch „Nichtstun“: Hefty, FAZ vom 17.03.1999, S. 16.

gen Fällen des § 87 AuslG nicht von dem Ermessen der Behörde abhängig sei[545]. Die Voraussetzungen des § 87 AuslG müssen somit vorliegen, die Hinnahme der bisherigen Staatsangehörigkeit ist dann möglich, wenn ein Fall des § 87 AuslG vorliegt, so sieht es auch die Begründung zum Gesetzesentwurf vor[546]. Das bedeutet, liegen die tatbestandlichen Voraussetzungen des § 87 AuslG vor, ist eine Beibehaltungsgenehmigung nach § 29 Absatz 4 AuslG selbst dann zu erteilen, wenn der zuständigen Behörde auf der Rechtsfolgenseite des Tatbestandes nach § 87 AuslG keine obligatorische Entscheidung, sondern lediglich eine Ermessensentscheidung obliegt[547].
Welche weiteren Fälle noch zur Hinnahme der Mehrstaatigkeit führen sollen, wenn der Verlust oder die Aufgabe nicht möglich oder nicht zumutbar sind, ist allerdings unklar. Auch im Gesetzesentwurf wurde hier nicht zu den weiteren Möglichkeiten Stellung genommen[548]. Die Modalität, dass die Aufgabe der Staatsangehörigkeit nicht möglich ist, entspricht wohl der rechtlichen sowie faktischen Unmöglichkeit des Ausscheidens aus der anderen Staatsangehörigkeit. Diese Tatbestände sind aber abschließend durch § 87 AuslG geregelt worden. Somit sind diese Ausnahmetatbestände so auszulegen, dass die Behörde im Rahmen von § 29 StAG die Beibehaltungsgenehmigung im Einzelfall selbst dann erteilen kann, wenn nicht alle Voraussetzungen vorliegen, die im Rahmen von § 87 AuslG die Aufgabe der anderen Staatsangehörigkeit unmöglich oder unzumutbar machen. Da die Erteilung der Beibehaltungsgenehmigung weiterhin unter dem Vorbehalt der Vermeidung der Ausweitung von Fällen der Mehrstaatigkeit stehen soll[549], ist in solchen Fällen von einer restriktiven Verfahrensweise auszugehen.
Für die Erteilung der Beibehaltungsgenehmigung ergibt sich somit folgendes: Die Beibehaltungsgenehmigung nach § 29 Absatz 3 StAG ist unter der Berücksichtigung der erforderlichen formellen Kriterien nach § 29 Absatz 4 StAG nur dann zu erteilen, wenn ein Fall des § 87 AuslG vorliegt. Diese Fälle sind zuerst durch die zuständige Behörde zu prüfen. Für diese Beurteilung gelten ausschließlich die für § 87 AuslG aufgestellten Maßstäbe[550]. Führen die Voraussetzungen des § 87 AuslG zu der Ausübung des Ermessens seitens der Behörde, ist

545 Der Zusatz „hingenommen werden könnte“ soll sich auf die Fälle beziehen, in denen der ausländische Staat die Entlassung aus seiner Staatsangehörigkeit von der Leistung des Wehrdienstes abhängig macht. Nach § 87 Abs. 3 AuslG liegt dies im Ermessen der zuständigen Behörde. Die Ermessensentscheidung soll bei § 29 StAG nicht gelten. Vgl. BT-Drucks. 14/867, S. 21.
546 BT-Drucks. 14/533, S. 16.
547 Ebenso: Hailbronner, in: Hailbronner/Renner, 3. Auflage, § 29 StAG, Rdnr. 36.
548 BT-Drucks. 14/533, S. 16.
549 BT-Drucks. 14/533, S. 16.
550 Siehe hierzu unten.

dies für die Beurteilung des § 29 Absatz 3 StAG irrelevant. Die Beibehaltungsgenehmigung muss erteilt werden. Liegt kein Fall des § 87 AuslG vor, da es teilweise an tatbestandlichen Voraussetzungen mangelt, so ist seitens der zuständigen Behörde zu überprüfen, ob ein sonstiger Grund vorliegt, der es dem Optanten unzumutbar macht, aus der ausländischen Staatsangehörigkeit auszuscheiden. Dabei ist eine individuelle Abwägung unter Berücksichtigung aller vom Optanten vorgetragenen Kriterien des Einzelfalles vorzunehmen, bei der die Behörde den obligatorischen Grundsatz der Vermeidung der Mehrstaatigkeit beachten muss.

(5) Regelung des § 29 Absatz 5 StAG

Durch die Regelung in § 29 Absatz 5 StAG wird vor allem sichergestellt, dass der Betroffene über seine Optionsverpflichtung aufgeklärt wird und er über die damit verbundenen Rechtsfolgen in Kenntnis gesetzt wird. Damit sollte vermieden werden, dass die deutsche Staatsangehörigkeit nicht aufgrund von Unkenntnis verloren geht[551].

Der Hinweis umfasst die in § 29 Absatz 2 bis 4 StAG geregelten Rechtsfolgen. Über andere Rechtsfolgen, vor allem Rechtfolgen, die aufgrund des Wegfalls der bisherigen Staatsangehörigkeit in dem anderen Heimatstaat eintreten, ist der Erklärungspflichtige nicht zu informieren. Das Abschätzen dieser Folgen obliegt allein dem Mehrstaater. Der Hinweis hat unverzüglich nach Vollendung des 18. Lebensjahres des Optanten zu erfolgen. Der Wegfall der deutschen Staatsangehörigkeit ist abhängig von der vorherigen Hinweispflicht seitens der Behörde. Hierbei besteht allerdings die Gefahr, dass die zuständige Behörde den Betroffenen unter Umständen nicht erreichen kann, da er sich zu diesem Zeitpunkt im Ausland aufhält, er seiner Meldepflicht nicht nachkommt und deshalb für die zuständige Behörde nicht erreichbar ist oder sich bewusst des Zugangs des Hinweises gemäß § 29 Absatz 1 StAG entzieht, um somit der Entscheidung gegen eine Staatsangehörigkeit zu entgehen. Für einen solchen Fall hat der Gesetzgeber auf die Anwendbarkeit der Vorschriften des Verwaltungszustellungsgesetzes in § 29 Absatz 5 Satz 4 StAG verwiesen. Hiernach ist eine öffentliche Zustellung an den Optanten nach § 15 VwZG möglich, so dass die zuständige Behörde ihrer Hinweisverpflichtung nachkommen kann und dementsprechend auch die Rechtsfolge des § 29 Absatz 2 Satz 2 StAG eintritt.

[551] BT-Drucks. 14/533, S. 16.

e. Hinnahme der Mehrstaatigkeit im Rahmen von § 29 StAG

aa. § 87 Absatz 1 AuslG als Ausnahme des Grundsatzes der Einbürgerung unter Vermeidung von Mehrstaatigkeit

§ 87 Absatz 1 sieht einen Katalog von Tatbeständen vor, unter denen die Einbürgerung eines Ausländers auch unter Hinnahme von Mehrstaatigkeit vorgenommen werden kann. Wie bereits eingehend erörtert, fallen darunter diejenigen Tatbestände, die in der Sphäre des Heimatstaates begründet sind und die der betroffene Einbürgerungsbewerber nicht beeinflussen kann. Eine Einbürgerung unter Hinnahme der Mehrstaatigkeit ist gemäß § 87 Absatz 1 Satz 1 AuslG grundsätzlich dann möglich, wenn der Einbürgerungsbewerber/Ausländer seine bisherige Staatsangehörigkeit nicht oder nur unter besonders schwierigen Bedingungen aufgeben kann. Der Gesetzgeber nimmt solche Bedingungen gemäß § 87 Absatz 1 Satz 2 Nr. 1 bis 6 AuslG dann an, wenn das Recht des ausländischen Staates das Ausscheiden aus dessen Staatsangehörigkeit nicht vorsieht (§ 87 Absatz 1 Satz 2 Nr. 1 AuslG), der Heimatstaat die Entlassung regelmäßig verweigert und der Ausländer der zuständigen Behörde einen Entlassungsantrag zur Weiterleitung an seinen Heimatstaat übergeben hat (§ 87 Absatz 1 Satz 2 Nr. 2 AuslG), der Heimatstaat die Entlassung aus der bisherigen Staatsangehörigkeit aus Gründen versagt hat, die der Ausländer nicht zu vertreten hat, oder von unzumutbaren Bedingungen abhängig macht oder über den vollständigen und formgerechten Entlassungsantrag nicht in angemessener Zeit entschieden hat (§ 87 Absatz 1 Satz 2 Nr. 3 AuslG), der Einbürgerung älterer Personen ausschließlich das Hindernis eintretender Mehrstaatigkeit entgegensteht, die Entlassung auf unverhältnismäßige Schwierigkeiten stößt und die Versagung der Einbürgerung eine besondere Härte darstellen würde (§ 87 Absatz 1 Satz 2 Nr. 4 AuslG), dem Ausländer bei Aufgabe der ausländischen Staatsangehörigkeit erhebliche Nachteile insbesondere wirtschaftlicher oder vermögensrechtlicher Art entstehen würden, die über den Verlust der staatsbürgerlichen Rechte hinausgehen (§ 87 Absatz 1 Satz 2 Nr. 5 AuslG), oder der Ausländer politisch Verfolgter im Sinne von § 51 AuslG ist oder wie ein Flüchtling nach dem Gesetz über Maßnahmen für im Rahmen humanitärer Hilfsaktionen aufgenommene Flüchtlinge behandelt wird (§ 87 Absatz 1 Satz 2 Nr. 6 AuslG).

Neben der Änderung des § 87 Absatz 1 Satz 2 Nr. 1 bis 4 AuslG a. F. sind dem § 87 Absatz 1 Satz 2 zwei neue Gruppen hinzugefügt worden, bei denen eine Einbürgerung trotz Entstehung von Mehrstaatigkeit möglich ist. Es handelt sich dabei um § 87 Absatz 1 Satz 2 Nr. 4 AuslG n. F. sowie § 87 Absatz 1 Satz 2 Nr. 5 AuslG n. F.

Im Folgenden sollen die Reichweite der Vorschrift des § 87 Absatz 1 Satz 2 Nr. 1 bis 6 AuslG, sowie die einzelnen Änderungen als auch Neueinfügungen des § 87 Absatz 1 AuslG untersucht werden.

(1) Die rechtliche Bedeutung der Tatbestandsvoraussetzungen des § 87 Absatz 1 Satz 2 Nr. 1 bis 6 AuslG

(a.) Enumerative Aufzählung des Katalogs in § 87 Absatz 1 Satz 2 AuslG

§ 87 Absatz 1 Satz 1 AuslG sieht seinem Wortlaut nach die Möglichkeit der Einbürgerung unter der Beibehaltung der bisherigen Staatsangehörigkeit des Ausländers vor, wenn dieser sie nicht oder nur unter besonders schwierigen Umständen aufgeben kann. Gemäß § 87 AuslG Absatz 1 Satz 2 AuslG soll dies unter den in Nr. 1 bis 6 genannten Gruppen „anzunehmen" sein. Diesbezüglich ist zunächst fraglich, ob der in § 87 Absatz 1 Nr. 1 bis 6 AuslG genannte Katalog abschließend ist oder ob es sich dabei nur um eine beispielhafte Aufzählung von Fallgruppen handelt, nach denen prinzipiell die Beibehaltung der bisherigen Staatsangehörigkeit bei der Einbürgerung erlaubt wird.

Für eine beispielhafte Aufzählung der in § 87 Absatz 1 Satz 2 Nr. 1 bis 6 AuslG aufgeführten Voraussetzungen könnte die Erweiterung des Kataloges durch die Gesetzesänderung vom 1. Januar 2000 und die damit einhergehende Begründung des Gesetzesentwurfes sprechen. Hierin wird nämlich nicht erwähnt, dass es sich um eine abschließende Regelung der Fälle handelt[552]. Dies würde im Gegensatz zu § 87 Absatz 1 Satz 1 Nr. 1 bis 4 AuslG a. F., welcher eine enumerative Aufzählung derjenigen Tatbestände enthielt, nach denen Einbürgerungen unter Hinnahme der Mehrstaatigkeit möglich waren[553], bedeuten, dass durch die Änderung des § 87 Absatz 1 AuslG dieser Katalog nicht mehr abschließend sei und die zuständige Behörde im konkreten Einzelfall dazu berechtigt sein könnte, auch neben den genannten Fallgruppen die Staatsangehörigkeit unter der Hinnahme der bisherigen Staatsangehörigkeit zu erteilen.

Eine solche Auslegung der Erweiterung des Katalogs erscheint aber nicht gerechtfertigt, da der Gesetzgeber bei den Beratungen zu § 87 Absatz 1 Satz 2 AuslG von den Schwierigkeiten hinsichtlich der Enumeration gewusst hat. Sowohl Rechtsprechung als auch Literatur hatten sich bereits eingehend mit diesem Problem beschäftigt[554].

Es ist aber davon auszugehen, dass der Gesetzgeber lediglich eine Erweiterung des Ausnahmenkatalogs vorgenommen hat, nach dem eine Einbürgerung auch unter Hinnahme von Mehrstaatigkeit vorgenommen werden kann.

Unabhängig vom Rang könnten die „Allgemeinen Verwaltungsvorschriften" für die Intention des Gesetzgebers sprechen, neben den in § 87 Absatz 1 Satz 2 Nr. 1 bis 6 AuslG genannten Voraussetzungen noch andere Möglichkeiten der Einbürgerung unter Beibehaltung der bisherigen Staatsangehörigkeit zuzulassen.

---

552 Vgl. BT-Drucks. 14/533, S. 19.

553 Renner, § 87 AuslG, Rdnr. 2.

554 Vgl. OVG NW, InfAuslR 1998, S. 186 ff.; Hailbronner, in: Hailbronner/Renner, 2. Auflage, § 87 AuslG, Rdnr. 3.

87.1.1. StAR-VwV spricht in Satz 1 zunächst davon, dass § 87 Absatz 1 Satz 1 AuslG eine allgemeine Regelung für die Hinnahme von Mehrstaatigkeit ausspreche, welche in den in Satz 2 genannten Fällen „näher konkretisiert" werde. Doch in Satz 2 wird ausdrücklich darauf hingewiesen, dass § 87 Absatz 2 Satz 2 AuslG neben den in § 87 Absatz 2 AuslG genannten Fällen „abschließend" diejenigen Fallgruppen aufzählt, in denen eine Einbürgerung nach § 85 AuslG unter Hinnahme von Mehrstaatigkeit vorgenommen werden kann. Somit ist davon auszugehen, dass neben den in § 87 Absatz 1 Satz 2 Nr. 1 bis 6 AuslG genannten Fallgruppen keine weiteren Fälle bestehen, die eine Einbürgerung unter Beibehaltung der bisherigen Staatsangehörigkeit ermöglichen. Der Katalog der Tatbestände des § 87 Absatz 1 StAG 2 Nr. 1 bis 6 AuslG hat somit durch die Änderung des § 87 AuslG seinen enumerativen Charakter nicht verloren[555].

(b.) Erweiterung der Voraussetzungen durch § 87 Absatz 1 Satz 1 AuslG

Es wurde bereits festgestellt, dass der Katalog in § 87 Absatz 1 Satz 2 Nr. 1 bis 6 AuslG abschließend ist. Teilweise wurde allerdings vertreten, dass die Regelung in § 87 Absatz 1 Satz 1 AuslG weitere Ausnahmen von der Aufgabe oder dem Verlust der Staatsangehörigkeit bei der Einbürgerung zulasse. Ein solcher Anwendungsspielraum werde neben § 87 Absatz 1 Satz 2 Nr. 1 bis 4 a. F. AuslG durch die allgemeine Bestimmung des § 87 a. F. AuslG eröffnet, die eine Hinnahme der mehrfachen Staatsangehörigkeit auch dann vorsieht, wenn der Ausländer die bisherige Staatsangehörigkeit „nur unter besonders schwierigen Bedingungen" und somit bei besonderen Bedingungen der Unzumutbarkeit aufgeben kann[556]. Einer solchen Ausweitung des Katalogs kann nach der Änderung des § 87 AuslG nicht mehr gefolgt werden, da der enumerative Charakter der Bestimmung – wie oben bereits dargelegt – nicht verloren gegangen ist und dies in den Verwaltungsvorschriften bestätigt wurde[557].

Eine Erweiterung der Ausnahmetatbestände ist nach der Änderung des § 87 AuslG ohnehin nicht mehr zulässig[558].

(2) Die einzelnen Fallgruppen des § 87 Absatz 1 Satz 2 Nr. 1 bis 6 AuslG

Beim Vorliegen der Voraussetzungen des Katalogs des § 87 Absatz 1 Satz 2 Nr. 1 bis 6 AuslG besteht auch weiterhin ein Rechtsanspruch auf Einbürgerung unter Hinnahme der bisherigen Staatsangehörigkeit[559]. Dabei obliegt der zuständi-

---

555 Vgl. auch Hailbronner, in: Hailbronner/Renner, 3. Auflage, § 87 AuslG, Rdnr. 4.

556 Hailbronner, in: Hailbronner/Renner, 3. Auflage, § 87 AuslG, Rdnr. 5.

557 Vgl. 87.1.1 StAR-VwV.

558 So mittlerweile auch Hailbronner, in: Hailbronner/Renner, 3. Auflage, § 87 AuslG, Rdnr. 6.

559 Hailbronner, in: Hailbronner/Renner, 3. Auflage, § 87 AuslG, Rdnr. 3; Hailbronner, § 87 AuslG, Rdnr. 3; Renner, AuslG, § 87, Rdnr. 2.

gen Behörde kein weiterer Ermessensspielraum, wenn die gerichtlich voll überprüfbaren[560] gesetzlichen Voraussetzungen erfüllt sind.

(a.) § 87 Absatz 1 Satz 2 Nr. 1 AuslG (rechtliche Unmöglichkeit des Ausscheidens)

§ 87 Absatz 1 Satz 2 Nr. 1 AuslG sieht die Einbürgerung unter Hinnahme von mehrfacher Staatsangehörigkeit für diejenigen Fälle vor, in denen das Ausscheiden aus der Staatsangehörigkeit eines anderen Staates deshalb nicht möglich ist, weil die staatsangehörigkeitsrechtlichen Vorschriften des Herkunftsstaates die Aufgabe oder den Verlust der bisherigen Staatsangehörigkeit nicht vorsehen[561]. § 87 Absatz 1 Satz 2 Nr. 1 AuslG regelt den Fall der rechtlichen Unmöglichkeit der Aufgabe oder des Verlustes der bisherigen Staatsangehörigkeit. In der Begründung des Gesetzesentwurfs zur Änderung des § 87 AuslG sollten darunter auch diejenigen Fälle fallen, nach denen „der Ausländer aus Altersgründen die ausländische Staatsangehörigkeit (noch) nicht aufgeben kann“[562]. Eine entsprechende Regelung in den „Allgemeinen Verwaltungsvorschriften“ zu § 87 AuslG konnte sich im späteren Verfahren jedoch nicht durchsetzen[563].

(b.) § 87 Absatz 1 Satz Nr. 2 AuslG (faktische Unmöglichkeit des Ausscheidens)

Nach § 87 Absatz 1 Satz 2 Nr. 2 AuslG ist die Einbürgerung unter Hinnahme von Mehrstaatigkeit dann möglich, wenn der Heimatstaat die Entlassung aus der Staatsangehörigkeit „regelmäßig“ verweigert. § 87 Absatz 1 Nr. 2 AuslG betrifft die Fälle der sogenannten faktischen Unmöglichkeit des Ausscheidens aus der bisherigen Staatsangehörigkeit[564].

Der Begriff „regelmäßig“ wird seitens des Gesetzgebers in § 87 Absatz 1 Satz 2 Nr. 2 AuslG nicht näher konkretisiert. Es handelt sich bei der Begrifflichkeit um einen unbestimmten Rechtsbegriff, der allerdings seine Ausgestaltung durch die gemäß § 39 StAG erlassenen „Allgemeinen Verwaltungsvorschriften“ erfährt. Danach kann auf eine regelmäßige Verweigerung der Entlassung aus der bisherigen Staatsangehörigkeit dann erkannt werden, wenn Entlassungen aus dieser Staatsangehörigkeit nie oder fast nie ausgesprochen werden (vgl. 87.1.2.2.

---

[560] Zu § 87 Abs. 1 Satz 2 Nr. 1 bis 4 AuslG a. F., siehe: VGH BW, InfAuslR 1997, 317 ff.

[561] Vgl. dazu auch 87.1.2.1. StAR-VwV.

[562] BT-Drucks. 14/533, S. 19.

[563] Vgl. 87.1.2.1. des Entwurfs zu den StAR-VwV. Hier hieß es in Satz 2: „Dies gilt auch für Einbürgerungsbewerber, die nach dem Recht des Herkunftsstaates eine nicht an die Volljährigkeit anknüpfende besondere Altersgrenze für ein Ausscheiden aus ihrer ausländischen Staatsangehörigkeit noch nicht erreicht haben [...]“.

[564] Vgl. dazu BT-Drucks. 14/533, S. 19.

StAR-VwV)[565]. „Regelmäßig“ bedeutet, wie bereits in der alten Fassung[566], nicht das Vorliegen einer durchgängigen, wohl aber einer überwiegenden Verfahrensweise. Der Entlassungsantrag muss also immer noch im Allgemeinen erfolglos bleiben[567]. Die Beurteilung der Erfolglosigkeit obliegt allein der zuständigen Behörde. Die „Allgemeinen Verwaltungsvorschriften“ enthalten diesbezüglich keine näheren Bestimmungen. Deshalb muss die zuständige Behörde, wenn sie im Rahmen ihrer Untersuchungen zu dem Ergebnis kommt, dass in dem betreffenden Fall ein Ausscheiden des Einbürgerungsbewerbers aus der bisherigen Staatsangehörigkeit möglich ist und dies im Rahmen des Möglichen liegt, eine Einbürgerung unter der Hinnahme der Mehrstaatigkeit verweigern.

(c.) Fallgruppe des § 87 Absatz 1 Satz 2 Nr. 3 AuslG

Nach § 87 Absatz 1 Satz 2 Nr. 3 AuslG kann die Einbürgerung unter Hinnahme der bisherigen Staatsangehörigkeit vorgenommen werden, wenn die Entlassung aus der bisherigen Staatsangehörigkeit nur unter schwierigen Bedingungen möglich ist, da der ausländische Staat die Entlassung aus der Staatsangehörigkeit aus Gründen versagt hat, die der Ausländer nicht zu vertreten hat, oder von unzumutbaren Bedingungen abhängig macht oder über den vollständigen und formgerechten Antrag nicht in angemessener Zeit entschieden hat.

§ 87 Absatz 1 Satz 2 Nr. 3 AuslG a. F. ist durch das Staatsangehörigkeitsreformgesetz vom 15. Juli 1999 wesentlich verändert worden[568]. Vorher war eine Einbürgerung unter Hinnahme von Mehrstaatigkeit nach § 87 Absatz 1 Satz 2 Nr. 3 AuslG a. F. dann möglich, wenn der Heimatstaat die Entlassung willkürhaft versagte oder über den vollständigen und formgerechten Entlassungsantrag nicht in angemessener Zeit entschieden hatte. Unter einer willkürhaften Versagung wurde ein Verhalten des bisherigen Heimatstaates verstanden, das die Weigerung der Entlassung aus der bisherigen Staatsangehörigkeit objektiv nicht nachvollziehbar erscheinen ließ und sich diese aus dem Staatsangehörigkeitsrecht des Heimatstaates nicht ergab[569]. Zur Bestimmung einer Versagung als willkürhaft waren im Vorhinein ernsthafte und nachhaltige Entlassungsbemühungen anzustellen[570]. Diese Willkür musste nicht generell jedem entgegen-

565 So auch die Begründung zu § 87 Abs. 1 Satz 2 Nr. 2 im Gesetzesentwurf vom 16.03.1999. BT-Drucks. 14/533, S. 19.

566 Renner, § 87 AuslG, Rdnr. 4

567 Hailbronner, in: Hailbronner/Renner, 3. Auflage, § 87 AuslG, Rdnr. 11; zu § 87 Abs. 1 Satz 2 Nr. 2 AuslG a. F. siehe: Hailbronner, in: Hailbronner/Renner, 2. Auflage, § 87 AuslG, Rdnr. 6.

568 Vgl. BT-Drucks. 14/533, S. 6 f.

569 Renner, § 87 AuslG, Rdnr. 6; OVG Koblenz, NVwZ 1992, S. 704 ff.

570 Hailbronner, in: Hailbronner/Renner, 2. Auflage, § 87 AuslG, Rdnr. 8; Renner, § 87 AuslG, Rdnr. 6.

gebracht werden, der aus der Staatsangehörigkeit des betreffenden Staates entlassen werden wollte. Ebenso war nicht erforderlich, dass die Willkür nur denjenigen Entlassungswilligen entgegengebracht wurde, welche die Einbürgerung in die Bundesrepublik Deutschland begehrten. Es war folglich keine allgemeine Praxis des betreffenden Staates erforderlich, die eine Entlassung aus seiner Staatsangehörigkeit unter willkürhaften Bedingungen verweigerte, sondern es reichte aus, wenn im konkreten Einzelfall eine willkürhafte Maßnahme vorlag[571]. Diesbezüglich wurde vor dem 1. Januar 2000 auf EinbRL 5.3.3.2[572] verwiesen, welche zu einer weiteren Konkretisierung der betreffenden Fälle nur in geringem Maße verhalf.
In der nunmehr geltenden Fassung des § 87 Absatz 1 Satz 2 Nr. 3 AuslG ist das Erfordernis der Willkürhaftigkeit weggefallen. Erforderlich für die Hinnahme der bisherigen Staatsangehörigkeit bei der Einbürgerung ist mittlerweile allein, dass eine Versagung der Entlassung vorliegt, die seitens des Einbürgerungsbewerbers nicht zu vertreten ist. Ferner liegt ein solcher Fall dann vor, wenn die Entlassung von unzumutbaren Bedingungen abhängig gemacht wird. Beibehalten wurde die Variante, dass eine Hinnahme von Mehrstaatigkeit bei einer Einbürgerung unter Berücksichtigung des § 87 Absatz 1 Satz 2 Nr. 3 AuslG dann möglich sein soll, wenn der vollständige und formgerechte Entlassungsantrag nicht in angemessener Zeit einer Entscheidung zugeführt wurde. Neben der Änderung des § 87 Absatz 1 Satz 2 Nr. 3 AuslG wurde auch eine wesentliche Veränderung durch den Erlass der „Allgemeinen Verwaltungsvorschriften herbeigeführt".

(aa.) Unvertretbare Versagung der Entlassung aus der bisherigen Staatsangehörigkeit

Unter der Versagung der Entlassung aus der bisherigen Staatsangehörigkeit wird grundsätzlich die ablehnende Entscheidung des Entlassungsantrags verstanden, die nach 87.1.2.3.1. StAR-VwV schriftlich erfolgen muss. Als Versagung wird nach 87.1.2.3.1. StAR-VwV aber auch der Fall verstanden, dass die Stellung des Antrags auf Entlassung aus der Staatsangehörigkeit trotz mehrerer ernsthafter und nachhaltiger Bemühungen und trotz amtlicher Begleitung, soweit sie sinnvoll und durchführbar ist, über einen Zeitraum von sechs Monaten hinweg nicht möglich ist. Durch diese Regelung wird vermieden, dass sich bei einer bereits im Vorfeld offensichtlich ablehnenden Maßnahme ein länger andauernder Pro-

---

571 Renner, § 87 AuslG, Rdnr. 6.

572 So sollte eine Hinnahme der Mehrstaatigkeit dann möglich sein, wenn der Heimatstaat die Entlassung durchweg verwehrte oder von unzumutbaren Bedingungen abhängig machte, der Einbürgerungsbewerber die Voraussetzungen einer Einbürgerung nach internationaler Gepflogenheit aber zweifelsfrei erfüllte und die Weigerung dadurch den Charakter des Willkürhaften erhielt.

zess der Entlassungsbemühungen anschließt. Somit kommt man dem Einbürgerungsbewerber bereits am Anfangsstadium seiner Einbürgerungsbewerbung entgegen.
Die Einbürgerung unter Hinnahme von Mehrstaatigkeit ist gemäß § 87 Absatz 1 Satz 2 Nr. 3 AuslG nur dann möglich, wenn der bisherige Heimatstaat die Entlassung des Betroffenen aus der bisherigen Staatsangehörigkeit bereits „versagt hat". Dies ergibt sich aus der eindeutigen Formulierung in § 87 Absatz 1 Satz 2 Nr. 3 AuslG. Die Hinnahme der bisherigen Staatsangehörigkeit ist folglich nicht bereits dann nach § 87 Absatz 1 Satz 2 Nr. 3 AuslG möglich, wenn erfahrunsgemäß Schwierigkeiten bei der Entlassung aus der Staatsangehörigkeit des betroffenen Staates bestehen[573]. Vielmehr ist auf den konkreten Einzelfall abzustellen, nach dem der Entlassungsantrag gescheitert ist[574].
Die Entlassung aus der bisherigen Staatsangehörigkeit darf dem Einbürgerungsbewerber nicht aufgrund solcher Umstände verweigert werden, die der Bewerber selbst zu vertreten hat. Der Ausländer soll die Entlassungsverweigerung vor allem dann zu vertreten haben, wenn er seine Verpflichtungen gegenüber seinem Herkunftsstaat verletzt hat und die Entlassungsverweigerung darauf beruht (87.1.2.3.1. StAR-VwV)[575]. Es muss also eine Ursächlichkeit zwischen der Entlassungsverweigerung und dem verantwortlichen Handeln oder Unterlassen des Einbürgerungsbewerbers bestehen. Gründe, die nur mittelbar im Zusammenhang mit der Entlassung stehen, scheiden aus. Als beispielhafte Aufzählung werden unter 87.1.2.3.1. StAR-VwV die Nichtzahlung von zu Ausbildungszwecken gewährten Stipendien, die Verletzung von Unterhaltspflichten, Steuerrückstände oder die Einreichung eines nicht vollständigen oder formgerechten Entlassungsantrags genannt[576].

(bb.) Unzumutbare Entlassungsbedingungen

Eine Einbürgerung unter der Hinnahme von Mehrstaatigkeit ist zudem dann möglich, wenn der Entlassung aus der bisherigen Staatsangehörigkeit unzumutbare Bedingungen zugrunde liegen. Die zweite Fallgruppe des § 87 Absatz 1

---

573 In diesem Fall wäre nur eine Hinnahme des bisherigen Staatsangehörigkeit gemäß § 87 Abs. 1 Satz 2 Nr. 2 AuslG und unter den darin enthaltenen Besonderheiten in Erwägung zu ziehen.

574 Vgl. auch die Begründung zum Gesetzesentwurf, wonach § 87 Abs. 1 Satz 2 Nr. 3 AuslG hauptsächlich die Fälle betreffen soll, in denen ein Entlassungsantrag gestellt wird, das Entlassungsverfahren aber im Einzelfall scheitert. BT-Drucks. 14/533, S. 19.

575 So in der Verwaltungsvorschrift übernommen aus der Begründung zum Gesetzesentwurf, vgl. BT-Drucks. 14/533, S. 19.

576 Vgl. dazu auch BT-Drucks. 14/533, S. 19.

Satz 2 Nr. 3 AuslG wurde mit der Änderung des § 87 AuslG neu eingefügt[577]. Die einfachgesetzliche Norm findet ihre inhaltliche Bestimmung in Nr. 87.1.2.3.2. ff. StAR-VwV.

(aaa.) Überhöhte Entlassungsgebühren

Nach 87.1.2.3.2.1. StAR-VwV soll von einer unzumutbaren Bedingung insbesondere dann ausgegangen werden, wenn bei der Entlassung überhöhte Gebühren zu entrichten sind[578]. Dies ist dann der Fall, wenn die Entlassungsgebühren das durchschnittliche Bruttomonatseinkommen des Einbürgerungsbewerbers übersteigen und mindestens DM 2.500.- betragen[579]. Die Möglichkeit der Einbürgerung unter Hinnahme von Mehrstaatigkeit bei Drohung einer finanziellen Belastung aufgrund des Entlassungsvorgangs stellt kein Novum dar. Bislang sah der Gesetzgeber eine Einbürgerung unter Hinnahme von Mehrstaatigkeit vor, wenn bei der finanziellen Belastung im Zusammenhang mit der Entlassung das Maß des finanziell Zumutbaren überschritten wurde. Dies bezog sich allerdings nur auf die Einbürgerung von bestimmten privilegierten Personengruppen, wie von Flüchtlingen und heimatlosen Ausländern[580]. Durch die Erweiterung der Unzumutbarkeitsbetrachtung auf Personen über diesen Kreis hinaus erfährt die Einbürgerung nach § 87 Absatz 1 Satz 2 Nr. 3 AuslG eine neue Bedeutung.

Fraglich ist, ob auch bei sonstigen finanziellen Verlusten des Einbürgerungsbewerbers eine Hinnahme der bisherigen Staatsangehörigkeit nach § 87 Absatz 1 Satz 2 Nr. 3 AuslG in Betracht kommt. Der Wortlaut ist insoweit ungenau. § 87 Absatz 1 Satz 2 Nr. 3 AuslG spricht von einer unzumutbaren Härte, die durch das Ausscheiden aus der bisherigen Staatsangehörigkeit entsteht. Darunter könnten eigentlich alle materiellen Einschränkungen zu verstehen sein, wenn sie einen gewissen Grad der Zumutbarkeit für den Einbürgerungsbewerber überschreiten. In den Verwaltungsvorschriften wurde dagegen von solchen Fällen ausgegangen, in denen der Bewerber durch den Vorgang der Einbürgerung unmittelbar einen finanziellen Nachteil von erheblichem Umfang erleidet. Der Bezug auf den Entlassungsvorgang spricht dafür, dass es sich um einen Vorgang handeln muss, den der Einbürgerungsbewerber nicht beeinflussen kann, sondern der im staatlichen Akt der Entlassung begründet ist. Entscheidet sich der Einbürgerungsbewerber für die deutsche Staatsangehörigkeit und hat dies finanzielle Verluste im Heimatstaat zur Folge, so liegen diese Verluste nicht unmit-

---

577 Die Unzumutbarkeit der Entlassung aus der bisherigen Staatsangehörigkeit wurde vor der Änderung des § 87 AuslG nur in § 87 Abs. 1 Satz 2 Nr. 4 a. F. AuslG und bei den darin genannten privilegierten Gruppen in Betracht gezogen.

578 Vgl. BT-Drucks. 14/533, S. 19.

579 Siehe dazu auch: Hailbronner, in: Hailbronner/Renner, 3. Auflage, § 87 AuslG, Rdnr. 18.

580 Hailbronner, in: Hailbronner/Renner, 3. Auflage, § 87 AuslG, Rdnr. 16.

telbar im Entlassungsvorgang begründet, sondern stellen lediglich eine mittelbare Folge dar und liegen in der Sphäre des Einbürgerungsbewerbers begründet. Grundsätzlich muss dem Einbürgerungsbewerber zugemutet werden können, die Tragweite des Wechsels der Staatsangehörigkeit zu erkennen und seine Folgen abzuschätzen. Es muss ihm auch zugemutet werden, seine bisherige Vermögenslage zu verschlechtern, zumal der Wechsel der Staatsangehörigkeit seinerseits nicht immer ideell begründet ist. Bei der Einbürgerung privilegierter Personengruppen gemäß § 87 Absatz 1 Satz 2 Nr. 3 AuslG a. F. waren Nachteile im Erbvermögen und Immobilienbesitz regelmäßig hinzunehmen[581]. Mit der Erweiterung der Unzumutbarkeitsregelung über diesen Personenkreis hinaus hat keine Erweiterung der Tatbestände der Unzumutbarkeit nach § 87 Absatz 1 Satz 2 Nr. 3 AuslG stattgefunden. Die finanzielle Unzumutbarkeit bleibt weiterhin – und so ist es auch in den Verwaltungsvorschriften festgehalten – auf die finanziellen Nachteile beschränkt, die unmittelbar mit dem Einbürgerungsvorgang verbunden sind. Der Aspekt der Unzumutbarkeit ist dementsprechend in Bezug auf finanzielle Nachteile, die dem Einbürgerungsbewerber entstehen, restriktiv auszulegen. Entstehen bei der Einbürgerung dennoch finanzielle Nachteile oder droht die Gefahr einer wirtschaftlichen oder vermögensrechtlichen Verschlechterung, so kann die Hinnahme der Mehrstaatigkeit nur nach § 87 Absatz 1 Satz 2 Nr. 5 AuslG in Betracht kommen.

(bbb.) Unzumutbare Ableistung des Wehrdienstes

Auch immaterielle Gründe können zu einer Einbürgerung unter der Hinnahme von Mehrstaatigkeit gemäß § 87 Absatz 1 Satz 2 Nr. 3 AuslG führen. Darunter fallen vor allem diejenigen Probleme, die mit der Ableistung des Wehrdienstes verbunden sind[582]. Die Leistung des Wehrdienstes ist die traditionelle Ausprägung des Gegenseitigkeitsverhältnisses zwischen Staat und Bürger, welches aus der Staatsangehörigkeit resultiert. Nicht selten machen die Staaten die Entlassung aus ihrer Staatsangehörigkeit davon abhängig, dass der Betroffene für seinen bisherigen Heimatstaat den Wehrdienst abgeleistet hat. Es ist dabei dem jeweiligen nationalen Gesetzgeber überlassen, auf welche Altersgruppe er gegebenenfalls die Pflicht zur Leistung des Wehrdienstes beschränkt. Liegt keine Beschränkung vor, so kann es vorkommen, dass die Wehrpflicht auch noch in fortgeschrittenem Alter besteht. Sollte dies dem Einbürgerungsbewerber unzumutbar sein, so kann bei einer Einbürgerung auch die Entstehung von Mehrstaatigkeit hingenommen werden. Die Regelung in § 87 Absatz 1 Satz 2 Nr. 3 AuslG wird allerdings nur auf wenige Fälle mit Bezug auf die Wehrpflicht zutreffen, da § 87 Absatz 3 AuslG n. F. den Regelfall der Einbürgerung unter Hin-

---

[581] Renner, § 87 AuslG, Rdnr. 9; HessVGH, EZAR 278, Nr. 3.

[582] Vgl. dazu auch BT-Drucks. 14/533, S. 19.

nahme der bisherigen Staatsangehörigkeit in Bezug auf die Wehrpflichtleistung betrifft[583].

Konkret soll nach 87.1.2.3.2.2. StAR-VwV von Unzumutbarkeit dann ausgegangen werden, wenn der Einbürgerungsbewerber bereits über vierzig Jahre alt ist, seit mehr als fünfzehn Jahren seinen gewöhnlichen Aufenthalt nicht mehr im Herkunftsstaat hat und davon mindestens zehn Jahre in der Bundesrepublik Deutschland gelebt hat (lit. a). Von dieser Regelung sind vor allem diejenigen Personen betroffen, denen aus Altergründen eine Ableistung des Wehrdienstes nicht mehr zugemutet werden kann, die sich bereits über einen längeren Zeitraum in der Bundesrepublik Deutschland eingelebt haben und sich die Leistung des Wehrdienstes sowohl beruflich als auch unter dem Aspekt der Integration als negativ erweisen würde.

Ebenso ist eine Hinnahme der Mehrstaatigkeit dann möglich, wenn der Einzubürgernde durch die Leistung des Wehrdienstes im ursprünglichen Heimatstaat in eine bewaffnete Auseinandersetzung mit der Bundesrepublik Deutschland oder mit einem mit der Bundesrepublik Deutschland verbündeten Staat verwickelt werden könnte (lit. b.). In diesen Fällen sollen Gewissenskonflikte der Einbürgerungsbewerber vermieden werden. Häufiger wird aber der Fall anzunehmen sein, dass militärische Konflikte zwischen dem bisherigen Heimatstaat und einem Bündnissystem bestehen, dessen Mitglied die Bundesrepublik Deutschland ist. Zweifelsfrei ist dies dann der Fall, wenn es sich um eine militärische Auseinandersetzung mit den NATO-Staaten handelt. Dazu zählen militärische Auseinandersetzungen im Rahmen eines UN-Mandates gemäß Kapitel VII der UN-Charta nicht. Eine Hinnahme der bisherigen Staatsangehörigkeit kann zudem nur erfolgen, solange die militärische Auseinandersetzung noch andauert. Bei friedenssichernden Maßnahmen im Rahmen von sogenannten „Blauhelm-Missionen" der Bundesrepublik Deutschland ist dies nicht mehr der Fall, da diese Missionen gerade nicht mehr zur Herstellung des Friedens durchgeführt werden[584].

Unzumutbar ist auch, wenn der Einbürgerungsbewerber zur Ableistung des Wehrdienstes für mindestens zwei Jahre seinen Aufenthalt im Ausland nehmen müsste und in einer familiären Gemeinschaft mit seinem Ehegatten und einem minderjährigen Kind lebt (lit. c.). Diese Regelung findet dann Anwendung,

---

583 So bereits BT-Drucks. 14/533, S. 19. Die Regelung in § 87 Abs. 1 Satz 2 Nr. 3 AuslG ist somit gegenüber der in § 87 Abs. 3 AuslG in Bezug auf die Wehrpflichtregelung subsidiär und betrifft nur diejenigen Einbürgerungsbewerber, die nicht in der Bundesrepublik Deutschland aufgewachsen sind.

584 Die Begründung im Gesetzesentwurf sieht eine Ausnahme nur in dem Fall vor, in dem der Einbürgerungsbewerber mit einem kriegerischen Einsatz rechnen muss. Dies liegt bei friedenssichernden und friedenserhaltenden Maßnahmen gerade nicht vor. Siehe zur Begründung BT-Drucks. 14/533, S. 19.

wenn die Trennung, die mit der Ableistung des Wehrdienstes im Ausland einhergeht, für die Familie des Betroffenen unzumutbar ist. Dabei sind wohl auch finanzielle Einbußen in Erwägung zu ziehen. Diese Regelung spiegelt den Sinngehalt des Artikel 6 GG wider[585].

Die Ableistung des Wehrdienstes soll ferner dann als unzumutbare Entlassungsbedingung angesehen werden, wenn sich der Einbürgerungsbewerber aus Gewissensgründen der Beteiligung an jeder Waffenanwendung zwischen den Staaten widersetzt und die Leistung eines Ersatzdienstes durch den Herkunftsstaat nicht ermöglicht wird (lit. d.).

Ist eine Entlassung auch ohne die Ableistung des Wehrdienstes möglich, weil sich der Betroffene seiner Wehrdienstverpflichtung durch die Zahlung einer Geldsumme entziehen kann (sogenannter „Freikauf"), so soll die Zahlung einer solchen Summe dann als unzumutbar angesehen werden, wenn sie das Dreifache des Bruttomonatlohns überschreitet. Wird ein Betrag von DM 10.000.- überschritten gilt diese Summe grundsätzlich als unzumutbar. Durch diese Regelung sollen unverhältnismäßig hohe Geldzahlungen im Rahmen der Entlassungsgesuche vermieden werden. In einigen Staaten ist es mittlerweile die Regel, sich von der Leistung des Wehrdienstes freizukaufen. Dies ist beispielsweise in der Türkei gängige Praxis[586]. Da es im Kompetenzbereich der jeweiligen Staaten liegt, in welcher Höhe sie den Freikauf gestatten, sahen sich die Einbürgerungsbewerber in der Vergangenheit in eine Zwangslage versetzt. Wollten sie die Einbürgerung in der Bundesrepublik Deutschland erreichen, so mussten sie den Betrag erbringen. Durch das Zugeständnis, in solchen Fällen auch eine Einbürgerung unter Hinnahme von Mehrstaatigkeit vorzunehmen, ist diese Situationen entschärft worden. Anzumerken gilt hierbei allerdings, dass ein Zugeständnis der Einbürgerung unter Hinnahme der Mehrstaatigkeit im Rahmen der Erfüllung des Wehrdienstes keinen Einfluss auf den Wehrdienst in der Bundesrepublik Deutschland hat. Unabhängig von der Erbringung der wehrdienstlichen Verpflichtungen im Heimatland bleibt der Eingebürgerte zum Wehrdienst in der Bundesrepublik Deutschland nach Maßgabe des WehrPflG verpflichtet[587].

(cc.) Nichtbescheidung des Entlassungsantrags

Die Einbürgerung eines Ausländers unter Hinnahme seiner bisherigen Staatsangehörigkeit ist auch dann möglich, wenn sein Entlassungsantrag nicht beschieden wird. Diese dritte Fallgruppe ist nicht zu verwechseln mit dem Fall der

---

585 Siehe auch BT-Drucks. 14/533, S. 19.

586 Stellvertretend: Urteil des VG Darmstadt vom 12.02.1987, Az. I/2 E 1769/85.

587 Da der Betroffene nunmehr deutscher Staatsangehöriger ist, richtet sich auch der Wehrdienst nach dem WehrPflG. Da er im Heimatland keinen Wehrdienst geleistet hat, wird er zumindest in der Bundesrepublik Deutschland zum Wehrdienst verpflichtet werden müssen. Siehe dazu näher unten.

Verweigerung der Annahme des Entlassungsantrages, die unter die erste Variante des § 87 Absatz 1 Satz 2 Nr. 3 AuslG fällt.
Die Nichtbescheidung des Entlassungsantrages betrifft die Fälle, in denen der Einbürgerungsbewerber den Antrag auf Entlassung aus der bisherigen Staatsangehörigkeit bei der nationalen Behörde seines Heimatstaates oder bei der Vertretung in der Bundesrepublik Deutschland gestellt hat, über diesen Antrag aber seitens der betreffenden Behörde nicht entschieden wird. Eine entsprechende Regelung enthielt bereits § 87 Absatz 1 Nr. 2 Nr. 3 AuslG a. F. Vor der Änderung wurde unter einem angemessenen Zeitraum ein solcher verstanden, der nicht abstrakt festzulegen, sondern nach den allgemeinen Verhältnissen im Heimatstaat und dem Zeitbedarf im Einzelfall zu ermitteln war[588]. Die Rechtsprechung ging dabei von einer Grenze von zwei Jahren aus[589]. Dieser Auffassung wurde in den „Allgemeinen Verwaltungsvorschriften" gefolgt und war vom Gesetzgeber bei der Änderung des § 87 Absatz 2 Nr. 3 AuslG gewollt. So soll nach 87.1.2.3.3. StAR-VwV Mehrstaatigkeit bei der Einbürgerung regelmäßig dann hinzunehmen sein, wenn zwei Jahre nach dem Einreichen eines vollständigen und formgerechten Antrags eine Entlassung aus der bisherigen Staatsangehörigkeit nicht erfolgt. Zudem darf in dem nachfolgenden Zeitraum von sechs Monaten mit einer Entscheidung der heimatstaatlichen Behörde nicht zu rechnen sein. Diese Grenze von zwei Jahren bleibt allerdings ein Richtwert, welcher durch die zuständige Behörde auch in angemessenem Rahmen erweitert werden kann. Darauf ist zu schließen, da 87.1.2.3.3. StAR-VwV regelmäßig von einem Zeitraum von zwei Jahren ausgeht und nicht einen solchen Zeitraum als maximale terminliche Grenze ansieht. Sollten die tatsächlichen Umstände die Erkenntnis bringen, dass eine Bescheidung des Antrages auch nach diesem Zeitraum noch möglich ist, so ist die Einbürgerung unter Hinnahme von Mehrstaatigkeit zu verweigern[590].
Der Entlassungsantrag, über den die heimatstaatliche Behörde zu entscheiden hat, muss vollständig und formgerecht sein. Die verwaltungsrechtlichen Voraussetzungen, nach denen sich die Vollständigkeit und Formgerechtheit des Antrages richten, bestimmen sich nicht nach deutschem Recht, sondern nach dem

588 Renner, § 87 AuslG, Rdnr. 7; Hailbronner, § 87 AuslG, Rdnr. 11.
589 Vgl. OVG NRW, InfAuslR 1996, S. 22.
590 Dem steht auch nicht die Regelung in § 87 Abs. 1 Satz 2 Nr. 3 AuslG entgegen. So ist nach dem Wortlaut eine Entscheidung lediglich in „angemessener Zeit" herbeizuführen. In der Begründung zum Gesetzesentwurf wurde zwar angeführt, dass von einer angemessenen Zeit regelmäßig nicht mehr ausgegangen werden kann, wenn ein Zeitraum von zwei Jahren überstiegen wird (vgl. BT-Drucks. 14/533, S. 19). Eine absolute zeitliche Grenze wurde seitens des Gesetzgebers allerdings nicht in den Gesetzestext mit aufgenommen, so dass hier auch nicht von einer absoluten zeitlichen Grenze von zwei Jahren ausgegangen werden kann.

Recht des Heimatstaates[591]. Die zuständige Behörde hat folglich den jeweiligen Sachverhalt unter die ausländische Rechtsordnung zu subsumieren. Unter Vollständigkeit ist zu verstehen, dass der Einbürgerungsbewerber alle Unterlagen, die für eine Entlassung nach der Rechtsordnung des Heimatstaates erforderlich sind, der zuständigen Heimatbehörde zukommen lässt. Eine teilweise Einreichung von Unterlagen, welche die behördliche Entscheidung des Heimatstaates lediglich in die Länge ziehen, können für eine Ausnahme nach § 87 Absatz 1 Satz 2 Nr. 3 AuslG noch nicht ausreichen. Zudem muss der Antrag formgerecht gestellt werden. Dabei muss auch hier dem Formerfordernis Genüge getan werden, welches das Heimatrecht an den Entlassungsantrag stellt. So kann sich der Einbürgerungsbewerber nicht darauf berufen, dass er den Entlassungsantrag nicht in der Sprache des Heimatstaates abfassen könne. Er muss sich notfalls eines Dolmetschers bedienen. Dies gilt selbst dann, wenn er seit der Geburt in der Bundesrepublik Deutschland gelebt hat und seiner Heimatsprache nicht mehr mächtig ist, es sei denn das Heimatrecht sieht für diesen Fall eine Ausnahme vor. Zu den formellen Voraussetzungen kann auch zählen, dass der Einbürgerungsbewerber bei seiner Auslandsvertretung vorstellig werden muss und gegebenenfalls seinen Entlassungsantrag persönlich abgeben muss[592].

(dd.) Ergebnis zu § 87 Absatz 1 Satz 2 Nr. 3 AuslG

Die Reichweite der Änderung des § 87 Absatz 1 Satz 2 Nr. 3 AuslG n. F. wird auf den ersten Blick nicht ersichtlich. Die eher unscheinbar wirkende Neuformulierung des Wortlautes hat jedoch erhebliche Auswirkungen in der Sache. Dies kommt dem betroffenen Einbürgerungsbewerber und der zuständigen Behörde zugute, da es entgegen der bisherigen Regelung nicht mehr nötig ist, eine willkürhafte Verfahrensweise des Heimatstaates nachzuweisen. Die Problematik dieses Nachweises lag vor allem darin, dass die Sachvoraussetzungen des Heimatstaates nicht immer greifbar und nachvollziehbar waren. Eine erhebliche Ausweitung der in Frage kommenden Tatbestände erfolgt durch die Neuaufnahme des Kriteriums der Unzumutbarkeit. Vor allem die Erstreckung der Unzumutbarkeit auf finanzielle Aspekte veranlasst die Behörden zu einer restriktiven Auslegung der Fallgruppe in dem Sinne, dass nur solche finanziellen Aspekte als unzumutbar betrachtet werden, die unmittelbar in dem Einbürgerungsvorgang resultieren. Andere finanzielle Aspekte sind nur noch im Rahmen des § 87 Absatz 1 Satz 2 Nr. 5 AuslG zu beurteilen. Neben der Unzumutbarkeit der Entlassung aus der bisherigen Staatsangehörigkeit aufgrund finanzieller Aspekte werden auch immaterielle Gründe unter Umständen als unzumutbar angesehen. Der Wehrdienst soll dabei nach dem Willen des Gesetzgebers eine wesentliche

591 Siehe auch 87.1.2.3.3. StAR-VwV.

592 Vgl. dazu auch VGH BW, Az. 13 S 1627/90, EZAR 277, Nr. 1.

Rolle spielen. § 87 Absatz 1 Satz 2 Nr. 3 AuslG ist allerdings als Auffangtatbestand im Bereich der Wehrpflichtregelung in Bezug auf die Einbürgerung unter der Hinnahme von Mehrstaatigkeit anzusehen, da § 87 Absatz 3 AuslG eine spezielle Regelung für in Deutschland aufgewachsene Ausländer enthält.
In Bezug auf die Hinnahme der bisherigen Staatsangehörigkeit aufgrund der Nichtbescheidung des Entlassungsantrages im Heimatstaat wurde eine Reform unterlassen. Zwar hätte man sich sowohl in der Begründung des Gesetzesentwurfs als auch bei dem Erlass der Verwaltungsvorschriften nach § 39 StAG an der allgemeinen Einbürgerungspraxis und der daraus entstehenden Probleme orientieren können. Eine fixe zeitliche Regelung wurde seitens des Gesetzgebers allerdings nicht einfachgesetzlich umgesetzt. Es bliebt bei einer Anpassung durch die Verwaltungsvorschriften, die allerdings keine abschließende Regelung treffen.
Insgesamt stellt die Änderung des § 87 Absatz 1 Satz 2 Nr. 3 AuslG einen zeitlichen Kompromiss dar. Dies liegt daran, dass es der Gesetzgeber unterlassen hat, hinreichend konkrete Vorschriften in § 87 Absatz 1 Satz 2 Nr. 3 AuslG aufzunehmen. Vielmehr wird es den „Allgemeinen Verwaltungsvorschriften" überlassen, die Tatbestände näher zu bestimmen. Die Fassung des § 87 Absatz 1 Satz 2 Nr. 3 AuslG gleicht damit einer „Rahmengesetzgebung", die der näheren Konkretisierung durch die Verwaltungsvorschriften unterliegt. Ob die Regelung dadurch insgesamt dynamischer wird, bleibt abzuwarten.

(d.) Hinnahme von Mehrstaatigkeit gemäß § 87 Absatz 1 Satz 2 Nr. 4 AuslG

§ 87 Absatz 1 Satz 2 Nr. 4 AuslG betrifft die Einbürgerung älterer Personen unter Hinnahme der mehrfachen Staatsangehörigkeit. Sie soll dann möglich sein, wenn ausschließlich das Hindernis eintretender Mehrstaatigkeit entgegensteht, die Entlassung auf unverhältnismäßige Schwierigkeiten stößt und die Versagung der Einbürgerung für die betreffende Person eine besondere Härte darstellen würde. Der Bestimmung ist zu entnehmen, dass diese drei Voraussetzungen kumulativ vorliegen müssen. Die einzelnen Merkmale werden in 87.1.2.4. StAR-VwV näher konkretisiert.
§ 87 Absatz 1 Satz 2 Nr. 4 AuslG stellt die entsprechende Vorschrift im Ausländergesetz zu den Vorschriften dar, nach denen eine Einbürgerung unter Hinnahme von Mehrstaatigkeit in den Fällen des § 8 StAG ermöglicht werden soll. § 87 Absatz 1 Satz Nr. 4 AuslG stellt demnach die gesetzliche Regelung derjenigen Fälle dar, die bei einer Einbürgerung nach § 8 RuStAG a. F. in EinbRL 5.3.3.4. berücksichtigt wurden[593]. Im Rahmen der Einbürgerung nach § 9 StAG kommt der privilegierten Einbürgerung älterer Personen unter Hinnahme von Mehrstaatigkeit allerdings besondere Bedeutung zu, da vor allem im fortge-

[593] Vgl. auch BT-Drucks. 14/533, S. 19.

schrittenen Alter bei der Einbürgerung älterer Ehegatten eine umsichtigere Vorgehensweise wünschenswert erscheint.
Die Ausnahmen vom Grundsatz der Vermeidung der Mehrstaatigkeit entsprechen ebenfalls denen nach § 8 StAG n. F. Die allgemeinen Vorschriften 87.1.2.4. StAR-VwV und 8.1.2.6.3.3. StAR-VwV sind ebenso identisch, so dass auf die dortigen Ausführungen verwiesen werden kann[594].

(e.) Hinnahme von Mehrstaatigkeit gemäß § 87 Absatz 1 Satz 2 Nr. 5 AuslG
Die Einbürgerung unter Entstehung der Mehrstaatigkeit kann auch dann vorgenommen werden, wenn ein Fall des § 87 Absatz 1 Satz 2 Nr. 5 AuslG vorliegt. Dies trifft dann zu, wenn dem Ausländer bei der Aufgabe seiner bisherigen ausländischen Staatsangehörigkeit erhebliche Nachteile insbesondere wirtschaftlicher oder vermögensrechtlicher Art entstehen würden, die über den Verlust der staatsbürgerlichen Rechte hinausgehen. Die Regelung ist mit der Änderung des Ausländergesetzes neu eingefügt worden[595].
Die „Allgemeinen Verwaltungsvorschriften" zu § 87 Absatz 1 Nr. 5 AuslG enthalten in lit. a.) bis lit. d.) nur eine beispielhafte Aufzählung wirtschaftlicher oder vermögensrechtlicher Nachteile. So wird zunächst angeführt, dass sich die Nachteile aus dem Recht des Heimatstaates unter Berücksichtigung der tatsächlichen Verhältnisse ergeben können (87.1.2.5.1. StAR-VwV). Dies ist aber sowohl aufgrund des Wortlautes des § 87 Absatz 1 Satz 2 Nr. 5 AuslG als auch nach 87.1.2.5.1. StAR-VwV nicht zwingend. Deshalb werden auch diejenigen wirtschaftlichen oder vermögensrechtlichen Nachteile bei der Einbürgerung zu berücksichtigten sein, die durch bundesrepublikanische Normen entstehen.

(aa.) Erbrechtsbeschränkungen durch Ausscheiden aus der bisherigen Staatsangehörigkeit

In 87.1.2.5.1. lit. a.) StAR-VwV wird zunächst Bezug auf Erbrechtsbeschränkungen genommen. Gemeint sind hier vor allem diejenigen Fälle, bei denen nach dem nationalen Zivilrecht der Erbrechtsanspruch an die Staatsangehörigkeit gebunden ist und der bei dem Ausscheiden aus der Staatsangehörigkeit entfällt.

(bb.) Verzicht auf Rechte an Liegenschaften durch das Ausscheiden aus der bisherigen Staatsangehörigkeit

Zudem soll nach 87.1.2.5.1. lit. b.) StAR-VwV eine Einbürgerung unter der Hinnahme der Mehrstaatigkeit dann in Betracht kommen, wenn dem Einbürgerungsbewerber seitens seines ehemaligen Heimatstaates die Verpflichtung ob-

594 Siehe unten.
595 Vgl. dazu auch Hailbronner, in: Hailbronner/Renner, 3. Auflage, § 87 AuslG, Rdnr. 21.

liegt, Rechte an Liegenschaften, die ihm in seinem Herkunftsstaat zustehen, oder durch Erbfolge entstehen könnten, nach dem Ausscheiden aus der Staatsangehörigkeit ohne angemessene Entschädigung auf andere Personen zu übertragen oder deutlich unter Wert zu veräußern. Der Grund solcher Bestimmungen ist vornehmlich, die Kapitalflucht in das Ausland zu vermeiden und das innerstaatliche Vermögen den Staatsangehörigen des jeweiligen Staates zu bewahren. Als schwierig wird sich hier vor allem die Möglichkeit des Erwerbs von Rechten an Liegenschaften durch Erbfolge erweisen und auch die Beurteilung, wann die verpflichtende Übertragung an andere Personen deutlich unter Wert erfolgen soll. Dies ist vor allem dann gegeben, wenn der Einbürgerungsbewerber bei der Entlassung aus seiner bisherigen Staatsangehörigkeit generell auf alle eventuell entstehenden erbrechtlichen Ansprüche verzichten muss, auch wenn diese noch nicht konkret bestehen und er auch nicht sicher ist, ob er überhaupt Erbe sein wird. In einem solchen Fall besteht nämlich schon die theoretische Möglichkeit der Verschlechterung und würde demzufolge auch zu einer Einbürgerung unter der Hinnahme von Mehrstaatigkeit führen. Diese Bestimmung ist folglich auslegungsbedürftig, da sie die Gefahr eröffnet, eine umfassende Einbürgerung von Ausländern unter Gewährung mehrfacher Staatsangehörigkeit hinnehmen zu müssen. Dabei obliegt es vor allem der Rechtsprechung, Kriterien zu schaffen, die einer ausufernden Anwendung entgegenwirken. In Bezug auf eine Veräußerung unter Wert ist eine Schaffung von Richtlinien erforderlich, da eine solche Veräußerung erfahrungsgemäß bereits dann eintreten wird, wenn der Betroffene zeitlich an den Verkauf gebunden ist. Daher ist bei einer Veräußerung von einer Übertragung deutlich unter Wert wohl nur dann zu sprechen, wenn der Erlös unter allen in Betracht kommenden Umständen in einem krassen Missverhältnis zum objektiven Einheitswert steht. Dies ist dann anzunehmen, wenn der Erlös deutlich gegen Null geht. Dabei sind die besonderen Umstände des jeweiligen Einzelfalles durch die zuständige Behörde immer mit in Betracht zu ziehen und seitens des Einbürgerungsbewerbers nachzuweisen[596].

(cc.) Verlust von Rentenansprüchen aufgrund des Ausscheidens aus der bisherigen Staatsangehörigkeit

Ferner sehen die „Allgemeinen Verwaltungsvorschriften" zu § 87 Absatz 1 Satz 2 Nr. 5 AuslG eine Einbürgerung unter der Gewährung mehrfacher Staatsangehörigkeit aufgrund entstehender Nachteile wirtschaftlicher und vermögensrechtlicher Art dann vor, wenn das Ausscheiden aus der bisherigen Staatsangehörigkeit den Verlust an Rentenansprüchen oder Anwartschaften zur Folge hat (87.1.2.5.1. lit. c.). Damit werden diejenigen Fälle erfasst, in denen der bisherige Heimatstaat die Gewährung von Rentenansprüchen oder Anwartschaften an die

[596] Vgl. auch BT-Drucks. 14/533, S. 19.

Staatsangehörigkeit des Empfängers knüpft. Die Einbürgerung unter Hinnahme von Mehrstaatigkeit bei der Gefahr des Verlustes von Rentenansprüchen ist durch die Änderung des § 87 AuslG neu eingeführt worden. Eine solche Ausnahme sah § 87 AuslG a. F. nicht vor. Zwar konnte die Forderung nach der Entlassung aus der bisherigen Staatsangehörigkeit in Teilen als besondere Härte angesehen werden, eine Einbürgerung unter der Hinnahme der Mehrstaatigkeit war dann gemäß § 87 AuslG nicht möglich. In Betracht kam hier nur eine Einbürgerung nach § 8 RuStAG und seinem weiten Ermessensspielraum, der eine Einbürgerung unter der Entstehung von Mehrstaatigkeit zumindest teilweise ermöglichte. Hiernach war eine Einbürgerung unter der Hinnahme von Mehrstaatigkeit dann möglich, wenn die Versagung der Einbürgerung eine unzumutbare Härte darstellte[597]. Wirtschaftliche Nachteile bei der Einbürgerung, die durch das Ausscheiden aus der bisherigen Staatsangehörigkeit entstanden, waren aber auch nach EinbRL 5.3.3. kein Grund, mehrfache Staatsangehörigkeit bei der Einbürgerung zuzulassen[598]. So sah die Einbürgerungsrichtlinie wirtschaftliche Einbußen im Heimatstaat durch Erbrechtsbeschränkungen oder die Auflage der Veräußerung des Grundbesitzes ausdrücklich als zumutbaren Nachteil an. Zur Begründung wurde richtigerweise angeführt, dass dem Erwerb der deutschen Staatsangehörigkeit auch häufig ein wirtschaftlicher Vorteil immanent sei.
Die Regelung in § 87 Absatz 1 Satz Nr. 5 AuslG wendet sich somit von der bisherigen Einbürgerungspraxis ab und stellt bei der Gewährung mehrfacher Staatsangehörigkeit ein Novum dar. Finanzielle Interessen sollen zunehmend einen wesentlichen Bestandteil bei der Beurteilung der Erteilung der deutschen Staatsangehörigkeit darstellen. Damit wird der Kreis, bei dem die Entstehung der Mehrstaatigkeit bei der Einbürgerung hingenommen wird, erweitert.

(dd.) Verschlechterung geschäftlicher Beziehungen im ausländischen Staat durch das Ausscheiden aus der bisherigen Staatsangehörigkeit

Neben den wirtschaftlichen und vermögensrechtlichen Einbußen durch Erbrechtsbeschränkungen, dem Verlust von Rechten an Liegenschaften sowie dem Verlust von Ansprüchen der Altersversorgung, wird durch die allgemeine Rechtsvorschrift zu § 87 Absatz 1 Satz 2 Nr. 5 AuslG auch bereits die Gefährdung geschäftlicher Beziehungen als Grund für die Gewährung der Einbürgerung unter der Hinnahme von Mehrstaatigkeit angesehen. Die Relevanz geschäftlicher Beziehungen stellt hierbei ebenfalls ein Novum dar.
§ 87 Absatz 1 Satz 2 Nr. 5 AuslG trifft den Fall, dass dem Einbürgerungsbewerber die Möglichkeit genommen wird, nach dem Ausscheiden aus der bisherigen

597 Siehe zu den Ausnahmen von der Vermeidung der Entstehung von mehrfacher Staatsangehörigkeit bei der Einbürgerung nach § 8 RuStAG Nr. 5.3.3. EinbRL.
598 Siehe auch Bultmann, S. 64 f.

Staatsangehörigkeit Dienstleistungen in dem ausländischen Staat zu erbringen, bzw. dass die Erbringung von Dienstleistungen gefährdet wird. Hier wird ebenfalls wieder auf den Fall abgestellt, dass das Anbieten von Dienstleistungen in einem ausländischen Staat direkt mit der Staatsangehörigkeit verbunden ist. Durch das Verbot des Anbietens von Dienstleistungen in dem ausländischen Staat muss die Möglichkeit gegeben sein, dass dem Einbürgerungsbewerber ein finanzieller Nachteil entsteht.

Eine solche Einbürgerung unter der Hinnahme der Mehrstaatigkeit war vor der Änderung des § 87 AuslG nicht möglich, da der Verlust finanzieller Interessen, die mit dem Verlust der bisherigen Staatsangehörigkeit einhergingen, durchaus hinnehmbar war. Aus diesem Grund ist die Erstreckung der Hinnahmegründe der mehrfachen Staatsangehörigkeit auf gerade diese Fallgruppen kritisch zu betrachten. Regelmäßig hat der Einbürgerungsbewerber seinen Lebensmittelpunkt bereits in den Staat verlagert, dessen Staatsangehörigkeit er nun begehrt. Dass er bei der Regelung seiner bisherigen Vermögensfragen bestimmte finanzielle Einbußen hinnehmen muss, ist dabei wohl eher die Regel. Nach der zukünftigen Regelung kann die Möglichkeit finanzieller Einbußen aber dazu führen, dass der Betroffene die bisherige Staatsangehörigkeit beibehalten kann, damit der Betroffene in einem Staat, der nun nicht mehr seinen Lebensmittelpunkt darstellen soll, weiterhin seine finanziellen Interessen wahren kann. Die Staatsangehörigkeit verkommt dabei zu einem Instrument der Sicherung materieller Vermögensvorteile und geht von ihrer ursprünglichen Bedeutung ab. Sobald finanzielle Interessen der rechtlichen Eigenschaft der Staatsangehörigkeit vorgehen, beinhaltet die Staatsangehörigkeit nicht mehr die Identifikation des Staatsangehörigen mit seinem Heimatstaat, sondern wird als Instrument der Wahrung wirtschaftlicher und vermögensrechtlicher Vorteile missbraucht[599].

(ee.) Einschränkungen der einzelnen Tatbestände

Eine wichtige Einschränkung der einzelnen Fallgruppen erfolgt durch die „Allgemeinen Verwaltungsvorschriften“ in 87.1.2.5.2. StAR-VwV. Bezüglich der entstehenden Nachteile wird klargestellt, dass es sich dabei nur um objektive Nachteile handelt. Ideelle Nachteile, mögen sie für den Betroffenen auch in irgendeinem Zusammenhang zu finanziellen Interessen stehen, scheiden bei der Beurteilung aus. „Objektiv“ bedeutet dies zudem, dass sie auch für einen anderen Betrachter zu erkennen sein müssen. Das heißt, dass die zuständige Behörde nicht allein auf die Schilderungen des Einbürgerungsbewerbers und seine sub-

[599] Der personelle Anwendungsbereich des § 87 Abs. 1 Satz 2 Nr. 3 AuslG ist in dieser Hinsicht den EU-Unionsbürgern allein aufgrund der Bestimmungen im EU-Vertrag verschlossen.

jektive Betrachtung etwaig entstehender vermögensrechtlicher Nachteile angewiesen ist, sondern sich der Behörde die Evidenz des Nachteils erschließt.

(aaa.) Finanzielle Mindestgrenze

Der entstehende wirtschaftliche oder vermögensrechtliche Nachteil nach 87.1.2.5.2. StAR-VwV muss deutlich über das normale Maß hinausreichen. Darunter können nur solche wirtschaftlichen und vermögensrechtlichen Einbußen verstanden werden, die über die normalen, mit dem Wechsel der Staatsangehörigkeit regelmäßig einhergehenden, Einbußen hinausreichen. Nach 87.1.2.5.2. StAR-VwV sollen solche wirtschaftlichen oder vermögensrechtlichen Nachteile als erheblich im Sinne des § 87 Absatz 1 Satz 2 Nr. 5 AuslG angesehen werden, die das durchschnittliche Bruttojahreseinkommen des Einbürgerungsbewerbers übersteigen. Dabei kann sich das Bruttojahreseinkommen nur auf das Bruttojahreseinkommen in der Bundesrepublik Deutschland beziehen und nicht etwa auf Verdienste im Heimatland. Hat der Betroffene zusätzliche Einnahmen aus selbstständiger oder unselbstständiger Arbeit oder durch Kapitalerträge und Grundvermögen in der Bundesrepublik Deutschland oder sogar im Heimatland, so müssen diese bei der Bewertung des Bruttojahresgesamteinkommens berücksichtigt werden. Nachteile, die einen Betrag von DM 20.000.- nicht übersteigen, sind bei der Beurteilung gemäß 87.1.2.5.2. StAR-VwV gänzlich unerheblich.

(bbb.) Hinreichende Wahrscheinlichkeit des Eintritt des Nachteils

Als weiterer wesentlicher Punkt muss die Bestimmung der Wahrscheinlichkeit des Eintritts der wirtschaftlichen und vermögensrechtlichen Nachteile im jeweiligen Einzelfall in Betracht gezogen werden. Einerseits ist es nicht erforderlich, dass der wirtschaftliche oder vermögensrechtliche Nachteil bereits eingetreten ist. Dies verbietet allein die Ratio der Norm, die den Eintritt einer tatsächlichen Verschlechterung vermeiden will. Andererseits gebietet der Grundsatz der Vermeidung von Mehrstaatigkeit eine zu offene Handhabung der Möglichkeit des Eintritts wirtschaftlicher oder vermögensrechtlicher Nachteile. Es kann nämlich nicht dazu führen, dass allein aufgrund einer theoretischen Möglichkeit der Verschlechterung finanzieller Interessen die Einbürgerung unter Hinnahme von Mehrstaatigkeit ohne Weiteres gestattet wird. Deshalb muss der Verschlechterung der wirtschaftlichen und vermögensrechtlichen Lage eine bestimmte Wesentlichkeit zukommen, wobei sowohl zeitliche Aspekte zu berücksichtigen als auch höhere Anforderungen an die entstehende finanzielle Verschlechterung zu stellen sind.

Ein Tatbestand, der eine Einbürgerung unter Hinnahme von Mehrstaatigkeit bei der Entstehung wirtschaftlicher und vermögensrechtlicher Nachteile ermöglicht, kann nur dann vorliegen, wenn die wirtschaftliche oder vermögensrechtliche

Einbuße von erheblichem Wert ist und diese innerhalb eines überschaubaren Zeitraums nach der Ausbürgerung mit an Sicherheit grenzender Wahrscheinlichkeit eintreten wird. Allein die theoretische Möglichkeit, erbrechtliche Nachteile hinnehmen zu müssen, reicht dabei nicht aus. Es kann nicht genügen, dass der Einbürgerungsbewerber geltend macht, dass in Zukunft irgendein Verwandter oder sogar nur Bekannter stirbt, dessen gesetzliche oder testamentarische Erbfolge er antreten könnte. Vielmehr muss eine Verschlechterung in Bezug auf die Wahrscheinlichkeit des Erbanspruchs innerhalb eines nicht außer Verhältnis stehenden Zeitraums evident sein. Dies wird dann anzunehmen sein, wenn dem Einbürgerungsbewerber ein wesentlicher Erbteil seiner Eltern verloren gehen könnte, zu dem er einen wichtigen Teil beigetragen hat, der Einbürgerungsbewerber das ihm als Erbe zufallende Vermögen seiner Eltern durch seine Arbeitsleistung mit aufgebaut hat oder vermehrt hat, so dass es eigentlich bereits als wesentlicher Bestandteil seines Vermögens angesehen werden kann.

(ff.) Ergebnis zu § 87 Absatz 1 Satz 2 Nr. 5 AuslG

Bezog sich die Einbürgerung unter Hinnahme der bisherigen Staatsangehörigkeit zuvor nur auf eine Verschlechterung der finanziellen Lage aufgrund der Gesetzgebung der betroffenen Staaten, so wird nun zusätzlich eine Einbürgerung unter Inkaufnahme der Mehrstaatigkeit ermöglicht, wenn sich dies aus den besonderen Umständen des Einzelfalles ergibt[600]. Es ist ersichtlich, dass auch eine wirtschaftliche oder vermögensrechtliche Verschlechterung zur Einbürgerung unter Hinnahme der Mehrstaatigkeit führen kann, wenn finanzielle Verschlechterungen mit dem Verlust der bisherigen Staatsangehörigkeit einhergehen.
§ 87 Absatz 1 Satz 2 Nr. 5 AuslG stellt somit einerseits ein Novum der Art dar, dass zum ersten Mal vermögensrechtliche Kriterien für die Erteilung von Mehrstaatigkeit ausschlaggebend sind. Wurden diese vor der Änderung der Gesetzeslage bei der Hinnahme von Mehrstaatigkeit im Rahmen der Ermessensausübung gemäß § 8 RuStAG nicht berücksichtigt, so hat durch die Novellierung auch insoweit eine wesentliche Erweiterung des in Betracht kommenden Personenkreises stattgefunden. Die Rechtsnatur der Staatsangehörigkeit wird durch diese Verfahrensweise aus dem ideellen Bereich hinaus für die Wahrung von Vermögensinteressen ausgenutzt. Die Fälle der Einbürgerung unter Hinnahme von Mehrstaatigkeit werden auf dieser gesetzlichen Grundlage stark ansteigen, falls keine restriktive Auslegung der Normen erfolgt.

---

600 BT-Drucks. 14/533, S. 19.

(f.) Merkmale des § 87 Absatz 1 Satz 2 Nr. 6 AuslG und die Ermessensausübung

Nach § 87 Absatz 1 Satz 2 Nr. 6 AuslG ist es möglich, von dem Erfordernis des Ausscheidens aus der bisherigen Staatsangehörigkeit abzusehen, wenn der betroffene Einbürgerungsbewerber politisch Verfolgter im Sinne des § 51 AuslG ist oder wie ein Flüchtling nach dem Gesetz über Maßnahmen für im Rahmen humanitärer Hilfsaktionen aufgenommene Flüchtlinge behandelt wird. § 87 Absatz 1 Satz 2 Nr. 6 AuslG betrifft die privilegierte Personengruppe des § 87 Absatz 1 Satz 2 Nr. 4 a. F. AuslG. Dieser Gruppe von privilegierten Personen unterfallen Asylberechtigte im Sinne des Artikel 16 a GG, sonstige Flüchtlinge im Sinne des § 3 AsylVerfG, Kontingentflüchtlinge im Sinne des § 1 des Gesetzes über Maßnahmen für im Rahmen humanitärer Hilfsaktionen aufgenommener Flüchtlinge, die im Ausland als Flüchtlinge im Sinne des Abkommens über die Rechtstellung der Flüchtlinge anerkannten Ausländer und jüdische Emigranten aus der ehemaligen Sowjetunion und ihren Nachfolge- sowie den baltischen Staaten, die wie Kontingentflüchtlinge behandelt werden (87.1.2.6. StAR-VwV).

§ 87 Absatz 1 Satz 2 Nr. 4 AuslG a. F., der sich auf ebenfalls diese Personengruppe erstreckte, sah eine Einbürgerung unter Hinnahme der Mehrstaatigkeit nur dann vor, wenn das Ausscheiden aus der bisherigen Staatsangehörigkeit für die Betroffenen eine unzumutbare Härte darstellte. Dies hatte zur Folge, dass die zuständige Behörde bei der Einbürgerung von Personen der genannten Gruppen diese nicht generell von ihren Entlassungsbemühungen aus der bisherigen Staatsangehörigkeit freistellte[601]. Eine unzumutbare Härte lag erst dann vor, wenn das Maß des Zumutbaren, auch wenn dieses nicht allzu hoch angesetzt wurde, überschritten wurde[602]. Das Erfordernis, dass die Beibehaltung eine besondere Härte darstellen muss, ist allerdings durch die Gesetzesänderung aus dem Wortlaut gestrichen worden[603]. Auch in 87.1.2.6. StAR-VwV, der auf die genannten Gruppen näheren Bezug nimmt, ist von dem Erfordernis einer besonderen Härte nicht die Rede. Vielmehr geht der Gesetzgeber mittlerweile davon aus, dass allein die Zugehörigkeit zu der genannten Gruppe eine Einbürgerung unter Hinnahme der bisherigen Staatsangehörigkeit rechtfertigt[604]. Damit sieht der Gesetzgeber den rechtlichen Status der betroffenen Personen als so wichtig an, dass auf das allgemeine Ordnungsprinzip der Vermeidung der Mehrstaatigkeit bei deren Einbürgerung in die Bundesrepublik Deutschland verzichtet wird.

601 Renner, § 87 AuslG, Rdnr. 9.

602 Renner, § 87 AuslG, Rdnr. 9.

603 Siehe dazu auch Hailbronner, in: Hailbronner/Renner, 3. Auflage, § 87 AuslG, Rdnr. 28 ff.

604 Siehe dazu die Begründung zum Gesetzesentwurf in BT-Drucks. 14/533, S. 19; Hailbronner, in: Hailbronner/Renner, 3. Auflage, § 87 AuslG, Rdnr. 30.

§ 87 Absatz 1 Satz 2 Nr. 6 AuslG stellt somit eine Erweiterung der Möglichkeit der Einbürgerung unter Beibehaltung der bisherigen Staatsangehörigkeit dar, dem sich die Behörde auch nicht aufgrund einer restriktiven Handhabung entziehen kann[605].

(3) Zusammenfassung und Ergebnis des Katalogs des § 87 Absatz 1 Satz 2 Nr. 1 bis 6 AuslG

Der Gesetzgeber hat durch die Änderung des § 87 AuslG eine erhebliche Erweiterung derjenigen Tatbestände erreicht, nach denen die Möglichkeit der Einbürgerung unter Hinnahme der Mehrstaatigkeit besteht. Die Erfahrungen der Einbürgerungspraxis der letzten Jahre wurden aber nur teilweise gesetzlich umgesetzt. Vielmehr wurden untergesetzlich nähere Konkretisierungen durch „Allgemeine Verwaltungsvorschriften" vorgenommen.

bb. § 87 Absatz 2 AuslG als Ausnahme des Grundsatzes der Einbürgerung unter Vermeidung von Mehrstaatigkeit

Die Regelung des § 87 Absatz 2 AuslG wurde mit der Änderung durch das Staatsangehörigkeitsreformgesetz neu eingefügt[606]. Er sieht Ausnahmen vom Ordnungsprinzip der Vermeidung der Mehrstaatigkeit in den Fällen vor, in denen Staatsangehörige von Mitgliedstaaten der Europäischen Union betroffen sind und in diesen Mitgliedstaaten die Einbürgerung unter Hinnahme der deutschen Staatsangehörigkeit möglich ist. Der Regelungsgehalt soll nicht darauf abzielen, dass dem betroffenen Personenkreis nicht zugemutet werden kann, die ausländische Staatsangehörigkeit aufzugeben. Vielmehr sieht der Gesetzgeber bei dem betroffenen Personenkreis ein fehlendes öffentliches Interesse an der Vermeidung von Mehrstaatigkeit[607]. Begründet wird dies damit, dass bei Ausländern, die Staatsangehörige eines anderen Mitgliedstaates der Europäischen Union sind, bereits eine weitgehende Inländergleichbehandlung bestehe[608]. Das Interesse am Erwerb der deutschen Staatsangehörigkeit unter Aufgabe der bisherigen Staatsangehörigkeit sei daher für Ausländer gering, woraus auch eine sehr niedrige Einbürgerungsquote resultiere[609]. So solle gerade im Hinblick auf das Ziel der europäischen Integration der Anreiz zum Erwerb der deutschen Staatsangehörigkeit dadurch verstärkt werden, dass der Grundsatz der Vermeidung von Mehrstaatigkeit nicht gelte, wenn Gegenseitigkeit bestehe[610].

---

[605] Zu der Regelung in § 87 Abs. 1 Nr. 4 a. F. siehe Renner, § 87 AuslG, Rdnr. 9.
[606] Der bisherige § 87 Abs. 2 AuslG a. F. ist jetzt § 87 Abs. 3 AuslG n. F. geworden.
[607] BT-Drucks. 14/533, S. 19.
[608] BT-Drucks. 14/533, S. 19.
[609] BT-Drucks. 14/533, S. 19.
[610] BT-Drucks. 14/533, S. 19.

Mit der Regelung in § 87 Absatz 2 AuslG n. F. setzt sich der Gesetzgeber über das Ordnungsprinzip der Vermeidung der mehrfachen Staatsangehörigkeit ebenso hinweg wie über die Bedenken, die das Bundesverfassungsgericht in dieser Beziehung anstellte. Die Begründung, es fehle in diesen Fällen an einem öffentlichen Interesse hinsichtlich der Vermeidung von Mehrstaatigkeit ist nicht ganz nachzuvollziehen. Prinzipiell sollte es im öffentlichen Interesse der Bundesrepublik Deutschland liegen, Konflikte, die aufgrund der Überschneidung der Staatsangehörigkeit entstehen, zu vermeiden. Solche Konflikte können durchaus auch noch unter den Mitgliedstaaten der Europäischen Union entstehen, da es ein einheitliches Staatsangehörigkeitsrecht der Europäischen Union (noch) nicht gibt. Auch mag die Begründung der Hinnahme mehrfacher Staatsangehörigkeit aufgrund der bereits erfolgten Inländergleichbehandlung nicht zu überzeugen. Gerade weil eine weitgehende Inländergleichbehandlung besteht, ist eine Erteilung der deutschen Staatsangehörigkeit nicht mehr nötig, da den EU-Angehörigen bereits die gleichen Rechte zustehen wie den Inländern.
Da sich die Mitgliedstaaten der Europäischen Union (noch) nicht dazu entschlossen haben, eine einheitliche Staatsangehörigkeit einzuführen, sollte dieser nicht aufgrund nationaler Vorschriften der Mitgliedstaaten vorweggegriffen werden.
Der personelle Geltungsbereichs bezieht sich nur auf Staatsangehörige der EU-Mitgliedstaaten. Darunter sind die Unionsbürger gemäß Artikel 17 EG zu verstehen. Staatsangehörige von assoziierten Staaten und Beitrittskandidaten der Europäischen Union fallen nicht darunter. Bezieht sich die Einbürgerung im Herkunftsstaat auf eine bestimmte privilegierte Personengruppe, so besteht gemäß § 87.2. StAR-VwV Gegenseitigkeit nur bezüglich dieser Personengruppe in der Bundesrepublik Deutschland[611].
Sachlich muss Gegenseitigkeit in der Gewährung der mehrfachen Staatsangehörigkeit bestehen. Die nähere Ausgestaltung in 87.2. StAR-VwV ist allerdings misslungen. Gegenseitigkeit soll danach nämlich bereits bestehen, wenn der Herkunftsstaat generell oder nur für andere Mitgliedstaaten der Europäischen Union Mehrstaatigkeit bei der Einbürgerung hinnimmt. Die Bestimmung muss

[611] Nach 87.2. StAR-VwV soll dies beispielsweise für Ehegatten eigener Staatsangehöriger gelten. Ist im Herkunftsstaat nur bei diesen Personen eine Einbürgerung unter der Hinnahme der bisherigen Staatsangehörigkeit möglich, soll dies auch für den gleichen Personenkreis in der Bundesrepublik Deutschland gelten. Fraglich ist allerdings, ob dies nicht eine Diskriminierung hinsichtlich derselben Personengruppen anderer EU-Mitgliedstaaten darstellt. Werden nämlich bestimmte Personengruppen eines EU-Mitgliedstaates in der Bundesrepublik Deutschland unter Hinnahme der bisherigen Staatsangehörigkeit eingebürgert, Staatsangehörige anderer Mitgliedstaaten allerdings nicht, so könnte dies diesen gegenüber eine Diskriminierung darstellen. Ob die sachliche Rechtfertigung allein aufgrund des mangelnden Gegenseitigkeitsverhältnisses begründet werden kann, mag zu bezweifeln sein.

aber so ausgelegt werden, dass im anderen Mitgliedstaat die Regelung bestehen muss, die deutsche Staatsangehörigkeit beizubehalten. Nicht ausreichend ist also, dass grundsätzlich die Möglichkeit der Hinnahme mehrerer Staatsangehörigkeiten in diesem Mitgliedstaat besteht.

cc. § 87 Absatz 3 AuslG

§ 87 Absatz 3 AuslG sieht eine Ausnahme von der Einbürgerung unter Aufgabe der bisherigen Staatsangehörigkeit vor, wenn der ausländische Staat die Entlassung aus der bisherigen Staatsangehörigkeit von der Leistung des Wehrdienstes im Heimatstaat abhängig macht und der Ausländer den überwiegenden Teil seiner Schulausbildung an deutschen Schulen erhalten hat und im Bundesgebiet in deutsche Lebensverhältnisse und in das wehrpflichtige Alter hineingewachsen ist.

§ 87 Absatz 3 AuslG n. F. entspricht seinem Inhalt nach der Regelung in § 87 Absatz 2 AuslG a. F. Er wird jedoch nach der Änderung des § 87 AuslG durch die Regelung des § 87 Absatz 1 Satz 2 Nr. 3 AuslG ergänzt, der sich ebenfalls mit den Problemen der Einbürgerung unter Hinnahme der bisherigen Staatsangehörigkeit in Bezug auf den Wehrdienst auseinandersetzt. § 87 Absatz 1 Satz 2 Nr. 3 AuslG stellt in diesem Zusammenhang einen Auffangtatbestand zu § 87 Absatz 3 AuslG dar. Die Vorschrift war vor ihrer Änderung eine Ermessensvorschrift[612]. Hieran hat sich nichts geändert[613]. Der zuständigen Behörde wird bei der Ermessensausübung in 87.3.2. StAR-VwV Hilfestellung gegeben.

Voraussetzung ist somit zunächst, dass der Herkunftsstaat den Einbürgerungsbewerber nicht aus seiner bisherigen Staatsangehörigkeit entlässt, da er seinen Wehrdienstverpflichtungen nicht nachgekommen ist. Die Regelung des bisherigen Heimatstaates liegt im Kompetenzbereich dieses Staates und ist völkerrechtlich zulässig, da der Wehrdienst Ausfluss des Gegenseitigkeitsverhältnisses zwischen Staatsangehörigen und Staat ist, welches die Staatsangehörigkeit vermittelt.

Dem Wehrdienst nicht gleichzustellen sind solche Leistungen, die ihn nach dem Recht des Heimatstaates ersetzen können. Sind somit andere „alternative Leistungen“ zum Wehrdienst möglich, so rechtfertigt dies noch nicht die Hinnahme der bisherigen Staatsangehörigkeit. Dies ist beispielsweise im sogenannten „Freikauf“ der Fall. Hierbei wird in Betracht gezogen, ob die „alternative Leistung“ des Freikaufs dem Einbürgerungsbewerber noch zumutbar ist. Dabei wird sich ebenfalls an dem Bruttomonatseinkommen des Einbürgerungsbewerbers orientiert[614].

612 Siehe Renner, § 87 AuslG, Rdnr. 10.

613 Siehe auch: Hailbronner, in: Hailbronner/Renner, 3. Auflage, § 87 AuslG, Rdnr. 33.

614 Vgl. 87.3.1.1. StAR-VwV.

Dem Wehrdienst müssen aber solche Dienste gleichgestellt werden, die der Betroffene anstatt des Wehrdienstes in seinem Heimatstaat zu erbringen hat. Dabei ist an Dienste zu denken, die mit dem deutschen Ersatzdienst vergleichbar sind. Sieht der ausländische Staat solche Dienste vor und ist von ihrer Erfüllung die Entlassung aus der Staatsangehörigkeit abhängig, so kann eine entsprechende Anwendung des § 87 Absatz 3 AuslG in Betracht gezogen werden[615].
Die Einbürgerung unter Hinnahme der bisherigen Staatsangehörigkeit soll nach den Verwaltungsvorschriften dann erfolgen, wenn der Freikauf und die Leistung des Wehrdienstes nicht zumutbar sind, wobei man sich bei der Leistung des Wehrdienstes an den 87.3.1.2. bis 87.3.2. StAR-VwV zu orientieren hat. Der Bewerber muss eine deutsche Schule besucht haben. Darunter werden deutsche Schulen in Deutschland verstanden. Es reicht nicht aus, dass der Bewerber eine deutsche Schule in seinem Heimatstaat oder etwa eine nicht deutschsprachige Schule in Deutschland besucht hat. Zudem muss der Aufenthalt an einer deutschen Schule zeitlich quantitativ dem Aufenthalt an einer ausländischen Schule überwiegen (vgl. 87.3.1.2. StAR-VwV)[616]. Hat er in mehreren Staaten eine Schule besucht, so werden die zeitlichen Aufenthalte addiert, das heißt der Ausländer muss den zeitlich überwiegenden Teil seiner schulischen Ausbildung an einer deutschen Schule in Deutschland genossen haben[617]. Der Bestimmung liegt ein integrationspolitischer Aspekt zugrunde, dem nicht nachgekommen wird, wenn der überwiegende Teil der Ausbildung nicht in Deutschland stattgefunden hat[618].
Ferner muss der Betroffene in deutsche Lebensverhältnisse und das wehrpflichtige Alter hineingewachsen sein. Mit dem wehrpflichtigen Alter ist das wehrpflichtige Alter nach dem Recht der Herkunftsstaates gemeint (vgl. 87.3.1.3. StAR-VwV), nicht das Alter nach dem Wehrpflichtgesetz. Der Einbürgerungsbewerber kann unter Beibehaltung der bisherigen Staatsangehörigkeit nach 87.3.2. StAR-VwV eingebürgert werden, wenn mit der Einberufung in die Bundeswehr gerechnet werden kann (lit. a.)), oder die Erbringung des Wehrdienstes

---

615 Da der ausländische Staat die Entlassung von der Leistung eines Dienstes abhängig macht, die mit seiner Staatsangehörigkeit verbunden ist, liegt zumindest der gleiche Tatbestand vor, wie bei dem Erfordernis vor der Entlassung den Wehrdienst abzuleisten. Da auch hier eine Anwesenheit vor Ort erforderlich ist, die unter Umständen einen längeren Zeitraum beansprucht, liegt auch eine gleiche Interessenlage vor, wenn dies die Grenze des Zumutbaren überschreitet. Eine analoge Anwendung des § 87 Abs. 3 AuslG wäre somit auch auf andere Dienste als den Wehrdienst möglich.

616 So bereits nach § 87 Abs. 2 AuslG a. F., vgl. Renner, § 87 AuslG, Rdnr. 12.

617 Zum Überwiegen der Schulausbildung in Deutschland siehe auch die Entscheidung des OVG Hamburg, InfAuslR 1998, S. 233 (235).

618 Dies lässt sich vor allem auch in der nachfolgenden Voraussetzung erkennen, nämlich daran, dass der Ausländer „in die deutschen Lebensverhältnisse hineingewachsen“ sein muss. Hier wird wiederum auf die Sprache als Mittel der Integration abgestellt.

im ausländischen Staat mit Nachteilen oder besonderen Belastungen verbunden wäre, die einem deutschen Staatsangehörigen in vergleichbarer Lage nicht zugemutet werden können (lit. b.)).
Zusätzlich ist bei der Hinnahme der bisherigen Staatsangehörigkeit nach § 87 Absatz 3 AuslG seitens der Behörde zwischen dem Interesse an der Vermeidung der Mehrstaatigkeit und dem staatlichen Interesse an der Einbürgerung des Bewerbers im konkreten Einzelfalle abzuwägen (87.3.2. StAR-VwV).

dd. § 87 Absatz 4 AuslG
Eine weitere Möglichkeit, die Einbürgerung unter Beibehaltung der bisherigen Staatsangehörigkeit zu erreichen, besteht im Falle des § 87 Absatz 4 AuslG, der weitere Ausnahmen vom allgemeinen Ordnungsprinzip der Vermeidung der Mehrstaatigkeit nach Maßgabe völkerrechtlicher Verträge vorsieht.
§ 87 Absatz 4 AuslG ist als allgemeine Öffnungsklausel für völkerrechtliche Verträge zu verstehen, die sich mit der Lösung von Problemen bei der Hinnahme von mehrfacher Staatsangehörigkeit befassen und in denen die Hinnahme mehrfacher Staatsangehörigkeit vorgesehen werden kann[619].

ee. § 87 Absatz 5 AuslG
Eine besondere Regelung für Minderjährige stellt § 87 Absatz 5 AuslG dar[620]. So soll bei der Unmöglichkeit der Entlassung Minderjähriger aus der bisherigen Staatsangehörigkeit diesen unter Umständen eine Einbürgerungszusicherung gegeben werden. Die Regelung stellt einen Sonderfall zu § 87 Absatz 1 Satz 2 Nr. 1 AuslG dar und bezieht sich nur auf Ausländer, die wegen ihrer Minderjährigkeit nicht aus der bisherigen Staatsangehörigkeit entlassen werden können[621]. In Anlehnung an § 87 Absatz 1 Satz 2 Nr. 1 AuslG liegt hier ein Fall von rechtlicher Unmöglichkeit der Entlassung Minderjähriger aus ihrer bisherigen Staatsangehörigkeit vor.
Voraussetzung ist zunächst, dass kein Fall des § 87 Absatz 1 bis 4 AuslG vorliegt. Zudem unterliegt die Regelung einer zeitlichen Grenze von zwei Jahren nach Antragstellung. Wird der Einbürgerungsbewerber nicht in diesem Zeitraum volljährig, so ist eine Einbürgerungszusicherung nach § 87 Absatz 5 AuslG nicht möglich. Der Minderjährige kann dann nur nach § 8 StAG unter vorübergehender Hinnahme von Mehrstaatigkeit eingebürgert werden. Der Zeitpunkt der Volljährigkeit richtet sich nicht nach deutschem Recht, sondern nach dem des Heimatstaates (87.5. StAR-VwV), die vorübergehende Hinnahme von

619 BT-Drucks. 14/533, S. 19.
620 Göbel-Zimmermann/Masuch, DÖV 2000, S. 95 (97).
621 BT-Drucks. 14/533, S. 19.

Mehrstaatigkeit richtet sich nach den Regeln der „Allgemeinen Verwaltungsvorschriften“ zu § 8 StAG (8.1.2.6.2. StAR-VwV).

ff. Zusammenfassung und Ergebnis

§ 87 AuslG stellt eine bedeutende Ausnahme vom Grundsatz der Einbürgerung unter der Aufgabe der bisherigen Staatsangehörigkeit dar. Mit der Änderung des § 87 AuslG durch das Staatsangehörigkeitsreformgesetz wurde der Kreis der betroffenen Personen, aber auch der sachlichen Voraussetzungen erheblich erweitert. Aufgrund seiner Regelung wird es Einbürgerungsbewerbern ermöglicht, bei Vorliegen bestimmter sachlicher Voraussetzungen auch unter Hinnahme der bisherigen Staatsangehörigkeit eingebürgert zu werden. So werden Staatsangehörige von EU-Mitgliedstaaten bei der Einbürgerung privilegiert. Die sachlichen Voraussetzungen werden über die immateriellen Aspekte hinaus auch auf materielle Aspekte ausgedehnt, so dass es dem Einbürgerungsbewerber mittlerweile ermöglicht wird, die Staatsangehörigkeit des bisherigen Heimatstaates beizubehalten, wenn aus dem Ausscheiden aus der bisherigen Staatsangehörigkeit finanzielle Verluste im Heimatstaat resultieren oder damit Erbrechtsbeschränkungen einhergehen.

Der deutsche Gesetzgeber hat mit der Änderung des § 87 AuslG teilweise aber auch dargelegt, dass er die Regelung im Heimatstaat des Betroffenen nicht respektiert. Es kann dem fremden Staat aber durchaus daran gelegen sein, seine Rechte und Ansprüche mit seiner Staatsangehörigkeit zu verknüpfen. Der dahinterstehende Sinn, den der fremde Gesetzgeber verfolgt, ist offensichtlich: Durch die Verbindung materieller Rechte und Ansprüche mit der Staatsangehörigkeit soll der Betroffene an seinen Heimatstaat gebunden werden. Eine solche Verfahrensweise ist moralisch vertretbar, völkerrechtlich legitim und vor allem im Interesse des Auswanderungsstaates. Durch eine großzügige Handhabung der Einbürgerung unter Hinnahme der Mehrstaatigkeit unterwandert der bundesdeutsche Gesetzgeber die nationalen Bestimmungen der betroffenen Staaten. Abgesehen davon macht er die Erteilung der deutschen Staatsangehörigkeit von materiellen Interessen abhängig und übersieht dabei sowohl die staatsrechtliche als auch völkerrechtliche Bedeutung der Staatsangehörigkeit. Es kann nicht Aufgabe des Bundesgesetzgebers sein, sich der nationalen Rechtsordnung anderer souveräner Staaten durch seine eigene anzunehmen. Selbst wenn die Auffassung bestehen sollte, dass – ausgehend von der eigenen Rechtsordnung – bestimmte, dem Einzelnen auferlegte Beschränkungen politisch nicht zu vertreten seien, so ist es nicht Aufgabe des bundesdeutschen Gesetzgebers dies durch seine Rechtsordnung auszugleichen. Dies ist aber materiellrechtlich erfolgt und wurde dadurch sichtbar, dass Personengruppen, die Schwierigkeiten in ihrem

Heimatland hatten, in die Beratungen des Gesetzes mit einbezogen wurden[622]. Der deutsche Gesetzgeber kann allenfalls versuchen, auf politischer Ebene dahingehend auf den anderen Staat einzuwirken, damit dieser seine Rechtsordnung „anpasst" oder mit der deutschen Rechtsordnung abgleicht. Bekundet der andere Staat daran kein Interesse, so ist dies hinzunehmen. Keinesfalls kann das Resultat dieser Verweigerung zu einem Versuch der Unterwanderung der Bestrebungen des anderen Staates durch eigene rechtliche Bestimmungen sein, wie es durch die Änderung der staatsangehörigkeitsrechtlichen Vorschriften der Fall ist[623].
Durch die Erweiterung der Hinnahmetatbestände des § 87 AuslG wird in Zukunft eine wesentliche Erhöhung der Einbürgerungen unter Hinnahme der bisherigen Staatsangehörigkeit zu verzeichnen sein.

f. Völkerrechtliche Bedenken

Völkerrechtliche Bedenken bestehen, weil das Optionsmodell gegen das Übereinkommen über die Verringerung der Mehrstaatigkeit und über die Wehrpflicht von Mehrstaatern vom 6. Mai 1963[624] verstoßen könnte. In dem Übereinkommen haben sich die Vertragstaaten unter anderem das Ziel gesetzt, die sich aus den Fällen der mehrfachen Staatsangehörigkeit ergebenden Schwierigkeiten durch ein gemeinsames Vorgehen möglichst zu verringern[625].
Artikel 1 Absatz 1 des Übereinkommen bestimmt, dass volljährige Staatsangehörige einer Vertragspartei, die infolge einer ausdrücklichen Willenserklärung durch Einbürgerung, Option oder Wiedereinbürgerung die Staatsangehörigkeit einer anderen Vertragspartei erwerben, ihre vorherige Staatsangehörigkeit verlieren. Auf den Erwerb der Staatsangehörigkeit nach § 4 Absatz 3 StAG ist Arti-

---

622 Vgl. die Beteiligung der türkischen Gemeinde Deutschlands e. V. im Bericht zum Ablauf der Beratungen im Innenausschuss, in BT-Drucks. 14/867, S. 17 ff.

623 In diesem Zusammenhang wäre sogar eine Einmischung in innere Angelegenheiten zu diskutieren. Da der ausländische Staat souverän ist und die Regelung seiner nationalen Rechtsordnung zur *domaine réservé* dieses Staates gehört, haben andere Staaten diese Regelungen zu respektieren. Wird dies unterlaufen, so liegt eine verbotene Einmischung in die inneren Angelegenheiten des ausländischen Staates vor. Zwar können nationale Vorschriften oft faktische Auswirkungen auf die inneren Angelegenheiten eines anderen Staates haben, allerdings ist die Grenze spätestens dann überschritten, wenn diese Auswirkungen unmittelbar wirken. Dies ist dann der Fall, wenn der nationale Gesetzgeber gesetzliche Normen auf einen bestimmten Personenkreis speziell zuschneidet und dieser Personenkreis sich hauptsächlich aus Staatsangehörigen eines anderen Staates zusammensetzt. Handelt der Gesetzgeber mit dieser Intention, so unterläuft er bewusst die Rechtsordnung des anderen Staates, welches nach internationalem Recht eine Intervention darstellt.

624 BGBl. 1969 II, S. 1954 ff.

625 Vgl. die Präambel des Übereinkommens über die Verringerung der Mehrstaatigkeit und über die Wehrpflicht von Mehrstaatern vom 06.05.1963.

kel 1 Absatz 1 des Übereinkommens nicht anwendbar, da dort nur Bezug auf den nachträglichen Erwerb, nicht aber auf den originären Erwerb und der damit verbundenen Entstehung mehrfacher Staatsangehörigkeit genommen wird[626]. Auch Artikel 2 des Übereinkommens steht dem nicht entgegen, da hier Mehrstaatern nur die Möglichkeit eingeräumt werden soll, auf eine ihrer Staatsangehörigkeiten zu verzichten.

Schwierigkeiten können sich aber in Bezug auf § 40 b StAG ergeben, der einen Erwerb der mehrfachen Staatsangehörigkeit auch nachträglich zulässt. Es handelt sich bei § 40 b StAG nicht um eine originäre Form des Staatsangehörigkeitserwerbs, sondern um eine derivative. Aber auch hier ist Artikel 1 Absatz 1 des Übereinkommens nicht einschlägig, denn nach dem 2. Halbsatz ist in Fällen mehrfacher Staatsangehörigkeit „die Beibehaltung der vorherigen Staatsangehörigkeit zu untersagen". Diese Verpflichtung richtet sich nicht an den einbürgernden Staat, sondern an den Staat der bisherigen Staatsangehörigkeit[627]. Eine Verpflichtung für die Bundesrepublik Deutschland ergibt sich daraus nicht[628]. Die weite Hinnahmeregel der mehrfachen Staatsangehörigkeit des § 87 AuslG im Rahmen der Option des § 29 StAG stellt keinen Verstoß gegen das Übereinkommen dar. Auch hier ist die Bundesrepublik Deutschland nicht Adressat der Verpflichtung der Verringerung der Mehrstaatigkeit, Adressaten sind vielmehr die Staaten, deren Staatsangehörigkeit beibehalten wird[629].

Die Verringerung der Mehrstaatigkeit wird durch das Übereinkommen schon deswegen nicht gefördert, weil es nur unter den momentan 13 Vertragspartnern Geltung beansprucht[630]. In Bezug auf andere Staaten haben die Reglungen keine Auswirkungen. Darunter fallen vornehmlich die Regelungen in § 40 b StAG und § 87 AuslG die die meisten Auswirkungen haben werden[631].

Das Übereinkommen über die Verringerung der Mehrstaatigkeit und über die Wehrpflicht von Mehrstaatern vom 6. Mai 1963 steht dem Optionsmodell und den damit in Bezug stehenden §§ 4 Absatz 3 sowie 40 b StAG nicht entgegen.

---

626 So auch Huber/Butzke, NJW 1999, S. 2769 (2772); Rittstieg, NJW 1990, S. 1401 (1404).

627 Rittstieg, NJW 1990, S. 1401 (1404).

628 Ebenso: Rittstieg, NJW 1990, S. 1401 (1404); Huber/Butzke, NJW 1999, S. 2769 (2772).

629 Huber/Butzke, NJW 1999, S. 2769 (2772).

630 Mitgliedstaaten des Übereinkommens sind:
Belgien (19.07.1991), Dänemark (17.12.1972), Bundesrepublik Deutschland (18.12.1969), Frankreich (28.03.1968), Irland (17.04.1973), Italien (28.03.1968), Luxemburg (12.11.1971), Niederlande (10.06.1985), Norwegen (27.12.1969), Österreich (01.09.1975), Schweden (06.04.1969), Spanien (17.08.1987), Vereinigtes Königreich (08.08.1971). Quelle: Fundstellennachweis B (2000), S. 459 f. (Stand: 31.12.2000).

631 In Bezug auf die Türkei und die Nachfolgestaaten des früheren Jugoslawien: Huber/Butzke, NJW 1999, S. 2769 (2772).

g. Verfassungsrechtliche Bedenken

aa. Verstoß gegen Artikel 16 Absatz 1 GG

Die mit der Änderung des StAG eingeführte Option der Staatsangehörigkeit gemäß § 29 StAG wirft bezüglich Artikel 16 Absatz 1 GG Probleme auf. Gemäß § 29 Absatz 5 StAG hat die zuständige Behörde den Erklärungspflichtigen auf seine Pflicht *unverzüglich* nach Vollendung seines 18. Lebensjahres hinzuweisen. Dieser Hinweis ist nach § 29 Absatz 5 StAG i. V. m. den betreffenden Normen des VwZG zuzustellen.

Erklärt der Erklärungspflichtige, dass er die ausländische Staatsangehörigkeit behalten will, so geht die deutsche Staatsangehörigkeit mit dem Zugang der Erklärung bei der zuständigen Behörde gemäß § 29 Absatz 2 Satz 1 StAG verloren. Es tritt demnach der Wegfall der Staatsangehörigkeit durch einseitige Erklärung seitens des Erklärungspflichtigen ein.

Ferner geht die deutsche Staatsangehörigkeit nach § 29 Absatz 2 Satz 2 StAG dann verloren, wenn der Erklärungspflichtige bis zur Vollendung seines 23. Lebensjahres keine Erklärung nach Artikel 29 Absatz 1 StAG abgegeben hat.

In einem dritten Fall geht die deutsche Staatsangehörigkeit dann verloren, wenn der Betroffene zwar die Erklärung zur Beibehaltung der deutschen Staatsangehörigkeit gemäß § 29 Absatz 1 StAG gestellt hat, jedoch bis zur Vollendung seines 23. Lebensjahres nicht den Nachweis erbracht hat, dass er die ausländische Staatsangehörigkeit aufgegeben hat, oder – im Falle der Beibehaltung der ausländischen neben der deutschen Staatsangehörigkeit nach § 29 Absatz 3, 4 – ihm keine Beibehaltungsgenehmigung nach § 29 Absatz 3 erteilt worden ist.

Bei der Lösung des Optionsmodells ergibt sich die Problematik des nachträglichen Wegfalls der Staatsangehörigkeit. Dabei stellen sich vor allem zwei wesentliche Probleme. Zum einen ist zu erörtern, ob die nachträgliche Option nicht einen unzulässigen Verlustgrund der deutschen Staatsangehörigkeit darstellt. Zum anderen ergibt sich das Problem, ob bei einer Weigerung der Option, das heißt, wenn sich die betreffende Person trotz Ablaufs der zeitlichen Begrenzung bis zur Vollendung des 23. Lebensjahres weigert, seine deutsche Staatsangehörigkeit wieder zurückzugeben, die deutsche Staatsangehörigkeit aufgrund Gesetzes, in diesem Falle aufgrund § 29 Absatz 2 Satz 2 StAG, verloren gehen darf.

(1) Entzug und Verlust im Sinne des Artikels 16 Absatz 1 GG

Der spätere Wegfall der Staatsangehörigkeit findet seine Regelung in Artikel 16 Absatz 1 GG.

Nach Artikel 16 Absatz 1 Satz 1 GG kann die deutsche Staatsangehörigkeit grundsätzlich nicht „entzogen“ werden. Der „Verlust“ der Staatsangehörigkeit darf gemäß Artikel 16 Absatz 1 Satz 2 nur dann eintreten, wenn dies aufgrund Gesetzes geschieht und der Betroffene dadurch nicht staatenlos wird.

Dementsprechend lässt sich im Grundgesetz eine Unterscheidung der Wegfalltatbestände in den „Entzug" und in den „Verlust" feststellen. Der „Entzug" der deutschen Staatsangehörigkeit ist nicht möglich, wohingegen der „Verlust" der deutschen Staatsangehörigkeit eintreten kann. Eine Unterscheidung der beiden Tatbestände ist nicht auf den ersten Blick ersichtlich. Eine nähere Bestimmung der beiden Begriffe wird zudem dadurch erschwert, dass der Verfassunggeber bei der Regelung des Artikels 16 GG nach längeren Beratungen darauf verzichtet hat, einen abgeschlossenen Katalog von Entzugstatbeständen in Artikel 16 Absatz 1 Satz 1 GG aufzunehmen[632]; ebenso hat er davon abgesehen, eine beispielhafte Aufzählung von Entzugstatbeständen im Grundgesetz zu statuieren. Dennoch wurden verschiedene Ansätze zur Bestimmung der Begriffe „Entzug" und „Verlust" entwickelt.

(a.) Beurteilung nach der Willenskomponente
Unter der Entziehung der Staatsangehörigkeit wird teilweise ein Akt staatlicher Gewalt verstanden, durch den jemand ohne oder gegen den Willen seine deutsche Staatsangehörigkeit verliert[633]. Begründet in der starken individualistischen Komponente des Grundgesetzes und der Grundrechtseigenschaft der Staatsangehörigkeit könne der Unterschied zwischen dem Verlust und dem Entzug der Staatsangehörigkeit nur an der Selbstbestimmung des Staatsbürgers orientiert gesehen werden[634]. Der Wegfall der Staatsangehörigkeit aufgrund des freien Entschlusses des Betroffenen wird als Selbstausbürgerung angesehen, wohingegen der Wegfall der Staatsangehörigkeit, der nicht auf dem freien Willensentschluss des Betroffenen beruht, als Zwangsausbürgerung qualifiziert wird[635]. Entzug ist somit der Verlust, den der Betroffene nicht beeinflussen kann[636]. Der Wegfall der deutschen Staatsangehörigkeit wäre nur dann mit Artikel 16 Absatz 1 GG vereinbar, wenn sie aufgrund seiner eigenen Entscheidung, die auf seiner freien Selbstbestimmung beruhen muss, entfällt[637].
Diese Auffassung fußt konsequenterweise auf der terminologischen Unterscheidung zwischen Entzug und Verlust, da allein das Wort „Entziehung" die Existenz eines entgegenstehenden Willens des jeweils betroffenen Inhabers der deutschen Staatsangehörigkeit erfordert[638]. Problematisch ist jedoch bei dieser Beg-

---

632 Siehe hierzu die Beratungen zu Art. 16 GG, JöR 1 (1951), S. 159 ff.

633 Schnapp, in: von Münch, Art. 16 GG, Rdnr. 11; Seifert, DÖV 1972, S. 671 (672); Kokott, in: Sachs, Art. 16 GG, Rdnr. 11; Pieroth, in: Jarass/Pieroth, 4. Auflage, Art. 16 GG, Rdnr. 2; Seifert/Hömig, Art. 16 GG, Rdnr. 1; Lübbe-Wolff, Jura 1996, S. 57 (60).

634 Seifert, DÖV 1972, S. 671 (672).

635 Seifert, DÖV 1972, S. 671 (672).

636 Jarass, in: Jarass/Pieroth, Art. 16 GG, Rdnr. 8; BVerfG-K, NJW 1990, S. 2193.

637 Huber/Butzke, NJW 1999, S. 2769 (2770); Seifert, DÖV 1972, S. 671 (672).

638 Lübbe-Wolff, Jura 1996, S. 57 (60).

riffsbestimmung die Feststellung, wann die Staatsangehörigkeit gegen den Willen des Betroffenen verloren geht. Bei fast allen Verlusttatbeständen kann angenommen werden, dass der Verlust der Staatsangehörigkeit gegen den Willen des Betroffenen geschieht. Allein die Entlassung aus der deutschen Staatsangehörigkeit gemäß Artikel 18 StAG ist demnach der klassische Fall des Verlustes der deutschen Staatsangehörigkeit, die mit dem Willen[639] des Betroffenen erfolgt. Problematisch wäre dann aber schon der Wegfall der deutschen Staatsangehörigkeit im Rahmen des Erwerbs einer ausländischen Staatsangehörigkeit nach Artikel 25 StAG. Es ist nur schwer ersichtlich, warum bei dem Erwerb einer ausländischen Staatsangehörigkeit, die deutsche Staatsangehörigkeit automatisch verloren gehen soll[640]. Knüpfte man hier allein an die Voraussetzung des freien Willensentschlusses, so wäre die Verfassungsmäßigkeit des Artikels 25 StAG auch dann nicht unbedenklich, wenn der Erwerb der fremden Staatsangehörigkeit freiwillig beantragt und erworben wurde. Eben solche Erwägungen wären dann auch hinsichtlich des § 29 Absatz 1 anzustellen. Auch die Regelungen in § 29 Absatz 2 StAG und § 29 Absatz 3 StAG würden dann dem freien Willensentschluss des Betroffenen widersprechen, da die deutsche Staatsangehörigkeit deshalb entfällt, weil er die in § 29 Absatz 2, 3 StAG vorgesehenen Voraussetzungen nicht erfüllt hat.

Einige Vertreter fordern daher bei der Entscheidung über die Entlassung aus der deutschen Staatsangehörigkeit Tatbestandsmerkmale, die – in welcher Weise auch immer – im Willensbereich des Betroffenen begründet sind[641]. Der Entzug der Staatsangehörigkeit sei danach die engere Auslegung der Aberkennung entgegen dem Willen des Betroffenen, wogegen der Verlust, der im Gegensatz zum Entzug den weiteren Begriff des Wegfalls der Staatsangehörigkeit darstelle[642], dann möglich sei, wenn dieser auf einem freien Willensentschluss des Betroffenen beruht[643].

Bezogen auf Artikel 25 StAG würde dies bedeuten, dass der Betroffene den Wegfall der deutschen Staatsangehörigkeit dahingehend beeinflussen kann, dass er die deutsche Staatsangehörigkeit beibehält und auf einen Wechsel der Staatsangehörigkeit aus freiem Entschluss verzichtet[644]. Eine diesbezügliche Begründung könnte auch hinsichtlich der Regelungen in § 29 Absatz 2, 3 StAG angestellt werden. Dem Betroffenen wäre es nämlich möglich, zumindest durch die Option für die deutsche Staatsangehörigkeit, sich gegen die Wegnahme der deutschen Staatsangehörigkeit zu entscheiden. Der dadurch vorgesehene Verlust

---

639 Renner, in: Hailbronner/Renner, 3. Auflage, § 18 Rdnr. 8.
640 Hailbronner, in: Hailbronner/Renner, 3. Auflage, § 25 StAG, Rdnr. 1.
641 Kimminich, in: Bonner Kommentar, Art. 16 GG, Rdnr. 36;
642 Seifert, DÖV 1972, S. 671 (671).
643 Schnapp, in: von Münch, Art. 16 GG, Rdnr. 11; Seifert, DÖV 1972, S. 671 (672).
644 Kokott, in: Sachs, Art. 16 GG, Rdnr. 12.

der deutschen Staatsangehörigkeit gemäß § 29 Absatz 2 Satz 1 und Satz 2 StAG sowie der Wegfall der Staatsangehörigkeit gemäß § 29 Absatz 3 StAG wären damit ebenfalls verfassungsrechtlich unbedenklich.
Inwieweit diese Entscheidung allerdings auf der Grundlage der freien Selbstbestimmung beruht, ist fraglich. Denn abgesehen von den Fällen, in denen sich der Betroffene entschließt, ohne Weiteres die deutsche Staatsangehörigkeit aufzugeben, ergeben sich Schwierigkeiten bei der Bestimmung eines freien Willensentschlusses, wenn sich der Betroffene überlegt, ob er die deutsche Staatsangehörigkeit nicht dennoch behalten will. Dabei wird teilweise versucht, die freie Selbstbestimmung hinsichtlich des Verlustes derart weit zu interpretieren, dass ein Entzug lediglich die Ausnahme zu Artikel 16 Absatz 1 Satz 2 GG darstelle und dies nur der Fall sei, wenn überhaupt kein Willensentschluss des Betroffenen mehr zu erkennen sei[645]. Die Behauptung, die zwangsweise Entlassung aus der deutschen Staatsangehörigkeit, die der Betroffene offensichtlich gar nicht wünscht, beruhe noch auf dem freien Willensentschluss des Ausgegliederten, kann aber nicht ganz überzeugen. Diese Entlassung mit einer abstraktwillentlichen Teilabwendung und bei einem dauerhaften Aufenthalt mit einer sogenannten „Dreiviertel-Abwendung" zu begründen[646], ergibt eine recht eigenartige Konstruktion, die verfassungsrechtlich äußerst bedenklich erscheint. Vielmehr ist darin eine Konstruktion zu erkennen, um einerseits den in der Verfassung garantierten Grundprinzen zu genügen, sie andererseits aber wiederum derart auszuhöhlen, um unliebsamen Verfassungskollisionen aus dem Weg zu gehen. Solche verfassungsrechtlich zweifelhaften Auslegungsmethoden sind auch mit dem Interesse der Staaten an der Vermeidung der Mehrstaatigkeit[647] nicht zu rechtfertigen. Bei der Beurteilung der Verlusttatbestände allein auf die willentliche Komponente des Betroffenen abzustellen, trägt nicht maßgeblich zu einer genauen Unterscheidung der Begriffsmerkmale des Entzugs und des Verlusts der Staatsangehörigkeit bei. Auch die Interpretationsversuche hinsichtlich der Weite des freien Willensentschlusses scheinen allein nicht zu überzeugen, zumal es bei diesen Konzeptionen zu verfassungsrechtlichen Bedenken kommt. Außerdem scheint bei einer Unterscheidung zwischen Verlust und Entzug durch das Kriterium einer Willenskomponente die verfassungsrechtliche Situation des Artikels 16 Absatz 1 GG nicht korrekt gewürdigt zu werden. Artikel 16 Absatz 1 Satz 2 GG sieht den Verlust der Staatsangehörigkeit gegen den Willen des Betroffenen bei dem Vorliegen bestimmter Voraussetzungen selbst vor. Würde dagegen allein auf das Kriterium der Willensfreiheit abgestellt, so würden Tatbestände, die der Verfassunggeber als einen Fall des Artikels 16 Absatz 1 Satz 2

[645] Randelzhofer, in: Maunz/Dürig, Art. 16 GG, Rdnr. 49; Seifert, DÖV 1972, S. 671 (672).
[646] So vor allem Seifert, DÖV 1972, S. 671 (672).
[647] Seifert, DÖV 1972, S. 671 (672).

GG angesehen hat, nunmehr als Unterfall des Artikels 16 Absatz 1 Satz 1 GG angesehen[648]. Somit käme es zu einer Diskrepanz der Tatbestände des Artikels 16 Absatz 1 Satz 1 GG mit denen des Satz 2, die verfassungsrechtlich nicht gewollt ist, zumal der Verfassunggeber die Fälle des Satz 2 eindeutig nicht unter den Schutz des Artikels 16 Absatz 1 Satz 1 GG stellen, sondern gerade in diesen Fällen mit der Intention handeln wollte, dass dort die Staatsangehörigkeit auch gegen den Willen des Betroffenen verloren gehen kann[649] oder aus internationalrechtlichen Erwägungen sogar verloren gehen muss[650].

(b.) Entzug als Verlust durch Verwaltungsakt
Andere legen Artikel 16 Absatz 1 GG so aus, dass unter dem Entzug der Staatsangehörigkeit der Verlust durch Verwaltungsakt zu verstehen sei. Zu dieser Auslegung kam auch der Bundesminister des Inneren (BMI) in seinem Rundschreiben vom 27. März 1950. Seines Erachtens könne als Entziehung im Sinne des Artikels 16 Absatz 1 Satz 1 GG jede Aberkennung der Staatsangehörigkeit durch Verwaltungsakt zu verstehen sein, wenn die Entlassung aus der Staatsangehörigkeit nicht auf Antrag des Betroffenen erfolge[651]. Die Vertreter nehmen vor allem Bezug auf die Ausarbeitungen zu Artikel 16 GG[652].
Dieser Auffassung ist entgegenzuhalten, dass eine Beschränkung des Entziehungsverbotes des Artikels 16 Absatz 1 Satz 1 GG auf die Fälle der Ausbürgerung durch Verwaltungsakt dem verfolgten Zweck des Artikels 16 Absatz 1 Satz 1 GG nicht gerecht werde[653]. Geschützt würden auf diese Weise lediglich die Ausbürgerungen seitens der Exekutive, nicht aber Maßnahmen der Legislative und der Judikative. Eine Ausbürgerung durch Gesetz ist aber verfassungsrechtlich durchaus denkbar, so lange sie nicht ein Einzelfallgesetz und somit einen Verstoß gegen Artikel 19 Absatz 1 GG darstellt. Ebenso unterfiele eine Ausbürgerung durch Urteil dann nicht dem Entzugsverbot des Artikels 16 Absatz 1 Satz 1 GG.

---

648 Lübbe-Wolff, Jura 1996, S. 57 (60).
649 Lübbe-Wolff, Jura 1996, S. 57 (60 f.); Makarov/von Mangoldt, Art. 16 GG, Rdnr. 14, die dies vor allem damit begründen, dass sich der Verfassunggeber trotz der in der nationalsozialistischen Zeit entstandenen Willkürmaßnahmen, die es durch eine Entzugsregelung zu verhindern galt, nicht dazu verpflichtet hat, herkömmliche Verlusttatbestände, wie beispielsweise die Eheschließung mit einem Ausländer unter die Regelung in Artikel 16 Absatz 1 Satz 1 GG zu subsumieren.
650 Zu bedenken sind allein schon die internationalen Vereinbarungen der Staaten, die Mehrstaatigkeit zu vermeiden.
651 StAZ 1950, S. 122; Makarov/von Mangoldt, Artikel 16 GG, Rdnr. 9
652 Siehe dazu auch die Ausführungen des Abgeordneten Zinn (SPD) und des Abgeordneten v. Mangoldt (CDU) bei den Beratungen zu Artikel 16 Absatz 1 GG, JöR 1951 (Bd. 1), S. 164; Lübbe-Wolff, Jura 1996, S. 57 (60).
653 Ebenso Lübbe-Wolff, Jura 1996, S. 57 (60).

Das Entzugsverbot kann demnach nicht in dem Sinne verstanden werden, dass durch Artikel 16 Absatz 1 Satz 1 GG nur die Ausbürgerung durch Verwaltungsakt umfasst ist. Vielmehr stellt das Entzugsverbot ein absolutes Verbot dar, das unabhängig von seiner Rechtsform garantiert wird und seine absolute Wirkung gegenüber allen Staatsgewalten entfaltet.

(c.) Verlust durch Einzelakt

In der Literatur wird weiterhin die Ansicht vertreten, dass unter Entzug der Staatsangehörigkeit im Sinne des Artikels 16 Absatz 1 Satz 1 GG eine Maßnahme zu verstehen ist, die einen bestimmten Individualbezug zu der betroffenen Person aufweist[654].

Als Entzug der Staatsangehörigkeit wird nach dieser Auffassung die Wegnahme der Staatsangehörigkeit durch Verwaltungsakt verstanden sowie die Aberkennung der Staatsangehörigkeit durch Richterspruch und durch Maßnahmegesetze, die auf bestimmte Personen bezogen sind[655].

Dieser Ansicht ist insoweit beizupflichten, da sie auf die individuellen Kriterien des Entzugs eingeht und die Problematik der Einzelfallgesetze und des Entzugs der Staatsangehörigkeit durch einen pönalisierenden diskriminierenden Einzelakt berücksichtigt wird.

Allerdings stößt auch diese Ansicht zunehmend auf Kritik, da dabei auf das Kriterium der Willkür, auf das der Verfassunggeber historisch veranlasst zunächst großen Wert gelegt hatte, verzichtet wird und auch allgemein-gesetzliche Verlusttatbestände diskriminierenden Charakters unberücksichtigt bleiben[656].

Diese Kritik ist berechtigt, da das Kriterium der Willkür ein Merkmal darstellt, welches aufgrund der Erfahrungen in der NS-Zeit einen wesentlichen Anhaltspunkt für die Beurteilung bietet, ob ein Entzug oder ein Verlust der Staatsangehörigkeit vorliegt. Ohne die Berücksichtigung dieses Kriteriums wäre eine Ausbürgerung durch eine Vielzahl von Einzelakten durchaus denkbar, ohne dabei auf verfassungsrechtliche Hindernisse zu stoßen.

Eine Beurteilung der Entzugs- und Verlustkomponente nach dem Kriterium der Ausbürgerung durch Einzelakt ist demnach zu eng und entspricht nicht der Verpflichtung des Verfassunggebers, die auf den Erfahrungen der deutschen Geschichte beruht.

(d.) Verlust der Staatsangehörigkeit durch traditionelle Verlusttatbestände

Wiederum andere differenzieren bei der Unterscheidung von Entzug und Verlust der Staatsangehörigkeit zwischen drei unterschiedlichen Kategorien von Ver-

---

654 Lübbe-Wolff, Jura 1996, S. 57 (60).

655 Lübbe-Wolff, Jura 1996, S. 57 (60).

656 Lübbe-Wolff, Jura 1996, S. 57 (60).

lusttatbeständen[657]. Die Verlusttatbestände sollen sich hierbei an diesen traditionellen Verlusttatbeständen orientieren[658]. Gehen sie darüber hinaus, sollen sie unter das Entzugsverbot des Artikels 16 Absatz 1 Satz 1 GG fallen[659].

Den ersten Verlustgrund stellt nach dieser Ansicht der Verlust mit dem Willen des Betroffenen dar, wie die Entlassung aus der Staatsangehörigkeit auf Antrag gemäß § 17 Nr. 1 StAG und § 17 Nr. 3 StAG[660].

Die zweite Gruppe umfasst Verlustgründe, die gegen den Willen des Betroffenen eintreten, aber überkommene Verlustgründe im Sinne des Artikels 16 Absatz 1 Satz 1 GG darstellen und demnach keine Entziehung im Sinne des Artikels 16 Absatz 1 Satz 1 GG sind. In diese Gruppe fällt unter anderem der Verlustgrund durch den Erwerb einer ausländischen Staatsangehörigkeit gemäß § 17 Nr. 2 StAG i.V.m. § 25 StAG[661]. Ebenso fiel unter diese Gruppe der Verlustgrund in Folge eines Erwerbs einer ausländischen Staatsangehörigkeit durch Eheschließung, bevor die Regelung in § 17 Nr. 6 RuStAG a. F. außer Kraft gesetzt wurde[662].

Zu der dritten Gruppe zählt die willkürliche Entziehung der Staatsangehörigkeit, besonders die Ausbürgerung und die Aberkennung der Staatsangehörigkeit aus politischen Gründen[663]. Gerade die Aberkennung aus politischen Gründen rechtfertige allein eine Einteilung in verschiedene Kategorien, da politische Gründe ursprünglich auch vom Betroffenen beeinflussbar seien, und nach der bislang vorherrschend vertretenen Ansicht, die auf willentliche Beeinflussbarkeit abstellt, die Ausbürgerung aufgrund politischer Betätigung nicht verfassungsrechtlich verhindert sei[664]. Die Ausbürgerung aufgrund der politischen Betätigung fiele sonst nicht unter Artikel 16 Absatz 1 Satz 1 GG, sondern würde einen Verlustgrund nach Artikel 16 Absatz 1 Satz 2 GG darstellen.

Kritisch ist bei dieser Ansicht der Umfang der traditionellen Verlusttatbestände zu betrachten. Schwierigkeiten ergeben sich bereits bei der Beurteilung der zweiten Gruppe, insbesondere welche Verlusttatbestände als überkommen anzusehen sind. Ob dies allein nach historischen Gesichtspunkten zu betrachten ist oder ob die Vertreter dabei eher eine dynamische Auslegung des Artikels 16 Absatz 1 Satz 2 GG bezwecken, bleibt offen. Dass der Verlust der Staatsangehö-

---

657 So Pieroth/Schlink, Rdnr. 963.
658 Lübbe-Wolff, Jura 1996, S. 57 (61).
659 Lübbe-Wolff, Jura 1996, S. 57 (61); Pieroth/Schlink, Rdnr. 964.
660 Pieroth/Schlink, Rdnr. 963 unter Bezugnahme auf das RuStAG.
661 Pieroth/Schlink, Rdnr. 963 unter Bezugnahme auf das RuStAG.
662 § 17 Nr. 6 RuStAG wurde am 31.03.1953 aufgrund der Unvereinbarkeit der Bestimmung mit Artikel 3 Abs. 2 GG außer Kraft gesetzt.
663 Pieroth/Schlink, Rdnr. 963.
664 Pieroth/Schlink, Rdnr. 964; Pieroth, in: Jarass/Pieroth, 4. Auflage, Art. 16 GG, Rdnr. 2; Jarass, in: Jarass/Pieroth, Art. 16 GG, Rdnr. 8.

rigkeit im Gegensatz zum Entzug als Folge eines bestimmten, gesetzlich festgelegten Tatbestandes, angesehen werden soll, wurde schon auf der 47. Sitzung des Parlamentarischen Rates erörtert[665]. Eine Festlegung der in Frage kommenden Tatbestände wurde dort allerdings nicht zur Sprache gebracht. Allenfalls die Eheschließung mit einem Ausländer wurde als ein Tatbestand angesehen, dessen Folge der erlaubte Verlust der Staatsangehörigkeit sein dürfte[666]. Die Einteilung in verschiedene Verlust-Kategorien mag allenfalls zu einer Vereinfachung hinsichtlich der praktischen Durchführung führen.
Eine juristische Definition des traditionellen Verlustgrundes existiert im deutschen Verfassungsrecht nicht. Vielmehr ist die Begrifflichkeit „traditionell" als ein unbestimmter Rechtsbegriff anzusehen, der keine verfassungsrechtliche Wirkung entwickeln kann. Eine Einschränkung von Grundrechten außerhalb der verfassungsrechtlich anerkannten Möglichkeiten, also verfassungsimmanent oder durch Gesetzesvorbehalt, ist verfassungswidrig, da damit das Verbot des Vorbehalts des Artikels 16 Absatz 1 Satz 1 GG umgangen wird.
Ebenso kann der Schutzbereich des Artikel 16 Absatz 1 Satz 1 GG erweitert werden, indem Verlustgründe aufgrund ihrer wesentlichen Bedeutung vom Entzugsverbot des Artikel 16 Absatz 1 Satz 1 GG erfasst werden, allerdings verbirgt sich darin auch die Gefahr, dass das Entzugsverbot des Artikels 16 Absatz 1 Satz 1 GG durch eine derartige Einteilung unterlaufen wird. Die Einteilung ist zwar traditionell abschließend, „traditionell" aber dynamisch.
Die Einteilung in traditionelle und nicht-traditionelle Verlusttatbestände kann demnach genauso wenig Maßstab für die Unterscheidung zwischen Verlust und Entzug der Staatsangehörigkeit sein, wie die Beurteilung, ob der Grund des Wegfalls der Staatsangehörigkeit auf der freien Selbstbestimmung bzw. dem freien Willensentschluss des Einzelnen beruht. Hinzu kommt, dass sich bei der Interpretation des Begriffs Entzug in Bezug auf das Erfordernis des freien Willensentschlusses ein Widerspruch zu der Regelung in Artikel 16 Absatz 1 Satz 2 GG ergäbe. Danach ist der Verlust der Staatsangehörigkeit entgegen dem Willen des Betroffenen möglich, wenn er dadurch nicht staatenlos wird. Wenn nach der Regelung in Artikel 16 Absatz 1 Satz 2 GG eine Entlassung aus der deutschen Staatsangehörigkeit auch gegen den Willen des Betroffenen möglich ist, dies also keine Entziehung im Sinne des Artikel 16 Absatz 1 Satz 1 GG darstellt, kann das Erfordernis der Willensfreiheit nicht Grundlage des absoluten Entzugsverbots des Artikel 16 Absatz 1 Satz 1 GG sein[667].

---

665 Beachte dazu die Ausführungen des Abgeordneten Zinn (SPD) auf der 47. Sitzung des Parlamentarischen Rates vom 08.02.1949, JöR 1951 (Bd. 1), S. 164.

666 Siehe hierzu die Ausführungen des Abgeordneten Zinn (SPD) zu Artikel 16 Absatz 1 GG, JöR 1951 (Bd. 1), S. 164.

667 Vgl. Kokott, in: Sachs, Art. 16 GG, Rdnr. 12; Huber/Butzke, NJW 1999, S. 2769 (2770).

(e.) Kriterium der Unvermeidbarkeit des Verlusts der Staatsangehörigkeit

Andere Unterscheidungsversuche gehen dahin, das Erfordernis der freien Selbstbestimmung des Einzelnen so zu interpretieren, dass unter dem Entzug der Staatsangehörigkeit der unvermeidbare oder auch unabwendbare Verlust der Staatsangehörigkeit zu verstehen sei, den der Betroffene nicht beeinflussen kann[668]. Dieser Konzeption hat sich mittlerweile auch das Bundesverfassungsgericht angeschlossen[669]. Der Verlust der Staatsangehörigkeit beruht auf der Entscheidung des Betroffenen und seinem daraus folgenden Verhalten. Wie die dritte Kammer des zweiten Senats des BVerfG festgestellt hat, kann der Verlust der deutschen Staatsangehörigkeit nicht allein die Folge des allein auf dem Willen des Staates zur Wegnahme der deutschen Staatsangehörigkeit beruhenden Aktes sein, sondern die Folge tritt allein aufgrund der Handlungen des Betroffenen ein, die auf dessen eigenen freien und selbstverantwortlichen Willensentschluss beruhen[670]. Das wesentliche Kriterium wird darin gesehen, dass es der Betroffene selbst in der Hand hat, ob er die deutsche Staatsangehörigkeit behalten will[671].

Nach dieser Auffassung soll für die Beurteilung als Verlust allein entscheidend sein, dass der Inhaber der Staatsangehörigkeit Tatbestandsmerkmale staatsangehörigkeitsrechtlicher Normen, an die der Verlust der Staatsangehörigkeit geknüpft ist, willentlich, das heißt vermeidbar, erfüllt hat[672]. Eine Vermeidbarkeit wäre etwa beim Erwerb einer ausländischen Staatsangehörigkeit zu erblicken[673]. Damit werden Lücken gefüllt, die bei der Beurteilung nach der reinen Willenskomponente zunächst noch bestanden. So ergeben sich keine verfassungsrechtlichen Hindernisse bei der Beurteilung als Verlust im Sinne des Artikels 16 Absatz 1 Satz 2 GG, wenn eine Wegnahme der deutschen Staatsangehörigkeit deshalb erfolgt, weil der Betroffene entweder eine fremde Staatsangehörigkeit er-

---

668 Randelzhofer, in: Maunz/Dürig, Art. 16 GG, Rdnr. 49; Kokott, in: Sachs, Art. 16 GG, Rdnr. 11; Makarov/von Mangoldt, Art. 16 GG, Rdnr. 15; Lübbe-Wolff, Jura 1996, S. 57 (61).

669 BVerfG, NJW 1990, S. 2193 (2193 f.).

670 BVerfG, NJW 1990, S. 2193 (2193).

671 BVerfG, NJW 1990, S. 2193 (2193); so auch das Gutachten des wissenschaftlichen Dienstes des Bundestages aus dem Jahre 1996. Siehe dazu Schäffer, FAZ vom 10.02.1999, S. 3.

672 Lübbe-Wolff, Jura 1996, S. 57 (61); Hailbronner, NVwZ 1999, S. 1273 (1277); Göbel-Zimmermann/Masuch, DÖV 2000, S. 95 (98).

673 BVerfG, NJW 1990, S. 2193 (2193). Diese Vermeidbarkeit sah die dritte Kammer darin, dass der Betroffene zum einen die Möglichkeit hatte, auf den Erwerb der ausländischen Staatsangehörigkeit zu verzichten oder andererseits zumindest seinen dauernden Aufenthalt, wenn nicht sogar Wohnsitz, in Deutschland aufrechterhält.

wirbt oder die Eheschließung mit einem Ausländer die Wegnahme der deutschen Staatsangehörigkeit als automatische Folge nach sich zieht[674].
Allerdings stößt auch diese sogenannte „Vermeidbarkeitstheorie“ auf Kritik. Mängel dieser Theorie werden gerade darin gesehen, dass sie die Intention des Gesetzgebers verfehle, alle diskriminierenden und willkürlichen Verlusttatbestände zu erfassen[675]. Es würden vielmehr nur diejenigen Verlusttatbestände erfasst, die an unbeeinflussbare Merkmale anknüpfen[676]. Dabei wird vor allem die Würdigung, ob eine bestimmte Verhaltensweise beeinflussbar oder unbeeinflussbar ist, moniert[677]. Es sei schwer festzustellen, ob eine bestimmte Verhaltensweise durch den Betroffenen beeinflussbar ist oder nicht. Ebenso werde ein Spielraum eröffnet, der den verfassungsrechtlichen Gewährleistungen des Artikels 16 Absatz 1 Satz 1 GG durchaus widersprechen könne. Als Beispiel werden dabei heimatstaatfeindliche Äußerungen im Ausland angeführt. Diese seien durchaus durch den Betroffenen vermeidbar, fielen somit unter die Vermeidbarkeitsklausel des Artikels 16 Absatz 1 Satz 2 GG[678]. Bedenke man, dass dann allein regierungskritische Äußerungen den Tatbestand des Artikels 16 Absatz 1 Satz 1 GG eröffnen würden, so würde man diese unliebsamen Ausbürgerungen, die gerade durch die Regelung des Artikels 16 Absatz 1 Satz 1 GG vermieden werden sollten[679], aufgrund einer ungenauen verfassungsrechtlich bedenklichen Auslegungsweise durch die Hintertür wieder ermöglichen. Außerdem erfasse die Begriffsbestimmung des Artikels 16 Absatz 1 Satz 1 GG, welche allein auf die Beeinflussbarkeit des Verlusts durch den Betroffenen abstelle, auch die in diskriminierender Weise an unbeeinflussbare persönliche Merkmale anknüpfenden Verlustregelungen nur unzuverlässig. Erfasst wären diese in der persönlichen Sphäre resultierenden Verlustregelungen nur dann, wenn diese Merkmale gerade nicht in kumulativer Kombination mit anderen Tatbestandsmerkmalen verwendet würden, deren Erfüllung vom Verhalten des Betroffenen abhinge[680]. Nicht erfasst wären somit Fälle, die hinsichtlich des verfolgten Ziels der Regelung des Artikels 16 Absatz 1 Satz 1 GG unstrittig als Entzug der Staatsangehörigkeit zu werten wären, wie beispielsweise der Verlust der Staatsangehörigkeit für Personen bestimmter „rassischer“ Herkunft bei Aufenthaltnahme im Ausland[681].

674 Makarov/von Mangoldt, Art. 16 GG, Rdnr. 15
675 Lübbe-Wolff, Jura 1996, S. 57 (61).
676 Lübbe-Wolff, Jura 1996, S. 57 (61).
677 Lübbe-Wolff, Jura 1996, S. 57 (61).
678 Lübbe-Wolff, Jura 1996, S. 57 (61).
679 Lübbe-Wolff, Jura 1996, S. 57 (61).
680 Lübbe-Wolff, Jura 1996, S. 57 (61).
681 Siehe Lübbe-Wolff, Jura 1996, S. 57 (61), die dies mit der 11. Verordnung zum Reichsbürgergesetz begründet, dessen Folgen durch die Mitglieder des Parlamentarischen Rates verhindert werden sollten. Die Verordnung bezog sich nicht auf Deutsche ausländischer Herkunft, sondern auf Juden.

(f.) Kompromissvorschläge

Neben diesen drei Definitionsversuchen der Begriffe Entzug und Verlust der Staatsangehörigkeit haben sich Kompromissvorschläge herausgebildet. Dazu zählt auch der Vorschlag der Unterscheidung zwischen Entziehung und Verlust durch Lübbe-Wolff[682]. Ihrer Ansicht nach würde der bestehenden komplexen Regelungssituation durch die bislang verschieden vorgebrachten Auslegungen nur teilweise entsprochen, in anderen Teilen würden sie diese sogar verfehlen[683]. Es könne keinen einheitlichen Entziehungsbegriff im Sinne des Artikels 16 Absatz 1 GG geben, sondern es müsste den einzelnen Erfordernissen durch eine Kombination der unterschiedlichen Merkmale Rechnung getragen werden[684]. Lübbe-Wolff hält hierbei allerdings an der willentlichen Komponente fest[685]. Das bedeutet, dass ein wesentliches Moment des Entzugs der Staatsangehörigkeit im Sinne des Artikels 16 Absatz 1 Satz 1 GG der Wegfall der Staatsangehörigkeit gegen oder ohne den Willen des Betroffenen ist[686]. Hiermit werden Elemente der Vermeidbarkeits- und der Einzelaktstheorie kombiniert. Unter „Entzug" der deutschen Staatsangehörigkeit soll somit der Verlust der Staatsangehörigkeit ohne den Willen des Betroffenen oder der rechtmäßig für ihn Handelnden anzusehen sein, der durch Einzelakt der Exekutive oder der Rechtsprechung erfolgt **oder** den Betroffenen nicht beeinflussen kann[687]. Ferner auch dann, wenn der Verlustgrund keinen in der Staatenpraxis aktuell üblichen und durch Artikel 15 Absatz 2 AEMR[688] anerkannten Verlustgrund darstellt[689]. Durch letztere sollen auch die noch nicht erfassten Fälle willkürlicher Verlustregelungen erfasst werden[690].

Artikel 15 Absatz 2 AEMR regelt, dass die Staatsangehörigkeit nicht willkürlich entzogen werden darf. Mit der Übernahme der Begrifflichkeit „willkürlich" in Artikel 15 Absatz 2 AEMR würde bei der Unterscheidung von Verlust und Entzug der deutschen Staatsangehörigkeit allerdings wieder eine Begrifflichkeit zugrunde gelegt, die der Verfassunggeber eigentlich vermeiden sollte und die auch bei der Auslegungsfrage des Begriffes „Entziehung" des Artikels 16 Ab-

---

682 Lübbe-Wolff, in: Dreier, Art. 16 GG, Rdnr. 40; Lübbe-Wolff, Jura 1996, S. 57 (61).

683 Lübbe-Wolff, in: Dreier, Art. 16 GG, Rdnr. 40; Lübbe-Wolff, Jura 1996, S. 57 (61).

684 Lübbe-Wolff, in: Dreier, Art. 16 GG, Rdnr. 40; Lübbe-Wolff, Jura 1996, S. 57 (61) .

685 Lübbe-Wolff, in: Dreier, Art. 16 GG, Rdnr. 40; Lübbe-Wolff, Jura 1996, S. 57 (61 f.).

686 Lübbe-Wolff, in: Dreier, Art. 16 GG, Rdnr. 40; Lübbe-Wolff, Jura 1996, S. 57 (61 f.).

687 Lübbe-Wolff, in: Dreier, Art. 16 GG, Rdnr. 40; Lübbe-Wolff, Jura 1996, S. 57 (62).

688 Artikel 15 AEMR lautet:
Jeder Mensch hat Anspruch auf Staatsangehörigkeit.
Niemand darf seine Staatsangehörigkeit willkürlich entzogen noch ihm das Recht versagt werden, seine Staatsangehörigkeit zu wechseln.

689 Lübbe-Wolff, in: Dreier, Art. 16 GG, Rdnr. 40; Lübbe-Wolff, Jura 1996, S. 57 (62).

690 Lübbe-Wolff, Jura 1996, S. 57 (62).

satz 1 Satz 1 GG nach allgemeiner Ansicht nicht mehr zur Diskussion steht[691]. Die Bemühungen des Parlamentarischen Rates, die Fehler der staatsangehörigkeitsrechtlichen Bestimmungen aus der NS-Zeit zu vermeiden und vielmehr positiv Maßnahmen zu treffen, derartige Entzugsmechanismen zu verhindern, würden dementsprechend durch eine internationale Regelung *ad absurdum* geführt. Folgte man hier der Entziehungsdefinition Lübbe-Wolffs zu Artikel 16 Absatz 1 Satz 1 GG, so würde man die verfassungsrechtliche Interpretation auf die internationale Ebene verlagern. Allein aus der Dynamik des Artikels 15 Absatz 2 AEMR könnten dann Entzugstatbestände des Artikels 16 Absatz 1 Satz 1 GG bestimmt werden. Die Regelung würde von einem verfassungsrechtlichen Verbot auf einen international bestimmbaren Tatbestand verlagert. Der Regelungsgehalt der deutschen Grundrechte wäre dann sogar außerhalb der Artikel 23 und 24 GG abdingbar. Eine solche Regelung ist durch den Verfassunggeber nie vorgesehen gewesen und würde allein schon dem Regelungsgehalt des Artikel 16 Absatz 1 GG widersprechen. Eine derartige Beschneidung der Grundrechte ist verfassungsrechtlich nicht nur undenkbar, sondern stellt schon aufgrund des Verstoßes gegen die eindeutige verfassungsrechtliche Regelung der Kompetenzübertragungen auf die internationale Ebene eine verfassungswidrige Verfahrensweise dar. Die Übertragung von Hoheitsrechten ist im Grundgesetz nur in den Artikeln 23 Absatz 1 GG und 24 Absatz 1 GG vorgesehen. Aber auch die internationalen Verträge, die nach dem Verfahren des Artikels 59 GG geschlossen werden, bedürfen innerstaatlich einer verfassungsrechtlichen Prüfung. Daher ist eine dynamische Handhabung der Auslegung des Artikels 16 Absatz 1 Satz 2 GG durch eine Beeinflussung seitens der internationalen Ebene verfassungsrechtlich unzulässig[692].

(g.) Verhältnis zwischen Artikel 16 Absatz 1 Satz 1 GG und Artikel 16 Absatz 1 Satz 2 GG in der verfassungsrechtlichen Interpretation

Es wird ersichtlich, dass die Definitionsversuche hinsichtlich der Begrifflichkeit „Entzug" des Artikels 16 Absatz 1 Satz 1 GG noch zu keinem abschließenden Ergebnis gelangt sind.

(aa.) Grammatikalische Interpretation

Sprachlich[693] kann davon ausgegangen werden, dass der „Entzug" den Wegfall der Staatsangehörigkeit darstellt, der nicht von dem Betroffenen selbst ausgeht. Es wird also ein Handeln eines anderen als des Betroffenen verlangt. Der „Ver-

---

691 Makarov/von Mangoldt, Art. 16 GG, Rdnr. 13.

692 So auch Makarov/von Mangoldt, Art. 16 GG, Rdnr. 13.

693 Zur sprachlichen Interpretation siehe auch: Stein/Frank, § 6 II 3; v. Münch, Staatsrecht, Rdnr. 36 ff., Battis/Gusy, Rdnr. 21.

lust“ hingegen setzt ein Handeln eines anderen nicht voraus. Der „Entzug“ ist somit von seiner sprachlichen Bedeutung her aktivistisch, der „Verlust“ passivistisch. Dies bedeutet aber nicht, dass der „Verlust“ nicht zugleich ein Unterfall des „Entzuges“ sein kann. Eine konkrete Einordnung, wann einer der beiden Tatbestände vorliegt, ergibt sich hieraus aber nicht.
Die grammatikalische Auslegung führt somit zu keiner eindeutigen Unterscheidung der Begriffe „Entzug“ und „Verlust“.

(bb.) Systematische Interpretation

Auch nach dem systematischen[694] Verständnis des Artikels 16 Absatz 1 GG kommt man zu dem Ergebnis, dass der „Entzug“ gegenüber dem „Verlust“ der Staatsangehörigkeit einen Sonderfall darstellt. Dies wird allein aus dem in Artikel 16 Absatz 1 Satz 2 GG gewährten Vorbehalt ersichtlich. Eine verfassungsrechtliche Konkretisierung der beiden Begriffe ergibt sich aus dem Verhältnis der beiden Tatbestände aber ebenfalls nicht. Die systematische Interpretation des Artikels 16 Absatz 1 GG trägt somit ebenfalls nicht zu der Bestimmung der Begriffe „Entzug“ und „Verlust“ bei.

(cc.) Teleologische Interpretation[695]

Die Regelung des Artikels 16 Absatz 1 GG ist vor allem das Ergebnis der Erfahrungen der Zeit des „Dritten Reichs“ und ist die Reaktion des Verfassunggebers auf die Ausbürgerungen aus religiösen, rassischen oder politischen Gründen. Vor allem die Aberkennung der Staatsangehörigkeit der in Deutschland lebenden Juden durch das Reichsgesetz vom 14. Juli 1933[696] sowie der Staatsangehörigkeit der sich im Ausland befindlichen Juden durch Verordnung vom 25. November 1941[697] hat den Verfassunggeber historisch verpflichtet und ihn veranlasst, eine Wiederkehr solcher Vorgänge verfassungsrechtlich zu unterbinden[698]. Aber auch die internationale Entwicklung im Bereich der Menschenrechte in der unmittelbaren Nachkriegszeit hat erheblichen Einfluss auf die Regelung des Artikels 16 GG genommen. Die von der Generalversammlung der Vereinten Nationen am 10. Dezember 1948 verabschiedete Allgemeine Erklärung der Menschenrechte statuiert in Artikel 15, dass niemandem seine Staatsangehörigkeit

---

694 Zur systematischen Interpretation siehe auch: Stein/Frank, § 6 II 5; Battis/Gusy, Rdnr. 21; v. Münch, Staatsrecht, Rdnr. 36 ff.

695 Zur teleologischen Interpretation siehe auch: Stein/Frank, § 6 II 2; Battis/Gusy, Rdnr. 21; v. Münch, Staatsrecht, Rdnr. 36 ff.

696 RGBl. 1933 I, S. 480 ff.

697 RGBl. 1941 I, S. 772 ff.

698 Schnapp, in: von Münch, Art. 16 GG, Rdnr. 2; Huber/Butzke, NJW 1999, S. 2769 (2770); Randelzhofer, in: Maunz/Dürig, Art. 16 GG, Rdnr. 5.

willkürlich entzogen werden darf, verbunden mit dem Anspruch des Einzelnen auf eine Staatsangehörigkeit[699].
Die verfassungsrechtliche Regelung in Artikel 16 Absatz 1 GG bezweckt somit eine Unterbindung von Ausbürgerungen nach der in der Zeit des „Dritten Reichs" verfolgten Art. Dennoch bedeutet dies nicht, dass die Staatsangehörigkeit damit nicht verloren gehen darf. Dies statuiert allein Artikel 16 Absatz 1 Satz 2 GG. Artikel 16 Absatz 1 Satz 2 GG setzt durch das Kriterium der Vermeidung von Staatenlosigkeit den Verlust der Staatsangehörigkeit in einen internationalen Kontext, der auch die Regelung des Artikel 15 AMRK berücksichtigt.

Als wesentlich erscheint daher, auf die Willenskomponente abzustellen. Dass der Verlust der Staatsangehörigkeit, der in gewisser Weise auf dem freien Entschluss des Betroffenen beruht, nicht als ein Entzug zu qualifizieren ist, ist grundsätzlich nicht zu bezweifeln. Unterschiede gibt es jedoch bei der Auslegung dieser Willenskomponente.
Allein die Vermeidbarkeitstheorie entspricht dabei wohl den Erfordernissen des Verfassunggebers, indem sie den Verlust der Staatsangehörigkeit immer dann annimmt, wenn der Betroffene es selbst in der Hand hat, ob er die deutsche Staatsangehörigkeit behalten will oder nicht[700]. Dies hilft zumindest über die Schwächen hinweg, welche die Willenstheorie aufzeigt. So kann der Gesetzgeber durchaus einfachgesetzlich Tatbestände konstruieren, bei deren Vorliegen die Staatsangehörigkeit wegfällt. Als Beispiel gilt hier vor allem der Erwerb einer ausländischen Staatsangehörigkeit. Da dem Betroffenen aufgrund seiner Handlung, nämlich dem Erwerb der ausländischen Staatsangehörigkeit, bewusst ist, dass sich als Folge dieses Aktes der Verlust der deutschen Staatsangehörigkeit anschließt, hat es der Betroffene in der Hand, den primären Akt, nämlich den Erwerb der ausländischen Staatsangehörigkeit, zu unterlassen oder nicht. Da ihm die Folge seines Handelns, also der Verlust der deutschen Staatsangehörigkeit durch den Erwerb der ausländischen Staatsangehörigkeit, bereits vor dem Erwerb der anderen Staatsangehörigkeit bekannt ist oder zumindest bekannt sein kann, ist in diesem Fall nicht von einem einseitigen Akt des Staates zu sprechen, der als Entzug gewertet werden kann. Der Gesetzgeber gibt vielmehr vor, welche Folgen das Handeln des Einzelnen haben wird. Aber es obliegt letztlich jedem Einzelnen, ob er die Voraussetzungen dafür erbringt, die gewisse Folgen nach sich ziehen.

---

699 Randelzhofer, in: Maunz/Dürig, Art. 16 GG, Rdnr. 5; Schnapp, in: von Münch, Art. 16 GG, Rdnr. 2; Doehring, Staatsrecht, S. 356.
700 BVerfG 1990, S. 2193 (2193).

Daraus resultiert, dass der Entzug der deutschen Staatsangehörigkeit gemäß Artikel 16 Absatz 1 Satz 1 GG dann vorliegt, wenn der Verlust der Staatsangehörigkeit nicht mehr in der Hand des Betroffenen liegt. Unterhalb dieser Schwelle kann deshalb nur ein Fall des Artikels 16 Absatz 1 Satz 2 GG vorliegen, bei dem der Verlust der deutschen Staatsangehörigkeit unter Vorbehalt der weiteren Voraussetzungen des Artikels 16 Absatz 1 Satz 2 GG möglich ist. Dementsprechend fallen Ausbürgerungen aus rassischen Gründen ohne Schwierigkeiten unter das Entzugsverbot des Artikels 16 Absatz 1 Satz 1 GG, da dieses ein objektives Merkmal darstellt und folglich nicht durch den Betroffenen beeinflussbar ist.

Problematisch erscheint hierbei jedoch, dass die Möglichkeit bestünde, deutsche Staatsangehörige aufgrund anderer Gründe, wie religiöser oder politischer Motive, auszubürgern. Religiöse und politische Anschauungen stellen aufgrund ihrer Eigenschaft als subjektive Merkmale Kriterien dar, die durch den Betroffenen beeinflussbar sind. Dennoch kann nach dem Grundgesetz keine Ausbürgerung erfolgen, die religiös oder politisch begründet ist. Artikel 4 Absatz 1 GG statuiert die Gewährleitung der Freiheit des Glaubens sowie der Freiheit des religiösen sowie weltanschaulichen Bekenntnisses[701]. Jedes Gesetz, welches die Ausbürgerung eines deutschen Staatsangehörigen aufgrund seines religiösen oder weltanschaulichen Bekenntnisses ermöglichen würde, verstößt somit ohnehin gegen die Garantie des Artikels 4 Absatz 1 Satz 1 GG.

Der Schutz vor einer Ausbürgerung ergibt sich damit schon aus Artikel 16 Absatz 1 GG in Verbindung mit Artikel 4 Absatz 1 GG. Da Artikel 4 Absatz 1 GG vorbehaltlos gewährt wird, besteht dazu auch nicht die Gefahr der Ausbürgerung durch eine gesetzliche Beschränkung des Artikels 4 Absatz 1 GG. Zwar könnte die Einschränkung des Artikels 4 Absatz 1 GG durch die normative Reichweite in Form einer immanenten Schranke denkbar sein[702], jedoch würde eine derartige Beschränkung im Bereich der staatsangehörigkeitsrechtlichen Fragen den normativen Wesensgehalt des Artikels 4 Absatz 1 GG unterlaufen und dessen Garantie *ad absurdum* führen.

Ebenso liegt es bei der politischen Betätigung, da diese zumindest unter die Meinungsfreiheit im Sinne des § 5 Absatz 1 Satz 1 GG fällt[703] und somit ebenso eine verfassungsrechtliche Garantie darstellt, die einem Entzug der Staatsangehörigkeit widerspräche.

Der Regelungsgehalt und der damit verbundene Verbotscharakter des Artikels 16 Absatz 1 Satz 1 GG bestimmt sich anhand des Gehaltes des Gesamtbestandes

---

701 Dazu im Einzelnen: Schmidt-Bleibtreu/Klein, Art. 4 GG, Rdnr. 1a ff.; Preuß, in: Alternativkommentar, Art. 4 GG, Rdnr. 8 ff.; Mager, in: v. Münch/Kunig, Art. 4 GG, Rdnr. 12 ff.

702 Preuß, in: Alternativkommentar, Art. 4 GG, Rdnr. 28 f.

703 Wendt, in: v. Münch/Kunig, Art. 5 GG, Rdnr. 8; Schmidt-Bleibtreu/Klein, Art. 5 GG, Rdnr. 3 ff.; Hoffmann-Riem, in: Alternativkommentar, Art. 5 GG, Rdnr. 20.

der verfassungsrechtlichen Garantien. Somit umfasst das Entzugsverbot des Artikels 16 Absatz 1 Satz 1 GG allein aus der grundrechtskonformen Auslegung auch das Verbot des Verlusts der Staatsangehörigkeit aus religiösen oder weltanschaulichen Gründen sowie aus Gründen der politischen Betätigung. Die von den Verfassunggebern verfolgten Ziele sind ausreichend von der Verfassung gewährleistet. Diese Interpretation entspricht dem Sinn und Zweck des Artikels 16 Absatz 1 GG.

(dd.) Historische Interpretation[704]

Die historische Interpretation berücksichtigt ebenso die Unrechtsausbürgerungen in der Zeit des „Dritten Reichs". Die Ausbürgerungen von Deutschen, die sich gegen das damalige politische System gewandt hatten, war ein weiteres Mittel zur Stärkung der nationalsozialistischen Ideologie. Die historische Interpretation des Artikels 16 Absatz 1 GG ist somit ein wesentlicher Bestandteil der teleologischen Interpretation, so dass auch die historische Interpretation in Bezug auf Artikel 16 Absatz 1 GG allein zu keiner anderen Auslegung kommen kann[705].

(h.) Vorbehalt des Artikels 16 Absatz 1 Satz 2

Die einzelnen Vorbehalte des Artikels 16 Absatz 1 Satz 2 GG können nicht auf Artikel 16 Absatz 1 Satz 1 GG übertragen werden. Dies ist vor allem bei der Anwendung des in Artikel 16 Absatz 1 Satz 2 GG aufgeführten Gesetzesvorbehalts der Fall. Der Gesetzesvorbehalt bezieht sich allein auf die unter Artikel 16 Absatz 1 Satz 2 GG fallenden Verlustgründe. Eine entsprechende Anwendung des Gesetzesvorbehalts auf Artikel 16 Absatz 1 Satz 1 GG wurde bei der Entstehung durch den Verfassunggeber nicht vorgesehen; eine Übertragung auf Artikel 16 Absatz 1 Satz 1 GG wäre demnach verfassungswidrig. Die Einschränkung des Artikels 16 Absatz 1 Satz 2 GG, dass bei Verlust der Staatsangehörige nicht staatenlos werden darf, kann schon aufgrund des Verbots des Entzug in Artikel 16 Absatz 1 Satz 1 GG nicht auf diesen übertragen werden. Es ist auch der Entzug unzulässig, bei dem der Betroffene nicht staatenlos wird. Auch besteht keine verfassungsrechtliche Möglichkeit des Entzugs der Staatsangehörigkeit im Rahmen eines Vorbehaltes, sowohl per Gesetz als auch durch die Verfassung in immanenter Form[706].

Ebenso unzulässig ist der Entzug der deutschen Staatsangehörigkeit dann, wenn der Betroffene neben der deutschen Staatsangehörigkeit noch die Staatsangehö-

---

[704] Zur historischen Interpretation siehe auch: Stein/Frank, § 6 II 2; v. Münch, Staatsrecht, Rdnr. 36 ff.; Battis/Gusy, Rdnr. 21.

[705] Zur Interdependenz der teleologischen und der historischen Interpretation siehe ohnehin: Stein/Frank, § 6 II 2.

[706] Dazu näher: Ziemske, S. 219 ff.

rigkeit eines anderen Staates besitzt. Es kann somit keinen Unterschied machen, ob der Betroffene eine oder mehrere Staatsangehörigkeiten besitzt; wesentlich für das Entzugsverbot des Artikels 16 Absatz 1 Satz 1 GG ist allein der Entzug der deutschen Staatsangehörigkeit[707]. Eine Einschränkungsmöglichkeit durch Gesetz oder aufgrund Gesetzes kann nur durch eine Verfassungsänderung durchgeführt werden.

Ob eine Änderung des Artikels 16 Absatz 1 Satz 1 GG einen Verstoß gegen Artikel 79 Absatz 3 GG darstellt, ist zweifelhaft. Die Einführung eines späteren Vorbehalts bezüglich des Entzugs der Staatsangehörigkeit ähnlich Artikel 16 Absatz 1 Satz 2 GG ist entsprechend dem Verfahren des Artikels 79 GG grundsätzlich möglich. Problematisch erscheint hierbei jedoch, dass durch eine nachträgliche Änderung des Entzugsverbots die in Artikel 16 Absatz 1 Satz 1 GG niedergelegten Grundsätze berührt werden könnten und damit eine Änderung gemäß Artikel 79 Absatz 3 GG unzulässig sein könnte[708].

Es ist folglich bei der Regelung in Artikel 16 Absatz 1 Satz 1 GG von einem absoluten Entzugsverbots der deutschen Staatsangehörigkeit auszugehen, unabhängig davon, ob der Betroffene noch in anderer Weise staatsangehörigkeitsrechtlich gebunden ist. Das Entzugsverbot richtet sich mit seinem, im Gegensatz zu anderen Grundrechten, uneingeschränkten negatorischen Charakter[709], grundsätzlich an alle drei Staatsgewalten[710]. Dies ergibt sich unzweifelhaft aus Artikel 1 Absatz 3 GG[711].

(i.) Auswirkungen auf § 29 StAG

Die in § 29 StAG getroffenen Regelungen des Verlustes der deutschen Staatsangehörigkeit erweisen sich in Bezug auf Artikel 16 Absatz 1 Satz 1 GG als verfassungsgemäß.

Es steht dem Betroffenen hier offen, sich entweder aus freiem Entschluss für die deutsche Staatsangehörigkeit zu entscheiden oder sich ihrer zu begeben. Ebenso ist dies der Fall bei der Wegnahme nach § 29 Absatz 2 Satz 2 StAG. Auch hier findet die Wegnahme der Staatsangehörigkeit nicht ohne Rücksicht auf den freien Willensentschluss des Betroffenen statt. Dem Betroffen wird nach § 29 Absatz 5 StAG unverzüglich nach der Vollendung seines 18. Lebensjahres der

---

[707] Schnapp, in: von Münch, Art. 16 Rdnr. 11; Randelzhofer, in: Mauz/Dürig, Art. 16 GG, Rdnr. 54; Seifert/Hömig, Art. 16 GG, Rdnr. 1; Makarov/von Mangoldt, Art. 16 GG, Rdnr. 18; Lübbe-Wolff, in: Dreier, Art. 16 GG, Rdnr. 46.

[708] Gegen eine Unvereinbarkeit des Artikels 16 Abs. 1 Satz 1 GG mit Artikel 79 Absatz 3 GG spricht sich vor allem Gross aus. Siehe Gross, DVBl. 1954, S. 801 (802).

[709] Zur näheren Erörterung des uneingeschränkten negatorischen Charakters des Entzugsverbots im Gegensatz zu anderen Grundrechten, siehe Ziemske, S. 219 ff.

[710] Schnapp, in: von Münch, Art. 16 GG, Rdnr. 11; Seifert/Hömig, Art. 16 GG, Rdnr. 1.

[711] Gross, DVBl. 1954, S. 801 (802).

Hinweis zugestellt, dass er gegenüber der zuständigen Behörde verpflichtet ist, sich bezüglich seiner weiteren staatsangehörigkeitsrechtlichen Zugehörigkeit zu entscheiden. Aufgrund der Zustellung durch das Verwaltungszustellungsgesetz wird demnach durch § 29 Absatz 5 StAG sichergestellt, dass der Betroffene von der Erklärungspflicht seiner Person auch Kenntnis erlangt. Aufgrund der erlangten Kenntnis von der Erklärungspflicht und der damit gesetzlich verbundenen Konsequenzen kommt dem Nichthandeln seitens des Erklärungspflichtigen ein willentlicher Charakter zu. Das Nichthandeln kann somit schon nicht als ein Entzug im Sinne des Artikels 16 Absatz 1 Satz 1 GG angesehen werden, sondern kann nur zu einem rechtmäßigen Verlust der Staatsangehörigkeit führen[712]. Der Erklärungspflichtige hat es in der Hand, ob er die deutsche Staatsangehörigkeit behalten will oder nicht[713]. Dem Vorbehalt des Artikels 16 Absatz 1 Satz 2 GG wird zudem entsprochen, da der Verlust in diesem Falle aufgrund eines Gesetzes erfolgt und Staatenlosigkeit ohnehin nicht entstehen kann[714].

(2) Ergebnis

Die Optionsregelung des § 29 StAG entspricht den verfassungsrechtlichen Vorgaben des Artikels 16 Absatz 1 GG. Die Option stellt keinen Entzug der deutschen Staatsangehörigkeit dar, sondern ist allein als verfassungsgemäßer Verlust der Staatsangehörigkeit zu qualifizieren. Da der Verlust durch das Staatsangehörigkeitsgesetz vorgesehen ist und somit durch Gesetz erfolgt und der Erklärungspflichtige bei dem Verlust der deutschen Staatsangehörigkeit nicht staatenlos wird, wird auch den verfassungsrechtlichen Vorbehalten des Verlustes der Staatsangehörigkeit gemäß Artikel 16 Absatz 1 Satz 2 GG entsprochen. Der Verlust der deutschen Staatsangehörigkeit durch das Optionsmodell des § 29 StAG ist demnach verfassungsgemäß[715].

bb. Verstoß gegen Artikel 3 Absatz 1 GG

Bedenken ergeben sich im Hinblick auf Artikel 3 Absatz 1 GG bezüglich derjenigen Doppelstaater, die aus einer gemischt nationalen Ehe stammen und aufgrund dieser Eigenschaft die mehrfache Staatsangehörigkeit erworben haben. Im Gegensatz zu den mehrfachen Staatsangehörigen, die die deutsche Staatsangehörigkeit nach § 4 Absatz 3 StAG oder nach § 40 b StAG erworben haben, sind die gemischt-nationalen Mehrstaater nicht der Optionsregelung des § 29 StAG unterworfen[716].

---

[712] Zustimmend: Göbel-Zimmermann/Masuch, DÖV 2000, S. 95 (98).

[713] Göbel-Zimmermann/Masuch, DÖV 2000, S. 95 (98).

[714] Dazu auch: v. Mangoldt, ZAR 1999, 243 (251).

[715] Siehe dazu auch zustimmend Hailbronner, in: Knapp, Frankfurter Rundschau vom 25.03.2000, S. 5.

[716] Hailbronner, NVwZ 1999, S. 1273 (1278); v. Mangoldt, ZAR 1999, S. 243 (250).

Hierin ist kein Verstoß gegen das Willkürverbot des Artikel 3 Absatz 1 GG zu sehen, da der Gesetzgeber aufgrund seiner Integrationsförderungsabsicht durch das *ius soli*-Prinzip eine sachgerechte Auswahl getroffen hat, welche in Bezug auf den konkreten Regelungsbereich auch zulässig ist[717]. Wird der Mehrstaater in einer gemischt-nationalen Ehe geboren und erwirbt er dadurch die deutsche Staatsangehörigkeit, muss davon ausgegangen werden, dass die Integration durch den deutschen Elternteil in der Familie stattfindet. Bei Kindern ausländischer Eltern ist diese Integration nicht allein durch die Abstammung gewährleistet. Vielmehr verspricht man sich eine Integration durch den Staatsangehörigkeitserwerb des Kindes. Diese Integrationschance wird als sachliches Unterscheidungsmerkmal ausreichend sein[718]. Ob diese Regelung ihren angestrebten Zweck erfüllt, kann dabei dahingestellt bleiben. Somit liegt auch kein Verstoß des Optionsmodells gegen das Willkürverbot vor[719].

h. Ergebnis zu § 29 StAG

§ 29 StAG statuiert die Option bei mehrfacher Staatsangehörigkeit und stellt eine Vorschrift zur nachträglichen Vermeidung der Mehrstaatigkeit dar, die der Gesetzgeber aus „Gründen der Integrationsförderung“ bei bestimmten Personen geduldet hat. Nach § 29 StAG ist der Betroffene Mehrstaater verpflichtet, eine Erklärung abzugeben. Kommt er dieser Verpflichtung nicht nach, verliert er die deutsche Staatsangehörigkeit automatisch mit Vollendung seines 23. Lebensjahres. Die Beibehaltung ist somit nur durch ein positives Tun des Betroffenen möglich, indem er entweder erklärt, die deutsche Staatsangehörigkeit beizubehalten und dementsprechend einen Nachweis des Ausscheidens aus der ausländischen Staatsangehörigkeit erbringt oder eine Beibehaltungsgenehmigung für die ausländische Staatsangehörigkeit bis zur Vollendung seines 21. Lebensjahres beantragt. Der Betroffene optiert somit nicht für die deutsche Staatsangehörigkeit, sondern gegen die ausländische. Auf die Möglichkeit der Option gegen die ausländische Staatsangehörigkeit sowie die eventuellen Rechtsfolgen wird er von Amts wegen hingewiesen. Die Beibehaltung der deutschen Staatsangehörigkeit ist nur die Rechtsfolge.
Stellt der Betroffene einen Antrag auf die Beibehaltung der ausländischen Staatsangehörigkeit, werden der Überprüfung die Maßstäbe zugrundegelegt, wie sie für eine Einbürgerung nach § 85 AuslG gelten würden. Da hierdurch der Anwendungsbereich des § 87 StAG eröffnet ist und zudem durch den Gesetzgeber noch eine Erweiterung dieser schon weiten Ausnahmetatbestände vorgese-

---

[717] Zu den Anforderungen an Art. 3 Abs. 1 GG siehe stellvertretend: Osterloh, in: Sachs, Art. 3 GG, Rdnr. 35 ff.

[718] Hailbronner, NVwZ 1999, S. 1273 (1278); v. Mangoldt, ZAR 1999, S. 243 (250).

[719] In Bezug auf Art. 3 Abs. 3 GG, siehe Huber/Butzke, NJW 1999, S. 2769 (2778).

hen sind, wird der Gesetzgeber seinem Anspruch, am Erfordernis der Vermeidung von Mehrstaatigkeit festzuhalten, nicht gerecht.
§ 29 StAG wird zum Ziel der Verminderung von Mehrstaatigkeit nicht allzu viel beitragen können. Dafür sind die Voraussetzungen des § 87 AuslG zu weit gezogen. Allein die Regelung in § 87 Absatz 1 Satz 2 Nr. 5 AuslG wird in vielen Fällen zu einer Hinnahme der Mehrstaatigkeit führen. Zudem ist allein aufgrund der Regelung in § 87 Absatz 3 AuslG von einer großzügigen Hinnahme von Mehrstaatigkeit auszugehen.
Der Gesetzgeber wird somit in Zukunft seinem Anspruch nicht gerecht werden, den er an die Regelung in § 29 StAG stellt, da er aufgrund der Gestattung großzügiger Ausnahmen seinen eigenen Regelungsanspruch umgeht.

2. Sonderfall des Erwerbs der Staatsangehörigkeit nach § 4 Absatz 2 StAG

a. Voraussetzungen

Der Erwerb der deutschen Staatsangehörigkeit nach § 4 Absatz 2 StAG bezieht sich nur auf sogenannte Findelkinder. Der Anwendungsbereich der Vorschrift ist insoweit personell beschränkt.
Als Findelkind gilt ein Kind, welches infolge seines Alters hilflos ist und über dessen natürliche Abstammung sich weder aus seinen Angaben oder aus sonstigen Nachforschungen hinreichende Anhaltspunkte entnehmen lassen[720]. Ein Kind kann noch nicht dann als ein Findelkind im Sinne des Gesetzes betrachtet werden, wenn es wegen fehlender Vater- oder Mutterschaftsfeststellung juristisch ohne Eltern ist[721]. Während der Erwerb der deutschen Staatsangehörigkeit nach § 4 Absatz 2 StAG in der Vergangenheit keine große Rolle spielte, hat er heute durch die Einführung sogenannter „Baby-Schleusen“, in denen Mütter ihre Neugeborenen anonym abgeben können, wieder an Bedeutung gewonnen.
Nach § 4 Absatz 2 StAG gilt das Findelkind bei Auffinden im Bundesgebiet bis zum Beweise des Gegenteils als Kind eines deutschen Staatsangehörigen. Auffinden im Bundesgebiet bedeutet dabei noch nicht, dass das Kind auch im Inland geboren sein muss. Es gilt selbst dann als Kind eines deutschen Staatsangehörigen, wenn die Möglichkeit besteht, dass es im Ausland geboren sein könnte – beispielsweise durch das Auffinden im deutschen Grenzgebiet. Folglich ist der Staatsangehörigkeitserwerb nach § 4 Absatz 2 StAG keine Form des Erwerbs *iure soli*[722].

---

[720] Renner, in: Hailbronner/Renner, 3. Auflage, § 4 StAG, Rdnr. 42; Makarov/v. Mangoldt, § 4 RuStAG, Rdnr. 42.

[721] Makarov/v. Mangoldt, § 4 RuStAG, Rdnr. 42; Renner, in: Hailbronner/Renner, 3. Auflage, § 4 StAG, Rdnr. 42.

[722] Makarov/v. Mangoldt, § 4 RuStAG, Rdnr. 42; § 4 Abs. 2 StAG ist auch nicht als eine *ius soli*-Bestimmung zu bezeichnen, die in ein *ius sanguinis* Kleid gekleidet ist, wie es Schätzel versucht darzulegen. Vgl. Schätzel, S. 140.

Der Staatsangehörigkeitserwerb durch Findelkinder stellt auch keinen klassischen Fall des Erwerbs aufgrund des Abstammungsprinzips dar, denn der Erwerb der Staatsangehörigkeit findet grundsätzlich bei der Geburt des Kindes statt. Da das Kind vor dem Auffinden bereits geboren wurde, hat es vor der Erlangung der deutschen Staatsangehörigkeit unter Umständen bereits eine Staatsangehörigkeit besessen. Dies ist dann möglich, wenn das Kind von solchen Eltern geboren wurde, die aufgrund des in ihrem Heimatstaat geltenden Abstammungsprinzips ihre Staatsangehörigkeit bereits an das Kind weitergegeben haben. Andererseits ist es aber auch möglich, dass das Kind in einem Staat geboren wurde, in dem das Geburtslandprinzip praktiziert wurde und dadurch die Staatsangehörigkeit des Geburtslandes erhalten hat, danach aber erst über die deutsche Grenze verbracht wurde.
Es ist zu überlegen, ob es sich bei dem Staatsangehörigkeitserwerb durch Findelkinder überhaupt um einen originären Staatsangehörigkeitserwerb handelt. Dagegen spricht schon das Verfahren bei dem Auffinden eines Findelkindes, wie beispielsweise nach § 25 PStG. Das Kind erhält nämlich weder durch Geburt noch durch das Auffinden die deutsche Staatsangehörigkeit, sondern erst wenn die notwendigen Nachforschungen angestrengt worden sind und diese bezüglich der Frage der elterlichen Abstammung ergebnislos verlaufen sind. Folglich erwirbt das Findelkind die deutsche Staatsangehörigkeit erst nachträglich, ein originärer Erwerb scheidet aus. Es liegt hier allerdings auch kein Fall des klassischen derivativen Erwerbs vor, da dies zumindest die freie Willensbildung des Neugeborenen voraussetzen würde. Hier ist das unter Umständen nur wenige Tage alte Kind noch nicht in der Lage, sich zurechenbar für eine Staatsangehörigkeit zu entscheiden.
Bei dem Staatsangehörigkeitserwerb eines Findelkindes sind somit die Elemente des originären Erwerbs zu kombinieren wobei die Besonderheiten des Kindsfundes mit einfließen. Die Besonderheit liegt hier darin, dass der originäre Erwerb der deutschen Staatsangehörigkeit erst nachträglich, also nach der Geburt und vielleicht sogar erst nach dem Erwerb einer bereits unbekannten anderen Staatsangehörigkeit eintreten kann. Aufgrund des Einflusses des Abstammungsprinzips bei der Ermittlung der Staatsangehörigkeit eines Findelkindes über den fiktiven deutschen Elternteil ist der Staatsangehörigkeitserwerb nach § 4 Absatz 2 StAG nur als originärer Erwerb *sui generis* mit *ex tunc* Wirkung unter Anwendung der entsprechenden Prinzipien des *ius sanguinis*-Prinzips zu bezeichnen[723]. Der Erwerb ist somit ein fingierter originärer Erwerb, der keine Durchbrechung des *ius sanguinis*-Prinzips darstellt[724].

---

723 Ein anderes Ergebnis ist rechtshistorisch nicht zu vertreten. Dem deutschen Staatsangehörigkeitsrecht war der Erwerb der Staatsangehörigkeit durch das *ius soli*-Prinzip bis zum 1. Januar 2000 unbekannt. Zudem spricht der Wortlaut des § 4 Abs. 2 StAG, dass das Kind als solches eines Angehörigen des Bundeslandes in dem es aufgefunden wurde (heute:

Der Erwerb der Staatsangehörigkeit als Findelkind unterliegt der Einschränkung des Beweises des Gegenteils. Das bedeutet, dass die gesetzliche Vermutung, es handele sich bei dem gefundenen Kind um ein Kind von einem deutschen Elternteil, widerlegt werden kann. An diesen Beweis müssen heute strenge Anforderungen gestellt werden, weil sonst die Gefahr bestünde, dass das Findelkind staatenlos würde. Es kann nicht ausreichen, festzustellen, dass das Kind unter Umständen nicht von einem deutschen Elternteil abstammt[725]. Dieser negative Beweis ist unzureichend, vielmehr muss der positive unwiderlegbare Beweis der Abstammung von einer bestimmten Person anderer Staatsangehörigkeit geführt werden[726].
Hinsichtlich des Beweises des Gegenteils, der zu einem Wegfall der Staatsangehörigkeit führen kann, bestehen verfassungsrechtliche Bedenken. Es stellt sich nämlich die Frage, ob der nachträgliche Wegfall der Staatsangehörigkeit des Findelkindes überhaupt mit Artikel 16 Absatz 1 GG in Einklang steht oder ob hier ein Fall des Entzugs der Staatsangehörigkeit vorliegt. Allein dieser verfassungsrechtliche Hintergrund rechtfertigt eine strenge Handhabung der Beweisführung ohnehin[727].

b. Entstehung mehrfacher Staatsangehörigkeit nach § 4 Absatz 2 StAG

Aufgrund des Regelungsgehaltes des § 4 Absatz 2 StAG kann bei dem Erwerb der Staatsangehörigkeit durch ein Findelkind keine mehrfache Staatsangehörigkeit bestehen. Theoretisch besteht zwar die Möglichkeit, dass das Findelkind bereits vor dem Fund die Staatsangehörigkeit eines Staates besitzt, nur ist diese bei Erwerb der Deutschen unbekannt. Rechtlich wirkt sie allerdings fort, da durch den Erwerb der deutschen Staatsangehörigkeit die ehemalige Staatsangehörigkeit nur entfällt, wenn dies im Staatsangehörigkeitsrecht des betreffenden Staates vorgesehen ist. Ein späterer Wegfall der deutschen Staatsangehörigkeit

---

deutschen Staatsangehörigen) gilt. Daraus wird deutlich, dass der Gesetzgeber bereits bei der ursprünglichen Fassung des § 4 Abs. 2 RuStAG beim Staatsangehörigkeitserwerb durch das Findelkind nicht auf den Fundort abgestellt hat. Anderenfalls hätte die Vorschrift lauten müssen: *[...] gilt als Angehöriger des Bundesstaates, in dem es aufgefunden wurde [...].* Die Regelung lässt nur auf den Einfluss des Abstammungsprinzips beim Staatsangehörigkeitserwerb durch das Findelkind schließen.

724 So im Ergebnis auch Makarov/v. Mangoldt, § 4 RuStAG, Rdnr. 42, die dies allerdings als eine Präsumption der Abstammung von einem deutschen Elternteil bezeichnen. Für § 4 Abs. 2 StAG als Ausfluss des *ius sanguinis*-Prinzips spricht sich auch aus Lichter/Hoffmann, § 4 RuStAG, Rdnr. 29, S. 65 damals noch unter Bezugnahme auf das RuStAG.

725 Ausreichend ist dies bereits für Lichter/Hoffmann, § 4 RuStAG, Rdnr. 29, S. 65.

726 Schätzel, S. 140; Makarov/v. Mangoldt, § 4 StAG, Rdnr. 43.

727 Zu der Bestimmung des Begriffes des Entzugs der deutschen Staatsangehörigkeit, siehe oben.

bei positiver Führung des Gegenbeweises steht allerdings unter dem Vorbehalt des Artikels 16 Absatz 1 GG.

3. Ergebnis zum originären Erwerb

Durch originären Erwerb kann auch nach dem deutschen Staatsangehörigkeitsrecht mehrfache Staatsangehörigkeit entstehen. Dies war bereits vor dem 1. Januar 2000 der Fall, beschränkte sich aber auf gemischt-nationale Ehen. Andere Fälle, in denen deutsche Staatsangehörige durch Geburt Mehrstaater wurden, entstanden ferner durch eine Überlappung des deutschen Staatsangehörigkeitsrechts mit dem anderer Staaten, die vornehmlich das *ius soli*-Prinzip verfolgten. Die Entstehung der mehrfachen Staatsangehörigkeit, konnte durch den deutschen Gesetzgeber in diesen Fällen nicht verhindert werden.

Durch die Änderung des Staatsangehörigkeitsgesetzes durch das Staatsangehörigkeitsreformgesetz vom 15. Juli 1999 sind diese Erwerbstatbestände erheblich erweitert worden. Dazu führte die Einführung des *ius soli*-Prinzips für Kinder ausländischer Eltern, die bereits einen längeren Zeitraum in Deutschland leben und weitere aufenthaltsrechtliche Anforderungen erfüllen. Zur Begründung führt der Gesetzgeber die Integration dieses Personenkreises in die deutschen Lebensverhältnisse an. Über den Erfolg oder Misserfolg der Integration soll nach Eintritt der Volljährigkeit entschieden werden. Zu diesem Zeitpunkt soll es dem deutschen Mehrstaater anheim gestellt werden, ob er die deutsche Staatsangehörigkeit behalten will oder nicht. Entscheidet er sich gegen die deutsche Staatsangehörigkeit oder trifft er keine Entscheidung, so verliert er die deutsche Staatsangehörigkeit. Diese Optionslösung ist verfassungskonform.

Für den Erklärungspflichtigen besteht aber auch die Möglichkeit, eine Beibehaltungsgenehmigung der deutschen Staatsangehörigkeit zu beantragen. Dann muss seitens der zuständigen Behörde entschieden werden, ob ein Grund für die Hinnahme der bisherigen ausländischen Staatsangehörigkeit neben der deutschen Staatsangehörigkeit vorliegt. Diese Ausnahmetatbestände richten sich nach § 87 AuslG, der durch das Staatsangehörigkeitsreformgesetz vom 15. Juli 1999 ebenfalls dahingehend erheblich erweitert worden ist, dass mittlerweile rein materielle Gründe die Hinnahme der bisherigen Staatsangehörigkeit neben der deutschen rechtfertigen. Da sich die Praxis so entwickeln wird, dass nahezu alle Erklärungspflichtigen eine Beibehaltungsgenehmigung stellen werden, da allein der Besitz einer weiteren Staatsangehörigkeit Annehmlichkeiten mit sich bringt, wird in Zukunft ein Anstieg derjenigen zu verzeichnen sein, die die deutsche Staatsangehörigkeit neben der bisherigen Staatsangehörigkeit behalten werden. Somit wird das gesetzgeberische Ziel verfehlt, nach Abschluss des Integrationsprozesses eine Entscheidung für eine Staatsangehörigkeit herbeizuführen.

Zudem wäre wünschenswert gewesen, das Optionsmodell auch auf die Kinder gemischt-nationaler Ehen zu erweitern. Eine Ungleichbehandlung ist zwar verfassungsrechtlich möglich, doch erscheint auch hier eine entsprechende Entscheidung als vernünftig, um in nachfolgenden Generationen die mehrfache Staatsangehörigkeit nicht noch weiterzutragen.

II. Derivativer Erwerb der deutschen Staatsangehörigkeit

Neben dem originären Erwerb der deutschen Staatsangehörigkeit besteht auch die Möglichkeit des derivativen Erwerbs der Staatsangehörigkeit durch spätere Einbürgerung. Die Einbürgerung richtet sich nach den Vorschriften des Staatsangehörigkeitsrechts sowie nach denen des Ausländerrechts.

1. Einbürgerung nach § 8 StAG

§ 8 StAG stellt die Grundnorm für die Einbürgerung im deutschen Staatsangehörigkeitsrecht dar[728]. Ein Ausländer kann auf Antrag in die Bundesrepublik Deutschland eingebürgert werden, wenn er gewisse Voraussetzungen, die der deutsche Gesetzgeber an die derivative Erteilung der Staatsangehörigkeit stellt, erfüllt.

a. Voraussetzungen und Grundlage der Einbürgerung nach § 8 StAG

Ein im Inland niedergelassener Ausländer kann gemäß § 8 Absatz 1 StAG auf Antrag eingebürgert werden, wenn er nach Maßgabe von § 68 Absatz 1 AuslG handlungsfähig oder gesetzlich vertreten ist, keinen Ausweisungsgrund nach § 46 Nr. 1 bis 4 AuslG, § 47 Absatz 1 oder 2 AuslG erfüllt, an dem Orte seiner Niederlassung eine eigene Wohnung oder ein Unterkommen gefunden hat und an diesem Orte sich und seine Angehörigen zu ernähren imstande ist[729].
Liegen die Voraussetzungen des § 8 StAG nicht vor, darf die Behörde keine Einbürgerung vornehmen[730]. Das bedeutet jedoch nicht, dass bei Vorliegen der in § 8 StAG bestimmten Voraussetzungen die deutsche Staatsangehörigkeit erteilt wird, das heißt der Einbürgerungsbewerber eingebürgert werden darf. Die Vorschrift ist als eine Ermessenermächtigung für die Einbürgerung zu verstehen[731]. Der Einbürgerungsbewerber hat demnach selbst bei Vorliegen der tatbestandlichen Voraussetzungen keinen gebundenen Anspruch auf Einbürgerung, vielmehr liegen die Voraussetzungen vor, welche die Behörde dazu veranlasst nunmehr im Rahmen ihres weiteren Ermessens über die Einbürgerung zu ent-

---

728 Makarov/v. Mangoldt, § 8 RuStAG, Rdnr. 5; Hailbronner/Renner, 2. Auflage, § 8 RuStAG, Rdnr. 5.

729 Zu den einzelnen gesetzlichen Voraussetzungen, siehe Hailbronner, in: Hailbronner/Renner, 3. Auflage, § 8 StAG, Rdnr. 10 ff. m. w. N.

730 Hailbronner, in: Hailbronner/Renner, 3. Auflage, § 8 StAG, Rdnr. 6.

731 Hailbronner, in: Hailbronner/Renner, 3. Auflage, § 8 StAG, Rdnr. 6; unter Bezugnahme auf das RuStAG Schätzel, Staatsangehörigkeitsrecht, § 8 RuStAG, Nr. 5; Makarov/v. Mangoldt, § 8 RuStAG, Rdnr. 5.

scheiden[732]. Die zuständige Behörde kann ihre Entscheidung dann von weiteren Kriterien abhängig machen[733]. Dafür können auch allgemeine politische, wirtschaftliche und kulturelle Gesichtspunkte herangezogen werden[734]. Die in § 8 StAG aufgestellten Voraussetzungen stellen somit *Mindestvoraussetzungen* dar, die für eine Einbürgerung gegeben sein müssen[735].
Ein Wegfall der Ermessenentscheidung der Behörde ist nur bei einer Ermessenreduzierung auf Null denkbar. Eine solche Ermessensreduzierung stellt die absolute Ausnahme dar und kann nur unter engen Voraussetzungen aufgrund besonderer Umstände des Einzelfalls bejaht werden[736]. Somit bleibt als Grundsatz das weitere behördliche Ermessen als entscheidungserheblicher Teil für die Einbürgerung.
Um eine Vereinheitlichung der behördlichen Entscheidung herbeizuführen, war die Behörde unter der Geltung des § 8 RuStAG bei ihrer Ermessensausübung verwaltungsintern an bestimmte Richtlinien gebunden[737]. Dies waren die Einbürgerungsrichtlinien vom 15. Dezember 1977, denen zum Teil gesetzesinterpretierende Funktion zukam, da sie die Einbürgerungsvoraussetzungen für die Einbürgerung nach § 8 RuStAG näher erläuterten. Vornehmlich sind darin Grundsätze für die behördliche Ermessensentscheidung enthalten, an welche die jeweilige Behörde jedoch nicht gebunden war, da vermieden werden sollte, einen zu engen Rahmen für die Ermessensentscheidung zu setzen. Die Behörde sollte damit die Möglichkeit haben, auf die jeweiligen Besonderheiten des Einzelfalles näher eingehen zu können[738]. Nach der Änderung des RuStAG mit Wirkung vom 1. Januar 2000 wurde der Bundesinnenminister in § 39 StAG ermächtigt, mit der Zustimmung des Bundesrates „Allgemeine Verwaltungsvorschriften" über die Ausführung des StAG zu erlassen. Darunter fallen auch die Einbürgerungsrichtlinien für die Ermessenseinbürgerung nach § 8 StAG.

b. Entstehung von Mehrstaatigkeit beim Erwerb nach § 8 StAG
Über die Entstehung von Mehrstaatigkeit bei der Einbürgerung nach § 8 StAG enthält § 8 StAG selbst keine näheren Regelungen. Dennoch kann bei der Ein-

---

732 Lichter/Hoffmann, § 8 RuStAG, Rdnr. 4, S. 87; Hailbronner, in: Hailbronner/Renner, 3. Auflage, § 8 StAG, Rdnr. 6.
733 BVerwGE 67, S. 177 (179).
734 BVerwGE 49, S. 44 (46).
735 Hailbronner/Renner, 3. Auflage, § 8 StAG, Rdnr. 6; unter Bezugnahme auf das RuStAG Lichter/Hoffmann, § 8 RuStAG, Rdnr. 4, S. 87; Makarov/v. Mangoldt, § 8 RuStAG, Rdnr. 5; BVerwGE 67, S. 177 (179).
736 Hailbronner, in: Hailbronner/Renner, 3. Auflage, § 8 StAG, Rdnr. 6; OVG NW, Urteil vom 23.02.1996 – Az. 25 A 257/94, S. 9.
737 Hailbronner, in: Hailbronner/Renner, 2. Auflage, § 8 RuStAG, Rdnr. 6.
738 Zum Streitgegenstand, siehe Hailbronner, in: Hailbronner/Renner, 2. Auflage, § 8 RuStAG, Rdnr. 6 m. w. N.

bürgerung in die Bundesrepublik Deutschland Mehrstaatigkeit entstehen. Dies ist vor allem dann der Fall, wenn die bisherige Staatsangehörigkeit nicht aufgegeben wird. Es kommen dabei unterschiedliche Ursachen in Betracht. Einerseits kann es schlicht im Interesse des Einbürgerungsbewerbers stehen, seine Staatsangehörigkeit zu behalten, andererseits kann es ihm aber auch seitens seines bisherigen Heimatstaates verwehrt werden, aus dieser Staatsangehörigkeit auszuscheiden. Dies ist denkbar, wenn das Staatsangehörigkeitsrecht des Heimatstaates ein Ausscheiden aus der Staatsangehörigkeit des betroffenen Staates nicht vorsieht (sogenannte rechtliche Unmöglichkeit des Ausscheidens aus der bisherigen Staatsangehörigkeit) oder die Behörden des Heimatstaates dem Betroffenen das Ausscheiden aus seiner bisherigen Staatsangehörigkeit nicht ermöglichen (sogenannte faktische Unmöglichkeit des Ausscheidens aus der bisherigen Staatsangehörigkeit). Ferner kann Mehrstaatigkeit dann entstehen, wenn die Entlassung aus der Staatsangehörigkeit des bisherigen Staats deswegen nicht möglich ist, weil diese für den Bewerber eine unzumutbare Härte bedeuten würde.

c. Vermeidung der Entstehung von Mehrstaatigkeit

Bei der Einbürgerung nach Artikel 8 StAG ist die Vermeidung der mehrfachen Staatsangehörigkeit im Rahmen des Ermessens zu beachten.

Nach der Rechtsprechung des Bundesverwaltungsgerichtes wird – wie bereits erwähnt – die Doppelstaatsangehörigkeit und damit auch die mehrfache Staatsangehörigkeit als Übel angesehen, das sowohl im Interesse der Staaten als auch im Interesse der Bürger nach Möglichkeit vermieden oder beseitigt werden sollte[739]. Dabei beruft es sich auf die Rechtsprechung des Bundesverfassungsgerichtes[740]. Die zuständige Behörde ist auch bei der Ermessensausübung grundsätzlich an die Vermeidung der Mehrstaatigkeit gebunden und hat folglich auch die Möglichkeit, die Einbürgerung abzulehnen[741].

Die Vermeidung von Mehrstaatigkeit wurde bei der Einbürgerung in die Bundesrepublik Deutschland bislang als rechtspolitisches Ordnungsprinzip verstanden. So wurde es seitens des Bundesministers des Inneren und der Landesminister bzw. Landessenatoren der Länder in Nr. 5.3. der EinbRL von 1977 festgeschrieben.

Der Grundsatz der Vermeidung der Mehrstaatigkeit im innerstaatlichen Recht wurde auch aus völkerrechtlichen Gründen in das Staatsangehörigkeitsrecht der Bundesrepublik Deutschland übertragen. Gründe hierfür waren bi- und multilaterale Verträge der Bundesrepublik Deutschland, wie das Übereinkommen über

---

739 Vgl. BVerwGE 64, S. 7 (10).

740 Vgl. dazu BVerfGE 37, S. 217 (254), BVerfG, NJW 1991, S. 633 (634).

741 Marx, § 8 RuStAG, Rdnr. 118.

die Verringerung der Mehrstaatigkeit und über die Wehrpflicht von Mehrstaatern vom 6. Mai 1963[742]. Ein generelles Verbot der Einbürgerung bei Entstehen von Mehrstaatigkeit besteht allerdings aufgrund des Übereinkommens vom 6. Mai 1963 nicht[743], da das Übereinkommen einerseits nur die an dem Übereinkommen beteiligten Vertragspartner bindet, andererseits es nicht alle Fälle der Einbürgerungen erfasst. Nach Artikel 1 Absatz 1 des Übereinkommens sind zunächst volljährige Staatsangehörige einer Vertragspartei betroffen, die infolge einer ausdrücklichen Willensäußerung durch Einbürgerung, Option oder Wiedereinbürgerung die Staatsangehörigkeit einer anderen Vertragspartei erwerben. Diese verlieren dann ihre vorherige Staatsangehörigkeit. Minderjährige Staatsangehörige einer Vertragspartei, die in der gleichen Weise die Staatsangehörigkeit einer anderen Vertragspartei erwerben, verlieren nach Artikel 1 Absatz 2 des Übereinkommens ebenfalls ihre vorherige Staatsangehörigkeit, wenn sie ordnungsgemäß ermächtigt und vertreten gewesen sind, sofern ihr Heimatrecht in solchen Fällen den Verlust der Staatsangehörigkeit vorsieht.

aa. Bestimmungen zu § 8 RuStAG bis zum 31. Dezember 1999

Die Ermessensausübung, die der zuständigen Behörde obliegt, war bis zum 31. Dezember 1999 an die Einbürgerungsrichtlinien des Bundesinnenministers und der Innenminister der Länder vom 15. Dezember 1977 gebunden. Dabei wurden sowohl durch die Einbürgerungsrichtlinien als auch durch die verwaltungsgerichtliche Praxis Ausnahmen zugelassen, nach denen die Einbürgerung in die Bundesrepublik Deutschland auch unter Hinnahme der Mehrstaatigkeit möglich war.

Die Einbürgerungsrichtlinien befassten sich in Nr. 5.3. mit der Vermeidung von Mehrstaatigkeit. Dabei wurde vorrangig von einem rechtspolitischen Ordnungsprinzip der Vermeidung von Mehrstaatigkeit ausgegangen. Dieses konnte jedoch unter Umständen bei der Einbürgerung zurücktreten. Die Ausnahmen wurden in den Nummern 5.3.3. ff. EinbRL geregelt[744].

(1) 5.3.3. EinbRL

Eine Ausnahme vom Prinzip der Vermeidung der Mehrstaatigkeit kam vor allem dann in Betracht, wenn das Festhalten an dem Ordnungsprinzip für den Betroffenen durch die Versagung der Einbürgerung eine unzumutbare Härte darstellte. Die EinbRL Nr. 5.3.3. beschränkte sich zunächst auf eine negative Umschrei-

---

742 Übereinkommen über die Verringerung der Mehrstaatigkeit und über die Wehrpflicht von Mehrstaatern, Text in: BGBl. 1969 II, S. 1954 ff.

743 Vgl. dazu auch Hailbronner/Renner, 2. Auflage, § 8 RuStAG, Rdnr. 66.

744 Vgl. dazu auch Hailbronner, in: Hailbronner/Renner, 2. Auflage, § 8 RuStAG, Rdnr. 74; Marx, § 8 RuStAG, Rdnr. 141 ff.

bung der Fallgruppen, indem sie aufzählte, welche Tatbestände keinesfalls bereits eine unzumutbare Härte darstellen würden. So sollte von einer unzumutbaren Härte noch nicht gesprochen werden, wenn der Einbürgerungsbewerber die eintretenden Schwierigkeiten in zurechenbarer Weise selbst verursacht hatte. Als Beispiel wurde angeführt, dass der Einbürgerungsbewerber die Verpflichtungen, die ihm gegenüber seinem Heimatstaat oblagen, verletzt hatte. Es sollte dem Einbürgerungsbewerber nämlich durchaus zuzumuten sein, den allgemeinen und besonderen Pflichten gegenüber seinem Heimatstaat nachzukommen. Eine unzumutbare Härte sollte darin nach deutscher Sicht nicht zu erkennen sein.
Auch wenn das Ausscheiden aus der Staatsangehörigkeit des ehemaligen Heimatstaates einen längeren Zeitraum in Anspruch nahm, sollte darin noch keine unzumutbare Härte gesehen werden. Solche Wartezeiten sollten durchaus in Kauf zu nehmen sein, vor allem dann, wenn nicht von vornherein ausgeschlossen werden konnte, dass nicht doch eine Entlassung aus der ehemaligen Staatsangehörigkeit erfolgen würde.
Wirtschaftliche Verschlechterungen galten nach Nr. 5.3.3. EinbRL nicht als unzumutbare Härte. Erbrechtsbeschränkungen oder die Auflage des Heimatstaates, bei Verlust der Staatsangehörigkeit den Grundbesitz zu veräußern, konnten demnach nicht eine Ausnahme vom rechtspolitischen Ordnungsprinzip der Vermeidung der Mehrstaatigkeit rechtfertigen. Gerade durch diese Regelung wurde die Intention deutlich, dass es sich bei der Staatsangehörigkeit um einen ideellen Wert handelte und wirtschaftliche Interessen nicht in den Vordergrund zu stellen waren. Damit sollte verhindert werden, dass die Identifikation und Integration in einen neuen Staat den wirtschaftlichen Gründen nicht nachgeordnet wurde.

(2) 5.3.3.1. EinbRL

Ausgehend von der Aufzählung in Nr. 5.3.3. EinbRL kamen grundsätzlich nur die in 5.3.3.1. ff. aufgeführten Ausnahmen in Betracht, eine Einbürgerung unter Beibehaltung der früheren Staatsangehörigkeit im Rahmen der Ermessensentscheidung gemäß § 8 RuStAG zu rechtfertigen. Dies sollte zunächst bei der rechtlichen Unmöglichkeit des Ausscheidens aus der Staatsangehörigkeit des Heimatstaates der Fall sein, also in den Fällen, in denen das Staatsangehörigkeitsrecht des Heimatstaates des Einbürgerungsbewerbers ein Ausscheiden nicht vorsah (vgl. EinbRL 5.3.3.1.).

(3) 5.3.3.2. EinbRL

Mehrstaatigkeit konnte ferner dann akzeptiert werden, wenn davon ausgegangen werden musste, dass der Heimatstaat das Ausscheiden aus der bisherigen Staatsangehörigkeit willkürlich verweigerte. Darauf war zu schließen, wenn der Heimatstaat die Entlassung durchweg verwehrte oder von unzumutbaren Bedingungen abhängig machte, der Einbürgerungsbewerber die Voraussetzungen einer Einbürgerung nach internationaler Gepflogenheit aber zweifelsfrei erfüllte und die Verweigerung dadurch den Charakter des Willkürhaften erhielt (vgl. EinbRL 5.3.3.2.). Hinsichtlich der Frage einer Zumutbarkeit von Entlassungsbemühungen sollte es allein auf die besonderen Umstände des Einzelfalles ankommen. Unzumutbar waren die Entlassungsbemühungen dann, wenn aufgrund objektiv feststellbarer Tatsachen für den einzelnen Einbürgerungsbewerber subjektiv eine Lage entstanden war, bei der das Beharren auf Entlassungsbemühungen für ihn eine außergewöhnliche Härte bedeutete, die der Einbürgerungsbewerber angesichts seiner Lage nicht überwinden konnte. Vage Befürchtungen oder unbestimmte Ängste, die nicht auf objektiv feststellbaren Tatsachen beruhten, sollten ebenso wenig zu einer Unzumutbarkeit führen, wie umgekehrt objektiv feststellbare Tatsachen, die dem Einbürgerungsbewerber Entlassungsbemühungen zwar subjektiv erschwerten, aber für ihn in seiner besonderen Lage jedenfalls überwunden werden konnten[745].

Dazu zählte noch nicht, dass die Behörden des Heimatstaates in dieser Angelegenheit bemüht werden mussten. Denn orientierend an dem Grundsatz der Vermeidung von Mehrstaatigkeit bei der Einbürgerung, sollte es dem Einbürgerungsbewerber grundsätzlich zuzumuten sein, auch die zuständigen Behörden seines Heimatstaates um die Entlassung aus der bisherigen Staatsangehörigkeit zu bemühen[746]. Erst wenn dies erfolglos war und zudem seitens des Einbürgerungsbewerbers nachgewiesen worden war, konnte eine Einbürgerung auch unter der Hinnahme der Mehrstaatigkeit erfolgen[747]. Probleme entstanden in der Vergangenheit bei der Entlassung aus der iranischen Staatsangehörigkeit, bei der vor allem die Entlassungsversuche, die von iranischen Ärzten gestellt wurden, durchaus als aussichtslos erschienen[748]. Zudem bestand die Problematik der Entgegennahme von Entlassungsanträgen von in Deutschland anerkannten iranischen Asylbewerbern. Die Praxis des iranischen Generalkonsulates in Deutschland und der iranischen Behörden ging nachweislich dahin, diese Anträge nicht anzunehmen[749]. In solchen Fällen, in denen eine derartig stringente Weigerung

---

745 VG Stuttgart, Urteil vom 06.11.1996, Az. 7 K 77/95; vgl. auch InfAuslR 1997, S. 321 ff.

746 Marx, § 8 RuStAG, Rdnr. 147.

747 Marx, § 8 RuStAG, Rdnr. 147; vgl. dazu auch BVerwG, EZAR 274 Nr. 2, danach soll es selbst einem Asylberechtigten grundsätzlich zumutbar sein, sich um die Entlassung aus der bisherigen Staatsangehörigkeit per Antrag in dem Gebäude einer Auslandsvertretung des Heimatstaates persönlich zu bemühen.

748 Vgl. VG Braunschweig, Urteil vom 28.03.1995, Az. 5 A 5423/94; vgl. auch InfAuslR 1995, S. 298 ff.

749 Vgl. VG Stuttgart, Urteil vom 06.11.1996, Az. 7 K 77/95; vgl. auch InfAuslR 1997, S. 321 ff.

seitens der nationalen Behörden des bisherigen Heimatstaates vorlag, sollte von einer Ausnahme der in EinbRL 5.3.3.2. vorgesehenen Art ausgegangen werden, da eine Entlassung aus der bisherigen Staatsangehörigkeit damit faktisch unmöglich war[750].
Zu den unzumutbaren Bedingungen, die eine Hinnahme von Mehrstaatigkeit rechtfertigten, gehörten auch solche, die sich mit dem Glauben der Betroffenen nicht vereinbaren ließen[751].

(4) 5.3.3.3. EinbRL

Ebenso konnte von dem Ordnungsprinzip der Vermeidung der mehrfachen Staatsangehörigkeit in den Fällen abgesehen werden, wenn der betroffene Einbürgerungsbewerber Vertriebener im Sinne der Nr. 6.2. EinbRL, heimatloser Ausländer im Sinne der Nr. 6.4.1.1. EinbRL, Asylberechtigter im Sinne der Nr. 6.4.1.2. EinbRL oder in deutscher Obhut übernommener ausländischer Flüchtling im Sinne der Nr. 6.4.1.3 EinbRL war und die Forderung der Entlassung aus seiner bisherigen Staatsangehörigkeit eine besondere Härte darstellen würde (EinbRL 5.3.3.3.). In diesen Fällen war die Einbürgerung unter Hinnahme der bisherigen Staatsangehörigkeit aber keineswegs obligatorisch. Auch die Anforderungen, die an eine eventuelle Unzumutbarkeit gestellt wurden, waren nicht geringer als die bei der Einbürgerung anderer Personen. So sollte es nach der Rechtsprechung einem Asylbewerber durchaus zuzumuten sein, die Entlassung aus der bisherigen Staatsangehörigkeit bei seinem bisherigen Heimatstaat zu bewirken[752]. Der Status als Asylbewerber entband ihn von dieser Aufgabe nicht schlechthin[753]. Es war ihm zumindest zuzumuten, mit einer Person seines Vertrauens das zuständige Generalkonsulat des Heimatstaates aufzusuchen und dort die erforderlichen Modalitäten für die Entlassung aus der bisherigen Staatsangehörigkeit zu regeln[754].

(5) 5.3.3.4. EinbRL

Eine Ausnahme wurde nach EinbRL 5.3.3.4. auch bei älteren Personen gemacht. Die Einbürgerung unter Hinnahme mehrfacher Staatsangehörigkeit war bei der Einbürgerung älterer Personen möglich, wenn der Einbürgerung ausschließlich das Hindernis der Mehrstaatigkeit entgegen stand, die Entlassung auf unverhält-

---

750 So auch VG Braunschweig, Urteil vom 28.03.1995, Az. 5 A 5423/94; vgl. auch InfAuslR 1995, S. 298 ff.
751 Hailbronner, in: Hailbronner/Renner, 2. Auflage, § 8 RuStAG, Rdnr. 74.
752 BVerwG, EZAR 274 Nr. 2.
753 BVerwG, EZAR 274 Nr. 2, S. 10 f.
754 BVerfG, NJW 1991, S. 633 (634).

nismäßige Schwierigkeiten stieß und die Versagung der Einbürgerung eine besondere Härte darstellte[755].

(6) 5.3.3.5. EinbRL und 5.3.3.6. EinbRL

Bei der Einbürgerung minderjähriger Kinder, deren Entlassung auf unverhältnismäßig große Schwierigkeiten stieß, konnte ebenfalls die bisherige Staatsangehörigkeit neben der deutschen beibehalten werden (EinbRL 5.3.3.5.).
Aber auch Einbürgerungsbewerber, die den überwiegenden Teil ihrer Schulausbildung in deutschen Schulen erhalten hatten und in der Bundesrepublik Deutschland in die deutschen Lebensverhältnisse und in das wehrpflichtige Alter hineingewachsen waren, konnten unter Hinnahme der Mehrstaatigkeit eingebürgert werden, sofern die Entlassung aus der Staatsangehörigkeit von der Ableistung des Wehrdienstes abhängig war (EinbRL 5.3.3.5.). Davon wurden diejenigen Ausländer erfasst, die nicht seitens des bisherigen Heimatstaates durch eine Regelung im Übereinkommen über die Verringerung der Mehrstaatigkeit und über die Wehrpflicht von Mehrstaatern vom 6. Mai 1963 erfasst waren. In solchen Fällen fand sich keine einheitliche internationale Regelung. Da die Regelung der Staatsangehörigkeitsvorschriften den nationalen Gesetzgebern obliegt, sind sie auch frei in der Gestaltung der Vorschriften für die Entlassung aus der Staatsangehörigkeit. Nicht zuletzt stehen dabei auch militärische Argumente im Vordergrund. Trotz des entstehenden Loyalitätskonfliktes wurde durch die Einbürgerungsrichtlinien hier eine Ausnahme gemacht, welche allerdings bilaterale Konsequenzen entfaltete. Denn durch die Einbürgerung in die Bundesrepublik Deutschland entfiel keineswegs das Erfordernis des bisherigen Heimatstaates, dort Wehrdienst zu leisten. Wenn beide Staaten nicht Mitgliedstaaten des Übereinkommens vom 6. Mai 1963 waren, fand sich auch keine Zweifelsregelung. Der Mehrstaater lief dabei Gefahr, sich nach den Vorschriften des ersten Heimatstaates strafbar zu machen und bei Grenzübertritt sowohl bestraft zu werden als auch zum Militärdienst verpflichtet zu werden.

(7) 5.3.3.7. EinbRL

Zudem bestand die Möglichkeit der Hinnahme der Mehrstaatigkeit bei der Einbürgerung ausnahmsweise auch dann, wenn der Einbürgerungsbewerber die Verweigerung der Entlassung zu vertreten hatte. Die Hinnahme der Mehrstaatigkeit trat in diesem Falle aber nur dann ein, wenn der Einbürgerungsbewerber sich bereits länger als zwanzig Jahre nicht mehr in seinem Heimatstaat aufgehalten hatte, er mindestens vierzig Jahre alt war und von der Zeit, in der er

[755] Marx, § 8 RuStAG, Rdnr. 144; Hailbronner, in: Hailbronner/Renner, 2. Auflage, § 8 RuStAG, Rdnr. 74.

sich nicht in seinem Heimatstaat befunden hatte, mindestens zehn Jahre im Bundesgebiet gelebt hatte (EinbRL 5.3.3.7.).

(8) 5.3.4. EinbRL

Neben diesen Möglichkeiten der Hinnahme der Mehrstaatigkeit bei denjenigen Fallgruppen, die in der Person der betroffenen Einbürgerungsbewerber lagen, gab es auch Fallgruppen, bei denen ein besonderes Interesse bestand, welches nicht direkt in der Person des Betroffenen begründet war. Hierzu zählten die Fallgruppen, in denen ausnahmsweise über das Ordnungsprinzip der Vermeidung der Mehrstaatigkeit hinweggesehen werden konnte, weil dies durch ein herausragendes öffentliches Interesse an der Einbürgerung geboten war. Dieses herausragende öffentliche Interesse war in EinbRL 5.3.3.7. normiert. Unter Verweis auf EinbRL 3.2.3.1. sollten darunter nur diejenigen Tatbestände fallen, die es erforderten, den Einbürgerungsbewerber durch die Einbürgerung für eine Tätigkeit im Bundesgebiet zu gewinnen oder zu erhalten, sofern das öffentliche Interesse so dringlich war, dass eine alsbaldige Einbürgerung geboten erschien. Allein die besondere Begründungspflicht seitens der obersten Bundes- oder Landesbehörde machte deutlich, dass hierbei eine noch restriktivere Handhabung geboten war. Als dringendes öffentliches Interesse war nach der Rechtsprechung des BVerwG beispielsweise die Fortsetzung einer Forschungstätigkeit eines Einbürgerungsbewerbers anzusehen[756]. Ob dies die Hinnahme der Mehrstaatigkeit jedoch rechtfertigte, mag dahingestellt bleiben. Zudem bestand die Möglichkeit der Hinnahme von Mehrstaatigkeit, wenn dies im öffentlichen Interesse geboten war (EinbRL 5.3.4.2.).

(9) 5.3.5. EinbRL bis 5.3.7. EinbRL

EinbRL 5.3.5. betraf den Fall der Hinnahme der bisherigen Staatsangehörigkeit von ausländischen Ehegatten deutscher Staatsangehöriger. EinbRL 5.3.6. sah die Reintegration ehemals deutscher Staatsangehöriger unter der Hinnahme der bisherigen Staatsangehörigkeit vor, welche die deutsche Staatsangehörigkeit durch Eheschließung verloren hatten. Die Regelung des EinbRL 5.3.7. betraf lediglich die Einbürgerungszusicherung[757].

bb. Bestimmungen zu § 8 StAG

Mit der Änderung des Staatsangehörigkeitsgesetzes wurde in § 39 StAG der Erlass von Verwaltungsvorschriften auch für § 8 StAG vorgesehen. Davon hat der Bundesinnenminister mit Zustimmung des Bundesrates auch gemäß Artikel 84 Absatz 2 und Artikel 86 Satz 1 GG durch den Erlass der „Allgemeinen Ver-

---

[756] BVerwG, EZAR 271 Nr. 7, S. 7; Marx, § 8 RuStAG, Rdnr. 145.

[757] Siehe hierzu nunmehr 8.1.2.6.1. StAR-VwV.

waltungsvorschrift zum Staatsangehörigkeitsrecht" (StAR-VwV) vom 13. Dezember 2000[758] Gebrauch gemacht. In diesen „Allgemeinen Verwaltungsvorschriften" wurden auch Regelungen zur Vermeidung der Mehrstaatigkeit getroffen, die als allgemeine Grundsätze im Rahmen der Ermessensausübung fungieren.
Gemäß 8.1.2.6. StAR-VwV bleibt dabei der Grundsatz der Vermeidung der Mehrstaatigkeit bei der Einbürgerung in die Bundesrepublik Deutschland grundsätzlich unangetastet. Es bedarf auch weiterhin einer eingehenden Betrachtung bei der Ausübung des erforderlichen Ermessens seitens der Einbürgerungsbehörde. Dennoch besteht gemäß 8.1.2.6.3. StAR-VwV unter bestimmten Voraussetzungen die Möglichkeit der Hinnahme der Mehrstaatigkeit, wenn die Einbürgerungsbehörde im Rahmen ihrer Ermessensentscheidung dazu kommt.
Auf eine Bestimmung wie sie EinbRL 5.3.3. in einem Fall von unzumutbarer Härte vorsah, wurde in den „Allgemeinen Verwaltungsvorschriften" verzichtet. Vielmehr wurde ein Orientierungskatalog für die Ermessenausübung geschaffen. Der Katalog hat allerdings keinen abschließenden Charakter. Dies lässt sich schon daran erkennen, dass die Hinnahme von Mehrstaatigkeit *„insbesondere"* in den Fällen *„ausnahmsweise"* in Betracht kommt, wenn solche in den Nummern 8.1.2.6.3.1. bis 8.1.2.6.3.7. StAR-VwV des Katalogs aufgeführt sind. Aufgrund der Formulierung ist die Hinnahme von Mehrstaatigkeit darüber hinaus im Rahmen des pflichtgemäßen Ermessens der Behörde aber nur noch begrenzt möglich.

(1) 8.1.2.6.3.1. StAR-VwV

Nach 8.1.2.6.3.1. StAR-VwV kann die Einbürgerung unter Hinnahme der bisherigen Staatsangehörigkeit auch nach dem 1. Januar 2000 vorgenommen werden, wenn das Recht des ausländischen Staates ein Ausscheiden aus der bisherigen Staatsangehörigkeit nicht ermöglicht. Damit entspricht 8.1.2.6.3.1. StAR-VwV der Bestimmung der EinbRL 5.3.3.1. Eine Erweiterung der Fälle, die eine Hinnahme von Mehrstaatigkeit zulassen, hat durch 8.1.2.6.3.1. StAR-VwV nicht stattgefunden.

(2) 8.1.6.3.2. StAR-VwV

Eine Hinnahme von Mehrstaatigkeit ist nach 8.1.6.3.2. StAR-VwV dann möglich, wenn der ausländische Staat die Entlassung aus seiner Staatsangehörigkeit durchweg verwehrt oder diese von unzumutbaren Bedingungen abhängig macht. Diese Bestimmung entspricht in ihrem ersten Teil der in EinbRL 5.3.3.2. Nicht in die „Allgemeine Verwaltungsvorschrift" mit aufgenommen wurde der Zusatz,

[758] Allgemeine Verwaltungsvorschrift zum Staatsangehörigkeitsrecht (StAR-VwV) vom 13.12.2000, BAnz. 2001, S. 1418 ff.

dass *„der Einbürgerungsbewerber die Voraussetzungen einer Einbürgerung nach internationalen Gepflogenheit zweifelsfrei erfüllt und die Verweigerung dadurch einen Charakter des Willkürlichen erhält"*. Näher ausgestaltend wird in der Bestimmung nunmehr davon gesprochen, dass die Entlassung aus der bisherigen Staatsangehörigkeit dann als verwehrt angesehen werden kann, wenn Entlassungen nie oder fast nie ausgesprochen werden. Dabei ist wohl von einem allgemeinen Erfahrungswert auszugehen, der noch einer näheren Überprüfung der tatsächlichen Voraussetzungen bedarf. Zwar werden in der neuen Bestimmung einige Beispiele aufgezählt, wonach sich die Entlassung aus der Staatsangehörigkeit vor allem bei bestimmten nordafrikanischen und arabischen Staaten als problematisch erweist. Es kann aber keinesfalls davon ausgegangen werden, dass bei Antragstellern, die aus nordafrikanischen oder arabischen Staaten stammen, die Einbürgerung unter Hinnahme der mehrfachen Staatsangehörigkeit die Regel ist. Auch hier muss berücksichtigt werden, dass die Hinnahme der Mehrstaatigkeit weiterhin die Ausnahme des in 8.1.2.6. StAR-VwV festgelegten Grundsatzes ist, an den die zuständige Behörde im Rahmen ihrer Ermessensentscheidung weiter gebunden ist. In diesen Fällen bedarf es also ebenfalls konkreter Nachforschungen, ob die jeweilige Entlassung aus der Staatsangehörigkeit des jeweiligen Staates durchweg verwehrt wird oder unzumutbar ist. Der Entlassungsantrag ist grundsätzlich noch zu stellen. Dem Einbürgerungsbewerber kommt man nach der neuen Regelung jedoch mit einer Verfahrensvereinfachung entgegen. Es ist nicht mehr erforderlich, dass der Einbürgerungsbewerber den Entlassungsantrag selbst bei der zuständigen Behörde seines Heimatstaates stellt. Gemäß 8.1.2.6.3.2. StAR-VwV ist der Entlassungsantrag des Einbürgerungsbewerbers grundsätzlich von der Einbürgerungsbehörde an die Auslandsvertretung des Heimatstaates in der Bundesrepublik Deutschland weiterzuleiten. Damit werden solche Fälle umgangen, in denen die Einbürgerungsbewerber vormals geltend machen wollten, eine Hinnahme von Mehrstaatigkeit käme deshalb in Betracht, weil es dem Einbürgerungsbewerber nicht zuzumuten sei, in die Auslandsvertretung seines Heimatstaates zu gehen und dort den Antrag aus der Entlassung aus seiner Staatsangehörigkeit zu stellen. Dem stand aber bereits vor dem Erlass der Verwaltungsvorschriften die Rechtsprechung des Bundesverwaltungsgerichtes entgegen[759].

(3) 8.1.2.6.3.3. StAR-VwV

Auch bei der Hinnahme von Mehrstaatigkeit bei der Einbürgerung älterer Einbürgerungsbewerber sind durch die „Allgemeinen Verwaltungsvorschriften" Veränderungen vorgenommen worden. Die Einbürgerung von *älteren Personen* ist zum einen an drei Voraussetzungen geknüpft worden, die kumulativ vorlie-

---

[759] Vgl. dazu auch das Urteil des BVerwG vom 27.09.1988, Az. 1 C 3.85, EZAR 274 Nr. 2.

gen müssen. Zum anderen sind vormals noch nicht näher bestimmte Voraussetzungen konkretisiert worden. So findet sich im Gegensatz zu der früheren Regelung mittlerweile in lit. a.) der Nr. 8.1.2.6.3.3. StAR-VwV eine Legaldefinition der „älteren Personen“. Darunter sind nunmehr nur noch Personen zu verstehen, die mindestens das sechzigste Lebensjahr vollendet haben. Bei der Hinnahme der Mehrstaatigkeit wird auch auf die spezielle Situation abgestellt, in der sich die einzubürgernde Person befindet. So ist die Einbürgerung einer älteren Person unter der Hinnahme von Mehrstaatigkeit gemäß lit. b.) dann möglich, wenn sie auf *unverhältnismäßige rechtliche Schwierigkeiten* stößt, aber auch dann, wenn *unverhältnismäßige tatsächliche Schwierigkeiten* entstehen, die einer Person im Alter gerade nicht mehr zugemutet werden können.
Beispielhaft wird in 8.1.2.6.3.3. lit. b.) StAR-VwV dabei auf die gesundheitliche Einschränkung der Möglichkeiten der älteren Person in dem Umfang verwiesen, dass ein persönliches Vorsprechen oder eine Reise in den bisherigen Heimatstaat zwecks Regelung der Entlassungsmodalitäten nicht mehr zumutbar sind. Die Grenze der Zumutbarkeit und damit auch der Moment, in dem sich das Ermessen der einbürgernden Behörde hin zu einer Hinnahme der Mehrstaatigkeit entwickelt, sinkt umgekehrt zum fortschreitenden Alter. Wird es einem jüngeren Einbürgerungsbewerber durchaus noch physisch möglich sein, die Entlassungsmodalitäten zu regeln, sinkt die physische Möglichkeit im höheren Alter. Die verschiedenen Altersstufen müssen demzufolge auch oberhalb der Grenze von sechzig Jahren mit Rücksicht auf die physische Verfassung des Einbürgerungsbewerbers im Rahmen des auszuübenden Ermessens der Behörde individuell zu berücksichtigen sein.
Zudem muss die Versagung insgesamt gemäß lit. c.) eine *unzumutbare Härte darstellen.* Auch die dafür erforderlichen Gründe sind beispielhaft aufgezählt worden. So soll eine unzumutbare Härte dann vorliegen, wenn alle im Inland wohnhaften Familienangehörigen bereits deutsche Staatsangehörige sind oder der Einbürgerungsbewerber seit mindestens 15 Jahren seinen rechtmäßigen gewöhnlichen Aufenthalt in der Bundesrepublik Deutschland hat. 8.1.2.6.3.3. StAR-VwV verfolgt demnach einen integrationspolitischen Aspekt, der in der Person des Einbürgerungsbewerbers oder in seinem familiären Umfeld begründet ist. Vornehmlich soll die Hinnahme der Mehrstaatigkeit bei der Einbürgerung dann nicht mehr von erheblicher Relevanz sein, wenn der Einbürgerungsbewerber seinen gänzlichen Familienanschluss im Inland hat und dieser sich bereits in die Gesellschaft der Bundesrepublik Deutschland integriert hat.

(4) 8.1.2.6.3.4. StAR-VwV

Unverändert bleibt die Regelung der EinbRL 5.3.3.7. Der Regelungsgehalt ist in 8.1.2.6.3.4. StAR-VwV übernommen worden. Weiterhin ist die Einbürgerung unter Hinnahme von Mehrstaatigkeit bei Personen in einem Alter von über vierzig Jahren dann möglich, wenn der Einbürgerungsbewerber die Verweigerung der Entlassung aus der Staatsangehörigkeit selbst zu vertreten hat. Voraussetzungen sind aber, dass er sich in den letzten zwanzig Jahren nicht mehr in seinem Heimatstaat aufgehalten hat und in dieser Zeit mindestens zehn Jahre in der Bundesrepublik Deutschland gelebt hat. Damit sind auch solche Fälle erfasst, in denen der Einbürgerungsbewerber in seinem ehemaligen Heimatstaat seinen Wehrdienst nicht abgeleistet hat und er deswegen nicht aus seiner bisherigen Staatsangehörigkeit entlassen werden kann. Da es aufgrund des Alters des Einbürgerungsbewerbers nicht mehr möglich ist, diesem Erfordernis nachzukommen, kann die Einbürgerung unter Hinnahme der Mehrstaatigkeit in fortgeschrittenem Alter erfolgen. Ansonsten sollte eine Einbürgerung unter Hinnahme der Mehrstaatigkeit dann restriktiv durchgeführt werden, wenn die Verweigerung der Entlassung in der beeinflussbaren Sphäre des Einbürgerungsbewerbers liegt, da ansonsten die mehrfache Staatsangehörigkeit in Zukunft nach Zeitablauf eintritt.

(5) 8.1.2.6.3.5. StAR-VwV

Ausnahmen können zudem gemacht werden, wenn der Einbürgerungsbewerber gemäß § 52 AuslG politisch verfolgt ist wie ein Flüchtling nach dem Gesetz über Maßnahmen für im Rahmen humanitärer Hilfsaktionen aufgenommener Flüchtlinge (8.1.2.6.3.5. StAR-VwV).

(6) 8.1.2.6.3.6. StAR-VwV

Übernommen in die „Allgemeinen Verwaltungsvorschriften" wurde ebenfalls die Möglichkeit der Einbürgerung unter der Hinnahme von Mehrstaatigkeit, wenn daran ein herausragendes öffentliches Interesse besteht (8.1.2.6.3.6. StAR-VwV). Dabei gelten wohl im Einzelnen die Anforderungen fort, die bereits an EinbRL 5.3.4.1. gestellt worden sind.

(7) 8.1.2.6.3.7. StAR-VwV

Zudem wird die mehrfache Staatsangehörigkeit nach 8.1.2.6.3.7 StAR-VwV dann akzeptiert, wenn ehemals deutsche Staatsangehörige durch eine frühere Eheschließung mit einem Ausländer die deutsche Staatsangehörigkeit verloren haben, sie diese aber nun wieder begehren.

(8) Resümee

Die Hinnahme von Mehrstaatigkeit wurde auch durch die Änderung des § 8 StAG und dem Erlass der „Allgemeinen Verwaltungsvorschriften" nicht zur Regel gemacht. Vielmehr bleibt der Grundsatz der Vermeidung der Mehrstaatigkeit

– auch wenn er nicht mehr als rechtspolitisches Ordnungsprinzip bezeichnet wird – als Grundsatz erhalten[760]. Mehrfache Staatsangehörigkeit kann auch nach der Änderung des § 8 StAG und dem Erlass der „Allgemeinen Verwaltungsvorschriften" weiterhin nur in bestimmten Ausnahmefällen hingenommen werden. Durch den Erlass der „Allgemeinen Verwaltungsvorschriften" wurden die Tatbestände, die eine Hinnahme von Mehrstaatigkeit ermöglichen, sowohl verändert als auch teilweise näher konkretisiert. Dabei wurde wesentlich auf die allgemeine Verwaltungspraxis als auch auf die bisherige Rechtsprechung eingegangen und beides in den Verwaltungsvorschriften umgesetzt. Eine Erweiterung der Tatbestände, die eine Hinnahme von mehrfacher Staatsangehörigkeit bewirken, ist also nicht erfolgt.

cc. Ergebnis zu § 8 StAG

Bei der Einbürgerung nach § 8 StAG kann Mehrstaatigkeit entstehen. Intention des Gesetzgebers war es aber seit jeher, die Entstehung der Mehrstaatigkeit zu vermeiden. Dies hat sich auch nach der Änderung des § 8 RuStAG nicht wesentlich geändert. Der Grundsatz der Vermeidung der Mehrstaatigkeit muss weiterhin bei der Ermessensausübung der zuständigen Behörde berücksichtigt werden[761]. Die Fälle, in denen eine Einbürgerung unter der Hinnahme von Mehrstaatigkeit bislang vorgesehen waren, sind nicht erweitert werden. In den Erlass der „Allgemeinen Verwaltungsvorschriften", zu dem der Bundesinnenminister mit Zustimmung des Bundesrates gemäß § 39 StAG ermächtigt wurde, sind praktische Erfahrungen im Umgang mit der Hinnahme von Mehrstaatigkeit sowie die Rechtsprechung der Verwaltungsgerichtsbarkeit eingeflossen. Von einer restriktiven Anwendung der Hinnahme von Mehrstaatigkeit wird im Rahmen des § 8 StAG weiterhin ausgegangen.

4. Einbürgerung nach § 9 StAG

Für Ehegatten besteht die Möglichkeit der Einbürgerung nach § 9 StAG. Ihrem Ursprung nach ist die Vorschrift als Privilegierung ausländischer Ehegatten deutscher Staatsangehöriger zu verstehen, welche dem in Artikel 6 Absatz 1 GG enthaltenen Gebot der Förderung von Ehe und Familie Rechnung trägt[762]. Obwohl § 9 StAG durch das Staatsangehörigkeitsreformgesetz vom 15. Juli 1999 geändert worden ist, hat sich an der Intention des Gesetzgebers, die Einbürgerung von Ehegatten Deutscher zu erleichtern, nichts geändert.
Als Voraussetzung der Einbürgerung nach § 9 StAG wird weiterhin an das Vorliegen der Tatbestandsvoraussetzungen des § 8 StAG angeknüpft[763], jedoch

---

760 Vgl. 8.1.2.6. StAR-VwV.
761 Siehe dazu die Bestimmung in 8.1.2.6. StAR-VwV.
762 Hailbronner, in: Hailbronner/Renner, § 9 StAG, Rdnr. 1.
763 Vgl. zu § 9 RuStAG: Marx, § 9 RuStAG, Rdnr. 7; 9.0. StAR-VwV.

nicht auf das in § 8 StAG gewährte umfangreiche Rechtsfolgeermessen[764]. § 9 StAG hat somit gegenüber § 8 StAG einen privilegierenden Charakter, da er nur bei der Einbürgerung des dort genannten Personenkreises Anwendung findet.

a. Voraussetzungen und Grundlage der Einbürgerung nach § 9 StAG

§ 9 StAG setzt als zwingende Voraussetzung eine gültig geschlossene Ehe voraus, die zum Zeitpunkt der Einbürgerung noch besteht[765]. Ob überhaupt eine gültige Ehe vorliegt, ist unter Berücksichtigung der deutschen Kollisionsnormen zu berücksichtigen[766]. Sie muss also für den deutschen Rechtskreis gültig geschlossen sein[767].

Der deutsche Ehegatte des Einbürgerungsbewerbers muss zum Zeitpunkt der Einbürgerung deutscher Staatsangehöriger sein[768]. Der Begriff des Deutschen im Sinne von § 9 StAG ist nicht gleichzusetzen mit dem Deutschenbegriff des Artikels 116 Absatz 1 GG[769]. Dies war zumindest bis zu der Änderung des § 9 StAG strittig[770]. Da die Deutscheneigenschaft mit der Gesetzesänderung durch das Staatsangehörigkeitsreformgesetz vom 15. Juli 1999 nicht auf die des Artikels 116 Absatz 1 GG erweitert wurde, obwohl diese dem Gesetzgeber bereits bekannt gewesen ist, ist mittlerweile davon auszugehen, dass darunter nur die deutsche Staatsangehörigkeit fällt. Zudem geht die „Allgemeine Verwaltungsvorschrift" zu § 9 StAG mittlerweile von einem solchen Gesetzesverständnis aus[771].

Eine weitere zwingende Voraussetzung ist die Einordnung in die deutschen Lebensverhältnisse nach § 9 Absatz 1 Nr. 2 StAG. Diese muss nach dem Umständen des Falles mit an Sicherheit grenzender Wahrscheinlichkeit zu Erwarten sein[772]. Dass die Einbürgerung bereits abgeschlossen ist, ist nach den „Allgemeinen Verwaltungsvorschriften" zu § 9 StAG nicht erforderlich, es reicht, dass

[764] Zur bisherigen Fassung des § 9 RuStAG, vgl. Marx § 9 RuStAG, Rdnr. 8.

[765] Horn/Sauerland, StAZ 2000, S. 317 (318 f.); Hailbronner, in: Hailbronner/Renner, 3. Auflage, § 9 StAG, Rdnr. 5.

[766] Hailbronner, in: Hailbronner/Renner, 3. Auflage, § 9 StAG, Rdnr. 6.

[767] 9.1. StAR-VwV.

[768] Horn/Sauerland, StAZ 2000, S. 317 (319); Hailbronner, in: Hailbronner/Renner, 3. Auflage, § 9 StAG, Rdnr. 7; vgl. dazu 9.1. StAR-VwV.

[769] Beachte dazu bereits den Bericht des Bundestagsinnenausschusses vom 24.04.1969, BT-Drucks. 5/3971, S. 1; so bereits 6.1.1. EinbRL.

[770] A. A. Kanein, StAZ 1970, 177 (179); Kanein, NJW 1970, S. 545 f.; zum Streitgegenstand siehe Hailbronner, in: Hailbronner/Renner, 3. Auflage, § 9 StAG, Rdnr. 7; Makarov/v. Mangoldt, § 9 RuStAG, Rdnr. 4; Horn/Sauerland, StAZ 2000, S. 317 (319).

[771] Vgl. 9.1. StAR-VwV; ebenso: Horn/Sauerland, StAZ 2000, S. 317 (319).

[772] BVerwGE, 79, 94 (96); Hailbronner, in: Hailbronner/Renner, 3. Auflage, § 9 StAG, Rdnr. 19; Horn/Sauerland, StAZ 2000, S. 317 (325).

sie lediglich für die Zukunft gewährleistet ist[773]. Ausreichend ist nach der Änderung bereits ein Aufenthalt von in der Regel drei Jahren. Die eheliche Lebensgemeinschaft mit dem deutschen Ehegatten muss im Zeitpunkt der Einbürgerung seit zwei Jahren bestehen und der Einbürgerungsbewerber muss sich ohne nennenswerte Probleme im Alltagsleben in deutscher Sprache ausdrücken können[774].

Zudem müssen die Voraussetzungen des § 8 StAG vorliegen[775]. Im Gegensatz zu § 8 StAG ist § 9 StAG jedoch als Sollvorschrift ausgestaltet. Die Einbürgerung ist demzufolge bei Vorliegen der gesetzlichen Voraussetzungen grundsätzlich vorzunehmen und darf nur ausnahmsweise verweigert werden[776].

Zwar wird teilweise schon von einem Rechtsanspruch auf Einbürgerung gesprochen, wenn die zusätzlichen Voraussetzungen des § 8 StAG (Mindestvoraussetzungen) und die seitens § 9 StAG geknüpften Voraussetzungen vorliegen[777], dennoch liegt in diesem Fall noch keine gebundene Entscheidung zur Einbürgerung vor. Die Einbürgerung des § 9 StAG unterliegt immer noch einem Restermessen der zuständigen Behörde[778]. Der sehr stark begrenzte Ermessenspielraum der Behörde besteht in dem Augenblick, in dem ihr die bei der Erfüllung der gesetzlichen Voraussetzungen regelmäßig vorzunehmende Einbürgerung wegen besonderer, vom Gesetzgeber im einzelnen grundsätzlich nicht vorhersehbarer Umstände des Einzelfalls nach Sinn und Zweck des Gesetzes unangemessen erscheint[779]. Diese Umstände sind dann von der Behörde aber auch offen anzuführen und obliegen der verwaltungsgerichtlichen Überprüfung[780]. Sie liegen nach der Rechtsprechung des BVerwG dann vor, wenn ein atypischer Sachverhalt gegeben ist[781]. Ein als nicht erheblich zu betrachtendes öffentliches Interesse reicht dafür noch nicht aus[782]. Ebenso reicht es nicht aus, dass dem Einbürgerungsbewerber ein Verhalten vorgeworfen wird, welches nicht dazu führt, dass seiner Einbürgerung erhebliche Belange der Bundesrepublik Deutschland

---

[773] 9.1.2. StAR-VwV.

[774] Vgl. 9.1.2.1. StAR-VwV.

[775] Siehe dazu auch 9.1. StAR-VwV.

[776] BVerwGE, 77, 164 (180); BVerwGE 64, 7 (9); Hailbronner, in: Hailbronner/Renner, 3. Auflage, § 9 StAG, Rdnr. 3.

[777] Hailbronner, in: Hailbronner/Renner, 3. Auflage, § 9 StAG, Rdnr. 3.

[778] Hailbronner, in: Hailbronner/Renner, 3. Auflage, § 9 StAG, Rdnr. 29.

[779] BVerfG, StAZ 1986, 73 (73); Hailbronner, in: Hailbronner/Renner, 3. Auflage, § 9 StAG, Rdnr. 29.

[780] Hailbronner, in: Hailbronner/Renner, 3. Auflage, § 9 StAG, Rdnr. 29; Böll, NJW 1969, 1520 (1521).

[781] BVerwGE, 77, S. 164 (180); dazu auch: Horn/Sauerland, StAZ 2000, S. 317 (318).

[782] BVerwGE, 77, S. 164 (180); Hailbronner, in: Hailbronner/Renner, 3. Auflage, § 9 StAG, Rdnr. 30.

entgegenstehen[783]. Atypisch sind vornehmlich solche Sachverhalte, auf welche die Privilegierung des § 9 (Ru)StAG[784] ihrer gesetzlichen Zweckbestimmung nach nicht zielt, die aber von ihrem abstrakten Rahmen erfasst werden[785]. Es müssen demnach besondere Umstände vorliegen, die eine Einbürgerung nach Sinn und Zweck des Gesetzes unangemessen erscheinen lassen[786]. Solche Umstände liegen hauptsächlich dann vor, wenn es sich bei der Eheschließung um eine sogenannte Scheinehe handelt[787]. In einem solchen Fall liegen die gesetzlichen Voraussetzungen zwar vor, jedoch ist die Ehe nur zum Erwerb der Staatsangehörigkeit geschlossen worden und kann nicht mehr unter dem Schutz des Artikel 6 Absatz 1 GG stehen[788].

b. Vermeidung der Entstehung von Mehrstaatigkeit beim Erwerb nach § 9 StAG

Beim Erwerb der Staatsangehörigkeit nach § 9 StAG entsteht dann mehrfache Staatsangehörigkeit, wenn bei der Einbürgerung in die Bundesrepublik Deutschland die bisherige Staatsangehörigkeit des Einbürgerungswerbers nicht aufgegeben wird. Dies bedeutet aber nicht, dass die Hinnahme der Mehrstaatigkeit in diesen Fällen zur Regel geworden ist. Ziel des § 9 StAG ist, wie in § 9 Absatz 1 Satz 1 Nr. 1 StAG ausdrücklich erwähnt, der Verlust oder die Aufgabe der bisherigen Staatsangehörigkeit.

Verlust der Staatsangehörigkeit ist im Sinne von § 9 Absatz 1 Nr. 1 StAG das Kraft Gesetzes eintretende Ausscheiden aus der bisherigen Staatsangehörigkeit[789]. Der Verlust der bisherigen Staatsangehörigkeit bemisst sich grundsätzlich nach den nationalen Vorschriften des Heimatstaates. Verliert der Einbürgerungsbewerber die bisherige Staatsangehörigkeit mit dem Erwerb der deutschen Staatsangehörigkeit nach den nationalen Vorschriften des bisherigen Heimatstaates nicht automatisch, so kann er nur eingebürgert werden, wenn er die bisherige Staatsangehörigkeit aufgibt. Das Aufgeben umfasst alle Fälle des Ausscheidens aus der bisherigen Staatsangehörigkeit durch einseitige Willenserklärung oder durch einen Hoheitsakt des Herkunftsstaates, wie die Entlassung, die

---

783 BVerwG, StAZ 1986, S. 73 (73).

784 In der angeführten Entscheidung noch unter Bezugnahme auf § 9 RuStAG.

785 BVerwGE 77, S. 164 (180); BVerwG, NJW 1984, S. 70 (71).

786 BVerwGE 77, S. 164 (180).

787 BVerwG, NJW 1984, S. 70 (71); Hailbronner, in: Hailbronner/Renner, 3. Auflage, § 9 StAG, Rdnr. 30.

788 Vgl. dazu v. Münch, in: v. Münch, Art. 6 GG, Rdnr. 5 ff.; zur Problematik der Scheinehe und die Einbürgerung nach § 9 StAG, siehe auch Hailbronner, in: Hailbronner/Renner, 3. Auflage, § 9 StAG, Rdnr. 30 m. w. N.; ebenso 9.0. StAR-VwV.

789 Vgl. dazu 9.1.1. StAR-VwV i. V. m. 85.1.1.4. StAR-VwV.

Genehmigung des Verzichts auf die Staatsangehörigkeit oder die Erlaubnis zum Staatsangehörigkeitswechsel[790].
Bezüglich der Vermeidung von Mehrstaatigkeit ist im Gegensatz zu der früheren Regelung in § 9 RuStAG eine wesentliche Änderung durch das Staatsangehörigkeitsreformgesetz erfolgt, wie im Folgenden zu zeigen ist:

aa. Rechtslage vor dem 1. Januar 2000
Vor der Änderung des Staatsangehörigkeitsrechts durch das Staatsgehörigkeitsreformgesetz vom 15. Juli 1999 konnte die Einbürgerung des Ehegatten eines Deutschen in die Bundesrepublik Deutschland gemäß § 9 RuStAG nur dann erfolgen, wenn er die bisherige Staatsangehörigkeit verlor oder aufgab[791]. Der Grundsatz der Vermeidung der Mehrstaatigkeit war somit bei der Einbürgerung nach § 9 RuStAG durch den Gesetzgeber verankert.
Diese Bestimmung hatte absoluten Charakter, der Verlust oder die Aufgabe der bisherigen Staatsangehörigkeit waren zwingende Einbürgerungshindernisse, über die sich die einbürgernde Behörde nicht hinwegsetzen durfte[792]. Der weite Ermessenspielraum, den § 8 RuStAG eröffnete, war nicht auf die Anwendung des § 9 RuStAG zu übertragen. Die Ausnahmen, welche die Einbürgerungsrichtlinien bei der Vermeidung der Mehrstaatigkeit bei der Einbürgerung in die Bundesrepublik Deutschland machten, waren somit nicht bei der Einbürgerung nach § 9 RuStAG anzuwenden. Dies wurde auch in 6.1.4. EinbRL festgehalten. Hier wurde neben der gesetzlichen Bestimmung nochmals ausdrücklich erwähnt, dass der Verlust oder die Aufgabe der bisherigen Staatsangehörigkeit eine zwingende Voraussetzung für den Erwerb der deutschen Staatsangehörigkeit sei.
Konnte der Einbürgerungsbewerber diesem Erfordernis nicht nachkommen, so schied eine Einbürgerung nach der Vorschrift des § 9 RuStAG grundsätzlich aus[793]. Die Einbürgerung unter Beibehaltung der bisherigen Staatsangehörigkeit konnte somit nur nach der Vorschrift des § 8 RuStAG und seinem weiten Ermessenspielraum erfolgen[794]. Vor dem 1. Januar 2000 war folglich eine Einbürgerung der unter § 9 RuStAG genannten Personen unter der Hinnahme von Mehrstaatigkeit gemäß § 9 RuStAG nicht möglich.

---

790 Vgl. dazu 9.1.1. StAR-VwV i. V. m. 85.1.1.4. StAR-VwV.
791 Siehe dazu auch Makarov/v. Mangoldt, § 9 RuStAG, Rdnr. 19; Hailbronner, in: Hailbronner/Renner, § 9 RuStAG, 2. Auflage, Rdnr. 10 ff.
792 Marx, § 9 RuStAG, Rdnr. 8.
793 Vgl. dazu auch 6.1.4. EinbRL.
794 Marx, § 9 RuStAG, Rdnr. 8; siehe dazu auch 6.1.4. EinbRL.

bb. Rechtslage nach dem 1. Januar 2000

Durch den Erlass des Staatsangehörigkeitsreformgesetzes vom 15. Juli 1999 ist § 9 RuStAG wesentlich erweitert worden. Seither können gemäß § 9 StAG Ehegatten Deutscher unter den in § 8 StAG genannten Voraussetzungen auch ohne Verlust oder Aufgabe ihrer bisherigen Staatsangehörigkeit eingebürgert werden, wenn ein Grund für die Hinnahme von Mehrstaatigkeit nach Maßgabe des § 87 AuslG vorliegt und sie die weiteren Voraussetzungen des § 9 Absatz 1 StAG erfüllt haben. Darauf verweist auch Nr. 9.1.1. StAR-VwV[795].

War die Hinnahme der Mehrstaatigkeit vorher noch absolut ausgeschlossen, so hat der Gesetzgeber mittlerweile die Voraussetzungen der Einbürgerung auch auf Personen erstreckt, die in bestimmten Fällen ihre Staatsangehörigkeit bei der Einbürgerung nach § 9 StAG nicht aufgeben, ohne dass auf die Anwendung des § 8 StAG bei der Einbürgerung privilegierter Personen zurückgegriffen werden muss.

Die Änderung des § 9 (Ru)StAG ist erst in der letzten Phase des Gesetzgebungsverfahrens vorgeschlagen worden. In dem Gesetzesentwurf zur Reform des Staatsangehörigkeitsrechts vom 16. März 1999[796] war noch keine Änderung des Reichs- und Staatsangehörigkeitsrechts in Bezug auf § 9 (Ru)StAG vorgesehen[797]. Eine Novellierung des § 9 (Ru)StAG ergab sich erst aus den Änderungsanträgen im Innenausschuss des Deutschen Bundestags[798] zur Bundestags-Drucksache 14/533[799]. Als Begründung wurde hierbei eine Vollzugsvereinfachung bei der Einbürgerung angeführt. Es sollte nämlich gerade vermieden werden, dass eine Einbürgerung nach § 9 (Ru)StAG an der fehlenden Aufgabe der bisherigen ausländischen Staatsangehörigkeit scheitere. In der Einbürgerungspraxis wurde in diesen Fällen auf eine Anwendung des § 8 RuStAG ausgewichen, welches einen Umweg darstelle, der in Zukunft vermieden werden sollte. Durch eine Anwendung der in § 87 AuslG n. F. statuierten Tatbestände und die dort mögliche Hinnahme der Mehrstaatigkeit bei der Einbürgerung sollte dieser Umweg künftig entbehrlich sein[800].

---

795 Nr. 9.1.1. StAR-VwV verweist dabei auf die Verwaltungsvorschriften 87.0. bis 87.5., die bei der Vermeidung von Mehrstaatigkeit nach Maßgabe des § 87 AuslG zu beachten sind.

796 BT-Drucks. 14/533.

797 Vgl. den Entwurf des Art. 1 des Gesetzes, der die Änderung des Reichs- und Staatsangehörigkeitsrechts vorsah, BT-Drucks. 14/533, S. 4 ff.

798 Vgl. BT-Drucks. 14/867.

799 Vgl. Nr. I. 3. des Änderungsantrags zur Änderung des Reichs- und Staatsangehörigkeitsgesetzes, der folgende Nummer 5 a des Änderungsgesetzes einfügte: *In § 9 Abs. 1 Nr. 1 werden nach den Wörtern „verlieren oder aufgeben" die Wörter „oder ein Grund für die Hinnahme von Mehrstaatigkeit nach Maßgabe von § 87 des Ausländergesetzes vorliegt" eingefügt.* BT-Drucks. 14/867, S. 20.

800 Zu der Begründung des Änderungsantrags vgl. BT-Drucks. 14/533, S. 20.

Der Gesetzgeber ist somit einem wesentlichen Problem in der Einbürgerungspraxis nachgekommen. Tatsächlich ist nämlich bei der Einbürgerung von in § 9 RuStAG genannten Personengruppen in der Regel auf die Vorschrift in § 8 RuStAG zurückgegriffen worden[801]. Insoweit ist die Änderung des § 9 RuStAG vom Regelungsgehalt her begrüßenswert. Zu untersuchen bleibt, wie sich die Änderung des § 9 RuStAG auf die Entstehung der Mehrstaatigkeit bei der Einbürgerung nach dem 1. Januar 2000 auswirkt.

(1) Hinnahme der Mehrstaatigkeit gemäß § 9 Absatz 1 Nr. 1 StAG

§ 9 Absatz 1 Nr. 1 StAG verweist bei den Tatbeständen, bei denen eine Ausnahme vom Grundsatz der Vermeidung der Mehrstaatigkeit möglich ist, auf § 87 AuslG[802]. § 87 AuslG sieht bei der Einbürgerung eines Ausländers in die Bundesrepublik Deutschland mehrere Möglichkeiten vor, in denen die Einbürgerung unter der Hinnahme der Mehrstaatigkeit vorgenommen werden kann. Zu den Voraussetzungen, die zu einer Hinnahme der bisherigen Staatsangehörigkeit im Rahmen von § 87 AuslG führen, wird auf die obigen Ausführungen verwiesen[803].

(2) Sonstige Möglichkeiten der Hinnahme der Mehrstaatigkeit im Rahmen des § 9 StAG neben § 87 AuslG

Weitere Tatbestände, nach denen die Hinnahme von Mehrstaatigkeit bei der Einbürgerung deutscher Ehegatten zulässig ist, sieht § 9 StAG nicht vor. Wenn die Möglichkeit einer Einbürgerung unter der Hinnahme von Mehrstaatigkeit nicht bereits nach Maßgabe des § 87 AuslG besteht, ist eine solche nur im Rahmen des § 8 StAG möglich, der weiterhin subsidiär gilt[804]. § 9 StAG ist folglich in Bezug auf die Hinnahme von Mehrstaatigkeit nicht abschließend.

(3) Einschränkung der Mehrstaatigkeit durch § 9 Absatz 2 StAG

Die Einbürgerung nach § 9 Absatz 1 StAG setzt das kumulative Vorliegen aller dort genannten Tatbestandsmerkmale voraus. Neben der Ausweitung der Tatbestände, nach denen eine Hinnahme der bisherigen Staatsangehörigkeit nach § 87 AuslG möglich ist, besteht auch die Möglichkeit trotz des Vorliegens des § 87 AuslG die darin vorgesehenen Tatbestände weiter zu verengen. Dies ist dann der

801 Renner, ZAR 1999, S. 154 (158).

802 Hailbronner, in: Hailbronner/Renner, 3. Auflage, § 9 StAG, Rdnr. 11 ff.

803 Siehe dazu auch: Horn/Sauerland, StAZ 2000, S. 317 (319 ff.); Renner, ZAR 1999, S. 154 (158 f.); Weber, DVBl. 2000, S. 369 (371); Göbel-Zimmermann/Masuch, DÖV 2000, S. 95 (96).

804 Hailbronner, in: Hailbronner/Renner, 3. Auflage, § 9 StAG, Rdnr. 16.

Fall, wenn die sachlichen Voraussetzungen des § 9 Absatz 1 2. Halbsatz StAG, der sogenannten Ausschlussklausel, nicht vorliegen.
Danach kann die Einbürgerung davon abhängig gemacht werden, dass der Einbürgerung des Ausländers keine erheblichen Belange der Bundesrepublik Deutschland, insbesondere solche der äußeren oder der inneren Sicherheit sowie der zwischenstaatlichen Beziehungen entgegenstehen. Die Formulierung „insbesondere" lässt erkennen, dass es sich bei der Aufzählung keinesfalls um eine abschließende handelt[805].
Bezogen auf die innere und äußere Sicherheit der Bundesrepublik Deutschland war § 9 Absatz 1 Satz 2 2. Halbsatz RuStAG so auszulegen, dass selbst ein mit einem Deutschen verheirateter Ausländer nicht mehr eingebürgert werden kann, wenn er sich so verhalten hat, dass er nach dem Ausländergesetz ausgewiesen werden müsste[806]. Die erheblichen Belange im Sinne von § 9 Absatz 2 2. Halbsatz StAG werden in den „Allgemeinen Verwaltungsvorschriften" konkretisiert[807].
In Betracht kommt zudem ein Entgegenstehen zwischenstaatlicher Beziehungen. Die Einschränkung im Hinblick auf die zwischenstaatlichen Beziehungen bestand ebenso wie die Einschränkungen aufgrund sicherheitspolitischer Belange bereits nach der Regelung des § 9 RuStAG und wurde seitens des Gesetzgebers auch in der neuen Fassung des § 9 StAG beibehalten. Die genaue Bestimmung des Begriffs der Zwischenstaatlichkeit ist ebenso unterbleiben wie eine Bestimmung des Begriffes in den Verwaltungsvorschriften nach § 39 StAG. Bislang wurden jedoch auch völkerrechtliche Verträge bei der Beurteilung herangezogen[808]. Dabei wurde als öffentliches Interesse auch das Ziel der Vermeidung der Mehrstaatigkeit in den zwischenstaatlichen Beziehungen bei der Einbürgerung berücksichtigt[809]. Bei der Einbürgerung nach § 9 StAG ist es somit Voraussetzung, festzustellen, ob die Bundesrepublik Deutschland mit dem Staat, dessen Staatsangehörigkeit beibehalten werden soll, einen völkerrechtlichen Vertrag geschlossen hat, in dem die Vermeidung von Mehrstaatigkeit geregelt ist. In diesem Fall stünde dann der Einbürgerung unter der Hinnahme der Mehrstaatigkeit

---

805 Makarov/v. Mangoldt, § 9 RuStAG, Rdnr. 24.
806 Makarov/v. Mangoldt, § 9 RuStAG, Rdnr. 24.
807 Siehe 9.1.3. StAR-VwV unter Bezugnahme auf 86.2. StAR-VwV und § 37 AuslG. Zu den einzelnen Gründen siehe Hailbronner, in: Hailbronner/Renner, 3. Auflage, § 9 StAG, Rdnr. 22; Horn/Sauerland, StAZ 2000, S. 317 (326 f.).
808 Hailbronner, in: Hailbronner/Renner, 3. Auflage, § 9 StAG, Rdnr. 25; zu der Sonderbestimmung des Schlussprotokolls zum deutsch-iranischen Niederlassungsabkommen vom 17.02.1929 (RGBl. 1930 II, S. 1006 ff.) siehe Makarov/von Mangoldt, § 9 RuStAG, Rdnr. 27; BVerwG 80, S. 233 ff.; Rittstieg, NJW 1990, S. 1401 (1405 f.). Zum Übereinkommen über die Staatsangehörigkeit verheirateter Frauen siehe Makarov/von Mangoldt, § 9 RuStAG, Rdnr. 28.
809 Hailbronner, in: Hailbronner/Renner, 3. Auflage, § 9 StAG, Rdnr. 25.

eine völkerrechtliche Vereinbarung entgegen, auch wenn sie nach § 87 AuslG möglich wäre. Es läge ein zwischenstaatlicher Belang vor, den die einbürgernde Behörde bei der Einbürgerung berücksichtigen müsste, da er dem nationalen Recht vorgeht.
Eine Verengung der in § 87 Absatz 1 Nr. 1 bis 6 AuslG genannten Tatbestände ist demzufolge aufgrund sicherheitspolitischer und zwischenstaatlicher Interessen möglich.

cc. Ergebnis

Durch die Änderung des § 9 RuStAG durch das Staatsangehörigkeitsreformgesetz wurde nunmehr die Möglichkeit geschaffen, Ehegatten deutscher Staatsangehöriger unter der Hinnahme der bisherigen Staatsangehörigkeit ohne auf § 8 StAG zurückgreifen zu müssen nach § 9 StAG einzubürgern[810].
Die Voraussetzungen des § 9 Absatz 1 StAG müssen bei der Einbürgerung kumulativ vorliegen. Dass heißt, neben den Voraussetzungen des § 87 AuslG, die eine Hinnahme von Mehrstaatigkeit im Rahmen des § 9 Absatz 1 Nr. 1 StAG gestatten, müssen auch die Voraussetzungen des § 9 Absatz 1 Nr. 2 sowie des 2. Halbsatzes erfüllt sein. Auch wenn sich der persönliche Anwendungsbereich des § 9 RuStAG nur auf diesen privilegierten Personenkreis erstreckte, muss nach der Änderung der Grundsatz der Vermeidung der mehrfachen Staatsangehörigkeit weiterhin gewahrt bleiben. Eine bedeutende Rolle spielen hierbei die Ausnahmetatbestände des § 87 AuslG, welche, wie bereits oben dargestellt, eine wesentliche Erweiterung derjenigen Tatbestände beinhalten, nach denen eine Hinnahme der bisherigen Staatsangehörigkeit gegenüber der früheren Regelung des § 87 AuslG möglich ist und somit zu einem Anstieg der Fälle führt, bei denen eine Einbürgerung unter Hinnahme der bisherigen Staatsangehörigkeit nach § 87 AuslG möglich sein wird.
Allerdings ist die einbürgernde Behörde gehalten, selbst bei Vorliegen einer Ausnahme nach § 87 AuslG, die Einbürgerung unter Hinnahme der Mehrstaatigkeit zu vermeiden, wenn dies gegen die anderen Voraussetzungen des § 9 StAG verstoßen würde. Das Vorliegen der Voraussetzungen des § 87 AuslG allein rechtfertigt keinesfalls die Einbürgerung nach § 9 StAG.
Die Einbürgerung unter Hinnahme der bisherigen Staatsangehörigkeit wird bei Ehegatten Deutscher nach der Änderung des § 9 StAG faktisch großzügiger gehandhabt werden. Allein die Zugehörigkeit zum privilegierten Personenkreis rechtfertigt allerdings noch nicht die Hinnahme der ausländischen Staatsangehörigkeit. Obwohl die Hinnahmetatbestände des § 87 AuslG großzügig und weit gefasst sind, obliegt der Behörde weiterhin eine Rest-Ermessensentscheidung.

---

[810] Vgl. auch die Begründung zum Änderungsantrag bezüglich § 9 RuStAG. BT-Drucks. 14/867, S. 20.

Kommt die Behörde dennoch zu einer ablehnenden Entscheidung, so ist der Rückgriff auf § 8 StAG zulässig[811].

5. Einbürgerung nach § 13 StAG

Die deutsche Staatsangehörigkeit kann auf Antrag erlangen, wer ehemaliger Deutscher ist, aber nicht im Inland niedergelassen ist und die sonstigen Voraussetzungen des § 8 Absatz 1 Nr. 1 und 2 StAG erfüllt. § 13 StAG stellt somit ebenso wie § 14 StAG eine Ausnahme vom Niederlassungserfordernis des § 8 Absatz 1 Nr. 3 StAG dar[812]. § 13 StAG ist durch das Staatsangehörigkeitsreformgesetz vom 15. Juli 1999[813] nicht geändert worden. Eine Verwaltungsvorschrift zu § 13 StAG ist bislang nicht in Kraft getreten.

a. Grundlage und Voraussetzung des § 13 StAG

Der persönliche Anwendungsbereich des § 13 StAG erstreckt sich zunächst auf ehemalige Deutsche. Darunter fallen diejenigen Personen, die irgendwann vorher bereits die deutsche Staatsangehörigkeit besessen haben[814]. Es ist gleichgültig, ob sie jetzt eine andere Staatsangehörigkeit besitzen oder gar staatenlos sind[815].

Strittig ist allerdigs, ob unter den Begriff des Deutschen im Sinne des § 13 StAG auch Statusdeutsche fallen, der Deutschenbegriff des § 13 StAG somit identisch mit dem des Artikel 116 GG ist. In der Literatur wird dies überwiegend negativ beschieden[816]. Dem ist wohl zuzustimmen[817]. Zwar erwähnt der Wortlaut nicht ausdrücklich die deutsche Staatsangehörigkeit, doch lässt die Entstehungsgeschichte des § 13 RuStAG keinen anderen Schluss zu. Zweck der Bestimmung sollte nämlich sein, dass durch den früheren Verlustgrund des längeren Auslandsaufenthaltes eine Einbürgerung bei Rückkehr wieder ermöglicht werden sollte[818]. Somit handelte es sich bei dem regelungsbedürftigen Personenkreis um

---

[811] Vgl. dazu auch Nr. 9.1.1. StAR-VwV. Die subsidiäre Anwendbarkeit des § 8 StAG fand sich in Bezug auf § 8 RuStAG vor dem Erlass der Verwaltungsvorschriften in EinbRL 6.1.4.; zum Verhältnis § 8 und § 9 RuStAG vgl. BVerwGE 64, 7 (9).

[812] Hailbronner, in: Hailbronner/Renner, 3. Auflage, § 13 StAG, Rdnr. 2.

[813] Gesetz zur Reform des Staatsangehörigkeitsrechts vom 15.07.1999, BGBl. 1999 I, S. 1618 ff.

[814] Marx, § 13 RuStAG, Rdnr. 7; Makarov/v. Mangoldt, § 13 RuStAG, Rdnr. 4; Lichter/Hoffmann, § 13 RuStAG, Rdnr. 4, S. 113.

[815] Lichter/Hoffmann, § 13 RuStAG, Rdnr. 4, S. 113.

[816] Hailbronner, in: Hailbronner/Renner, 3. Auflage, § 13 Rdnr. 2; unter Bezugnahme auf das RuStAG Makarov/v. Mangoldt, § 13 RuStAG, Rdnr. 4; Marx, § 13 RuStAG, Rdnr. 7; dagegen: Schätzel, Staatsangehörigkeitsrecht, S. 169.

[817] Dies sah auch der Entwurf der StAR-VwV zu § 14 StAG vor, der allerdings nicht umgesetzt wurde.

[818] Schätzel, S. 169 f.

ehemalige deutsche Staatsangehörige und nicht um Statusdeutsche, zumal dieser Begriff erst mit Artikel 116 GG Einzug in das Staatsangehörigkeitsrecht fand. Lediglich bei den Verlustgründen hat eine Erweiterung stattgefunden. Hierunter fallen jetzt alle Verlustgründe der deutschen Staatsangehörigkeit. Wie der ehemalige Deutsche seine Staatsangehörigkeit verloren hat ist grundsätzlich irrelevant[819].

§ 13 Satz 1 2. Halbsatz StAG erweitert den Personenkreis. Danach soll dem ehemals deutschen Staatsangehörigen gleich gestellt werden, wer von ihm abstammt oder von ihm als Kind angenommen worden ist. Dies gilt nach der Rechtsprechung des BVerwG selbst dann, wenn der Elternteil die deutsche Staatsangehörigkeit bereits wiedererlangt hat[820].

Unter Abstammung wird das Abstammungsverhältnis im Rechtssinne verstanden[821]. Dieses richtet sich nicht ausschließlich nach deutschem Recht, vielmehr muss aufgrund der Bestimmungen des EGBGB ein rechtswirksames Abstammungsverhältnis nach dem jeweils anwendbaren ausländischen oder inländischen Recht vorliegen[822]. Abstammung beinhaltet nicht nur die Abkommenschaft als Kind, sondern reicht wesentlich weiter und gilt ohne Beschränkung auf die Zahl der Glieder[823]. Die Vorschrift findet sogar Anwendung auf entferntere Abkömmlinge[824] und ist auch auf solche Personen anzuwenden, die von einem ehemaligen deutschen Staatsangehörigen adoptiert worden sind. Unerheblich ist, ob die deutsche Staatsangehörigkeit vor der Adoption bereits verloren gegangen war[825]. Es reicht die familiäre Bindung an den ehemaligen Deutschen ohne Berücksichtigung eines Zeitpunktes.

Nicht ausreichend ist, dass der Einbürgerungsbewerber früher mit einem deutschen Staatsangehörigen verheiratet war und nunmehr geschieden oder verwitwet ist. Diese Regelung ist so nicht zufriedenstellend. Es wäre begrüßenswert gewesen, die verwitwete Frau eines ehemals deutschen Staatsangehörigen einzubürgern, wenn sie durch ihn mit den deutschen Lebensverhältnissen vertraut gemacht wurde und diese zu ihren Lebensverhältnissen im Ausland gemacht worden sind. Dass dieses Band zwischen der Witwe und dem ehemaligen deutschen Staatsangehörigen nicht ausreichen soll, obwohl ansonsten der Personen-

---

819 Makarov/v. Mangoldt, § 13 RuStAG, Rdnr. 4; somit sind auch Frauen, die aufgrund der Eheschließung vormals ihre deutsche Staatsangehörigkeit verloren haben, unter § 13 StAG anspruchsberechtigt.

820 BVerwGE 68, 220 (238).

821 Hailbronner, in: Hailbronner/Renner, 3. Auflage, § 13 StAG, Rdnr. 2; § 13 RuStAG Marx, § 13 RuStAG, Rdnr. 8; Makarov/v. Mangoldt, § 13 RuStAG, Rdnr. 9.

822 Hailbronner, in: Hailbronner/Renner, 3. Auflage, § 13 StAG, Rdnr. 2; Makarov/v. Mangoldt, § 13 RuStAG, Rdnr. 9.

823 Lichter/Hoffmann, § 13 RuStAG, Rdnr. 5, S. 113.

824 Marx, § 13 RuStAG, Rdnr. 7; Lichter/Hoffmann, § 13 RuStAG, Rdnr. 5, S. 113.

825 Lichter/Hoffmann, § 13 RuStAG, Rdnr. 6, S. 114.

kreis eher weit ausgelegt wird, vermag nicht zu überzeugen. Dies hätte zumindest bei der Überarbeitung seitens des Gesetzgebers in Betracht gezogen werden sollen, da die überwiegende Verwaltungspraxis mittlerweile bei diesem Personenkreis auf § 14 StAG n. F.[826] zurückgreift und eine Einbürgerung aufgrund der Ermessensausübung unter Berücksichtigung der Familieneinheit zulässt[827]. Bei den geschiedenen Ehegatten wird wohl die Länge der geführten Ehe und die Tiefe der dadurch entstandenen Integration in die deutschen Lebensverhältnisse in Betracht gezogen werden müssen.
Sachliche Voraussetzung der Einbürgerung nach § 13 StAG ist, dass die Voraussetzungen des § 8 Nr. 1 und Nr. 2 StAG ansonsten vorliegen.

b. Entstehung von Mehrstaatigkeit beim Erwerb nach § 13 StAG

Mehrfache Staatsangehörigkeit entsteht nach § 13 StAG dann, wenn der ehemalige Deutsche bei der Einbürgerung seine bisherige Staatsangehörigkeit nicht aufgibt. Die Besonderheiten des § 13 StAG liegen darin, dass die Einbürgerung unabhängig vom Niederlassungserfordernis ist und Personen betrifft, die nicht unbedingt in Deutschland ansässig sind. Die Integration in die deutschen Lebensverhältnisse gilt deshalb als vorhanden, da der Betroffene irgendwann vorher bereits deutscher Staatsangehöriger gewesen ist und sich dementsprechend in die deutschen Lebensverhältnisse eingefunden hat.
Aus diesem Grunde werden die Einbürgerungsbewerber nach § 13 StAG versuchen, ihre bisherige Staatsangehörigkeit weiterhin zu behalten, da ihr Lebensmittelpunkt weiterhin im Ausland bestehen wird. Da bei der Einbürgerung nach § 13 StAG auch die Erfordernisse des § 8 Nr. 1 und Nr. 2 StAG vorliegen müssen, richtet sich die Hinnahme der Mehrstaatigkeit nach dem Ermessen, welches im Rahmen der Einbürgerung nach § 8 StAG ausgeübt werden kann[828].

c. Ergebnis

Die Entstehung von mehrfacher Staatsangehörigkeit bei der Einbürgerung nach § 13 StAG ist möglich. Da § 13 StAG im Grunde nur eine Ausnahme vom Niederlassungserfordernis des § 8 StAG darstellt, richtet sich die Hinnahme der mehrfachen Staatsangehörigkeit nach dem im Rahmen des § 8 StAG ausgeübten Ermessen. Der in Frage kommende Personenkreis wird sich aber trotz der weiten Auslegung des Abstammungsverhältnisses in einem sehr beschränkten Rahmen bewegen. Der Gesetzgeber hat es bei der Änderung des Staatsangehörigkeitsgesetzes allerdings verpasst, eine vereinfachende Regelung für Frauen zu

---

826 Vor der Einführung des § 14 StAG mit dem Staatsangehörigkeitsreformgesetz vom 15.07.1999 wurde auf die Verordnung zur Regelung von Staatsangehörigkeitsfragen vom 20.01.1942 zurückgegriffen. RGBl. 1942 I, S. 40.

827 Makarov/v. Mangoldt, § 13 RuStAG, Rdnr. 8.

828 Hailbronner, in: Hailbronner/Renner, 3. Auflage, § 13 StAG, Rdnr. 6.

schaffen, die mit einem ehemals Deutschen verheiratet waren. Bei deren Einbürgerung ist ein Rückgriff auf § 14 StAG nötig.

6. Einbürgerung nach § 14 StAG

Eine weitere Möglichkeit des derivativen Erwerbs der deutschen Staatsangehörigkeit besteht nach § 14 StAG, der mit dem Staatsangehörigkeitsreformgesetz vom 15. Juli 1999 neu eingefügt worden ist. Notwendig wurde diese Neueinfügung durch das Außerkrafttreten der Verordnung zur Regelung von Staatsangehörigkeitsfragen vom 20. Januar 1942[829]. Dieses Außerkrafttreten[830] liegt darin begründet, dass durch die Änderung des Staatsangehörigkeitsgesetzes die in der Verordnung beinhalteten Verweisungen nicht mehr zutreffen[831]. Als Vollzugsvereinfachung hat der Gesetzgeber die Verordnung aufgehoben und den bisherigen Regelungsgehalt[832] des § 1 der Verordnung zur Regelung von Staatsangehörigkeitsfragen in § 14 StAG übernommen[833].

a. Grundlage und Voraussetzung des § 14 StAG

§ 14 StAG sieht eine Einbürgerung von Ausländern vor, die nicht im Inland niedergelassen sind, wenn Bindungen bestehen, die eine Einbürgerung rechtfertigen, sowie die Voraussetzungen der §§ 8 oder 9 StAG vorliegen. Die Regelung

---

829 RGBl. 1942 I, S. 40.

830 Damit ist auch die Diskussion, ob die Verordnung nach 1945 weiter Anwendung gefunden hat, beendet, da der nachkonstitutionelle Gesetzgeber den Regelungsgehalt jetzt ohnehin übernommen hat. Siehe dazu zunächst kritisch Schätzel, AöR 74 (1948), S. 273, (289 ff.); sowie unter Einbeziehung der Beratungen des Gesetzgebers bei den Beratungen des 1. Staatsangehörigkeitsregelungsgesetzes vom 22.02.1955, Schätzel, S. 155.

831 Dazu zählt vor allem die Aufhebung der Verordnung über die deutsche Staatsangehörigkeit vom 05.02.1934 (RGBl. 1934 I, S. 85), die eine einheitliche deutsche Staatsangehörigkeit sowie Kompetenz- und Verfahrensangelegenheiten zwischen dem Reich und den Ländern regelte.

832 § 1 der Verordnung des Ministerrates für die Reichsverteidigung zur Regelung von Staatsangehörigkeitsfragen vom 20.02.1942:
(1) Ein Ausländer kann – abgesehen von den §§ 13, 15 Abs. 2, §§ 33 und 34 des Reichs- und Staatsangehörigkeitsgesetzes vom 22. Juli 1913 (Reichsgesetzbl. S. 583) – auch ohne Begründung einer Niederlassung im Inland eingebürgert werden. Für die Verleihung der deutschen Staatsangehörigkeit gelten im übrigen die Vorschriften des Reichs- und Staatsangehörigkeitsgesetzes vom 22. Juli 1913 (Reichsgesetzbl. S. 583), der Verordnung über die deutsche Staatsangehörigkeit vom 5. Februar 1934 (Reichsgesetzbl. I, S. 85) und des Gesetzes zur Änderung des Reichs- und Staatsangehörigkeitsgesetzes vom 15. Mai 1935 (Reichsgesetzbl. I S. 593).
(2) [...]
(3) [...]

833 Siehe dazu BT-Drucks. 14/867, S. 20, 23.

stellt eine Ausnahme vom Niederlassungserfordernis dar[834] und steht im Ermessen der zuständigen Behörde[835]. Von der Regelung durfte in der Vergangenheit nur ausnahmsweise Gebrauch gemacht werden[836]. Von solchen Fällen ist auszugehen bei der Wiedergutmachung nationalsozialistischer Unrechtsmaßnahmen[837] oder zugunsten nicht aufgenommener Volksdeutscher sowie der Ehegatten ehemaliger Volksdeutscher, die ihre Einbürgerung vom Ausland her betreiben[838]. Bei der Aufnahme des Regelungsgehaltes des § 1 der Verordnung zur Regelung von Staatsangehörigkeitsfragen in § 14 StAG hat der Gesetzgeber keine Erweiterung der Fälle beabsichtigt, so dass die bisherige Rechtsprechung auch weiterhin bezüglich § 14 StAG anwendbar bleibt.
§ 14 StAG ist folglich als eine Ausnahmevorschrift zum Erfordernis der Niederlassung im Inland im Rahmen der §§ 8 und 9 StAG anzusehen.

b. Entstehung von Mehrstaatigkeit beim Erwerb nach § 14 StAG

Da § 14 StAG eine Ausnahme zum Niederlassungserfordernis des Einbürgerungsbewerbers im Inland im Rahmen der Einbürgerung nach den §§ 8 und 9 StAG darstellt, sind die Entstehungstatbestände der Mehrstaatigkeit im Rahmen des § 14 StAG identisch mit denen von §§ 8 und 9 StAG; es gelten die gleichen Ausnahmen. Bezüglich der Befreiung vom Niederlassungserfordernis wird, wie bereits nach ständiger Rechtsprechung in Bezug auf § 1 der Verordnung über die Regelung von Staatsangehörigkeitsfragen an rein tatsächliche Merkmale angeknüpft werden müssen, die zumindest einen Wohnsitz in der Bundesrepublik Deutschland voraussetzen[839]. Eine Beziehung irgendeiner Art wird nicht ausreichen[840]. Anhand des Präzedenzfalles, der zum Regelungsgehalt der Vorschrift führte ist eine Identifizierung mit dem deutschen Kulturkreis und den deutschen Lebensverhältnissen zu fordern[841]. Dies war auch von der Einbürgerungsrichtlinie zu § 1 der Verordnung von Staatsangehörigkeitsfragen vorgesehen[842].

---

834 Hailbronner/Renner, § 8 RuStAG, Rdnr. 13; Hailbronner, in: Hailbronner/Renner, 3. Auflage, § 13 StAG, Rdnr. 3.

835 Hailbronner, in: Hailbronner/Renner, § 13 StAG, Rdnr. 5.

836 BVerwGE 68, S. 220 (238); Hailbronner/Renner, 2. Auflage, § 8 RuStAG, Rdnr. 13.

837 Makarov/v. Mangoldt, § 9 RuStAG, Rdnr. 18; BVerwGE 68, 220 (238).

838 Hailbronner, in: Hailbronner/Renner, 2. Auflage, § 9 RuStAG, Rdnr. 13.

839 Hailbronner, in: Hailbronner/Renner, 2. Auflage, § 8 RuStAG, Rdnr. 13.

840 Diesbezüglich zu weit Schätzel, S. 155.

841 Der Präzedenzfall, der Anlass zu dieser Regelung gab, war die strittige Frage Südtirols. Hier bestand allerdings eine nähere Beziehung zu Deutschland. Vgl. dazu Schätzel, S. 155.

842 Siehe EinbRL 6.5.4., die in den StAR-VwV nicht übernommen wurde. Da der Regelungsgehalt jedoch dem des § 14 StAG entspricht, ist von einer Berücksichtigung der in EinbRL 6.5.4. genannten Grundsätze bei der Ermessensausübung im Rahmen von § 8 StAG auszugehen.

c. Ergebnis

Die Regelung der Einbürgerung von nicht im Ausland niedergelassenen Ausländern im Rahmen des § 14 StAG wird zu einem Anstieg der Hinnahme mehrfacher Staatsangehörigkeit führen. War früher nur eine Hinnahme der Mehrstaatigkeit im Rahmen der Ermessensentscheidung der Behörde im Zuge von § 8 RuStAG möglich, so findet heute auch § 87 AuslG auf diese Fallgruppe Anwendung. Somit ist ein Anstieg im Rahmen der durch die „Allgemeinen Verwaltungsvorschriften" zu § 8 StAG beeinflussten Ermessensentscheidung der Behörde anzunehmen. Aber auch bei der Ehegatteneinbürgerung nach § 9 StAG wird dies zu einem Anstieg der Fälle mehrfacher Staatsangehörigkeit führen. Einen wesentlichen Einfluss darauf werden diejenigen Ausnahmen des § 87 AuslG haben, welche die Hinnahme von Mehrstaatigkeit dann zulassen, wenn durch das Ausscheiden aus der bisherigen Staatsangehörigkeit eine Verschlechterung im Heimatland eintreten wird. Da sich der Wohnsitz der Einbürgerungsbewerber, die unter § 14 StAG fallen, nicht verändern wird, der Lebensmittelpunkt trotzdem im Ausland liegen wird, werden durch das Ausscheiden aus der bisherigen Staatsangehörigkeit Nachteile im Heimatland zu erwarten sein, die eben eine Entscheidung für die Hinnahme der Mehrstaatigkeit bewirken. Um solche Fälle zu verhindern, hätte der Gesetzgeber die Regelung ausdrücklich auf die Fälle mit Wiedergutmachungsgehalt beschränken sollen.

7. Einbürgerung nach § 15 Absatz 2 StAG

Ferner ist ein nachträglicher Erwerb der deutschen Staatsangehörigkeit nach § 15 Absatz 2 StAG möglich.

a. Grundlage und Voraussetzung nach § 15 Absatz 2 StAG

Nach § 15 Absatz 2 StAG kann ein Beamter, der seinen dienstlichen Wohnsitz im Ausland hat und nicht deutscher Staatsangehöriger ist, nach Antragstellung eingebürgert werden. Der Regelungsgehalt des § 15 Absatz 2 StAG, der durch das Staatsangehörigkeitsreformgesetz 1999 nicht verändert worden ist, besteht darin, dass das öffentlich-rechtliche Dienst- und Treueverhältnis des Beamten eigentlich die Staatsangehörigkeit des Staates voraussetzt[843], da diese das in einem solchen Falle bereits bestehende Treueverhältnis normalerweise erst begründet. Besteht dieses Treueverhältnis, so spricht nichts gegen die Erteilung der Staatsangehörigkeit. Anlass zu dieser Regelung bestand, da im Bundesdienst angestellte Ausländer, vor allem Angestellte im ausländischen Konsulardienst,

[843] Lichter/Hoffmann, § 15 RuStAG, Rdnr. 1, S. 118; Hailbronner/Renner, 3. Auflage, § 15 StAG, Rdnr. 2.

keine Möglichkeit hatten, sich einbürgern zu lassen[844]. Diese Lücke wurde bereits im Reichs- und Staatsangehörigkeitsgesetz durch § 15 RuStAG geschlossen[845].

Die Regelung trifft heute nur noch auf Bundesbeamte zu[846]. Der persönliche Anwendungsbereich ist sehr beschränkt, da mit § 7 BBG der in Frage kommende Kreis der Beamten auf Deutsche im Sinne des § 116 GG, Unionsbürger der Europäischen Union sowie auf diejenigen Personen erstreckt wird, für deren Beamtenverhältnis nach § 7 Absatz 3 BBG ein dringendes dienstliches Bedürfnis besteht. Zudem wird die Beamteneigenschaft auf bestimmte Arten des Beamtenverhältnisses zu begrenzen sein. So werden Beamtenverhältnisse auf Probe gemäß § 5 Absatz 2 BBG und Beamtenverhältnisse auf Widerruf gemäß § 5 Absatz 3 BBG, die im Rahmen eines vorgeschriebenen oder üblichen Vorbereitungsdienstes bestehen, selbst dann eine Einbürgerung nach § 15 StAG nicht rechtfertigen können, wenn sie einen Auslandsbezug aufweisen. Eine Einbürgerung ist wohl nur dann möglich, wenn das Beamtenverhältnis seiner Art nach auf Lebenszeit (§ 5 Absatz 1 Nr. 1 BBG) besteht oder ein solches mit der betreffenden Person nach § 5 Absatz 3 oder Absatz 4 BBG begründet wird[847].

Eine Einbürgerungspflicht besteht bei der Einbürgerung nach § 15 Absatz 2 StAG nicht, sondern die Einbürgerung liegt im Ermessen der zuständigen Behörde. Der Einbürgerungsanspruch des im Ausland angestellten ist durch das Gesetz zur Änderung des Reichs- und Staatsangehörigkeitsgesetzes vom 15. Mai 1935 außer Kraft gesetzt worden[848].

b. Entstehung von Mehrstaatigkeit beim Erwerb nach § 15 Absatz 2 StAG

Die Entstehung von mehrfacher Staatsangehörigkeit ist bei der Einbürgerung nach § 15 Absatz 2 StAG möglich. Das Verfahren obliegt dem Ermessen der

---

844 So bereits vor dem Erlass des Reichs- und Staatsangehörigkeitsgesetzes das Gesetz betreffend die Naturalisation von Ausländern, welche im Reichsdienst angestellt sind vom 20.12.1875 (RGBl. 1875, S. 324 ff.).

845 Mit der Änderung des Reichs- und Staatsangehörigkeitsgesetzes zum 01.01.2000 war auch im Rahmen des § 39 StAG der Erlass von Verwaltungsvorschriften zu § 15 Abs. 2 StAG geplant. Trotz eines Entwurfes einer „Allgemeinen Verwaltungsvorschrift" zu § 15 Abs. 2 StAG (siehe 15.2. des Entwurfes zu StAR-VwV vom 15.12.2000) ist eine solche noch nicht erlassen worden.

846 Hailbronner/Renner, 3. Auflage, § 15 StAG, Rdnr. 3.

847 Im Falle des § 5 Abs. 4 BBG wird ein angemessenes zeitliches Verhältnis erforderlich sein, wobei die Bedeutung der übertragenen hoheitlichen Aufgabe mit in Betracht gezogen werden muss.

848 Vgl. § 2 2. HS des Gesetzes zur Änderung des Reichs- und Staatsangehörigkeitsgesetzes vom 15.05.1935, vgl. RGBl. 1935 I, S. 593.

einbürgernden Behörde, wobei auf das Einbürgerungsverfahren und das in diesem Zusammenhang ausgeübte Ermessen nach § 8 StAG zu verweisen ist[849].

c. Ergebnis

Bei der Einbürgerung nach § 15 Absatz 2 StAG ist die Entstehung von mehrfacher Staatsangehörigkeit möglich. Dies liegt im Ermessen der einbürgernden Behörde und richtet sich nach den entsprechenden Vorschriften des § 8 StAG. Der betroffene Personenkreis wird allerdings nur klein sein, da Einbürgerungen nach § 15 StAG an sich nur selten möglich sind.

8. Einbürgerung bei Adoption und Legitimation und Entstehung von Mehrstaatigkeit nach § 6 StAG

Der Erwerb der deutschen Staatsangehörigkeit ist zudem nach § 6 StAG möglich. Dieser sieht den Erwerb der Staatsangehörigkeit eines Kindes dann vor, wenn es von einem Deutschen nach deutschen Gesetzen wirksam angenommen worden ist und das Kind zum Zeitpunkt des Annahmeantrages das achtzehnte Lebensjahr noch nicht vollendet hat[850].

a. Voraussetzungen des Erwerbs der Staatsangehörigkeit nach § 6 StAG

Der Erwerb des deutschen Staatsangehörigkeit ist bei der Einbürgerung nach § 6 StAG nicht abhängig von einer Antragstellung, sondern tritt mit der Adoption des Kindes kraft Gesetzes *ex nunc* ein[851]. Damit stellt die Regelung des § 6 StAG eine konsequente Ausweitung des *ius sanguinis*-Prinzips im deutschen Staatsangehörigkeitsrecht auch in Bezug auf angenommene Kinder dar[852].

aa. Wirksame Annahme nach deutschen Gesetzen

Das Kind muss zunächst nach den deutschen Gesetzen als Kind wirksam angenommen werden. Dies richtet sich nicht nach den Vorschriften des Staatsangehörigkeits- oder Ausländerrechts, sondern nach den Vorschriften des Bürgerlichen Gesetzbuches einschließlich der deutschen Kollisionsnormen[853].

---

849 In dem Entwurf der „Allgemeinen Verwaltungsvorschriften“ war zunächst in Betracht gezogen worden, dass die Einbürgerung dann hätte unterbleiben sollen, wenn die deutsche Auslandsvertretung Bedenken gegen eine Einbürgerung gehabt hätte. Eine nähere Beschreibung, in welchem Umfang dies hätte stattfinden sollen, fehlte allerdings. Vgl. 15.2. des Entwurfes zu StAR-VwV vom 15.12.1999.

850 Siehe dazu auch 6.1. ff. StAR-VwV.

851 Hailbronner/Renner, 3. Auflage, § 6 StAG, Rdnr. 14; Makarov/v. Mangoldt, § 6 RuStAG, Rdnr. 27; Marx, § 6 RuStAG, Rdnr. 36.

852 Marx, § 6 RuStAG, Rdnr. 16; Renner, in: Hailbronner/Renner, 3. Auflage, § 6 StAG, Rdnr. 14.

853 Dazu näher Makarov/v. Mangoldt, § 6 RuStAG, Rdnr. 4; Renner, in: Hailbronner/Renner, 3. Auflage, § 6 StAG, Rdnr. 19.

bb. Annahme durch einen Deutschen

Die Annahme des Kindes muss durch einen Deutschen erfolgen. Dies bedeutet, dass der Annehmende die deutsche Staatsangehörigkeit besitzt[854]. Nicht ausreichend ist die Eigenschaft des Annehmenden als Statusdeutscher[855]. In einem solchen Falle ist eine entsprechende Anwendung des § 6 StAG zum Erwerb der Statusdeutscheneigenschaft möglich[856].

Die deutsche Staatsangehörigkeit des Annehmenden muss zudem in dem Zeitpunkt bestehen, in dem die Annahme des Kindes wirksam wird[857]. Der frühere Verlust oder der spätere Erwerb der Staatsangehörigkeit wirkt grundsätzlich dem gesetzlichen Erwerb gegenüber schädlich. Der Erwerb der Staatsangehörigkeit des Kindes wäre dann nur noch durch Antragstellung möglich.

cc. Nichtvollendung des achtzehnten Lebensjahres

Das anzunehmende Kind darf das achtzehnte Lebensjahr noch nicht vollendet haben, es muss also nach deutschem Recht noch minderjährig sein. Gegenüber der früheren Regelung, die nur von der Minderjährigkeit des Kindes ausging, hat der Gesetzgeber die Altersgrenze mittlerweile festgeschrieben, so dass nicht mehr festgestellt werden muss, ob sich die Minderjährigkeit nach deutschem oder dem ausländischen Recht beurteilt[858].

Zudem schließt diese Voraussetzung den gesetzlichen Staatsangehörigkeitserwerb bei der Annahme Volljähriger nach § 6 StAG aus. Ein Erwerb der deutschen Staatsangehörigkeit dieser Personen ist nur noch durch Antragstellung möglich. Die Einbürgerung richtet sich hierbei grundsätzlich nach § 8 StAG, wobei ihnen aber eine Einbürgerungserleichterung in Bezug auf die Aufenthaltsdauer zugute kommt[859].

dd. Sonderfälle

Der Erwerb der Staatsangehörigkeit erstreckt sich auch auf die Abkömmlinge des angenommenen Kindes[860]. Das bedeutet, dass die Abkömmlinge die Staatsangehörigkeit ebenso kraft Gesetzes erwerben. Unter den Abkömmlingen sind

---

854 Makarov/v. Mangoldt, § 6 RuStAG, Rdnr. 19; Renner, in: Hailbronner/Renner, 3. Auflage, § 6 StAG, Rdnr. 28.

855 Renner, in: Hailbronner/Renner, 3. Auflage, § 6 StAG, Rdnr. 28; Makarov/v. Mangoldt, § 6 RuStAG, Rdnr. 19.

856 Unter Bezugnahme auf das RuStAG bereits Makarov/v. Mangoldt, § 6 RuStAG, Rdnr. 19. Ausdrücklich nunmehr in 6.1.3. StAR-VwV.

857 Makarov/v. Mangoldt, § 6 RuStAG, Rdnr. 19; Renner, in: Hailbronner/Renner, 3. Auflage, § 6 StAG, Rdnr. 28.

858 Zum Streitgegenstand siehe Makarov/v. Mangoldt, § 6 RuStAG, Rdnr. 20.

859 Vgl. hierzu vor 8.1.3.3. StAR-VwV, wonach bei familiärer Lebensgemeinschaft mit dem deutschen Elternteil eine Einbürgerung bereits nach vier Jahren in Betracht kommt.

860 Siehe dazu auch 6.1.2. StAR-VwV.

aber nur diejenigen zu verstehen, die der Angenommene bereits vor der eigenen Annahme und somit auch vor Vollendung seines 18. Lebensjahres bekommen hat. Abkömmlinge, die später geboren werden, erwerben die Staatsangehörigkeit nach den selben Vorschriften wie alle anderen Abkömmlinge von deutschen Staatsangehörigen[861].

b. Entstehung von mehrfacher Staatsangehörigkeit bei dem Erwerb nach § 6 StAG

Beim Erwerb der Staatsangehörigkeit nach § 6 StAG besteht die Besonderheit, dass es sich um einen gesetzlichen derivativen Erwerb der deutschen Staatsangehörigkeit handelt. Der Erwerb tritt folglich dann automatisch ein, wenn die erforderlichen Voraussetzungen vorliegen. Voraussetzung ist gemäß § 6 StAG, dass das angenommene Kind seine Staatsangehörigkeit verliert. Auf einen automatischen Verlust der bisherigen Staatsangehörigkeit kann nicht abgestellt werden, da die Regelung der Staatsangehörigkeitsfragen dem jeweiligen nationalen Gesetzgeber überlassen ist und der deutsche Gesetzgeber damit in den Regelungsbereich des Staates eingreifen würde, dessen Staatsangehörigkeit das angenommene Kind bisher besitzt. Demzufolge behält das Kind die bisherige Staatsangehörigkeit beim gesetzlichen Erwerb der deutschen Staatsangehörigkeit, wenn nicht der bisherige Heimatstaat in seinen gesetzlichen Reglungen einen Verlust seiner Staatsangehörigkeit für solche Fälle vorsieht. Eine weitere Ausnahme stellt der Fall dar, wenn es sich bei dem Kind um ein staatenloses Kind handelt.

Bei dem Erwerb der deutschen Staatsangehörigkeit nach § 6 StAG ist folglich bis auf wenige Ausnahmefälle von der Entstehung mehrfacher Staatsangehörigkeit auszugehen.

9. Erwerb der deutschen Staatsangehörigkeit nach § 40 a StAG

Ein Erwerb der deutschen Staatsangehörigkeit ist auch nach § 40 a StAG möglich. § 40 a StAG ist eine neue Regelung, die bereits am 1. August 1999 in das damalige Reichs- und Staatsangehörigkeitsgesetz eingeführt wurde[862].

a. Voraussetzungen des Erwerbs nach § 40 a StAG

Der Erwerb der deutschen Staatsangehörigkeit ist nach § 40 a StAG auf Deutsche im Sinne des Artikels 116 Absatz 1 GG beschränkt. Diese sind, wenn sie am 1. August 1999 Deutsche im Sinne des Artikels 16 Absatz 1 GG gewesen sind, automatisch deutsche Staatsangehörige geworden. Der Aufenthalt im In-

---

861 Vgl. hierzu auch Renner, in: Hailbronner/Renner, 3. Auflage, § 6 StAG, Rdnr. 31 f.

862 Vgl. BT-Drucks. 14/867, S. 9; BGBl. 1999 I, S. 1620.

land ist nicht erforderlich[863]. Ziel dieser Regelung ist es, die Gruppe der Statusdeutschen für Vergangenheit und Zukunft zugunsten der einheitlichen Kategorie der deutschen Staatsangehörigkeit festzulegen[864]. § 40 a stellt einen Fall des gesetzlichen Erwerbes der Staatsangehörigkeit dar[865]. Dieser erstreckt sich auch auf Spätaussiedler sowie ihre nichtdeutschen Ehegatten und Abkömmlinge im Sinne von § 4 BVFG, wenn ihnen bereits vor dem 1. August 1999 eine Bescheinigung zum Nachweis ihrer Spätaussiedlerschaft nach § 15 Absatz 1 BVFG ausgestellt worden ist[866].
Die deutsche Staatsangehörigkeit ist somit allen Flüchtlingen und Vertriebenen deutscher Volkszugehörigkeit sowie deren Ehegatten oder Abkömmlingen verliehen worden, solange sie im Gebiet des Deutschen Reiches nach dem Stand vom 31. Dezember 1937 Aufnahme gefunden haben, sowie den Spätaussiedlern, die vor dem Stichtag einen Antrag nach § 15 Absatz 1 BVFG gestellt haben.

b. Entstehung mehrfacher Staatsangehörigkeit bei dem Erwerb nach § 40 a StAG

Die Entstehung mehrfacher Staatsangehörigkeit ist in den Fällen des § 40 a StAG aufgrund des gesetzlichen Erwerbstatbestandes unumgänglich. Zudem wird der Erwerb der deutschen Staatsangehörigkeit nicht von der Aufgabe der bisherigen abhängig gemacht. Die bisherige Staatsangehörigkeit der betroffenen Personen kann auch nicht verloren gehen, da eine solche Regelung dem deutschen Gesetzgeber nicht zusteht, weil er damit in den Kompetenzbereich desjenigen Staates eingreifen würde, dessen Staatsangehörigkeit die betroffene Person am 1. August 1999 bereits inne hatte.

c. Völkerrechtsmäßigkeit dieser Regelung

Fraglich ist, ob der deutsche Gesetzgeber berechtigt ist, Staatsangehörigen anderer Staaten, die nicht auf dem Gebiet der Bundesrepublik Deutschland ansässig sind, die deutsche Staatsangehörigkeit zu verleihen.

aa. Notwendigkeit eines völkerrechtlichen Anknüpfungspunktes

Für die Erteilung der Staatsangehörigkeit eines Staates bedarf es völkerrechtlich zumindest eines Anknüpfungspunktes. Ein Anknüpfungspunkt für den originären Erwerb der Staatsangehörigkeit scheidet von vorne herein aus, da es sich im vorliegenden Fall um keinen Erwerb der Staatsangehörigkeit durch Geburt handelt. Dies ist selbst der Fall bei denjenigen Personen, die in dem umschriebenen Gebiet geboren wurden, da bei ihrer Geburt die Regelung des § 40 a StAG noch

[863] Vgl. 40a.1. StAR-VwV.
[864] Renner, in: Hailbronner/Renner, 3. Auflage, § 6 StAG, Rdnr. 3.
[865] BT-Drucks. 14/533, S. 17.
[866] Siehe dazu 40a.2. StAR-VwV.

nicht in Kraft war. In Betracht kommt somit nur ein möglicher Anknüpfungspunkt, der zu einem derivativen Erwerb der Staatsangehörigkeit in einem solchen Falle berechtigen würde. Hier wäre zu denken an einen Anknüpfungspunkt im Rahmen der Staatensukzession sowie im Rahmen einer eventuellen Reintegration.

Eine Kompetenzübertragung im Zusammenhang mit einer Staatensukzession, in dem Regelungen bezüglich der betroffenen Bevölkerung getroffen wurde, liegt hier nicht vor. Selbst wenn man in Artikel 1 Absatz 1 und Absatz 2 Zwei-plus-Vier-Vertrag[867] eine Abtretung der ehemaligen deutschen Ostgebiete erkennen würde, so sind in diesem keinerlei Regelungen bezogen auf die Staatsangehörigkeit der betroffenen Personen geschaffen worden, aufgrund derer der Bundesrepublik Deutschland die Kompetenz eingeräumt würde, auf dem Gebiet vom Stand des 31. Dezember 1937 staatsangehörigkeitsrechtliche Regelungen zu erlassen. Ein völkerrechtlicher Anknüpfungspunkt, der sich aufgrund einer Staatennachfolgeregelung ergibt, ist somit nicht ersichtlich.

Fraglich ist, ob hier der völkerrechtliche Anknüpfungspunkt der sogenannten Reintegration herangezogen werden kann[868]. Die Reintegration ist, wie bereits oben eingehend erörtert, die Wiedereinbürgerung ehemaliger Staatsangehöriger. Somit setzt die Reintegration voraus, dass der Betroffene vormals bereits Staatsangehöriger des einbürgernden Staates gewesen ist. Die von § 40 a StAG betroffenen Personen müssen vormals Staatsangehörige des Deutschen Reiches gewesen sein. Dies ist allerdings vorliegend nicht unbedingt der Fall, da Artikel 116 Absatz 1 GG voraussetzt, dass die Personen im Deutschen Reich nach dem Stand vom 31. Dezember 1937 Aufnahme gefunden haben. Der ehemalige Besitz der deutschen Staatsangehörigkeit ist damit nicht erforderlich. Ein völkerrechtlicher Anknüpfungspunkt aufgrund Reintegration ehemaliger Staatsangehöriger liegt folglich ebenfalls nicht vor. In Erwägung zu ziehen wäre nur noch eine entsprechende Anwendung der Reintegration, allerdings sieht das Völkerrecht einen solchen Anknüpfungspunkt ebenso wenig vor wie eine entsprechende Anwendung von Anknüpfungspunkten der Staatsangehörigkeit überhaupt.

Folglich besteht kein völkerrechtlicher Anknüpfungspunkt in Bezug auf die Erteilung der Staatsangehörigkeit an Statusdeutsche, die sich nicht im Inland der Bundesrepublik Deutschland aufhalten. Die Erteilung der deutschen Staatsangehörigkeit nach § 40 a StAG ist bereits deshalb schon nicht völkerrechtsgemäß.

---

[867] Vertrag über die abschließende Regelung in bezug auf Deutschland vom 12.09.1990, BGBl. 1990 II, S. 1318 ff.

[868] Hierbei stellt sich bereits die Frage, ob der Anknüpfungspunkt der Reintegration überhaupt Anwendung findet, wenn sich die wieder einzubürgernden Personen gar nicht im Inland aufhalten.

bb. Zustimmungspflicht der Betroffenen ausländischen Staatsangehörigen

Fraglich ist zudem, ob der deutsche Gesetzgeber anderen Personen gegen oder ohne ihre Zustimmung kraft Gesetzes die deutsche Staatsangehörigkeit erteilen darf. Eine Erteilung ohne die vorherige Zustimmung des Betroffenen ist grundsätzlich möglich, wenn der Betroffene sich auf dem Staatsgebiet des Staates aufhält, also der Territorialhoheit unterliegt, die völkerrechtlichen Voraussetzungen für den Erwerb in Form der notwendigen Anknüpfungspunkte vorliegen und kein Fall der Staatensukzession und dem damit verbundenen Selbstbestimmungsrecht gegeben ist. Ansonsten ist der Erwerb der Staatsangehörigkeit im zwischenstaatlichen Bereich ohne die Zustimmung des Betroffenen nur bei originärem Erwerb zulässig.

Ferner ist eine Regelung von Staatsangehörigkeitfragen ohne die Zustimmung der betroffenen Personen denkbar, wenn zwei Völkerrechtssubjekte diesbezüglich eine völkerrechtliche Grundlage in Form eines völkerrechtlichen Vertrages schaffen. Aber selbst in diesem Falle, wie er häufig im Rahmen der Staatensukzession vorkommt, spielt das Selbstbestimmungsrecht der betroffenen Personen eine wesentliche Rolle, so dass den Betroffenen häufig ein Optionsrecht eingeräumt wird, um dieses Problem zu umgehen. Im vorliegenden Fall liegt dies nicht anderes. Mit der gesetzlichen Bestimmung wird den Statusdeutschen ohne deren Zustimmung die deutsche Staatsangehörigkeit verliehen. Ein solcher gesetzlicher Erwerb der Staatsangehörigkeit ist völkerrechtlich nicht zulässig. Lediglich bei den Spätaussiedlern könnte ein darauf gerichteter Wille im Antrag nach § 15 Absatz 1 oder 2 BVFG gesehen werden.

cc. Ergebnis

Der Erwerb der deutschen Staatsangehörigkeit nach § 40 a StAG bedarf einer völkerrechtlichen Grundlage, da sich die betroffenen Personen, die als Statusdeutsche im Sinne von Artikel 116 Absatz 1 GG die deutsche Staatsangehörigkeit erwerben, nicht auf dem Gebiet der Bundesrepublik Deutschland aufhalten. Unter einer völkerrechtlichen Grundlage ist zu verstehen, dass zunächst ein völkerrechtlich anerkannter Anknüpfungspunkt vorliegen muss. Ein solcher ist weder in Bezug auf eine etwaige Staatensukzession noch einer Reintegration von Staatsangehörigen zu erkennen. Zudem bestehen keine völkerrechtlichen Vereinbarungen, die der Bundesrepublik Deutschland die Kompetenz einräumen, bezüglich anderer Staatsangehöriger staatsangehörigkeitsrechtliche Vorschriften zu erlassen. Solche sind auch nicht dem Zwei-plus-Vier-Vertrag zu entnehmen. § 40 a StAG fehlt daher jede völkerrechtliche Grundlage. Die Regelung stellt somit einen Eingriff in die inneren Angelegenheiten anderer Staaten dar und ist völkerrechtswidrig. Eine Einbürgerung ist nur nach § 7 StAG möglich.

10. Erwerb der deutschen Staatsangehörigkeit nach § 7 StAG

Die deutsche Staatsangehörigkeit kann nach § 7 StAG auch von Deutschen im Sinne des Artikels 116 Absatz 1 GG erworben werden, welche die deutsche Staatsangehörigkeit noch nicht besitzen[869].

a. Voraussetzungen des Erwerbs nach § 7 StAG

Die Regelung in § 7 StAG ist nur in Zusammenhang mit der Regelung in § 40 a StAG zu verstehen. Sie bezieht sich nur auf Aussiedler sowie ihre Ehegatten und Kinder, denen die Bescheinigung gemäß § 15 Absatz 1 oder Absatz 2 BVFG noch nicht erteilt worden ist, also nur auf den Teil, der nicht bereits von § 40 a StAG erfasst ist. Konkret handelt es sich dabei nur um diejenigen Personen, welche die Voraussetzungen des § 4 Absatz 3 Satz 2 und 3 BVFG erfüllen. § 7 StAG stellt seiner Eigenschaft nach einen gesetzlichen Erwerbstatbestand der deutschen Staatsangehörigkeit dar, der die automatische Folge des Ausstellens der Bescheinigung nach § 15 Absatz 1 BVFG ist[870]. Die Regelung ist eine Verfahrensvereinfachung, die aus der Einbürgerungspraxis resultiert. Vorher war nur eine Einzeleinbürgerung derjenigen möglich, die vorher kraft Gesetzes die Statusdeutscheneigenschaft erworben hatten. Die Einbürgerung richtete sich dann nach § 6 StAngRegG. Dieses zweistufige Verfahren hat für die Einbürgerungsbehörden eine zunehmend große Belastung bedeutet, so dass jetzt der direkte gesetzliche Erwerb an dessen Stelle tritt[871]. Die Sicherheitsklausel des § 6 StAngRegG ist nunmehr entfallen[872].

b. Entstehung von Mehrstaatigkeit nach § 7 StAG

Nach der Änderung des § 7 StAG ist die Entstehung mehrfacher Staatsangehörigkeit bei der Einbürgerung deshalb unumgänglich, da es sich hierbei mittlerweile ebenfalls um einen gesetzlichen Erwerb der Staatsangehörigkeit handelt. Ein Vorbehalt bezüglich der Entstehung mehrfacher Staatsangehörigkeit ist weder in § 7 StAG noch in anderen staatsangehörigkeitsrechtlichen Vorschriften, einschließlich der „Allgemeinen Verwaltungsvorschriften“ zu § 7 StAG[873] enthalten.

---

869 Der Passus „[...] die die deutsche Staatsangehörigkeit noch nicht besitzen [...]“ hat nur klarstellende Funktion, da unter die Deutschen im Sinne des Art. 116 Abs. 1 GG auch die deutschen Staatsangehörigen fallen.

870 Vgl. 7.0. StAR-VwV.

871 BT-Drucks. 14/533, S. 14.

872 Der Gesetzgeber hat die Streichung der Sicherheitsklausel damit begründet, dass sie sich als bedeutungslos erwiesen hat. Vgl. BT-Drucks. 14/533, S. 15.

873 Vgl. 7.0. ff. StAR-VwV.

11. Einbürgerung nach §§ 85 f. AuslG

§ 85 AuslG stellt einen Rechtsanspruch auf Einbürgerung in die Bundesrepublik Deutschland für einen bestimmten in Deutschland ansässigen Teil von Ausländern dar[874]. Dies hat sich auch nach der Änderung durch das Staatsangehörigkeitsreformgesetz vom 15. Juli 2000, die den Regelungsgehalt des § 86 AuslG a. F. in § 85 AuslG n. F. mit aufgenommen hat, nicht geändert. Damit unterscheidet sich § 85 AuslG n. F. weiterhin von der Einbürgerung nach § 8 StAG, der eine Einbürgerung nur nach dem Ermessen der zuständigen Behörde vorsieht und dies nur dann, wenn sie im staatlichen Interesse begründet erscheint.
Darin lagen aber gerade die Ursachen, die letztendlich bereits zu der Regelung der §§ 85 f. a. F. AuslG geführt haben. Die Einbürgerung nach dem RuStAG war nicht dazu geeignet, den Veränderungen in der Zusammensetzung der Bevölkerung in der Bundesrepublik Deutschland Rechnung zu tragen[875]. Gerade der Kreis der seit langem in der Bundesrepublik Deutschland lebenden Ausländer und ihrer Familienangehörigen war auf die Einbürgerung nach § 8 StAG angewiesen. Um eine wesentliche Erleichterung der Einbürgerung dieser Personengruppen herbeizuführen, sollte unabhängig von den Voraussetzungen des § 8 StAG gezielt ein Rechtsanspruch auf Einbürgerung eingeräumt werden[876]. Damit sollte die Einbürgerung des betroffenen Personenkreises gezielt gefördert werden[877]. Da der Rechtsanspruch auf Einbürgerung nach einem längeren Aufenthalt in der Bundesrepublik Deutschland und der damit verbundenen Eingewöhnung in die deutschen Lebensverhältnisse einhergeht, hat die Regelung des § 85 AuslG Integrationscharakter an sich[878], da am Ende des Integrationsvorganges der Anspruch auf den Erwerb der deutschen Staatsangehörigkeit steht.

a. Einbürgerungsvoraussetzungen

Die Voraussetzungen, die einen Einbürgerungsanspruch nach § 85 AuslG rechtfertigen, sind einerseits auf die Einbürgerung junger Ausländer zugeschnitten, auf der anderen Seite auf Ausländer, die sich bereits seit längerem in der Bundesrepublik Deutschland aufhalten. An diesem grundsätzlichen Regelungsgehalt hat sich auch nach der Änderung der §§ 85 und 86 AuslG a. F. nichts geändert.

aa. Ratio der alten Rechtslage nach § 85 und § 86 AuslG

§ 85 AuslG a. F. war auf die Einbürgerung junger Ausländer zwischen dem 17. und 23. Lebensjahr zugeschnitten. Sie betraf einen Zeitraum, der meist vor der

---

874 Renner, § 85 AuslG, Rdnr. 6; Hailbronner, in: Hailbronner/Renner, 3. Auflage, § 85 AuslG, Rdnr. 8; Zeng, StAZ 1995, S. 129 ff.
875 Hailbronner, in: Hailbronner/Renner, 2. Auflage, § 85 AuslG, Rdnr. 2.
876 Hailbronner, in: Hailbronner/Renner, 2. Auflage, § 85 AuslG, Rdnr. 3.
877 Hailbronner, in: Hailbronner/Renner, 2. Auflage, § 85 AuslG, Rdnr. 4.
878 Hailbronner, in: Hailbronner/Renner, 2. Auflage, § 85 AuslG, Rdnr. 1.

Erfüllung des Wehrdienstes lag, in dem aber schon Integrationsleistungen des Ausländers zu erkennen waren[879]. Die Integration spielte vor allem eine Rolle bei der Beurteilung der Voraussetzungen nach § 85 Absatz 1 Nr. 2 bis 4 AuslG a. F. So musste der junge Ausländer seit mindestens acht Jahren seinen rechtmäßigen Aufenthalt im Bundesgebiet haben, dort mindestens sechs Jahre eine Schule, davon mindestens 4 Jahre eine allgemeinbildende Schule, besucht haben und strafrechtlich unbescholten sein[880]. Lagen diese Voraussetzungen vor, so konnte davon ausgegangen werden, dass sich der junge Ausländer in die deutschen Lebensverhältnisse eingelebt hatte, welches gerade durch das Erfordernis des Schulbesuchs vorausgesetzt werden konnte.

§ 86 AuslG a. F. sah eine erleichterte Einbürgerung von Ausländern mit längerem Aufenthalt in der Bundesrepublik Deutschland vor. So sollte der Einbürgerungsanspruch den Ausländern zustehen, die seit 15 Jahren rechtmäßig in der Bundesrepublik Deutschland ihren gewöhnlichen Aufenthalt hatten. Der rechtmäßige Aufenthalt musste zum Zeitpunkt der Einbürgerung noch andauern[881]. Zudem musste nach § 86 Absatz 1 Nr. 3 AuslG a. F. gewährleistet sein, dass er den Lebensunterhalt für sich und seine Familienangehörigen bestreiten konnte[882].

bb. Einbürgerung nach § 85 AuslG n. F.

Die Einbürgerung nach § 85 AuslG wurde aufgrund der vorgenommenen Änderungen des Ausländergesetzes völlig umstrukturiert. So wurden der Tatbestand des § 86 AuslG a. F. gänzlich in den des § 85 AuslG n. F. übernommen und wesentliche Kriterien bezüglich der Anspruchseinbürgerung hinzugefügt. Grundtatbestand der Anspruchseinbürgerung ist im Gegensatz zur ehemaligen Regelung nunmehr § 85 Absatz 1 AuslG; § 86 AuslG stellt Beschränkungen der Einbürgerung dar[883].

(1) Zeitliche Anforderungen an die Einbürgerung

Durch das Staatsangehörigkeitsreformgesetz wurden die zeitlichen Anforderungen der Einbürgerung erleichtert. So ist mittlerweile kein Aufenthalt von 15 Jahren in der Bundesrepublik mehr nötig, ein Aufenthalt von acht Jahren reicht zur Einbürgerung bereits aus[884]. Wie der Gesetzgeber hierin allerdings ein „integra-

---

879 Renner, § 85 AuslG, Rdnr. 8.

880 Zu den einzelnen Voraussetzungen vgl. näher Hailbronner, in: Hailbronner/Renner, § 85 AuslG, Rdnr. 15 ff.; Renner, § 85 AuslG, Rdnr. 10 ff.

881 Renner, § 86 AuslG, Rdnr. 3.

882 Vgl. Hailbronner, in: Hailbronner/Renner, 2. Auflage, § 86 AuslG, Rdnr. 4 f.; Renner, § 86 AuslG, Rdnr. 5.

883 Vgl. hierzu auch BT-Drucks. 14/533, S. 18.

884 Siehe 85.1.1. StAR-VwV.

tionsbezogenes Zeichen staatlicher Hinwendung zu den [in der Bundesrepublik Deutschland] lebenden Zuwanderern“ sehen will, so wie dies der Begründung zum Gesetzesentwurf zu entnehmen ist[885], ist nicht nachzuvollziehen. Denn der Gesetzgeber hat in der Vergangenheit ausdrücklich darauf hingewiesen, dass die Erteilung der Staatsangehörigkeit am Ende des Integrationsprozesses steht und nicht erst mit dem Erwerb der deutschen Staatsangehörigkeit beginnt[886]. Eine andere Auslegung würde eine Erteilung der deutschen Staatsangehörigkeit auch vor dem Hintergrund unseres staatsangehörigkeitsrechtlichen Grundverständnisses nicht rechtfertigen. Die Bundesrepublik Deutschland ist nämlich kein Einwanderungsland, dessen Bestreben es ist, mit der Erteilung seiner Staatsangehörigkeit einen Zuwachs von Staatsangehörigen, unabhängig von jedwedem Integrationsbestreben zu erlangen. Dies zeigen die Entstehungsgeschichte und der Regelungsgehalt des § 85 AuslG und des § 86 AuslG a. F. Dem Gesetzgeber war nämlich bei Erlass des Ausländergesetzes daran gelegen, in Deutschland lebendenden Ausländern, die sich bereits in die deutschen Lebensverhältnisse eingelebt hatten, aufgrund der ihrerseits bereits erbrachten Integrationsleistungen einen Anspruch auf Einbürgerung einzuräumen. Es war ihm eben nicht daran gelegen, Deutschland einer Zuwanderung zu öffnen, die darauf angelegt war, eine Vervielfachung der Bevölkerungszahlen zu ermöglichen. Unter diesem Hintergrund ist es nicht nachzuvollziehen, dass es der Staat beabsichtigt, ein „integrationsbezogenes Zeichen staatlicher Hinwendung“ zu geben, da der Staat dieses Zeichen nicht erbringen kann, sondern nur der in Deutschland lebende Ausländer, da es ihm obliegt inwiefern er sich bereits in die deutschen Lebensverhältnisse integriert hat. Der Staat kann nur regulieren, nicht integrieren. Dieser Teil der Begründung kann also nur so verstanden werden, dass der Staat durch die Regelung in § 85 AuslG die Integration der in Deutschland lebenden Ausländer anerkennt und ihnen deshalb den Erwerb der deutschen Staatsangehörigkeit erleichtern will. Diese Auslegung macht auch bezüglich der vorgenommenen Regelungen einen Sinn.

(2) Bekenntnis zur freiheitlich demokratischen Grundordnung und Loyalitätserklärung gemäß § 85 Absatz 1 Satz 1 Nr. 1 AuslG

Neben dem zeitlichen Aufenthaltserfordernis muss sich der Ausländer zur freiheitlichen demokratischen Grundordnung bekennen und seine Loyalität erklären (§ 85 Absatz 1 Satz 1 AuslG). Dieses Bekenntnis soll die innere Hinwendung des Ausländers zur Bundesrepublik Deutschland dokumentieren und höchstpersönlichen Charakter besitzen[887]. Damit setzt der Gesetzgeber bei der Einbürge-

[885] BT-Drucks. 14/533, S. 18.
[886] Hailbronner, in: Hailbronner/Renner, 2. Auflage, § 85 AuslG, Rdnr. 3.
[887] So die Begründung zum Gesetzesentwurf, vgl. BT-Drucks. 14/533, S. 18.

rung Tatbestände voraus, die zu den staatsbürgerlichen Pflichten gehören. Die Wahrung der freiheitlichen demokratischen Grundordnung war bereits vor der Änderung des § 85 AuslG relevant. Die Einbürgerung konnte nämlich bereits nach § 85 Absatz 2 AuslG a. F. bzw. § 86 Absatz 3 AuslG a. F. versagt werden, wenn ein Ausweisungsgrund gemäß § 46 Nr. 1 AuslG vorlag. Mit der Änderung des Ausländergesetzes hat der Gesetzgeber diese Voraussetzungen erheblich erweitert. In § 85 Absatz 1 Satz 1 Nr. 1 AuslG hat er einen ganzen Regelungskatalog geschaffen, der Voraussetzung der Einbürgerung sein soll, zudem hat er in § 86 Absatz 1 Satz 2 AuslG eine Regelung getroffen, bei tatsächlichen Anhaltspunkten eines Verstoßes eine Einbürgerung auszuschließen. Schließlich wurde die bereits in der alten Fassung vorhandene Möglichkeit der Versagung der Einbürgerung bei Vorliegen eines Grundes nach § 46 Nr. 1 AuslG in § 86 Nr. 3 AuslG beibehalten.

(a.) § 46 Nr. 1 AuslG

Neben den Voraussetzungen des § 85 Absatz 1 Satz 1 Nr. 1 AuslG und den Ausschlussgründen nach § 86 Nr. 2 AuslG besteht die Möglichkeit der Verweigerung der Einbürgerung, wenn ein Ausweisungsgrund nach § 86 Nr. 3 AuslG i. V. m. § 46 Nr. 1 AuslG vorliegt. Der Ausländer kann dementsprechend nicht eingebürgert werden, wenn er ausgewiesen werden könnte. Dabei reicht nicht jeder Ausweisungsgrund des § 46 AuslG, vielmehr wird die Versagung der Einbürgerung auf das Vorliegen eines Ausweisungsgrundes nach § 46 Nr. 1 AuslG beschränkt[888]. § 46 Nr. 1 AuslG sieht eine Ausweisung insbesondere dann vor, wenn eine Gefährdung der freiheitlichen demokratischen Grundordnung oder der Sicherheit der Bundesrepublik Deutschland vorliegt oder sich der Ausländer bei der Verfolgung politischer Ziele an Gewalttätigkeiten beteiligt oder öffentlich zur Gewaltanwendung aufruft oder mit Gewaltanwendung droht. Unter der Gefährdung der freiheitlich demokratischen Grundordnung und der Staatssicherheit wird die Existenz- und Bestandsgefährdung des Staates und seiner wesentlichen Organe verstanden[889]. Hierunter fallen vor allem Straftaten im Sinne von §§ 80 ff. StGB[890]. Eine Gewaltanwendung ist nur relevant im Sinne von § 46 Nr. 1 AuslG, wenn sie politisch motiviert ist[891].

Die Durchführung von Vorbereitungshandlungen sind bereits ausreichend[892]. Zwar genügt die Teilnahme an Veranstaltungen, bei denen andere zur Gewalt-

888 Siehe 86.3. StAR-VwV.

889 Renner, § 46 AuslG, Rdnr. 4.

890 Renner, § 46 AuslG, Rdnr. 4.

891 Renner, § 46 AuslG, Rdnr. 6.

892 Renner, § 46 AuslG, Rdnr. 5.

anwendung aufrufen nicht[893], wohl aber dann wenn eine Teilnahmehandlung im strafrechtlichen Sinne durch positives Tun oder Unterlassen vorliegt.
§ 86 AuslG lässt im Gegensatz zu der alten Regelung in § 85 Absatz 2 AuslG keinen Ermessensspielraum[894] mehr zu[895], so dass die objektive Verwirklichung der Merkmale bereits ausreichend ist[896]. Dabei ist auch nicht auf einen Ermessensspielraum zurückzugreifen, der im Rahmen des § 46 Satz 1 AuslG gewährt wird, da die Verweisung des § 86 Nr. 3 AuslG direkt auf § 46 Nr. 1 AuslG Bezug nimmt und eine Ermessensausübung im Rahmen der §§ 85, 86 AuslG ohnehin nicht im Rahmen des Ermessensmaßstabes der §§ 45, 46 AuslG vorgenommen werden kann. Bei Vorliegen der Voraussetzung des § 46 Nr. 1 AuslG ist die Einbürgerung nach der neuen Fassung des § 86 AuslG somit grundsätzlich ausgeschlossen.
§ 46 Nr. 1 AuslG unterscheidet sich von § 85 Absatz 1 Satz 1 Nr. 1 AuslG dergestalt, dass der Ausländer bereits Straftaten begangen hat, eine Gefährdung somit konkret vorliegt. Die Gefährdung muss dabei so schwerwiegend sein, dass sie sogar eine Ausweisung rechtfertigen würde. § 46 Nr. 1 AuslG stellt den schwersten Verstoß dar, der einen Anspruch auf Einbürgerung ausschließt.

(b.) § 85 Absatz 1 Satz 1 Nr. 1 AuslG

§ 85 Absatz 1 Satz 1 Nr. 1 AuslG setzt grundsätzlich ein Bekenntnis zur freiheitlich demokratischen Grundordnung und eine Loyalitätserklärung bei jeder Einbürgerung nach § 85 AuslG voraus. Die Voraussetzungen sind nicht abhängig von konkreten Anhaltspunkten des jeweiligen individuellen Falles, das Bekenntnis wird jedem Einbürgerungsbewerber abverlangt, der das 16. Lebensjahr vollendet hat[897]. Der Gesetzgeber wollte damit die innerliche Hinwendung des Einbürgerungsbewerbers zur freiheitlichen demokratischen Grundordnung der Bundesrepublik Deutschland sicherstellen[898]. Die Voraussetzung des § 85 Absatz 1 Satz 1 Nr. 1 AuslG ist unabdingbar für die Einbürgerung[899]. Die nähere Ausgestaltung wurde den „Allgemeinen Verwaltungsvorschriften“ überlassen, in denen in 85.1.1.1. StAR-VwV ein ausführlicher Katalog aufgestellt wurde.

---

893 Renner, § 46 AuslG, Rdnr. 4.

894 Zum Ermessenspielraum im Rahmen der Sicherheitsklausel des § 85 Abs. 2 AuslG a. F. siehe Renner, § 85 AuslG, Rdnr. 17.

895 Vgl. den Wortlaut des § 86 AuslG „ein Anspruch auf Einbürgerung nach § 85 *„besteht nicht“* im Gegensatz zu der Regelung in § 85 Abs. 2 AuslG a. F., auf den sich auch § 86 Abs. 2 AuslG a. F. bezog: Die Einbürgerung *„kann versagt werden“*, wenn ein Ausweisungsgrund nach § 46 Nr. 1 vorliegt.

896 So auch 86.3. StAR-VwV, der allein die Erfüllung des Tatbestandes als maßgeblich ausreichen lässt.

897 Vgl. dazu § 85 Abs. 2 Satz 2 AuslG sowie 85.1.1.1. StAR-VwV und 85.2.2. StAR-VwV.

898 Vgl. BT-Drucks. 14/533, S. 18.

899 Hinsichtlich etwaiger religiöser Konflikte siehe unten.

(c.) § 86 Nr. 2 AuslG

Die Einbürgerung nach § 85 AuslG kann trotz des Bekenntnisses nach § 85 Absatz 1 AuslG gemäß § 86 Nr. 2 AuslG verweigert werden, wenn tatsächliche Anhaltspunkte die Annahme rechtfertigen, dass der Bewerber Bestrebungen verfassungsfeindlicher oder extremistischer Art unterstützt oder verfolgt oder dies in der Vergangenheit getan hat. § 86 Nr. 2 AuslG kann hierbei als eine Art Zwischenstadium zwischen § 85 AuslG und § 46 Nr. 1 AuslG verstanden werden. Er berechtigt zur Versagung der Einbürgerung bei Gründen, die nicht so schwerwiegend sind, dass sie zu einer Abschiebung nach § 46 Nr. 1 AuslG führen könnten.

Es lässt sich bei § 86 AuslG ebenso wie bei § 85 Absatz 1 Satz 1 Nr. 1 AuslG eine grundsätzliche Zweiteilung in verfassungsfeindliche (Var. 1) und ausländerextremistische (Var. 2) Bestrebungen erkennen[900].

Es müssen tatsächliche Anhaltpunkte dafür vorliegen, dass sich der Einbürgerungsbewerber verfassungsfeindlich oder extremistisch betätigt[901]. Vermutungen allein reichen dabei noch nicht aus. Ein verfassungsfeindlicher oder extremistischer Akt muss dagegen noch nicht konkret begangen worden sein. Bei Betätigungen dieser Art reichen auch Unterstützungshandlungen aus, so dass jede Gehilfentätigkeit zu solchen Akten einen ausreichenden tatsächlichen Anhaltspunkt darstellt. Selbst Vorbereitungshandlungen können dazu genügen. Aufgrund der Höhe der Rechtsgüter reicht eine abstrakte Gefährdung des jeweiligen Rechtsgutes aus, wenn konkrete Anhaltspunkte dafür vorliegen. Dem gleichgestellt werden solche Fälle, in denen der Betroffene verfassungsfeindliche oder extremistische Akte in der Vergangenheit verfolgt oder unterstützt hat, von denen er sich aber nicht losgesagt hat. Der Gesetzgeber hat bei der Neuregelung des § 86 Nr. 2 AuslG eine bestimmte Zielgruppe im Auge gehabt. Aufgrund der jüngsten Erfahrungen mit gewalttätigen Ausscheitungen von Ausländern in Deutschland und der damit einhergehenden Sicherheitsgefährdung sollte gezielt die Einbürgerung von PKK-Aktivisten und radikalen Islamisten verhindert werden[902]. Dies sollte sogar dann möglich sein, wenn derartige Bestrebungen nicht eindeutig nachgewiesen werden können[903]. Die einbürgernde Behörde ist somit nach § 86 Nr. 2 AuslG nicht mehr darauf angewiesen, auf § 46 Nr. 1 AuslG und die damit

---

900 Vgl. dazu auch § 3 Abs. 1 Nr. 1 BVerfSchG sowie § 3 Abs. 1 Nr. 3 BVerfSchG.

901 Vgl. auch 86.2. StAR-VwV.

902 Zu dem Gesamtkomplex in Bezug auf die politisch motivierten Gewalttaten ausländischer Extremisten, siehe Kaltenborn, DÖV 2001, S. 55 ff.

903 BT-Drucks. 14/533, S. 18 f.

verbundene teilweise schwierige Beweisführung zurückzugreifen, wenn sie die Einbürgerung verhindern will[904]. Es reicht eine einfachere Beweisführung aus.

(d.) Kollision der Voraussetzungen mit Artikel 4 Absatz 1 GG und Artikel 4 Absatz 2 GG

Schwierigkeiten könnten bei einer Kollision der zu beschützenden Rechtsgüter und der Religionsfreiheit entstehen. Hier ist zumindest im Ansatz eine Kollision der zu schützenden Verfassungsgüter mit Artikel 4 GG zu erkennen. Neben Artikel 4 Absatz 1 GG ist vor allem Artikel 4 Absatz 2 GG in dieser Hinsicht von Relevanz. Obwohl Artikel 4 Absatz 1 GG als auch Artikel 4 Absatz 2 GG keinen Gesetzesvorbehalt beinhalten, bedeutet dies keine uneingeschränkte Wirkung der beiden Grundrechte. Eine Einschränkung erfolgt diesbezüglich auf dem Wege der immanenten Schranken. In Betracht kommen hier zum einen die Grundrechte anderer, zum anderen andere mit Verfassungsrang ausgestattete Rechtswerte[905]. Darunter fällt auch die freiheitlich demokratische Grundordnung, die ihre wesentliche Ausprägung in Artikel 20 GG findet sowie die anderen Grundrechtsträgern verbrieften fundamentalen Rechte. Artikel 4 Absatz 1 GG und Artikel 4 Absatz 2 GG treten diesbezüglich zurück, so dass eine Verweigerung des Bekenntnisses zur freiheitlich demokratischen Grundordnung und der Loyalitätserklärung durch den Einbürgerungsbewerber allein aus religiösen Gründen verfassungsrechtlich nicht zulässig ist.

cc. Aufenthaltserlaubnis oder Aufenthaltsberechtigung nach § 85 Absatz 1 Nr. 2 AuslG

Der Einbürgerungsbewerber muss zudem eine Aufenthaltsgenehmigung oder Aufenthaltserlaubnis besitzen. Die Regelung in § 85 Absatz 1 Nr. 3 AuslG ersetzt den § 85 Absatz 2 AuslG a. F.[906] Ein befristeter Titel reicht dabei aus, ein Anspruch auf die Erteilung eines solchen Titels soll allerdings für die Einbürgerung noch nicht ausreichen[907].

dd. Bestreiten des Lebensunterhaltes gemäß § 85 Absatz 1 Satz 1 Nr. 3 AuslG

Der Einzubürgernde muss den Lebensunterhalt für sich und seine Familienangehörigen, denen gegenüber er unterhaltsverpflichtet ist, ohne Inanspruchnahme von Sozial- oder Arbeitslosenhilfe bestreiten. Es reicht nicht aus, dass er nur

---

904 Zur Nachweispflicht der Ausländerbehörde vgl. Renner, § 46 AuslG, Rdnr. 6. Hier bestanden vor allem dann Probleme, wenn die Behörde auf die Mitwirkung anderer Stellen angewiesen war.

905 BVerfGE 32, 98 (107 f.); BVerfGE 33, 23 (29); BVerfGE 44, 37 (49 f.).

906 BT-Drucks. 14/533, S. 18.

907 Vgl. 85.1.1.2. StAR-VwV.

zeitweilig diese Hilfen nicht in Anspruch nimmt[908]. Er muss generell ohne die staatliche Hilfe auskommen. Ausnahmen bestehen nur, wenn der Ausländer die Bedürftigkeit nicht zu vertreten hat (§ 85 Absatz 1 Satz 2 AuslG) oder das 23. Lebensjahr noch nicht vollendet hat (§ 85 Absatz 3 AuslG).
Der Maßstab des § 85 Absatz 1 Satz 2 AuslG richtet sich nach dem ihm zurechenbaren Handeln oder Unterlassen in Bezug auf seinen Leistungsbezug. Nicht zurechenbar ist dem Einzubürgernden der Bezug der Hilfeleistungen aufgrund von Tatsachen, die nicht in der Sphäre des Einzubürgernden begründet liegen, er sich aber um Abhilfe bemüht hat. 85.1.2. StAR-VwV sieht dies im Verlust des Arbeitsplatzes aufgrund gesundheitlicher, betriebsbedingter sowie konjunktureller Ursachen. Dagegen ist ihm zurechenbar, wenn er seinen Arbeitsplatz aus Gründen verloren hat, die ohne Zweifel in der Sphäre des Arbeitnehmers begründet liegen, er wiederholt eine Sperrzeit gemäß § 144 SGB III verursacht hat oder generell arbeitsunwillig ist. Zu vertreten ist die Hilfe somit dann, wenn es dem Einzubürgernden gerade darauf ankommt, durch sein Verhalten eine Bedürftigkeit herbeizurufen.
§ 85 Absatz 3 AuslG spiegelt den Regelungsgehalt von § 85 AuslG a. F. wider, bei dem es bei der Einbürgerung junger Ausländer nicht auf die Erfüllung der wirtschaftlichen Einbürgerungsvoraussetzungen ankam[909]. Gerade bei jüngeren Ausländern kann eine solche wirtschaftliche Stellung noch nicht verlangt werden. Ob dabei ein bereits fortgeschrittenes Alter von 23 Jahren erforderlich ist, kann bezweifelt werden, obliegt aber dem gesetzgeberischen Ermessen.

ee. Keine Verurteilung aufgrund einer Straftat gemäß § 85 Absatz 1 Satz 1 Nr. 5 AuslG

Der Einbürgerungsbewerber darf nicht wegen einer Straftat verurteilt worden sein. Diese Regelung entspricht der des § 85 Absatz 1 Satz 1 Nr. 4 AuslG a. F. und des § 86 Absatz 1 Nr. 2 AuslG a. F. Eine Legaldefinition des Begriffes der Straftat findet sich weder in § 85 AuslG noch in § 86 AuslG. Hierzu muss 85.1.1.5. StAR-VwV herangezogen werden, welche unter einer Straftat jedes mit Strafe bedrohte Handeln oder Unterlassen versteht. Einen Negativkatalog enthält wie bisher § 88 AuslG, an dem keine inhaltlichen, sondern lediglich redaktionelle Änderungen vorgenommen wurden[910]. Verurteilungen, die so lange zurückliegen, dass sie nach den Vorschriften des Bundeszentralregistergesetzes bereits getilgt worden sind oder zu tilgen sind, sollen bei der Einbürgerung nicht berücksichtigt werden, dagegen jedoch unter Umständen ausländische Verurteilungen wegen einer begangenen Straftat (85.1.1.5. StAR-VwV mit Verweis

[908] BT-Drucks. 14/533, S. 18.
[909] BT-Drucks. 14/533, S. 18.
[910] Vgl. BT-Drucks. 14/867, S. 22.

auf 88.1. StAR-VwV). Bei länger zurückliegenden Verurteilungen im Ausland wird von einer entsprechenden Anwendung der Vorschriften des Bundeszentralregistergesetzes auszugehen sein[911].

ff. (Mit-) Einbürgerung von Ehegatten und Kindern gemäß § 85 Absatz 2 AuslG
Eine privilegierte Einbürgerung von Ehegatten und Kindern sieht § 85 Absatz 2 Satz 1 AuslG vor. Diese können bereits bei einer geringeren Aufenthaltsdauer eingebürgert werden. Im Gegensatz zu § 85 Absatz 1 AuslG handelt es sich bei § 85 Absatz 2 AuslG nicht um einen Rechtsanspruch auf Einbürgerung aufgrund der Ehe, sondern die Einbürgerung steht im Ermessen der zuständigen Behörde[912]. Das Ermessen richtet sich nach den gemäß § 39 StAG erlassenen „Allgemeinen Verwaltungsvorschriften" zu § 85 Absatz 2 AuslG[913]. Hinsichtlich der Miteinbürgerung eines Ehegatten reicht bereits ein Aufenthalt von vier Jahren in Deutschland bei zweijähriger Dauer der ehelichen Lebensgemeinschaft (85.2.1.2.1. StAR-VwV), wobei aufgrund des integrationspolitischen Moments davon ausgegangen werden muss, dass die zweijährige Dauer der Ehe sich mit dem Aufenthalt in Deutschland überschneiden muss und nicht vorgelagert sein kann. Dem steht auch nicht Artikel 6 GG entgegen, da davon ausgegangen werden muss, dass die Ehe in Deutschland aufgrund der Eingewöhnung in die deutschen Lebensverhältnisse in der ehelichen Lebensgemeinschaft integrationsbeschleunigend wirkt und gerade deshalb eine Verkürzung der Regelaufenthaltsdauer gerechtfertigt sein kann.
Bezogen auf die Miteinbürgerung von Kindern von einzubürgernden Ausländern reicht bereits ein Aufenthalt von drei Jahren bei Kindern unter sechs Jahren, wenn sie unmittelbar vor der Einbürgerung ihr halbes Leben in der Bundesrepublik Deutschland verbracht haben (85.2.1.2.2. StAR-VwV). Kurzfristige Auslandsaufenthalte sind hierbei nicht schädlich, solange sie mit dem Regelungsgehalt übereinstimmen und nicht außer Verhältnis stehen. Ferner muss das Kind in einer familiären Lebensgemeinschaft mit dem Einbürgerungsberechtigten in Deutschland leben und der Einbürgerungsbewerber ihm gegenüber sorgeberechtigt sein. Damit erstreckt sich die Miteinbürgerung auch auf alleinerziehende Elternteile, schließt den Nachzug aus dem Ausland allerdings in Bezug auf die Erteilung der Staatsangehörigkeit aus. Das Kind darf in diesem Fall das 16. Lebensjahr noch nicht vollendet haben. Ist dies bereits der Fall, so ist die Ein-

911 Zu den Vorschriften im Einzelnen vgl. 85.1.1.5. StAR-VwV und 88.1. bis 88.1. StAR-VwV.
912 Vgl. dazu auch BT-Drucks. 14/533, S. 18.
913 Der Gesetzgeber hat hier bewusst die Regelung von Vorschriften im Rahmen der behördlichen Ermessensausübung den „Allgemeinen Verwaltungsvorschriften" überlassen. BT-Drucks. 14/533, S. 18.

bürgerung nur dann möglich, wenn es selbstständig eingebürgert werden könnte. Damit wird auf die allgemeinen Vorschriften verwiesen.
Die Miteinbürgerung von Ehegatten und Kindern gemäß § 85 Absatz 2 AuslG ist zudem davon abhängig, dass kein Ausschlussgrund des § 86 AuslG vorliegt. Im Rahmen der Ermessensentscheidung des § 86 Absatz 1 Nr. 1 AuslG können auch geringere Anforderungen gestellt werden, die allerdings auf die sprachlichen Voraussetzungen beschränkt bleiben (vgl. 85.1.2.1.2.3. StAR-VwV)[914].

b. Entstehung mehrfacher Staatsangehörigkeit und § 85 Absatz 1 Satz 1 Nr. 4 AuslG

Mehrfache Staatsangehörigkeit kann nach der Einbürgerung gemäß § 85 AuslG dann entstehen, wenn der Ausländer seine bisherige Staatsangehörigkeit nicht aufgibt. Grundsätzlich ist dies bei der Einbürgerung nach § 85 AuslG nicht möglich, da § 85 Absatz 1 Nr. 4 AuslG als Voraussetzung für die Einbürgerung die Aufgabe oder den Verlust der bisherigen Staatsangehörigkeit verlangt. Das Ausländergesetz sieht allerdings eine Ausnahme von § 85 Absatz 1 Nr. 4 AuslG vor, wenn ein Fall des § 87 AuslG vorliegt. Die Ausnahmen die gemäß § 87 AuslG zur Hinnahme von Mehrstaatigkeit führen, sind bereits oben eingehend erörtert worden.

c. Ergebnis

Durch die Änderung der §§ 85 AuslG ff. hat sich zum einen eine wesentliche Vereinfachung der Einbürgerungstatbestände ergeben. § 85 AuslG ist an Stelle des § 86 AuslG a. F. Grundtatbestand der Anspruchseinbürgerung geworden. § 86 AuslG stellt nur noch Ausnahmen vom Grundtatbestand dar. Positiv ist bei der Anspruchseinbürgerung anzumerken, dass mit der Voraussetzung des Bekenntnisses zu freiheitlichen demokratischen Grundordnung und des Loyalitätsbekenntnisses auf gesellschaftliche Besonderheiten der Ausländer eingegangen wurde. Es ist dennoch davon auszugehen, dass allein aufgrund der Vereinfachung der Einbürgerung nach § 85 AuslG, dieser die quantitativ bedeutsamste Einbürgerungsgrundlage darstellen wird. Dies sah der Gesetzgeber bereits bei

[914] Eine solche Einschränkung ist schwierig, da § 85 Abs. 2 AuslG lediglich eine Ausnahme von der zeitlichen Aufenthaltsdauer bezüglich der Ehegatten und Kinder vorsieht. Die Beschränkung bezogen auf das Spracherfordernis lässt sich durch § 85 Abs. 2 AuslG nicht rechtfertigen, da in diesem Rahmen nur ein Ermessen bezüglich der Aufenthaltsdauer ausgeübt werden kann. Der Verweis in 85.1.2.1.2.3. StAR-VwV hat zudem nur deklaratorische Wirkung, da der Gesetzeswortlaut des § 86 AuslG sich ohnehin auch auf die Ehegatten und Kinder erstreckt, da § 86 AuslG dem Wortlaut nach eine Ausnahme von § 85 AuslG darstellt und somit § 85 Abs. 2 AuslG ebenso umfasst ist. Bei 85.1.2.1.2.3. StAR-VwV handelt es sich folglich um ein redaktionelles Versehen, da es sich um eine Verwaltungsvorschrift zu § 86 AuslG handelt und somit auch bezüglich der Beurteilung der sprachlichen Kenntnisse der Ermessensausübung nach § 86 AuslG unterworfen ist.

Erlass der Regelung[915]. In Bezug auf die Hinnahme der Mehrstaatigkeit hätte dies zunächst keinen wesentlichen Einfluss, wenn nicht der Gesetzgeber auch in Artikel 87 AuslG die Voraussetzungen für die Hinnahme der Mehrstaatigkeit wesentlich gelockert hätte. Im Ergebnis führt dies zu folgender Situation: Der Gesetzgeber hat den Kreis derjenigen, die bereits einen Anspruch auf Einbürgerung in die Bundesrepublik Deutschland haben, durch die Regelung in § 85 f. AuslG wesentlich erweitert. Zudem hat er in Bezug auf die Behandlung der Mehrstaatigkeit die Anforderung erheblich gesenkt. Somit hat der Gesetzgeber durch die großzügige Änderung das Kriterium der Vermeidung der Mehrstaatigkeit bei der Einbürgerung nach dem Ausländergesetz faktisch beseitigt, so dass sich länger in Deutschland aufhaltende Ausländer sowie jüngere Ausländer, auf welche die Voraussetzungen des § 85 AuslG zutreffen, ohne Weiteres unter der Hinnahme der Mehrstaatigkeit einbürgern lassen können. Dies wird in Zukunft zu einer wesentlichen Erhöhung der Fälle der Einbürgerung unter der Duldung der Mehrstaatigkeit führen.

III. Ergebnis nach deutschem Recht

Die Entstehung von Mehrstaatigkeit ist nach deutschem Recht möglich. Dies war bereits vor der Änderung des Staatsangehörigkeitsrechts zum 1. Januar 2000 der Fall. Mit der Änderung der Einbürgerungsvorschriften und der Erweiterung der Hinnahmetatbestände durch das Staatsangehörigkeitsreformgesetz vom 15. Juli 1999 werden mehr Fälle geschaffen, in denen mehrfache Staatsangehörigkeit entsteht oder hingenommen wird. Dies ist nicht nur beim derivativen Erwerb der Staatsangehörigkeit der Fall, sondern auch beim originären. Der Gesetzgeber zieht dafür integrationspolitische Begründungen heran. Trotzdem verfolgt er dieses Integrationskonzept nicht konsequent, da er bei dem Optionsmodell zu viele Möglichkeiten der Hinnahme der bisherigen Staatsangehörigkeit zulässt und somit der Integration in Deutschland entgegenwirkt, da das Integrationsangebot durch eine zu weite Regelung der Hinnahme der bisherigen Staatsangehörigkeit leer läuft. Ferner werden keine Regelungen vorgesehen, die eine Beseitigung der mehrfachen Staatsangehörigkeit bei gemischt-nationalen Ehen und anderen Fällen des originären Erwerbs der mehrfachen Staatsangehörigkeit erstreben. Beim derivativen Erwerb der Staatsangehörigkeit hat sich der Gesetzgeber zu stark an den Gesetzen der Heimatstaaten orientiert und versucht, die nationalen Staatsangehörigkeitsvorschriften durch eigene deutsche Regelungen zu umgehen. Die Folge daraus ist eine erhöhte Zahl der Hinnahme der mehrfachen Staatsangehörigkeit. Ob dies dem integrationspolitischen Aspekt gerecht

[915] BT-Drucks. 14/533, S. 18.

wird, den der Gesetzgeber beim originären Erwerb der Staatsangehörigkeit verfolgt, ist zu bezweifeln.

3. Kapitel: Völkerrechtliche Hindernisse und Probleme der doppelten Staatsangehörigkeit

A. Wehrpflicht

Im Bereich der mehrfachen Staatsangehörigkeit ergeben sich durch die Wehrpflichtregelung der verschiedenen Staaten Schwierigkeiten. Die Wehrpflicht ist eine aus der Staatsangehörigkeit resultierende Pflicht und wird deshalb bei mehrfacher Staatsangehörigkeit relevant, da sie von jedem Heimatstaat eines Mehrstaaters verlangt werden kann. Mag die nationale Regelung eines Staates bei der Ableistung des Grundwehrdienstes im Friedensfall ohne weitere Schwierigkeiten durchführbar sein, so ergeben sich im Falle eines international entstandenen Konflikts politische und moralische Probleme. Dies kann unter anderem dazu führen, dass sich aufgrund der Interessenkonflikte der beiden oder mehrerer Heimatstaaten eine rechtliche Kollision mit dem nationalen Recht der betroffenen Staaten ergibt und sich der Betroffene sogar des Hoch- oder Landesverrats schuldig macht[916].

I. Begriff der Wehrpflicht

Die Wehrpflicht stellt keine völkerrechtliche Pflicht dar, sondern eine innerstaatliche, deren Ausgestaltung dem nationalen Gesetzgeber als innerstaatliche Angelegenheit obliegt. Sie stellt eine staatsbürgerliche Pflicht dar, die ihre Rechtfertigung darin sieht, dass der Staat, der seinem Bürger Rechte einräumt und Schutz gewährt, diesen Verpflichtungen nur dadurch nachkommen kann, dass der Bürger sich dafür einsetzt[917]. Sowohl die verfassungsrechtlichen Pflichten als auch die sonstigen Normen und Werte, die ein Zusammenleben in gefestigter innerstaatlicher Sicherheit und Ordnung gewährleisten, kann der Staat nur mit der Hilfe seiner Bürger durchsetzen. Die Wehrpflicht ist damit Ausfluss der interdependenten Pflichten des Staates gegenüber dem Bürger und des Bürgers gegenüber dem Staat, die sich aus der Staatsangehörigkeit ergeben.
Die Wehrpflicht findet ihre inhaltliche Ausgestaltung in der Bundesrepublik Deutschland in den Bestimmungen des Wehrpflichtgesetzes. Verfassungsrechtlich statuiert Artikel 12 a Absatz 1 GG die Pflicht zum Dienst in den Streitkräften[918]. Sie beinhaltet die Hauptpflicht, also die Ableistung des Wehrdienstes als Soldat in seinen verschiedenen Arten oder den Zivildienst eines anerkannten Kriegsdienstverweigerers[919] sowie die damit verbundenen Nebenpflichten[920].

---

916 Berber, Bd. I, S. 379; Hailbronner, in: Hailbronner/Renner, Einl. F, Rdnr. 11; Renner, in: Davy, S. 180; Dahm Bd. I, S. 489.

917 Johlen, Rdnr. 1

918 Scholz, in: Maunz/Dürig, Artikel 12 a GG, Rdnr. 28; Kokott, in: Sachs, Artikel 12 a GG, Rdnr. 3.

919 Johlen, Rdnr. 35.

Die Wehrpflicht umfasst die in § 4 Absatz 1 WehrPflG vorgesehenen Arten von Verpflichtungen, also den Grundwehrdienst, den Wehrdienst in der Verfügungsbereitschaft, die Wehrübungen und den unbefristeten Wehrdienst im Verteidigungsfall[921]. Bei einem anerkannten Kriegsdienstverweigerer beinhaltet die Dienstpflicht den Ersatzdienst, das heißt den Dienst nach § 24 ZDG und den unbefristeten Ersatzdienst im Verteidigungsfall nach § 79 ZDG[922] als surrogierende Dienstpflicht[923].

II. Personeller Geltungsbereich der Wehrpflicht

Das Grundgesetz der Bundesrepublik Deutschland bestimmt in Artikel 12 a Absatz 1 GG, dass Männer vom vollendeten 18. Lebensjahr an zum Dienst in den Streitkräften verpflichtet werden können. Die Wehrpflicht ist somit die auf Artikel 12 a GG beruhende zunächst abstrakte öffentlich-rechtliche Verpflichtung der Männer, als Soldaten Wehrdienst als Verteidigung des Rechts und der Freiheit des deutschen Volkes zu leisten und sich dafür ausbilden zu lassen[924]. Die Leistung der Wehrpflicht findet ihre Ausgestaltung in den Regelungen des Wehrpflichtgesetzes. Hiernach bestimmt sich auch der konkrete personelle Geltungsbereich der in Artikel 12 a GG festgelegten Verpflichtung.

Gemäß § 1 Absatz 1 Nr. 1 WehrPflG sind zunächst alle Männer, die Deutsche im Sinne des Grundgesetzes sind, vom vollendeten achtzehnten Lebensjahr an wehrpflichtig, wenn sie ihren ständigen Wohnsitz in der Bundesrepublik Deutschland oder außerhalb der Bundesrepublik Deutschland haben und einen Pass oder eine Staatsangehörigkeitsurkunde der Bundesrepublik Deutschland besitzen. Als „deutsch" im Sinne des § 1 WehrPflG wird dabei nicht nur derjenige angesehen, der die deutsche Staatsangehörigkeit besitzt[925], sondern alle Deutschen im Sinne des Artikels 116 Absatz 1 GG[926]. Darunter fallen auch Flüchtlinge oder Vertriebene deutscher Volkszugehörigkeit, die nicht die deut-

---

920 Zu den Nebenpflichten der Wehrpflicht zählen unter anderem die Melde-, Vorstellungs-, Auskunfts- und Untersuchungspflicht. Vgl. Johlen, Rdnr. 35.

921 Boehm-Tettelbach, § 1 WehrPflG, Rdnr. 2

922 Scholz, in: Maunz/Dürig, Artikel 12 a GG, Rdnr. 121.

923 Zum Ersatzdienst als surrogierende Dienstpflicht, siehe Scholz, in: Maunz/Dürig, Artikel 12 a, Rdnr. 112.

924 Gubelt, in: v. Münch, Artikel 12 a, Rdnr. 1; Scherer/Steinlechner, § 1 WehrPflG, Rdnr. 6; Boehm-Tettelbach, § 1 WehrPflG, Rdnr. 2.

925 Boehm-Tettelbach, § 1 WehrPflG, Rdnr. 14; Scherer/Steinlechner, § 1 WehrPflG, Rdnr. 22.

926 Scherer/Steinlechner, § 1 WehrPflG, Rdnr. 22; Boehm-Tettelbach, § 1 WehrPflG, Rdnr. 22.

sche Staatsangehörigkeit besitzen[927]. Die genaue Festlegung des Personenkreises bestimmt sich dabei nach den Vorschriften der §§ 1 ff. BVFG[928].
Da die Wehrpflicht gemäß § 1 WehrPflG nur Bezug auf die deutsche Staatsangehörigkeit nimmt, findet sie auch Anwendung auf Doppelstaater[929] und Mehrstaater, sofern dieser Verpflichtung keine völkerrechtlichen Hindernisse entgegenstehen[930]. Die Wehrpflicht erstreckt sich somit personell auf alle Männer, die Deutsche im Sinne des Grundgesetzes sind, unabhängig davon, ob der Betroffene lediglich die deutsche Staatsangehörigkeit oder neben der deutschen Staatsangehörigkeit noch eine oder sogar mehrere weitere Staatsangehörigkeiten besitzt.
Da es aus internationaler Sicht jedem Staat freisteht, die Wehrpflicht an die Staatsangehörigkeit zu knüpfen, kann es ihm auch nicht untersagt werden, alle seine Staatsangehörigen einschließlich derjenigen, die die Staatsangehörigkeit eines anderen Staates besitzen, zum Wehrdienst zu verpflichten[931]. Dass dies bei Doppel- oder Mehrstaatern zur Ableistung mehrerer Dienste führen kann, ist aus rechtlicher Sicht im Grundsatz nicht zu beanstanden und kann auch nicht als unbillige Härte bezeichnet werden, da dies eine adäquate Folge der Mehrstaatigkeit darstellt. Der Staat kann sogar die uneingeschränkte Ableistung der Wehrpflicht in dem Falle verlangen, dass ein Doppel- oder Mehrstaater sich gegen seinen anderen Heimatstaat wenden muss[932]. Aus völkerrechtlicher Sicht ist der Anspruch auf Erfüllung der Wehrpflicht durch den Mehrstaater also grundsätzlich nicht untersagt[933]. Der Heimatstaat kann zudem unbeschadet territorialer Grenzen Hoheitsgewalt über seine Staatsangehörigen auch dann ausüben, wenn sie sich auf einem anderen Staatsgebiet befinden, dessen Staatsangehörigkeit sie besitzen. Dies resultiert daraus, dass die Wehrpflicht als Bestandteil der Landesverteidigung aufgrund des Personalitätsprinzips unabhängig vom Aufenthaltsstaat eingefordert werden kann. Die Abwesenheit vom Aufenthaltsstaat entbindet also nicht unbedingt von der Wehrpflicht.

---

927 Boehm-Tettelbach, § 1 WehrPflG, Rdnr. 22; Scherer/Steinlechner, § 1 WehrPflG, Rdnr. 23.

928 Boehm-Tettelbach, § 1 WehrPflG, Rdnr. 23a f.; Scherer/Steinlechner, § 1 WehrPflG, Rdnr. 23.

929 Scherer/Steinlechner, § 1 WehrPflG, Rdnr. 24.

930 Scholz, in: Maunz/Dürig, Artikel 12 a GG, Rdnr. 34; Kokott, in: Sachs, Artikel 12 a GG, Rdnr. 8.

931 Dahm Bd. I, S. 489; Kaup, S. 220.

932 Renner, in: Davy, S. 180; Hailbronner, in: Hailbronner/Renner, 3. Auflage, Einl. F, Rdnr. 11; Dahm Bd. I, S. 489.

933 Dahm Bd. I, S. 489; Kaup, S. 220.

1. Beschränkung aufgrund internationaler Vereinbarungen

Dennoch haben sich die Staaten seit dem Anfang des letzten Jahrhunderts um eine Lösung des Problems der mehrfachen Wehrpflicht der Mehrstaater bemüht. Die Schwierigkeiten, die aufgrund der Mehrstaatigkeit für den Einzelnen hinsichtlich der Wehrpflicht und des damit einhergehenden Wehrdienstes entstehen, sollten durch eine einheitliche Regelung gemildert werden. Vor allem sollte die gegenseitige Anerkennung des in einem Staat geleisteten Wehrdienstes angestrebt werden. Allerdings haben sich die Staaten gerade auf dem Gebiet der Wehrpflicht nicht auf eine einheitliche völkervertragliche Regelung einigen können. Zwar wurden in den letzten Jahrzehnten mehrere bilaterale Vereinbarungen getroffen, jedoch mangelt es bis heute an einer universellen multilateralen Vereinbarung. Die bi- und multilateralen Vereinbarungen zielen darauf ab, die mehrfache Inpflichtnahme zumindest zu vermeiden[934].

a. Multilaterale Vereinbarungen

aa. Haager Konferenzen

Die ersten internationalen Bestrebungen zu einer Lösung der Konflikte der Wehrpflicht von Mehrstaatern fanden auf den Haager Konferenzen von 1930 statt. In deren Anschluss wurde von 33 Staaten das Haager Protokoll über Militärdienst in gewissen Fragen doppelter Staatsangehörigkeit[935] geschlossen, von denen 19 Staaten auch ratifizierten[936]. Das Protokoll bezieht sich entgegen seines Wortlautes nicht nur auf die Regelung von Fällen doppelter Staatsangehörigkeit, sondern auch auf Fälle mehrfacher Staatsangehörigkeit. Die Vertragspartner sahen in dem Protokoll vor, dass Mehrstaater, die in einem Heimatstaat ihren gewöhnlichen Aufenthalt haben und mit diesem tatsächlich am meisten verbunden sind, in keinem anderen Staat militärischen Pflichten unterliegen. Die Militärdienstpflicht wurde hierbei nicht nur an den Wohnsitz geknüpft, vielmehr musste noch eine tatsächliche Verbindung zu dem Staate des Wohnsitzes bestehen. In Staaten, in denen der Mehrstaater nach Erreichen der Volljährigkeit aus der Staatsangehörigkeit ausscheiden konnte, sollte der Minderjährige nach Artikel 2 des Protokolls von der Erfüllung des Militärdienstes befreit sein. Artikel 3 des Protokolls verhinderte, dass der Militärdienst auch nach dem Ausscheiden

---

[934] Doppelstaatsangehörigkeit und Wehrpflicht, Beauftragte der Bundesregierung für die Belange der Ausländer (Hrsg.), 1996, S. 11.

[935] (Haager) Protokoll über Militärdienst in gewissen Fragen doppelter Staatsangehörigkeit vom 12.04.1930, Deutscher Text, in: Hecker, S. 23.

[936] Es ratifizierten: Australien, Belgien, Brasilien, Cuba, Großbritannien, Indien, Kolumbien, Malawi, Malta, Mauretanien, Mauritius, Niger, Nigeria, Niederlande, Österreich, Salvador, Schweden, Südafrika, USA. Unterzeichner, die nicht ratifizierten: Ägypten, Chile, Dänemark, Deutschland, Frankreich, Griechenland, Irland, Kanada, Luxemburg, Mexiko, Peru, Portugal, Spanien, Uruguay. Hecker, S. 21.

aus einer bisherigen Staatsangehörigkeit in dem ehemaligen Staat erbracht werden musste. Die in Artikel 1 des Protokolls getroffene Regelung war der Vermeidung von Konflikten im Rahmen der Mehrstaatigkeit sehr zuträglich. Allein durch den späteren Verlust der anderen Staatsangehörigkeit sollten sowohl politische als auch moralische Konflikte vermieden werden. Aufgrund der geringen Zahl der Vertragspartner konnte aber keine einheitliche Lösung für die Militärdienstpflicht von Mehrstaatern vor dem Zweiten Weltkrieg gefunden werden. Eine völkergewohnheitsrechtliche Entwicklung hat in Bezug auf diese Regeln somit nicht stattgefunden.

bb. Verträge nach dem Zweiten Weltkrieg

Getragen durch den Gedanken kollektiver Bündnispolitik infolge zunehmender regionaler Stabilität durch freundschaftliche Verträge sowie infolge des Zusammenwachsens der Staaten durch den Abbau von Grenzauseinandersetzungen haben sich nach dem Zweiten Weltkrieg die europäischen Staaten im Rahmen des Europarates Gedanken hinsichtlich einer zwischenstaatlichen Harmonisierung der Dienstverpflichtungen gemacht. So wurde am 6. Mai 1963 das Übereinkommen des Europarats über die Verringerung der Mehrstaatigkeit und über die Wehrpflicht von Mehrstaatern[937] geschlossen. Das Übereinkommen ist mittlerweile für 13 europäische Staaten in Kraft getreten[938].

Die Vertragspartner haben hierin vereinbart, dass Staatsangehörige der Vertragsparteien, die zwei oder mehrere Staatsangehörigkeiten der beteiligten Staaten besitzen, ihre Wehrpflicht nur gegenüber einer Vertragspartei zu erfüllen haben (Artikel 5 Absatz 1). Eine nähere Ausgestaltung dieser Bestimmung ist durch den Abschluss von Sonderabkommen möglich (Artikel 5 Absatz 2)[939]. Liegt ein solches Sonderabkommen nicht vor, gelten die Bestimmungen des Artikels 6 des Übereinkommens über die Verringerung der Mehrstaatigkeit und die Wehrpflicht von Mehrstaatern. Dabei wird in erster Linie auf den Aufenthaltsort des Betroffenen Bezug genommen. Der Betroffene ist zunächst demjenigen

---

[937] BGBl. 1969 II, S. 1954 ff.

[938] Mitgliedstaaten des Übereinkommens sind: Belgien (19.07.1991), Dänemark (17.12.1972), Bundesrepublik Deutschland (18.12.1969), Frankreich (28.03.1968), Irland (17.04.1973), Italien (28.03.1968), Luxemburg (12.11.1971), Niederlande (10.06.1985), Norwegen (27.12.1969), Österreich (01.09.1975), Schweden (06.04.1969), Spanien (17.08.1987), Vereinigtes Königreich (08.08.1971). Quelle: Fundstellennachweis B (2000), S. 442 (Stand: 31.12.2000).

[939] Die Bundesrepublik Deutschland hat davon durch einen Vertrag mit dem Königreich Dänemark Gebrauch gemacht. Text in: BGBl. 1988 II, S. 143 f. Obwohl auch Spanien Mitglied des Übereinkommens ist, ist jedoch der am 23.04.1970 zwischen der Bundesrepublik Deutschland und Spanien geschlossene Niederlassungsvertrag kein Sonderabkommen im Sinne des Artikel 5 Absatz 2 des Übereinkommens. Diesbezüglich missverständlich BMVg R I 3 – Az 24-03-05, S. 3.

Vertragspartner gegenüber wehrdienstpflichtig, in dessen Hoheitsgebiet er sich gewöhnlich aufhält. Das Übereinkommen folgt damit grundsätzlich dem Niederlassungsprinzip[940]. Er hat jedoch auch die Möglichkeit, seine Wehrpflicht bei jeder anderen Vertragspartei zu erfüllen, dessen Staatsangehörigkeit er besitzt, indem er als Freiwilliger einen Wehrdienst von mindestens der gleichen tatsächlichen Gesamtdauer ableistet, wie sie für den aktiven Wehrdienst der Vertragspartei vorgesehen ist, in deren Staatsgebiet er sich gewöhnlich aufhält und somit eigentlich wehrdienstpflichtig wäre (Artikel 6 Absatz 1).
Die Ableistung des Wehrdienstes für Mehrstaater, die ihren gewöhnlichen Aufenthalt in einem Staat haben, dessen Staatsangehörigkeit sie nicht besitzen, der aber Vertragspartei des Übereinkommens ist, wird in Artikel 6 Absatz 2 des Übereinkommens geregelt. Hiernach steht es dem Betroffenen frei, bei welcher Vertragspartei, dessen Staatsangehörigkeit er besitzt, er seine Wehrpflicht erfüllt. Er bekommt durch das Übereinkommen eine Option eingeräumt.
In den Fällen, in denen der Mehrstaater seiner Wehrpflicht einer Vertragspartei gegenüber bereits nachgekommen ist, gilt diese gemäß Artikel 6 Absatz 3 des Übereinkommens auch den anderen Vertragsstaaten gegenüber als erfüllt, deren Staatsangehörigkeit er noch besitzt. Gemäß Absatz 4 gilt dies auch für diejenigen Personen, die bereits vor Inkrafttreten des Übereinkommens ihre Wehrpflicht in einem der anderen Vertragsstaaten erfüllt haben. Die in Artikel 6 aufgestellten Grundsätze, die eine mehrfache Beanspruchung von Mehrstaatern in den Fällen der Wehrpflicht verhindern sollen, finden jedoch nur im Friedensfalle Anwendung. Dies wird aus Artikel 6 Absatz 7 des Übereinkommens ersichtlich, wonach der Vertragsstaat nicht an die in Artikel 6 statuierten Verpflichtungen gebunden ist, wenn er sich in der Mobilmachung befindet. Eine Vereinbarung der Vermeidung von doppelter Inanspruchnahme in bewaffneten Konflikten, findet sich in dem Übereinkommen nicht. Im Konfliktfall kann der Mehrstaater also von jedem Heimatstaat in Anspruch genommen werden, auch wenn sich der bewaffnete Konflikt gegen den anderen Heimatstaat richtet. Da es sich bei der Wehrpflicht um eine innerstaatliche Pflicht handelt, ist in dieser Doppelverpflichtung auch kein völkerrechtlicher Verstoß zu erkennen. Zudem wird in Artikel 6 Absatz 7 ersichtlich, dass der Begriff der Wehrpflicht im Sinne des Übereinkommens nur die Ableistung des Grundwehrdienstes einschließlich des Zusatzwehrdienstes in Form von Reserveübungen in Friedenszeiten umfassen kann. Entsprechend der Wehrgesetzgebung der Bundesrepublik Deutschland werden somit gemäß § 4 Absatz 1 Nr. 1 bis 3 WehrPflG der Grundwehrdienst, der Wehrdienst in der Verfügungsbereitschaft, die Wehrübungen und der unbefristete Wehrdienst im Verteidigungsfalle gemäß § 4 Absatz 1 Nr. 4 WehrPflG erfasst. Ferner ist hieraus zu schließen, dass das Übereinkommen keine Anwen-

940 Boehm-Tettelbach, § 8 WehrPflG, Rdnr. 5c; Hahnenfeld, UBWV 1963, S. 25 (26).

dung auf die Erfüllung der Dienstpflicht durch die Leistung des Ersatzdienstes findet, selbst wenn diese dem Wehrdienst innerstaatlich gleichgestellt sein sollte[941].

Die Regelungen des Artikels 6 des Übereinkommens bewirken zudem keine generelle Freistellung in den Fällen, in denen ein Vertragspartner von seinen Staatsangehörigen keine Wehrpflicht mehr verlangt. Von den Vertragspartnern des Übereinkommens haben mittlerweile sieben Staaten die Wehrpflicht abgeschafft[942]. Mehrstaater haben aber in diesen Fällen die Wehrpflicht in dem anderen Heimatstaat zu erfüllen, solange dies die nationale Gesetzgebung des Staates vorsieht. Da Gegenstand des Übereinkommens die Vermeidung der doppelten Inanspruchnahme von Mehrstaatern ist, findet es im Falle der Abschaffung der Wehrpflicht keine entsprechende Anwendung. Lediglich der in der Berufsarmee geleistete Dienst kann anerkannt werden[943].

Das Übereinkommen des Europarats über die Verringerung von Mehrstaatigkeit und die Wehrpflicht von Mehrstaatern führt nur zu einer einheitlichen Regelung der Wehrpflicht von Mehrstaatern im Friedensfall. Bezüglich der geleisteten Ersatzdienste findet sich keine Regelung. Dies bedeutet, dass eine gegenseitige Anerkennung der jeweils geleisteten Ersatzdienste ebenfalls Gegenstand eines internationalen Abkommens werden sollte. Das Übereinkommen regelt ferner nicht politische Konflikte der Staaten untereinander im Rahmen bewaffneter Auseinandersetzungen. Der moralische Konflikt des Mehrstaaters ist ohnehin weder seitens der Staaten noch seitens der Mehrstaater zu lösen. Es ist zu erkennen, dass eine Gleichstufigkeit der Staatsangehörigkeiten eines Mehrstaaters nicht existiert. Der Staatsangehörige des einen Staates kann sich nicht dazu entscheiden, für den anderen Heimatstadt zur Landesverteidigung zu schreiten, ohne sich moralisch von dem ersten zu entfernen.

Moralisch unbedenklich sind Lösungen wie im Europaratsübereinkommen nur dann, wenn nicht eine Gefahr der bewaffneten Auseinandersetzung der Heimatstaaten besteht. Selbst ein politischer Konsens ist nur im Rahmen einer einheitli-

---

941 Den Staaten steht es dabei selbstverständlich frei, gegenüber dem Pflichtigen auf die Erfüllung des jeweiligen Dienstes zu verzichten. Dies hat jedoch keine internationale Bindungswirkung. Soll eine mehrfache Inanspruchnahme bei Personen, die einen anderen Dienst als den Wehrdienst geleistet haben und dieser nach innerstaatlichem Recht nicht dem Wehrdienst gleich steht, vermieden werden, so kann eine einheitliche Regelung nur aufgrund internationaler Vereinbarungen getroffen werden. Siehe dazu unten.

942 Belgien, Frankreich, Großbritannien, Irland, Island, Luxemburg und die Niederlande. In Frankreich werden seit dem 01.01.1997 alle Jugendlichen, die nach dem 01.01.1979 geboren worden sind, nicht mehr zum Wehrdienst herangezogen. Für diejenigen, die vor dem 01.01.1979 geboren worden sind, gilt bis zum Jahr 2002 eine bedarfsorientierte Einberufung. Vgl. BMVg R I 3 – Az 24-03-05.

943 Doppelstaatsangehörigkeit und Wehrpflicht, Beauftragte der Bundesregierung für die Belange der Ausländer (Hrsg.), 1996, S. 12, in Bezug auf das Vereinigte Königreich.

chen Verteidigungspolitik zu erzielen, die auf regionaler Ebene begrenzt bleiben wird. Dies wird auch beim Übereinkommen über die Verringerung der Mehrstaatigkeit und über die Wehrpflicht von Mehrstaatern vom 6. Mai 1963 ersichtlich. Mit einer Ausnahme sind die beteiligten Mitgliedstaaten mittlerweile auch Mitglieder der Europäischen Union. Es handelt sich demnach um eine zentraleuropäische Regelung der Wehrpflicht. Alle Vertragsparteien sind zudem Mitglieder der NATO, so dass eine bewaffnete Auseinandersetzung der Mitgliedstaaten untereinander *de facto* auszuschließen ist. Ein Abkommen, welches moralischen Konflikten von Mehrstaatern entgegentreten will, kann somit nur auf einen kleinen Kreis von Staaten beschränkt bleiben, welche die gleiche Verteidigungspolitik verfolgen. Ansonsten wird sich eine Regelung nur auf die Lösung politischer Konflikte im Friedensfall beschränken, die der eigentlichen Problematik der Wehrpflicht von Mehrstaatern, dem Einsatz in bewaffneten Konflikten, nicht gerecht werden kann.
Das Übereinkommen findet im Hinblick auf die deutsche Situation nur begrenzt Anwendung, da Staaten wie die Türkei und Jugoslawien, die den Hauptanteil der ausländischen und doppelstaatigen Bevölkerung der Bundesrepublik Deutschland ausmachen werden[944], keine Mitgliedstaaten des Übereinkommens vom 6. Mai 1963 sind. Die auf die Vermeidung der doppelten Inanspruchnahme von Mehrstaatern ausgerichteten Bestimmungen dieses multilateralen Übereinkommens finden also für diese Staaten und Personen keine Anwendung.

b. Bilaterale Vereinbarungen

Bezogen auf die Wehrdienstregelung bei Doppelstaatern ist die Bundesrepublik Deutschland mit mehreren Staaten bilaterale Vereinbarungen eingegangen, in denen eine spezielle Regelung darüber getroffen wurde, unter welchen Voraussetzungen und wo Personen mit doppelter Staatsangehörigkeit ihren Wehrdienst zu leisten haben. Zu diesen bilateralen Vereinbarungen zählen der Freundschafts-, Handels- und Schiffahrtsvertrag mit der Italienischen Republik vom 21. November 1957[945], der Freundschafts-, Handels- und Schiffahrtsvertrag mit der Dominikanischen Republik vom 23. Dezember 1957[946], der Niederlassungs- und Schiffahrtsvertrag vom 18. März 1960 mit dem Königreich Griechenland[947], der

944 Allein der Ausländeranteil aus den Folgerepubliken der ehemaligen Bundesrepublik Jugoslawien in der Bundesrepublik Deutschland betrug im Jahre 1999 (in Klammern die Zahlen des Jahres 1997): Serbien/Montenegro 737.200 (721.000); Bosnien und Herzegowina 167.700 (281.000); Kroatien 214.000 (206.600); Mazedonien 49.400 (42.600); Slowenien 18.600 (18.100). Der Zuzug aus der Türkei lag in den Jahren 1991 bis 1997 immer zwischen 81.901 und 55.981 Personen (Quelle: Statistisches Bundesamt).

945 BGBl. 1959 II, S. 950 ff.

946 BGBl. 1959 II, S. 1469 ff.

947 BGBl. 1962 II, S. 1505 ff.

Niederlassungsvertrag mit Spanien vom 23. April 1972[948] und das Abkommen mit der Republik Argentinien vom 18. September 1985[949]. Ferner hat die Bundesrepublik Deutschland von der Regelung des Artikels 5 Absatz 2 des Übereinkommens des Europarates Gebrauch gemacht, die Bestimmungen des Abkommens durch Sonderabkommen weiter auszugestalten. Ein solches Sonderabkommen ist am 10. Oktober 1985 mit dem Königreich Dänemark hinsichtlich der deutsch-dänischen Doppelstaater geschlossen worden[950].

aa. Verträge mit der Italienischen Republik und der Dominikanischen Republik

Artikel 5 des Vertrages mit der Italienischen Republik bestimmt, dass die Staatsangehörigen des anderen Vertragsstaates grundsätzlich nicht der Wehrdienstpflicht im eigenen Staat unterliegen. Dies betrifft allerdings nur diejenigen Personen, die entweder die deutsche oder die italienische Staatsangehörigkeit besitzen, nicht jedoch solche, die sowohl die deutsche als auch die italienische Staatsangehörigkeit besitzen, also deutsch-italienische Mehrstaater.

Bezüglich der deutsch-italienischen Mehrstaater wird in Nr. 2 des Protokolls[951] durch die beiden Vertragsparteien bestimmt, dass diese nur von dem Staat zur Erfüllung der gesetzlichen Wehrdienstpflicht herangezogen werden können[952], in dem sie ihren dauernden Aufenthalt sowie ihre Lebensgrundlage haben[953]. Die gleiche Vereinbarung wurde zwischen der Bundesrepublik Deutschland und der Dominikanischen Republik in dem Vertrag vom 23. Dezember 1957[954] getroffen. Gemäß Nr. 2 des Protokolls[955] wird die Erfüllung der Wehrdienstpflicht ebenfalls nur von dem Heimatstaat verlangt, in dem die Person deutsch-dominikanischer Staatsangehörigkeit seinen dauernden Aufenthalt sowie seine Lebensgrundlage hat[956]. Ein bereits in der Dominikanischen Republik geleisteter Wehrdienst wird in Deutschland regelmäßig anerkannt[957].

---

948 BGBl. 1972 II, S. 1042 ff.

949 BGBl. 1988 II, S. 146 f.

950 BGBl. 1988 II, S. 143 f.

951 BGBl. 1959 II, S. 966 f.

952 Der Grundwehrdienst in Italien beträgt zehn Monate. Daten und Fakten zur Entwicklung von Kriegsdienstverweigerung und Zivildienst, Bundesamt für den Zivildienst (Hrsg.), Jahrgang 2000, S. 16. Ab dem Jahre 2007 wird die allgemeine Wehrpflicht allerdings ausgesetzt. Auskunft des Bundesministeriums für Familie, Senioren, Frauen und Jugend vom 19.03.2001, Gz. ZD 2a – 7304.

953 BGBl. 1959 II, S. 966 f.

954 BGBl. 1959 II, S. 1470 ff.

955 BGBl. 1959 II, S. 1477 f.

956 BGBl. 1959 II, S. 1477 f.

957 Siehe auch Nr. 2 des Merkblattes für deutsch-dominikanische Mehrstaater mit ständigem Aufenthalt in der Bundesrepublik Deutschland.

bb. Vertrag mit Griechenland

Gemäß Nr. 4 des Protokolls[958] zum Niederlassungs- und Schiffahrtsvertrag zwischen der Bundesrepublik Deutschland und dem Königreich Griechenland vom 18. März 1960 wurde Bezug nehmend auf Artikel 4 Absatz 1 des Vertrages, der sich mit der Ableistung des Wehrdienstes befasst, die Ableistung des Wehrdienstes[959] seitens der Vertragspartner auf denjenigen Heimatstaat beschränkt, in dem der betroffene Wehrpflichtige seinen gewöhnlichen Aufenthalt und seine Lebensgrundlage hat[960]. Nach Ableistung seines Dienstes in der Bundeswehr ist er in Griechenland von der Wehrpflicht befreit[961].

cc. Vertrag mit Spanien

Auch in dem mit Spanien am 23. April 1970 geschlossenen Niederlassungsvertrag[962] wird eine Verfahrensweise bezüglich des Wehrdienstes von Doppelstaatern normiert. Artikel 6 Absatz 5 Satz 1 des Vertrages normiert, dass diejenigen Personen, welche die Staatsangehörigkeit beider Vertragsstaaten besitzen, nur von dem Staat zur Erfüllung der Wehrpflicht[963] herangezogen werden dürfen, in dessen Hoheitsgebiet sie zum betreffenden Zeitpunkt ihren gewöhnlichen Aufenthalt haben. In Artikel 6 Absatz 5 Satz 2 wird dies näher konkretisiert. Danach soll der gewöhnliche Aufenthalt in dem Hoheitsgebiet als begründet gelten, in dem sich die betroffene Person innerhalb der letzten 12 Monate vor der Einberufung die längste Zeit tatsächlich aufgehalten hat.

---

958 BGBl. 1962 II, S. 1517 ff.

959 Die Zeitspanne des in Griechenland zu leistenden Grundwehrdienstes richtet sich nach der Truppengattung. Der Grundwehrdienst im Heer beträgt 18 Monate, der Grundwehrdienst in der Luftwaffe 20 Monate und der Grundwehrdienst in der Marine 21 Monate. Daten und Fakten zur Entwicklung von Kriegsdienstverweigerung und Zivildienst, Bundesamt für den Zivildienst (Hrsg.), Jahrgang 2000, S. 15.

960 Merkblatt für deutsch-griechische Doppelstaater mit ständigem Aufenthalt in der Bundesrepublik Deutschland. Griechenland hat das Europaratsübereinkommen vom 06.05.1963 unterzeichnet, aber nicht ratifiziert, BMVg. R I 3 Az. 24-03-05, S. 2. Nach Auskunft der Militärabteilung der Griechischen Botschaft vom 01.06.2000 haben deutsch-griechische Doppelstaater, wenn sie sich für den Wehrdienst in der griechischen Armee entschieden haben, 18 Monate Dienst zu leisten, solange sie jünger als 35 Jahre sind. Im Alter zwischen 35 und 50 Jahren beträgt der Dienst sechs Monate.

961 Siehe dazu auch Nr. 2 des Merkblattes für deutsch-griechische Doppelstaater mit ständigem Aufenthalt in der Bundesrepublik Deutschland.

962 BGBl. 1972 II, S. 1042 ff.

963 Der Grundwehrdienst in Spanien beträgt neun Monate. Daten und Fakten zur Entwicklung von Kriegsdienstverweigerung und Zivildienst, Bundesamt für den Zivildienst (Hrsg.), Jahrgang 2000, S. 18.

dd. Verträge mit Argentinien und dem Königreich Dänemark

Anknüpfungspunkt des Wehrdienstes in dem zwischen der Bundesrepublik Deutschland und Argentinien am 18. September 1985 geschlossenen Abkommen[964] ist gemäß Artikel 2 des Abkommens ebenfalls der ständige Aufenthalt des Mehrstaaters. Eine nähere Konkretisierung, wie beispielsweise in dem Abkommen der Bundesrepublik Deutschland mit Spanien, wurde nicht vorgenommen. Dafür wird dem Wehrpflichtigen durch Artikel 3 des Abkommens die Option gewährt, sich bei Aufenthalt in einem Drittstaat für die Ableistung des Wehrdienstes in einem der beiden Heimatstaaten zu entscheiden, wenn er in beiden Staaten wehrdienstpflichtig ist.

Eine Option enthält ebenfalls das Zusatzabkommen zum Europaratsübereinkommen vom 6. Mai 1963 zwischen der Bundesrepublik Deutschland und dem Königreich Dänemark[965]. Auch im Hinblick auf die besondere Lage im unmittelbaren deutsch-dänischen Grenzgebiet wurden hier Vereinbarungen getroffen, nach denen der Wehrdienst lediglich in dem Vertragsstaat erbracht werden muss, in dem der Betroffene seinen gewöhnlichen Aufenthalt hat. Allerdings obliegt die Befreiung vom Wehrdienst in den beiden Vertragsstaaten den Voraussetzungen des Artikels 1 des Abkommens. Danach soll die Vertragspartei des Staates, in dem sich der betreffende Wehrdienstpflichtige gewöhnlich aufhält, von der Heranziehung zum Wehrdienst absehen, wenn sich der Betroffene vor der Vollendung seines 19. Lebensjahres gegenüber dem anderen Heimatstaat zur Ausübung der Wehrpflicht verpflichtet hat, der Grundwehrdienst die gleiche Dauer hat und vor der Vollendung des 21. Lebensjahres – im Ausnahmefall bis zur Vollendung des 26. Lebensjahres – anzutreten ist. Hat sich der Wehrpflichtige nicht nach Artikel 1 für einen der beiden Heimatstaaten entschieden, bleibt für die Vertragspartei, in dessen Hoheitsgebiet sich der Wehrpflichtige zu diesem Zeitpunkt gewöhnlich aufhält, der bei der anderen Vertragspartei noch zu leistende Wehrdienst unberücksichtigt, das heißt, der Betroffene wird in dem Staat zum Wehrdienst herangezogen, in dem er seinen gewöhnlichen Aufenthalt hat und dies ohne Rücksichtnahme auf eventuell noch zu bestreitende wehrdienstliche Verpflichtungen in dem anderen Vertragsstaat. Diese Regelung stellt somit ebenfalls eine Art Optionsrecht dar[966]. Dem Betroffenen wird die Möglichkeit eingeräumt, sich für den Wehrdienst in Deutschland oder in Dänemark zu entscheiden. Verzichtet er auf diese Entscheidung, kann der Staat, in dem er sich zu diesem Zeitpunkt aufhält, die Leistung des Wehrdienstes verlangen. Eine Möglichkeit der Doppelverpflichtung besteht jedoch nicht, da gemäß Artikel 4

---

[964] BGBl. 1988 II, S. 146 f.

[965] BGBl. 1988 II, S. 143.

[966] Renner, in: Davy, S. 180.

des Abkommens, der in einem Vertragsstaat geleistete Dienst durch den anderen Vertragspartner auch für ihn als erfüllt angesehen wird[967].

ee. Resümee

Die bestehenden bilateralen Vereinbarungen der Bundesrepublik Deutschland zielen in erster Linie darauf ab, eine Doppelverpflichtung des Wehrdienstes von Mehrstaatern zu verhindern. Dabei wird hauptsächlich eine Entscheidung zu Gunsten des Staates getroffen, in dem der Betroffene seinen gewöhnlichen Aufenthaltsort und seine Lebensgrundlage hat. Teilweise gehen die Zugeständnisse der Vertragspartner sogar so weit, dass dem Wehrdienstpflichtigen eine Option gewährt wird, nach der er sich für einen der beiden Heimatstaaten entscheiden kann. Diese bilateralen Vereinbarungen bleiben jedoch bislang die Ausnahme. Der Großteil der Konflikte, die durch die Wehrpflicht von Mehrstaatern entstehen, unterliegen keiner bilateralen Regelung.

Somit ist es nach internationalem Recht weiterhin möglich, Mehrstaater in beiden Heimatstaaten zum Wehrdienst heranzuziehen, selbst wenn sie schon Wehrdienst in einem anderen Heimatstaat geleistet haben. Eine Vermeidung der Doppel- oder sogar Mehrfachbelastung ist demnach – wenn überhaupt seitens des Heimatstaates erwünscht – nur aufgrund nationaler Gesetze regelbar, durch welche einseitig auf die Heranziehung zum Wehrdienst verzichtet wird. Ein Rechtsanspruch auf Befreiung von der bestehenden Wehrpflicht für Mehrstaater, welche auf das allgemeine Völkerrecht gestützt ist, besteht neben den vorliegenden Übereinkommen nicht[968]. Die in den Übereinkommen getroffenen Regelungen sind nur gegenüber den Mitgliedstaaten verpflichtend. Ein unmittelbarer Rechtsanspruch des Betroffenen aufgrund des Vertrages besteht ebenfalls nicht.

2. Nationale Bestimmungen zur Konfliktlösung

Hinsichtlich der Mehrstaater aus Ländern, die weder mit der Bundesrepublik Deutschland durch das Übereinkommen des Europarats noch durch andere völkerrechtliche Vereinbarungen gebunden sind, bleibt somit lediglich eine Regelung auf innerstaatlicher Ebene.

Bei Mehrstaatern, die sich nicht auf dem Gebiet der Bundesrepublik Deutschland, sondern im Ausland aufhalten, kommt eine Doppelbeanspruchung dann

967 Der Grundwehrdienst in Dänemark beträgt zwischen vier und zwölf Monaten. Er ist zudem gestaffelt nach der Art der Truppengattung. Er beträgt in den Kampftruppen zwischen acht und zwölf Monaten, in der Marine zwischen vier und neun Monaten und in der Luftwaffe zwischen vier und acht Monaten. Daten und Fakten zur Entwicklung von Kriegsdienstverweigerung und Zivildienst, Bundesamt für den Zivildienst (Hrsg.), Jahrgang 2000, S. 15.

968 Kaup, S. 222.

nicht in Betracht, wenn die Wehrpflicht nach dem Wehrpflichtgesetz ruht[969]. Dies ist der Fall, wenn die Voraussetzungen des § 1 Absatz 2 WehrPflG erfüllt sind. Liegen diese Voraussetzungen nicht vor, ist der Mehrstaater grundsätzlich gemäß den Bestimmungen des Wehrpflichtgesetzes wehrpflichtig. Hier eröffnet sich der Anwendungsbereich des § 8 Absatz 2 WehrPflG, nach dem das Bundesministerium der Verteidigung (BMVg) im Einzelfall den in fremden Streitkräften geleisteten Wehrdienst auf den in der Bundesrepublik Deutschland zu leistenden Wehrdienst anrechnen kann oder ihn sogar anrechnen soll.

a. Regelung des § 8 Absatz 2 Satz 1 WehrPflG

Die Bestimmung des Artikels 8 Absatz 2 Satz 1 WehrPflG enthält die Regelung, dass der in fremden Streitkräften geleistete Wehrdienst auf den nach dem Wehrpflichtgesetz der Bundesrepublik Deutschland zu leistenden Wehrdienst angerechnet werden kann. Insbesondere dann, wenn die Bundesrepublik Deutschland eine völkerrechtliche Verpflichtung zur Anrechnung eingegangen ist[970]. Diese Anrechnung obliegt der Entscheidung des BMVg, dem dabei ein Ermessensspielraum eingeräumt wird[971]. Grundlage dieser Regelung ist es, denjenigen Personen eine Freistellung von der doppelten Leistung des Wehrdienstes zu gewähren, die bereits aus Gründen, die ihnen nicht zur Last gelegt werden können, den Wehrdienst in fremden Streitkräften geleistet haben[972]. Dies gilt für Deutsche, die in fremden Streitkräften Dienst geleistet haben, allerdings aus Unkenntnis über die Rechtslage die erforderliche Zustimmung des BMVg gemäß § 8 Absatz 1 WehrPflG nicht eingeholt haben[973]. Dabei werden auch diejenigen Fälle von der Vorschrift erfasst, in denen der Betreffende vor dem Erwerb der deutschen Staatsangehörigkeit den Wehrdienst in seinem vorherigen Heimatstaat geleistet hat und dieser Wehrdienst dem deutschen entspricht[974]. Der BMVg ist gemäß § 8 Absatz 3 WehrPflG ermächtigt, die Entscheidungsbefugnis zu delegieren, wo-

---

969 Boehm-Tettelbach, § 1 WehrPflG, Rdnr. 18.

970 Scherer/Steinlechner, § 8 WehrPflG, Rdnr. 11.

971 Boehm-Tettelbach, § 8 WehrPflG, Rdnr. 7a; Scherer/Steinlechner, § 8 WehrPflG, Rdnr. 11 ff.

972 Boehm-Tettelbach, § 8 WehrPflG, Rdnr. 7b. Ob darunter auch zu verstehen ist, dass der bereits im Rahmen der Fremdenlegion geleistete Wehrdienst in der Bundesrepublik Deutschland nach § 8 Abs. 2 S. 1 WehrPflG angerechnet werden muss, ist allerdings strittig. Dazu mit unterschiedlichen Begründungen: Boehm-Tettelbach, § 8 WehrPflG, Rdnr. 7b; Scherer/Steinlechner, § 8 WehrPflG, Rdnr. 13.

973 Scherer/Steinlechner, § 8 WehrPflG, Rdnr. 13; Boehm-Tettelbach, § 8 WehrPflG, Rdnr. 7b.

974 Boehm-Tettelbach, § 8 WehrPflG, Rdnr. 7b; Scherer/Steinlechner, § 8 WehrPflG, Rdnr. 13.

von er auch durch eine Übertragung an das Bundeswehrverwaltungsamt (BWVA) Gebrauch gemacht hat[975].
Hat er freiwillig Dienst in seinem anderen Heimatstaat geleistet, so kann ihm, wenn er später die deutsche Staatsangehörigkeit erlangt, der freiwillig geleistete Dienst nach der Ermessenvorschrift des § 8 Absatz 2 Satz 1 WehrPflG angerechnet werden, wenn dadurch eine unbillige Härte vermieden wird.
Die Vorschrift des § 8 Absatz 2 Satz 1 WehrPflG ist also eine Ermessensvorschrift, die dazu dient, die Anrechnung des Wehrdienstes zu gestatten, um die durch eine zusätzliche Verpflichtung in der Bundesrepublik Deutschland entstehenden unbilligen Härten zu vermeiden.

b. Regelung des § 8 Absatz 2 Satz 2 WehrPflG

Die Bestimmung des § 8 Absatz 2 Satz 2 WehrPflG stellt eine sogenannte „Sollvorschrift" dar. Ihr liegen zwei Tatbestandsvoraussetzungen zugrunde, nach denen der fremde Wehrdienst auf den in der Bundesrepublik Deutschland zu leistenden Dienst angerechnet werden soll[976].
Dies ist nach dem Wortlaut dann der Fall, wenn die Leistung des fremden Wehrdienstes entweder aufgrund der gesetzlichen Bestimmungen oder nach der Zustimmung des BMVg abgeleistet worden ist. § 8 Absatz 2 Satz 2 WehrPflG nimmt dabei direkt Bezug auf die in § 8 Absatz 1 WehrPflG getroffene Regelung. Das bedeutet, dass eine Zustimmung des BMVg zu einem Eintritt in fremde Streitkräfte nach § 8 Absatz 1 WehrPflG zugleich von einer Heranziehung zur späteren Wehrpflicht in der Bundesrepublik Deutschland entbindet. Ferner wird die Wehrpflicht, die der Betreffende in seinem Aufenthaltsstaat nach den dort geltenden nationalen Bestimmungen geleistet hat, ebenfalls auf die in der Bundesrepublik Deutschland zu leistende Pflicht angerechnet.
Die Folge der Sollvorschrift des § 8 Absatz 2 Satz 2 WehrPflG ist die generelle Anrechnung der bereits erbrachten Pflicht in den ausländischen Streitkräften. Eine Anrechnung darf lediglich versagt werden, wenn triftige Gründe gegen eine Anrechnung sprechen. Ein solcher Grund ist anzunehmen, wenn der Wehrdienst durch andere nicht militärische Dienste abgegolten wurde[977] oder sich der Wehrpflichtige freigekauft hat[978]. Eine Versagung ist also nur dann rechtswidrig,

---

975 Boehm-Tettelbach, § 8 WehrPflG, Rdnr. 7a.
976 Boehm-Tettelbach, § 8 WehrPflG, Rdnr. 8.
977 Boehm-Tettelbach, § 8 WehrPflG, Rdnr. 8.
978 Scherer/Steinlechner, § 8 WehrPflG, Rdnr. 16; Boehm-Tettelbach, § 8 WehrPflG, Rdnr. 8; siehe auch BVerwG, Az. 8 B 52.87 v. 7. 5. 1987, n. v.; Doppelstaatsangehörigkeit und Wehrpflicht, Beauftragte der Bundesregierung für die Belange der Ausländer (Hrsg.), 1996, S. 14.

wenn der geleistete Dienst dem in der Bundesrepublik Deutschland zu leistenden gegenüber gleichwertig ist[979].
Bei der Ableistung des Wehrdienstes bei Doppelstaatern ergibt sich also eine Befreiung von dem Wehrdienst in der Bundesrepublik Deutschland, wenn bereits in einem anderen Heimatstaat der Wehrdienst abgeleistet worden ist, dies nach den gesetzlichen Bestimmungen des betreffenden Staates geschehen ist und keine weiteren Ausschlussgründe vorliegen.
Hat der Betroffene im Ausland seinen Wehrdienst noch nicht erbracht, so kann er ohnehin uneingeschränkt zur Leistung seines Wehrdienstes in der Bundesrepublik Deutschland herangezogen werden. Dies muss auch dann gelten, wenn in dem ersten Heimatstaat des Betroffenen kein allgemeiner Wehrdienst verlangt wird. Dabei ist es unerheblich, ob er bereits Doppel- oder Mehrstaater ist oder ob er erst später die deutsche Staatsangehörigkeit erlangt hat.

c. Ausbürgerung nach § 28 StAG durch den Eintritt in fremde Streitkräfte
Nach § 28 StAG ist seit der Änderung des Staatsangehörigkeitsgesetzes der Verlust der Deutschen Staatsangehörigkeit für den Fall vorgesehen, dass ein Deutscher ohne Genehmigung nach § 8 WehrPflG freiwillig in die Streitkräfte oder einen vergleichbaren bewaffneten Verband eines ausländischen Staates eintritt, dessen Staatsangehörigkeit er ebenfalls besitzt[980]. Der personelle Anwendungsbereich erstreckt sich ausschließlich auf deutsche Mehrstaater. Die deutsche Staatsangehörigkeit verlieren sie aber nur dann, wenn sie freiwillig in einem Verband Dienst leisten. Der gesetzlich vorgesehene Dienst in Form der Wehrpflicht führt nicht zum Verlust der deutschen Staatsangehörigkeit[981]. In dem freiwilligen Eintritt in die Armee des anderen Heimatstaates wird zugleich die Abwendung von der Bundesrepublik Deutschland gesehen. Diese Abwendung rechtfertigt den Verlust der deutschen Staatsangehörigkeit[982]. Der Verlust tritt nicht ein, wenn der deutsche Doppelstaater aufgrund eines völkerrechtlichen Vertrages zum Eintritt in die Armee berechtigt ist. Hierzu zählen alle völker-

---

979 Scherer/Steinlechner, § 8 WehrPflG, Rdnr. 16; Doppelstaatsangehörigkeit und Wehrpflicht, Beauftragte der Bundesregierung für die Belange der Ausländer (Hrsg.), 1996, S. 14.

980 Anlass zur Schaffung dieses neuen Verlustgrundes hat bereits das Europäische Übereinkommen über die Staatsangehörigkeit des Europarats vom 06.11.1997 (ETS No. 166) gegeben, in dessen Artikel 7 Absatz 1 lit. c.) der Verlust der Staatsangehörigkeit bei einem freiwilligen Eintritt in eine ausländische Armee vorgesehen ist. Vgl. die Begründung zum Gesetzesentwurf, BT-Drucks. 14/533, S. 15.

981 BT-Drucks. 14/533, S. 15; Nr. 28.1. StAR-VwV.

982 Vgl. die Begründung zum Gesetzesentwurf, BT-Drucks. 14/533, S. 15; Boehm-Tettelbach, § 1 WehrPflG, Rdnr. 2c; Weber, DVBl. 2000, 369 (371).

rechtlichen Abkommen bi- und multilateraler Art[983]. Die Zustimmung nach § 8 WehrPflG und das Vorliegen zwischenstaatlicher Vereinbarungen müssen nicht kumulativ gegeben sein. Der Verlust tritt selbst dann nicht ein, wenn der deutsche Mehrstaater in Unkenntnis des Bestehens eines zwischenstaatlichen Vertrages freiwillig ohne vorherige Genehmigung in die fremde Armee eintritt. Trotz des Fehlens eines zwischenstaatlichen Vertrages kann die Zustimmung nach § 8 WehrPflG erteilt werden[984].

III. Ziviler Ersatzdienst

Neben der Ableistung des Wehrdienstes stellt sich die Frage der Anerkennung des zivilen Ersatzdienstes bei Mehrstaatern. Dabei ist vor allem relevant, ob ein im Ausland geleisteter Ersatzdienst auf die innerstaatlich bestehende Wehrpflicht mit der Folge angerechnet werden kann, dass der Betroffene weder Wehrdienst noch einen Ersatzdienst im Inland zu leisten hat sowie der im Inland geleistete zivile Ersatzdienst im Ausland Anerkennung findet.

1. Völkervertragliche Regelungen

Zunächst könnte sich eine Regelung hinsichtlich der Anrechnung anderer Dienste auf den im Heimatstaat zu erbringenden Wehrdienst aufgrund völkerrechtlicher Vereinbarungen ergeben.

a. (Mehrstaater-) Übereinkommen des Europarates vom 6. Mai 1963

Völkervertragliche Regelungen multilateralen Charakters bezogen auf zwischenstaatliche Wehrpflichtregelungen finden sich in dem Übereinkommen des Europarats über die Verringerung von Mehrstaatigkeit und über die Wehrpflicht von Mehrstaatern vom 6. Mai 1963. Darin ist die allgemeine Wehrpflicht weder *expressis verbis* mit einem etwaigen nationalen Ersatzdienst gleichgestellt, noch den Vertragsparteien die Möglichkeit eingeräumt worden, die Regelungen des Übereinkommens durch die nationale Gesetzgebung in der Weise auszugestalten, dass unter Wehrpflicht auch die Leistung anderer Dienste angesehen werden kann.

Gegen eine entsprechende Anwendung der Regelungen auf die Fälle eines zivilen Ersatzdienstes spricht, dass in Bezug auf den Ersatzdienst deshalb keine Regelungslücke zu erkennen ist, da keine gleiche Interessenlage gegeben ist. Die multilaterale Vereinbarung muss in einen temporären Kontext gesetzt werden, wobei Bezug auf die verteidigungspolitische Lage der Signatarstaaten genommen werden muss. Bis auf Irland und Österreich sind alle Signatarstaaten des

---

[983] Boehm-Tettelbach, § 1 WehrPflG, Rdnr. 2d. Nur eine beispielhafte, aber für die Praxis unzureichende Aufzählung Nr. 28.2. StAR-VwV; diesbezüglich ebenfalls zu knapp BMVg. R I 3 Az. 24-03-05, S. 2.

[984] Zu den Einzelheiten siehe auch Nr. 28 StAR-VwV.

Übereinkommens vom 6. Mai 1963 Mitglieder des Nordatlantik-Vertrages[985]. Aufgrund der Natur des NATO-Vertrages ist der Gedanke der interparteilichen bewaffneten Auseinandersetzung der Vertragsstaaten - trotz seiner theoretischen Möglichkeit[986] - *de facto* ausgeschlossen. Die Ableistung der Wehrpflicht bei den Mehrstaatern, welche die Staatsangehörigkeit von mehreren Vertragspartnern des Übereinkommens besitzen, ist aufgrund des gemeinsam verfolgten Zwecks nicht mehr in jedem Staat nötig. Es genügt vielmehr, wenn der Betroffene in einem der Staaten ausgebildet wird, da hierdurch der theoretischen Wehrfähigkeit des Bündnisses Genüge getan wird. Von einer Doppelverpflichtung der Staatsangehörigen mehrer Vertragsstaaten, die zu einer Doppelbelastung der Staatsangehörigen von Staaten gleicher Verteidigungspolitik führt, kann demnach abgesehen werden. Ein derartiges Interesse besteht bei der Leistung des zivilen Ersatzdienstes nicht. Es kann auch nicht dem Protokoll zu dem Übereinkommen über die Verringerung von Mehrstaatigkeit und über die Wehrpflicht von Mehrstaatern vom 24. November 1977[987] entnommen werden. Zwar vereinbaren die Vertragsstaaten in Artikel 2 des Protokolls die Gleichstellung des zivilen Ersatzdienstes mit dem Wehrdienst in dem Sinne, dass nach der Erfüllung eines zivilen Ersatzdienstes eine Freistellung vom Wehrdienst in den anderen Vertragsstaaten erfolgen soll. Das Protokoll ist aber nur von acht der dreizehn Mitgliedstaaten des Übereinkommens vom 6. Mai 1963 ratifiziert worden[988]. Die Bundesrepublik Deutschland befindet sich nicht unter den Ratifikationsstaaten. Die Bestimmungen des Übereinkommens sind daher auf den zivilen Ersatzdienst in der Bundesrepublik Deutschland nicht entsprechend anzuwenden.

b. Bilaterale Vereinbarungen

Die Bundesrepublik Deutschland hat mit Italien, Spanien, Griechenland und Dänemark sowie mit der Dominikanischen Republik und Argentinien bilaterale Vereinbarungen hinsichtlich der Anrechnung des Wehrdienstes getroffen. Ein bilaterales Übereinkommen der Bundesrepublik Deutschland, welches aus-

---

985 Der NATO-Vertrag ist für die Bundesrepublik Deutschland in Kraft seit dem 06.05.1955. BGBl. 1955 II, S. 256.

986 Im Gegensatz zu dem Bündnissystem der Vereinten Nationen stellt die NATO trotz der Harmonisierungsvereinbarungen des NATO-Vertrages kein System kollektiver Sicherheit, sondern nur ein System kollektiver Verteidigung dar.

987 *Protocol Amending the Convention on the Reduction of Cases of Multiple Nationality and Military Obligations in Cases of Multiple Nationality* vom 24.11.1977 (ETS No. 095), in Kraft getreten am 08.09.1978 zwischen Belgien, Dänemark, Luxemburg, Niederlande, Norwegen, Spanien, Schweden und dem Vereinigten Königreich (Stand: 19.01.2001).

988 Nicht ratifiziert haben Österreich, Frankreich, Deutschland, Irland und Italien (Stand: 19.01.2001).

schließlich die Anrechnung des zivilen Ersatzdienstes zum Gegenstand hat, besteht bislang noch nicht.

aa. Italien

In der Republik Italien ist die Leistung eines zehnmonatigen Ersatz- oder Zivildienstes anstelle des zehnmonatigen Grundwehrdienstes möglich, wenn der Betroffene den Kriegsdienst aus religiösen, philosophischen oder ethnischen Gründen verweigert. Der mit der Republik Italien am 21. November 1957 geschlossene Freundschafts-, Handels- und Schiffahrtsvertrag[989] enthält in Artikel 5 Absatz 2 die Bestimmung, dass die Staatsangehörigen eines Vertragsstaates auf dem Gebiet eines anderen Vertragsstaates von öffentlichen Dienstleistungspflichten befreit sind. Ist die betroffene Person sowohl deutscher als auch italienischer Staatsangehöriger trifft diese Befreiung nicht zu, da es sich jeweils um den eigenen Staatsangehörigen handelt.
Zwar nimmt Nr. 2 des Protokolls[990] Bezug auf Staatsangehörige, die sowohl die deutsche als auch die italienische Staatsangehörigkeit besitzen und sieht für diejenigen eine Ausnahme der Dienstverpflichtung vor, jedoch bezieht sich die Ausnahme ausdrücklich auf die Erfüllung der gesetzlichen Wehrpflicht gemäß Artikel 5 Absatz 1 des Freundschafts-, Handels- und Schiffahrtsvertrages. Eine Ausnahme bei Doppelstaatern, die die Wahl eines Ersatzdienstes treffen, findet auch keine Erwähnung im Zusatzprotokoll des Vertrages. Eine bilaterale Anerkennung des in Deutschland und in Italien geleisteten Ersatzdienstes völkerrechtlicher Art existiert somit nicht.

bb. Dominikanische Republik

Auch der mit der Dominikanischen Republik am 23. Dezember 1957 abgeschlossene Freundschafts-, Handels- und Schiffahrtsvertrag regelt in Artikel 5 Absatz 1[991] des Vertrages und Nr. 2 des angeschlossenen Protokolls[992] die Ableistung der Wehrpflicht von Deutschen, die ebenfalls die dominikanische Staatsangehörigkeit besitzen. Aber auch diesem Abkommen sowie dem zugehörigen Protokoll lässt sich keine Regelung hinsichtlich ziviler Ersatzdienste von Doppelstaatern entnehmen[993].

---

989 BGBl. 1959 II, S. 950 ff.
990 BGBl. 1959 II, S. 950 (966 ff.).
991 BGBl. 1959 II, S. 1469 ff.
992 BGBl. 1959 II, S. 1477 ff.
993 Siehe auch das Merkblatt für deutsch-dominikanische Mehrstaater mit ständigem Aufenthalt in der Bundesrepublik Deutschland.

cc. Griechenland

Der mit dem Königreich Griechenland geschlossene Niederlassungs- und Schiffahrtsvertrag vom 18. März 1960[994] enthält in Artikel 4 Absatz 2 die Bestimmung, dass Staatsangehörige auf dem jeweils anderen Staatsgebiet von allen öffentlichen Dienstleistungspflichten befreit sind, sofern es sich nicht um allgemeine zivile Dienstleistungen handelt, die zum Schutze der Zivilbevölkerung einschließlich der Abwehr von Naturkatastrophen vorgesehen sind. Aber auch diese Regelung bezieht sich direkt nur auf Staatsangehörige eines Vertragsstaates, die nicht zugleich Staatsangehörige des anderen Vertragsstaates sind. Eine Regelung bezüglich der Wehrpflicht für Doppelstaater findet sich in Nr. 4 des Protokolls[995] zum Niederlassungs- und Schiffahrtsvertrag. Hier wird aber nur Bezug auf die Wehrpflicht, nicht hingegen auf andere Dienste genommen, die der Wehrpflicht nationalgesetzlich gleichgestellt sind[996]. Ein in Deutschland oder in Griechenland geleisteter Ersatzdienst unterliegt demnach keiner Anerkennung durch den Niederlassungs- und Schiffahrtsvertrag vom 18. März 1960[997].

dd. Spanien

Der mit Spanien am 23. April 1970 geschlossene Niederlassungsvertrag[998] gibt ebenfalls keinen Aufschluss über eine einheitliche bilaterale Regelung bezüglich anderer Ersatzdienste. Artikel 6 Absatz 5 des Vertrages enthält zwar eine nähere Ausgestaltung der Wehrpflichtregelungen für deutsch-spanische Doppelstaater, eine Regelung hinsichtlich eines zivilen Ersatzdienstes enthält der Vertrag allerdings nicht. Obwohl in Deutschland und in Spanien die Möglichkeit des Zivildienstes anstelle des Grundwehrdienstes besteht, ist der Ersatzdienst nicht Gegenstand einer sonstigen bilateralen Vereinbarung geworden[999].

---

994 BGBl. 1962 II, S. 1506 ff.

995 BGBl. 1962 II, S. 1506 (1518).

996 Damit kann auch die Diskussion dahingestellt bleiben, ob es sich bei einer eventuellen Anrechnung des Ersatzdienstes um eine öffentliche Dienstleistungspflicht oder sogar um einen Teil einer Vorbereitung auf eine allgemeine zivile Dienstleistungspflicht handelt. Eine allgemeine zivile Dienstleistung kann der jeweilige Vertragsstaat den Bürgern des anderen Vertragsstaates nämlich unter Umständen auferlegen.

997 Der Grundwehrdienst in Griechenland beträgt im Heer 18 Monate, in der Luftwaffe 20 Monate und in der Marine 21 Monate. Die Kriegsdienstverweigerung ist aus religiösen, philosophischen oder ethischen Gründen möglich. Der Ersatzdienst als auch der Zivildienst dauern wesentlich länger. Beim Ersatzdienst ist dies ein zusätzlicher Zeitraum von zwölf Monaten, beim Zivildienst von 18 Monaten. Allerdings besteht die Möglichkeit, die längere Dauer aus familiären Gründen zu reduzieren. Daten und Fakten zur Entwicklung von Kriegsdienstverweigerung und Zivildienst, Bundesamt für den Zivildienst (Hrsg.), Jahrgang 2000, S. 15.

998 BGBl. 1972 II, S. 1042 ff.

999 In Spanien kann anstelle des neunmonatigen Grundwehrdienstes ein Zivildienst von ebenso langer Dauer absolviert werden, wenn der Kriegsdienst aus religiösen, philosophi-

ee. Dänemark

Eine Bestimmung bezüglich des Ersatzdienstes von deutsch-dänischen Doppelstaatern findet sich nicht in dem Zusatzabkommen zum Mehrstaaterabkommen vom 6. Mai 1963 zwischen der Bundesrepublik Deutschland und dem Königreich Dänemark vom 10. Oktober 1985[1000]. Obwohl auch in Dänemark die Möglichkeit des zivilen Ersatzdienstes besteht[1001], wurde nur auf die besondere Situation der Doppelstaater im deutsch-dänischen Grenzgebiet ohne Berücksichtigung des zivilen Ersatzdienstes eingegangen.

ff. Argentinien

Eine Bestimmung bilateralen Charakters, welche die Regelung des zivilen Dienstes anstelle der Wehrpflicht zum Gegenstand hat, findet sich in Artikel 4 der Abkommens zwischen der Bundesrepublik Deutschland und der Republik Argentinien über die Wehrpflicht von Doppelstaatern vom 18. September 1985[1002]. So soll auch der auf dem Staatsgebiet einer Vertragspartei geleistete zivile Dienst für die Erfüllung der Wehrpflicht gegenüber dem anderen Vertragsstaat ausreichen, wenn dies im Einklang mit den Rechtsvorschriften des anderen Vertragsstaates geschehen ist.

gg. Ergebnis

Bis auf das Abkommen zwischen der Bundesrepublik Deutschland und Argentinien vom 18. September 1985 findet sich in den bilateralen Vereinbarungen keine Regelung, die sich konkret auf eine Bestimmung beziehen lässt, die auf die Anrechnung von im Ausland geleistetem Ersatzdienst bezogen ist. Die Regelung der Anerkennung des zivilen Ersatzdienstes ist allein Gegenstand der innerstaatlichen Regelung in der Bundesrepublik Deutschland und des jeweils betroffenen Heimatstaates des deutschen Doppelstaaters.

---

schen oder ethischen Gewissensgründen verweigert wurde. Daten und Fakten zur Entwicklung von Kriegsdienstverweigerung und Zivildienst, Bundesamt für den Zivildienst (Hrsg.), Jahrgang 2000, S. 18.

1000 BGBl. 1988 II, S. 143 f.

1001 Die Kriegsdienstverweigerung ist aus religiösen, philosophischen oder ethischen Gewissensgründen möglich. Die Dauer des Zivildienstes richtet sich nach der Dauer des für den Einzelnen vorgesehenen Wehrdienstes und beträgt vier bis zwölf Monate. Daten und Fakten zur Entwicklung von Kriegsdienstverweigerung und Zivildienst, Bundesamt für den Zivildienst (Hrsg.), Jahrgang 2000, S. 15.

1002 BGBl. 1988 II, S. 146 f.

2. Nationalgesetzliche Bestimmungen zur Konfliktlösung

Die Vermeidung von Konflikten bei der Anrechnung anderer Dienste ist mangels bi- und multilateraler Vereinbarungen nationalen Bestimmungen überlassen.

a. Anrechnung auf den Wehrdienst in der Bundesrepublik Deutschland

In der Bundesrepublik Deutschland richtet sich die völlige oder teilweise Anerkennung des im Ausland erbrachten zivilen Ersatzdienstes auf den deutschen Wehrdienst nach § 8 Absatz 2 WehrPflG[1003]. Es handelt sich hierbei allerdings nur um eine einseitige Anerkennung, die keinerlei Auswirkungen auf die Rechtsordnung des anderen Staates hat. Für die Voraussetzungen der Anerkennung eines Ersatzdienstes eines anderen Staates gemäß § 8 Absatz 2 WehrPflG gelten die gleichen Voraussetzungen wie bei der Anrechnung des im Ausland geleisteten Wehrdienstes. Die näheren Vorschriften obliegen dabei der Ausgestaltung des BMVg. Jedoch wird eine Anerkennung des geleisteten Dienstes nur dann nach den Vorschriften des § 8 Absatz 2 WehrPflG erfolgen, solange der geleistete Dienst dem in der Bundesrepublik Deutschland geforderten Dienst adäquat ist und er nach den nationalen Vorschriften des anderen Heimatstaates geleistet wird[1004]. Die Anrechnung von Diensten, die im Ausland allein durch die Zahlung eines Geldbetrages erfüllt worden sind, kann also nicht unter die Regelung des § 8 Absatz 2 WehrPflG fallen.

b. Anrechnung auf den zivilen Ersatzdienst in der Bundesrepublik Deutschland

Eine dem § 8 Absatz 2 WehrPflG entsprechende Regelung enthält 22 a ZDG. Danach liegt es im Ermessen des Bundesministeriums für Familien, Senioren, Frauen und Jugendliche, den in fremden Streitkräften geleisteten Wehrdienst oder einen in einem anderen Land geleisteten Ersatzdienst entweder ganz oder nur zum Teil auf den in der Bundesrepublik Deutschland zu leistenden Zivildienst anzurechnen[1005].

Die Kriterien der Anerkennung sind denen des § 8 WehrPflG vergleichbar. Die Vermeidung einer Doppelbeanspruchung der Mehrstaater steht dabei im Vordergrund. Es ist unerheblich, ob der Betroffene im Ausland bereits Wehrdienst geleistet hat, in der Bundesrepublik Deutschland allerdings nur den zivilen Ersatzdienst erbringen will. Einer späteren Verweigerung bezüglich des Dienstes an der Waffe wird Rechnung getragen und der Dienst dennoch zugunsten des Betroffenen auf den zivilen Ersatzdienst angerechnet.

[1003] Doppelstaatsangehörigkeit und Wehrpflicht, Beauftragte der Bundesregierung für die Belange der Ausländer (Hrsg.), 1996, S. 17; Brecht, § 22 a ZDG; Boehm-Tettelbach, § 8 WehrPflG, Rdnr. 11.

[1004] Boehm-Tettelbach, § 8 WehrPflG, Rdnr. 8.

[1005] Brecht, § 22 a ZDG.

Jedenfalls muss der im Ausland erbrachte Dienst dem in Deutschland zu erbringenden Dienst gleichwertig sein[1006]. Ist dies nicht der Fall, so ist eine Anrechnung zu versagen[1007]. Dies ist etwa dann gegeben, wenn der zu leistende Dienst in dem Heimatland durch Zahlung eines Geldbetrages abgegolten wird[1008].

3. Derzeitige Verfahrenspraxis mit anderen Staaten

Wurde ziviler Ersatzdienst in der Bundesrepublik Deutschland geleistet, so wird dem Betroffenen von dem Bundesamt für Zivildienst eine Dienstzeitbescheinigung für den betreffenden Zeitraum ausgestellt, den der Wehrpflichtige seinem anderen Heimatstaat vorlegen kann[1009]. Im Verhältnis zu den Staaten, die Mitgliedstaaten des Europaratsübereinkommens vom 6. Mai 1963 sind und den Staaten, mit denen bilaterale Vereinbarungen getroffen wurden, wird der zivile Ersatzdienst gegenseitig anerkannt[1010]. Auf diese Weise werden Doppelbelastungen des Mehrstaaters vermieden.

Das Protokoll zum Europaratsübereinkommen vom 24. November 1977[1011] regelt in Artikel 2 Absatz 1 die Gleichstellung des zivilen Ersatzdienstes mit dem Wehrdienst. Die Bundesrepublik Deutschland hat dieses Protokoll aber bislang nicht ratifiziert. Das hat zur Folge, dass ein Mehrstaater, der zivilen Ersatzdienst in der Bundesrepublik Deutschland geleistet hat, eine Anerkennung dieses Dienstes als Ableistung der Wehrpflicht nur gegenüber bestimmten Staaten beanspruchen kann.

IV. Andere speziell nationale Dienste

Ferner stellt sich die Frage, ob die Verpflichtung zum siebenjährigen Dienst nach § 13 a WehrPflG von ausländischen Staaten als Ableistung des Wehrdienstes anerkannt wird. Bei diesen Diensten handelt es sich um spezielle nationale Dienste, die an Stelle des Wehrdienstes in Deutschland erbracht werden können[1012].

Das Europaratsübereinkommen vom 6. Mai 1963 nimmt auf diese speziell nationalen Dienste ebenso wenig Bezug wie auf den zivilen Ersatzdienst. Eine mul-

---

1006 Brecht, § 22 a ZDG.

1007 Brecht, § 22 a ZDG.

1008 Brecht, § 22 a ZDG.

1009 Doppelstaatsangehörigkeit und Wehrpflicht, Beauftragte der Bundesregierung für die Belange der Ausländer (Hrsg.), 1996, S. 17.

1010 Doppelstaatsangehörigkeit und Wehrpflicht, Beauftragte der Bundesregierung für die Belange der Ausländer (Hrsg.), 1996, S. 17.

1011 *Protocol Amending the Convention on the Reduction of Cases of Multiple Nationality and Military Obligations in Cases of Multiple Nationality* vom 24.11.1977 (ETS No. 095).

1012 Zu der gesetzlichen Ausgestaltung siehe Boehm-Tettelbach, § 13 WehrPflG, Rdnr. 1 ff. m. w. N.

tilaterale Anerkennung von weiteren Diensten neben dem Wehrdienst, die eine Doppelbeanspruchung von Mehrstaatern verhindern würde, ist dem Übereinkommen demnach nicht zu entnehmen. Zudem sind weder Folgeabkommen zum Europaratsübereinkommen noch sonstige multi- oder bilateralen Übereinkommen seitens der Bundesrepublik Deutschland geschlossen worden, die die Anerkennung des siebenjährigen Dienstes zum Gegenstand haben. Zwar enthält das Protokoll zum Europaratsübereinkommen vom 24. November 1977[1013] in Artikel 2 Absatz 1 die Gleichstellung eines alternativen zivilen Ersatzdienstes, unter den auch der siebenjährige Dienst fallen würde, das Protokoll ist seitens der Bundesrepublik Deutschland allerdings bislang nicht ratifiziert worden.
Die Anerkennung des siebenjährigen Dienstes an Stelle des Wehrdienstes ist somit nicht Gegenstand einer internationalen Regelung. Dies hat zur Folge, dass die Ableistung des siebenjährigen Dienstes als Erfüllung des Wehrdienstes durch andere Staaten nicht anerkannt wird[1014]. Ein im Ausland geleisteter Dienst, der dem siebenjährigen Dienst in Deutschland gleichgestellt werden kann, wird aber im Einzelfall in Deutschland gemäß § 8 Absatz 2 WehrPflG oder § 22 a ZDG anerkannt werden müssen, wenn er aufgrund gesetzlicher Vorschriften geleistet worden ist und dem Dienst in der Bundesrepublik Deutschland adäquat ist.

V. Wehrdienstuntauglichkeit sowie Ausschluss und Befreiung vom Wehrdienst

Wird in der Bundesrepublik Deutschland anhand der Bestimmungen des Wehrpflichtgesetzes festgestellt, dass eine Person gemäß § 9 WehrPflG wehrdienstunfähig ist, so wird sie nicht zum Wehrdienst in der Bundesrepublik Deutschland herangezogen. Die Feststellung der Wehrdienstfähigkeit oder der Wehrdienstunfähigkeit richtet sich nach § 8 a WehrPflG. Zudem besteht die Möglichkeit des Ausschlusses vom Wehrdienst gemäß § 10 WehrPflG (früher: Wehrdienstunwürdigkeit[1015]) sowie die Befreiung vom Wehrdienst gemäß § 11 WehrPflG. Bei allen diesen Regelungen handelt es sich um innerstaatliche Regelungen der Bundesrepublik Deutschland, die zwischenstaatlich nicht verpflichtend sind.
Sowohl das Übereinkommen des Europarates vom 6. Mai 1963 als auch die von der Bundesrepublik Deutschland auf dem Gebiet der Wehrpflicht geschlossenen bilateralen Übereinkommen enthalten mit Ausnahme des Übereinkommens mit der Republik Argentinien keine Verpflichtung, nach der der Mehrstaater bei ei-

---

1013 *Protocol Amending the Convention on the Reduction of Cases of Multiple Nationality and Military Obligations in Cases of Multiple Nationality* vom 24.11.1977 (ETS No. 095).

1014 Doppelstaatsangehörigkeit und Wehrpflicht, Beauftragte der Bundesregierung für die Belange der Ausländer (Hrsg.), 1996, S. 17.

1015 Boehm-Tettelbach, § 10 WehrPflG, Rdnr. 1.

ner Befreiung vom Wehrdienst in einem Heimatstaat auch von dem Wehrdienst in dem anderen Heimatstaat befreit ist. Artikel 4 Absatz 2 des Übereinkommens mit der Republik Argentinien nimmt hingegen sowohl Bezug auf die Befreiung von der Wehrpflicht als auch auf die Befreiung vom zivilen Ersatzdienst. Das Protokoll zum Europaratsübereinkommen vom 24. November 1977[1016], welches in Artikel 2 Absatz 1 ebenfalls Bezug auf die Befreiung und Ausnahme vom Wehrdienst nimmt, findet keine Anwendung, da es durch Deutschland nicht ratifiziert wurde.

Somit obliegt die Anerkennung einer Wehrdienstunfähigkeit grundsätzlich den nationalen Rechtsordnungen der anderen Staaten. Stellen diese höhere Anforderungen an die Feststellung der Wehrdienstunfähigkeit, als dies nach dem Wehrpflichtgesetz in Deutschland der Fall ist, kann der in Deutschland Wehrdienstunfähige in seinem anderen Heimatstaat zum Wehrdienst herangezogen werden. Dennoch wird eine in Deutschland anerkannte Wehrdienstuntauglichkeit in der Regel anerkannt[1017]. Eine diesbezügliche Verpflichtung besteht allerdings nicht.

VI. Nationaler Verzicht auf die Wehrpflicht

Probleme entstehen auch dann, wenn ein Heimatstaat seinen Staatsangehörigen keine Wehrpflicht abverlangt. Hier ist zweifelhaft, ob der Mehrstaater in diesen Fällen in dem anderen Staat zum Wehrdienst herangezogen werden kann. Grundsätzlich ist festzustellen, dass der Verzicht eines Heimatstaates auf die Wehrpflicht seiner Staatangehörigen keinen Einfluss auf den Wehrdienst des anderen Heimatstaates sowie dessen nationale Regelungen hat. In der Bundesrepublik Deutschland hat der Doppelstaater keinen Anspruch auf Befreiung vom Wehrdienst, wenn er in seinem anderen Heimatstaat keinen Wehrdienst zu leisten hat.

Ein besonderes Problem ergibt sich in Bezug auf diejenigen Staaten, die Mitgliedstaaten des Übereinkommens über die Verringerung der Mehrstaatigkeit und über die Wehrpflicht von Mehrstaatern vom 6. Mai 1963 sind. Von den Signatarstaaten, die das Übereinkommen auch ratifiziert haben, haben mittlerweile Belgien, Frankreich, Großbritannien, Irland, Island, Luxemburg und die Niederlande die Wehrpflicht abgeschafft[1018]. Dies bewirkt für den Mehrstaater,

[1016] *Protocol Amending the Convention on the Reduction of Cases of Multiple Nationality and Military Obligations in Cases of Multiple Nationality* vom 24.11.1977 (ETS No. 095).

[1017] Doppelstaatsangehörigkeit und Wehrpflicht, Beauftragte der Bundesregierung für die Belange der Ausländer (Hrsg.), 1996, S. 17; vgl. die Antwort der Bundesregierung vom 12.01.1996 auf die Kleine Anfrage der Bundestagsfraktion BÜNDNIS 90/DIE GRÜNEN und des Abgeordneten Cem Özdemir vom 24.01.1996. BT-Drucks. 13/3569, S. 2; Cinar, InfAuslR 1995, S. 43.

[1018] BMVg. R I 3 Az. 24-03-05, S. 1.

der die Staatsangehörigkeit eines solchen Vertragsstaates besitzt, allerdings nicht die generelle Befreiung von der Wehrpflicht. Das Niederlassungsprinzip des Artikels 6 des Übereinkommens findet in Bezug auf diese Staaten keine alternative Anwendung mehr, da der Regelungsgegenstand des Übereinkommens und somit Sinn und Zweck des Niederlassungsprinzips entfallen sind[1019]. Hat sich der Mehrstaater in einem Staat niedergelassen, der seinen Staatsangehörigen die Wehrpflicht weiterhin abverlangt – wie beispielsweise die Bundesrepublik Deutschland –, so ist er dort auch weiterhin zum Wehrdienst verpflichtet. Er kann dann sogar dazu verpflichtet werden, in einem Heimatstaat seinen Wehrdienst zu leisten, selbst wenn er in dem anderen Heimatstaat seinen gewöhnlichen Aufenthalt hat. Eine Ausnahme besteht nur hinsichtlich der Staaten, die das Protokoll zum Europaratsübereinkommen vom 24. November 1977[1020] ratifiziert haben[1021]. Die Bundesrepublik Deutschland gehört nicht zu den Ratifikationsstaaten, so dass die Regelung des § 1 WehrPflG Anwendung findet.

VII. Einzelne zwischenstaatliche Verfahrensweisen

Die Anerkennung des Wehrdienstes der Staaten untereinander ist von den jeweiligen nationalen Regelungen der anderen Staaten abhängig. Aufgrund der unterschiedlichen rechtspolitischen Ansichten der Staaten ist eine Doppelverpflichtung eines deutschen Mehrstaaters nicht ausgeschlossen. Vor allem entzieht sich die Frage der Doppelverpflichtung dem bundesdeutschen Regelungsbereich, wenn der Mehrstaater zuerst in Deutschland seinen Wehrdienst geleistet hat und danach in seinem anderen Heimatstaat zum Wehrdienst herangezogen werden soll[1022]. Im Folgenden soll auf einige spezielle Regelungen ausgewählter Staaten näher eingegangen werden.

1019 Ebenso BMVg. R I 3 Az. 24-03-05, S. 1. Hier wird davon ausgegangen, dass das Europaratsübereinkommen im Verhältnis zu den Staaten, in denen die Wehrpflicht nicht mehr besteht oder nicht mehr praktiziert wird, nicht mehr anzuwenden ist.

1020 *Protocol Amending the Convention on the Reduction of Cases of Multiple Nationality and Military Obligations in Cases of Multiple Nationality* vom 24.11.1977 (ETS No. 095).

1021 Vergleiche Article 2 Subs. 2 des Protokolls.

1022 Siehe dazu auch die Kleine Anfrage der Bundestagsfraktion BÜNDNIS 90/DIE GRÜNEN und des Abgeordneten Cem Özdemir vom 24.01.1996. BT-Drucks. 13/3569, S. 1 f.

1. Türkei

a. Anrechnung des deutschen Wehrdienstes in der Türkei

aa. Historische Situation

Bezüglich der Türkei ergab sich bislang eine besondere Situation[1023]. Türkische Männer konnten nicht ohne die Ableistung des Wehrdienstes aus der türkischen Staatsangehörigkeit entlassen werden[1024]. Die Annahme einer zweiten Staatsangehörigkeit war möglich, sie bedurfte jedoch der Erlaubnis der türkischen Behörden[1025].

Wurde dem türkischen Staatsangehörigen diese Erlaubnis erteilt, so war er unter bestimmten Umständen von der Erfüllung der türkischen Wehrpflicht befreit oder wurde zumindest, wenn auch nur unter Zahlung einer Geldsumme, zurückgestellt[1026]. Die Befreiung von der Wehrpflicht des türkischen Doppelstaaters in der Türkei trat dann ein, wenn er entweder im Ausland geboren war oder vor der Vollendung seines 18. Lebensjahres die andere Staatsangehörigkeit erlangt hatte und in dem anderen Heimatstaat den Wehrdienst absolviert hatte[1027]. Eine Zurückstellung bis zum 38. Lebensjahr war dann möglich, wenn er in dem anderen Heimatstaat lebte, den Wehrdienst aber noch nicht erfüllt hatte[1028]. Von der Befreiung vom türkischen Wehrdienst profitierten auch die deutsch-türkischen Staatsangehörigen, die in der Bundesrepublik Deutschland zivilen Ersatzdienst geleistet hatten[1029]. Probleme hinsichtlich des Wehrdienstes und einer nötigen Zurückstellung oder Befreiung in der Türkei entstanden dann, wenn sich der Betroffene ohne Erlaubnis von einem anderen Staat einbürgern ließ. Hier konnte jedoch ein Antrag auf nachträgliche Bewilligung der Übernahme einer fremden Staatsbürgerschaft gestellt werden. Diese Erlaubnis wurde in der Regel erteilt[1030].

bb. Neue gesetzliche Regelung

Mit der Änderung des türkischen Staatsangehörigkeitsrechts im Jahre 1995 können türkische Staatsangehörige aus ihrer Staatsangehörigkeit auch ohne Ableistung der Wehrpflicht entlassen werden, wenn vorher ein schriftlicher Antrag er-

---

[1023] Zu den näheren Modalitäten, die die Ableistung des Wehrdienstes deutsch-türkischer Mehrstaater betreffen, siehe auch das Merkblatt für deutsch-türkische Doppelstaater mit ständigem Aufenthalt in der Bundesrepublik Deutschland.

[1024] Cinar, InfAuslR 1995, S. 43.

[1025] Cinar, InfAuslR 1995, S. 43.

[1026] Cinar, InfAuslR 1995, S. 43.

[1027] Cinar, InfAuslR 1995, S. 43.

[1028] Cinar, InfAuslR 1995, S. 43.

[1029] Kleine Anfrage der Bundestagsfraktion BÜNDNIS 90/DIE GRÜNEN und des Abgeordneten Cem Özdemir vom 24.01.1996. BT-Drucks. 13/3569, S. 2.

[1030] Cinar, InfAuslR 1995, S. 43.

folgt und der türkische Ministerrat diesem entspricht[1031]. Die Schwierigkeiten mit der Entlassung aus der türkischen Staatsangehörigkeit bei Nichtleistung des Wehrdienstes in der Türkei besteht demnach nicht mehr.
Schwierigkeit bestehen jedoch weiterhin hinsichtlich der Anerkennung des ausländischen Wehr- oder Ersatzdienstes in der Türkei. Durch das Gesetz Nr. 3802 vom 21. Mai 1992 ist es nämlich möglich, dass in Deutschland geborene oder herangewachsene deutsch-türkische Doppelstaater auf Antrag vom Wehrdienst in der Türkei befreit werden[1032]. Diese Befreiung bemisst sich nach den vom Ministerrat aufgestellten Richtlinien der Anerkennung und bewirkt eine Zurückstellung bis zum Ende des 38. Lebensjahres[1033]. Der Antrag ist an die Wehrersatzbehörde, bei der der deutsch-türkische Staatsangehörige in der Türkei registriert ist, zu stellen. Der Antrag kann auch über die Auslandsvertretungen der Türkei in Deutschland gestellt werden[1034].
Der Wehrdienst gilt nach türkischem Recht gegenüber der Türkei dann als erfüllt, wenn der deutsch-türkische Doppelstaater in Deutschland seinen Wehrdienst abgeleistet hat[1035]. Dabei ist es erforderlich, dass der Doppelstaater bereits in Deutschland geboren ist und hier seinen Wohnsitz hat oder er vor dem Eintritt seiner gesetzlichen Volljährigkeit von 18 Jahren ins Ausland gegangen ist und dort seinen ständigen Wohnsitz hat[1036] sowie die deutsche Staatsangehörigkeit vor Vollendung des 38. Lebensjahres erworben hat[1037]. Es reicht auch der Nachweis, dass er seiner Wehrpflicht durch die Leistung eines Ersatzdienstes nachgekommen ist, so dass in Deutschland lebende Doppelstaater, die Zivildienst leisten, befreit werden[1038]. Außerdem besteht die Möglichkeit der Anerkennung der Untauglichkeitsatteste der Wehrdienststellen anderer Länder und die teilweise Anrechnung des im Ausland bereits begonnenen, aber nicht voll-

---

[1031] Doppelstaatsangehörigkeit und Wehrpflicht, Beauftragte der Bundesregierung für die Belange der Ausländer (Hrsg.), 1996, S. 15.
[1032] Ansay, InfAuslR 1994, S. 297.
[1033] Merkblatt für deutsch-türkische Doppelstaater mit ständigem Aufenthalt in der Bundesrepublik Deutschland; Ansay, InfAuslR 1994, S. 297.
[1034] Doppelstaatsangehörigkeit und Wehrpflicht, Beauftragte der Bundesregierung für die Belange der Ausländer (Hrsg.), 1996, S. 26.
[1035] Doppelstaatsangehörigkeit und Wehrpflicht, Beauftragte der Bundesregierung für die Belange der Ausländer (Hrsg.), 1996, S. 27; BMVg. R I 3 Az. 24-03-05, S. 4.
[1036] BMVg. R I 3 Az. 24-03-05, S. 4; Doppelstaatsangehörigkeit und Wehrpflicht, Beauftragte der Bundesregierung für die Belange der Ausländer (Hrsg.), 1996, S. 27.
[1037] Doppelstaatsangehörigkeit und Wehrpflicht, Beauftragte der Bundesregierung für die Belange der Ausländer (Hrsg.), 1996, S. 27; BMVg. R I 3 Az. 24-03-05, S. 4.
[1038] Cinar, InfAuslR 1995, S. 43; BMVg. R I 3 Az. 24-03-05, S. 4; Doppelstaatsangehörigkeit und Wehrpflicht, Beauftragte der Bundesregierung für die Belange der Ausländer (Hrsg.), 1996, S. 27.

endeten Wehrdienstes[1039]. Der Nachweis des in Deutschland erbrachten Dienstes erfolgt als Antrag über die türkische Wehrersatzbehörde bei der der Betroffene registriert ist[1040].
Nicht von der Wehrpflicht in der Türkei befreit werden die türkischen Doppelstaater, die in das Ausland gegangen sind, nachdem sie ihren Wehrdienst in der Türkei bereits begonnen haben[1041]. In einem solchen Fall kann der Wehrdienst auch nur in der Türkei beendet werden.
Der Wehrdienst wird außerdem nicht als erfüllt angesehen, wenn der türkische Doppelstaater den Wehrdienst in den Streitkräften eines Staates ableistet, mit dem die Türkei Krieg führt oder im Kriegsfall Bündnispartner oder Kriegsteilnehmer auf Seiten des Kriegsgegners ist und er der Einberufung durch die zuständigen Behörden innerhalb eines Monats ohne Rechtfertigung nicht Folge leistet[1042].

Außerdem besteht die Möglichkeit einer Nichtanerkennung bei einem Verstoß gegen die „Treue-Klausel". Danach wird der in einem anderen Land geleistete Wehrdienst dann nicht in der Türkei anerkannt, wenn sich der Betroffene während der Ableistung des Wehrdienstes in dem anderen Staat gegen die innere und äußere Sicherheit oder im Sinne des Strafgesetzbuches gegen die ökonomische und finanzielle Sicherheit der Türkei betätigt[1043]. Die Auslegung dieser Klausel bedarf näherer Erörterung, zumal darunter auch politische Aktivitäten im Ausland zählen können, die nicht der politischen Gesinnung der jeweiligen Regierungsparteien entsprechen. Jedenfalls ist dem Wortlaut der Bestimmung nicht zu entnehmen, wann die innere oder äußere Sicherheit der Türkei bedroht sein soll.
Ferner wird der in einem anderen Land geleistete Wehrdienst in der Türkei nicht anerkannt, wenn er in einem Land abgeleistet wird, in dem keine Wehrpflicht besteht. Eine Anerkennung wird auch dann verweigert, wenn der türkische Doppelstaater in dem Staat seiner zweiten Staatsangehörigkeit vom Wehrdienst be-

---

1039 Cinar, InfAuslR 1995, S. 43. Vgl. auch die Antwort der Bundesregierung vom 12.01.1996 auf die Kleine Anfrage der Bundestagsfraktion BÜNDNIS 90/DIE GRÜNEN und des Abgeordneten Cem Özdemir vom 24.01.1996. BT-Drucks. 13/3569, S. 2.

1040 Doppelstaatsangehörigkeit und Wehrpflicht, Beauftragte der Bundesregierung für die Belange der Ausländer (Hrsg.), 1996, S. 27.

1041 Doppelstaatsangehörigkeit und Wehrpflicht, Beauftragte der Bundesregierung für die Belange der Ausländer (Hrsg.), 1996, S. 27; Cinar, InfAuslR 1995, S. 43; BMVg. R I 3 Az. 24-03-05, S. 4.

1042 BMVg. R I 3 Az. 24-03-05, S. 4; Doppelstaatsangehörigkeit und Wehrpflicht, Beauftragte der Bundesregierung für die Belange der Ausländer (Hrsg.), 1996, S. 27.

1043 Cinar, InfAuslR 1995, S. 43; Doppelstaatsangehörigkeit und Wehrpflicht, Beauftragte der Bundesregierung für die Belange der Ausländer (Hrsg.), 1996, S. 27; BMVg. R I 3 Az. 24-03-05, S. 4.

freit ist und auch keinen Ersatzdienst leistet[1044]. In Bezug auf deutsch-türkische Doppelstaater stellt sich die Frage, ob die Ausnahmen und Befreiungen der §§ 10, 11 WehrPflG für bestimmte Personengruppen trotzdem den Wehrdienst in der Türkei nach sich ziehen.
Aus der vorliegenden Praxis wird ersichtlich, dass ein deutsch-türkischer Doppelstaater nicht sicher gehen kann, in der Türkei nicht noch zusätzlich zum Wehrdienst herangezogen zu werden. Unsicherheiten bestehen vor allem bei der Anerkennung der Untauglichkeitsatteste, wenn beiden Staaten unterschiedliche Auffassungen hinsichtlich der Wehrdiensttauglichkeit zugrunde liegen. Ferner bestehen Unsicherheiten aufgrund der Anerkennung der Befreiungen nach den §§ 10, 11 WehrPflG sowie hinsichtlich der weitgehenden Unbestimmtheit der „Treue-Klausel“[1045].
Da die Türkei nicht an das Europaratsübereinkommen vom 6. Mai 1963 gebunden ist, beide Staaten nicht das Protokoll vom 24. November 1977 ratifiziert haben und auch durch keinen weiteren bilateralen Vertrag verpflichtet sind, fehlt es hinsichtlich dieses Punktes an einer einheitlichen Verfahrensweise. Einen dahingehenden Handlungsbedarf hat die Bundesregierung noch nicht gesehen, da zwischenstaatliche Probleme bislang durch Einzelfallinterventionen geregelt werden konnten[1046]. Bei einer Zunahme der Mehrstaatigkeit und einer weiteren Weigerung der Türkei, dem Europaratsübereinkommen beizutreten, werden die entstehenden Probleme nur durch bilaterale Vereinbarungen zu lösen sein.

b. Anrechnung des türkischen Wehrdienstes in der Bundesrepublik Deutschland
Schwierigkeiten ergeben sich auch bei der Anerkennung des in der Türkei geleisteten Wehrdienstes in der Bundesrepublik Deutschland. Grundsätzlich ist die Anrechnung des in der Türkei geleisteten Wehrdienstes deutsch-türkischer Doppelstaater in Deutschland nach der Ermessensvorschrift des § 8 Absatz 2 WehrPflG möglich[1047]. Ein Rechtsanspruch hierauf besteht allerdings nicht. Problematisch ist dabei vor allem das Gleichwertigkeitserfordernis des § 8 Absatz 2 WehrPflG[1048] in den Fällen, in denen sich deutsch-türkische Doppelstaater durch die Zahlung einer Geldsumme von der Wehrpflicht in der Türkei befreien lassen. Besonders bei den im Ausland ansässigen türkischen Staatsangehörigen

1044 Cinar, InfAuslR 1995, S. 43; BMVg. R I 3 Az. 24-03-05, S. 5.
1045 Hailbronner, ZAR 1999, 51 (55).
1046 Siehe die Antwort der Bundesregierung vom 12.01.1996 auf die Kleine Anfrage der Bundestagsfraktion BÜNDNIS 90/DIE GRÜNEN und des Abgeordneten Cem Özdemir vom 24.01.1996. BT-Drucks. 13/3569, S. 3.
1047 Doppelstaatsangehörigkeit und Wehrpflicht, Beauftragte der Bundesregierung für die Belange der Ausländer (Hrsg.), 1996, S. 14; Cinar, InfAuslR 1995, S. 43; BMVg. R I 3 Az. 24-03-05, S. 4.
1048 Boehm-Tettelbach, § 8 WehrPflG, Rdnr. 8; siehe dazu auch die obigen Ausführungen.

scheint diese Praxis in der letzten Zeit vermehrt aufzutauchen[1049]. Die Verrichtung eines solidarischen Dienstes oder Beitrags mag dabei zwar hinsichtlich der nationalen Gesetze der Türkei als gleichwertiger Ersatz für den zu erbringenden Wehrdienst zählen, eine Anrechnung des im Ausland durch Geldzahlung erbrachten Wehrdienstes verstößt aber unstreitig gegen die Voraussetzung der Gleichwertigkeit des Dienstes gemäß § 8 Absatz 2 WehrPflG[1050].

2. Schweiz

Obwohl zwischen der Schweiz und der Bundesrepublik Deutschland bislang noch keine bilateralen Vereinbarungen hinsichtlich der Anerkennung des Wehrdienstes, des zivilen Ersatzdienstes oder anderer Dienste getroffen wurden, sind in dem Schweizer Wehrrecht Bestimmungen enthalten, die sich auf den Wehrdienst von Doppelstaatern beziehen und auch eine Regelung bezüglich mehrfacher Wehrpflicht enthalten[1051]. Dabei gilt grundsätzlich der territoriale Bezug des Wehrdienstes, das heißt ein wehrpflichtiger deutsch-schweizerischer Mehrstaater ist gegenüber dem Staat wehrdienstpflichtig, in dessen Staatsgebiet er sich ständig aufhält[1052]. Eine gegenseitige Anerkennung des in der Bundesrepublik Deutschland und in der Schweiz geleisteten Wehrdienstes wird gewährleistet[1053].

Eine besondere Problematik besteht bei den deutsch-schweizerischen Doppelstaatern, die nahe der schweizerischen Grenze wohnen und in der Schweiz beschäftigt sind (sogenannte Grenzgänger). Diese haben ihren ständigen Wohnsitz in der Bundesrepublik Deutschland und sind dementsprechend gemäß § 1 WehrPflG dort wehrdienstpflichtig. Dennoch müssen sie aufgrund des schweizerischen Bundesbeschlusses von 1961 auch die Wehrpflicht gegenüber der

---

1049 Vgl. auch die Regelung des Wehrdienstes und eine Befreiung durch Geldzahlung nach der Erdbebensituation. Bericht über den Freikauf des Sängers Tarkan vom türkischen Wehrdienst durch Zahlung einer Geldsumme von umgerechnet DM 15.000.-, in: FAZ vom 09.09.1999, S. 7; Güsten, Wehrpflicht auch für Promis - Auch der Pop-Prinz Tarkan muss bei der Türkischen Armee dienen, Tagesspiegel vom 12.01.2000.

1050 Scherer/Steinlechner, § 8 WehrPflG, Rdnr. 16; Boehm-Tettelbach, § 8 WehrPflG, Rdnr. 8, siehe auch VG Darmstadt, Az. I/2 E 1769/85 v. 12.02.1987; BVerwG, Az. 8 B 52.87 v. 7. 5. 1987, n. v.; BMVg. R I 3 Az. 24-03-05, S. 4; Doppelstaatsangehörigkeit und Wehrpflicht, Beauftragte der Bundesregierung für die Belange der Ausländer (Hrsg.), 1996, S. 14.

1051 Doppelstaatsangehörigkeit und Wehrpflicht, Beauftragte der Bundesregierung für die Belange der Ausländer (Hrsg.), 1996, S. 16.

1052 Doppelstaatsangehörigkeit und Wehrpflicht, Beauftragte der Bundesregierung für die Belange der Ausländer (Hrsg.), 1996, S. 16.

1053 BMVg. R I 3 Az. 24-03-05, S. 4; Doppelstaatsangehörigkeit und Wehrpflicht, Beauftragte der Bundesregierung für die Belange der Ausländer (Hrsg.), 1996, S. 16.

Schweiz erfüllen[1054]. Demnach ist generell die Möglichkeit der Doppelverpflichtung der betreffenden Mehrstaater gegeben. Dennoch besteht auch hier die Möglichkeit, den in der Schweiz geleisteten Wehrdienst nach den Grundsätzen des § 8 Absatz 2 WehrPflG anzuerkennen, da trotz der speziellen geographischen Lage kein Unterschied bei der Ableistung des Wehrdienstes in der Schweiz oder eines anderen Staates besteht. Unproblematisch wird dabei wohl die Anrechnung des Wehrdienstes in Rekrutenschulen oder Übungen sein, wenn die Ausbildung der deutschen Wehrpflicht gleichwertig ist. Eine Anerkennung kann aber in den Fällen der Zahlung des Militärpflichtersatzes in Höhe von drei Prozent des Nettoeinkommens nicht stattfinden[1055].

3. Folgerepubliken der ehemaligen Bundesrepublik Jugoslawien

Schwierigkeiten treten auch hinsichtlich der gegenseitigen Anerkennung der zu leistenden Dienste zwischen der Bundesrepublik Deutschland und den Folgerepubliken der ehemaligen Bundesrepublik Jugoslawien[1056] auf. Dies liegt vor allem daran, dass es zwischen den Nachfolgestaaten und der Bundesrepublik Deutschland keine bilateralen Absprachen gibt. Eine einheitliche Verfahrensweise in den jeweiligen Staaten ist auch nicht gegeben[1057].

a. Bundesrepublik Jugoslawien (Serbien und Montenegro)

Die Bundesrepublik Jugoslawien (Serbien und Montenegro) sieht einen Grundwehrdienst von zwölf Monaten vor, ein Recht auf Kriegsdienstverweigerung besteht nicht. Aus religiösen oder Gewissensgründen ist ein 24-monatiger Wehrdienst ohne Waffen oder Zivildienst möglich[1058]. Ob ein in Deutschland geleisteter Dienst anerkannt wird, ist nicht bekannt. In der Bundesrepublik Deutschland wird bei deutschen Staatsangehörigen, die gleichzeitig die Staatsangehörigkeit Serbiens und Montenegros inne haben, eine Anrechnung nach § 8 WehrPflG oder nach § 22 a ZDG erfolgen.

[1054] Doppelstaatsangehörigkeit und Wehrpflicht, Beauftragte der Bundesregierung für die Belange der Ausländer (Hrsg.), 1996, S. 16.

[1055] BMVg. R I 3 Az. 24-03-05, S. 4.

[1056] Hierunter fallen „Rest"-Jugoslawien (Serbien und Montenegro), Bosnien und Herzegowina, Kroatien, Mazedonien und Slowenien.

[1057] Doppelstaatsangehörigkeit und Wehrpflicht, Beauftragte der Bundesregierung für die Belange der Ausländer (Hrsg.), 1996, S. 16.

[1058] Daten und Fakten zur Entwicklung von Kriegsdienstverweigerung und Zivildienst, Bundesamt für den Zivildienst (Hrsg.), Jahrgang 2000, S. 16.

b. Bosnien und Herzegowina

In Bosnien und Herzegowina[1059] beträgt der Grundwehrdienst zwölf Monate, wobei eine Verkürzung auf sechs Monate geplant ist. In der Republik Srpska beträgt der Grundwehrdienst neun Monate[1060]. Kriegsdienstverweigerung ist in der Föderation Bosnien und Herzegowina nicht möglich, allerdings ein 24-monatiger Ersatzdienst in Form eines Wehrdienstes ohne Waffen[1061]. In der Republik Srpska kann der Kriegsdienst verweigert werden. Dies zieht einen zwölfmonatigen Zivildienst nach sich. Aus welchen Gründen in der Republik Srpska der Kriegsdienst verweigert werden kann, ist nicht bekannt[1062]. Fälle, in denen in Deutschland geleisteter Wehr- oder Ersatzdienst in der Föderation Bosnien und Herzegowina oder in der Republik Srpska anerkannt worden sind, sind nicht bekannt. Da keine Erkenntnisse darüber vorliegen, dass die in Bosnien und Herzegowina geleisteten Dienste ungleichwertig gegenüber den Diensten in der Bundesrepublik Deutschland sind, ist von einer Anerkennung in Deutschland nach § 8 Absatz 2 WehrPflG und nach § 22 a ZDG bei deutsch-bosnisch-herzegowinischen Doppelstaatern grundsätzlich auszugehen.

c. Kroatien

Der Grundwehrdienst in Kroatien beträgt generell zehn Monate. Nach kroatischem Recht besteht für Personen, die keinen Grundwehrdienst leisten können, das Recht zur Kriegsdienstverweigerung. Der Verweigerer muss dann allerdings einen 15-monatigen Zivildienst als Ersatz leisten. Es gibt keine Angaben darüber, unter welchen Umständen der Kriegsdienst verweigert werden kann[1063]. Ob in Deutschland geleisteter Wehrdienst oder Ersatzdienst in Kroatien anerkannt wird, ist nicht bekannt. Die Anerkennung des in Kroatien geleisteten Grundwehrdienstes dürfte im Rahmen von § 8 Absatz 2 WehrPflG keine Probleme darstellen. Ob allerdings ein in Kroatien geleisteter Zivildienst in Deutschland anerkannt wird, richtet sich nach der Gleichwertigkeit mit dem deutschen Dienst.

1059 Bosnien-Herzegowina ist administrativ geteilt in die Föderation von Bosnien und Herzegowina (51 %) und die Republik Srpska (49 %).

1060 Daten und Fakten zur Entwicklung von Kriegsdienstverweigerung und Zivildienst, Bundesamt für den Zivildienst (Hrsg.), Jahrgang 2000, S. 15.

1061 Daten und Fakten zur Entwicklung von Kriegsdienstverweigerung und Zivildienst, Bundesamt für den Zivildienst (Hrsg.), Jahrgang 2000, S. 15.

1062 Vgl. auch Daten und Fakten zur Entwicklung von Kriegsdienstverweigerung und Zivildienst, Bundesamt für den Zivildienst (Hrsg.), Jahrgang 2000, S. 15.

1063 Daten und Fakten zur Entwicklung von Kriegsdienstverweigerung und Zivildienst, Bundesamt für den Zivildienst (Hrsg.), Jahrgang 2000, S. 16.

d. Mazedonien

In der Republik Mazedonien beschränkt sich der Grundwehrdienst auf einen Zeitraum von neun Monaten. In Zukunft ist eine Verkürzung geplant, wonach dann nur noch ein Grundwehrdienst von 2 Monaten einschließlich einer oder mehrerer Wehrübungen verlangt werden soll, die bis zu sieben Monaten dauern können. Die Kriegsdienstverweigerung ist aus Gewissensgründen religiöser Art möglich. Als Ersatzdienst ist ein 14-monatiger Wehrdienst ohne Waffen zu leisten[1064]. Über die Anerkennung des in Deutschland geleisteten Wehrdienstes gibt es ebenso keine Erkenntnisse wie über die Anerkennung anderer in Deutschland geleisteter Dienste. Der in Mazedonien geleistete Wehr- und Ersatzdienst wird in Deutschland nach § 8 Absatz 2 WehrPflG und § 22 a ZDG anerkannt werden müssen.

e. Slowenien

Mit der Republik Slowenien besteht noch keine bilaterale oder multilaterale Vereinbarung bezüglich der Anerkennung des Wehrdienstes oder anderer Dienste. Bei deutsch-slowenischen Doppelstaatern bleibt somit nur die Möglichkeit der Anerkennung des in Slowenien geleisteten Dienstes nach den Vorschriften des § 8 Absatz 2 WehrPflG und des § 22 a ZDG. Allerdings ist seitens der slowenischen Republik eine Anerkennung in einem Fall bekannt geworden. Dort wurde bei einem deutsch-slowenischen Doppelstaater der in Deutschland anerkannte zivile Ersatzdienst als Erfüllung des Wehrdienstes in Slowenien anerkannt[1065]. Hierbei handelt es sich offenbar nur um eine Einzelfallentscheidung.

f. Resümee

Gerade aufgrund der Höhe des Ausländeranteils aus dem ehemaligen Jugoslawien[1066] und der erleichterten Voraussetzungen für die Hinnahme der bisherigen Staatsangehörigkeit nach dem neuen Staatsangehörigkeitsrecht, wird in Zukunft ein Anstieg der Fälle zu verzeichnen sein, in denen Staatsangehörige der Nachfolgestaaten der Bundesrepublik Jugoslawien auch die deutsche Staatsangehörigkeit besitzen.

1064 Daten und Fakten zur Entwicklung von Kriegsdienstverweigerung und Zivildienst, Bundesamt für den Zivildienst (Hrsg.), Jahrgang 2000, S. 16.

1065 Doppelstaatsangehörigkeit und Wehrpflicht, Beauftragte der Bundesregierung für die Belange der Ausländer (Hrsg.), 1996, S. 17.

1066 Ausländeranteil aus den Folgerepubliken der ehemaligen Bundesrepublik Jugoslawien in der Bundesrepublik Deutschland im Jahre 1999 (in Klammern die Zahlen des Jahres 1997): Serbien/Montenegro 737.200 (721.000); Bosnien und Herzegowina 167.700 (281.000); Kroatien 214.000 (206.600); Mazedonien 49.400 (42.600); Slowenien 18.600 (18.100), (Quelle: Statistisches Bundesamt).

Eine Vielzahl der Fälle wird nur dadurch zu lösen sein, dass die Bundesrepublik Deutschland auf die Erfüllung des Wehrdienstes nach den Vorschriften des § 8 Absatz 2 WehrPflG oder des § 22 a ZDG verzichtet. Eine derartige Vorgehensweise wird allerdings nicht zu einer akzeptablen Rechtssicherheit führen, da eine Befreiung nach den beiden Vorschriften nur nach der Erfüllung des Wehrdienstes im anderen Heimatstaat erfolgen kann. Werden die betroffenen Doppelstaater zunächst in der Bundesrepublik Deutschland zum Wehrdienst verpflichtet, so ist dies kein Grund für den anderen Heimatstaat, den Betroffenen nicht zusätzlich zum Wehrdienst zu verpflichten. Da das Niederlassungsprinzip keine völkerrechtliche Verankerung erfahren hat, ist es zudem möglich, dass der Staat seine Staatsangehörigen selbst dann zum Wehrdienst heranzieht, wenn sie sich ständig im Ausland aufhalten.
Aufgrund der regionalen Instabilität einiger Folgerepubliken der ehemaligen Bundesrepublik Jugoslawien sind solche Mehrfachverpflichtungen in Zukunft durchaus zu erwarten. Dementsprechend besteht Handlungsbedarf durch internationale Vereinbarungen. Dies wird sich aber in den folgenden Jahren als schwierig erweisen, da eine für eine großzügige Handhabung erforderliche Bündnislösung im militärischen Bereich nicht möglich ist, zumal eine dafür erforderliche Konsolidierung der staatlichen Strukturen noch aussteht[1067]. Wahrscheinlich wird sich eine Harmonisierung nur mit den Staaten verwirklichen lassen, die Beitrittskandidaten der Europäischen Union sind.
Da in der Praxis noch keine besonderen Problemfälle bekannt sind, sieht die deutsche Bundesregierung bislang noch keinen Handlungsbedarf eine internationale Lösung anzustreben, da die entstandenen Probleme durch Einzelfallregelungen zu lösen waren[1068]. Die Regelungskompetenz wird aber dort an ihre Grenzen stoßen, wo der deutsche Mehrstaater in Deutschland seinen Dienst bereits geleistet hat und nachträglich zum Wehrdienst in seinem anderen Heimatstaat herangezogen wird. Der Handlungsbedarf wird sich deshalb in Zukunft einstellen.

4. Polen

Schwierigkeiten sind bei der Anerkennung des Wehrdienstes zwischen der Bundesrepublik Deutschland und Polen aufgetreten. In einigen Fällen, in denen deutsch-polnische Mehrstaater mit ständigem Aufenthalt in Polen ihren freiwilligen Grundwehrdienst in der Bundeswehr geleistet hatten, wurde dieser auf die polnische Wehrpflicht nicht angerechnet, da es nach polnischem Recht verboten

---

1067 Doppelstaatsangehörigkeit und Wehrpflicht, Beauftragte der Bundesregierung für die Belange der Ausländer (Hrsg.), 1996, S. 16.

1068 Antwort der Bundesregierung vom 12.01.1996 auf die Kleine Anfrage der Bundestagsfraktion BÜNDNIS 90/DIE GRÜNEN und des Abgeordneten Cem Özdemir vom 24.01.1996. BT-Drucks. 13/3569, S. 2 f.

ist, ohne Genehmigung freiwillig Wehrdienst in fremden Streitkräften zu leisten. Dies gilt auch für Mehrstaater. In diesen Fällen kommt es zu Doppelbeanspruchungen. Eine einheitliche Verfahrensweise oder sonstige Absprachen sind trotz der großen Zahl von Doppelstaatern der Republik Polen und der Bundesrepublik Deutschland nicht bekannt[1069]. Eine einheitliche Regelung in Bezug auf Polen bleibt im Rahmen des EU-Beitritts Polens in Zukunft zu erwarten.

5. Finnland

Nach finnischem Recht ist jeder männliche Finne in einem Alter zwischen 17 und 60 Jahren zum Wehrdienst verpflichtet[1070]. Die minimale Wehrpflichtzeit beträgt 180 Tage[1071]. Finnische Mehrstaater, die die finnische Staatsangehörigkeit in einem Alter bis 30 Jahre erworben haben und die unter 30 Jahren alt sind, sind verpflichtet ihrer Wehrpflicht wie jeder andere männliche Finne gleichen Alters nachzukommen[1072]. Eine Ausnahme besteht nur dann, wenn sie aus gesundheitlichen Gründen ihrer Wehrpflicht nicht nachkommen können[1073].
Haben finnische Mehrstaater in einem anderen Staat Wehrpflicht geleistet und hat dieser mindestens sechs Monate gedauert, so kann der Mehrstaater die Freistellung vom finnischen Wehrdienst beantragen. Die Befreiung erstreckt sich nur auf Friedenszeiten[1074]. Zudem wendet Finnland in begrenztem Maße das Niederlassungsprinzip an. So können finnische Mehrstaater in Friedenszeiten von der Wehrpflicht in Finnland ausgenommen werden, wenn sie nachweisen können, dass sie familiäre oder persönliche Beziehungen tatsächlich mit einem anderen Staat als Finnland verbinden[1075].
Bei der Anrechnung des finnischen Wehrdienstes in der Bundesrepublik Deutschland richtet sich die Anerkennung nach den allgemeinen Vorschriften. Eine besondere Praxis ist nicht bekannt.

[1069] BMVg. R I 3 Az. 24-03-05, S. 5.
[1070] *Finnish Defence Force, Defence Staff, Conscription Division,* Merkblatt vom 24.11.1999, S. 1.
[1071] *Finnish Defence Force, Defence Staff, Conscription Division,* Merkblatt vom 24.11.1999, S. 1.
[1072] *Finnish Defence Force, Defence Staff, Conscription Division,* Merkblatt vom 24.11.1999, S. 9
[1073] *Finnish Defence Force, Defence Staff, Conscription Division,* Merkblatt vom 24.11.1999, S. 9.
[1074] *Finnish Defence Force, Defence Staff, Conscription Division,* Merkblatt vom 24.11.1999, S. 10.
[1075] *Finnish Defence Force, Defence Staff, Conscription Division,* Merkblatt vom 24.11.1999, S. 10.

VIII. Entziehung vom Wehrdienst

Dass sich der Mehrstaater der Wehrpflicht vollkommen entziehen kann, wird nur in Ausnahmefällen vorkommen. Denkbar ist eine Entziehung vom Wehrdienst in den Fällen, in denen der deutsche Doppelstaater seinen Wohnsitz ins Ausland verlagert hat. In diesem Fall ruht gemäß § 1 Absatz 2 Nr. 1 WehrPflG i. V. m. § 1 Absatz 2 Satz 2 WehrPflG die Wehrpflicht, wenn der Deutsche seinen ständigen Aufenthalt und seine Lebensgrundlage außerhalb der Bundesrepublik Deutschland hat und Tatsachen die Annahme rechtfertigen, dass er beabsichtigt, seinen ständigen Aufenthalt im Ausland beizubehalten[1076]. Der ständige Aufenthaltsort ist der Ort, an dem sich der Betroffene mit dem Willen niederlässt, auf Dauer zu bleiben und den Schwerpunkt seiner Lebensverhältnisse zu bilden[1077]. Voraussetzung ist objektiv die tatsächlich vollzogene Niederlassung am Aufenthaltsort mit der damit verbundenen Bildung des Lebensmittelpunktes. Die Lebensgrundlage ist dann im Ausland, wenn die wirtschaftliche und berufliche Existenz des Doppelstaaters ganz im Ausland liegt, ohne dass noch ins Gewicht fallende Abhängigkeiten zum Inland bestehen[1078]. In subjektiver Hinsicht ist der Wille erforderlich, auf Dauer zu bleiben[1079]. Die Feststellung, ob es sich bei dem Aufenthaltsort um einen ständigen oder nur vorübergehenden handelt, richtet sich nach einer objektiven Beurteilung des Willens dessen, der den Aufenthalt nimmt[1080]. Wenn der Niederlassungswille des Doppelstaaters im Ausland bereits auf Dauer ausgerichtet ist, kann auch von einer Absicht des Doppelstaaters ausgegangen werden, dass er den Auslandsaufenthalt beibehält[1081]. Die Absicht muss den Entschluss beinhalten, sein Schicksal nicht nur auf lange Sicht, sondern endgültig mit dem Ausland zu verbinden[1082].

Ein nur befristeter vorübergehender Aufenthalt ändert, wie der Aufenthalt zu Besuchen oder zu Geschäftszwecken, an dem Ruhen der Wehrpflicht nichts. Eine nur kurzfristige Verlegung des Wohnsitzes in den anderen Heimatstaat rechtfertigt andererseits noch keine Freistellung vom Wehrdienst in der Bundesrepu-

---

1076 Zugestimmt werden muss der Ansicht von Boehm-Tettelbach, dass es sich bei der anderen Staatsangehörigkeit des Doppelstaaters im Sinne des § 1 Absatz 2 Satz 2 WehrPflG um die des Aufenthaltsstaates handeln muss. Boehm-Tettelbach, § 1 WehrPflG, Rdnr. 45. Allerdings hat § 2 Absatz 2 Satz 2 WehrPflG nur eine deklaratorische Funktion, da in dem Fall, in dem sich der deutsche Doppelstaater in einem dritten Land ständig aufhält, ohnehin die Regelung des § 1 Absatz 2 Satz 1 WehrPflG eingreift. Diese klarstellende Funktion in Bezug auf deutsche Doppelstaater ergibt sich aus der Formulierung „insbesondere“ des § 1 Absatz 2 Satz 2 WehrPflG.

1077 Boehm-Tettelbach, § 1 WehrPflG, Rdnr. 30 m. w. N.

1078 Boehm-Tettelbach, § 1 WehrPflG, Rdnr. 44.

1079 Boehm-Tettelbach, § 1 WehrPflG, Rdnr. 30a.

1080 Boehm-Tettelbach, § 1 WehrPflG, Rdnr. 30a.

1081 Boehm-Tettelbach, § 1 WehrPflG, Rdnr. 45.

1082 Boehm-Tettelbach, § 1 WehrPflG, Rdnr. 45.

blik Deutschland. Eine Entziehung von der Wehrpflicht deutscher Mehrstaater ist durch die Verlagerung ihres Aufenthaltsortes in das Ausland nicht zu befürchten[1083].

Auch die Optionsregelung des § 29 StAG wird zu keiner Entziehung vom Wehrdienst führen, da die deutschen Doppelstaater nach § 4 Absatz 3 StAG den allgemeinen Vorschriften des Wehrpflichtgesetzes wie jeder andere Deutsche unterliegen. Die andere Staatsangehörigkeit des deutschen Doppelstaaters stellt auch unter dem Gesichtspunkt der bevorstehenden Option gegen die deutsche Staatsangehörigkeit keinen Grund für eine Freistellung vom Wehrdienst nach § 12 WehrPflG dar. Eine sonstige Wehrdienstausnahme für diesen Personenkreis ist nicht vorgesehen[1084].

IX. Resümee

Zu einer Doppelverpflichtung mehrfacher Staatsangehöriger kann es grundsätzlich dann kommen, wenn die Staaten in ihren nationalen Rechtsordnungen den im Ausland geleisteten Wehrdienst nicht anerkennen. Da aber der im Ausland geleistete Wehrdienst in den meisten Staaten anerkannt wird, werden Fälle der Doppelverpflichtung nur noch in Ausnahmen vorkommen. Solche Ausnahmen liegen dann vor, wenn der im Ausland geleistete Dienst durch den anderen Staat nicht als gleichwertig anerkannt wird oder spezielle nationale Gründe gegen die Anrechnung des Wehrdienstes sprechen, wie es bei einem Verstoß gegen die sogenannte „Treue-Klausel" in der Türkei der Fall ist.

Die Staaten haben mehrfach versucht, die Entstehung einer Doppelverpflichtung durch multilaterale Vereinbarungen zu verhindern, die Bemühungen waren jedoch von mäßigem Erfolg. Das Europaratsübereinkommen über die Verringerung der Mehrstaatigkeit und über die Wehrpflicht von Mehrstaatern vom 6. Mai 1963 stellt somit das einzige multilaterale Übereinkommen auf diesem Gebiet dar. Aber auch bilaterale Übereinkommen stellen eher eine Ausnahme dar, so dass die Staaten in den meisten Fällen auf eine nationalgesetzliche Regelung zurückgreifen müssen und letztendlich jeder Fall einer Einzelfallentscheidung bedarf. Schwierigkeiten bestehen zudem bei der Anerkennung anderer Dienste als dem Wehrdienst, da solche Dienste anderen Rechtsordnungen häufig noch fremd sind. Diesbezüglich hat sich noch keine internationale Praxis entwickelt, so dass eine zusätzliche Heranziehung zum Wehrdienst in einem anderen Staat nach der Ableistung des zivilen Ersatzdienstes oder des siebenjährigen Dienstes in Deutschland in vielen anderen Staaten möglich ist.

1083 Siehe dazu auch Hailbronner, ZAR 1999, 51 (56).

1084 BMVg. R I 3 Az. 24-03-05, S. 2; eine Ausnahme allein für diesen Personenkreis würde wohl auch gegen den Gleichheitssatz verstoßen.

Die Bundesrepublik Deutschland kann, wenn keine zwischenstaatlichen Verpflichtungen vorliegen, gesetzlich nur dann eine Doppelverpflichtung verhindern, wenn die Heranziehung zum Dienst in Deutschland nach einem bereits im Ausland geleisteten Dienst erfolgen soll. Wurde der Dienst in Deutschland bereits geleistet und wird der deutsche Mehrstaater im Ausland zum Wehrdienst herangezogen, so obliegt dies nicht mehr dem deutschen Kompetenzbereich. Eine Doppelverpflichtung ist in diesem Fall für die Bundesrepublik Deutschland rechtlich nicht zu verhindern. Bei einer Häufung derartiger Fälle in Bezug auf einen Staat, wird der Abschluss einer bilateralen Vereinbarung in Erwägung zu ziehen sein[1085].
Die Doppelverpflichtung von Mehrstaatern bei der Wehrpflicht führt zu einem Loyalitätskonflikt im Falle von kriegerischen Auseinandersetzungen, da sämtliche Regelungen zwischenstaatlicher oder innerstaatlicher Natur bei kriegerischen Auseinandersetzungen keine Geltung beanspruchen oder suspendiert sind. Ein wichtiges Problemfeld der Wehrpflicht bei Mehrstaatern findet folglich keine Regelung. Der Mehrstaater wird sich im Falle des Konfliktes der Heimatstaaten in der Regel des Hochverrats schuldig machen.
Zur Lösung der Probleme wird auch die Europäische Konvention über Staatsangehörigkeit des Europarats vom 6. November 1997 nicht beitragen[1086]. Zwar wird in Kapitel VII des Übereinkommens auf die Fälle der Wehrpflicht bei mehrfacher Staatsangehörigkeit eingegangen, doch entsprechen die Vorschriften im Wesentlichen denen des Übereinkommens vom 6. Mai 1963. Sie finden also keine Anwendung im Falle der Mobilmachung einer Vertragspartei[1087]. Eine Neuerung findet sich lediglich in Artikel 22 lit. a.) des Übereinkommens, in dem ein ziviler Dienst dem militärischen Dienst gleichgestellt werden soll[1088]. Auch die Regelung, dass Staaten an den freiwilligen Eintritt in den bewaffneten Verband eines anderen Staates den Verlust ihrer Staatsangehörigkeit knüpfen können, enthält lediglich einen Ansatz, Konflikte der Mehrstaatigkeit im Bereich der Wehrpflicht zu vermeiden, da Artikel 7 Absatz 1 lit. c.) diesbezüglich nur

---

1085 Schwierigkeiten sind hier bereits in Bezug auf die Türkei bekannt. Vgl. Kleine Anfrage der Bundestagsfraktion BÜNDNIS 90/DIE GRÜNEN und des Abgeordneten Cem Özdemir vom 24.01.1996. BT-Drucks. 13/3569, S. 2. Aufgrund des entstehenden Anteils deutsch-türkischer Mehrstaater wird dies bei einer Häufung nur durch ein bilaterales Übereinkommen zu regeln sein.

1086 *European Convention on Nationality* vom 06.11.1997 (ETS No. 166); in Kraft getreten am 01.03.2000 zwischen den drei Vertragsparteien Österreich, Moldawien und der Slowakei. Obwohl das Übereinkommen bereits von 21 Staaten unterzeichnet worden ist, ist es nur von diesen drei Staaten überhaupt ratifiziert worden, (Stand: 19.03.2001).

1087 Vgl. Artikel 22 lit. g.) des Übereinkommens.

1088 In § 22 des Übereinkommens ist das Protokoll vom 24.11.1977 zum Mehrstaaterabkommen vom 06.05.1963 Gegenstand des Übereinkommens geworden. Siehe dazu auch Kreuzer, StAZ 1997, 125 (129).

ein Recht, nicht aber eine Pflicht der Staaten darstellt[1089]. Die Bundesrepublik Deutschland hat das Europaratsübereinkommen vom 6. November 1997 noch nicht ratifiziert, so dass die Bestimmungen in Bezug auf Deutschland keine Anwendung finden[1090]. Eine Privilegierung der deutschen Mehrstaater ist auch nach der Änderung des Staatsangehörigkeitsgesetzes durch das Staatsangehörigkeitsreformgesetz vom 15. Juli 1999 nicht zu erkennen[1091].

[1089] Kreuzer, StAZ 1997, 125 (128).

[1090] Stand: 19.03.2001. Das Übereinkommen ist seitens der Bundesrepublik Deutschland nicht unterzeichnet worden. Zu den inhaltlichen Bestimmungen siehe Kreuzer, StAZ 1997, 125 ff.

[1091] Vgl. auch BMVg. R I 3 Az. 24-03-05, S. 2 f.

B. Diplomatischer Schutz

Der diplomatische Schutz der eigenen Staatsangehörigen ist eine der wichtigsten Auswirkungen der Staatsangehörigkeit im Völkerrecht[1092]. Auch wenn der Frage des diplomatischen Schutzes teilweise nur geringe Beachtung widerfährt, da nur wenige Menschen den diplomatischen Schutz überhaupt in Anspruch nehmen[1093], heißt dies nicht, dass die damit einhergehenden Probleme zu vernachlässigen wären. Dies zeigt sich an aktuellen Fällen der Gegenwart[1094]. Vor allem bei der Frage des Begriffs des diplomatischen Schutzes und der Schutzgewährung im Falle der mehrfachen Staatsangehörigkeit des Betroffenen entstehen Probleme.

I. Begriff des diplomatischen Schutzes

Der Begriff des diplomatischen Schutzes wird in der Literatur nicht immer eindeutig definiert. Die Ursache liegt darin, dass es im allgemeinen Völkerrecht zwei Arten des Auslandsschutzes[1095] gibt, die teilweise beide als diplomatisches Schutzrecht durch den Heimatstaat verstanden werden.

1. Erste Art des Schutzes

Zur ersten Art des Schutzes gehört das Recht eines Staates, seine Angehörigen im Ausland durch seine diplomatischen und konsularischen Organe zu schützen[1096]. Hierzu zählen Aufgaben, die der Staat einem bestimmten Personenkreis gegenüber, der in der Regel aus seinen Staatsangehörigen[1097] besteht, wahrnimmt, damit diese ihre Rechte gegenüber dem Territorialstaat durchsetzen können[1098]. Seine inhaltliche Ausgestaltung findet diese Schutzfunktion primär in Übereinkommen über diplomatische und konsularische Beziehungen. Die wesentlichen Übereinkommen stellen das Wiener Übereinkommen über diplomati-

---

[1092] Berber, Bd. I, S. 385.

[1093] Siehe dazu auch v. Münch, der dem diplomatischen Schutz nur geringe Relevanz zukommen lässt, v. Münch, NJW 1994, 1199 (1200).

[1094] Siehe hierzu den Fall der in den Vereinigten Staaten von Amerika hingerichteten Brüder LaGrand. Fastenrath, Diplomatischer Schutz und doppelte Staatsangehörigkeit, FAZ vom 05.03.1999, S. 10; siehe dazu auch das Urteil des Internationalen Gerichtshofes vom 27.06.2001, Germany v. United States of America (LaGrand-Case).

[1095] Klein, S. 20.

[1096] Verdross/Simma, § 1227.

[1097] Die Schutzgewährung ist nicht immer nur an die eigenen Staatsangehörigen gebunden. Die Staaten können vertraglich untereinander auch den Schutz von Staatsangehörigen vereinbaren, die die Staatsangehörigen eines anderen Vertragsstaates sind. Dabei ist vor allem die Bestimmung des § 20 EG anzuführen. Siehe dazu näher unten.

[1098] Dahm Bd. I, S. 524; Verdross/Simma, § 1227.

sche Beziehungen vom 18. April 1961[1099] und das Wiener Übereinkommen über Konsularische Beziehungen vom 24. April 1963[1100] dar. Dem Staat wird hier zugestanden, in gewissem Umfang auf dem Territorium eines anderen Staatsgebiets tätig zu werden, um seinen Staatsangehörigen eine Hilfestellung im fremden Territorialstaat zu geben. So ist es unter anderem Aufgabe der diplomatischen Mission im Empfangsstaat nach Artikel 3 Absatz 1 lit. b der Wiener Diplomatenrechtskonvention, *die Interessen [der] Angehörigen [des Entsendestaates] im Empfangsstaat innerhalb der völkerrechtlich zulässigen Grenzen zu schützen*. Ebenso bestimmt Artikel 5 lit. a der Wiener Konsularrechtskonvention, dass die konsularischen Aufgaben darin bestehen, *die Interessen [der] Angehörigen des [Entsendestaates], und zwar sowohl natürlicher als auch juristischer Personen, im Empfangsstaat innerhalb der völkerrechtlich zulässigen Grenzen zu schützen*. Neben diesen beiden Konventionen finden sich Regelungen über den Schutz der Rechte der Angehörigen eines Staates auf einem anderen Staatsgebiet in Freundschaftsverträgen der Staaten. Meist führt gerade der Aufenthalt von einer größeren Anzahl von Staatsangehörigen auf einem anderen Staatsgebiet zu einer weiteren, teilweise auch differenzierteren Ausgestaltung der Rechte der Staatsangehörigen der betroffenen Staaten untereinander. Der Staat hat in diesem Fall das Recht, zumindest die eigenen Staatsangehörigen bei der Durchsetzung ihrer eigenen Rechte zu unterstützen[1101]. Es handelt sich hierbei vielmehr um eine Art der diplomatischen Unterstützung als diplomatischen Schutz[1102].

2. Andere Art des Schutzes

Zu der anderen Art des Auslandsschutzes zählt die Geltendmachung des Rechts des Heimatstaates, vom Territorialstaat Wiedergutmachung derjenigen Schäden zu fordern, die er durch die Verletzung völkerrechtlicher Normen, also durch eine völkerrechtswidrige Handlung des Territorialstaates, erlitten hat. Meist handelt es sich dabei um eine Rechtsverletzung im Bereich des Fremdenrechts[1103]. Es geht um einen Schadenersatzanspruch für ein vollendetes nicht mehr zu behebendes völkerrechtliches Unrecht[1104]. In der Person des eigenen Staatsangehörigen wird der Heimatstaat dieser Person verletzt, so dass der Hei-

---

[1099] Wiener Übereinkommen über diplomatische Beziehungen vom 18.04.1961, BGBl. 1964 II, S. 958 ff.

[1100] Wiener Übereinkommen über konsularische Beziehungen vom 24.04.1963, BGBl. 1969 II, S. 1587 ff.

[1101] Verdross/Simma, § 1228.

[1102] Siehe dazu auch Geck, *Diplomatic Protection*, in: EPIL I, S. 1045 (1046).

[1103] Schwarze, AVR 24 (1986), S. 408 (428); teilweise wird dieser Anspruch auch als diplomatische Protektion bezeichnet, Klein, S. 21.

[1104] Verdross/Simma, § 1228; Klein, S. 21.

matstaat eigene Rechte wahrnimmt. In diesem Falle wird der Staat nicht im Vorfeld einer Verletzung tätig, sondern erst dann, wenn eine Rechtsverletzung bereits eingetreten ist. Da es sich um eine Verletzung handelt, die im Ausland stattfindet und die Interessen des Entsendestaates tangiert werden, können die Aufgaben in diesen Fällen auch von den diplomatischen und konsularischen Vertretungen der verletzten Staaten im Empfangsstaat wahrgenommen werden.

3. Diskussion

Die Untergliederung in diese zwei verschiedenen Schutzarten ist recht undurchsichtig. Deshalb wird in der Literatur auch die begriffliche Trennung der beiden diplomatischen "Akte" gefordert[1105]. Dem ist zuzustimmen, da ein Unterschied hinsichtlich der betroffenen Personen und ihrer Rechte besteht. Bei der diplomatischen Unterstützung handelt es sich um die Rechte des einzelnen Staatsangehörigen und bei dem diplomatischen Schutz um das Recht des Staates. Ein Unterschied besteht auch im Hinblick auf den maßgeblichen Zeitpunkt der Verletzung. Die Ausübung des diplomatischen Schutzes ist die *ultima ratio*, die einen Schadensersatzanspruch nach dem Eintritt des völkerrechtlichen Unrechts einräumt, die diplomatische Unterstützung wirkt hingegen bereits im Vorfeld, vor der Abwendung des völkerrechtlichen Unrechts durch den betroffenen Staatsangehörigen vor den nationalen Gerichten sowie vor der Unterstützung des Staatsangehörigen bei der Geltendmachung seiner sonstigen Interessen im ausländischen Staat[1106]. Es ist nicht Aufgabe des Staates, alle Belange seiner Staatsangehörigen in einem anderen Aufenthaltsstaat zu regeln. Dies kann er erst ab einem bestimmten Zeitpunkt. Dieser Zeitpunkt liegt dann vor, wenn sich die Schutzgewährung gegen einen Akt wendet, der von völkerrechtlicher Relevanz ist. Bis dahin ist es Angelegenheit des Staatsangehörigen, seine Rechte in dem fremden Staat selbst durchzusetzen. Sein Heimatstaat ist dabei auch berechtigt, ihn bei der Durchsetzung zu unterstützen. Dies ist das Recht, welches der Wortlaut des Artikel 3 Absatz i lit. b des Wiener Diplomatenrechtsübereinkommens und der des Wiener Konsularrechtsübereinkommens dem Heimatstaat zugesteht. Die in diesen beiden Übereinkommen verbrieften Rechte der Staaten sind somit keine Schutzrechte *per se*, sondern nur Unterstützungsrechte des

1105 Kritisch hierzu äußert sich schon Geck, der wegen ihrer Unvollkommenheit einen Wechsel der Terminologie "Diplomatischer Schutz" vorschlägt. Geck, Diplomatischer Schutz, in: Wörterbuch des Völkerrechts, Bd. I, S. 379 (379).

1106 Nicht jedes Interesse eines Staatsangehörigen läuft auf die Geltendmachung völkerrechtlichen Unrechts hinaus, so dass neben der diplomatischen Unterstützung im Vorfeld einer etwaigen Verletzung des Völkerrechts auch sonstige Hilfestellungen wie die Durchsetzung wirtschaftlicher Interessen im Empfangsstaat unter den Begriff der diplomatischen Unterstützung fallen.

Staates seinen Staatsangehörigen gegenüber außerhalb des Bereichs der verbotenen Einmischung in innere Angelegenheiten des Territorialstaates[1107].
Als diplomatischer Schutz wird dagegen der Schutz des Heimatstaates verstanden, den dieser im Falle einer Rechtsverletzung gegenüber seinen Staatsangehörigen anderen Staaten gegenüber ausüben darf[1108].

II. Anspruchsträger

Bei der Gewährung der diplomatischen Unterstützung des Staatsangehörigen durch seinen Heimatstaat ist ein Recht des Einzelnen betroffen, das dieser auch im Rahmen der ihm im Ausland zustehenden rechtlichen Möglichkeiten durchsetzen kann. Da er aber bei der Durchsetzung seines eigenen Rechts auf die Hilfe seines Heimatstaates zurückgreift, ist auch die Gewährung der diplomatischen Unterstützung ein Recht, welches dem Heimatstaat aufgrund völkerrechtlicher Vereinbarungen zusteht und kein Recht des Einzelnen. Wird die staatliche Unterstützung durch den ausländischen Staat behindert oder sogar verhindert, stellt dies eine Verletzung eines dem Heimatstaat zugestandenen völkerrechtlichen Anspruchs dar. Auch hier ist dann nicht ein Recht des Einzelnen, sondern das Recht des Heimatstaates als Völkerrechtssubjekt verletzt.
Der diplomatische Schutz stellt ein Recht des Staates dar, die rechtlichen Interessen des Staatsangehörigen auf fremdem Staatsgebiet auszuüben oder gegenüber einem fremden Staat wahrzunehmen[1109]. Der Staat nimmt sich hierbei unter bestimmten Voraussetzungen dem Anliegen seines Staatsangehörigen an und wirkt diesbezüglich auf den anderen Staat ein. Es sind somit im Rahmen des diplomatischen Schutzes drei Parteien beteiligt: Schädiger, Geschädigter und Heimatstaat des Geschädigten. Teilweise wurde diese Beteiligung dazu genutzt, dem geschädigten Individuum einen eigenen Rechtsanspruch gegenüber dem Schädigerstaat einzuräumen, ihn demnach als Anspruchsträger anzuerken-

---

[1107] Schwarze unterscheidet in diesem Bereich jedoch nicht genau. Es käme dabei nur auf die Schutzausübung des Staates an sich an. Für die Schutzausübung des Staates zugunsten des Privaten stünden alle völkerrechtlich zulässigen Mittel zur Verfügung. Angefangen von Verhandlungen, freundlichen Diensten, offizieller Vermittlung, gütlicher Einigung in schiedsgerichtlichen Verfahren über die Einleitung von streitigen Verfahren vor internationalen Gerichten bis hin zur Retorsion oder Repressalie wäre ein Maßnahmenkatalog vorhanden, der dem Staat zur Schutzgewährung im Bereich des diplomatischen Schutzes zu Verfügung stünde. Schwarze, AVR 24 (1986), S. 408 (427). Ob der diplomatische Schutz dagegen eine unerlaubte Intervention in innere Angelegenheiten des Territorialstaates darstellt, siehe unten.

[1108] Geck, Diplomatischer Schutz, in: Wörterbuch des Völkerrechts, Bd. I, S. 379 (379); Gloria, in: Ipsen, § 24, Rdnr. 32; Berber, Bd. I, S. 385; Verdross/Simma, § 1228.

[1109] Berber, Bd. I, S. 385; Geck, Diplomatischer Schutz, in: Wörterbuch des Völkerrechts, Bd. I, S. 379 (383).

nen[1110]. Dies ist schon dahingehend problematisch, da dem Individuum die als Anspruchsträger notwendige Eigenschaft der Völkerrechtssubjektivität fehlt[1111]. In der grundlegenden Entscheidung des *Mavrommatis-Konzessionen Falles*[1112] hat der StIGH das Verhältnis wie folgt bezeichnet:

> *It is an elementary principle of international law that a State is entitled to protect its subjects, when injured by acts contrary to international law committed by an other State, from whom they have been unable to obtain satisfaction through the ordinary channels*[1113].

Dass der diplomatische Schutz in dieser Hinsicht als Recht des Staates verstanden wird, bedeutet, dass der Anspruch auf diplomatischen Schutz nur durch den Staat und nicht durch den Staatsangehörigen geltend gemacht werden kann[1114]. Der Heimatstaat erstrebt die Verfolgung eines eigenen Rechts[1115], welches durch die völkerrechtswidrige Behandlung eines seiner Angehörigen im Territorialstaat verletzt worden ist, also auch dann, wenn der eigentlich Geschädigte ein Privater ist. Deshalb ist er auch nicht als ein individueller, völkerrechtlich garantierter Anspruch des Einzelnen[1116] gegen den eigenen Staat[1117] zu verstehen,

---

1110 Gloria, S. 117.

1111 Gloria, S. 117.

1112 Mavrommatis war ein griechischer Staatsangehöriger, der am 24.01.1914 einen Vertrag mit der Stadt Jerusalem abschloss, in dem ihm die Berechtigung erteilt wurde, Kraftanlagen zur Versorgung der Bevölkerung mit Elektrizität und Wasser zu errichten und zu betreiben. Aufgrund des Ausbruchs des Ersten Weltkrieges wurde bereits im Juli 1914 der Aufschub der Ausführungen der Arbeiten vereinbart. Nachdem der britischen Regierung am 20.05.1920 die Verwaltung Palästinas als Mandat des Völkerbundes übertragen wurde, verweigerte sie die Ausführung des mit der Stadt Jerusalem vereinbarten Vertrages. Um die von Mavrommatis verlangte Entschädigung durchzusetzen, bemühte sich letztendlich die griechische Regierung, nachdem zwischenzeitlich die Konzessionen an einen anderen erteilt worden waren und eine außergerichtliche Einigung zwischen Mavrommatis und der britischen Regierung bereits gescheitert war. Vgl. dazu auch Doehring, Mavrommatis-Konzessionen-Fall, in: Wörterbuch des Völkerrechts, Bd. II, S. 489 ff.

1113 The Mavrommatis Palestine Concession, StIGH, A 2, S. 12.

1114 Berber, Bd. I, S. 385.

1115 Verdross/Simma, § 1228; Gloria, in: Ipsen, § 24, Rdnr. 41; Schwarze, AVR 24 (1986), S. 408 (427); Berber, Bd. III, S. 20; Dahm, Bd. II, S. 503 f; Klein, S. 21.

1116 Das Institut des diplomatischen Schutzes stellt keine völkerrechtliche Verpflichtung des Staates auf Schutzgewährung zugunsten seiner Staatsangehörigen oder sonstiger Berechtigter dar. Vgl. Shaw, S. 562 f.

1117 Berber, Bd. I, S. 385; es obliegt dabei nicht dem Völkerrecht, eine entsprechende Norm zu schaffen, die dem Einzelnen gegenüber seinem Heimatstaat das Recht auf diplomatischen Schutz einräumt. Dies bleibt allein der nationalen Rechtsordnung überlassen. Dass ein völkerrechtlicher Anspruch des Staates gegenüber anderen Staaten auf Gewährung des diplomatischen Schutzes für seine Staatsangehörigen besteht, hat somit keine innerstaatliche Bindungswirkung. Dem Staat steht es vielmehr frei, ob er von diesem völkerrechtlich gewährten Recht Gebrauch machen will oder nicht. Eine völkerrechtliche Versondern ein souveräner Anspruch des Heimatstaates[1118] gegenüber anderen Staaten auf internationaler Ebene[1119].

Den Einzelnen als Anspruchsträger zu qualifizieren wäre demnach nur möglich, wenn dem Individuum eine solche Eigenschaft völkerrechtlich zugestanden wird. Dies ist bislang noch nicht geschehen. Dennoch verbietet sich der Gedanke nicht gänzlich, dem Einzelnen eine Anspruchsträgerschaft einzuräumen. In anderen Bereichen des Völkerrechts ist unter gewissen Voraussetzungen ein solches subjektives Recht des Einzelnen bereits vorgesehen. Als – wenn auch lediglich regionales – Beispiel ist die Europäische Menschenrechtskonvention[1120] (EMRK) anzuführen. In Artikel 34[1121] wird Angehörigen von Vertragsstaaten

---

pflichtung zur innerstaatlichen Regelung besteht jedenfalls nicht. In Deutschland fand sich eine dahingehende Regelung in § 189 der Paulskirchenverfassung vom 28.03.1849 (*"Jeder Deutsche in der Fremde steht unter dem Schutz des Reiches"*), in Artikel 3 Absatz 6 der Verfassung des Norddeutschen Bundes vom 26.07.1867 (*"Dem Ausland gegenüber haben alle Bundesangehörigen gleichmäßig Anspruch auf Bundesschutz"*), in Artikel 3 Absatz 6 der Reichsverfassung vom 16.04.1871 (*"Dem Ausland gegenüber haben alle Deutschen gleichmäßig Anspruch auf den Schutz des Reiches"*) und in Artikel 112 Absatz 2 der Weimarer Verfassung (*"Dem Ausland gegenüber haben alle Reichsangehörigen innerhalb und außerhalb des Reichsgebietes Anspruch auf den Schutz des Reiches"*). Dahm Bd. I, S. 525; Dahm Bd. III, S. 504; Dazu näher Geck, ZaöRV 17 (1956/57), S. 476 (479 ff.).

1118 Dass der Staat in diesem Falle als Anspruchsträger anzusehen sei, ist seit der Entscheidung des StIGH in dem Mavrommatis-Konzessionen Fall gefestigte internationale Rechtsprechung und wurde vom IGH bestätigt. (Gloria, in: Ipsen, § 24, Rdnr. 41; Verdross/Simma, § 1300.) Als Anspruchsträger sah der IGH den Staat auch im Nottebohm-Fall an. So führte er unter anderem aus: *"Diplomatic protection and protection by means of international judicial proceedings constitute measures for the defence of the right of the state."* ICJ Reports 1955, 24.

1119 Unrichtig wäre jedoch, das Verhalten des Heimatstaates gegenüber dem Staat demgegenüber diplomatischer Schutz ausgeübt wird, als eine Intervention zu bezeichnen. Hier liegt gerade keine Einmischung in innere Angelegenheiten des Staates vor, die allein dessen *domaine réservé* obliegen und dementsprechend der alleinigen Regelung des Staates überlassen sind. Vielmehr übt der Heimatstaat ein im Völkerrecht begründetes, der innerstaatlichen Regelungskompetenz entzogenes, eigenes Recht aus. Die Ausübung diplomatischen Schutzes kann somit auch keine unzulässige Intervention darstellen, auch wenn sie effektiv eine gewisse Einschränkung der territorialen Hoheitsgewalt des Territorialstaates bedeutet. Verdross/Simma, § 493; Dahm Bd. I, S. 524; Shaw, S. 563.

1120 (Europäische) Konvention zum Schutze der Menschenrechte und Grundfreiheiten vom 04.11.1950 (ETS No. 5), BGBl. 1952 II, S. 686 ff.

1121 Artikel 34 EMRK: *Der Gerichtshof kann von jeder natürlichen Person, nichtstaatlichen Organisation oder Personengruppe, die behauptet, durch eine der Hohen Vertragsparteien in einem der in dieser Konvention oder den Protokollen dazu anerkannten Rechte verletzt zu sein, mit der Beschwerde befasst werden. Die Hohen Vertragsparteien verpflichten sich, die wirksame Ausübung dieses Rechts nicht zu behindern.*

ein solches Individualrecht garantiert[1122]. Nach der Änderung des ehemaligen Artikels 25 EMRK[1123] ist dieses in der Menschenrechtskonvention verankerte individuelle Beschwerderecht sogar erheblich erweitert worden[1124]. Das Zugeständnis einer Aktivlegitimation eines Einzelnen ist nämlich auf vertraglicher Grundlage möglich, da es den Völkerrechtssubjekten obliegt, welcher Rechte sie sich selbst begeben wollen[1125]. Dabei muss berücksichtigt werden, dass eine vertragliche Einräumung eines sogenannten *locus standi* ebenso wieder vertraglich aufgehoben werden kann[1126]. Auf dem Gebiet des diplomatischen Schutzes

---

Artikel 34 EMRK ersetzte Artikel 25 EMRK durch Artikel 1 des 11. Zusatzprotokolls zur Menschenrechtskonvention *(Protocol No. 11 to the Convention for the Protection of Human Rights and Fundamental Freedoms, Restructuring the Control Machinery established thereby)* vom 11.05.1994 (ETS No. 155).

1122 Dazu näher Verdross/Simma, § 425; Gloria, S. 118 f. beide allerdings noch unter Bezugnahme auf Artikel 25 EMRK.

1123 Artikel 25 EMRK lautete: *„Die Kommission kann durch ein an den Generalsekretär des Europarats gerichtetes Gesuch jeder natürlichen Person, nichtstaatlichen Organisation oder Personenvereinigung angegangen werden, die sich durch eine Verletzung der in dieser Konvention anerkannten Rechte durch einen der Hohen Vertragsschließenden Teile beschwert fühlt, vorausgesetzt, daß der betreffende Hohe Vertragsschließende Teil eine Erklärung abgegeben hat, wonach er die Zuständigkeit der Kommission auf diesem Gebiete anerkannt hat. Die Hohen Vertragsschließenden Teile, die eine solche Erklärung abgegeben haben, verpflichten sich, die wirksame Ausübung dieses Rechts in keiner Weise zu behindern.*
Diese Erklärungen können auch für einen bestimmten Zeitabschnitt abgegeben werden. Sie sind dem Generalsekretär des Europarats zu übermitteln, der den Hohen Vertragsschließenden Teilen Abschriften davon zuleitet und für die Veröffentlichung der Erklärungen sorgt."
Text: BGBl. 1952 II, S. 692 f.

1124 Nach Artikel 25 Absatz 1 war die Aktivlegitimation der Betroffenen von der Erklärung seitens der Vertragsstaaten abhängig. Eine solche Erklärung haben abgegeben: Belgien, Bulgarien, Dänemark, Deutschland, Finnland, Frankreich, Griechenland, Irland, Island, Italien, Liechtenstein, Luxemburg, Malta, Niederlande, Norwegen, Österreich, Polen, Portugal, Rumänien, San Marino, Schweden, Schweiz, Slowakische Republik, Slowenien, Spanien, Tschechische Republik, Türkei, Ungarn, Vereinigtes Königreich, Zypern.

1125 Gloria, S. 118; Verdross/Simma, § 424 f.; siehe dazu auch die Klagemöglichkeit von Einzelpersonen nach dem Oberschlesienabkommen vom 15.05.1922; Verdross/Simma, § 3. Ein Klagerecht war auch in dem XII. Haager Abkommen über die Errichtung eines Internationalen Prisenhofs von 1907 vorgesehen. Dieses Abkommen ist jedoch niemals in Kraft getreten. Scheuner, Prisenrecht, in: Wörterbuch des Völkerrechts, Bd. II, S. 793 (793). Zum Prisenrecht und dessen Anwendungsbereich, siehe Scheuner, Prisenrecht, in: Wörterbuch des Völkerrechts, Bd. II, S. 794 ff.

1126 Da die Einräumung dieser Rechte zugunsten der aktiv Legitimierten allein durch vertragliche Vereinbarungen von Völkerrechtssubjekten erfolgte, liegt es auch in ihrem Kompetenzbereich, eine getroffene Regelung wieder rückgängig zu machen; vgl. Seidl-Hohenveldern, in: Neuhold/Hummer/Schreuer, Österreichisches Handbuch des Völker-

besteht ein Abkommen für ein derartiges Zugeständnis jedoch nicht. Ein entsprechendes Völkergewohnheitsrecht wird sich nur schwer entwickeln lassen. Hier fehlt es neben der Staatenpraxis noch an der erforderlichen Rechtsüberzeugung. Die in der Lehre zunehmenden Bestrebungen, den Einzelnen auch außerhalb vertraglicher Verpflichtungen als beschränkt völkerrechtsfähig anzusehen, hat sich im Völkerrecht noch nicht durchzusetzen vermocht, erst Recht nicht auf dem Gebiet des diplomatischen Schutzes. Die Gewährung diplomatischen Schutzes obliegt demnach weiterhin den Grundsätzen des Völkerrechts.
Die Gewährung diplomatischen Schutzes ist somit auch ein Beispiel der Mediatisierung des Einzelnen im Völkerrecht, da nicht er, sondern allein der Heimatstaat über das "Ob" und das "Wie" der Gewährung des diplomatischen Schutzes entscheidet[1127]. Andere Auffassungen, wie die Beschreitung einer Prozessstandschaft, laufen dagegen fehl, da sie dem völkerrechtlichen Verständnis widersprechen[1128].

III. Voraussetzungen des diplomatischen Schutzes

Bevor der Staat zugunsten einer Person diplomatischen Schutz gegenüber anderen Staaten ausüben kann, muss ein völkerrechtlich bestimmter Tatbestand erfüllt sein, nämlich ein völkerrechtswidriges Verhalten eines fremden Hoheitsträgers gegenüber einer schutzberechtigten Person.

1. Völkerrechtswidriges Verhalten

Der diplomatische Schutz stellt dabei eine völkerrechtliche Eigenart dar. Grundsätzlich unterliegt die sich im Aufenthaltsstaat befindende Person der Gebietshoheit eben dieses Staates[1129], sie ist insoweit ein *subditus temporarius*[1130]. Der völkerrechtliche Bezug zum Heimatstaat entsteht durch die einem Staat im

---

rechts, Bd. I, Rdnr. 672. Zu einem anderen Ergebnis wird man wohl nur dann kommen können, wenn man rechtliche Grundsätze wie den des Vertrauensschutzes in diesem Bereich auf die internationale Ebene tradiert.

1127 Verdross/Simma, § 47.

1128 Teilweise wird in der Literatur von zwei Ansprüchen ausgegangen, die nebeneinander stehen. Dabei ist einerseits der Anspruch des Individuums gemeint, auf der anderen Seite der Anspruch des Staates. Beide Ansprüche sollen miteinander verknüpft sein. Während für den ersten Anspruch die Möglichkeit der internationalen Durchsetzung fehle, da es sich dabei um einen Anspruch eines Individuums und nicht um einen Anspruch eines Völkerrechtssubjektes handele, sei die Durchsetzung seitens des Staates aufgrund seiner Völkerrechtssubjektivität gegeben. Da die Geltendmachung dieses Anspruchs dem Individuum zugute kommt, wird hier von einer Art Schutzrecht oder Prozessstandschaft ausgegangen, kraft dessen der Staat den Ersatzanspruch seiner Angehörigen durchsetzt. Vgl. Dahm Bd. III, S. 257 f.; Schwarze, AVR 24 (1986), S. 408 (430).

1129 Geck, Diplomatischer Schutz, in: Wörterbuch des Völkerrechts, Bd. I, S. 379 (380).

1130 Schnitzer, Fremdenrecht, in: Wörterbuch des Völkerrechts, Bd. I, S. 566 (569).

Rahmen des Fremdenrechts gewährten Rechte[1131]. Bei der Verletzung des Fremdenrechts haben die Staaten ein eigenes Recht, zugunsten ihrer Staatsangehörigen diplomatischen Schutz auszuüben[1132].

a. Völkerrechtswidriges Verhalten eines fremden Hoheitsträgers

Voraussetzung für die Gewährung des diplomatischen Schutzes seitens eines Staates ist das Vorliegen eines völkerrechtswidrigen Verhaltens eines fremden Hoheitsträgers[1133]. Dieser Hoheitsträger muss nicht unbedingt die Staatseigenschaft besitzen, es reicht vielmehr aus, dass er Träger der Völkerrechtssubjektivität[1134] ist, so dass auch ein völkerrechtswidriges Verhalten seitens einer Internationalen Organisation mit umfasst ist, sofern diese eine eigene Völkerrechtspersönlichkeit aufweist[1135]. Da Internationale Organisationen kein eigenes Staatsgebiet besitzen, tritt die völkerrechtswidrige Handlung dazu noch im Hoheitsgebiet eines anderen Staates ein. Das völkerrechtswidrige Verhalten einer Internationalen Organisation gegenüber einem Staatsangehörigen eines fremden Staates stellt also eine besondere Art des diplomatischen Schutzes dar, bei dem drei Völkerrechtssubjekte involviert sind.

Als völkerrechtswidrige Schädigung wird jede Verletzung einer völkerrechtlichen Norm verstanden[1136]. Die Völkerrechtsverletzung kann in einem positiven Tun oder Unterlassen bestehen[1137]. Das Verhalten kann in der Verletzung einer

1131 Geck, Diplomatischer Schutz, in: Wörterbuch des Völkerrechts, Bd. I, S. 379 (380).

1132 Der Schutz gewährende Staat kann dabei nicht jede Verletzung gegenüber seinen zu schützenden Personen ahnden. Dies gilt selbst dann, wenn die Verletzung seitens des Schutz gewährenden Staates als Verletzung einer völkerrechtlichen Norm angesehen wird. Vielmehr gilt dies nur bei denjenigen Verletzungen, die anhand eines unter zivilisierten Staaten anerkannten Mindeststandards anerkannt sind oder die aufgrund anderer völkervertraglichen Vereinbarungen anerkannt sind. Geck, Diplomatischer Schutz, in: Wörterbuch des Völkerrechts, Bd. I, S. 379 (380).

1133 Berber, Bd. III, S. 21; Gloria, in: Ipsen, § 24, Rdnr. 33.

1134 Da das Völkerrecht prinzipiell nur Rechte und Pflichten von Völkerrechtssubjekten regelt, können diese auch nur als Verletzer einer völkerrechtswidrigen Norm in Frage kommen. Bezüglich des diplomatischen Schutzes ist demnach eine Verletzungshandlung eines Einzelnen nur dann völkerrechtlich erheblich, wenn sie einem Völkerrechtssubjekt zuzurechnen ist. Auf der anderen Seite sind auch Internationale Organisationen Träger von Rechten und Pflichten im Völkerrecht und somit auch Völkerrechtssubjekte. Dementsprechend reicht auch eine Verletzungshandlung dieser Internationalen Organisationen aus, um die Gewährung diplomatischen Schutzes hervorzurufen. Siehe auch Berber, Bd. III, S. 19.

1135 Gloria, S. 105; Gloria, in: Ipsen, § 24, Rdnr. 33; Berber, Bd. III, S. 19 f; Ress, Diplomatischer Schutz, in: Lexikon des Rechts (Völkerrecht), S. 57 (57).

1136 Klein, S. 22; Gloria, in: Ipsen, § 24, Rdnr. 33; Ress, Diplomatischer Schutz, in: Lexikon des Rechts (Völkerrecht), S. 57 (57 f.).

1137 Ress, Diplomatischer Schutz, in: Lexikon des Rechts (Völkerrecht), S. 57 (57).

völkervertraglichen oder einer völkergewohnheitsrechtlichen Norm[1138] oder eines allgemeinen Rechtsgrundsatzes bestehen[1139]. Diese Verletzung liegt allerdings nicht schon bei der eigentlichen Beeinträchtigung der mediatisierenden Person vor, sondern erst dann, wenn der Territorialstaat es unterlassen hat, Abhilfe gegen das erlittene Unrecht zu schaffen[1140]. Grundsätzlich erfolgt die eigentliche Verletzung durch den Staat, das heißt durch seine Organe und Amtsträger[1141]. Irrelevant ist dabei, ob diese der Exekutive, Legislative oder Judikative angehören[1142]. Das Verhalten der Organe muss dem Staat jedoch zurechenbar sein[1143]. Schwierigkeiten wirft eine Verletzung durch ein Individuum auf[1144]. Dabei ist problematisch, ob ein Handeln eines Individuums als Staatsangehöriger des schädigenden Staates eben diesem zugerechnet werden kann. Die Verletzung wird dem Staat jedenfalls dann zuzurechnen sein, wenn er es unterlassen hat, für den Geschädigten einen ausreichenden Schutz zu erbringen[1145]. Da der Staat nicht alle Staatsangehörigen eines anderen Staates auf seinem Staatsgebiet ständig schützen kann, können an den Staat keine zu hohen Anforderungen gestellt werden. Auf eine Sorgfaltspflichtverletzung wird nur zu erkennen sein, wenn konkrete Anhaltspunkte vorliegen oder eine Schädigung für einen durchschnittlichen Amtsträger hinreichend wahrscheinlich war. Auf die Staatsangehörigkeit desjenigen, der die eigentliche Verletzung hervorruft, muss nicht abgestellt werden, da die Verletzungshandlung in einem Unterlassen der Organe des schädigenden Staates besteht. Es ist folglich auch unschädlich, wenn das Individuum, welches die schädigende Handlung hervorruft im Besitz einer weiteren Staatsangehörigkeit ist. In diesem Falle wäre die Geltendmachung des diplomatischen Schutzes gegenüber dem Staat, dessen Staatsangehörigkeit das Individuum ebenfalls besitzt, nur möglich, wenn das Verhalten auch diesem Staat zu-

1138 Gloria, in: Ipsen, § 24, Rdnr. 33; Gloria, S. 105 f.; Klein, S. 24.

1139 Klein, S. 24; siehe dazu näher: Geck, *Diplomatic Protection*, in: EPIL I, S. 1045 (1048); siehe hierzu auch Artikel 3 der *ILC Draft Articles on State Responsibility*, AVR 24 (1986), S. 472 ff.; in Auszügen auch Harris, *Cases and Materials on International Law*, p. 461 ff.

1140 Berber, Bd. III, S. 20; zu dem betreffenden Zeitpunkt und den erforderlichen Tatbestandsvoraussetzungen siehe unten.

1141 Eagleton, RdC 76 (1950), Bd. I, S. 319 (348); Geck, Diplomatischer Schutz, in: Wörterbuch des Völkerrechts, Bd. I, S. 379 (380); Ress, Diplomatischer Schutz, in: Lexikon des Rechts (Völkerrecht), S. 57 (57).

1142 Klein, S. 24; Ress, Diplomatischer Schutz, in: Lexikon des Rechts (Völkerrecht), S. 57 (57); so auch Artikel 6 der *Draft Articles on State Responsibility*, AVR 24 (1986), S. 472 ff.

1143 Geck, Diplomatischer Schutz, in: Wörterbuch des Völkerrechts, Bd. I, S. 379 (380); Klein, S. 24.

1144 Eagleton, RdC 76 (1950), Bd. I, S. 319 (349 f.).

1145 Eagleton, RdC 76 (1950), Bd. I, S. 319 (350).

zurechnen wäre[1146]. Die mehrfache Staatsangehörigkeit würde hier zu der Verpflichtung eines weiteren Staates führen.

b. Repressiver oder präventiver Schutz gegen völkerrechtswidriges Verhalten

Neben dem Schutz des Bürgers gegen ein bereits eingetretenes völkerrechtswidriges Verhalten wird teilweise verlangt, die Ausübung des diplomatischen Schutzes auch präventiv im Vorfeld des schädigenden Aktes zuzulassen[1147]. Diesem präventiven diplomatischen Schutz durch das Völkerrechtssubjekt kann jedoch nur eingeschränkt zugestimmt werden. Bei der Diskussion über die Völkerrechtswidrigkeit eines solchen Handelns sind Aspekte der Effektivität mit denen der allgemeinen völkerrechtlichen Rechtssicherheit abzuwägen. Dabei gilt es zunächst einen gewissen Tatbestand näher zu beschreiben, bei dessen Vorliegen bereits im Vorfeld die Möglichkeit bestehen soll, völkerrechtliche Verletzungen zu verhindern.
Auf der einen Seite stellt es für den Betroffenen nicht nur unbestreitbar einen Vorteil dar, wenn eine voraussehbare völkerrechtliche Verletzung bereits im Vorfeld vermieden wird, es ist zudem ein legitimes Interesse eines Staates, seine Staatsangehörigen bereits vor dem Eintritt eines völkerrechtswidrigen Aktes präventiv zu schützen. Auf der anderen Seite ergeben sich neben den prozessualen Bedenken, die vor allem bezüglich einer übermäßigen Belastung der nationalen und internationalen Gerichtsbarkeit bestehen, auch Bedenken im Hinblick auf einen eventuellen Rechtsmissbrauch. Ohne rechtliche Grundlage handelt es sich nämlich nach wie vor um eine gravierende Verletzung des Grundsatzes der Gleichheit der Staaten und somit um eine völkerrechtswidrige Intervention. Die Möglichkeit präventiven Handelns im Völkerrecht ist strittig[1148].

1146 Als Beispiel ist hier eine grenzüberschreitende terroristische Aktivität heranzuführen, die zu einer Schädigung von Staatsangehörigen dritter Staaten führt und die dem anderen Staat bekannt ist, von diesem aber nicht unterbunden wird.

1147 Ress, Diplomatischer Schutz, in: Lexikon des Rechts (Völkerrecht), S. 57 (57); Gloria, 106; Gloria, in: Ipsen, § 24, Rdnr. 33.

1148 Schwierigkeiten bezüglich präventiven Handelns vor dem Eintritt einer Verletzung kennt das Völkerrecht vor allem in dem Bereich der Selbstverteidigung nach Artikel 51 UN-Charta, aber in diesem sachlichen Zusammenhang besteht bislang noch keine Einigkeit darüber, ob, und wenn ab welchem Zeitpunkt Selbstverteidigungsmaßnahmen gegen einen bewaffneten Angriff ergriffen werden dürfen. Randelzhofer, in: Simma, UN-Charta, Artikel 51 UN-Charta, Rdnr. 34; Fischer, in: Ipsen, § 59, Rdnr. 29 f. Abgesehen von der Streitigkeit, welche Art der Verteidigung von Artikel 51 UN-Charta umfasst wird, ist man sich mittlerweile einig darüber, dass eine Anerkennung der präventiven Verteidigung jedenfalls nicht aufgrund Völkergewohnheitsrechts nachgewiesen werden kann, da die Möglichkeit des Ermessensmissbrauchs das in Artikel 2 Absatz 2 UN-Charta statuierte Gewaltverbot unterlaufen würde, zu dem nämlich allein Artikel 51 UN-Charta die geschriebene Ausnahme darstellt. Teilweise wird Artikel 51 UN-Charta als bloße Bestätigung des bestehenden traditionellen Selbstverteidigungsrechts angesehen. Diese halten

Begehrt der Staat im Vorfeld einer Verletzung bereits eine Maßnahme, die den Eintritt der Verletzungshandlung vermeiden soll, so kann dies auch im Bereich des diplomatischen Schutzes nur unter besonderen Bedingungen der Fall sein und bedarf zumindest eines qualifizierten Rechtsschutzbedürfnisses in dem Sinne, dass eine Verletzungshandlung zunächst mit an Sicherheit grenzender Wahrscheinlichkeit eintreten muss. Ausreichend wird dabei nicht sein, dass irgendeine Rechtsgutverletzung eintritt; sie muss bereits hinreichend konkret bestimmbar sein und auf die Schädigung eines äußerst wichtigen Rechtsgutes abzielen. Da eine dahingehende Staatenpraxis noch nicht nachzuweisen ist und die Staaten – offensichtlich auch aufgrund der Gefahr des Missbrauchs – eine völkervertragliche Regelung bislang unterlassen haben[1149], fehlt der Gewährung eines präventiven Schutzes seitens der Staaten bislang noch die internationale Rechtsgrundlage. Sie ist somit völkerrechtswidrig. Die präventive Abwehr eines bevorstehenden völkerrechtlichen Unrechts ist nur im Wege des Auslandsschutzes im Rahmen der diplomatischen Hilfestellung durch die diplomatischen und konsularischen Vertretungen im Ausland möglich.

2. Berechtigung zur Schutzgewährung

Für die Gewährung des diplomatischen Schutzes ist neben der Voraussetzung des Vorliegens einer völkerrechtswidrigen Handlung auch ein bestimmter Bezug zwischen der betroffenen Person und dem Staat erforderlich, der Wiedergutmachung geltend macht. Das Recht des Staates auf diplomatischen Schutz leitet sich aus der Personalhoheit des Staates ab[1150], daher besteht ein solcher Bezug

---

eine präventive Selbstverteidigung unter der im Caroline-Fall genannten Voraussetzungen für zulässig. *Dies wäre dann der Fall, wenn "the necessity of that self-defence is instant, overwhelming and leaving no choice of means, and no moment for deliberation".* Randelzhofer, in: Simma, UN-Charta, Artikel 51 UN-Charta, Rdnr. 34; Fischer, in: Ipsen, § 59, Rdnr. 30; Hailbronner, in: BDGV 26 (1986), S. 80. Im Zuge des israelischen 6-Tage-Krieges wurde die Zerstörung des irakischen Atomreaktors Osirak der Kernforschungsanlage Tamuz auf das präventive Selbstverteidigungsrecht gestützt. Zur Vertiefung hinsichtlich des Sachverhalts, sowie den Reaktionen von israelischer, irakischer, jordanischer, iranischer, französischer, sowjetischer, ägyptischer und US-amerikanischer Seite, siehe AdG 1981, S. 24639 ff.; Hailbronner, in: BDGV 26 (1986), S. 80 ff.; zur politischen Situation im mittleren Osten zur Zeit des 6-Tage-Krieges, siehe UN-Yearbook, S. 158 ff.; Zu den Beratungen des Sicherheitsrates bezüglich der Streitigkeiten ab dem 05.06.1967, siehe UN-Yearbook, S. 174 ff.; zu den sachbezogenen Beratungen diesbezüglich, siehe UN-Yearbook, S. 191 ff. Ablehnend äußerte sich in diesem Zusammenhang der UN-Sicherheitsrat, der in seiner Resolution 487 ein derartiges Vorgehen missbilligte. Resolution 487 (1981) vom 19.06.1981; siehe auch Hailbronner, in: BDGV 26 (1986), S. 83 f.

1149 Ein Anspruch auf eine präventive Schutzgewährung findet sich auch nicht in den *ILC Draft Articles on State Responsibility*, AVR 24 (1986), S. 472 ff.

1150 Ress, Diplomatischer Schutz, in: Lexikon des Rechts (Völkerrecht), S. 57 (57).

zwischen dem Heimatstaat und seinen Staatsangehörigen[1151]. Ein solcher Bezug ist aber auch zwischen dem Heimatstaat und seinen juristischen Personen[1152] gegeben, so dass der diplomatische Schutz eines Staates alle natürlichen und juristischen Personen des Anspruchsstaates erfasst, die dessen Staatsangehörigkeit haben[1153].

Ein Staat kann aber in bestimmten Fällen auch dazu berechtigt sein, diplomatischen Schutz gegenüber Personen auszuüben, die nicht die Staatsangehörigkeit seines Staates besitzen. Dies ist in den Fällen möglich, in denen gegenüber Personen eine völkerrechtliche Verletzungshandlung begangen wurde, die den Personen der eigenen Staatsangehörigkeit gleichgestellt sind[1154].

Die Gewährung des diplomatischen Schutzes findet dann Anwendung, wenn dem Anspruchsberechtigten die Verfolgung dieser Ansprüche übertragen wurde. Eine Übernahme des Schutzes der Staatsangehörigen eines Staates durch einen anderen im Rahmen des diplomatischen Schutzes ist auf vertraglicher Grundlage durchaus möglich[1155]. Den Schutz gewährenden Staat bezeichnet man als Schutzmacht[1156]. Eine solche Konstellation findet man durchaus bei kleineren

---

1151 Shaw, S. 563; Berber, Bd. III, S. 21; Berber, Bd. I, S. 385.

1152 Ress, Diplomatischer Schutz, in: Lexikon des Rechts (Völkerrecht), S. 57 (57 f.); Gloria, S. 110 ff.; Berber, Bd. III, S. 21; die Regelung der Staatsangehörigkeit juristischer Personen obliegt allerdings wie die Regelung der Staatsangehörigkeit natürlicher Personen der nationalen Rechtsordnung eines jeden Staates. Das Völkerrecht bietet lediglich bestimmte Anknüpfungspunkte für die Beurteilung nach der nationalen Rechtsordnung. Solche können sich danach richten, in welchem Staat eine juristische Person ihren Sitz hat (Sitzstaat – sog. Sitztheorie), sich danach bestimmen, in welchem Staat die juristischer Person gegründet wurde (Inkorporationstheorie). Ferner kann sich die Staatsangehörigkeit einer juristischen Person nach der sog. Kontrolltheorie danach richten, welche Staatsangehörigkeit die Mehrheit der Kapitaleigner besitzen. Die Inkorporationstheorie stammt vor allem aus dem angelsächsischen Raum und hat den Vorteil, dass den betroffenen Gesellschaften ein bequemes Gründungsrecht zugrunde liegt. Einwände dagegen machen sich im Bereich des diplomatischen Schutzes bemerkbar. Je nach nationaler Ausgestaltung reichen die völkerrechtlich vorausgesetzten Beziehungen der Gründer zur Gesellschaft nämlich nicht zur Gewährung des diplomatischen Schutzes aus, da es an dem erforderlichen Näheverhältnis mangelt (siehe dazu die Nottebohm-Entscheidung). Die Sitztheorie liegt den europäischen Rechtsordnungen zugrunde und wird auch von der deutschen Rechtsprechung anerkannt. Damit folgt die deutsche Rechtsprechung der des IGH (ICJ Reports 1964, S. 6 ff.), der im Barcelona-Traction-Fall der Protektion durch den Heimatstaat den Vorzug gegeben hat. Die daneben vertretene Kontrolltheorie hat den Nachteil, dass die Rechtspersönlichkeit der juristischen Person von den dahinter stehendenden Kapitaleignern bestimmt wird. Der Kontrolltheorie fehlt bis heute die allgemeine Anerkennung. Berber, Bd. I, S. 388; Gloria, S. 110 f.

1153 Berber, Bd. III, S. 21; Berber, Bd. I, S. 385.

1154 Berber, Bd. III, S. 21.

1155 Berber, Bd. I, S. 385.

1156 Schnitzer, Fremdenrecht, in: Wörterbuch des Völkerrechts, Bd. I, S. 566 (569).

Staaten, die sich hierdurch außerstaatlich in die Obhut einer Schutzmacht begeben[1157]. Als klassischer Fall ist Liechtenstein anzuführen, welches sich im Verhältnis zu anderen Staaten hinsichtlich des diplomatischen Schutzes von der Schweiz vertreten lässt[1158].

a. Näheverhältnis – Bezug zwischen Staat und Betroffenem

Es wurde bereits erläutert, dass ein Staat oder ein sonstiges Völkerrechtssubjekt, soweit es mit den erforderlichen Rechten und Pflichten seitens der Staatengemeinschaft ausgestattet worden ist, für seine Staatsangehörigen diplomatischen Schutz ausüben kann. Der Schutzanspruch ist also bereits durch das Personalitätsprinzip beschränkt. Daraus wird ersichtlich, dass Völkerrechtssubjekte nicht beliebig für bestimmte Personen einen Schutzanspruch für sich behaupten können, sondern es bedarf vielmehr einer bestimmten Nähebeziehung, aus der sich dieses Recht des Staates entwickelt[1159]. Diese Nähebeziehung bedarf der Erläuterung.

aa. Schutz eigener Staatsangehöriger

Der diplomatische Schutz besteht zunächst für Staatsangehörige des den Anspruch stellenden Staates[1160]. Der Anspruch ergibt sich aus der Personalhoheit des Staates gegenüber seinen Staatsangehörigen und besteht auch auf dem Staatsgebiet des schädigenden Staates.

Schwierigkeiten entstehen aber dann, wenn der Betroffene nicht nur der Personalhoheit eines Staates, sondern der mehrerer Staaten unterliegt, das heißt Doppel- oder Mehrstaater ist. Unter Umständen kann es vorkommen, dass die Verletzung nur auf einer bilateralen Vereinbarung zwischen dem schädigenden und dem Anspruch stellenden Staat beruht, ebenso ist es möglich, dass die Verletzung auf der Nichtbeachtung einer Norm eines multilateralen Übereinkommens

---

1157 Dieses Schutzverhältnis kann auf Zeit bestehen oder durch den Abbruch diplomatischer Beziehungen oder den Kriegseintritt durch einen Staat veranlasst sein. Berber, Bd. I, S. 385.

1158 Liechtenstein erfüllt alle wesentlichen Staatsmerkmale, ist völkerrechtlich gesehen ein eigener Staat und somit auch ein selbstständiges Völkerrechtssubjekt. Es ist völkerrechtlich handlungsfähig, hat jedoch in einem bestimmten Bereich Hoheitsgewalt an die Schweiz übertragen. Im völkerrechtlichen Sinne liegt hier ein dem Protektorat ähnliches Verhältnis zwischen dem Schutzstaat Liechtenstein und der Schutzmacht Schweiz vor. Näher dazu Dahm, Bd. II, S. 132 f.

1159 Dabei soll festgestellt werden, dass es sich bei dem diplomatischen Schutz auf der völkerrechtlichen Ebene nicht um einen Anspruch des Bürgers gegen den Staat handelt, sondern dieser nur ein Recht des jeweiligen Staates darstellt. Der Anspruch des Bürgers oder sonstigen Berechtigten richtet sich nicht nach Völkerrecht, sondern allein nach innerstaatlichem Recht.

1160 Ress, Diplomatischer Schutz, in: Lexikon des Rechts (Völkerrecht), S. 57 (57).

beruht, an dem nur einer der beiden Heimatstaaten Vertragspartner ist. Auch im nicht-vertraglichen Völkerrecht kann eine Verletzung nur eines Staates vorkommen. Denkbar ist hier, dass die Schädigung auf der Verletzung regionalen Völkergewohnheitsrechts oder allgemeiner Rechtsgrundsätze beruht, die für den einen Heimatstaat keine Gültigkeit haben. In diesen Fällen ist die Gewährung des diplomatischen Schutzes im Bereich der mehrfachen Staatsangehörigkeit unproblematisch, da keine Rechtsverletzung gegenüber beiden Heimatstaaten vorliegt. Der diplomatische Schutz kann so ausgeübt werden als handele es sich bei der betroffenen Person um den alleinigen Staatsangehörigen des anspruchstellenden Staates.

(1) Mehrstaater in drittem Staat

Probleme treten auf, wenn sich der Mehrstaater in einem dritten Land befindet und dort eine Rechtsverletzung begangen wird. Hier stellt sich die Frage, welcher Heimatstaat diplomatischen Schutz ausüben darf oder ob der schädigende Staat die Wiedergutmachung sogar aufgrund der Mehrstaatigkeit zurückweisen kann. Die völlige Zurückweisung eines Anspruchs seitens des Schädigers scheidet aus[1161], da aus völkerrechtlicher Sicht jeder Heimatstaat einen Anspruch gegenüber dem Verletzerstaat geltend machen kann. Voraussetzung ist aber, dass eine zwischen Heimatstaat und Verletzerstaat bestehende Norm beeinträchtigt worden ist[1162]. Der Verletzerstaat kann grundsätzlich durch jeden Heimatstaat des mittelbar betroffenen fremden Staatsangehörigen in Anspruch genommen werden. Der schädigende Staat ist durch eine Verletzungshandlung mehreren Anspruchstellern gegenüber schadenersatzpflichtig. Diese mehrfache Ersatzpflicht soll aber im Völkerrecht möglichst vermieden werden[1163]. Dazu haben sich Lösungsansätze entwickelt, welche allerdings nicht beanspruchen, bei Mehrstaatigkeit die Probleme des diplomatischen Schutzes umfassend zu regeln.

(a.) Geltendmachung der Ansprüche durch jeden Heimatstaat

Die Verletzung des Ausländers auf dem Staatsgebiet des Schädigers beruht in den meisten Fällen auf der Verletzung einer menschenrechtlichen oder fremdenrechtlichen Norm des Völkerrechts. Da diese Normen universelle Geltung beanspruchen und dementsprechend zwischen dem Schädigerstaat und den beiden Heimatstaaten bestehen, ist es gleichgültig von welchem Staat die Verletzung der völkerrechtlichen Norm geahndet wird. Jedenfalls muss der Anspruch nicht von jedem Staat geltend gemacht werden, es ist ausreichend, dass die Verletzung durch einen Heimatstaat geltend gemacht wird. Die Wiedergutmachung

[1161] Klein, S. 27.
[1162] Kammann, S. 103.
[1163] Kammann, S. 103.

wird bei dieser Konstellation auch erreicht. Allerdings wird näher zu bestimmen sein, welcher Staat den Anspruch durchsetzen kann oder muss. Eine Verpflichtung dazu besteht nicht, da die Geltendmachung diplomatischen Schutzes nur ein völkerrechtliches Recht und keine Pflicht des Staates ist. Dies ist auch nicht anders, wenn mehrere Staaten aufgrund der mehrfachen Staatsangehörigkeit eines ihrer Staatsangehörigen involviert sind. Eine Verpflichtung, den Anspruch auf Wiedergutmachung geltend zu machen, wird sich in einem solchen Fall nur durch eine bi- oder multilaterale Vereinbarung ergeben.
Schwieriger wird es allerdings dann, wenn keine universelle Norm verletzt worden ist, sondern jeweils eine zwischen dem Schädigerstaat und den Heimatstaaten geschlossene bilaterale Vereinbarung. Da diese Vereinbarungen individuell zwischen den jeweiligen Staaten bestehen, müssen sie auch individuell justiziabel sein. Auch können die Verletzungen durch jeden Staat gegenüber dem Schädigerstaat geltend gemacht werden, der Vertragspartner des Übereinkommens ist. Der schädigende Staat kann sich somit auch hier der Wiedergutmachung gegenüber beiden Staaten ausgesetzt sehen, wenn beide Vertragspartner sind. Eine Reduzierung auf einen Anspruchsteller ist ausgeschlossen.

(b.) Wahl des Anspruchstellers durch den Schädiger

Es könnte dem Schädiger die Wahl überlassen sein, wem gegenüber er die Wiedergutmachung leistet[1164]. Eine solche Möglichkeit käme aber nur im Falle eines universellen völkerrechtlichen Anspruchs in Betracht. Handelt es sich nämlich um einen Anspruch, der auf einem bilateralen Vertrag zwischen den beiden Staaten beruht, wäre er, abhängig von der jeweiligen vertraglichen Ausgestaltung, in der Regel beiden Heimatstaaten schadenersatzpflichtig.
Diese Möglichkeit einer Auswahl ist nicht zufriedenstellend. Der Schädiger könnte sich nämlich den Staat aussuchen, demgegenüber er im Zweifel die geringere Wiedergutmachung zu leisten hätte. Im Falle der Wiedergutmachung in Form von materieller Entschädigung könnte sich dies unter Umständen finanziell günstiger auswirken. Außerdem könnte sich der Schädiger denjenigen Staat als Anspruchsteller aussuchen, von dem er weiß, dass er seinen Staatsangehörigen gegenüber in solchen Fällen regelmäßig keinen diplomatischen Schutz ausübt. Das Rechtsinstitut des diplomatischen Schutzes liefe dann leer. Die Wahl des Schädigers ginge damit hauptsächlich zu Lasten des individuell Betroffenen. Diese Lösung bereitet also vor allem Bedenken bezüglich der Rechtssicherheit. Ebenso würde eine willkürliche Wahl des Anspruchstellers durch den Schädiger zugleich eine Missachtung des anderen Staates bedeuten, welches als Verstoß gegen den Grundsatz der Staatengleichheit gedeutet werden könnte[1165]. Deshalb

[1164] Kammann, S. 103.
[1165] Kammann, S. 103.

muss die Wahl des Schädigers, wem gegenüber er die Wiedergutmachung leistet, abgelehnt werden[1166]. Die beteiligten Staaten können sich aber anderweitig vertraglich einigen.

(c.) Effektivität der Staatsangehörigkeit

Wenn sich der Mehrstaater in einem dritten Land befindet, dessen Staatsangehörigkeit er nicht besitzt, könnte bei der Ausübung des diplomatischen Schutzes auf die Effektivität der Staatsangehörigkeit abgestellt werden. Dies ist in der Vergangenheit auch in der Rechtsprechung zwischenstaatlicher Gerichte geschehen[1167]. Als maßgeblich kann dazu der Fall Nottebohm[1168] herangezogen werden, in dem der IGH zusammenfassend Kriterien für die Effektivität aufgeführt hat. Ausschlaggebend für die tatsächliche und effektive Staatsangehörigkeit soll ein starkes faktisches Band zwischen der betroffenen Person und einem seiner Heimatstaaten sein[1169]. Dabei wird weniger auf den Willen des Mehrstaaters als auf rein objektive Kriterien abgestellt. So soll richtungsweisend für das Vorliegen effektiver Staatsangehörigkeit sein, in welchem Staat er seinen gewöhnlichen Wohnsitz hat[1170]. Dieses Kriterium ist identisch mit dem Niederlassungsprinzip. Das heißt, es wird weniger auf den Wohnsitz als auf den Ort abgestellt, an dem der Betroffene sich tatsächlich und dauerhaft niedergelassen hat. Wichtige Bezugspunkte sind aber auch, ob der Betroffene in einem Staat familiäre Bindungen unterhält und ob er am öffentlichen Leben in einem der beiden Staaten teilnimmt[1171]. Auf subjektive Momente, wie das Solidaritätsgefühl und den Willen der Zugehörigkeit zu einem bestimmten Staat, wird nicht abgestellt, da sie für einen objektiven Betrachter nur schwer zu beurteilen sind.

(d.) Resümee

Für den Fall, dass die Heimatstaaten in Bezug auf ihre Mehrstaater keine vertraglichen Vereinbarungen getroffen haben, ist der Rechtsprechung der zwischenstaatlichen Gerichte zu folgen, wonach für die Ausübung des diplomatischen Schutzes bei Mehrstaatern auf die Effektivität der Staatsangehörigkeit abgestellt werden muss. Die Kriterien zur Beurteilung, welche der betroffenen Staatsangehörigkeiten des Mehrstaaters nun die effektive ist, sind allerdings nicht enumerativ, sondern variieren von Einzelfall zu Einzelfall. Dies hat auch

---

1166 Vgl. auch Egypt v. US (Salem Case), 2 R.I.A.A., S. 1161 ff.; Harris, S. 574.

1167 Zusammenfassend siehe Kammann, S. 106 ff.

1168 Liechtenstein v. Guatemala, ICJ Reports 1955, p. 4 ff. (Nottebohm Case); Harris, S. 563 ff.

1169 Hailbronner, JZ 1975, S. 596 (598); Harris, S. 566.

1170 So auch Hailbronner, JZ 1975, S. 596 (598); Klein, S. 28.

1171 Klein, S. 28; Hailbronner, JZ 1975, S. 596 (598).

der IGH in seinem Urteil im Fall Nottebohm ausgeführt[1172]. Bei einer Verletzung kann somit der Schädigerstaat grundsätzlich nur einmal in Anspruch genommen werden.
Beruht die Rechtsverletzung auf bilateralen Vereinbarungen, die nur zwischen dem Schädiger und dem Heimatstaat beruhen, so kann der Staat den diplomatischen Schutz geltend machen, dessen Rechte verletzt sind, auch wenn dieser Staat nicht die effektive Staatsangehörigkeit vermittelt. Bestehen zu beiden Staaten Vereinbarungen und werden auch diese beeinträchtigt, so können beide Staaten ihren Anspruch auf Wiedergutmachung geltend machen. Der Anspruch beider Staaten ist deshalb nicht ausgeschlossen, da es sich nicht um die selbe Rechtsverletzung handelt.
Verzichtet der Staat, zu dem die effektive Staatsangehörigkeit besteht, auf die Geltendmachung des diplomatischen Schutzes, so ist der andere Heimatstaat, dessen Anspruch aufgrund der Effektivitätsklausel ausgeschlossen war, nunmehr berechtigt, seinerseits diplomatischen Schutz geltend zu machen. Dies ist die Konsequenz daraus, dass die Effektivitätsklausel nur herangezogen wurde, um eine Doppelbeanspruchung des schädigenden Staates zu vermeiden. Der Anspruch dieses Staates besteht also neben dem des verzichtenden Staates subsidiär.

(2) Doppelstaater in anderem Heimatstaat

Eine besondere Situation ergibt sich dann, wenn der betroffene Staatsangehörige eine Beeinträchtigung, welche die Berechtigung zur Gewährung des diplomatischen Schutzes geben würde, auf dem Staatsgebiet des Staates erleidet, dessen Staatsangehörigkeit er besitzt. Die Verletzung tritt im anderen Heimatstaat ein.
Mehrstaater, die sich in einem Staat befinden, dessen Staatsangehörigkeit sie haben, gelten dort grundsätzlich als Inländer. Wird er von diesem in seinen Rechten verletzt, stellt sich die Frage der Ausübung des diplomatischen Schutzes durch den anderen Heimatstaat.

(a.) Ausübung des diplomatischen Schutzes gegen den anderen Heimatstaat

Da der Staatsangehörige, dem auf dem Staatsgebiet des eigenen Heimatstaates ein Unrecht widerfährt, welches die Gewährung diplomatischen Schutzes auslösen würde, auch die Staatsangehörigkeit des anderen Staates inne hat, ist er gleichzeitig Ausländer im anderen Heimatstaat. Somit ist es denkbar, dass der eine Heimatstaat gegen den anderen Heimatstaat diplomatischen Schutz ausüben kann. Auf der anderen Seite obliegt es jedoch dem anderen Staat nach Belieben mit seinen Staatsangehörigen umzugehen, solange er keine völkerrechtlichen Normen verletzt. Zudem unterliegen die Staatsangehörigen nicht dem völker-

---

[1172] Harris, S. 566.

rechtlichen Fremdenrecht und haben demnach auch kein völkerrechtlich garantiertes Recht auf den Minimum-Standard. Fraglich ist also, ob der andere Heimatstaat überhaupt berechtigt ist, diplomatischen Schutz gegen den anderen Staat auszuüben.

(aa.) Grundsätzliche Regelung

Es wurde bereits in mehreren bi- und multilateralen Übereinkünften versucht, eine vertragliche Regelung für diesen Fall zu erreichen. Dazu zählt die Haager Konvention über gewisse Fragen beim Konflikt von Staatsangehörigkeitsfragen vom 14. April 1930[1173]. Hier wurde in Artikel 4 der Konvention festgelegt:

> *„Ein Staat kann seinem Staatsangehörigen den diplomatischen Schutz nicht gewähren gegenüber einem Staate, dem der Beteiligte gleichfalls angehört"*

Die Ausübung des diplomatischen Schutzes in dem anderen Heimatstaat ist somit durch Vertrag ausgeschlossen. Da die Haager Konvention nur von wenigen Staaten unterzeichnet worden ist, kann hier jedoch noch nicht von einer universell gültigen Regelung im Bereich des diplomatischen Schutzes ausgegangen werden[1174].

Auch die *European Convention on Nationality*[1175] sieht in Artikel 17 eine Regelung des diplomatischen Schutzes in Fällen multipler Staatsangehörigkeit vor. So statuiert Artikel 17 Absatz 2 des Übereinkommens:

> *„The provisions of this chapter do not effect:*
> *(a) the rules of international law concerning diplomatic and consular protection by a State Party in favour of one of its nationals who simultaneously possesses another nationality. [...]"*

Die Ausübung des diplomatischen Schutzes durch den anderen Heimatstaat ist hier nicht grundsätzlich durch die Konvention ausgeschlossen. Die multilateralen völkerrechtlichen Verträge weisen also eine Uneinheitlichkeit bei der Gewährung des diplomatischen Schutzes eines Heimatstaates gegenüber einem anderen Staat, dem der Beteiligte gleichfalls angehört, auf.

Die Ausübung des diplomatischen Schutzes ist außerhalb völkerrechtlicher Verträge auch in der Rechtsprechung, Staatenpraxis und in der Literatur bislang unterschiedlich bewertet worden. Die zwischenstaatliche Rechtsprechung geht seit der Entscheidung im sogenannten *Reparation for Injuries-Case*[1176] haupt-

---

[1173] LNTS, Bd. 179, S. 89 ff.

[1174] Vgl. Hecker, S. 13 f.

[1175] *European Convention on Nationality* vom 06.11.1997 (ETS No. 166).

[1176] *Reparation for Injuries suffered in the Service of the United Nation, Advisory Opinion of April 11th*, 1949. ICJ Reports, 1949, p. 173 ff.

sächlich davon aus, dass es gewöhnliche Praxis sei, dass ein Heimatstaat dem anderen gegenüber keinen diplomatischen Schutz ausüben könne. Dies entspricht auch der bisherigen Spruchpraxis der zwischenstaatlichen Gerichte[1177].
In der Staatenpraxis ist mittlerweile eine Tendenz zu verzeichnen, welche die Ausübung des diplomatischen Schutzes auch gegenüber dem anderen Heimatstaat vorsieht. So zeigt gerade die Bestimmung in Artikel 17 der *European Convention on Nationality* von 1997 eine Abkehr von den bisherigen Prinzipien der Ausübung des diplomatischen Schutzes gegenüber dem anderen Heimatstaat. Diese grundlegende Wandlung wird in den Ausführungen zu Artikel 17 Absatz 2 des Übereinkommens mit den Veränderungen der Verhältnisse seit der Konvention von 1930 begründet[1178]. Nach dem Übereinkommen von 1997 soll dies uneingeschränkt der Fall sein, obwohl sich in den letzten Jahrzehnten eine Heranziehung des Prinzips der effektiven Staatsangehörigkeit durchzusetzen schien[1179].
In der völkerrechtlichen Lehre wird überwiegend davon ausgegangen, dass ein Heimatstaat dem anderen gegenüber keinen diplomatischen Schutz ausüben könne[1180]. Begründet wird dies vor allem damit, dass es ein Recht eines jeden Staates sei, den Staatsangehörigen ausschließlich als eigenen Staatsangehörigen anzusehen und mit ihm nach Belieben zu verfahren. Dies sei der Ausdruck des Gleichheitssatzes und würde anderenfalls gegen das Interventionsverbot verstoßen[1181]. Die Vertreter dieser Ansicht gehen maßgeblich von Artikel 4 der Haager

---

1177 Vgl. Kammann, S. 91 m.w.N.

1178 Im *Explanatory Report* zu Artikel 17 Absatz 2 der *European Convention on Nationality* wird ausgeführt:
„Paragraph 2, sub-paragraph a, deals with diplomatic and consular protection. The general rule of international law as regards diplomatic protection is contained in Article 4 of the 1930 Hague Convention which provides that "A State may not afford diplomatic protection to one of its nationals against a State whose nationality such a person also possesses." However, owing to the developments that have taken place in this area of public international law since 1930, in exceptional individual circumstances and while respecting the rules of international law, a State Party may offer diplomatic or consular assistance or protection in favour of one of its nationals who simultaneously possesses another nationality, for example in certain cases of child abduction. Account must also be taken of the fact that one member State of the European Union may give diplomatic or consular assistance to a national of another European Union State where the latter State is not represented in the territory of a third country."

1179 Vgl. dazu mit weiteren Ausführungen Kammann, S. 92 f.; siehe auch Uibopuu/Uschakow/Klein/Zieger, S. 88 ff.

1180 Zusammenfassend Kammann, S. 100 f.; dagegen Klein, S. 28 f., der dem diplomatischen Schutz eines Heimatstaates gegenüber einem anderen dann zulassen will, wenn „der anspruchserhebende Staat der Staat der dominierenden Staatsangehörigkeit" ist.

1181 Ress, Diplomatischer Schutz, in: Lexikon des Rechts (Völkerrecht), S. 57 (58); Berber, Bd. I, S. 385; Gloria, in: Ipsen, § 24, Rdnr. 34.

Konvention über gewisse Fragen beim Konflikt von Staatsangehörigkeitsgesetzen von 1930 aus[1182]. Die Möglichkeit, auch in diesem Verhältnis an die effektive Staatsangehörigkeit anzuknüpfen, findet sich nicht. Die Erwägungen, die Artikel 17 der *European Convention on Nationality* zugrunde liegen, haben in der Literatur noch keine Beachtung gefunden.

(bb.) Ausnahme wegen unzulässiger Rechtsausübung

Eine Ausnahme vom Grundsatz, dass ein Heimatstaat keinen diplomatischen Schutz gegenüber dem anderen Heimatstaat ausüben kann, besteht allerdings dann, wenn ein Fall der unzulässigen Rechtsausübung vorliegt. Davon ist auszugehen, wenn die andere Staatsangehörigkeit gerade deshalb verliehen wurde, um Ansprüche, die im Rahmen des diplomatischen Schutzes entstehen würden, abwehren zu können[1183]. Dies wird vor allem im Bereich der Enteignungen relevant, wenn dem individuell Betroffenen die Staatsangehörigkeit des enteignenden Staates aufgedrängt wird, um damit die Enteignung völkerrechtlich zu legitimieren.

(cc.) Ausnahme aufgrund der Diskriminierung wegen der Staatsangehörigkeit

Eine weitere Ausnahme von dem Grundsatz, dass ein Heimatstaat dem anderen gegenüber keinen diplomatischen Schutz gewähren kann, muss auch dann gemacht werden, wenn die Staatsangehörigkeit des Schutz gewährenden Staates Grund der Ausübung des diplomatischen Schutzes ist. Davon ist dann auszugehen, wenn der Doppelstaater in einem Heimatstaat gerade wegen seiner anderen Staatsangehörigkeit diskriminiert wird, der Status des individuell Betroffenen also Grundlage der Verletzung ist[1184]. Diese Ausnahme wird vor allem bei Grenzverschiebungen relevant. Als Beispiel sind die Rechte der deutschen Minderheit in den ehemaligen deutschen Ostgebieten anzuführen.

(b.) Ergebnis

Nach wie vor wird beim diplomatischen Schutz des einen Heimatstaates in Bezug auf den anderen Heimatstaat daran festgehalten, dass eine Schutzausübung nicht möglich ist. Dies ergibt sich aus bi- oder multilateralen Verträgen, wie beispielsweise der Haager Konvention über gewisse Fragen beim Konflikt von Staatsangehörigkeitsgesetzen vom 12. April 1930. Die Staaten, die diesbezüg-

---

[1182] Vgl. auch Blumenwitz, Minderheiten- und Volksgruppenrechte, S. 98 f., der von einem Satz des Völkergewohnheitsrechts ausgeht.

[1183] Gornig, in: Blumenwitz/Gornig, Rechtliche und politische Perspektiven deutscher Minderheiten und Volksgruppen, S. 25 (33); Blumenwitz, Minderheiten- und Volksgruppenrechte, S. 99.

[1184] Klein, S. 28; Gornig, Zukunftsperspektiven der Minderheiten und Volksgruppen im Bereich der Wiedergutmachung, S. 25 (33).

lich keine vertragliche Bindung eingegangen sind, halten primär an der Auffassung fest, dass Heimatstaaten untereinander nicht berechtigt sind, diplomatischen Schutz auszuüben. Zwar lassen sich in der Staatenpraxis auch andere Tendenzen erkennen, jedoch scheinen sich die Staaten in ihrer Praxis auch dann an den Artikel 4 der Haager Konvention zu halten, wenn sie nicht vertraglich gebunden sind. Dennoch kann dieser Grundsatz nicht uneingeschränkt gelten. Ausnahmen müssen vor allem dann gemacht werden, wenn die Gewährung des diplomatischen Schutzes durch eine unzulässige Rechtsausübung verhindert werden soll oder der individuell Betroffene, zu dessen Gunsten die Schutzausübung gewährt wird, gerade wegen seiner anderen Staatsangehörigkeit diskriminiert wird. Ob die *European Convention on Nationality* maßgeblich zu einer Veränderung der bisherigen Staatenpraxis beiträgt, bleibt abzuwarten, zumal die bereits bestehenden Ausnahmen nicht hinreichend berücksichtigt werden.

bb. Schutz anderer Staatsangehöriger

(1) Allgemein

Der Grundsatz, dass nur dem Heimatstaat die Berechtigung zur Schutzgewährung seiner eigenen Staatsangehörigen zusteht, kann auch erweitert werden[1185]. Grundsätzlich ist es denkbar, dass andere Staaten den diplomatischen Schutz übernehmen. Dies bedarf allerdings einer völkerrechtlichen Grundlage[1186], welche völkervertraglich auf bi- oder multilateraler Ebene geschaffen werden kann. In den meisten Fällen bedarf die Übernahme diplomatischen Schutzes keines weitergehenden Interesses[1187], allerdings darf nach Artikel 46 des Wiener Übereinkommens über diplomatische Beziehungen vom 18. April 1961[1188] diplomatischer Schutz durch Drittstaaten nur erfolgen, wenn der Empfangstaat[1189] zuge-

---

[1185] Gloria, in: Ipsen, § 24, Rdnr. 35.

[1186] Gloria, in: Ipsen, § 24, Rdnr. 35.

[1187] Falls dies jedoch der Fall sein sollte, reicht es unter Umständen sogar aus, dass es dem schutzübernehmenden Staat nur darauf ankommt, einen eingetretenen völkerrechtswidrigen Zustand zu beseitigen. Vgl. dazu näher Gloria, in: Ipsen, § 24, Rdnr. 35; Dolzer, *Diplomatic Protection of foreign nationals,* in: EPIL I, S. 1067 (1067 f.).

[1188] Wiener Übereinkommen über diplomatische Beziehungen vom 18.04.1961, BGBl. 1964 II, 958 ff.

[1189] Artikel 46: *Ein Entsendestaat kann mit vorheriger Zustimmung des Empfangstaates auf Ersuchen eines im Empfangstaat nicht vertretenen dritten Staates den zeitweiligen Schutz der Interessen des dritten Staates und seiner Angehörigen übernehmen.* Artikel 46 des Wiener Übereinkommens über diplomatische Beziehungen gibt dabei nur den völkergewohnheitsrechtlich geltenden Grundsatz des Interventionsverbotes, der auch in Artikel 2 (1) UN-Charta niedergelegt ist, in Bezug auf diplomatische Handlungen wieder.

stimmt hat[1190]. Eine bloße Notifikation der Übernahme der Interessen eines anderen Staates reicht nicht aus[1191].

(2) Europäische Union

Eine entsprechende Regelung findet sich in der Rechtsordnung der Europäischen Union[1192] in den Bestimmungen über die Unionsbürgerschaft in Artikel 20 EG[1193] (Artikel 8 c EG-Vertrag[1194]) und in den auf die in Artikel 20 EG (Artikel 8 c EG-Vertrag) verwiesenen sekundärrechtlichen Regelungen[1195]. Danach gewähren die Mitgliedstaaten in Drittstaaten jedem Unionsbürger, das heißt jedem Staatsangehörigen eines Mitgliedstaates im Sinne von Artikel 20 EG (Artikel 8 c EG-Vertrag), diplomatischen Schutz und zwar unter den selben Bedingungen, wie die Mitgliedstaaten diesen gegenüber ihren eigenen Staatsangehörigen ge-

---

1190 Dementsprechend auch in Bezug auf die erforderliche Zustimmung bei der Schutzgewährung durch EG-Mitgliedstaaten, Haag, in: Groeben/Thiesing/Ehlermann, Artikel 8 c EG-Vertrag, Rdnr. 5, mit dem Hinweis darauf, dass die *nationality rule* in neuerer Zeit in Frage gestellt werde und dementsprechend nicht auszuschließen sei, dass aufgrund der Inanspruchnahme eines komplementären Schutzrechts durch die Mitgliedstaaten deren Zuständigkeit für den diplomatischen Schutz aller Unionsbürger allgemein anerkannt wird und die Regelung des Artikels 8 c EG-Vertrag dementsprechend zu einer Fortentwicklung des Völkerrechts führen könnte. Dabei wird verkannt, dass allein aufgrund des mangelnden Nationalstaatscharakters nicht von einer Fortentwicklung des Völkerrechts gesprochen werden kann. Es handelt sich weiterhin um eine Erleichterung der Mitgliedsstaaten untereinander, die immer noch bilaterale Verträge mit den Drittstaaten voraussetzt aus denen wohl nur schwerlich die *nationality rule* abbedungen werden kann.

1191 Vgl. auch Ruffert, AVR 35 (1997), S. 459 (465).

1192 Diese Bestimmungen müssten sich eigentlich im Vertrag über die Europäische Union und nicht im EG-Vertrag befinden.

1193 Artikel 20 EG:
Jeder Unionsbürger genießt im Hoheitsgebiet eines dritten Landes, in dem der Mitgliedstaat, dessen Staatsangehörigkeit er besitzt, nicht vertreten ist, den diplomatischen und konsularischen Schutz eines jeden Mitgliedstaates unter den selben Bedingungen wie Staatsangehörige dieses Staates. Die Mitgliedstaaten vereinbaren die notwendigen Regeln und leiten die für diesen Schutz erforderlichen internationalen Verhandlungen ein.

1194 Artikel 8 c EG-Vertrag: *[Diplomatischer und konsularischer Schutz]*
Jeder Unionsbürger genießt im Hoheitsgebiet eines dritten Landes, in dem der Mitgliedstaat, dessen Staatsangehörigkeit er besitzt, nicht vertreten ist, den diplomatischen und konsularischen Schutz eines jeden Mitgliedstaats unter den selben Bedingungen wie Staatsangehörige dieses Staates. Die Mitgliedstaaten vereinbaren vor dem 31. Dezember 1993 die notwendigen Regeln und leiten die für diesen Schutz erforderlichen internationalen Verhandlungen ein.

1195 Diese Regelungen finden sich in dem Beschluss der Regierungen der Mitgliedstaaten vom 19.12.1995 über den Schutz der Bürger der Europäischen Union durch die diplomatischen und konsularischen Vertretungen (95/553/EG), Abl. 1995 Nr. L 314/73 f.

währen würden[1196]. Die weitere Ausgestaltung findet sich auf sekundärrechtlicher Ebene in Artikel 1 des Beschlusses vom 19. Dezember 1995[1197].

(3) Rechtsnatur des Artikel 20 EG

Nicht die Europäische Union übt nach Artikel 20 EG Schutz gegenüber den Unionsbürgern aus[1198], sondern die einzelnen Mitgliedstaaten verpflichten sich zur gegenseitigen Übernahme des diplomatischen Schutzes der Staatsangehörigen anderer Mitgliedstaaten[1199]. Es findet auch keine Verlagerung nationaler Kompetenzen auf die EU statt, sondern lediglich eine Optimierung des diplomatischen und konsularischen Schutzes unter Anwendung des Grundsatzes der Inländergleichbehandlung[1200]. Damit ist ein traditionell mit der Staatsangehörigkeit verknüpftes Recht Bestandteil der Unionsbürgerschaft geworden[1201], ohne dass es der Einführung einer europäischen Staatsangehörigkeit bedurfte[1202]. Es handelt sich allein um ein Recht des Schutzes für den Staatsangehörigen eines anderen EU-Mitgliedstaates anstelle seines Heimatstaates. Artikel 20 EG begründet somit faktisch ein Abhängigkeitsverhältnis eines EU-Mitgliedstaates gegenüber einem anderen *sui generis*.

(4) Probleme der Schutzausübung bei mehrfacher Staatsangehörigkeit

In Fällen mehrfacher Staatsangehörigkeit entstehen keine Schwierigkeiten, wenn der Betroffene zwei Staatsangehörigkeiten von Mitgliedstaaten der Europäischen Union besitzt und der andere Heimatstaat im Ausland vertreten ist. Hier

---

1196 Herdegen, Europarecht, Rdnr. 271; Emmert, Europarecht, § 5, Rdnr. 6; Shaw, S. 563, FN 143.

1197 Beschluss der Regierungen der Mitgliedstaaten vom 19.12.1995 über den Schutz der Bürger der Europäischen Union durch die diplomatischen und konsularischen Vertretungen (95/553/EG), Abl. 1995 Nr. L 314/73.

1198 Dies wäre auch nicht möglich, da die Europäische Union nicht mit völkerrechtlichen Rechten und Pflichten ausgestattet ist und es ihr somit an Rechtsfähigkeit mangelt. Vgl. auch Herdegen, Rdnr. 271.

1199 Herdegen, Rdnr. 271.

1200 Kluth, in: Calliess/Ruffert, Artikel 20 EG-Vertrag, Rdnr. 2. Zu der strittigen Frage des Schutzumfangs des Artikel 20 EG siehe Hilf, in: Grabitz/Hilf, Artikel 8 c EG-Vertrag, Rdnr. 1 ff.; Schweitzer/Hummer, Rdnr. 834 f.; Ruffert, AVR 35 (1997), S. 459 (463 ff.).

1201 Hilf, in: Grabitz/Hilf, Artikel 8 c EG-Vertrag, Rdnr. 1; Kluth, in: Calliess/Ruffert, Artikel 20 EG-Vertrag, Rdnr. 1.

1202 Dass sich die Unionsbürgerschaft gerade von der Staatsangehörigkeit der einzelnen Mitgliedstaaten unterscheidet, findet auch ausdrücklich Erwähnung in der Präambel des Ratsbeschlusses vom 19.12.1995. Sie führt über den *Status der Unionsbürgerschaft* aus, [dass er] *sich von der nationalen Staatsbürgerschaft* [unterscheide] *und in keiner Weise an ihre Stelle* [trete]. Vgl. Beschluss der Regierungen der Mitgliedsstaaten vom 19.12.1995 über den Schutz der Bürger der Europäischen Union durch die diplomatischen und konsularischen Vertretungen (95/553/EG), Abl. 1995 Nr. L 314/73.

liegt kein Fall des Artikel 20 EG vor, da der Schutzsuchende bereits über seine andere Staatsangehörigkeit Schutz beanspruchen kann, ohne sich auf Artikel 20 EG berufen zu müssen. Sind beide Staaten nicht bereit, diplomatischen Schutz auszuüben, ist es anderen Mitgliedstaaten der Europäischen Union, die in dem Verletzerstaat ebenfalls vertreten sind, allerdings verwehrt, diplomatischen Schutz auszuüben, da der Schutz des Artikel 20 EG nur dann eingreifen kann, wenn der Staat, dessen Staatsangehörigkeit der Betroffene besitzt, nicht in dem Drittstaat vertreten ist.

Probleme treten auf, wenn nur ein Heimatstaat Mitglied der Europäischen Union ist, aber nur der andere Heimatstaat im schädigenden Drittstaat vertreten ist. Hier stellt sich die Frage, ob der Heimatstaat, der nicht EU-Mitgliedstaat ist oder ein anderer Staat der Europäischen Union zur Schutzausübung berechtigt ist. Hinsichtlich einer derartigen Konstellation enthält Artikel 20 EG keine Regelung. Die Wahl des Anspruchstellers durch den schädigenden Drittstaat scheidet deshalb aus, da sich der schädigende Staat einerseits seinen Anspruchsteller nicht aussuchen darf, andererseits die Ausübung des diplomatischen Schutzes im Ermessen der Staaten steht und ein Staat nicht durch die Wahl des Schädigers zur Ausübung des diplomatischen Schutzes gezwungen werden kann. Ebenso kann dem betroffenen EU-Angehörigen nicht die Wahl des Schutz ausübenden Staates zustehen, da es sich beim diplomatischen Schutz um ein Recht des Staates handelt und dieser zudem von der innerstaatlichen Gesetzgebung abhängig ist, die durch die Wahl des Betroffenen nicht umgangen werden kann.

In Betracht käme jedoch eine Anwendung des Prinzips der effektiven Staatsangehörigkeit. Eine direkte Anwendung des Prinzips der effektiven Staatsangehörigkeit scheidet aus, da es sich bei der Unionsbürgerschaft nicht um eine Staatsangehörigkeit im völkerrechtlichen Sinne handelt. In Betracht käme nur eine entsprechende Anwendung des Prinzips der effektiven Staatsangehörigkeit. Dies würde einen gleichen Tatbestand wie bei den Fällen effektiver Staatsangehörigkeit und eine dementsprechende Interessenlage im Falle der Ausübung des diplomatischen Schutzes bei dem Besitz der Unionsbürgerschaft und einer Drittstaatsstaatsangehörigkeit voraussetzen. Es mangelt bei den Fällen, in denen der Betroffene neben einer Staatsangehörigkeit noch die Unionsbürgerschaft inne hat, allein schon an einem gleichen Tatbestand. In den Fällen, in denen die effektive Staatsangehörigkeit zur Anwendung kommt, liegt eine Konkurrenz bei der Ausübung des diplomatischen Schutzes von mindestens zwei Staaten durch die Staatsangehörigkeiten vor. Ziel der Effektivität der Staatsangehörigkeit ist es, bei Eintritt eines völkerrechtlichen Unrechts die Konkurrenz der beiden Heimatstaaten bei der Ausübung des diplomatischen Schutzes zu beseitigen. Bei der Ausübung des diplomatischen Schutzes durch die Unionsbürgerschaft liegt ein solcher Tatbestand nicht vor, da kein Nebeneinander verschiedener Staatsangehörigkeiten vorliegt. Ist der Staat der Europäischen Union nicht in einem Drittstaat vertreten und hat er auch nicht vor, in diesem Fall diplomatischen

Schutz auszuüben, so kann nicht subsidiär Artikel 20 EG zur Anwendung kommen. In diesem Fall ist die diplomatische Schutzausübung nur durch den Drittstaat, nicht aber durch einen anderen Mitgliedstaat der Europäischen Union möglich.

b. Kontinuitätsprinzip

Die Gewährung des diplomatischen Schutzes ist ferner von dem Kontinuitätsprinzip abhängig [1203].

aa. Allgemein

Unter dem Prinzip der Kontinuität wird die Fortdauer der Staatsangehörigkeit über den Zeitpunkt der eigentlichen Rechtsverletzung hinaus bis zum Abschluss des diplomatischen Tätigwerdens des schutzgewährenden Staates verstanden[1204]. Die Schutzgewährung ist nur möglich, wenn der Betroffene im Zeitraum vom Eintritt der Rechtsverletzung bis zum Zeitpunkt der Schutzausübung durch seinen Heimatstaat Staatsangehöriger eben dieses Staates ist[1205]. Die Staatsangehörigkeit bleibt über den ganzen Zeitraum mit dem Anspruch verbunden, sie ist also akzessorisch. Deshalb spricht man hier auch von der *Nationalität des Anspruchs* oder der *Nationality of Claim*[1206]. Diese Voraussetzung entspricht der heute überwiegenden Völkerrechtspraxis und –lehre[1207].

Der Geschädigte darf weder seine Staatsangehörigkeit wechseln noch darf er in diesem Zeitraum die Staatsangehörigkeit des Staates besitzen, gegenüber dem die Rechtsverletzung geltend gemacht wird. Dies gilt auch dann, wenn der Betroffene eine mehrfache Staatsangehörigkeit, also die des Schutz gewährenden Staates und die des Staates, demgegenüber die Wiedergutmachung verlangt wird, besitzt[1208]. Wenn der Staat einmal seinen Anspruch gegenüber einem anderen Staat geltend macht, ist dies allein sein Anspruch, den nur dieser Staat geltend machen kann[1209].

Bei der Kontinuität des geltend gemachten Anspruchs ist auf die folgenden von *Hurst*[1210] bereits 1926 aufgestellten Grundsätze[1211] zu verweisen:

1203 Epping, in: Ipsen, § 24, Rdnr. 34.

1204 Epping, in: Ipsen, § 24, Rdnr. 34.

1205 Geck, Diplomatischer Schutz, in: Wörterbuch des Völkerrechts, Bd. I, S. 379 (382); Berber, Bd. III, S. 21.

1206 Vgl. Berber, Bd. III, S. 21; Brownlie, S. 480 ff.; Shaw, S. 562 ff.

1207 Geck, Diplomatischer Schutz, in: Wörterbuch des Völkerrechts, Bd. I, S. 379 (382); Brownlie, S. 481.

1208 Berber, Bd. III, S. 21.

1209 Shaw, S. 563.

1210 Hurst, BYIL 1926, S. 163 ff.

1211 Hurst, BYIL 1926, S. 163 (182).

(a) *The person who suffered the injury out of which the claim arose must have possessed the nationality of the respondent state at the time of the occurrence.*

(b) *If the Claim is put forward on behalf of the person who suffered the injury, he must possess the nationality of the respondent state at the time when the claim is submitted to the commission and continually up to the date of the award.*

(c) *If the person who suffered the injury out of which the claim arose is dead or has parted with his interest of the claim, the person to whom the interest has passed and on whose behalf the claim is presented must possess the nationality of the respondent state at the time when the claim is submitted to the commission and continually up to the date of the award.*

(d) *Where a national retains part only of the interest in a claim and part-passes to a non-national, the claim may only be presented and an award made in respect of so much of the claim as remains vested in the national.*

(e) *The result is the same whether the non-national's interest in the whole or part of a claim passed to him by voluntary or involuntary assignment or by operation of law.*

(f) *Changes of nationality subsequent to the making of the award are immaterial.*

Durch das Erfordernis der Kontinuität der Staatsangehörigkeit wird vermieden, dass der Staatsangehörige gegenüber seinem ehemaligen Heimatstaat durch den Wechsel der Staatsangehörigkeit Ansprüche auf völkerrechtlicher Ebene geltend machen kann, die ihm im Zeitpunkt der Rechtsverletzung nicht zustehen würden, da es sich in diesem Zeitpunkt nicht um eine Verletzung des internationalen Rechts gehandelt hat. Somit ist durch den Wechsel der Staatsangehörigkeit keine völkerrechtliche Verantwortlichkeit zu erzeugen. Die Rechtsfolge der Akzessorietät des Anspruchs ist auch, dass der Wechsel der Staatsangehörigkeit nach dem Eintritt der Rechtsverletzung keine völkerrechtliche Haftung des vorherigen Heimatstaates nach sich ziehen kann. Ein Wechsel der Staatsangehörigkeit hat vielmehr die Erledigung der Streitigkeit zur Folge, da eben dadurch die Akzessorietät durchbrochen wird. Dies ist durchaus berechtigt, da sich der Betroffene einerseits des Schutzes durch seinen Heimatstaat begibt, andererseits der Staat auch die Rechtsverletzung nicht durchsetzen könnte, da der völkerrechtliche Anspruch des Staates gegenüber dem Anspruchsgegner abhängig von der Staatsangehörigkeit des Geschädigten ist.
Der Anspruch des Geschädigten ist allerdings übertragbar. Dabei wird verlangt, dass die Staatsangehörigkeit des Zessionars die selbe ist wie die des Zedenten.

Ist dies nicht der Fall, wird ebenfalls die Akzessorietät des Anspruchs mit der erforderlichen Staatsangehörigkeit durchbrochen[1212]. Erst ab dem Zeitpunkt, in welchem dem Betroffenen Entschädigung für die ihm zugefügte völkerrechtliche Verletzung zugesprochen wird, erlischt die Akzessorietät[1213]. Als maßgeblicher Zeitpunkt wird hier von der Mehrheit der Staaten und der Literatur der Zeitpunkt der Entschädigung oder des gerichtlichen Urteils angesehen[1214]. Mit den bereits von Hurst aufgestellten Kriterien ist wohl eher von dem Zeitpunkt auszugehen, in welchem dem betroffenen Staat, der das Recht auf diplomatischen Schutz geltend gemacht hat, die Entschädigung zugestanden wird[1215].

bb. Kontinuität und mehrfache Staatsangehörigkeit

Bei der diplomatischen Schutzgewährung von Mehrstaatern wird grundsätzlich an die effektive Staatsangehörigkeit angeknüpft. Deshalb muss auch die als effektiv betrachtete Staatsangehörigkeit über den ganzen Zeitraum mit dem Anspruch verbunden sein. Erwirbt der Mehrstaater die Staatsangehörigkeit, die als die effektive angesehen wird, erst später, wird nur der andere Staat zur Ausübung des diplomatischen Schutzes berechtigt sein. Dieses Ergebnis scheint in der Praxis nicht zufriedenstellend zu sein, da sich in der Regel die neu erworbene Staatsangehörigkeit als die effektive erweisen wird. Dies ist unter Umständen dann gegeben, wenn ein Fall der faktischen Unmöglichkeit des Ausscheidens aus der bisherigen Staatsangehörigkeit vorliegt, da der bisherige Heimatstaat das Ausscheiden aus seiner Staatsangehörigkeit nicht vorsieht. Da in der völkerrechtlichen Praxis noch davon ausgegangen wird, dass die Staatsangehörigkeit während der Geltendmachung des diplomatischen Schutzes nicht gewechselt werden kann[1216], ist der neue Heimatstaat nicht berechtigt, Schutz für seinen „neuen“ Staatsangehörigen auszuüben. Dies ist erst recht nicht möglich, wenn der Betroffene vormals die Staatsangehörigkeit des schädigenden Staates besaß, nun aber eine andere Staatsangehörigkeit annimmt[1217].

Fraglich ist allerdings, ob der bisherige Heimatstaat in den Fällen des nachträglichen Erwerbs einer zusätzlichen Staatsangehörigkeit noch Interesse daran hat, für den bisherigen alleinigen Staatsangehörigen diplomatischen Schutz auszuüben. In diesen Fällen ist dem Mehrstaater der diplomatische Schutz gänzlich versagt. Um zu vermeiden, dass der Mehrstaater in solchen Fällen schutzlos gestellt wird, wäre die Anwendbarkeit der effektiven Staatsangehörigkeit in den Fällen der rechtlichen oder faktischen Unmöglichkeit des Ausscheidens aus der

---

1212 Hurst, BYIL 1926, S. 163 (182).
1213 Brownlie, S. 481 f.
1214 Brownlie, S. 482 m. w. N.
1215 Hurst, BYIL 1926, S. 163 (182).
1216 Berber, Bd. III, S. 21.
1217 Berber, Bd. III, S. 21.

bisherigen Staatsangehörigkeit bei dem Erfordernis der Kontinuität zu berücksichtigen.

3. Rechtswegerschöpfung

Vor der völkerrechtlichen Geltendmachung des diplomatischen Schutzes ist die Erschöpfung des innerstaatlichen Rechtsweges erforderlich[1218]. Dies bedeutet, dass dem Schutzsuchenden erst dann der Wiedergutmachungsanspruch des schutzausübenden Staates zukommen kann, wenn er mit allen ihm rechtlich zu Verfügung stehenden Mitteln versucht hat, vor den innerstaatlichen Behörden und Gerichten des Verletzerstaates das Unrecht in dem schädigenden Staat selbst abzuwehren[1219]. Dieses Erfordernis besteht bei allen Personen, auch denen, die mehrere Staatsangehörigkeiten besitzen. Die *local remedies rule/rule of the exhaustion of local remedies* verfolgt den Zweck, dem verletzenden Staat die Möglichkeit zu geben, außerhalb des zwischenstaatlichen Bereichs, das heißt noch im innerstaatlichen Recht, eine Verletzung wieder gut zu machen[1220].
Die *local remedies rule* erfordert nicht nur die Beschreitung des innerstaatlichen Rechtsweges, sondern die Ausschöpfung aller rechtlichen Möglichkeiten, die dem Anspruchsführer zur Verfügung stehen[1221]. Eine Ausnahme ist gegeben, wenn kein wirksames Rechtsmittel mehr zur Verfügung steht[1222]. Ein solcher Umstand kann dann vorliegen, wenn die höhere Instanz zur Behandlung der vorgebrachten Beschwerden nicht zuständig ist, es bereits ersichtlich ist, dass ein Rechtsmittel keinen Erfolg mehr versprechen kann oder durch eine ständige völkerrechtswidrige Praxis der Exekutive erwiesen ist, dass ein effektiver Rechtsschutz nicht vorhanden ist[1223]. Nicht erforderlich sind solche rechtlichen Mittel, auf die der Betroffene keinen unmittelbaren Einfluss mehr hat. Die Erschöpfung der innerstaatlichen Rechtsmittel erfasst folglich keine reinen Gna-

---

1218 Epping, in: Ipsen, § 24, Rdnr. 38 ff.

1219 Geck, *Diplomatic Protection,* in: EPIL I (1992), S. 1045 (1056); Epping, in: Ipsen, § 24, Rdnr. 38; vgl. dazu auch den *Fall Interhandel* (Schweiz v. Vereinigte Staaten von Amerika) vom 21.03.1959, ICJ Reports 1959, S. 27; Verdoss/Simma, § 1306; Brownlie, S. 497.

1220 Gloria, S. 113; Klein, Diplomatischer Schutz, S. 29; Verdross/Simma, § 1308; Geck, Diplomatischer Schutz, in: Wörterbuch des Völkerrechts, Bd. I, S. 379 (384), mit der Begründung, dass gerade bei der Inanspruchnahme auf internationaler Ebene mit weitreichenden Folgen zu rechnen ist und dem verletzenden Staat deshalb die Gelegenheit gegeben werden muss, dem geschädigten Individuum mit seinen Mitteln Recht verschaffen zu können; Brownlie, S. 496 f.

1221 Geck, Diplomatischer Schutz, in: Wörterbuch des Völkerrechts, Bd. I, S. 379 (384); Epping, in: Ipsen, § 24, Rdnr. 38; Brownlie, S. 495; Klein, S. 30.

1222 Verdross/Simma, § 1306; Epping, in: Ipsen, § 24, Rdnr. 39.

1223 Klein, S. 30; Epping, in: Ipsen, § 24, Rdnr. 39; siehe dazu auch Verdross/Simma, § 1306 m.w.N.

denakte[1224]. Ebenso kann eine Verweisung auf die innerstaatliche Rechtswegerschöpfung dann überflüssig sein, wenn es sich um eine Wiedergutmachung der durch oberste Organe verursachten Verletzungen handelt, da gegen solche Akte nur selten Rechtsmittel möglich sind[1225] oder wenn eine gefestigte höchstrichterliche Rechtsprechung zu dieser Frage bereits ergangen ist und eine andere Entscheidung zu dieser Sache nicht zu erwarten ist[1226].

Die innerstaatliche Rechtswegerschöpfung ist weiterhin dann nicht erforderlich, wenn es sich eigentlich nicht um eine innerstaatliche Verletzung handelt. Eine derartige Konstellation liegt unter Umständen dann vor, wenn sich die verletzende Handlung nicht auf dem Territorium des verletzenden Staates ereignet hat, sondern dies im Bereich eines anderen Hoheitsträgers der Fall gewesen ist[1227]. In diesem Fall kann der Verletzte mit den innerstaatlichen Rechtsmitteln des Drittstaates, in dem das schädigende Ereignis eingetreten ist, direkt gegen den verletzten Staat vorgehen[1228].

Die Voraussetzung der innerstaatlichen Rechtswegerschöpfung ist zudem disponibel[1229], das bedeutet, auf sie kann seitens der Staaten vertraglich verzichtet werden. Ebenso kann ein schiedsgerichtlicher Verzicht das Erfordernis der innerstaatlichen Rechtswegerschöpfung aufheben[1230]. Ansonsten wird man der Ansicht zustimmen müssen, dass es sich bei der Notwendigkeit der innerstaatlichen Rechtswegerschöpfung, der sogenannten *domestic remedies*, um Völkergewohnheitsrecht handelt. Die mehrfache Staatsangehörigkeit hat auf die Rechtswegerschöpfung keine Auswirkungen, da sie sich nach dem innerstaatlichen Recht des Verletzerstaates richtet und ein von der Staatsangehörigkeit unabhängiges Erfordernis darstellt. Besitzt der Betroffene die Staatsangehörigkeit des verletzenden Staates, scheidet der diplomatische Schutz ohnehin aus.

1224 Gloria, S. 113; Epping, in: Ipsen, § 24, Rdnr. 38; Bownlie, S. 497.

1225 Verdross/Simma, § 1306.

1226 Brownlie, S. 497.

1227 Gloria, S. 113.

1228 Als problematisch könnten sich hierbei Fragen der Immunität der schädigenden Personen oder des schädigenden Staates erweisen.

1229 Eine vertragliche Vereinbarung, die eine Erschöpfung des innerstaatlichen Rechtswegs ausdrücklich nicht erfordert, findet sich in Artikel XI Absatz I des *Übereinkommens über die Völkerrechtliche Haftung für Schäden durch Weltraumgegenstände* vom 29.03.1972 (BGBl. 1975 II, S. 1210 ff.):
„Die Geltendmachung eines Schadensersatzanspruchs gegen einen Startstaat nach diesem Übereinkommen setzt nicht die Erschöpfung der innerstaatlichen Rechtsmittel voraus, die einem anspruchstellenden Staat oder den von ihm vertretenen natürlichen oder juristischen Personen zur Verfügung stehen.
[...]"
Zur vertraglichen Abdingbarkeit der *local remedies rule* siehe auch Epping, in: Ipsen, § 24, Rdnr. 40; Gloria, S. 114; Dahm Bd. III, S. 263.

1230 Verdross/Simma, § 1306.

C. Minderheitenschutz

Bei einer Zahl von ca. 82,16 Mio. Einwohnern[1231] in der Bundesrepublik Deutschland im Jahre 1999 belief sich der Anteil der ausländischen Wohnbevölkerung auf ca. 7,34 Mio. Das entspricht einem Ausländeranteil von 8,93 % an der Gesamtbevölkerung[1232]. Es wanderten im Jahre 1999 allein 673.900 Ausländer in die Bundesrepublik Deutschland ein[1233]. Das bedeutet eine Zuwanderung von 9.18 % verglichen mit dem Anteil der bereits in Deutschland lebenden ausländischen Bevölkerung. Von den in Deutschland lebenden Ausländern wurden im Jahre 1999 143.300 Personen eingebürgert. Dabei ist ein kontinuierlicher Anstieg gegenüber den Vorjahren zu verzeichnen, wobei sich die Zahl der eingebürgerten Personen im Verhältnis zum Jahre 1997 fast verdoppelt hat[1234]. Mit der Änderung des Staatsangehörigkeitsrechts durch das Staatsangehörigkeitsreformgesetz vom 15. Juli 1999 wird sich der Anteil der eingebürgerten Personen erheblich erhöhen. Dies ist nicht zuletzt auf die Einführung des *ius soli*-Prinzips nach § 4 Absatz 3 StAG zurückzuführen. Auch die erleichterte Einbürgerung unter der Hinnahme der bisherigen Staatsangehörigkeit durch das Gesetz vom 15. Juli 1999 wird zu einem Anstieg der Einbürgerungen führen, da die Aufgabe der bisherigen Staatsangehörigkeit für viele Ausländer ein Argument gegen den Wechsel der Staatsangehörigkeit und der Einbürgerung in der Bundesrepublik Deutschland darstellte. Da sich der Ausländeranteil und zum Teil auch der bereits eingebürgerte Teil in verschiedenen Bereichen kulturell, ethnisch, teilweise auch religiös und rassisch von dem Rest der Gesamtbevölkerung unterscheidet, ist zu erörtern, ob die betroffenen Personen und Personengruppen die Eigenschaft einer Minderheit im völkerrechtlichen Sinne erfüllen, insbesondere ob mehrfache Staatsangehörigkeit Minderheitenschutz vermittelt. In diesem Falle wären durch die Bundesrepublik Deutschland die allgemeinen Grundsätze, die der völkerrechtliche Minderheitenschutz verlangt, zu beachten. Hinzu käme neben den ohnehin bereits durch das Diskriminierungsverbot bestehenden Schutzpflichten auch eine Förderungspflicht des Staates bezogen auf die sich von der Gesamtbevölkerung unterscheidenden Personen und Personengruppen[1235]. Um

[1231] Die Zahl der Gesamtbevölkerung belief sich im Jahre 1997 auf 82,0574 Mio., im Jahre 1998 auf 82,0370 Mio. und im Jahre 1999 auf 82,1635 Mio. (Quelle: Statistisches Bundesamt).

[1232] Der Ausländeranteil an der Gesamtbevölkerung belief sich im Jahre 1997 auf 7,4190 Mio., im Jahre 1998 auf 7,3085 Mio. und im Jahre 1999 auf 7,3361 Mio. (Quelle: Statistisches Bundesamt).

[1233] Im Jahre 1997 waren es 615.300 Ausländer, die zuwanderten, im Jahre 1998 605.500 Ausländer (Quelle: Statistisches Bundesamt).

[1234] Im Jahre 1997 wurden 82.900 Ausländer eingebürgert, im Jahre 1998 bereits 106.800 Ausländer (Quelle: Statistisches Bundesamt).

[1235] Siehe hierzu auch Gelinski, FAZ vom 19.02.1999, S. 12

dies beurteilen zu können, müssen zuvor die Kriterien des Minderheitenschutzes dargestellt werden.

I. Entwicklung des Minderheitenschutzes auf internationaler Ebene

1. Entwicklung bis zum Ersten Weltkrieg

Der Minderheitenschutz entwickelte sich zunächst auf dem Gebiet der religiösen Diskriminierungsthematik und hatte seinen Ursprung in der Gewährung der freien Religionsausübung. Seit dem 16. und 17. Jahrhundert war es vor allem das Anliegen der christlichen Staaten, die christlichen Minoritäten im Ausland zu schützen. So wurde in verschiedenen Sezessionsverträgen darauf geachtet, dass dem christlichen Teil der Bevölkerung ein gewisser Schutz zukommt, der den betroffenen Einwohnern die Religionsausübung ungehindert garantierte[1236].

Dem Minderheitenschutz kam im konfessionellen Bereich erstmals in dem von König Ferdinand I verkündeten Religionsvergleich[1237] (Augsburger Religionsfrieden) im Jahre 1555 eine erhebliche Relevanz zu und nahm eine wesentliche Rolle im Westfälischen Frieden von 1648 ein[1238]. Auch im Bereich der ehemaligen osmanischen Herrschaftsgewalt ergaben sich zunehmend Probleme mit Minderheiten, die einen religiösen Bezug aufwiesen. So sahen sich die christlichen Staaten verpflichtet, den Schutz der christlichen Glaubensanhänger in der Türkei zu übernehmen. Bis zum Ende des klassischen Völkerrechts bezog sich die eigentliche Aufgabe des Schutzes von Minderheiten hauptsächlich auf den Schutz religiöser Minoritäten in anderen Staaten. Der Minderheitenschutz hatte also eine Schlichtungsfunktion im konfessionellen Bereich zu erfüllen[1239]. Dies wurde auch auf dem Berliner Kongress von 1878 erkannt, dessen Ziel die Sicherung der freien Religionsausübung und der Schutz der religiösen Minderheiten war[1240].

[1236] Dahm, Bd. I, S. 394.

[1237] Der Religionsvergleich vom 25.09.1555 beendete im Wesentlichen die Kämpfe der lutherischen Protestanten und Katholiken im Deutschen Reich.

[1238] Nowak, Artikel 27 IPbürgR, Rdnr. 1; Dahm, Bd. I, S. 394; Capotorti, *Minorities,* in: EPIL III, S. 410 (411); Regelungen bezüglich der religiösen Minderheiten fanden sich im 17. Jhd. ebenfalls in dem Vertrag von Olivia von 1660 und dem Vertrag von Nijmegen im Jahre 1678.

[1239] Dahm, Bd. I, S. 395

[1240] Serbien, Montenegro, Rumänien, Bulgarien und die Türkei mussten sich dort verpflichten, die Gewährung religiöser Freiheit ohne Rücksichtnahme auf den religiösen Glauben zu versprechen. Ferner sollte die Anerkennung von Staaten von der Garantie der freien Religionsausübung abhängig gemacht werden. Dahm, Bd. I, S. 395.

2. Entwicklung nach dem Ersten Weltkrieg

Die eigentliche Entwicklung des Minderheitenschutzes schloss sich an die Vorgänge auf dem europäischen Kontinent nach dem Ende des Ersten Weltkrieges an. Losgelöst vom eigentlichen konfessionellen Ursprung wurde die Minderheitenproblematik nunmehr vom Nationalitätenprinzip geprägt. Die Problematik des Minderheitenschutzes spielte eine wesentliche Rolle bei den Friedensverträgen nach 1918, hervorgerufen durch die zahlreichen Grenzverschiebungen in Mittel- und Osteuropa und ebenfalls im Rahmen des Völkerbundes und der Schaffung eines sogenannten Schutzsystems[1241]. Jedoch blieben diese Schutzmaßnahmen Einzelfallregelungen. Sie bezogen sich nur auf die Minderheiten, die sich auf dem Staatsgebiet der vertragschließenden Parteien aufhielten. Eine Verallgemeinerung der Schutzmaßnahmen zugunsten der Minderheiten gab es im europäischen Bereich nicht. Minderheitenregelungen gab es vielmehr nur dort, wo sie für den Abschluss eines Friedensvertrages unumgänglich waren.

Bei der Durchsetzung der eingeräumten Rechte seitens der Minderheiten gab es erhebliche Probleme. Den betroffenen Minderheiten war es fast unmöglich, die ihnen eingeräumten Garantien vor den internationalen Organisationen und dem

---

[1241] Nowak, Artikel 27 IPbürgR, Rdnr. 1; Dahm, Bd. I, S. 396 f.; Seidl-Hohenveldern/Stein, Rdnr. 1577; Capotorti, *Minorities,* in: EPIL III, S. 410 (411); Franke/Hofmann, EuGRZ 1992, S. 401 (403); zu den einzelnen Verträgen, in denen sich Regelungen über den Schutz von Minderheiten fanden, siehe Capotorti, *Minorities,* in: EPIL III, S. 410 (411 f.) und Ermacora, RdC 182 (1983, Bd. IV), S. 247 (258 f.). Verträge über den Schutz von Minderheiten während der Pariser Friedenskonferenz waren der Vertrag zwischen den Alliierten Kriegspartnern und Polen vom 28.06.1919, den Alliierten Kriegsparteien und dem Königreich Serbien, Slowenien und Kroatien vom 10.09.1919, der Vertrag der alliierten Kriegsparteien und der Tschechoslowakei vom 10.09.1919, der Vertrag zwischen den Alliierten Kriegsparteien und Rumänien vom 09.12.1919 und der Vertrag zwischen den vereinten Kriegsparteien und Griechenland vom 10.08.1919. Regelungen hinsichtlich des Schutzes von Minderheiten, welche in den Friedensverträgen festgelegt wurden, enthielten der Friedensvertrag mit Österreich (Vertrag von St. Germain) vom 10.09.1919, der Friedensvertrag mit Bulgarien vom 27.11.1919, der Friedensvertrag mit Ungarn (Vertrag von Trianon) vom 04.06.1920 und der Friedensvertrag mit der Türkei vom 24.07.1923. Weitere Vereinbarungen über Minderheitenschutz finden sich im Vertrag zwischen Deutschland und Oberschlesien vom 15.03.1922, im Vertrag zwischen Österreich und der Tschechoslowakei vom 07.06.1920, im Vertrag zwischen Polen und der Tschechoslowakei vom 23.04.1925, im Vertrag zwischen Russland und der Türkei vom 09.11.1920 und im Vertrag zwischen der Freien Stadt Danzig und Polen vom 09.11.1920. Neben den zwischen Lettland und Litauen, Griechenland und Italien, Jugoslawien und Italien und Jugoslawien und Rumänien bestehenden Vereinbarungen über den Minderheitenschutz fallen die folgenden Erklärungen noch in den Bereich des Minderheitenschutzes in der Zeit nach dem Ersten Weltkrieg: Die Erklärung von Albanien vom Oktober 1921, die Erklärung von Estland vom 17.09.1923, die Erklärung von Finnland vom 27.06.1921, die Erklärung von Lettland vom 07.07.1923 und die Erklärung von Litauen vom 02.05.1922.

StIGH geltend zu machen, da sie keinen *locus standi* gewährt bekamen. Der Zugang war ihnen einerseits dadurch verwehrt, dass sie nicht als Völkerrechtssubjekte anzusehen waren und somit keinen direkten Zugang zu den entsprechenden Organen hatten, andererseits mangelte es in den meisten abgeschlossenen Verträgen an einer dahingehenden Regelung[1242]. Da der Zugang zu diesen Organen nur durch die betroffenen Signatarstaaten erfolgen konnte, wurde die Geltendmachung der eigenen Rechte wesentlich erschwert und die eigentlich zu gewährenden Rechte der betroffenen Minderheiten geschmälert. Demnach bestanden zwar in der andauernden Zwischenkriegsära der zwanziger Jahre viele Regelungen hinsichtlich der neu entstandenen Minderheiten in Europa, es mangelte den Bestimmungen jedoch an ihrer rechtlichen Effizienz, auch wenn sie zunächst zu einer einigermaßen adäquaten Lebensordnung in den betroffenen Regionen beitrugen.

3. Entwicklung nach dem Zweiten Weltkrieg

Nach dem Ende des Zweiten Weltkrieges versuchten die Staaten zunehmend die Probleme zu lösen, die sich aufgrund der in den verschiedenen Staatsgebieten lebenden Menschen anderer Volkszugehörigkeit ergaben. So haben sich auf internationaler Ebene die Bemühungen hinsichtlich der Kodifikation eines Minderheitenschutzes nach dem Zweiten Weltkrieg für die vielen, sich unterscheidenden und in unterschiedlichen europäischen Staaten lebenden homogenen Personengruppen erheblich erhöht. Dies ist gerade deshalb von Bedeutung, weil es in Europa mittlerweile etwa 200 verschiedene Volksgruppen, Nationalitäten oder nationale Minderheiten gibt und diese Gruppen etwa 100 Millionen Menschen umfassen[1243].

Gerade in den zwischenstaatlichen Organisationen wurde das Bestreben nach einem klareren Schutzkonzept für Minderheiten wieder aufgegriffen und versucht, Lösungsansätze zu unterbreiten. Dazu zählen vor allem die unverbindliche Allgemeine Erklärung der Menschenrechte der Generalversammlung vom 10. Dezember 1948, in deren Artikel 2 die in der Erklärung verbürgten Rechte jedermann ohne jegliche Diskriminierung hinsichtlich der Rasse, Farbe, Geschlecht, Sprache, Religion, politischer und sonstiger Überzeugung, nationaler oder sonstiger Herkunft, nach Eigentum, Geburt oder sonstigen Umständen (sogenanntes Verbot der Diskriminierung) zustehen. Dieses Diskriminierungsverbot wurde auch in Artikel 14 der Europäischen Konvention zum Schutze der Menschenrechte und Grundfreiheiten vom 4. November 1950 (Europäische

[1242] Dahm, Bd. I, S. 401; ein solcher eigener Rechtsschutz kam den Minderheiten beispielsweise im deutsch-polnischen Oberschlesienabkommen vom 15.05.1922 und im Brünner Vertrag zwischen Österreich und der Tschechoslowakei vom 07.06.1920 zu.

[1243] Steiner, in: Blumenwitz/Gornig, Minderheiten- und Volksgruppenrechte in Theorie und Praxis, S. 29 (31).

Menschenrechtskonvention) festgeschrieben[1244]. Sowohl die Allgemeine Erklärung der Menschenrechte der Generalversammlung als auch die regionalen Abkommen, wie die Europäische Menschenrechtskonvention und die Afrikanische Charta der Rechte der Menschen und Völker aus dem Jahre 1981[1245], gehen nicht über die Festsetzung eines Diskriminierungsverbotes hinaus und enthalten (noch) keine expliziten Regelungen hinsichtlich des Schutzes von Minderheiten[1246].

Seinen vorläufigen Abschluss fand die Regelung des Minderheitenschutzes in dem Rahmenübereinkommen des Europarates zum Schutz nationaler Minderheiten, welches am 10. November 1994 beschlossen wurde[1247]. Das Überein-

---

1244 Folgende Staaten haben die Europäische Menschenrechtskonvention bislang ratifiziert: Albanien, Andorra, Belgien, Bulgarien, Dänemark, Bundesrepublik Deutschland, Estland, Finnland, Frankreich, Griechenland, Irland, Island, Italien, Kroatien, Lettland, Liechtenstein, Litauen, Luxemburg, Malta, Mazedonien, Moldau, Niederlande, Norwegen, Österreich, Polen, Portugal, Rumänien, Russische Förderation, San Marino, Schweden, Schweiz, Slowakische Republik, Slowenien, Spanien, Ukraine, Ungarn, Türkei, Tschechische Republik, Vereinigtes Königreich und Zypern. Quelle: Fundstellennachweis B (2000), S. 314 f. (Stand: 31.12.2000).

1245 *African Charter on Human Rights and People's Rights, adopted by the 18th Assembly of the Heads of State and Governments of the Organization of African Unity, Nairobi, Kenya, June 27, 1981; entered into force on October 21, 1986* (Banjul Charta der Menschenrechte und Rechte der Völker); HRLJ 7 (1986), S. 403 ff.; ILM XXI (1982) S. 59 ff; deutscher Text in: Simma/Fastenrath, S. 519 ff.; EuGRZ 1986, S. 677 ff.

1246 Franke/Hofmann, EuGRZ 1992, S. 401 (403); Doehring, Völkerrecht, Rdnr. 1020; Nowak, Artikel 27 IPbürgR, Rdnr. 4; de Zayas, in: Blumenwitz/von Mangoldt, Fortentwicklung des Minderheitenschutzes und der Volksgruppenrechte in Europa, S. 135 (135).

1247 Rahmenabkommen zum Schutz nationaler Minderheiten vom 01.02.1995. Das Abkommen ist für folgende Staaten in Kraft: Albanien (01.01.2000), Armenien (01.11.1998), Aserbaidschan (01.10.2000), Bosnien und Herzegowina (01.06.2000), Bulgarien (01.09.1999), Dänemark (01.02.1998, mit der Erklärung, dass das Rahmenübereinkommen auf die deutsche Minderheit in Südjütland Anwendung findet. Siehe BGBl. 1998 II, S. 57), Bundesrepublik Deutschland (01.02.1998, mit Vorbehalt hinsichtlich der Definition des Begriffes der nationalen Minderheiten), Estland (01.02.1998), Finnland (01.02.1998), Irland (01.09.1999), Italien (01.03.1998), Kroatien (01.02.1998), Liechtenstein (01.03.1998), Littauen (01.07.2000), Malta (01.06.1998), Mazedonien (01.02.1998), Republik Moldau (01.02.1998), Norwegen (01.07.1999), Österreich (01.07.1998), Rumänien (01.02.1998), Russische Föderation (01.12.1998), San Marino (01.02.1998), Schweden (01.06.2000), Schweiz (01.02.1999), Slowakei (01.02.1998), Slowenien (01.07.1998), Spanien (01.02.1998), Tschechische Republik (01.04.1998), Ukraine (01.05.1998), Ungarn (01.02.1998), Vereinigtes Königreich (01.05.1998), Zypern (01.02.1998). Quelle: Fundstellennachweis B (2000), S. 658 f. (Stand: 31.12.2000). Aufgrund dessen, dass dem Rahmenübereinkommen keine Definition des Begriffes Minderheiten entnommen werden kann, hat die Bundesrepublik Deutschland bei der Ratifikation die Erklärung abgegeben, dass unter nationalen Minderheiten im Sinne des Übereinkommens die Dänen mit deutscher Staatsangehörigkeit und die Angehörigen des sorkommen stellte den Versuch dar, eine regionale Normierung des Minderheitenschutzes zu finden. Es schließt sich an die seit 1949 verstärkten Bestrebungen des Europarates an, die Rechte der einzelnen Minderheiten in Europa zu kodifizieren. Nicht zuletzt waren die Bemühungen des Europarates durch die politische Lage auf dem europäischen Kontinent bis zur Ostöffnung geographisch sehr eingeschränkt. Gerade die Staaten des ehemaligen Ostblocks waren bis zu diesem Zeitpunkt nicht in die Veränderungsbestrebungen des Europarates einzubeziehen, eine wohl sehr problematische Situation, da durch die Grenzverschiebungen nach dem Zweiten Weltkrieg eben eine Vielzahl von Minderheitengruppen in diesen Regionen angesiedelt waren und sind[1248]. Das heutige europäische Rahmenübereinkommen schließt sich dabei unmittelbar an die Europäische Menschenrechtskonvention an.

Obwohl noch nicht alle 41 Mitgliedsstaaten des Europarates das Rahmenübereinkommen unterzeichnet haben, hat es schon deswegen eine größere Bedeutung hinsichtlich des Minderheitenschutzes erlangt, da die Mitgliedstaaten nicht nur regional auf das Gebiet der Mitglieder des Europarates beschränkt sind, sondern auch Nichtmitgliedern zur Unterzeichnung offen steht[1249]. Es stellt die erste mehrseitige internationale Übereinkunft dar, die zumindest teilweise eine rechtsverbindliche Wirkung entfaltet.

Nach dem Zweiten Weltkrieg wird aufgrund der größeren Migrationsbewegungen von Arbeitnehmern die Frage relevant, ob neben den traditionellen Minderheiten auch die neuen Migranten in den Genuss des Minderheitenschutzes kommen.

---

bischen Volkes deutscher Staatsangehörigkeit zu verstehen seien, und dass des Weiteren die traditionell in Deutschland heimischen Volksgruppen der Friesen deutscher Staatsangehörigkeit und die Sinti und Roma deutscher Staatsangehörigkeit unter den Anwendungsbereich des Rahmenübereinkommens fallen. BGBl. 1998 II, S. 57.

1248 Steiner, in: Blumenwitz/Gornig, Minderheiten- und Volksgruppenrechte in Theorie und Praxis, S. 29 (33).

1249 Siehe Artikel 29 Absatz 1 des Rahmenübereinkommens; es handelt sich demnach um ein sogenanntes "offenes Abkommen" unter der Voraussetzung der Einladung zur Unterzeichnung durch das Ministerkomitee des Europarats. Siehe auch Großmann, in: Blumenwitz/Gornig, S. 63 (63). Zu den Mitgliedstaaten des Europarats, die das Rahmenübereinkommen noch nicht unterzeichnet haben, zählen Albanien (Mitglied des Europarats seit 1995), Andorra (seit 1994), Bulgarien (seit 1992), Frankreich (Gründungsmitglied 1949), Georgien (seit 1999), Irland (Gründungsmitglied 1949), Island (seit 1950), Lettland (seit 1995), Litauen (seit 1993), Russland (seit 1996), Schweiz (seit 1963), Portugal (seit 1976), Luxemburg (Gründungsmitglied 1949), Niederlande (Gründungsmitglied 1949), Norwegen (Gründungsmitglied 1949), Polen (seit 1991), Schweden (Gründungsmitglied 1949). Fischer, in: FAZ vom 05.05.1999, S. 11; vgl. auch den 4. Bericht der Bundesregierung über ihre Menschenrechtspolitik in den auswärtigen Beziehungen, S. 18.

II. Begriff der Minderheit

1. Problemaufriss

Bei der Thematik des Minderheitenschutzes erweist sich bereits die Definition des Begriffes "Minderheit" als problematisch[1250]. Sowohl in politischer, sozialwissenschaftlicher als auch juristischer Hinsicht wird der Begriff der Minderheit unterschiedlich verstanden. Werden bestimmte Gruppen eindeutig als gesellschaftliche Minderheiten angesehen, so bedeutet dies noch nicht, dass sie auch aus juristischer Sicht als Minderheiten angesehen werden. Bei der Definition der Minderheiteneigenschaft aus gesellschaftlicher und juristischer Sicht ergeben sich bezüglich des juristischen Terminus andere Ansätze, welche teilweise von einem völlig anderen Minderheitenverständnis getragen werden[1251].

Hinzu kommt, dass auch bei der juristischen Betrachtungsweise Unterschiede hinsichtlich eines nationalen und eines internationalen Begriffes der Minderheit bestehen. Sowohl in der Rechtsprechung als auch in der völkerrechtlichen Literatur ist bislang noch keine umfassende Definition von Minderheiten gefunden worden. Meist beschränkt man sich darauf, bestimmte Gruppen als einen harten Kern zu bezeichnen, der unstrittig zu den Minderheiten zu zählen ist und auf eine nähere Begriffsbestimmung verzichtet. So umfasst aus völkerrechtlicher Sicht der Begriff der Minderheit eine Gruppe, deren Mitglieder bestimmte gemeinsame Merkmale aufweisen, wie etwa kulturelle Homogenität, Religion, Rasse, Sprache oder Herkunft[1252]. Die Minderheit unterscheidet sich demnach formell aufgrund bestimmter Merkmale, welche die Mehrheit im Staat gerade nicht aufweist. Ob dieser Katalog der unterschiedlichen Merkmale abschließend ist oder nicht, bleibt jedoch offen. Diese Ungenauigkeit resultiert nicht zuletzt darin, dass sich gerade die Staaten sowohl auf universeller als auch auf regionaler Ebene bislang noch nicht auf eine adäquate Begriffsbestimmung hinsichtlich der wesentlichen Merkmale einer Minderheit einigen konnten[1253]. Eine genauere Bestimmung findet sich auch nicht in offiziellen Dokumenten. Zwar waren die Minderheiten in der Geschichte immer wieder Gegenstand bi- und multilateraler

---

1250 Doehring, Völkerrecht, Rdnr. 1017; Hailbronner, in: Vitzthum, Abschn. III, Rdnr. 332.

1251 Markefka, S. 137 f.; Eglin, S. 138.

1252 Doehring, Völkerrecht, Rdnr. 1017; Hailbronner, in: Vitzthum, Abschn. III, Rdnr. 332; im Bereich des Völkerrechts wird sich bei der Definition des Begriffs Minderheit an der folgenden, von Capotorti entwickelten, Begriffsbestimmung orientiert: *A minority is a group which is numerically inferior to the rest of the population of a State and in non-dominant position, whose members possess ethnic, religious or linguistic characteristics which differ from those of the rest of the population and who, if only implicitly, maintain a sense of solidarity directed towards preserving their culture, traditions, religion or language.* Capotorti, *Minorities,* in: EPIL III, S. 410 (411).

1253 Hailbronner, in: Vitzthum, Abschn. III, Rdnr. 332 ff.; Doehring, Völkerrecht, Rdnr. 1017; Capotorti, *Minorities,* in: EPIL III, S. 410 (411).

Vereinbarungen. Eine genaue Bestimmung des Begriffes der Minderheit war dabei aber nicht notwendig[1254], da man es dort immer mit einem konkreten Personenkreis zu tun hatte[1255]. In der Vergangenheit gab es nach dem Zweiten Weltkrieg mehrere Bestrebungen auf internationaler Ebene, den Begriff der Minderheit zu definieren[1256]. Dabei wurde der Versuch unternommen, anhand einer differenzierenden Betrachtung der traditionellen Minderheiten neue Unterscheidungsmerkmale in die Begriffsbestimmung der Minderheit einfließen zu lassen[1257]. Obwohl diese Bestrebungen keine Einzelfälle blieben und auch von Seiten verschiedener Internationaler Organisationen verfolgt wurden, erzielten sie nicht den erhofften Erfolg einer international verbindlichen Definition des Minderheitenbegriffs[1258].

2. Grundlegende Merkmale einer Minderheit

Der Begriff der Minderheit hat seinen Ursprung im Lateinischen und hat über das Französische Einzug in den deutschen Sprachraum genommen. Das einge-

---

[1254] So auch nicht in der Erklärung der Generalversammlung über die Rechte von Angehörigen nationaler, ethnischer, religiöser oder sprachlicher Minderheiten vom Dezember 1992.

[1255] Die Vorortverträge nach dem Ersten Weltkrieg hatten eine Regelung über konkrete Personengruppen zum Gegenstand. Das Problem einer Definition von Minderheiten bestand dementsprechend nicht.

[1256] Nachdem die Definitionsbemühungen seitens des Völkerbundes zu keinem zufriedenstellenden Ergebnis führten (das vorgeschlagene sogenannte "Schutzsystem" scheiterte an dem von den Großmächten streng verfolgten Souveränitätsprinzip), nahmen die Vereinten Nationen diesen Gedanken wieder auf. Despeux, S. 29 ff.

[1257] Hervorzuheben ist dabei vor allem in der letzten Zeit die Bestrebung Österreichs auf der Ebene des Europarates. 1991 wurde seitens der österreichischen Regierung zur Ausarbeitung eines weiteren Zusatzprotokolls der EMRK versucht, eine detaillierte Begriffsbestimmung vorzunehmen. So sollte hinsichtlich der Definition Volksgruppe (oder nationale Minderheit) die Eigenschaft der *traditional residence*, der traditionellen Heimat, in die Begriffsbestimmung mit aufgenommen werden. Ebenfalls wurde festgestellt, dass es sich bei Volkszugehörigen nur um Staatsangehörige des betreffenden Staates handeln könne. Die Staatsangehörigkeit des den Minderheitenschutz gewährenden Staates sollte demnach als Voraussetzung für die Schutzgewährung dienen. Steiner, in: Blumenwitz/Gornig, Minderheiten- und Volksgruppenrechte in Theorie und Praxis, S. 29 (35).

[1258] Obwohl die Vereinten Nationen bereits 1949 der Unterkommission für die Verhinderung von Diskriminierung und für den Schutz von Minderheiten in einem Memorandum eine Minderheitendefinition vorschlug, wurde erst 1992 eine entsprechende Deklaration über die Rechte der Mitglieder von nationalen, ethnischen, religiösen und sprachlichen Minderheiten angenommen (Res. 47/135 der Generalversammlung). Leider enthielt diese Resolution noch nicht einmal den wesentlichen Kern einer Minderheiten schützenden Maßnahme, nämlich eine Definition des Begriffs der "Minderheit". Somit hat auch keine der verschiedenen vorgeschlagenen Definitionen Einzug in ein internationales Dokument gefunden. Vgl. dazu Despeux, S. 34 ff.

deutschte Wort *Minorität* stammt vom französischen Wort *minorité*. Vom Sprachstamm her ist das Wort Minderheit somit das Korrelat des Ausdruckes *Majorité*, welches im deutschen Sprachraum zu Majorität geworden ist[1259]. In der deutschen Sprache hat sich dann der Begriff Minderheit in den verschiedenen wissenschaftlichen Bereichen unterschiedlich entwickelt.

Dabei lässt sich wissenschaftlich eine Differenzierung des Minderheitenbegriffs in einen geisteswissenschaftlichen und gesellschaftswissenschaftlichen Bereich sowie einen nationalrechtlichen und völkerrechtlichen Bereich vornehmen[1260]. Probleme ergeben sich hierbei erst, wenn sich die unterschiedlichen Anschauungen der oben genannten Bereiche überschneiden. Minderheiten im politischen oder sozialwissenschaftlichen Sinne werden in der Regel nicht in den Anwendungsbereich des internationalen Minderheitenschutzes fallen. Vielmehr unterliegen sie dem nationalen Anwendungsbereich, dem *domaine réservé* des Staates. Solange hierbei nicht der Bezug zu einzelnen Regelungen in dem Bereich des internationalen Schutzes der Menschenrechte herzustellen ist, entzieht sich dieser Bereich dem internationalen Einfluss. Bei einem Verstoß würde dies eine Einmischung in die inneren Angelegenheiten des Staates darstellen. Dahingehend ist auch die Definition der Minderheiten zu verstehen. Rein innerstaatliche Minderheiten, die sich aufgrund gesellschaftlicher Probleme des Staates entwickeln, können somit, ohne einen Bezug zum internationalen Recht aufzuweisen, auch nicht dem Anwendungsbereich der internationalen Gesetzgebung unterfallen.

Dementsprechend bedarf es einer eingehenden Untersuchung des Begriffsgehaltes der Minderheit im völkerrechtlichen Sinne, um die Weite des daraus resultierenden Anwendungsbereichs zu bestimmen.

3. Eigenschaften einer Minderheit im völkerrechtlichen Sinne

Die eine Minderheit qualifizierenden Charakteristika gehen in der Ära des modernen Völkerrechts nach dem Zweiten Weltkrieg auf die Definition des italienischen Juristen Capotortis zurück, welche sich allerdings hauptsächlich auf Artikel 27 IPbürgR beschränkt, sich aber in der Rechtsprechung und Literatur von Artikel 27 IPbürgR gelöst hat und sich als allgemeine Definition des Minderheitenschutzes auf dem Gebiet des Völkerrechts weitgehend durchgesetzt hat. Dabei findet nach Capotorti zunächst eine grundlegende Unterteilung in eine objektive und eine subjektive Komponente als Kriterium der Minderheiteneigenschaft im völkerrechtlichen Sinne statt.

1259 Eglin, S. 138.

1260 Eglin, S. 138, Markefka, S. 137 f.

a. Objektive Unterscheidungsmerkmale einer Minderheit im völkerrechtlichen Sinne

Als objektive Unterscheidungskriterien einer als Minderheit zu bestimmenden Personengruppe dienen zunächst die numerische Inferiorität und die Unterscheidung durch bestimmte differenzierend-identifizierende Merkmale. Daneben muss die als Minderheit zu qualifizierende Personengruppe ein bestimmtes personelles Band in Form der Staatsangehörigkeit aufweisen.

aa. Objektives Kriterium der numerischen Inferiorität

Nach der Definition Capotortis stellt eine Minderheit eine Gruppe dar, die zunächst numerisch kleiner ist als der Rest der Bevölkerung eines Staates. Dabei werden von vornherein bestimmte Gruppen von der Definition der Minderheit ausgeschlossen, da nur der Teil, der sich numerisch in der Unterzahl befindet, als Minderheit bezeichnet werden kann[1261]. Dies ergibt sich allein schon aus dem sprachlichen Verständnis, da die Minorität ein "Weniger" zu einem anderen Teil darstellen muss, welcher in diesem Falle die Majorität und somit die Mehrheit einer bestimmten Bevölkerung darstellt[1262]. Dies darf allerdings nicht zu Missverständnissen bei der Wahl der Vergleichsgruppen führen. Der numerische Vergleich muss mit der gesamten restlichen Bevölkerung des betreffenden Staatsgebietes erfolgen und nicht mit einem anderen Teil der Bevölkerung. Die Minderheit darf nicht etwa in Vergleich zu einer anderen Minderheit in einem Staatsgebiet gesetzt werden, gegenüber der unter Umständen sogar numerische Gleichheit besteht. So ist es bei der Bestimmung der numerischen Inferiorität bezüglich der in der Bundesrepublik Deutschland lebenden Minderheiten nicht zulässig, einen zahlenmäßigen Vergleich etwa der Friesen mit der dänischen Minderheit anzustellen.

Dass die Gruppe eine bestimmte Mindestanzahl an Personen aufweist, ist nicht erforderlich. Für eine Gruppeneigenschaft reichen daher grundsätzlich zwei Personen, die sich von der Mehrheit unterscheiden. Da allerdings die Beurteilung als Minderheit von weiteren Kriterien abhängig ist, kann es sich bei einer Minderheit im völkerrechtlichen Sinne nur um eine sehr große Gruppe handeln[1263]. Die genaue Anzahl der Gruppe ist also nicht von Bedeutung, da sich die Zahl

[1261] Despeux, S. 59.

[1262] Eglin, S. 161 ff.; Despeux, S. 61 f.

[1263] Die Minderheiteneigenschaft hängt von der Kombination mehrerer Kriterien, wie numerischer Inferiorität, ethnischen, religiösen oder sprachlichen Kriterien ab. Damit diese Unterschiede eine Ausprägung in der Gesellschaft erfahren, bedarf es einer recht großen Anzahl von Personen. Deswegen kann es sich bei einer Minderheit auch stets nur um eine relativ große Gruppe handeln. Siehe auch Despeux, S. 55.

der Zugehörigen durch die eigentlichen individuell-objektiven Kriterien bestimmt[1264].

bb. Machtmäßige Unterlegenheit

Als ein weiteres Kriterium der Minderheiteneigenschaft wird das Vorliegen einer untergeordneten Situation der Minderheit gefordert. Dies bedeutet, dass sich die als Minderheit zu qualifizierende Personengruppe nicht in einer dominierenden Rolle befinden darf[1265].

Von der Voraussetzung der numerischen Unterlegenheit werden folglich nicht diejenigen Fälle erfasst, bei denen Staaten von einer numerisch kleineren Gruppe regiert werden, die zahlenmäßig überwiegende Personengruppe aber die Gruppe darstellt, die eigentlich in den Schutz der Bestimmung kommen müsste. Damit erfasst die Definition nicht die weiße Bevölkerung im Südafrika der Apartheid, die zwar numerisch in der Minderzahl war, jedoch die staatstragende Funktion inne hatte[1266]. Dies bedeutet, dass die zahlenmäßig unterlegene, aber dennoch die Regierungsgewalt behauptende Gruppe keinen Schutz durch völkerrechtliche Minderheitenschutzbestimmungen erfährt. Gerade hieran wird ersichtlich, dass der objektiven Voraussetzung der fehlenden Regierungsgewalt der Minderheit eine wesentliche Bedeutung zukommt.

Für die Bestimmung als Minderheit müssen beide der dargestellten objektiven Kriterien, das Merkmal der numerischen Inferiorität der Gruppe und das Merkmal der machtmäßigen Unterlegenheit der als Minderheit zu qualifizierenden Gruppe kumulativ vorliegen[1267].

1264 Die Gruppe muss sich somit auch nicht in einem bestimmten Siedlungsraum aufhalten, um die Eigenschaft einer Minderheit zu erfüllen. Dies hätte den Nachteil, dass außerhalb der Gruppe lebende Personen kaum in den Genuss der Minderheitenrechte kämen. Deshalb ist es irrelevant, an welchem Ort des Staatsgebietes sich die betreffende Person aufhält, es kommt nur darauf an, dass alle auf dem Staatsgebiet lebenden Personen diese Gruppe bilden. Auf eine ballungsartige Ansiedlung kommt es nicht an. Wie unten erläutert wird, ist es durch das zusätzliche Kriterium des Vorhandenseins der subjektiven Komponente möglich, einzelne Personen, die außerhalb der Gruppe leben, oder sogar einzelne Personen, die verteilt auf dem Staatsgebiet leben, als Minderheit zu qualifizieren.

1265 Capotorti begründet dies damit, dass die dominante Minorität gegenüber der nicht dominanten Majorität keiner Gefahr der Unterdrückung ausgesetzt sei und damit keinen internationalen Schutz beanspruchen müsse. Capotorti, *Minorities,* in: EPIL III, S. 410 (411).

1266 Doehring, Völkerrecht, Rdnr. 1017; Weinberg, S. 54; Capotorti, *Minorities,* in: EPIL III, S. 410 (411); Eglin, S. 162.

1267 So auch Despeux, S. 63.

cc. Individuelles objektives Unterscheidungsmerkmal

Neben dem Kriterium der numerischen Inferiorität einer Gruppe, die sie unter den oben genannten Umständen als eine Minderheit im völkerrechtlichen Sinne qualifiziert, müssen der Gruppe allerdings auch Unterscheidungsmerkmale anhaften, die eine Unterscheidung von anderen Gruppen ermöglicht.

Da sich grundsätzlich alle Individuen und Gruppen in irgendeiner Hinsicht unterscheiden und dies gerade das Wesen der humanen Spezies ausmacht, muss ein geeigneter Rahmen gefunden werden, bis zu welchem Moment eine Unterscheidung zu vernachlässigen ist und ab welchem Punkt wiederum gerade die Unterschiedlichkeit der verschiedenen Individuen oder Personengruppen ein wesentliches Merkmal der Unterscheidung zur anderen darstellt. Dabei muss die Divergenz nicht alle Lebensbereiche betreffen.[1268] Es reicht vielmehr für eine Unterscheidung aus, dass sich die Minderheit in einer bestimmten Hinsicht von der Mehrheit unterscheidet und in allen anderen Vergleichsgruppen mit der Mehrheit identisch ist. Gerade die Unterscheidbarkeit in diesem bestimmten Lebensbereich macht dann das wesentliche Kriterium der Minderheit aus.

Weiter ist fraglich, welche dieser Unterschiedlichkeiten auf zwischenstaatlichem Gebiet relevant sind, da die bislang herausgestellten Unterscheidungskriterien sowohl auf innerstaatliche Minoritäten als auch auf Minoritäten im völkerrechtlichen Sinn bezogen werden können. Es muss aber gerade ein Unterschied bei der Beurteilung vorliegen, ob es sich bei einer Minderheit um eine Minderheit im nationalen Sinne oder im völkerrechtlichen Sinne handelt. Die Beurteilung, ob eine völkerrechtliche Minderheit in einem betreffenden Fall vorliegt, kann nicht von der Beurteilung nach nationalen Gesichtspunkten abhängig sein, da nur eine Minderheit im völkerrechtlichen Sinne nach internationalem Recht Schutz beanspruchen kann. Wenn innerstaatlich Gruppen wie Homosexuelle, Obdachlose, Alkoholiker oder Behinderte als Minderheiten angesehen werden, so hat dies noch keinen Einfluss auf den völkerrechtlichen Begriff der Minderheit. Das innerstaatliche Verständnis der Minderheit ist außerdem abhängig von den gesellschaftlichen Prägungen eines jeden Staates und somit auch in jedem Staat und damit in jeder staatlichen Gemeinschaft unterschiedlich und gerade von den spezifischen innerstaatlichen Wertvorstellungen abhängig. Die innerstaatliche Minderheit unterliegt dem Wandel der gesellschaftlichen Vorgänge im Staat und haftet jedem Staat individuell an. Ihre Bestimmung unterliegt demnach allein nationalen gesellschaftlichen Umständen. Auch dann, wenn verschiedene Staaten Individuen oder Personengruppen beheimaten, welche die gleichen Unterscheidungsmerkmale aufweisen, ergibt sich daraus noch kein internationalrechtlicher Bezug. Dass sowohl in Deutschland als auch in den Niederlanden Homosexuelle nach gesellschaftlichen Kriterien als Minderheit ange-

[1268] Despeux, S. 52.

sehen werden und sich auch als Minderheiten bezeichnen, macht diese also noch längst nicht zu einer völkerrechtlichen Minderheit.
Wie bereits eingangs dargestellt, haftet gerade der völkerrechtlichen Bestimmung einer Minderheit das Problem an, dass durch eine Einteilung in verschiedene Gruppen und somit der negativen Abgrenzung keine objektiven Unterscheidungsmerkmale in eine allgemein gültige Minderheitendefinition aufgenommen wurden[1269]. Es gibt aber bestimmte Kategorien, die unbestritten eine Minderheit im völkerrechtlichen Sinne ausmachen.
Traditionell mussten die Mitglieder der Gruppe vor allem ethnische, religiöse oder sprachliche Eigenschaften aufweisen, durch die sie sich von dem Rest der Bevölkerung unterschieden[1270]. Ethnische, religiöse und kulturelle Unterscheidungsmerkmale waren gerade diejenigen Kriterien, die als wesentliche Merkmale beispielsweise Einzug in die Regelung des Artikel 27 IPbürgR gefunden haben. Auch bilaterale Verträge, wie die Friedensverträge nach dem Ersten Weltkrieg oder auch das Rahmenübereinkommen des Europarates zum Schutz nationaler Minderheiten[1271] haben eine Einteilung von Minderheiten in religiöse, ethnische und sprachliche Gruppen vorgenommen. Diese Abgrenzungskriterien sind mittlerweile als Unterscheidungsmerkmale einer Minderheit allgemein anerkannt. Andere Unterscheidungskriterien sind bei der Beurteilung einer Minderheiteneigenschaft nicht mit heranzuziehen[1272].

(1) Religiöses Unterscheidungsmerkmal

Die religiöse Andersartigkeit ist der eigentliche Ursprung von Minderheitenschutzmaßnahmen im zwischenstaatlichen Recht. Traditionell waren es die unterschiedlichen religiösen Gruppen, die eines Schutzes bedurften[1273].

1269 Bereits dargestellt wurde, dass traditionell eine Einteilung in Gruppen erfolgte. Lagen diese Voraussetzungen vor, waren die betroffenen Gruppen unzweifelhaft als Minderheiten zu qualifizieren. Wiesen sie dieses Unterscheidungsmerkmal nicht aus, so bildeten sie auch keine Minderheit.

1270 Capotorti, *Minorities*, in: EPIL III, S. 410 (410 f.).

1271 EuGRZ 1995, S. 268 ff.

1272 Bei der Beurteilung der Minderheiteneigenschaft beziehen sich Capotorti und Ermacora auf die Definition einer Minderheit im Sinne des Rechts der Vereinten Nationen. Vgl. Ermacora, Minderheitenschutz im Rahmen der Vereinten Nationen, S. 45. Die Arbeiten haben jedoch die Begrifflichkeit der Minderheit über die Arbeit der Vereinten Nationen hinaus geprägt, so dass man, wie bereits oben dargelegt, von einem allgemeinen Charakteristikum bezüglich des Minderheitenbegriffs bei der Unterscheidung ausgehen kann.

1273 Der Begriff der religiösen Minderheit ist eigentlich erst im Laufe der Zeit entstanden. Vorher galten die Unterscheidungsmerkmale nur hinsichtlich der verschiedenen christlichen Konfessionen. Dies ist allein schon traditionell bedingt, da der Schutz religiöser Minderheiten seinen Ursprung im Augsburger Religionsfrieden von 1555 und dem Westfälischen Frieden von 1648 hat. Der Begriff der religiösen Minderheit hat also im Laufe

Von dem Begriff der religiösen Minderheiten werden diejenigen Personengruppen umfasst, welche ein anderes religiöses Bekenntnis als die Mehrheit haben, wobei davon jede theistische als auch nicht-theistische oder atheistische Überzeugung eingeschlossen wird[1274]. Eine religiöse Minderheit stellt also eine Gruppe dar, die sich zu religiösen Vorstellungen bekennt, die sich von jenen der Staatsreligion unterscheiden[1275]. Aber auch in Staaten, die keine Staatsreligion akzeptieren, weil sie eine strikte Trennung von Staat und Religion verfassungsrechtlich verankern, in denen die Mehrheit der Bevölkerung jedoch einer bestimmten Glaubensrichtung folgt, bedarf es eines Schutzes anderer konfessioneller Bekenntnisse. Verlangte man daher nur die Existenz einer Staatsreligion für die Beurteilung der Andersgläubigen als religiöse Minderheit, würde dies dem Gedanken des Schutzes der differenten religiösen Bekenntnisse nicht gerecht. Es ist somit richtig, die religiöse Minderheit als eine Gruppe religiös anders Bekennender zu betrachten, die sich von der Mehrheit der Bevölkerung, unabhängig, ob diese nun eine gewisse religiöse Ansicht vertritt oder sich gerade dadurch auszeichnet, dass sie keine religiöse Ansicht vertritt, unterscheidet. Eine religiöse Minderheit besteht *ipso facto* auch dann, wenn sich diese zu einer atheistischen Grundhaltung bekennt[1276]. Dies ist insbesondere dann der Fall, wenn in dem betreffenden Land keine Garantie eines Grundrechtes auf die freie Religionsausübung besteht, die betroffene Gruppe aber die Aufrechterhaltung ihrer Religion verfolgen will[1277]. Die Freiheit der Religionsausübung wird somit direkt aus dem internationalen Recht in das innerstaatliche Recht zum Schutze der Minorität tradiert.

Teilweise wird angeführt, der Begriff der religiösen Minderheit bedürfe einer Modifikation im Vergleich zu den anderen objektiven Merkmalen, weil die Zugehörigkeit zu einer Religion eine persönliche Willensentscheidung und damit ein rein subjektiver Vorgang sei[1278].

Zutreffend ist, dass bei der religiösen Minderheit der Aspekt der Anschauung und somit die subjektive Komponente schwerer wiegt als bei anderen Gruppen. Bei der Beurteilung einer religiösen Minderheit ist aber das Vorhandensein so-

---

der Geschichte eine erhebliche Erweiterung erfahren und wurde dann zunächst auch auf die jüdische und moslemische Konfession ausgeweitet, die vorher nicht davon umfasst wurden. Vgl. Oxenknecht, S. 115.

1274 Blumenwitz, Minderheiten- und Volksgruppenrecht, S. 29; Ermacora, Minderheitenschutz im Rahmen der Vereinten Nationen, S. 45.

1275 Ermacora, Minderheitenschutz im Rahmen der Vereinten Nationen, S. 45; Despeux, S. 74.

1276 Despeux, S. 74; Ermacora, Minderheitenschutz im Rahmen der Vereinten Nationen, S. 45.

1277 Ermacora, Minderheitenschutz im Rahmen der Vereinten Nationen, S. 45; Despeux, S. 74.

1278 Oxenknecht, S. 115.

wohl objektiver als auch subjektiver Kriterien erforderlich[1279], eine Beurteilung allein aufgrund der subjektiven Merkmale reicht nicht aus[1280]. Es bedarf demnach auch keiner Modifikation des Minderheitenbegriffs[1281].

(2) Sprachliches Unterscheidungsmerkmal

Der Schutz sprachlicher Minderheiten erlangte im Gegensatz zu dem Schutz religiöser Minderheiten erst seit dem letzten Jahrhundert eine verstärkte Bedeutung. Es wurde erkannt, dass der Zwang zum Gebrauch einer neuen Staats- oder Nationalsprache zu erheblichen Nachteilen bei denjenigen Gruppen führte, die eine sich von der Staats- oder Nationalsprache unterscheidende Sprache benutzten[1282]. Die Sprache war traditionell das wichtigste Zeichen der Volkszugehörigkeit[1283]. Sie wurde in der Regel einheitlich innerhalb der Staatsgrenzen gesprochen[1284]. Erst mit dem Ersten Weltkrieg ergaben sich innerhalb Europas, bedingt durch die Grenzverschiebungen der Alliierten, erhebliche Veränderungen der Identität von Staatsraum und Sprachraum, da nun innerhalb der staatlichen Grenzen verschiedene Sprachräume entstanden oder zumindest Personengruppen ansässig waren, die eine andere Sprache als die eigentliche Landessprache verwendeten[1285].

1279 So unterscheiden sich die verschiedenen religiösen Anschauungen auch objektiv in der Praktizierung ihres Glaubens. Hier können die Verwendung rein christlicher Symbole im Gegensatz zur Verwendung moslemischer oder jüdischer Symbole, sowie ein Unterschied bei der religiös motivierten getragenen Kleidung angeführt werden. Aber auch das sakrale Läuten und der moslemische Gebetsruf sind rein objektive Merkmale, nach denen sich die verschiedenen religiösen Auffassungen unterscheiden.

1280 Es wäre dann auch schwierig, festzustellen, ob überhaupt eine Unterscheidung gegenüber einem anderen Teil der Bevölkerung vorliegt. Gerade an dem Beispiel der religiösen Minderheiten wird ersichtlich, welche Bedeutung es hat, dass sich die Unterschiedlichkeit der Personen nach außen hin manifestiert.

1281 Dies erkennt Oxenknecht selbst, S. 115 f., die für die Definition einer religiösen Minderheit ebenfalls objektive Kriterien, wie eine Unterscheidung in Tradition, Aufbau und Geschichte, die gegenüber anderen erkennbar ist nach außen treten, verlangt.

1282 Oxenknecht, S. 116.

1283 Oxenknecht, S. 116 f.

1284 Oxenknecht, S. 116.

1285 Bei der Aufteilung Europas durch die Alliierten aufgrund der Pariser Vorortverträge wurde keine große Rücksicht auf die Zerschneidung der Völker und ihrer Sprachräume genommen. Als Beispiel für die Abtretung eines Gebietes, durch die eine sprachliche Minderheit entstanden ist, ist die Abtretung Südtirols von Österreich-Ungarn an Italien zu nennen. Dort steht noch heute eine Sprachminderheit mit einer Anzahl von einer Viertelmillionen Einwohnern, welche die deutsche Sprache sprechen, einer Mehrheit von etwa 50 Millionen Personen gegenüber, die lediglich die italienische Sprache als ihre Heimatsprache verstehen. Oxenknecht, S. 119.

Die sprachlichen Gegebenheiten können in den verschiedenen Staaten unterschiedlich ausgestaltet sein. So gibt es die Möglichkeit, dass eine oder mehrere Minderheitensprachen einer Mehrheitssprache gegenüberstehen, welche die offizielle Landessprache ist[1286]. Auf der anderen Seite besteht die Möglichkeit, dass in einem Land mehrere Sprachen nebeneinander und im Wesentlichen gleichberechtigt gesprochen werden und dies auch nationalrechtlich verankert ist[1287]. Beispiele in Europa belegen, dass diese Gleichberechtigung realisierbar ist. So steht in Südtirol die deutsche Minderheitensprache der italienischen Landessprache gegenüber[1288]. In der Schweiz, Belgien oder Finnland wird Bi- bzw. Multilinguismus praktiziert, das heißt, in den verschiedenen Gebieten des Landes werden mehrere Sprachen gesprochen, die gleichberechtigt nebeneinander stehen[1289].

Neben dieser zunächst traditionellen Betrachtung der Verteilung der sprachlichen Minderheiten in Europa muss für eine Beurteilung, ob es sich bei diesen Gruppen tatsächlich um Minderheiten im völkerrechtlichen Sinne handelt, der Versuch einer Definition im juristischen Sinne unternommen werden.

Eine sprachliche Minderheit zeichnet sich zunächst dadurch aus, dass sie sich schriftlich oder mündlich sowie öffentlich oder im privaten Gebrauch einer anderen Sprache bedient als die Mehrheit und diese in ihrem Wohngebiet oder gewöhnlichen Aufenthaltsbereich nicht die Nationalsprache ist[1290]. Diese Minderheitensprache darf dabei nicht die dominierende Sprache sein[1291]. Die von der kleineren Gruppe gesprochene Sprache ist also nur dann als Minderheitensprache zu verstehen, wenn diese nicht gleichzeitig die einzige Amtssprache ist[1292]. Zudem darf sie nicht nur theoretisch existieren, sondern muss auch praktiziert

1286 Oxenknecht, S. 118.

1287 Oxenknecht, S. 118.

1288 Dieser Schutz wird im nationalen italienischen Recht in der italienischen Verfassung festgeschrieben. Nach Artikel 6 der Verfassung schützt der Staat die sprachlichen Minderheiten. Ausfluss dieser Gleichstellung ist auch die nach Artikel 99 der Präsidialdekrets Nr. 670/1972 vorgeschriebene Gleichstellung mit der italienischen Amtssprache. Die deutsche Sprache ist damit in der Region Trient-Südtirol ebenfalls Amtssprache neben der Landessprache italienisch.

1289 Oxenknecht, S. 118.

1290 Blumenwitz, Minderheiten- und Volksgruppenrecht, S. 29; Ermacora, S. 46; Despeux, S. 74 f.

1291 Oxenknecht, S. 117.

1292 Hier kann bereits auf die Ausführungen verwiesen werden, bei denen dargestellt wird, dass die zahlenmäßig kleinere Gruppe auch machtmäßig unterlegen sein muss. Es liegt beispielsweise dann schon keine Minderheit vor, wenn der zahlenmäßig kleinere Teil gegenüber der Mehrheit seine Eigenarten durchsetzt und somit ihr gegenüber dominiert.

werden[1293]. Das Ziel der Gruppe muss ferner die Aufrechterhaltung und die Pflege der Sprache sein[1294].
Welche Kriterien die Sprache an sich zu erfüllen hat, entzieht sich der juristischen Betrachtung. Dafür ist eine Beurteilung nach sprachwissenschaftlichen Kriterien vonnöten. Jedenfalls hat nicht jede Unterschiedlichkeit in der Sprache eine sprachliche Minderheit im völkerrechtlichen Sinne zur Folge. So bilden verschiedene Dialekte in einem Sprachraum keine Minderheitensprache. Von einer Verschiedenheit kann nur dann gesprochen werden, wenn sich eine wesentliche Unterscheidung im Sprachstamm nachweisen lässt[1295].

(3) Ethnisches Unterscheidungsmerkmal

Der Begriff ethnisch hat vor allem historische und kulturelle Bedeutung[1296]. Meist sind die sich ethnisch unterscheidenden Personengruppen infolge lang zurückliegender Wanderbewegungen, die zur Umsiedlung oder wegen der Bedrohung des Lebensraumes der Volksgruppen erforderlich waren, entstanden[1297]. Das Wort ethnisch hat seinen Ursprung in dem griechischen Wort *ethnos*, welches die deutsche Bedeutung *Volk* hat[1298]. Die Bedeutung des Begriffes *ethnisch* kann somit übersetzt werden als *einem bestimmten Volk oder Volksstamm angehörend*[1299]. Er verlangt einen Bezug zu einem bestimmten Volksstamm[1300].

1293 Dies ergibt sich allein schon aus dem Selbstverständnis einer sprachlichen Minderheit. Es darf nicht nur eine rein theoretische Möglichkeit der Unterscheidung bestehen, sondern die Sprache muss auch gesprochen werden. In diesem Zusammenhang muss auf das subjektive Kriterium bei der Bestimmung einer Minderheit verwiesen werden. Selbstverständlich kann eine sprachliche Minderheit nur bestehen, wenn sich die betreffenden Personen auch zu ihr bekennen, das heißt, wenn die betreffende Sprache, bezüglich der sich die zu qualifizierende Minderheit von der Mehrheit unterscheidet, auch praktiziert wird. Aus diesem Grund reicht allein die Möglichkeit, eine andere Sprache sprechen zu können, nicht aus.

1294 Despeux, S. 75; Ermacora, Minderheitenschutz im Rahmen der Vereinten Nationen, S. 46. Die Aufrechterhaltung und Pflege der Sprache gegenüber der Mehrheit in dem Land stellt hier vielmehr schon das subjektive Kriterium dar. Zum Erfordernis einer subjektiven Komponente für die Bestimmung einer Minderheit, siehe unten.

1295 So kann allein in der deutschen Sprache eine unterschiedliche Ausgestaltung der Sprache im Norden und im Süden, sowie im Westen und im Osten der Bundesrepublik Deutschland vernommen werden. Selbst in bestimmten Gebieten sind innerhalb von wenigen Kilometern Umkreis unterschiedliche Nuancen in der Sprache zu erkennen. Dennoch gehören alle diese verschiedenen Dialekte zu dem selben Sprachstamm, im Vorliegenden zu dem der deutschen Sprache.

1296 Capotorti, *Minorities,* in: EPIL III, S. 410 (415).

1297 Steiner, in: Blumenwitz/Gornig, Minderheiten- und Volksgruppenrechte in Theorie und Praxis, S. 29 (31).

1298 Oxenknecht, S. 109.

1299 Oxenknecht, S. 109.

Der Begriff *ethnisch* wird dabei immer wieder in Bezug zu dem Begriff *rassisch* gesetzt. Es lässt sich nicht eindeutig sagen, ob sich bei der Verwendung der beiden Begrifflichkeiten Unterschiede ergeben oder ob beide Begriffe als Synonyma verwendet werden[1301]. Letzteres ist in internationalen offiziellen Dokumenten von Staaten und zwischenstaatlichen Organisationen der Fall. Allerdings scheint ein unterschiedliches Verständnis des jeweiligen Gesetzgebers hinsichtlich des Inhalts der Begriffe *ethnisch* und *rassisch* zu bestehen[1302].
Bei der Arbeit der Vereinten Nationen wurde früher vornehmlich das Wort *rassisch* verwendet, jedoch wurde seitens der Unterkommission der Vereinten Nationen bereits im Jahre 1950 beschlossen, den Begriff *rassisch* gänzlich durch *ethnisch* zu ersetzen[1303]. Die Verwendung des einen oder anderen Begriffs hat allerdings Auswirkungen auf den Umfang der Minderheit. Der Begriff der ethnischen Minderheit umfasst eine weitere Gruppe als diejenige der rassischen Minderheit[1304]. Das Wort rassisch beinhaltet nur diejenigen Eigenschaften, die vererbbar sind, wohingegen das Wort ethnisch auch alle diejenigen Eigenschaften bezeichnet, welche biologischen, kulturellen und historischen Charakters sind[1305]. Die Definition Rasse ist also wesentlich enger als die der Ethnie, die Bezeichnung einer Gruppe als eine Ethnie schließt die Bezeichnung als Rasse mit ein[1306].

1300 Anders dagegen das Votum von Lord Denning in *Mandla v. Dowell-Lee*, der dort ausführt, dass das Wort *ethnisch* zwar dem griechischen Sprachraum entstamme, jedoch zur Beschreibung der nicht-israelischen Völker gebraucht wurde und die Bedeutung des Wortes *Heide* habe. Siehe *Mandla v. Dowell-Lee*, EuGRZ 1982, S. 352 (352).

1301 Mittlerweile wird der Begriff der Rasse oder der rassischen Minderheit in internationalen Vereinbarungen kaum noch verwendet. In den Arbeiten der Vereinten Nationen taucht der Begriff auch hauptsächlich nur in den Dokumenten in der Zeit unmittelbar nach dem Zweiten Weltkrieg auf.

1302 Siehe dazu die Bedeutung des Begriffs *"rassische Gründe"* im britischen *Race Relations Act* von 1976: § 3 Absatz 1 *Race Relations Act* besagt dabei ...*"racial grounds" means any of the following grounds, namely colour, race, nationality or ethnic or national origins; "racial group" means a group of persons defined by reference to colour, race, nationality or ethnic or national origins..."*. EuGRZ 1982, S. 352, Fn. 4. Damit stellt die Legaldefinition des § 3 Absatz 1 des *Race Relations Act* die Begrifflichkeit ethnisch so hin, als seien sie ein Unterscheidungsmerkmal in der Gruppe der rassischen Merkmale. Die englische Rechtsprechung sieht dabei aber die Begrifflichkeit ethnisch als einen Oberbegriff, der auch den Fall der rassischen Merkmale umfasst. EuGRZ 1982, S. 352.

1303 Despeux, S. 35 f., 77 f.; Oxenknecht, S. 110.

1304 Oxenknecht, S. 110; Despeux, S. 78.

1305 Oxenknecht, S. 110.

1306 Despeux, S. 78; Oxenknecht, S. 111. Somit ist zunächst klargestellt, dass die vielmals in der Vergangenheit diskutierte Gruppe der rassischen Minderheit lediglich einen Unterteil einer ethnischen Minderheit darstellt. Dies hat bereits die Unterkommission der Vereinten Nationen in einem frühen Stadium ihrer Arbeit erkannt. Wenn heute noch hinsicht-

Als Unterscheidungsmerkmale ethnischer Natur gelten neben der Abstammung besondere kulturelle Eigenschaften und eine gemeinsame Geschichte[1307]. Unter einer ethnischen Minderheit wird also eine Minderheit verstanden, die sich durch Abstammung, Geschichte, Kultur, Rasse, Kasten- und Stammeszugehörigkeit unterscheidet[1308].
Bei der Bestimmung einer ethnischen Minderheit ist auch das subjektive Element von wesentlicher Bedeutung. Es besteht Einigkeit darüber, dass die sich ethnisch unterscheidende Personengruppe das Bewusstsein ihrer Eigenart hat und diese auch erhalten will[1309].
Die Bestimmung einer ethnischen Minderheit ist deshalb so problematisch, weil sich unter diese Gruppe fast alle den Minderheitenschutz beanspruchenden Volksgruppen subsumieren lassen. Fast jede sich von anderen Gruppen unterscheidende Volksgruppe weist Merkmale auf, die auch in den Kategorien der religiösen oder sprachlichen Minderheit zu finden sind[1310]. So hat oftmals eine sich in ihrer Geschichte oder Kultur unterscheidende Gruppe auch ihre eigene religiöse Anschauung. Nicht zuletzt werden durch religiöse Ansichten Geschichte und Kultur einer bestimmten Volksgruppe geprägt. Gruppen, die sich in sprachlicher Hinsicht unterscheiden, haben auch eine andere Geschichte und Tradition als die Mehrheit der Bevölkerung in dem Land, in dem sie sich nun befinden. Deswegen ist es gerade so schwierig, einen eindeutigen Schnittpunkt der verschiedenen Minderheitengruppen zu finden. Oftmals wird sich eine Differenzierung ergeben, die sowohl in ethnischer als auch in religiöser oder sprachlicher Hinsicht besteht. Eine Unterscheidung der Gruppen in allein einer der dargestellten Kategorien wird es in den seltensten Fällen geben.

(4) Nationale Minderheit und Volksgruppe

Nationale Minderheiten sind Teile eines Volkes, welche in einem anderen Staat staatstragend sind[1311]. Teilweise werden in der Literatur und der Rechtsprechung die Begriffe ethnische oder nationale Minderheit und Volksgruppe als Synonyme verwandt. Dies verkennt jedoch den rechtlichen Status der verschiedenen Arten der Minderheiten sowie der Volksgruppen, zumal in der neueren Zeit eine differenzierende Betrachtungsweise vonnöten erscheint.

---

lich einer rassischen Minderheit unterschieden wird, so hat dies nur klarstellenden Charakter.

1307 Oxenknecht, S. 110 f.

1308 Despeux, S. 77 ff.; Blumenwitz, Minderheiten- und Volksgruppenrecht, S. 30; Oxenknecht, S. 111.

1309 Blumenwitz, Minderheiten- und Volksgruppenrecht, S. 30; Oxenknecht, S. 110.

1310 Despeux, S. 75, Fußnote 349.

1311 Heintze, in: Ipsen, § 28, Rdnr. 15.

(a.) Traditionelles Verständnis

Dem traditionellen Verständnis nach handelt es sich bei nationalen Minderheiten um Angehörige von bestimmten Völkern, dessen Volksstamm einen eigenen Staat bildet, in einem anderen Staat aber sich von dessen Bevölkerungsmehrheit ethnisch oder sprachlich unterscheiden[1312]. Die nationalen Minderheiten stellen somit eine oder mehrere Personengruppen innerhalb eines von einer anderen Volksgruppe beherrschten Staatenverbandes dar, die eine eigene Kultur pflegen oder sich einer eigenen Sprache bedienen. Der Begriff der nationalen Minderheit deckt sich teilweise mit dem der ethnischen oder sprachlichen Minderheit, wobei letztere den Begriff der nationalen Minderheit mit einschließt[1313].

(b.) Rahmenübereinkommen des Europarates

Die Diskussion hinsichtlich des Begriffes der nationalen Minderheit wurde durch das Rahmenübereinkommen des Europarates zum Schutz nationaler Minderheiten vom 10. November 1994 wieder aufgegriffen[1314], wenngleich keine detaillierte Definition der nationalen Minderheit durch das Übereinkommen statuiert wurde, noch eine Definition des Begriffes Minderheit im Allgemeinen in diesem Übereinkommen geschaffen wurde. Ob nach dem Rahmenübereinkommen der Begriff der nationalen Minderheit alle Minderheiten umfasst, die sich auf dem Staatsgebiet des jeweiligen Vertragspartners aufhalten, oder der Begriff der nationalen Minderheit weiterhin dem traditionellen Verständnis nach definiert wird, bleibt offen, da nicht einmal der Regelungsgegenstand „nationale Minderheit" erörtert wurde. Es wird in der Literatur vertreten, dass der Begriff „nationale Minderheit", im Kontext des Übereinkommens gesehen, nur Minderheiten umfasse, die sich auf dem Staatsgebiet des Vertragspartners aufhalten. Ein ethnisches Band mit einer anderen Nation wird nicht verlangt[1315]. Hielte man an diesem Verständnis fest, so müsste man von einer weiten Auslegung des Begriffes nationale Minderheit ausgehen und darunter alle diejenigen Personengruppen subsumieren, die sich auf dem Staatsgebiet der Vertragspartner aufhalten, wobei auch die sich auf dem Gebiet des Signatarstaates befindlichen Ausländer mitumfasst wären. Diese Auslegung überschneidet sich jedoch mit dem

1312 Blumenwitz, Minderheiten- und Volksgruppenrecht, S. 29; insofern ungenau ist die Empfehlung des Europarats 1134 (1990) bezüglich der nationalen Minderheiten: „[...] 11. Für nationale Minderheiten, d.h. einzelne oder verschiedene Gruppen, die sich in dem Gebiet eines Staates niedergelassen haben, deren Mitglieder Staatsbürger dieses Staates sind und die gewisse religiöse, sprachliche, kulturelle oder andere Eigenschaften besitzen, die sie von der Mehrzahl der Bevölkerung unterscheiden, [...]". BT-Drucks. 12/14, S. 44, vom 02.01.1991; Blumenwitz, Minderheiten- und Volksgruppenrecht, S. 146.

1313 Blumenwitz, Minderheiten- und Volksgruppenrecht, S. 30.

1314 EuGRZ 1995, S. 268 ff.

1315 Klebes, EuGRZ 1995, S. 262 (263).

völkerrechtlichen Fremdenrecht und würde diesem nur noch einen geringen Regelungsspielraum seitens der Vertragsstaaten überlassen. Der Begriff "national" liefe dann leer, da jegliche Arten von Minderheiten unter dieses Abkommen fallen würden. Eine Auslegung dahingehend, dass der Begriff nationale Minderheit alle Personengruppen umfasst, die sich jeweils im Staatsgebiet aufhalten, kann somit mit Wirkung auf den Minderheitenbegriff außerhalb des Übereinkommens zunächst ausgeschlossen werden[1316].
Damit löst sich aber der Begriff „national" bezogen auf das Rahmenübereinkommen des Europarats von seinem traditionellen Verständnis. Wie bereits dargestellt, bedarf es bei der nationalen Minderheit einer Verbindung zu einem Heimatstaat, das heißt zu einer noch bestehenden Nation, welche sich geographisch entfernt befindet. Den Begriff Nation mit dem Begriff Staat gleichzusetzen, zeugt von einem falschen Verständnis des Minderheitenbegriffs. Anderes ergibt sich auch nicht aus dem Rahmenübereinkommen. Das Übereinkommen verwendet einen Begriff, der nicht näher definiert wird. Es kann nicht Aufgabe der Literatur sein, ein multilaterales rechtsverbindliches Abkommen derartig auszugestalten, dass es auf die jeweiligen Bedürfnisse angepasst wird. Ebenso kann ein Abkommen, welches den Begriff Minderheit nicht einmal definiert, nicht als Maßstab einer neuen Definition des Begriffes der Minderheiten angesehen werden. Die Ungewissheit der Vertragspartner im Anschluss an die Unterzeichnung des Europäischen Rahmenübereinkommens bestärkt diese Ansicht. So äußerten die Vertragspartner bei der Unterzeichnung Vorbehalte, um nicht durch den Beitritt zu dem Abkommen und die daraus folgende Bindung an die Auslegung des Abkommen seitens der beteiligten Staaten an eine Definition der Minderheiten gebunden zu werden, welche ihrem Verständnis widerspricht[1317]. Die Bundesrepublik Deutschland hat bei der Unterzeichnung des Übereinkommens den Vorbehalt geäußert, dass die Bestimmungen nicht für die in Deutschland lebenden Jugoslawen und Türken gelten sollen. Diese stellten Personengruppen dar, welche sich ethisch von der Bevölkerungsmehrheit unterschieden, in der Bundesrepublik Deutschland jedoch nicht als Minderheit angesehen werden sollten. Vorbehalte bei einer multilateralen Ausgestaltung des Minderheitenschutzes sind für dessen Durchführung hinderlich. Die Anmeldung eines

---

[1316] Dies ergibt sich auch aus dem Verständnis der parlamentarischen Versammlung, die in der Richtlinie 484 (1993) hinsichtlich des Entwurfs eines Zusatzprotokolls zur EMRK die Definition des Begriffes nationale Minderheit versucht. Danach kommt als Begriffsmerkmal der nationalen Minderheit nur eine Personengruppe in Betracht, die einerseits im Hoheitsgebiet ansässig ist und deren Mitglieder andererseits dessen Staatsbürger sind. Steiner, in: Blumenwitz/Gornig, Minderheiten- und Volksgruppenrechte, S. 29 (37).

[1317] Von den Staaten, die das Übereinkommen ratifiziert haben, haben 15 Staaten Vorbehalte geäußert (Stand: 20.07.2001).

Vorbehaltes dient dabei als Mittel, die eigene staatliche Souveränität nicht zugunsten einer unsicheren rechtlichen Situation aufzugeben.
In der Diskussion bleiben auch weitere Probleme unbeachtet. Die weite Auslegung des Minderheitenbegriffs bedingt die Aufgabe der staatlichen Identität. Gerade auf die in den letzten Jahrzehnten erfolgten Bevölkerungsströme in Europa würde eine derart weite Auslegung eher negativen Einfluss haben. So führt eine weite Auslegung des Minderheitenbegriffs zu einer Abschwächung des Assimilationsprozesses mit dem Staat, in dem eine, sich ethnisch unterscheidende Personengruppe immigriert. Gewährleistet der Staat dieser Personengruppe umfangreichen Schutz, sogar mit dem Willen der eigenen sprachlichen Freiheit, so wäre dies eine Unterwanderung des staatlich angestrebten Assimilationsprozesses und die Preisgabe der eigenen staatlichen Identität. Deshalb kann das Europäische Rahmenübereinkommen von 1994 auf die Ausgestaltung der Definition des Begriffes nationale Minderheit keine weitreichenden Auswirkungen haben. Die mangelnde Definition der Minderheit durch dieses Übereinkommen kann nicht zu einer Änderung der sich in den letzten Jahrzehnten entwickelten Prozesse und Begriffsbestimmungen führen. Die nationale Minderheit kann nur dann eine nationale Minderheit im eigentlichen Sinne darstellen, so lange die Minderheit eine gewisse Beziehung zu einer anderen Nation pflegt oder an ihren kulturellen und traditionellen Prinzipien festhält. Dem kann auch nicht entgegnet werden, dass es an einer klaren Begriffsbestimmung der Nation mangele[1318]. Vielmehr kommt es auf die Identität der Personengruppe zu einem noch bestehenden Staat an, welche nicht identisch mit dem Staat ist, in dem sich die Minderheit momentan aufhält. Den Begriff der nationalen Minderheit dahingehend auszulegen, dass es sich um jede Minderheit handelt, die sich in einem bestimmten Staatsgebiet, das heißt in einer bestimmten Nation aufhält, geht also fehl. Dies ist bereits den Reaktionen der Signatarstaaten zu entnehmen.
Der in dem Europäischen Rahmenübereinkommen vom 10. November 1994 verwendete Begriff der nationalen Minderheit ist demnach missverständlich. Er hat aber auch keinen prägenden Einfluss auf das traditionelle Verständnis der als nationale Minderheiten bezeichneten Personengruppen. Vielmehr stellt er nur einen eigenständigen Begriff der Minderheiten bezüglich des Rahmenübereinkommens von 1994 dar, welcher dazu noch im Übereinkommen selbst undefiniert bzw. unbestimmt bleibt und nicht auf andere Bereiche übertragen werden kann.

(c.) Ergebnis
Der Begriff der Volksgruppe deckt sich grundsätzlich mit dem der nationalen Minderheiten. Teilweise wurde in der Literatur zwar versucht, eine Trennung

[1318] Klebes, EuGRZ 1995, 262 (263), Fußnote 8.

zwischen nationaler Minderheit und einer Volksgruppe zu fingieren, doch verlangen Vertreter dieser Trennungstheorie für das Merkmal der Volksgruppe einen territorialen Bezug, so wie ihn das charakteristische Merkmal einer nationalen Minderheit ausmacht[1319]. Es scheint ebenfalls nicht überzeugend, als Merkmal einer Volksgruppe das Bestreben der Begründung einer (neuen) staatlichen Existenz zu verlangen[1320]. Dass ihr dadurch spezielle Gruppenrechte erwachsen, ist für die Beurteilung ihres rechtlichen Status zunächst irrelevant. Eine andere Identität erwächst ihnen daraus allerdings nicht, so dass man vielmehr von einer Identität der Volksgruppe und der nationalen Minderheit ausgehen muss.

dd. Merkmal der Stabilität

Ob auch später zugezogene Ausländer durch nachträgliche Naturalisierung oder deren Nachkommen, die beide Staatsangehörigkeiten besitzen, den Schutz der bestehenden Minderheitenschutzbestimmungen genießen können, ist fraglich. Die bislang abgeschlossenen universellen und regionalen Abkommen beziehen sich auf Minderheiten, die sich schon länger auf dem Staatsgebiet der Vertragsstaaten befinden, oder solche, die aufgrund völkerrechtlich relevanter Vorgänge nunmehr in dem betroffenen Staatsgebiet leben.

(1) Artikel 27 IPbürgR

Das Kriterium der Stabilität war Gegenstand der Verhandlungen zu Artikel 27 IPbürgR. So kann schon in der Regelung des Artikels 27 IPbürgR gesehen werden, dass entgegen der deutschen Übersetzung beide Originaltexte von Minderheiten ausgehen, die sich bereits auf dem Staatsgebiet der Signatarstaaten befinden[1321]. Dieses Merkmal würde somit ein weiteres objektives Kriterium, nämlich das Erfordernis der Stabilität der Volksgruppe voraussetzen. Das Stabilitätserfordernis vermeidet die wohl zu schnelle Anerkennung von Immigranten. Gerade durch den Zufluss von Gastarbeitern, kann es der Fall sein, dass sich durch eine vermehrte Einreise von Gastarbeitern aus einem bestimmten Kulturkreis Elemente dieser Gruppe in dem Land der Einwanderung fortsetzen und sich eine mangelnde Assimilierung abzeichnet. Dies ist gerade in der Bundesrepublik Deutschland nach dem Zweiten Weltkrieg zu erkennen. Durch den Zuzug von Gastarbeitern aus einzelnen Ländern, wie Italien oder der Türkei, haben sich regional starke Einwanderungsgruppen herausgebildet, die – unterstützt durch die

1319 Blumenwitz, Minderheiten- und Volksgruppenrechte, S. 31.

1320 Weinberg, S. 51.

1321 So heißt es im englischen Text: *In those states in which* [...] *minorities exist*, [...]. In der französischen Ausgabe: *Dans les Etats où il existe des minorités* [...].

1322 Nowak, Artikel 27 IPbürgR, Rdnr. 19.

Sprachbarriere – die eigene Kultur in ihrer Enklave aufrechterhalten und teilweise auch weiterentwickelt haben. Das Merkmal einer gewissen Stabilität der Gruppen verhindert dabei eine zu schnelle Anerkennung von teilweise nur vorübergehenden Bevölkerungsströmungen als Minderheiten und verhindert demnach auch das Entstehen sogenannter neuer Minderheiten. So ist es nicht verwunderlich, dass das Erfordernis der Stabilität als Voraussetzung der Anerkennung als Minderheit gerade von Ländern vorgebracht wird, die sich nach dem Zweiten Weltkrieg zunehmend einem großen Zustrom von Immigranten gegenübergestellt sahen. Diese Länder hegten Befürchtungen, dass durch eine zu schnelle Anerkennung von Minderheiten in ihrem Staat die nationale Einheit gefährdet werden könnte. Daher hat beispielsweise Chile bei den Ausarbeitungen zur Menschenrechtskonvention den Antrag gestellt, durch das Merkmal der Stabilität ein weiteres Erfordernis an den Schutz von Minderheiten zu stellen[1322].
In Bezug auf Artikel 27 IPbürgR ist es demnach erforderlich, dass diejenigen Gruppen, die sich religiös, sprachlich oder ethnisch von der Majorität abgrenzen, zumindest eine gewisse historische Stabilität aufweisen[1323].
Die zeitweise Unterscheidung von Gastarbeitern von der übrigen Bevölkerung eines Landes entspricht somit nicht dem Stabilitätserfordernis, welches Artikel 27 IPbürgR an den Schutz von Minderheiten stellt. Besitzen die Gastarbeiter nicht die Staatsangehörigkeit des betreffenden Landes, verbietet sich eine Anwendung der in Artikel 27 IPbürgR statuierten Rechte allein schon aufgrund ihres Ausländerstatus. Die Staatsbürger, die neben ihrer ursprünglichen Staatsangehörigkeit noch die Staatsangehörigkeit des Landes angenommen haben, in das sie emigriert sind, werden wohl kaum in einem Zeitraum von 50 Jahren eine derartige Stabilität durch das Praktizieren von unterschiedlichen kulturellen Charakteristiken aufweisen, welche sie in den Genuss des Schutzes von Artikel 27 IPbürgR kommen ließe. Der Erwerb der Staatsangehörigkeit des Aufenthaltsstaates reicht hierfür noch nicht aus.

(2) Europäisches Rahmenübereinkommen

Das europäische Rahmenübereinkommen enthält kein ausdrückliches Kriterium der Stabilität. Dennoch gab es in der Entstehungsgeschichte des Minderheitenschutzes in der Nachkriegszeit immer wieder Bestrebungen, derartige Voraussetzungen an den Minderheitenschutz zu stellen. Ansätze dafür enthält der Vorschlag seitens der österreichischen Regierung an den Ministerrat der KSZE von 1991. So sollte die Definition des Begriffes Volksgruppe, synonym mit dem Begriff der nationalen Minderheit, das Erfordernis der traditionellen Beheimatung *(traditional residence)* beinhalten[1324]. Dies schließt sich an die Überlegun-

1323 Nowak, Artikel 27 IPbürgR, Rdnr. 20.

gen hinsichtlich der Verhandlungen zum Internationalen Pakt über bürgerliche und politische Rechte an. Nach der Praxis Österreichs ist das Kriterium der traditionellen Beheimatung dann erfüllt, wenn die Gruppen seit mindestens drei Generationen im Staatsgebiet angesiedelt sind[1325]. Eine derartige Einschränkung ist ebenfalls wie eine Definition der Begriffe Volksgruppe oder nationale Minderheit in den Vertragstexten nicht verwirklicht worden.
Auch auf der Tagung des Europarats 1992 gab es diesbezüglich keine einheitlichen Einschränkungsbestrebungen. So vertraten die skandinavischen Vertreter die Ansicht, dass unter den Begriff der Minderheiten auch Flüchtlinge fallen sollten, seitens der türkischen Delegation sollten sogar Wanderarbeiter unter den Begriff der nationalen Minderheit fallen[1326]. Im Entwurf des Zusatzprotokolls wurde dann jedoch hinsichtlich des Begriffes der nationalen Minderheit die Aufrechterhaltung einer langjährigen, festen und dauerhaften Verbindung zu dem Aufenthaltsstaat vorausgesetzt[1327]. Im Ergebnis obliegt es dem Signatarstaat des Europäischen Rahmenübereinkommens zum Schutz nationaler Minderheiten, ob er bei der Hinterlegung der Ratifikationsurkunde bezüglich des Stabilitätserfordernisses Vorbehalte äußert. Die Bundesrepublik Deutschland ist dieser Möglichkeit nachgekommen, indem sie bei der Ratifikation den Vorbehalt geäußert hat, dass das Rahmenübereinkommen nur für diejenigen Minderheiten in der Bundesrepublik Deutschland Anwendung finden soll, die sich traditionell auf dem Staatsgebiet aufhalten. Indem hierbei die betroffenen Gruppen näher bezeichnet worden sind, ist dieser Vorbehalt nicht dynamisch, das heißt nicht in diesem Sinne eigenständig anpassbar, dass sich das Rahmenübereinkommen auf, durch Zeitablauf von mehreren Jahrzehnten permanent auf dem Staatsgebiet aufhaltende, nicht assimilierte Gruppen erstreckt. Eine Erweiterung des Anwendungsbereichs des Europäischen Rahmenübereinkommens zum Schutz nationaler Minderheiten kann nur durch eine Abänderung des hinterlegten Vorbehalts, also eine Erweiterung auf weitere als die darin *expressis verbis* genannten Gruppen, erreicht werden.
Die Bundesrepublik Deutschland ist deswegen verpflichtet, Maßstäbe zu erstellen, die eine Feststellung ermöglichen, ab welchem Zeitpunkt eine Gruppe traditionell auf ihrem Hoheitsgebiet beheimatet ist. Ob hinsichtlich der Wanderbewegungen der Arbeitnehmer in den letzten Jahrzehnten ein Zeitraum von drei

[1324] Steiner, in: Blumenwitz/Gornig, Minderheiten- und Volksgruppenrechte in Theorie und Praxis, S. 29 (35).
[1325] Steiner, in: Blumenwitz/Gornig, Minderheiten- und Volksgruppenrechte in Theorie und Praxis, S. 29 (35).
[1326] Steiner, in: Blumenwitz/Gornig, Minderheiten- und Volksgruppenrechte in Theorie und Praxis, S. 29 (36).
[1327] Steiner, in: Blumenwitz/Gornig, Minderheiten- und Volksgruppenrechte in Theorie und Praxis, S. 29 (37).

Generationen, so wie es die österreichische Praxis vorsieht, allein ausreicht, ist fraglich.
Nach der in den letzten Jahrzehnten entstandenen fortschreitenden Erleichterung der Niederlassung in anderen Staaten im Rahmen der Vereinbarungen auf dem Gebiet der Europäischen Union kann die Grenze der traditionellen Beheimatung nicht zu niedrig gesetzt werden. Dies würde sonst zu einer unüberschaubaren Problematik führen, da bei einer nicht restriktiven Handhabung der Bestimmung nach kürzester Zeit eine Vielzahl von Gruppen in den Genuss der Minderheitenrechte kommen würden. Aber auch die Erleichterung des grenzüberschreitenden Verkehrs aus nichteuropäischen Staaten muss dazu führen, eine restriktive Handhabung des Begriffes der traditionellen Beheimatung zu wahren. Nach dem traditionellen Verständnis des Minderheitenschutzes muss es sich bei der Personengruppe um eine stabile Gemeinschaft handeln, die sich auf einem bestimmten territorialen Gebiet befindet und einen territorialen Bezug zu einem bestimmten Gebiet aufweist[1328].
Demnach ist die Regierung aufgefordert, Maßstäbe zu erstellen, die einerseits den Minderheitenschutz für erstarkende Gruppen nicht *ad absurdum* führt, auf der anderen Seite jedoch nicht durch eine zu weite Auslegung des Begriffes traditionelle Beheimatung zu vielen Gruppen die Voraussetzung des Minderheitenschutzes zu eröffnen und dadurch den Assimilationsprozess zu gefährden.

ee. Schicksalsgemeinschaft aufgrund unbeeinflussbarer völkerrechtlicher Vorgänge

Der Gedanke, dass es nicht Aufgabe der Staatengemeinschaft sein kann, aufgrund freiwilliger Veranlassung in ein Staatsgebiet emigrierte Personen unter den Schutz von Minderheitenbestimmungen zu stellen, muss noch ein Kriterium bei der Bestimmung der Minderheitendefinition hinzukommen, durch welches gerade der zwischenstaatliche Schutz notwendig wird. Deshalb ist es sinnvoll nur solche Personengruppen zu schützen, die aufgrund völkerrechtlich relevanter Vorgänge zu einer – zunächst – Minorität geworden sind. Das wesentliche Kriterium kann dabei nur sein, dass sich die Gruppe gerade gegen ihren Willen in einem bestimmten Staatsgebiet befindet und sich dort von der Mehrheit unterscheidet. Sind sie dagegen freiwillig umgesiedelt, kann ihnen nicht der internationale Schutz der Staatengemeinschaft zuteil werden. Deswegen fallen Wanderarbeitnehmer nicht unter die Definition der Minderheit im völkerrechtlichen Sinne[1329]. Als völkerrechtlich relevante Vorgänge, die die Unfreiwilligkeit belegen, kommen unter anderem Grenzverschiebungen, entweder durch Sezession

---

1328 Hier kann als Beispiel die Abtretung Südtirols an Italien durch den Vertrag von St. Germain angeführt werden.
1329 Kritisch hierzu auch Kälin, S. 65.

oder aufgrund bewaffneter Konflikte[1330], oder Verstöße gegen Menschenrechtsverletzungen in Betracht, aufgrund dessen die Personengruppe in ein anderes Staatsgebiet gelangt ist, wie z.B. Zwangsumsiedlungen.
Es ist natürlich möglich zu argumentieren, dass trotz Freiwilligkeit allein aufgrund Zeitablauf eine Stabilität der Gruppe entsteht[1331]. Hält man sich aber streng an die Vorgaben, dass zur Beurteilung als Minderheit alle objektiven Kriterien kumulativ vorliegen müssen, so kann eine Gruppe auch nach 50 bis 100 Jahren nicht zu einer Minderheit werden, wenn sie freiwillig in das Gebiet kam. Selbst wenn man das Kriterium der Stabilität bei dieser Gruppe befürworten würde, so ist dennoch keine Minderheit gegeben, da die Gruppe vorher nie entgegen ihrem Willen in das Staatsgebiet gelangt ist, sondern immer nur freiwillig. Dieses Kriterium wird von den Staaten für die Beurteilung einer Minderheit auch vorausgesetzt, wie sich an dem Vorbehalt der Staaten zum Europäischen Rahmenübereinkommen zum Schutz nationaler Minderheiten zeigt[1332].

1330 Dass Grenzverschiebungen aufgrund bewaffneter Konflikte heute völkerrechtswidrig sind, soll hier dahingestellt bleiben. Vielmehr müssen auch diejenigen Gruppen in der Definition Berücksichtigung finden, die vor dem Zeitpunkt, ab dem die Annexion als völkerrechtswidrig betrachtet wurde, in ein anderes Staatsgebiet gelangt sind.

1331 Gelinsky, FAZ vom 19.02.1999, S. 12.

1332 Neben der Bundesrepublik Deutschlang gaben noch weitere Staaten Erklärungen ab. *Österreich* sieht als Minderheiten im Sinne des Übereinkommens nur solche Gruppen an, die unter das Volksgruppengesetz (ÖBGBl. 396/1976) fallen und traditionell in der Republik Österreich ansässig sind (Erklärung vom 31.03.1998). *Dänemark* erkennt nach seiner Erklärung vom, 22.09.1997 nur die deutsche Minderheit in Süd-Jütland als Minderheit im Sinne des Rahmenübereinkommens an. Nach der Erklärung *Estlands* vom 06.01.1997: *"[...] "national minority" [are] those citizens of Estonia who [1] reside on the territory of Estonia; [2] maintain longstanding, firm and lasting ties with Estonia; [3] are distinct from Estonians on the basis of their ethnic, cultural, religious or linguistic characteristics; [4] are motivated by a concern to preserve together their cultural traditions, their religion or their language, which constitute the basis of their common identity.* *Luxemburg* gab am 18.07.1995 folgende Erklärung ab: *"The Grand Duchy of Luxembourg understands by "national minority" in the meaning of the Framework Convention, a group of people settled for numerous generations on its territory, having the Luxembourg nationality and having kept distinctive characteristics in an ethnic and linguistic way.* In der Erklärung *Sloweniens* vom 23.03.1998 findet sich folgende Bestimmung: *"[...] the Republic of Slovenia, declares that these are the autochthonous Italian and Hungarian National Minorities. In accordance with the Constitution and internal legislation of the Republic of Slovenia, the provisions of the Framework Convention shall apply also to the members of the Roma community, who live in the Republic of Slovenia".* In der Erklärung *Schwedens* vom 09.02.2000 heißt es: *"The national minorities in Sweden are Sami, Swedish Finns, Tornedalers, Roma and Jews".* Die *Schweiz* gab am 21.10.1998 folgende Erklärung ab: *"Switzerland declares that in Switzerland national minorities in the sense of the framework Convention are groups of individuals numerically inferior to the rest of the population of the country or of a canton, whose members*

b. Das Erfordernis eines subjektiven Kriteriums der Minderheiteneigenschaft

Bislang wurde nur auf objektive Merkmale einer Minderheit als Unterscheidungsmerkmale eingegangen. Die Beurteilung, ob im jeweiligen Fall eine Gruppe eine Minderheit darstellt, kann sich nicht allein auf eine Unterscheidung in religiöser, sprachlicher oder ethnischer Weise, also auf individuell-differenzierende Merkmale beschränken[1333]. Es muss vielmehr ein persönliches Bekenntnis des Einzelnen oder der Gruppe zu dieser Unterscheidung bestehen. Deshalb wird bei der Beurteilung der Minderheiteneigenschaft verlangt, dass neben den objektiven Unterscheidungsmerkmalen auch ein subjektives Merkmal, nämlich eben dieses persönliche Bekenntnis vorhanden sein muss.

Das subjektive Merkmal umfasst dabei zwei wesentliche Komponenten. Einerseits bedarf es eines Ausdrucks der persönlichen Identifikation und somit eines Bekenntnisses des Einzelnen hinsichtlich seiner Zugehörigkeit zu einer Minderheit[1334]. Andererseits wird auch ein bestimmtes Gruppenbewusstsein verlangt. Diese Voraussetzung mag als Solidaritätsgefühl zu bezeichnen sein, jedenfalls muss es der gemeinsame Wille der Mitglieder einer sich nach den objektiven Kriterien unterscheidenden Gruppe sein, ihre unterschiedlichen Charakteristiken, sei es hinsichtlich der Abstammung, Sprache oder Religion, zu bewahren und eine Assimilation durch die sich unterscheidende Mehrheit zu vermeiden[1335]. In der Gruppe muss also ein traditionelles Bewusstsein vorhanden sein, verbunden mit dem Ziel, an der gemeinsamen Tradition festzuhalten und diese zu fördern[1336]. Das subjektive Bekenntnis der Angehörigen der jeweiligen Gruppe in Form eines Zugehörigkeitsgefühls verbunden mit dem Erhaltungs- und

---

are Swiss nationals, have long-standing, firm and lasting ties with Switzerland and are guided by the will to safeguard together what constitutes their common identity, in particular their culture, their traditions, their religion or their language".

1333 Eglin, S. 175.

1334 Dies geht auch schon aus Ziff. 32.1 der Kopenhagener Dokumente vom 26.06.1990 hervor und wurde durch die Rechtsprechung des IGH hinsichtlich der Minderheiten in Oberschlesien (Minderheitenschulen) bestätigt. Das sogenannte Bekenntnisprinzip und die persönliche Entscheidung des Individuums ist demnach Grundlage der Minderheitenzugehörigkeit eines Einzelnen. Vgl. von Studnitz, in: Blumenwitz/Gornig, Minderheiten und Volksgruppenrechte in Theorie und Praxis, S. 17 (17); Pauls, in: Blumenwitz/von Mangoldt, Fortentwicklung des Minderheitenschutzes und der Volksgruppenrechte in Europa, S. 67 (67); Eglin, S. 177.

1335 Capotorti, *Minorities*, in: EPIL III, S. 410 (411); Eglin, S. 176; Despeux, S. 69 f.

1336 Bei den Ausarbeitungen des Europarates zu dem Entwurf des Zusatzprotokolls zur EMRK wurde auf das Kriterium der Solidarität wesentliches Gewicht gelegt. Das eingesetzte Expertenkomitee verlangte als weiteres Merkmal einer nationalen Minderheit, dass die Gruppe von Personen von dem Wunsch beseelt sein müsste, die für ihre Identität charakteristischen Merkmale, insbesondere ihre Kultur, ihre Traditionen, ihre Religion oder ihre Sprache, gemeinsam zu erhalten. Vgl. Steiner, in: Blumenwitz/Gornig, Minderheiten- und Volksgruppenrechte in Theorie und Praxis, S. 29 (37).

Förderungsbestreben bildet das zentrale Element der Minderheit im völkerrechtlichen Sinne[1337]. Dieses kann nur einhergehen mit dem kumulativen Vorliegen[1338] der individuell-differenzierenden objektiven Kriterien[1339].
Das subjektive Kriterium ist auch hinsichtlich des Assimilationsprozesses von Bedeutung. Es kann nämlich im Laufe der Zeit vorkommen, dass sich die Gruppe zwar aufgrund der formellen objektiven Kriterien, wie Sprache und Hautfarbe weiterhin von der Majorität unterscheidet, das Solidaritätsgefühl und ihre traditionelle Identität jedoch verliert und sich der Mehrheit annähert. Dem Außenstehenden ermöglicht das subjektive Kriterium eine genaue Beurteilung, ob sich die Gruppe aufgrund ihres solidarischen Verhaltens Assimilationsbestrebungen widersetzt[1340], oder ob sie sich vielleicht sogar der Mehrheit annähert, wenn nicht sogar mit ihr identifiziert[1341]. Der sich unterscheidenden Gruppe muss zwar ein entsprechender Schutz eingeräumt werden, ihr darf aber auch nicht die

---

1337 Heintze, in: Ipsen, § 28, Rdnr. 15.

1338 Im Ergebnis auch: Weinberg, S. 54; Murswiek, in Blumenwitz/Murswiek, Aktuelle rechtliche und praktische Fragen des Volksgruppen und Minderheitenschutzrechts, S. 39 (46); Eglin, S. 175.

1339 Früher wurde auch eine rein objektive und eine rein subjektive Theorie vertreten. Dass sich diese Theorien im 19. und 20. Jahrhundert nicht durchsetzen konnten, lag vor allem darin begründet, dass sie bereits in sich widersprüchlich waren. So konnte eine Unterscheidung in religiöser Hinsicht nicht allein nach objektiven Merkmalen vorgenommen werden, da gerade das Bekenntnis des Einzelnen das Wesen einer religiösen Unterscheidung ausmacht. Ebenso konnte die Zugehörigkeit zu einer nationalen Minderheit nicht allein vom Bekenntnis des Einzelnen abhängen, sondern musste ebenfalls mit dem Vorhandensein objektiver Unterscheidungsmerkmale einhergehen. ("Der Deutsche von heute kann nicht der Sklave von morgen sein", G. Jellinek, Das Recht der Minoritäten, S. 29). Vgl. dazu Eglin, S. 175; Oxenknecht, S. 132.

1340 Eglin, S. 176.

1341 Dass gerade dem subjektiven Kriterium eine wesentliche Bedeutung zukommt, zeigt auch eine Untersuchung der Universität Bayreuth bezüglich der sprachlichen Minderheiten in Südtirol und im Burgenland. Diese Studie kommt zu dem Ergebnis, dass die Entwicklung der sprachlichen Minderheit zunächst von sozialpolitischen und geographischen Rahmenbedingungen abhängig sei. Bedeutender ist vielmehr, dass in dieser Studie zum Ausdruck kommt, dass die Existenz einer sprachlichen Minderheit stark von dem Bewusstsein der Eigenart der Gruppe selbst abhängt und sich gerade dadurch auszeichnet, dass die Gruppe den Willen verfolgt, diese Gruppe zu erhalten. Diese Eigenart, durch die sich eine Minderheit auszeichnet – in diesem Falle war es die Eigenheit einer Minderheitensprache – führt gerade zu einem Gruppenbewusstsein der Gruppe an sich. Folglich ist vornehmlich dieses Gruppenbewusstsein ein wesentliches Element bei der Beurteilung, ob eine Minderheit vorliegt oder nicht. Vgl. dazu näher Oxenknecht, S. 119 f.

Option genommen werden, durch ihren freien Willensentschluss einen Assimilationsprozess zu vollziehen[1342].
Daneben besteht durch das Erfordernis des subjektiven Identifikationsmerkmals die Möglichkeit einzelner Personen, die innerhalb eines Gruppengefüges leben, jedoch nicht als Minderheit angesehen werden wollen, sich der Behandlung als Minderheit zu entziehen. Dies hat auch Auswirkungen auf den Assimilationsprozess in dem jeweiligen Staat. Die Entscheidung der Zugehörigkeit zu einer Minderheit kann nur der betroffenen Einzelperson oder der Gruppe reserviert bleiben. Wenn der Minderheitenschutz vordringlich als Menschenrecht bezeichnet wird, so müssen die Garantien auch so weit gehen, dass die weitere Entwicklung der Entscheidungsbefugnis der Betroffenen verbleibt.

4. Minderheitenschutz und Staatsangehörigkeit

a. Staatsangehörigkeit des Aufenthaltsstaates als objektives Begriffsmerkmal

Die Frage, ob die auf einem bestimmten Gebiet lebende Gruppe die selbe Staatsangehörigkeit haben muss wie der Mehrheitsanteil, also eine Identität der Staatsangehörigkeit der Minderheit und Mehrheit verlangt wird, ist in letzter Zeit kritisch behandelt worden[1343]. Teilweise wird vertreten, dass gerade aus dem Wortlaut des Artikel 27 IPbürgR abgeleitet werden könne, dass der darin vorgesehene Schutz der Minderheiten auch den Schutz fremder Staatsangehöriger im Inland umfasse[1344]. So seien Minderheiten nicht nur Personen zuzurechnen, die die Staatsangehörigkeit des Wohnsitzstaates haben, sondern ebenfalls auch ausländische Staatsangehörige und vor allem ausländische Arbeitnehmer,

---

[1342] Wie erörtert, kann dieses Gruppenbewusstsein auch dann von entscheidender Bedeutung sein, wenn es um die Frage geht, ob in einem bestimmten Fall noch eine Minderheit existiert. Fehlt dieser Gruppe nämlich gerade dieses Gruppenbewusstsein, so fehlt ihr auch der Wille der Unterscheidung gegenüber der Majorität. Das Festhalten an objektiven Kriterien würde dann nämlich dazu führen, dass eine Unterscheidung gegenüber der Mehrheit, zu der sich die Minderheit nicht mehr bekennen will, künstlich aufrechterhalten würde. Ein angestrebter Assimilationsprozess würde damit unnötig verlängert, wenn nicht sogar verhindert. So ist bei der elsässischen Minderheit nach über 80 Jahren festzustellen, dass das Gruppenbewusstsein mehr und mehr schwindet. Diese sprachliche Minderheit läuft somit aufgrund des fehlenden Gruppenbewusstseins Gefahr, gänzlich zu verschwinden. Oxenknecht, S. 120. Diese Entscheidung obliegt dann allerdings allein der betreffenden Gruppe.

[1343] De Zayas, in: Blumenwitz/von Mangoldt, Fortentwicklung des Minderheitenschutzes und der Volksgruppenrechte in Europa, S. 135 (136); Silagi, S. 73.

[1344] Hailbronner, in: Vitzthum, Abschn. III, Rdnr. 333 ff.; Artikel 27 IPbürgR statuiert: „*In Staaten mit ethnischen, religiösen oder sprachlichen Minderheiten darf Angehörigen solcher Minderheiten nicht das Recht vorenthalten werden, gemeinsam mit anderen Angehörigen ihrer Gruppe ihr eigenes kulturelles Leben zu pflegen, ihre eigene Religion zu bekennen und auszuüben oder sich ihrer eigenen Sprache zu bedienen.*“

die sich schon seit längerem auf dem Staatsgebiet aufhielten. Gerade außerhalb des Aspektes der Menschenrechte sei dies von erheblicher Relevanz, da das Völkerrecht dann nicht mehr als wesentliches Unterscheidungskriterium die Eigenschaft als Staatsangehöriger und Ausländer ansehe, sondern vielmehr die Zugehörigkeit zu kulturellen Gruppen. Im Rahmen einer multikulturellen Gesellschaft stelle dies einen weiteren Schritt zur Überwindung der Unterscheidung zwischen Staatsangehörigkeit und Fremdenrecht dar[1345].
Dafür würde auch die Interpretation des Artikel 27 IPbürgR im Vergleich mit Artikel 25 IPbürgR sprechen. Während die in Artikel 25 IPbürgR garantierten Rechte nur den Staatsbürgern des jeweiligen Mitgliedstaates zugestanden werden und sich Ausländer also nicht auf die in Artikel 25 IPbürgR statuierten Rechte berufen können[1346], beinhaltet Artikel 27 IPbürgR eine solche ausdrückliche Einschränkung nicht.
Zu diesem Ergebnis gelange man auch im Wege der systematischen Auslegung des Paktes. Sieht man die Regelung des Artikel 27 IPbürgR im Rahmen der Bestimmung der Artikel 2, 13 und 25 IPbürgR, so lässt sich aus der Regelung des Artikels 2 entnehmen, dass sich der Pakt grundsätzlich auf alle im Staatsgebiet befindlichen Personen ohne Rücksicht auf die Staatsangehörigkeit bezieht. Eine Ausnahme würde dann nur die Regelung in Artikel 13 IPbürgR bilden, welche sich ausdrücklich nur auf Ausländer in dem betroffenen Staatsgebiet beziehe sowie Artikel 25 IPbürgR, der eine Bestimmung ausdrücklich für Staatsbürger vorsehe.
Ob eine derartige Definition des Begriffes Minderheit in Artikel 27 IPbürgR hinein zu interpretieren ist, ist dennoch fraglich. Zum einen widerspricht eine derart weite Auslegung des Begriffes Minderheit dem traditionellen Verständnis[1347]. Trotz der scheinbar weiten Auslegung des Artikel 27 IPbürgR belegen die unterschiedlichen Ansichten der Staatenvertreter auf den Sitzungen, dass Artikel 27 IPbürgR nur diejenigen Personen umfassen sollte, die auch die Staatsangehörigkeit des Staates innehaben. Dagegen spricht auch nicht die Ablehnung des indischen Antrags, den Ausdruck *"Persons"* durch *"Citizens"* in Artikel 27 IPbürgR zu ersetzen[1348], da die daraufhin abgegebene Betonung der irakischen Delegation, aus ihrer Sicht sei der Begriff *"Persons"* als *"Citizens"* zu interpretieren, unwidersprochen blieb[1349].

1345 Franke/Hofmann, EuGRZ 1992, S. 401 (402).
1346 Nowak, Artikel 27 IPbürgR, Rdnr. 16, der in dem in Artikel 27 IPbürgR statuierten Minderheitenschutz sogar schon ein Menschenrecht sieht.
1347 Nowak, Artikel 27 IPbürgR, Rdnr. 16.
1348 So der Vorschlag des indischen Delegierten. Nowak, Artikel 27 IPbürgR, Rdnr. 16.
1349 Nowak, Artikel 27 IPbürgR, Rdnr. 16.

Insgesamt muss also Artikel 27 IPbürgR dahingehend restriktiv ausgelegt werden, dass sich der Minderheitenschutz nur auf diejenigen Personen beschränkt, welche auch tatsächlich die Staatsangehörigkeit des Staates besitzen, dessen Schutz sie verlangen[1350].
Außerhalb des Artikels 27 IPbürgR hat sich die Praxis dahingehend entwickelt, dass gerade die Staatsangehörigkeit ein wesentliches Kriterium für die Minderheiteneigenschaft darstellt. Dies geht auch aus den verschiedenen Dokumenten hervor, die sich auf europäischer Ebene mit der Materie des Minderheitenschutzes befassen, so z. B. die Empfehlung 1177/1992 des Europarats, worin die Garantie zur Wahrung bestimmter kultureller, sprachlicher oder religiöser Eigenschaften an die Staatsbürgerschaft geknüpft wird[1351]. Aber auch das Rahmenübereinkommen von 1994 setzt die Staatsangehörigkeit als Begriffsmerkmal voraus. Auch wenn dies nicht ausdrücklich im Text des Übereinkommens festgelegt wurde, so kann aus dem Zusammenhang der Regelungen und in Anbetracht des Artikels 4 des Rahmenübereinkommens der Schluss gezogen werden, dass es nur auf die Minderheiten im Sinne des Vertragstextes anzuwenden ist, welche auch die Staatsangehörigkeit des Vertragsstaates besitzen[1352].
Demnach kann trotz der teilweise strittigen Betrachtungsweise der seit dem Zweiten Weltkrieg entwickelten Merkmale des Minderheitenbegriffs als weiteres Kriterium die Staatsangehörigkeit des Aufenthaltsstaates als zusätzliches formelles Merkmal anerkannt werden. Dies gilt sowohl für die Begrifflichkeit der Minderheit im Sinne des Artikel 27 IPbürgR als auch für die im Völkerrecht gebräuchliche Definition des Begriffes der Minderheit.
Wanderarbeitnehmer, die nicht die Staatsangehörigkeit des Wohnsitzstaates haben, können somit, selbst bei Vorliegen der anderen objektiven und subjektiven Kriterien, nicht als Minderheit im Sinne des Völkerrechts angesehen werden.

b. Minderheiten und mehrfache Staatsangehörigkeit

Die mehrfache Staatsangehörigkeit steht der Minderheiteneigenschaft zunächst nicht entgegen. Im Gegenteil kann sie sogar die Eigenschaft als Minderheit gerade auslösen, wenn sie die Staatsangehörigkeit des Aufenthaltsstaates ist. So

---

1350 So auch de Zayas, in: Blumenwitz/von Mangoldt Fortentwicklung des Minderheitenschutzes und der Volksgruppenrechte in Europa, S. 135 (136).

1351 „[...] 4. Innerhalb dieser gemeinsamen Staatsbürgerschaft können die Bürger, die mit anderen bestimmte kulturelle, sprachliche oder vor allem religiöse Eigenschaften gemeinsam haben, jedoch den Wunsch haben, daß sie anerkannt werden und ihnen die Möglichkeit garantiert wird, diese Eigenschaften zum Ausdruck zu bringen. [...]“; BT-Drucks. 12/3048 vom 08.07.1992; Blumenwitz, Minderheiten und Volksgruppenrecht, S. 170 f.

1352 BT-Drucks. 13/6912, S. 30 f.

1353 BGBl. 1998 II, S. 57.

bewirkt der Erwerb der polnischen Staatsangehörigkeit des in den ehemaligen deutschen Ostgebieten lebenden deutschen Staatsangehörigen bei Vorliegen der anderen Voraussetzungen die Eigenschaft, als Teil der deutschen Minderheit zu gelten. Die Staatsangehörigkeit kann aber im Falle der Mehrstaatigkeit nicht allein die Minderheiteneigenschaft auslösen, da hierzu noch die weiteren objektiven und subjektiven Merkmale einer Minderheit kumulativ vorliegen müssen.
Auch eine Identität der mehrfachen Staatsangehörigkeit bei einer bestimmten Bevölkerungsgruppe bewirkt noch nicht die Eigenschaft als Minderheit. Wenn also mehrere Personen neben der Staatsangehörigkeit des Wohnsitzstaates die selbe Staatsangehörigkeit eines anderen Staates als des Wohnsitzstaates haben, hat dies noch nicht den Status einer völkerrechtlichen Minderheit zur Folge, da die Staatsangehörigkeit kein individuell-objektives Unterscheidungsmerkmal, sondern nur ein objektives Begriffsmerkmal darstellt. Die Gruppen der Deutsch-Franzosen, Deutsch-Österreicher, Deutsch-Ungarn oder Deutsch-Türken können somit nicht allein aufgrund ihrer gemeinsamen weiteren Staatsangehörigkeit in Deutschland als Minderheit angesehen werden.
Die doppelte Staatsangehörigkeit allein bewirkt also noch nicht die Beurteilung als Minderheit. Für die Bundesrepublik Deutschland folgt daraus, dass Wanderarbeitnehmer, selbst wenn sie eine mehrfache Staatsangehörigkeit besitzen, noch keine Minderheit darstellen, da zusätzlich die weiteren objektiven und subjektiven Merkmale erfüllt sein müssen. Bei Wanderarbeitnehmern mangelt es dabei allein schon an der Stabilität sowie an der Unfreiwilligkeit des Aufenthalts in Deutschland.

III. Zusammenfassung und Ergebnis

Der Begriff der Minderheit untergliedert sich in einen objektiven und einen subjektiven Teil. Als objektive Voraussetzungen gelten die sprachliche, religiöse, kulturelle und historische Unterscheidbarkeit der Person. Dabei muss die Minderheit einen zahlenmäßig kleineren Teil zur Hauptbevölkerung darstellen, und darf nicht der dominante Teil sein. Für die Anwendbarkeit der Minderheitenregelungen muss die betreffende Person, die den Schutz als Minderheit beansprucht, Staatsangehöriger des Staates sein, demgegenüber sie den Schutz beansprucht und zusätzlich seit längerer Zeit in diesem Staat residieren.
Aufgrund des erforderlichen Merkmals der Staatsangehörigkeit und des Erfordernisses der Stabilität einer Minderheit können die in Deutschland lebenden Gastarbeiter nicht unter den Begriff der Minderheit subsumiert werden und somit auch keinen Minderheitenschutz beanspruchen. Auch bei einer stärkeren Konzentration auf einem bestimmten geographischen Gebiet mangelt es weiterhin an den formellen Voraussetzungen der Stabilität und der Staatsangehörigkeit. Vielmehr unterliegen die Gastarbeiter, selbst wenn sich diese schon über einen längeren Zeitraum im Bundesgebiet aufhalten, dem in Deutschland geltenden Fremdenrecht und denjenigen Grundsätzen der Verfassung, die nicht al-

lein den deutschen Staatsangehörigen vorbehalten sind. Einen Anspruch auf diejenigen Rechte, die aus dem Minderheitenschutz erwachsen, können die in Deutschland lebenden, sich aus Ausländern zusammensetzenden Gruppen, dagegen nicht verlangen.
Wenn diese Gruppen nachträglich die deutsche Staatsangehörigkeit neben der ehemaligen Staatsangehörigkeit annehmen, könnten sie allein aufgrund ihrer unterschiedlichen Charakteristik dem Minderheitenschutz unterliegen. Das Merkmal der Staatsangehörigkeit ist damit erfüllt. Bezüglich des 1995 seitens der Bundesrepublik Deutschland ratifizierten Rahmenübereinkommens zum Schutz nationaler Minderheiten besteht jedoch (noch) kein Anspruch auf Schutz einer Minderheit durch Doppelstaater. Dies ergibt sich momentan aus dem bei der Unterzeichnung erklärten Vorbehalt, dass das Übereinkommen nur auf die in Deutschland traditionell lebenden Minderheiten der Dänen, Friesen, Sinti, Roma und Sorben Anwendung findet[1353]. Weiteren Gruppen erwächst daraus, auch wenn die Tatbestandsvoraussetzungen des Rahmenübereinkommens erfüllt sind, kein Rechtsanspruch. Die Anwendbarkeit unterliegt jedoch dem Gestaltungsvorbehalt des Mitgliedstaates Bundesrepublik Deutschland.
Hinsichtlich der anderen vorhandenen Minderheitenbestimmungen ist die Anwendbarkeit des Minderheitenschutzes auf Mehrstaater aufgrund des bestehenden formellen Erfordernisses der Staatsangehörigkeit denkbar. Bedenken ergeben sich bezüglich des Kriteriums der Stabilität. Die erforderliche Zeitspanne, bis zu der ein Anspruch auf Einbürgerung erwächst, reicht für das Erfordernis der Stabilität einer Minderheit wohl kaum aus, da dies einen Zeitraum von nur acht Jahren umfasst. Für einen Zeitraum, ab dem von einer gewissen Stabilität gesprochen werden kann, ist aber eine Zeitspanne von ca. 50 bis 100 Jahren erforderlich, somit ein Zeitraum von fast drei Generationen.
Hinzu kommen muss dann noch das subjektive Element. Dies ist das Bekenntnis der Zugehörigkeit zu der Gruppe. Ist somit während dieses Zeitraums das Assimilationsbestreben seitens der Personengruppe unterblieben und liegen die weiteren formellen Kriterien, wie zahlenmäßige Unterlegenheit und kulturelle Verschiedenheit kumulativ vor, sind die meisten Voraussetzungen einer Minderheit gegeben.
Wesentlich für die Bestimmung als Minderheit bleibt somit, dass die betroffene Personengruppe aufgrund eines völkerrechtlich relevanten Vorgangs in den zu schützenden Staat gelangt ist. Die Betrachtung ist maßgeblich davon abhängig, ob die betroffenen Personen aus freiem Willensentschluss in die Bundesrepublik Deutschland gelangt sind, oder ob dies entgegen ihrem Willen aufgrund eines völkerrechtlichen Vorgangs geschehen ist, den sie nicht zu beeinflussen vermochten. Nur wenn eine Personengruppe sich vorher nicht freiwillig in eine solche Situation begeben hat, kann sie Schutz beanspruchen. Gerade im Rahmen der Situation der Wanderarbeitnehmer ist eine gegenläufige Auffassung auch kaum nachvollziehbar. Es wäre paradox zu verlangen, dass diejenigen, die sich

freiwillig in eine bestimmte Situation begeben haben, später Schutz beanspruchen können. Deshalb kann eine Schutzpflicht des Staates nur dann bestehen, wenn die zu schützende Gruppe gegen ihren Willen in diese Lage gebracht wurde und dies zudem noch durch einen Vorgang geschehen ist, der nach internationalem Recht eine gewisse Relevanz erfährt. Bestehen diese Gruppen aus Wanderarbeitnehmern, die aufgrund der Arbeitsmarktsituation in ihrem Heimatland Arbeit in einem ausländischen Staat suchen und sich dort ständig niederlassen, begeben sie sich freiwillig in diese Situation. Das Kriterium des erforderlichen völkerrechtlich relevanten Vorgangs ist somit nicht erfüllt.
Die Kriterien der Minderheiteneigenschaft müssen kumulativ vorliegen. Deswegen ist es nicht möglich, die Eigenschaft einer Minderheit im Nachhinein zu erfüllen. Selbst wenn alle Voraussetzungen bis auf eine erfüllt sind, ist der betreffenden Gruppe aus Sicht des Völkerrechts die Beurteilung als Minderheit versagt. Eine Beurteilung als Minderheit im völkerrechtlichen Sinne ist demnach durch Zeitablauf nicht mehr möglich. Auch die mehrfache Staatsangehörigkeit kann in diesem Falle nicht zu einem völkerrechtlichen Minderheitenschutz führen.

4. Kapitel: Zusammenfassung und Schluss

1. Das Staatsangehörigkeitsreformgesetz vom 15. Juli 1999[1354] hat das deutsche Staatsangehörigkeitsrecht wesentlich verändert. Neben den umfangreichen Reformen, die eine Einbürgerung in Deutschland nach dem Staatsangehörigkeitsgesetz und dem Ausländergesetz bereits nach einer wesentlich kürzeren Zeit ermöglichen, wurden auch Regelungen getroffenen, die Mehrstaatigkeit in größerem Umfang als bisher entstehen lassen. Durch diese Änderungen soll das deutsche Staatsangehörigkeitsrecht den „neuen gesellschaftlichen Bedingungen" in der Bundesrepublik Deutschland angepasst werden. In der Begründung des Gesetzgebers wird angeführt, dass Ende 1998 7,32 Millionen Ausländer in der Bundesrepublik Deutschland gelebt hätten, von denen ein hoher Anteil bereits seit längerer Dauer seinen Lebensmittelpunkt in der Bundesrepublik Deutschland habe und sich die Nachkommen der ausländischen Bevölkerung mittlerweile aus den Verhältnissen des Landes, dessen Staatsangehörigkeit sie besitzen, entfremdet haben. Auf diese Lage müsse mit staatsangehörigkeitsrechtlichen Regelungen reagiert werden[1355].
In der Einbürgerung sieht der Gesetzgeber auch ein Mittel zu Integration der ausländischen Bevölkerung. Da die Einbürgerung bislang an der Aufgabe der bisherigen Staatsangehörigkeit scheiterte, sieht er Ausnahmetatbestände vor, die eine Einbürgerung unter Hinnahme der bisherigen Staatsangehörigkeit vorsehen. Für die Integration ausländischer Kinder in das deutsche Gesellschaftssystem sieht er den Geburtserwerb der deutschen Staatsangehörigkeit für Kinder ausländischer Eltern vor, die bereits einen bestimmten Aufenthaltsstatus in Deutschland erlangt haben. Dem im Staatsangehörigkeitsrecht vorherrschenden und durch die Rechtsprechung des Bundesverfassungsgerichts bestätigten Ordnungsprinzip der Vermeidung von Mehrstaatigkeit wird aus Sicht des Gesetzgebers dabei Genüge getan. Diesbezüglich wird beim derivativen Erwerb auf die Hinnahmetatbestände in § 87 AuslG in seiner durch das Staatsangehörigkeitsreformgesetz geänderten Fassung verwiesen. Für den Fall der Entstehung von Mehrstaatigkeit durch Geburt gemäß § 4 Absatz 3 StAG wird in § 29 StAG eine Option des Mehrstaaters im Alter von 18 bis 23 Jahren vorgesehen[1356].

2. Die Regelung der Staatsangehörigkeit obliegt völkerrechtlich dem Kompetenzbereich der Staaten und stellt eine ureigene innerstaatliche Angelegenheit dar. Das Völkerrecht kann die Staatsangehörigkeit weder verleihen noch entziehen. Die innerstaatliche Regelungskompetenz ist allerdings dahingehend be-

[1354] BGBl. 1999 I, S. 1618 ff.
[1355] BT-Drucks. 14/533, S. 11.
[1356] BT-Drucks. 14/533, S. 11.

grenzt, dass der Erwerb der Staatsangehörigkeit an völkerrechtlich anerkannte Anknüpfungspunkte gebunden ist. Dies gilt nicht nur für den Erwerb der „einzelnen“ Staatsangehörigkeit, sondern auch für die mehrfache Staatsangehörigkeit, da für den Erwerb einer weiteren Staatsangehörigkeit grundsätzlich die gleichen völkerrechtlichen Regeln gelten. Bei den Anknüpfungspunkten ist zwischen den originären Anknüpfungspunkten durch die Geburt und den derivativen Anknüpfungspunkten zu unterscheiden. Beim originären Erwerb sind völkerrechtlich nur das Geburtslandprinzip *(ius soli)* und das Abstammungsprinzip *(ius sanguinis)* anerkannt. Beim derivativen Erwerb gibt es verschiedene Anknüpfungspunkte, wie Adoption, Legitimation oder Reintegration. Den wesentlichen Teil des derivativen Erwerbs macht aber die Naturalisation, also die nachträgliche Einbürgerung auf Antrag aus.

3. Mehrfache Staatsangehörigkeit entsteht beim originären Erwerb der Staatsangehörigkeit durch einen Positivkonflikt der Anknüpfungspunkte, das heißt, wenn sich die staatsangehörigkeitsrechtlichen Vorschriften von Staaten überschneiden. Beim derivativen Erwerb tritt dann mehrfache Staatsangehörigkeit auf, wenn bei der Einbürgerung der Verlust der bisherigen Staatsangehörigkeit nicht zur Auflage gemacht wird. Ein automatischer Verlust der bisherigen Staatsangehörigkeit kann durch den Erwerb nicht vorgesehen werden, da der Staat, dessen weitere Staatsangehörigkeit der Einbürgerungsbewerber erwirbt, nicht über den Verlust der Staatsangehörigkeit des ersten Heimatstaates bestimmen kann.
Die Entstehung mehrfacher Staatsangehörigkeit hat im zwischenstaatlichen Verhältnis immer wieder zu Schwierigkeiten geführt. Im Bereich des Öffentlichen Rechts kommt es vor allem auf den Gebieten der Wehrpflicht der Mehrstaater und des diplomatischen Schutzes zu Problemen. Es entstehen aber auch Schwierigkeiten durch die zunehmende Zahl der Wanderarbeitnehmer, die sich auf einem bestimmten Staatsgebiet befinden und dort die Staatsangehörigkeit erwerben. Hier stellt sich die Frage, ob solchen Personengruppen der Status einer Minderheit im völkerrechtlichen Sinne eingeräumt werden muss. Diese Probleme haben die Staaten zunächst dazu veranlasst, die Entstehung mehrfacher Staatsangehörigkeit restriktiv zu handhaben. Komplikationen ergaben sich hier aber vor allem durch die Interessenkonflikte der Einwanderungs- und Auswanderungsländer. War es Ziel der Auswanderungsländer, ihre Staatsangehörigen im Ausland so lange wie möglich an ihren Heimatstaat zu binden, so lag es im Interesse der Einwanderungsländer, möglichst rasch einen Zuwachs an eigenen Staatsangehörigen zu erzielen. Eine Pflicht zur Vermeidung der mehrfachen Staatsangehörigkeit hat sich im Völkerrecht allein aufgrund dieser Interessenkollision weder völkergewohnheitsrechtlich noch völkervertraglich entwickeln können. Die Staaten konnten somit lediglich versuchen, auf völkervertraglicher Ebene die Fälle von Mehrstaatigkeit zu vermindern und somit die daraus entstehenden Schwierigkeiten einvernehmlich zu lösen. Deshalb lässt sich völkerver-

traglich eine Tendenz feststellen, die auf die Verminderung der Fälle von Mehrstaatigkeit schließen lässt. Ein striktes Verbot der Entstehung von Mehrstaatigkeit besteht völkerrechtlich jedoch nicht.

4. Die Regelungskompetenz der Staatsangehörigkeit obliegt in Deutschland dem Bundesgesetzgeber. Gemäß Artikel 73 Nr. 2 GG hat er die ausschließliche Gesetzgebungskompetenz für die *„Staatsangehörigkeit im Bunde"*. Der Begriff *„Staatsangehörigkeit im Bunde"* ist mit der deutschen Staatsangehörigkeit gleichzusetzen. Er diente nur zur Unterscheidung der Staatsangehörigkeit in den Ländern gemäß Artikel 74 Nr. 8 GG a. F., der 1994 aufgehoben wurde. Dem Bundesgesetzgeber kommt gemäß Artikel 73 Nr. 2 GG allerdings nicht die Kompetenz über alle Entscheidungen zu, die mit der Staatsangehörigkeit verbunden sind. Auf die mit der Staatsangehörigkeit einhergehenden Rechte und Pflichten erstreckt sich die Kompetenz gemäß Artikel 73 Nr. 2 GG nicht. Die Regelungskompetenz des Bundesgesetzgebers wird ebenfalls nicht durch die EU-Angehörigkeit gemäß Artikel 17 ff. EG beschränkt, da der bundesdeutsche Gesetzgeber weder Kompetenzen an die Europäische Union übertragen hat, noch die Europäische Union ihrer Rechtsnatur nach eine eigene Staatsangehörigkeit vermitteln kann. Eine Kompetenzbeschränkung ergibt sich auch nicht aus den mit der Unionsbürgerschaft verbundenen Rechten und Pflichten, ebenso wenig aufgrund einer Wechselwirkung zwischen mitgliedsstaatlichem Recht und Gemeinschaftsrecht.
Der Bundesgesetzgeber hat jedoch bei der Regelung der Staatsangehörigkeit keinen uneingeschränkten Gestaltungsspielraum, sondern ist auch hierbei den verfassungsrechtlichen Vorgaben unterworfen. Hierzu gehört auch der Regelungsgehalt des Artikels 116 Absatz 1 Satz 2 GG. Er hat darauf zu achten, dass der Staatsangehörige sich in die rechtlichen, sozialen und gesellschaftlichen Lebensverhältnisse eingeordnet hat, welches die Akzeptanz und Wahrung der vorhandenen Normen und Werte voraussetzt. Die Staatsangehörigkeit als Mittel der Integration anzusehen, ist somit verfehlt, sie steht vielmehr am Ende des Integrationsprozesses des Einbürgerungsbewerbers. Hier entstehen vor allem Schwierigkeiten bei der mehrfachen Staatsangehörigkeit, da der Mehrstaater mindestens zwei gesellschaftlichen Ordnungen angehört. Je mehr sich diese beiden gesellschaftlichen Ordnungen in ihren Grundwerten unterscheiden, desto schwieriger ist die Einordnung in die jeweiligen rechtlichen, sozialen und gesellschaftlichen Lebensverhältnisse. Die Mehrstaatigkeit bleibt somit immer die *ultima ratio* der Integrationskompromisse, nicht hingegen Mittel zur Integration.

5. Der Erwerb der deutschen Staatsangehörigkeit erfolgt originär durch Geburt oder derivativ. Die Entstehung mehrfacher Staatsangehörigkeit ist dabei nicht ausgeschlossen, entsteht aber auch nicht automatisch. Auch vor der Änderung des deutschen Staatsangehörigkeitsrechts bestand die Möglichkeit der Entste-

hung mehrfacher Staatsangehörigkeit. Die Erwerbstatbestände sind durch die Änderung des Staatsangehörigkeitsrechts jedoch erheblich erweitert worden. Beim originären Erwerb der deutschen Staatsangehörigkeit besteht zunächst die Möglichkeit des Erwerbs nach § 4 Absatz 1 StAG. Die Staatsangehörigkeit wird hiernach durch das Abstammungsprinzip vermittelt. Mehrfache Staatsangehörigkeit entsteht dann, wenn das Kind in einem Staat geboren wird, der das *ius soli*-Prinzip verfolgt oder das Neugeborene Kind aus einer binationalen Ehe stammt. Wesentlich erweitert wurde das deutsche Staatsangehörigkeitsrecht durch § 4 Absatz 3 StAG. Hiernach ist der Erwerb der deutschen Staatsangehörigkeit durch Geburt im deutschen Inland vorgesehen. Der Geltungsbereich ist allerdings beschränkt, da zumindest ein Elternteil bestimmte Aufenthaltsvoraussetzungen aufweisen muss. Mehrfache Staatsangehörigkeit entsteht beim Erwerb der Staatsangehörigkeit nach § 4 Absatz 3 StAG dann, wenn das Staatsangehörigkeitsrecht der Eltern das Abstammungsprinzip verfolgt. Dass keine mehrfache Staatsangehörigkeit entsteht, ist somit im Falle des § 4 Absatz 3 StAG die Ausnahme. Die Regelung des § 4 Absatz 3 StAG wird durch § 40 b StAG ergänzt, der eine Übergangsregelung für Kinder vorsieht, die seit dem 2. Januar 1990 unter die Regelung des § 4 Absatz 3 StAG gefallen wären. Der Erwerb der deutschen Staatsangehörigkeit nach § 40 b StAG erfolgt nicht automatisch, sondern nach Antragstellung. Bei der Einbürgerung nach § 40 b StAG, die keinen originären Erwerbstatbestand darstellt, entsteht mehrfache Staatsangehörigkeit, da an den Erwerb nicht die Aufgabe oder der Verlust der bisherigen Staatsangehörigkeit gebunden ist. Dem Ordnungsprinzip der Vermeidung der Mehrstaatigkeit soll mit der Regelung des § 29 StAG entsprochen werden. § 29 StAG ist durch das Staatsangehörigkeitsreformgesetz in das Staatsangehörigkeitsgesetz eingefügt worden und sieht eine Option für diejenigen Mehrstaater vor, die nach § 4 Absatz 3 StAG oder nach § 40 b StAG deutsche Staatsangehörige geworden sind. Die Anwendbarkeit erstreckt sich nicht auf diejenigen Deutschen, deren Mehrstaatigkeit auf einer binationalen Ehe der Eltern oder der Geburt in einem *ius soli*-Staat beruht. Diese Aussparung ist zwar ordnungspolitisch zweckverfehlt, stellt aber keinen Verstoß gegen das Willkürverbot dar. Gemäß § 29 StAG soll sich der Mehrstaater dafür entscheiden, ob er die ausländische oder die deutsche Staatsangehörigkeit behalten will. Die deutsche Staatsangehörigkeit geht dabei zum einen durch Option für die ausländische verloren. Sie geht ferner dann verloren, wenn der Mehrstaater bis zu seinem 23. Lebensjahr keine Erklärung darüber abgegeben hat, ob er die deutsche oder die ausländische Staatsangehörigkeit behalten will. Diese Regelung ist trotz der Bestimmung in § 16 Absatz 1 GG verfassungsrechtlich unbedenklich, da der Betroffene mit Volljährigkeit über die Rechtfolgen des § 29 StAG in Kenntnis gesetzt wird und dementsprechend kein verfassungswidriger Entzug, sondern ein Verlust der Staatsangehörigkeit in dieser Regelung zu erkennen ist. Zudem besteht die Möglichkeit, dass der Doppelstaater mit Eintritt der Volljährigkeit einen Antrag auf Beibe-

haltung der deutschen Staatsangehörigkeit stellt, so dass er die Möglichkeit hat, dass er Mehrstaater bleibt. Die Beibehaltung ist an die Ausnahmevoraussetzungen des § 87 AuslG gebunden. Die Regelung des § 87 AuslG bestand bereits vor der Änderung des Staatsangehörigkeitsrechts, erstreckte sich aber nur auf § 85 AuslG a. F und § 86 AuslG a. F. Mit der Änderung des Staatsangehörigkeitsrechts ist § 87 AuslG auch auf Normen des Staatsangehörigkeitsgesetzes anwendbar. Zudem sind die Ausnahmetatbestände des § 87 AuslG a. F. wesentlich erweitert worden. So werden beispielsweise Staatsangehörige von EU-Mitgliedstaaten bei der Hinnahme ihrer bisherigen Staatsangehörigkeit privilegiert. Größere Auswirkungen hat aber, dass die sachlichen Voraussetzungen der Hinnahme von Mehrstaatigkeit von immateriellen Gründen auf materielle Gründe ausgedehnt worden sind. So ist es mittlerweile möglich, unter Hinnahme der bisherigen Staatsangehörigkeit einzubürgern, wenn der Verlust oder die Aufgabe der bisherigen Staatsangehörigkeit sonst für den Betroffenen finanzielle Verluste rein wirtschaftlicher Art oder Erbrechtsbeschränkungen zur Folge haben. Die deutsche Staatsangehörigkeit wird somit einerseits materialisiert. Zudem wird durch diese großzügige Handhabung den Interessen der Heimatstaaten der Betroffenen zuwider gehandelt, da diese durchaus ein Interesse an der Verbindung solcher Voraussetzungen mit der Staatsangehörigkeit haben. Eine solche Regelung stellt, wenn sie auf eine bestimmte Gruppe von Ausländern eines Herkunftsstaates zugeschnitten ist, eine völkerrechtlich unzulässige Einmischung in innere Angelegenheiten dar. Dem Ordnungsprinzip der Vermeidung von Mehrstaatigkeit wird hierbei aber nicht mehr entsprochen, wenn mittlerweile sogar finanzielle Interessen für die Beibehaltung der bisherigen Staatsangehörigkeit als ausreichend angesehen werden.
Beim derivativen Erwerb entsteht mehrfache Staatsangehörigkeit bei einigen Tatbeständen sogar gesetzlich automatisch, wie in den Fällen des § 6 StAG und § 40 b StAG. Ansonsten entsteht mehrfache Staatsangehörigkeit beim derivativen Erwerb, wenn der Einbürgerungsbewerber seine bisherige Staatsangehörigkeit nicht abgibt. Den Grundtatbestand der Einbürgerung nach dem Staatsangehörigkeitsgesetz stellt die Ermessenseinbürgerung nach § 8 StAG dar. Hier wird die Hinnahme der Mehrstaatigkeit bei der Ermessenseinbürgerung berücksichtigt. Die Ermessensausübung der Behörde wurde vor der Änderung des Staatsangehörigkeitsgesetzes durch die Einbürgerungsrichtlinien des Bundesinnenministers und der Innenminister der Länder vom 15. Dezember 1977 gebunden. Nach der Änderung des Staatsangehörigkeitsrechts ist der Erlass von „Allgemeinen Verwaltungsvorschriften“ gemäß § 39 StAG für die Ausführung des Staatsangehörigkeitsgesetzes und anderer Gesetze, die staatsangehörigkeitsrechtliche Regelungen enthalten, vorgesehen. Die Hinnahme von Mehrstaatigkeit ist danach möglich. Eine wesentliche Erweiterung der Hinnahmetatbestände gegenüber den Einbürgerungsrichtlinien findet sich in den „Allgemeinen Verwaltungsvorschriften“ jedoch nicht.

§ 9 StAG sieht die privilegierte Einbürgerung von Ehegatten Deutscher vor. Vor der Änderung des Staatsangehörigkeitsrechts war eine Einbürgerung nach § 9 RuStAG a. F. unter Hinnahme von Mehrstaatigkeit nicht möglich, es musste auf § 8 RuStAG a. F zurückgegriffen werden. Nach der Änderung ist auch nach § 9 StAG die Einbürgerung unter Hinnahme von Mehrstaatigkeit möglich, die Hinnahmetatbestände richten sich hier ebenfalls nach § 87 AuslG. Auch hier wird deshalb ein Anstieg von Einbürgerungen unter Hinnahme von Mehrstaatigkeit zu verzeichnen sein.
Zudem besteht die Möglichkeit der Anspruchseinbürgerung nach § 85 AuslG. § 85 AuslG wurde durch das Staatsangehörigkeitsreformgesetz völlig neu gefasst und enthält den Regelungsgehalt der §§ 85, 86 a. F. AuslG. § 86 AuslG stellt nunmehr Beschränkungen der Einbürgerung dar. Durch die Änderung hat sich eine wesentliche Vereinfachung der Einbürgerungstatbestände ergeben. Die Hinnahme der Mehrstaatigkeit richtet sich bei der Einbürgerung nach § 85 AuslG, aber auch nach § 87 AuslG. Dementsprechend wird auch hier eine Erhöhung der Fälle zu verzeichnen sein, bei denen unter der Hinnahme der bisherigen Staatsangehörigkeit die deutsche Staatsangehörigkeit erworben werden kann.

6. Insgesamt kann festgestellt werden, dass die Entstehung mehrfacher Staatsangehörigkeit bereits vor der Änderung durch das Staatsangehörigkeitsreformgesetz in Deutschland möglich war. Durch die Änderung steigen diese Fälle stark an. Dies liegt zum einen an der Regelung des § 4 StAG, der die mehrfache Staatsangehörigkeit bereits ab der Geburt vorsieht. Des Weiteren werden auch die Fälle der nachträglichen Einbürgerung unter Hinnahme der bisherigen Staatsangehörigkeit ansteigen, da die Voraussetzungen für die Beibehaltung der bisherigen Staatsangehörigkeit gesenkt wurden. Ob die vom Gesetzgeber bezweckte Integration der ausländischen Bevölkerung damit erreicht wird, kann bezweifelt werden. Zu befürchten bleibt, dass sich durch den Staatsangehörigkeitserwerb vor dem Abschluss des Integrationsprozesses Parallelgesellschaften herausbilden werden, deren Integration dann um so schwieriger wird. Dies erkennen mittlerweile selbst in Deutschland lebende Ausländer an, die aus diesem Grund die doppelte Staatsangehörigkeit ablehnen. Ein Minderheitenstatus wird diesen Gruppen aber dennoch nicht eingeräumt werden. Zwar ist die Staatsangehörigkeit des Wohnsitzstaates für die sich sprachlich, ethnisch oder religiös unterscheidenden Gruppen Voraussetzung für den Erwerb des völkerrechtlichen Minderheitenstatus. Die Staatsangehörigkeit trägt eine wichtige Voraussetzung bei. Jedoch fallen Wanderarbeitnehmer nicht unter der völkerrechtlichen Minderheitenbegriff, da sie freiwillig und nicht durch völkerrechtlich relevante Vorgänge nach Deutschland gekommen sind. Deshalb müssen sie vom Völkerrecht nicht als Minderheit geschützt werden.

Das neue Staatsangehörigkeitsrecht wird zudem zu weiteren Schwierigkeiten im Bereich der Wehrpflicht und des diplomatischen Schutzes führen. Bei der Wehrpflicht wird es vor allem zu Doppelverpflichtungen der Mehrstaater kommen, da es an zwischenstaatlichen Vereinbarungen mangelt und nicht alle Problemfälle durch eine deutsche innerstaatliche Regelung gelöst werden können. Auch beim diplomatischen Schutz wird es Schwierigkeiten geben, wenn beide Heimatstaaten involviert sind.
Bei den zwischenstaatlichen Komplikationen wurde bislang seitens der Bundesrepublik Deutschland kein Handlungsbedarf gesehen, ein Zustand, der sich in den nächsten Jahren ändern wird. Zwischenstaatliche Vereinbarungen werden dann unumgänglich sein. Bei einer zu extensiven Hinnahme der Mehrstaatigkeit muss dann vielleicht sogar eine Änderung des Artikels 16 Absatz 1 GG ins Auge gefasst werden.

Literaturverzeichnis

Alternativkommentar	Kommentar zum Grundgesetz für die Bundesrepublik Deutschland Band 1 – Artikel 1 bis 37 Herausgegeben von Rudolf Wassermann 2. Auflage, Neuwied 1989 (zitiert: Bearbeiter, in: Alternativkommentar)
Ansay, Tugrul	Befreiung deutsch-türkischer Doppelstaater vom Wehrdienst in: InfAuslR 1994, S. 297
Battis, Ulrich Gusy, Christoph	Einführung in das Staatsrecht 2. Auflage, Heidelberg 1986
Benda, Ernst	Theo Sommer für Leitkultur in: FAZ vom 09.11.2000, S. 15
Berber, Friedrich	Lehrbuch des Völkerrechts Band 1 – Allgemeines Friedensrecht 2. Auflage, München 1975 (zitiert: Berber, Bd. I)
Berber, Friedrich	Lehrbuch des Völkerrechts Band 3 – Streiterledigung, Kriegsverhütung, Integration 2. Auflage, München 1977 (zitiert: Berber, Bd. III)
Bey, Klaus F.	Ein integrierter Deutscher in: FAZ vom 09.02.1999, S. 15

Biesenbach, Ernst Wilhelm	Der Erwerb der Staatsangehörigkeit a matre durch das eheliche Kind Bonn 1969
Birg, Herwig	Ein zweifaches Tabu in: FAZ vom 24.02.1999, S. 11
Bleckmann, Albert	Völkerrechtssubjekte in: Seidl-Hohenveldern, Ignaz (Hrsg.) Lexikon des Rechts, Völkerrecht 2. Auflage, Neuwied 1992
Bleckmann, Albert	Europarecht Das Recht der Europäischen Union und der Europäischen Gemeinschaften 6. Auflage, Köln 1997
Bleckmann, Albert	Das Nationalstaatsprinzip im Grundgesetz in: DÖV 1988, S. 436 ff.
Bleckmann, Albert	Anwartschaft auf die deutsche Staatsangehörigkeit in: NJW 1990, S. 1397 ff.
Blumenwitz, Dieter	Minderheiten und Volksgruppenrecht Aktuelle Entwicklung Bonn 1992 (zitiert: Blumenwitz, Minderheiten und Volksgruppenrecht)
Blumenwitz, Dieter	Territorialitätsprinzip und Mehrstaatigkeit in: ZAR 1993, S. 151 ff.

Boehm-Tettelbach, Wolfgang	Wehrpflichtgesetz – Kommentar 4. Auflage (Stand: 1. Juni 2000)
Böll, Helmut	Die Einbürgerung ausländischer Ehegatten deutscher Staatsangehöriger in: NJW 1996, S. 1520
Brownlie, Ian	Principles of Public International Law 4th Edition, Oxford 1990
Bultmann, Friedrich Peter	Lokale Gerechtigkeit im Einbürgerungsrecht Berlin 1999
Calliess, Christian Ruffert, Matthias (Hrsg.)	Kommentar des Vertrages über die Europäische Union und des Vertrages zur Gründung der Europäischen Gemeinschaft Neuwied 1999 (zitiert: Bearbeiter, in: Calliess/Ruffert)
Capotorti, Francesco	Minorities in: EPIL III, S. 410 Amsterdam, Lausanne, New York, Oxford, Shannon, Singapore, Tokyo 1997
Cinar, Safter	Wehrdienstbefreiung für türkische Mehrstaater in: InfAuslR 1995, S. 43
Dahm, Georg	Völkerrecht Band 1 Stuttgart 1958 (zitiert: Dahm, Bd. I)

Dahm, Georg	Völkerrecht Band 2 Stuttgart 1961 (zitiert: Dahm, Bd. II)
Dahm, Georg	Völkerrecht Band 3 Stuttgart 1961 (zitiert: Dahm, Bd. III)
Dahm, Georg Delbrück, Jost Wolfrum, Rüdiger	Völkerrecht Band I/1 – Die Grundlagen. Die Völkerrechtssubjekte Berlin 1989
Doehring, Karl	Mavrommatis-Konzessionen-Fall in: Wörterbuch des Völkerrechts Band 2, S. 489 ff. Berlin 1961
Doehring, Karl	Staatsrecht der Bundesrepublik Deutschland 3. Auflage, Frankfurt am Main 1984 (zitiert: Doehring, Staatsrecht)
Doehring, Karl	Völkerrecht Heidelberg 1999 (zitiert: Doehring, Völkerrecht)
Dolzer, Rudolf	Diplomatic Protection of Foreign Nationals in: EPIL I, S. 1067 Amsterdam, London, New York, Tokyo 1992

Dolzer, Rudolf	Bonner Kommentar zum Grundgesetz Heidelberg, 1991 (zitiert: Bearbeiter, in: Bonner Kommentar)
Dreier, Horst (Hrsg.)	Grundgesetz Kommentar Band 1 – Artikel 1 bis 19 Tübingen 1996 (zitiert: Bearbeiter, in: Dreier)
Dreier, Horst (Hrsg.)	Grundgesetz Kommentar Band 2 – Artikel 20 bis 82 Tübingen 1989 (zitiert: Bearbeiter, in: Dreier)
Dreier, Horst (Hrsg.)	Grundgesetz Kommentar Band 3 – Artikel 83 bis 146 Tübingen 2000 (zitiert: Bearbeiter, in: Dreier)
Eagleton, Clyde	International Organization and the Law of Responsibility in: Recueil des Cours 76 (1950, Band I), S. 319 ff.
Edmunds, Sterling E.	Das Völkerrecht – ein Pseudorecht (The Lawless Law of Nations) Berlin 1933
Emmert, Frank	Europarecht München 1996
Ermacora, Felix	Der Minderheitenschutz im Rahmen der Vereinten Nationen Wien 1988

Fastenrath, Ulrich — Diplomatischer Schutz und doppelte Staatsangehörigkeit
Zum Fall der in Amerika hingerichteten Brüder LaGrand
in: FAZ vom 05.03.1999, S. 10.

Feer, Robert Ernest — Die mehrfache Staatsangehörigkeit natürlicher Personen
Zürich 1955

Fischer, Hans-Georg — Die Unionsbürgerschaft
Saarbrücken 1992

Fischer, Leni — Das demokratische Gewissen
– Der Beitrag des Europarats zur Schaffung einer dauerhaften Friedensordnung für den Kontinent –
in: FAZ vom 05.05.1999, S. 11

Franke, Dietrich
Hofmann, Rainer — Nationale Minderheiten – ein Thema für das Grundgesetz?
Verfassungs- und völkerrechtliche Aspekte zum Schutz nationaler Minderheiten
in: EuGRZ 1992, S. 401 ff.

Geck, Wilhelm Karl — Diplomatischer Schutz
in: Wörterbuch des Völkerrechts
Band 1, S. 379 ff.
Berlin 1960

Geck, Wilhelm Karl — Der Anspruch des Staatsbürgers auf Schutz gegenüber dem Ausland nach deutschem Recht.
in: ZaöRV 17 (1956/57), S. 476 ff.

Geck, Wilhelm Karl	Diplomatic Protection in: EPIL I, S. 1045 ff. Amsterdam, London, New York, Tokyo 1992
Geiger, Rudolf	Grundgesetz und Völkerrecht 2. Auflage, München 1994
Gelinsky, Katharina	Minderheitenschutz und Staatsangehörigkeit in: FAZ vom 19.02.1999, S. 12
Gloria, Christian	Das steuerliche Verständigungsverfahren und das Recht auf diplomatischen Schutz Berlin 1988
Göbel-Zimmermann, Ralph Masuch, Thorsten	Die Neuregelung des Staatsangehörigkeitsrechts in: DÖV 2000, S. 95 ff.
Gornig, Gilbert	Zukunftsperspektiven der Minderheiten und Volksgruppen im Bereich der Wiedergutmachung in: Blumenwitz, Dieter/Gornig, Gilbert, Rechtliche und politische Perspektiven deutscher Minderheiten und Volksgruppen Bonn 1995
Grabitz, Eberhard Hilf, Meinhard (Hrsg.)	Das Recht der Europäischen Union Teil I – Primärrecht Stand: 13. Erg.-Lfg. München, Mai 1999 (zitiert: Bearbeiter, in: Grabitz/Hilf)
Groeben, Hans von der Thiesing, Jochen Ehlermann, Claus-Dieter (Hrsg.)	Kommentar zum EU/EG-Vertrag 5. Auflage, Baden-Baden 1997 (zitiert: Bearbeiter, in: Groeben/Thiesing/Ehlermann)

Gross, W.
Die Entwicklung des öffentlichen Rechts
in: DVBl. 1954, 801 ff.

Großmann, Rolf
Das neue Rahmenübereinkommen des Europarats zum Schutz nationaler Minderheiten – Möglichkeiten und Grenzen
in: Rechtliche und politische Perspektiven deutscher Minderheiten und Volksgruppen; Blumenwitz, Dieter/Gornig, Gilbert H. (Hrsg.), S. 63 ff.
Köln 1995

Guggenheim, Paul
Lehrbuch des Völkerrechts
Unter Berücksichtigung der internationalen und der schweizerischen Praxis
Band 1
Basel 1948

Güsten, Susannne
Wehrpflicht auch für Promis – Auch der Pop-Prinz Tarkan muss bei der Türkischen Armee dienen
in: Der Tagesspiegel vom 12.01.2000

Hahnenfeld, Günter
Wehrpflicht und Staatsangehörigkeit
in: UBWV 1963, S. 25 ff.

Hailbronner, Kay
Einbürgerung von Wanderarbeitnehmern und doppelte Staatsangehörigkeit
Baden-Baden, 1992
(zitiert: Einbürgerung von Wanderarbeitnehmern und doppelte Staatsangehörigkeit)

Hailbronner, Kay
Renner, Günter
Staatsangehörigkeitsrecht – Kommentar
2. Auflage, München 1998
(zitiert: Hailbronner/Renner, 2. Auflage)

Hailbronner, Kay Renner, Günter	Staatsangehörigkeitsrecht – Kommentar 3. Auflage, München 2001 (zitiert: Hailbronner/Renner, 3. Auflage)
Hailbronner, Kay	Doppelte Staatsangehörigkeit in: ZAR 1999, S. 51 ff.
Hailbronner, Kay	Ausländerrecht Kommentar Loseblattsammlung Stand: 25. Ergänzungslieferung, Oktober 2000, Heidelberg (zitiert: Hailbronner)
Hailbronner, Kay	Die Reform des deutschen Staatsangehörigkeitsrechts in: NVwZ 1999, S. 1273 ff.
Hailbronner, Kay	Deutsche Staatsangehörigkeit und diplomatischer Schutz durch die BRD in: JZ 1975, S. 596 ff.
Hailbronner, Kay	Die Grenzen des völkerrechtlichen Gewaltverbots in: Schindler, Dietrich/Hailbronner, Kay (Hrsg.) Die Grenzen des völkerrechtlichen Gewaltverbots (Limitations of the Prohibition of the Use of Force in International Law), in: Berichte der Deutschen Gesellschaft für Völkerrecht Band 26, S. 49 ff. Heidelberg 1986

Hannappel, Wolfgang — Staatsangehörigkeit und Völkerrecht
Die Einwirkung des Völkerrechts auf das Staatsangehörigkeitsrecht in der Bundesrepublik Deutschland
Frankfurt am Main 1986

Harris, D. J. — Cases an Materials on International Law
4th Edition, London 1991

Hecker, Hellmuth — Mehrfache völkerrechtliche Verträge zum Staatsangehörigkeitsrecht
Frankfurt/Main, Berlin 1970

Hefty, Georg Paul — Wer nichts tut, wird vom Deutschen zum Ausländer
in: FAZ vom 17.03.1999, S. 16.

Heimann, Günter — Leicht zu definieren
in: FAZ vom 09.11.2000, S. 15

Herdegen, Matthias — Europarecht
3. Auflage, München 2001

Hillgruber, Christian — Minderheitenschutz im Rahmen der Europäischen Menschenrechtskonvention, Stand und Entwicklung
in: Blumenwitz, Dieter/Gornig, Gilbert (Hrsg.); Minderheiten- und Volksgruppenrechte in Theorie und Praxis, S. 39 ff.
Bonn 1993

Hobe, Stephan — Die Unionsbürgerschaft nach dem Vertrag von Maastricht
Auf dem Weg zum europäischen Bundesstaat?
in: Der Staat 32 (1993), S. 245 ff.

Hoffmann, Gerhard — Die Staatsangehörigkeit in den deutschen Bundesländern
in: AöR 81 (1956), S. 300 ff.

Hold-Ferneck, Alexander — Lehrbuch des Völkerrechts
Erster Teil
Leipzig 1930

Horn, Hans Detlef
Sauerland, Thomas — Die Ermessenseinbürgerung nach dem reformierten Staatsangehörigkeitsrecht
in: StAZ 2000, S. 317

Hörnig, Ernst Otto — Die mehrfache Staatsangehörigkeit in Rechtsprechung, Verwaltung und Gesetzgebung
Bleicherode am Harz 1939

Huber, Erwin — Die Diskussion um die doppelte Staatsangehörigkeit aus der Sicht der Bayerischen Staatsregierung
in: Goldberg, Andreas/Şen, Faruk, Deutsche Türken – Türkische Deutsche, S. 11 ff.
Münster 1999

Huber, Peter M.
Butzke, Kirsten — Das neue Staatsangehörigkeitsrecht und sein verfassungsrechtliches Fundament
in: NJW 1999, S. 2769 ff.

Hurst, Cecil J. B. — Nationality of Claims
in: British Yearbook of International Law 1926, S. 163 ff.

Ipsen, Knut — Völkerrecht
4. Auflage, München 1999
(zitiert: Bearbeiter, in: Ipsen)

Isay, Ernst — Völkerrecht
Breslau 1924

Isay, Ernst — Die mehrfache Staatsangehörigkeit
in: JW 1924, S. 1481 f.

Isensee, Josef
Kirchhof, Paul (Hrsg.) — Handbuch des Staatsrechts der Bundesrepublik Deutschland
Band IV Finanzverfassung – Bundesstaatliche Ordnung
Heidelberg 1990
(zitiert: Bearbeiter, in: HStR IV)

Jarass, Hans D.
Pieroth, Bodo — Grundgesetz – Kommentar
4. Auflage, München 1997
(zitiert: Bearbeiter, in: Jarass/Pieroth, 4. Auflage)

Jarass, Hans D.
Pieroth, Bodo — Grundgesetz – Kommentar
5. Auflage, München 2000
(zitiert: Bearbeiter, in: Jarass/Pieroth)

Jellinek, Georg — Allgemeine Staatslehre
3. Auflage, Berlin 1914

Johlen, Heribert — Wehrpflichtrecht in der Praxis
4. Auflage, München 1996

Jürgens, Thomas — Diplomatischer Schutz und Staatenlose
Berlin 1987

Kälin, Walter — Grundrechte im Kulturkonflikt
Freiheit und Gleichheit der Einwanderungsgesellschaft
Zürich 2000

Kaltenborn, Markus — Rechtliche Grenzen der politischen Betätigung von Ausländern
in: DÖV 2001, S. 55 ff.

Kammann, Karin — Probleme mehrfacher Staatsangehörigkeit
Frankfurt am Main 1984

Kannein, Werner — Die Novelle zum Staatsangehörigkeitsrecht vom 8. September 1969
in: NJW 1970, S. 545 ff.

Kannein, Werner — Die Staatsangehörigkeitsnovelle vom 8. September 1969 – Registrierung und Bedeutung der Staatsangehörigkeit –
in: StAZ 1970, S. 177 ff.

Kanther, Manfred — Wenn die jungen Bürger plötzlich das Wahlrecht verlieren
in: FAZ vom 11.02.1999, S. 12

Kaser, Max — Das römische Privatrecht
– Erster Abschnitt –
Das altrömische, das vorklassische und klassische Recht
München 1955

Kaup, Burkhard	Rechtliche Probleme der doppelten Staatsangehörigkeit in: Korte, Guido; Möllers, Martin; Ullmann, Monika (Hrsg.), Problemfelder der internationalen und nationalen Politik Brühl 1997
Keskin, Hakki	Der Kampf für Bürgerrechte muß fortgesetzt werden in: Goldberg, Andreas/Şen, Faruk, Deutsche Türken – Türkische Deutsche, S. 29 ff. Münster 1999
Kiessler, Richard	Reform ohne Doppelpass in: Goldberg, Andreas/Şen, Faruk, Deutsche Türken – Türkische Deutsche, S. 39 ff. Münster 1999
Kimminich, Otto Hobe, Stefan	Einführung in das Völkerrecht 7. Auflage, Tübingen 2000
Klebes, Heinrich	Rahmenübereinkommen des Europarats zum Schutz nationaler Minderheiten in: EuGRZ 1995, S. 262 ff.
Klein, Eckart	Diplomatischer Schutz im Hinblick auf Konfiskationen deutschen Vermögens durch Polen Bonn 1992
Kluth, Winfried	Europa der Bürger oder Europa der Bürokraten? Transparenz und Bürgernähe in der Europäischen Union nach dem Amsterdamer Vertrag. in: Kluth, Winfried (Hrsg.), Die Europäische Union nach dem Vertrag von Amsterdam, S. 73 ff. Baden-Baden 2000

Knapp, Ursula	Experte stützt Optionsmodell in: Frankfurter Rundschau vom 25.03.2000
Koenig, Christian Haratsch, Andreas	Einführung in das Europarecht Tübingen 1996
Kreuzer, Christine	Der Entwurf eines Übereinkommens des Europarats zu Fragen der Staatsangehörigkeit in: StAZ 1997, S. 125 ff.
Kunz, Josef L.	The Nottebohm Judgement in: AJIL 54 (1960), S. 536 ff.
Leithäuser, Johannes	Wenn die Union nicht auf einer Grundgesetzänderung beharrt, liegen die Positionen nicht weit auseinander. in: FAZ vom 07.11.2000, S. 2
Leithäuser, Johannes	Erst Integration, dann Zuwanderung in: FAZ vom 17.05.2001, S. 4
Leithäuser, Johannes	Wenn Ausländer ihre Deutschstunden schwänzen in: FAZ vom 18.04.2001, S. 4
Lenz, Otto Carl	EG-Vertrag Kommentar 2. Auflage, Köln 1999 (zitiert: Bearbeiter, in: Lenz)
Lichter, Matthias Hoffmann, Werner	Staatsangehörigkeitsrecht 3. Auflage, Berlin 1966

Loewenfeld, Erwin H.	Der Fall Nottebohm in: AVR 5 (1955/56), S. 387 ff.
Löwer, Wolfgang	Abstammungsprinzip und Mehrstaatigkeit in: ZAR 1993, S. 156 ff.
Lübbe-Wolff, Gertrude	Entziehung und Verlust der deutschen Staatsangehörigkeit – Art. 16 I GG in: Jura 1996, S. 57 ff.
Makarov, Alexander N.	Allgemeine Lehren des Staatsangehörigkeitsrechts 2. Auflage, Stuttgart 1962 (zitiert: Makarov, Allgemeine Lehren des Staatsangehörigkeitsrechts)
Makarov, Alexander N. Mangoldt, Hans von	Deutsches Staatsangehörigkeitsrecht – Kommentar 3. Auflage, Berlin 1992
Makarov, Alexander N.	Staatsangehörigkeit in: Wörterbuch des Völkerrechts Band 3, S. 323 ff. Berlin 1962
Makarov, Alexander N.	Die Staatsangehörigkeit im internationalen und innerstaatlichen Recht in: Friedenswarte 56, S. 357 ff.
Mangold, Hermann von Klein, Friedrich Starck, Christian	Das Bonner Grundgesetz Band 3: Artikel 79 bis 146 4. Auflage, München 2001 (zitiert: Bearbeiter, in: v. Mangold/Klein/Starck)

Mangoldt, Hans von — Ius-sanguinis-Prinzip, Ius-soli-Prinzip und Mehrstaatigkeit: Umbrüche durch das Staatsangehörigkeitsreformgesetz
in: ZAR 1999, S. 243 ff.

Mangoldt, Hermann von
Klein, Friedrich
Starck, Christian — Das Bonner Grundgesetz
Band 2: Artikel 20 bis 78
4. Auflage, München 2000
(zitiert: Bearbeiter, in: v. Mangold/Klein/Starck)

Markefka, Manfred — Minderheiten – Entwicklung, Verwendung und Abgrenzung eines Begriffs
in: Lehmann, Hans Georg (Hrsg.), Die Europäische Integration in der interdisziplinären Lehrerbildung, S. 137 ff.
Bonn 1981

Marx, Reinhard — Kommentar zum Staatsangehörigkeitsrecht
Neuwied, Kriftel, Berlin 1997

Maunz, Theodor
Dürig, Günter — Grundgesetz Kommentar
Band 2
München 1994

Meessen, Karl M. — Ausländer
in: Lexikon des Rechts (Völkerrecht), S. 20 ff.
2. Auflage, Neuwied 1992

Monz, Leo — Reform des Staatsangehörigkeitsrechts
in: Goldberg, Andreas/Şen, Faruk, Deutsche Türken – Türkische Deutsche, S. 43 ff.
Münster 1999

Moore, John Basset	A Digest of International Law Volume II Washington 1906
Müller, Michael	Mehr als das Grundgesetz in: FAZ vom 09.11.2000, S. 15
Müller, Reinhard	Noch nicht am Ziel Das neue Staatsangehörigkeitsrecht in: FAZ vom 11.05.2001, S. 8
Münch, Ingo von	Was bedeutet eigentlich Staatsangehörigkeit? in: FAZ vom 08.03.1999, S. 10
Münch, Ingo von Kunig, Philip	Grundgesetz Kommentar Band 1 5. Auflage, München 2000 (zitiert: Bearbeiter, in: von Münch/Kunig)
Münch, Ingo von	Staatsrecht, 6. Auflage, Stuttgart 2000
Münch, Ingo von	Darf es ein bißchen mehr sein? – Gedanken zur Mehrstaatigkeit in: NJW 1994, S. 1199 ff.
Murswiek, Dietrich	Minderheitenschutz – Für welche Minderheiten? Zur Debatte um die Einführung eines Minderheitenartikels ins Grundgesetz in: Aktuelle rechtliche und praktische Fragen des Volksgruppen und Minderheitenschutzrechts; Blumenwitz, Dieter/Murswiek, Dietrich (Hrsg.), S. 39 ff. Bonn 1994

Neuhold, Hannspeter Hummer, Waldemar Schreuer, Christoph (Hrsg.)	Österreichisches Handbuch des Völkerrechts Band 1 2. Auflage, Wien 1991
Nowak, Manfred	UNO-Pakt über bürgerliche und politische Rechte und Fakultativprotokoll (CCPR-Kommentar) Kehl, Straßburg, Arlington 1989
O'Connell, D. P.	International Law Volume I London 1965
Oppenheim, L.	International Law A Treatise Volume I – Peace 2nd Edidtion, London 1912
Oppermann, Thomas	Europarecht 2. Auflage, München 1999
Oppermann, Thomas	Sinn und Grenzen einer EG-Angehörigkeit in: Hailbronner, Kay (Hrsg.), Staat und Völkerrechtsordnung, Festschrift für Karl Doehring, S. 713 ff. Berlin 1989
Oxenknecht, Renate	Der Schutz ethnischer, religiöser und sprachlicher Minderheiten in Art. 27 des Internationalen Paktes über bürgerliche und politische Rechte vom 16. Dezember 1966 Frankfurt am Main 1987

Özdemir, Cem	Deutschland braucht Veränderungen in: Goldberg, Andreas/Şen, Faruk, Deutsche Türken – Türkische Deutsche, S. 69 ff. Münster 1999
Pauls, Christian	Bestreben innerhalb der KSZE zur Verbesserung des Minderheitenschutzes in: Blumenwitz, Dieter/von Mangoldt, Hans, Fortentwicklung des Minderheitenschutzes und der Volksgruppenrechte in Europa, S. 67 ff. Bonn 1992
Pieroth, Bodo Schlink, Bernhardt	Grundrechte Staatsrecht II 16. Auflage, Heidelberg 2000
Presse- und Informationsamt der Bundesregierung (Hrsg.)	Integration fördern – Einbürgerung erleichtern Für ein modernes Staatsangehörigkeitsrecht Bonn 1999
Randelzhofer, Albrecht	Nationality in: EPIL III, S. 501 ff. Amsterdam, Lausanne, New York, Oxford, Shannon, Singapore, Tokyo 1997
Reichard, Christa	Nach den Krawallen der Doppelpaß reif für den Mülleimer in: FAZ vom 22.02.1999, S. 10
Renner, Günter	Mehrstaatigkeit in Deutschland – ein dauerndes Übel? Goldberg, Andreas/Şen, Faruk, Deutsche Türken – Türkische Deutsche, S. 77 ff. Münster 1999

Renner, Günter — Reform des deutschen Staatsangehörigkeitsrechts
in: NJ 2000, S. 15 ff.

Renner, Günter — Mehrstaatigkeit in Europa
in: ZAR 1993, S. 49 ff.

Renner, Günter — Doppelstaatsangehörigkeit: Gibt es völkerrechtliche Hindernisse?
in: Davy, Ulrike (Hrsg.), Politische Integration der ausländischen Wohnbevölkerung, S. 173 ff.
Baden-Baden 1999

Renner, Günter — Ausländerrecht
Kommentar
7. Auflage, München 1999
(zitiert: Renner, Ausländerrecht)

Ress, Georg — Diplomatischer Schutz
in: Seidl-Hohenveldern, Ignaz (Hrsg.), Lexikon des Rechts
Völkerrecht, S. 57 ff.
2. Auflage, Neuwied 1992

Reumann, Kurt — Zwei-Stufen-Rakete der Mobilisierung
in: FAZ vom 09.02.1999, S. 3

Richtsteig, Michael — Wiener Übereinkommen über diplomatische und konsularische Beziehungen
Kommentierung
Baden-Baden 1994

Rittstieg, Helmut — Staatsangehörigkeit und Minderheiten in der transnationalen Industriegesellschaft
in: NJW 1991, S. 1383 ff.

Rittstieg, Helmut	Die doppelte Staatsangehörigkeit im Völkerrecht in: NJW 1990, S. 1401 ff.
Roellecke, Gerd	Der Bürger ist unteilbar in: FAZ vom 10.02.1999, S. 44
Rößler, Hans-Christian	Wir sind genau in der Mitte in: FAZ vom 08.02.1999, S. 11
Rudolf, Walter	Bundesstaat und Völkerrecht in: AVR 27 (1998), S. 1 ff.
Ruffert, Matthias	Diplomatischer und konsularischer Schutz zwischen Völker- und Europarecht. Bemerkungen zu Art. 8 c EGV in: AVR 35 (1997), S. 459 ff.
Rupp, Heinrich	Wahlrecht für Ausländer? in: ZRP 1989, S. 363 ff.
Sachs, Michael verschiedene Bearbeiter	Grundgesetz – Kommentar 2. Auflage, München 1999
Samore, William	Statelessness as a Consequence of the Conflict of Nationality Laws in: AJIL 45 (1951), S. 476 ff.
Sauerland, Thomas Hokema, Tido O.	Die Heranziehung Staatenloser zum Wehrdienst aus völkerrechtlicher Sicht in: NZWehrr 2001, S. 150 ff.

Sauerwald, Christine — Die Unionsbürgerschaft und das Staatsangehörigkeitsrecht in den Mitgliedstaaten der Europäischen Union
Frankfurt am Main 1996

Schäffer, Albert — Viel Spielraum für eine Einigung zwischen Union, SPD und FDP
in: FAZ vom 10.02.1999, S. 3

Schätzel, Walter — Die Klassiker des Völkerrechts
Band 3
Emer der Vattel – Le droits des gens ou Principes de la lois Naturelle
Tübingen 1995

Schätzel, Walter — Das deutsche Staatsangehörigkeitsrecht – Kommentar
2. Auflage, Berlin 1958

Schätzel, Walter — Der heutige Stand des deutschen Staatsangehörigkeitsrechts
in: AöR 74 (1948), S. 273 ff.

Scherer, Werner
Steinlechner, Wolfgang — Wehrpflichtgesetz – Kommentar
5. Auflage, München 1996

Scheuner, Ulrich — Prisenrecht
in: Wörterbuch des Völkerrechts
Band 2, S. 794 ff.
Berlin 1961

Scheuner, Ulrich — Prisenhof
in: Wörterbuch des Völkerrechts
Band 2, S. 793
Berlin 1961

Schleser, Walter Fr.	Leitfaden durch das deutsche Staatsangehörigkeitsrecht Bonn 1955 (zitiert: Schleser, Leitfaden durch das deutsche Staatsangehörigkeitsrecht)
Schleser, Walter Fr.	Die deutsche Staatsangehörigkeit 4. Auflage, Frankfurt am Main 1980 (zitiert: Schleser, Die deutsche Staatsangehörigkeit)
Schmalz-Jacobsen, Cornelia	Immigration und Integration. Vom „Fremden“ zum „Mitbürger“ in einer offenen Gesellschaft? in: Robertson-Wensauer, Caroline Y., Multikulturalität-Interkulturalität?, S. 109 ff. 2. Auflage, Baden-Baden 2000
Schmidt-Bleibtreu, Bruno Klein, Franz	Kommentar zum Grundgesetz 9. Auflage, Neuwied 1999 (zitiert: Bearbeiter, in: Schmidt-Bleibtreu)
Schneider, Ulrich	Die Rechte- und Pflichtenstellung des Unionsbürgers Der Beginn einer europäischen Staatsangehörigkeit? Münster 1999
Schnitzer, Adolf F.	Fremdenrecht in: Wörterbuch des Völkerrechts Band 1, S. 566 ff. Berlin 1960

Schwarze, Jürgen — Rechtsschutz Privater bei völkerrechtswidrigem Handeln fremder Staaten – unter besonderer Berücksichtigung des internationalen Umweltrechts
in: AVR 24 (1986), S. 408 ff.

Schweitzer, Michael
Hummer, Waldemar — Europarecht
5. Auflage
Neuwied 1996

Seidl-Hohenveldern, Ignaz
Stein, Torsten — Völkerrecht
10. Auflage, Köln, Berlin, Bonn, München 2000

Seifert, Karl-Heinz
Hömig, Dieter — Grundgesetz Kommentar
6. Auflage, Baden-Baden 1999
(zitiert: Seifert/Hömig)

Seifert, Karl-Heinz — Die deutsche Staatsangehörigkeit darf nicht entzogen werden
Zur Auslegung von Artikel 16 Absatz 1 GG
in: DÖV 1972, S. 671 ff.

Shaw, Malcolm N. — International Law
4th Edition, Cambridge 1997

Silagi, Michael — Vertreibung und Staatsangehörigkeit
Bonn 1999

Simma, Bruno
Fastenrath, Ulrich — Menschenrechte
4. Auflage, München 1998

Simma, Bruno (Hrsg.) — Charta der Vereinten Nationen
Kommentar
München 1991

Stein, Ekkehart
Frank, Götz
Staatsrecht
17. Auflage
Tübingen 2000

Steiner, Ludwig
Die Entwicklung des Minderheitenschutzes im Rahmen des Europarates
in: Blumenwitz, Dieter/Gornig, Gilbert (Hrsg.); Minderheiten- und Volksgruppenrechte in Theorie und Praxis, S. 29 ff.
Bonn 1993

Studnitz, Ernst-Jörg von
Politische Vertretung von Minderheiten- und Volksgruppenrechten auf verschiedenen staatlichen und zwischenstaatlichen Ebenen
in: Blumenwitz, Dieter/Gornig, Gilbert (Hrsg.); Minderheiten- und Volksgruppenrechte in Theorie und Praxis, S. 17 ff.
Bonn 1993

Thiele, Willi
Europarecht unter Berücksichtigung der Maastrichter Beschlüsse
3. Auflage, Wiesbaden 1992

Tibi, Bassam
Hidschra nach Europa
in: FAZ vom 18.12.2000, S. 15

Uhlitz, Otto
Das Wiedervereinigungsgebot als verfassungsrechtliche Schranke der Einwanderungs- und Einbürgerungspolitik
in: ZRP 1987, S. 191 ff.

Uibopuu, Henn-Jüri
Uschakow, Alexander
Klein, Eckart
Zieger, Gottfried
Die Auslegung der Ostverträge und Fragen der Gesamtdeutschen Staatsangehörigkeit
Bonn 1980

Verdross, Alfred | Völkerrecht
4. Auflage, Wien 1959
(zitiert: Verdross, 4. Auflage)

Verdross, Alfred | Völkerrecht
5. Auflage, Wien 1964
(zitiert: Verdross, 5. Auflage)

Verdross, Alfred
Simma, Bruno | Universelles Völkerrecht
3. Auflage, Berlin 1984

Vitzthum, Wolfgang Graf | Völkerrecht
2. Auflage, Berlin, New York 2001
(zitiert: Bearbeiter, in: Vitzthum)

Walther, Helmut | Der Paß als Länderkompetenz
in: FAZ vom 11.03.1999, S. 12

Weber, Albrecht | Das neue Staatsangehörigkeitsrecht
in: DVBl. 2000, S. 369 ff.

Wehner, Markus | Samstags Auto waschen?
in: FAZ vom 04.02.1999, S. 16

Weinberg, Matthias | Schutz der deutschen Minderheit in Polen nach den Weltkriegen
Frankfurt am Main 1997

Weis, Paul | Nationality and statelessnes in International Law
London 1956
(zitiert: Weis, Nationality)

Weis, Paul	Staatsangehörigkeit und Staatenlosigkeit im gegenwärtigen Völkerrecht Berlin 1962 (zitiert: Weis, Staatsangehörigkeit und Staatenlosigkeit im gegenwärtigen Völkerrecht)
Wengler, Wilhelm	Betrachtungen zum Begriff der Staatsangehörigkeit in: Festschrift für Walter Schätzel, S. 545 ff. Düsseldorf 1960
Westerwelle, Guido	Kurdistan in Deutschland in: FAZ vom 01.03.1999, S. 16
Wolfram, Karl Miehsler, Herbert Petzold, Herbert	Internationaler Kommentar zur Europäischen Menschenrechtskonvention Berlin u.a. 1994 (zitiert: Bearbeiter, in: Wolfram/Miehsler/Petzold)
Zayas, Alfred Maurice de	Minderheiten- und Volksgruppenrechte aus der Sicht der Vereinten Nationen und der UNESCO in: Blumenwitz, Dieter/von Mangoldt, Hans, Fortentwicklung des Minderheitenschutzes und der Volksgruppenrechte in Europa, S. 135 ff.
Zehnpfennig, Barbara	Was eint die Nation? in: FAZ vom 27.12.2000, S. 10
Zeng, Claus	Die erleichterte Einbürgerung nach §§ 85, 86 AuslG in: StAZ 1995, S. 129 ff.
Ziemske, Burkhardt	Die deutsche Staatsangehörigkeit nach dem Grundgesetz Berlin 1995

AUGSBURGER SCHRIFTEN ZUM STAATS- UND VÖLKERRECHT

Herausgegeben von Professor Dr. Dieter Blumenwitz

Band 1 Fritz-Harald Wenig: Rechtsprobleme des innerdeutschen Handels.

Band 2 Wilfried Niedermeier: Der Beitritt der Bundesrepublik Deutschland zum Statut des Internationalen Gerichtshofes unter besonderer Berücksichtigung der obligatorischen Gerichtsbarkeit.

Band 3 Johann G. Gleich: Die Anerkennung der DDR durch die Bundesrepublik.

Band 4 Matthias Weigand: Der Vertrag über die gegenseitigen Beziehungen zwischen der Bundesrepublik Deutschland und der Tschechoslowakischen Sozialistischen Republik vom 11. Dezember 1973 - Eine völkerrechtliche Analyse.

Band 5 Werner Trützschler von Falkenstein: Die sich ändernde Bedeutung der Feindstaatenartikel (Artikel 53 und 107 der Satzung der Vereinten Nationen) für Deutschland.

Band 6 Reiner Schenk: Die Viermächteverantwortung für Deutschland als Ganzes, insbesondere deren Entwicklung seit 1969.

Band 7 Wolfgang Wagner: Die Verwirklichung der Menschenrechte im Pakt der Vereinten Nationen über bürgerliche und politische Rechte vom 16. Dezember 1966, im Grundvertrag und den ihn begleitenden Nebeninstrumenten.

Band 8 Ulrich Wacker: Der Konflikt verschiedener Rechtssysteme vor, während und nach der Kolonialzeit in Kenia.

Band 9 Wolfgang Enders: Der mexikanische Bundesstaat. Die politische und sozioökonomische Problematik eines föderalen Verfassungssystems in einem Land der "Dritten Welt".

Band 10 Heiner Hasford: Die Jurisdiktion der Europäischen Gemeinschaften. Zur extraterritorialen Wirkung des Gemeinschaftsrechts.

SCHRIFTEN ZUM STAATS- UND VÖLKERRECHT

Band 11 Wolf Dieter Remmele: Die Selbstdarstellung der Bundesrepublik Deutschland im Ausland durch den Rundfunk als Problem des Staats- und Völkerrechts.

Band 12 Elisabeth Lichtenstern: Die Gesetzgebung im Spannungsverhältnis zwischen Bund und Ländern.

Band 13 Peter Gassner: Kollektivmacht und Individualschutz im amerikanischen Arbeitsrecht.

Band 14 Helga Walter: Das Selbstverständnis des modernen Algeriens. Die historisch-nationalen und islamischen Elemente.

Band 15 Dieter Schütz: Der internationale ordre public. Der Ausschluß völkerrechtswidrigen fremden Rechts im Internationalen Privatrecht der Bundesrepublik Deutschland.

Band 16 Klaus-Peter Kißler: Die Zulässigkeit von Wirtschaftssanktionen der Europäischen Gemeinschaft gegenüber Drittstaaten.

Band 17 Rainhardt Freiherr von Leoprechting: Die neue Rohrwaffen-Artillerie-Munition im Lichte des I. Genfer Zusatzprotokolles vom 12. Dezember 1977. Zur Frage der Völkerrechtskonformität der Verteidigung der Bundesrepublik Deutschland mit modernen konventionellen Artilleriesystemen.

Band 18 Roland Steinmeyer: Die Schiffsgläubigerrechte im südafrikanischen nationalen und internationalen Privatrecht. Eine rechtsvergleichende Darstellung unter Einbeziehung des englischen und deutschen internationalen Privatrechts und unter besonderer Berücksichtigung des ordre public.

Band 19 Martin C. Ney: Der Einsatz von Atomwaffen im Lichte des Völkerrechts. Summary: The Use of Nuclear Weapons and International Law.

Band 20 Teodoro Ribera Neumann: Das chilenische Verfassungsgericht und das deutsche Bundesverfassungsgericht - Ein Rechtsvergleich -. 1985.

Band 21 Theodora Antoniou: Europäische Integration und griechische Verfassung. 1985.

Band 22 Georg Teyssen: Deutschlandtheorien auf der Grundlage der Ostvertragspolitik. 1987.

Band 23 Karin Klüpfel: Selbstbestimmung durch Assoziation. Die Assoziation als Verwirklichung des Selbstbestimmungsrechts der Völker - dargestellt am Beispiel von Puerto Rico. 1987.

Band 24 Friedrich Dehner: Die Stellung Berlins im Bundesrat. 1987.

Band 25 Thilo Morhard: Die Rechtsnatur der Übereinkommen der Internationalen Arbeitsorganisation. Zugleich ein Beitrag zur Lehre vom "soft law". 1988.

Band 26 Ralf Jahn: Ansiedlung von Einzelhandelsgroßprojekten (§ 11 Abs. 3 BauNVO 1977). Zur Frage der Bestimmtheit grundrechtsbeschränkender Eingriffsnormen. 1988.

Band 27 Wolfgang Götzer: Der völkerrechtliche Status der Donau zwischen Regensburg und Kelheim. Eine völkerrechtliche Untersuchung des Donauabschnittes Regensburg - Kelheim unter Einbeziehung der gesamten deutschen Donau. 1988.

Band 28 Michael Hakenberg: Die Iran-Sanktionen der USA während der Teheraner Geiselaffäre aus völkerrechtlicher Sicht. 1988.

Band 29 Renate Oxenknecht: Der Schutz ethnischer, religiöser und sprachlicher Minderheiten in Art. 27 des Internationalen Paktes über bürgerliche und politische Rechte vom 16. Dezember 1966. 1988.

Band 30 Raphael Quarshie Avornyo: Deutschland und Togo. (1847-1987). 1988.

Band 31 Friedrich Frhr. Waitz von Eschen: Die völkerrechtliche Kompetenz der Vier Mächte zur Gestaltung der Rechtslage Deutschlands nach dem Abschluß der Ostvertragspolitik. 1988.

Band 32 Gisela Süß: Die Zulassung von Zahnärzten aus dem EG-Bereich zur deutschen Kassenarztpraxis. Ein Beitrag zu Standort und Bedeutung der Grundrechte im Europäischen Gemeinschaftsrecht. 1988.

Band 33 Meggy Steffens: Die deutsche Ostpolitik im Spiegel publizistischer Stellungnahmen in den USA 1969-1973. 1988.

Band 34 Norbert Karl Riedel: Der Einsatz deutscher Streitkräfte im Ausland - verfassungs- und völkerrechtliche Schranken -. 1989.

Band 35 Heidi Dünisch: Der Mundatwald - Zur Bereinigung letzter Kriegsfolgenprobleme zwischen Deutschland und Frankreich.1989.

Band 36 Sabine Niedermeyer-Krauß: Kommunalwahlrecht für Ausländer und Erleichterung der Einbürgerung. Integrationsmöglichkeiten für Ausländer aus verfassungs- und europarechtlicher Sicht. 1989.

Band 37 Dirk-Hermann Voß: Regionen und Regionalismus im Recht der Mitgliedstaaten der Europäischen Gemeinschaft: Strukturelemente einer Europäischen Verfassungsordnung. 1989.

Band 38 Tilo Klinner: Satellitenfernerkundung im Völkerrecht. Inwieweit existiert ein völkerrechtlicher Datenschutz? 1989.

Band 39 Barbara Schmidt: Die Erweiterung der seewärtigen Hoheitsrechte der Bundesrepublik Deutschland und der DDR unter besonderer Berücksichtigung deutschlandrechtlicher Probleme. 1989.

Band 40 Hans-Joachim Brauns: Wiedervereinigung und europäische Integration. 1990.

Band 41 Gilbert-Hanno Gornig: Der Hitler-Stalin-Pakt. Eine völkerrechtliche Studie. 1990.

Band 42 Gudrun Lehnberger: Kommunale Entwicklungshilfe. Eine Aufgabe der Gemeinden? - Bestandsaufnahme und rechtliche Würdigung unter besonderer Berücksichtigung der bayerischen Verwaltungspraxis. 1990.

Band 43 Heike Kaup: Der Schwangerschaftsabbruch aus verfassungsrechtlicher Sicht. Eine rechtsvergleichende Untersuchung anhand des deutschen und des amerikanischen Rechts. 1991.

Band 44 Bernadette Steinmeyer: Verfassungsrechtliche Ansätze zur Neuordnung der multirassischen Gesellschaft Südafrikas unter Berücksichtigung des Vorschlages des Verhandlungsforums der "KwaZulu/Natal Indaba". 1991.

Band 45 Burkhard Schöbener: Die amerikanische Besatzungspolitik und das Völkerrecht. 1991.

Band 46 Christian Raap: Die Souveränität der Bundesrepublik Deutschland unter besonderer Berücksichtigung des militärischen Bereichs und der deutschen Einheit. 1992.

Band 47 Andrea Wagner: Der argentinisch-chilenische Konflikt um den Beagle-Kanal. Ein Beitrag zu den Methoden friedlicher Streiterledigung. 1992.

Band 48 Ralf Wittkowski: Die Staatensukzession in völkerrechtliche Verträge unter besonderer Berücksichtigung der Herstellung der staatlichen Einheit Deutschlands. 1992.

Band 49 Michael Piazolo: Das Recht auf Abtreibung als Teilaspekt des Right of Privacy. 1992.

Band 50 Silke Wenk: Das konfiszierte deutsche Privatvermögen in Polen und der Tschechoslowakei. Die Rechtslage nach Abschluß des deutsch-polnischen und deutsch-tschechoslowakischen Nachbarschaftsvertrages. 1993.

Band 51 Antje Kießwetter: Die Verfassungsentwicklung in Namibia. 1993.

Band 52 Angelika Kleffner-Riedel: Regionalausschuß und Subsidiaritätsprinzip. Die Stellung der deutschen Bundesländer nach dem Vertrag über die Europäische Union. 1993.

Band 53 Jerzy Kranz: Entre l'influence et l'intervention. Certains aspects juridiques de l'assistance financière multilatérale. 1994.

Band 54 Knut Kettwig: Rechtsgrundlagen dezentraler grenzüberschreitender Zusammenarbeit im deutsch-polnischen und deutsch-tschechischen Grenzraum. 1994.

Band 55 Ulrich Seidenberger: Die diplomatischen und konsularischen Immunitäten und Privilegien. Ein Beitrag zur Diskussion über die Reformbedürftigkeit des Diplomaten- und Konsularrechts aus staats- und völkerrechtlicher Sicht. 1994.

Band 56 Christian Schede: Bundesrat und Europäische Union. Die Beteiligung des Bundesrates nach dem neuen Artikel 23 des Grundgesetzes. 1994.

Band 57 Florian Prugger: Die Nachfolge in das Vermögen der ehemaligen DDR. Ein Beitrag zu Art. 21 ff Einigungsvertrag unter besonderer Berücksichtigung der Firma F.C. Gerlach des Bereichs Kommerzielle Koordinierung. 1994.

Band 58 Mark Zimmer: Einsätze der Bundeswehr im Rahmen kollektiver Sicherheit. Staats- und völkerrechtliche Grundlagen unter Berücksichtigung des BVerfG-Urteils vom 12.07.1994. 1995.

Band 59 Gerd von Laffert: Die völkerrechtliche Lage des geteilten Zypern und Fragen seiner staatlichen Reorganisation. 1995.

Band 60 Wolfram Schneeweiß: Die rechtliche Stellung der Indianerstämme innerhalb der Vereinigten Staaten von Amerika. Ein Modell für den Schutz der *indigenous peoples*. 1995.

Band 61 Marianne Janik: Möglichkeiten und Grenzen einer gemeinsamen Exportkontrolle für sensitive Waren und Dienstleistungen im Lichte des europäischen Gemeinschaftsrechts. 1995.

Band 62 Michael Brems: Die politische Integration ethnischer Minderheiten aus staats- und völkerrechtlicher Sicht. 1995.

Band 63 Martin Vocke: Verfassungsinterpretation und Normbegründung - Grundlegung zu einer prozeduralen Theorie der Verfassungsgerichtsbarkeit. 1995.

Band 64 Stefan von der Beck: Die Konfiskationen in der Sowjetischen Besatzungszone von 1945 bis 1949. Ein Beitrag zu Geschichte und Rechtsproblemen der Enteignung auf besatzungsrechtlicher und besatzungshoheitlicher Grundlage. 1996.

Band 65 Stephanie Baer: Der Zerfall Jugoslawiens im Lichte des Völkerrechts. 1995.

Band 66 Christine Sauerwald: Die Unionsbürgerschaft und das Staatsangehörigkeitsrecht in den Mitgliedstaaten der Europäischen Union. 1996.

Band 67 Silke Buchner: Die Rechtswidrigkeit der Taten von "Mauerschützen" im Lichte von Art. 103 II GG unter besonderer Berücksichtigung des Völkerrechts. Ein Beitrag zum Problem der Verfolgung von staatlich legitimiertem Unrecht nach Beseitigung des Unrechtssystems. 1996.

Band 68 Bernd Weiß: Einführung und Umsetzung der Europäischen Charta der kommunalen Selbstverwaltung in Deutschland, insbesondere in Bayern und Nordrhein-Westfalen. 1996.

Band 69 Gesine Katharina Neumann: Boliviens Recht auf freien Zugang zum Pazifik. Zur völkerrechtlichen Problematik des Zugangs der Binnenstaaten zum Meer. 1997.

Band 70 Elvira Pfrang: Das Verhältnis zwischen Europäischem Gemeinschaftsrecht und deutschem Recht nach der Maastricht-Entscheidung des Bundesverfassungsgerichts. Eine Studie zu den Konflikten beider Rechtsordnungen auf dem Gebiet des Grundrechtsschutzes und der Kompetenzen. 1997.

Band 71 Dieter Blumenwitz / Burkhard Schöbener: Stabilitätspakt für Europa. Die Sicherstellung mitgliedstaatlicher Haushaltsdisziplin im Europa- und Völkerrecht. 1997.

Band 72 Matthias Weinberg: Schutz der deutschen Minderheit in Polen nach den Weltkriegen. Ein Vergleich unter Berücksichtigung der aktuellen Rechtslage. 1997.

Band 73 Reinhard Müller: Der "2+4-Vertrag und das Selbstbestimmungsrecht der Völker. 1997.

Band 74 Stefan Strobl: Das Nichtverbreitungsregime für Kernwaffen nach 1995 und der freie Zugang zu nuklearen Technologien und Materialien. 1997.

Band 75 Christine Weber: Das Gegenzeichnungsrecht unter besonderer Berücksichtigung der Verfassung des Fürstentums Liechtenstein. 1997.

Band 76 Stephan Semrau: Die Gemeinsame Außen- und Sicherheitspolitik der Europäischen Union. 1998.

Band 77 Marcus Schultz: Die Auslandsentsendung von Bundeswehr und Bundesgrenzschutz zum Zwecke der Friedenswahrung und Verteidigung. Völker- und verfassungsrechtliche Analyse unter besonderer Berücksichtigung der Entscheidung des Bundesverfassungsgerichtes zum Einsatz deutscher Streitkräfte vom 12. Juli 1994. 1998.

Band 78 Benedikt P. Kuttenkeuler: Die Verankerung des Subsidiaritätsprinzips im Grundgesetz. Ein Beitrag zur Bedeutung des Subsidiaritätsprinzips für die Kompetenzabgrenzung im Bundesstaat. 1998.

Band 79 Winfried Bausback: Verfassungsrechtliche Grenzen des Wahlrechts zum Deutschen Bundestag. 1998.

Band 80 Elvira Pfrang: Towards Liberalisation of the European Electricity Markets. The Directive concerning Common Rules for an Internal Market in Electricity in the Frame of the Competition and Internal Market Rules of the EC-Treaty. 1999.

Band 81 Alexander Wolf: Prozessuale Probleme des „Maastricht"-Urteils des Bundesverfassungsgerichts. 1999.

Band 82 Jürgen Bartl: Die humanitäre Intervention durch den Sicherheitsrat der Vereinten Nationen im "Failed State". Das Beispiel Somalia. 1999.

Band 83 Thomas Gnielinski: Die Reform des deutschen Staatsangehörigkeitsrechts. Eine Analyse und Bewertung der vorliegenden Gesetzesvorhaben. 1999.

Band 84 Margarita González: Der völkerrechtliche Status des Panamakanals nach Ablauf der Übergangszeit im Jahr 1999. 2000.

Band 85 Petra Johnen: Die Verfassungsentwicklung Südafrikas unter besonderer Berücksichtigung der verfassunggebenden Gewalt des Volkes. 2001.

Band 86 Markus Allstadt: Die offene Völkerrechtslage im deutsch-tschechischen Verhältnis und ihre Bedeutung für die Osterweiterung der Europäischen Union. Zugleich Überlegungen zu den Auswirkungen zwingenden Völkerrechts in der Vertriebenenfrage. 2000.

Band 87 Gerrit Aschmann: Europol aus Sicht der deutschen Länder. 2000.

Band 88 Mark Weber: Der Berlin-Status im intertemporalrechtlichen Konflikt. Dargestellt am Beispiel von Grundstücksenteignungen im Ostteil Groß-Berlins. 2001.

Band 89 Heidi Hellwig: Die Staatsangehörigkeit als Anknüpfung im deutschen IPR. Unter besonderer Berücksichtigung des Gesetzes zur Reform des Staatsangehörigkeitsrechts. 2001.

Band 90 Aline Bruer-Schäfer: Der Internationale Strafgerichtshof. Die Internationale Strafgerichtsbarkeit im Spannungsfeld von Recht und Politik. 2001.

Band 91 Andreas Rosenfeld: Die Verfassungsentwicklung von Mosambik. Ein Beitrag zur rechtsstaatlichen Transformation im südlichen Afrika. 2001.

Band 92 Markus Pallek: Der Minderheitenschutz im deutschen Verfassungsrecht. Eine analytische Untersuchung des Begriffs sowie der bundes- und landesverfassungsrechtlichen Stellung der ethnischen, nationalen, sprachlichen, kulturellen und religiösen Minderheiten in der Bundesrepublik Deutschland vor dem Hintergrund der völker- und europarechtlichen Rahmenbedingungen. 2001.

Band 93 Ansgar Firsching: Die Samen, ihre Rechtsstellung in Schweden und ihre Rechtsstellung im Lichte der Indigenous Peoples weltweit. 2002.

Band 95 Katharina Wodarz: Gewaltverbot, Menschenrechtsschutz und Selbstbestimmungsrecht im Kosovo-Konflikt. 2002.

Band 96 Grit Hokema: Immunität von Staatsoberhäuptern. 2002.

Band 97 Tido Oliver Hokema: Mehrfache Staatsangehörigkeit. Eine Betrachtung aus völkerrechtlicher und verfassungsrechtlicher Sicht. Unter Berücksichtigung des Staatsangehörigkeitsreformgesetzes vom 15. Juli 1999. 2002.

Heidi Hellwig

Die Staatsangehörigkeit als Anknüpfung im deutschen IPR

Unter besonderer Berücksichtigung des Gesetzes zur Reform des Staatsangehörigkeitsrechts

Frankfurt/M., Berlin, Bern, Bruxelles, New York, Oxford, Wien, 2001. XX, 247 S.
Schriften zum Staats- und Völkerrecht. Herausgegeben von Dieter Blumenwitz.
Bd. 89
ISBN 3-631-37356-2 · br. € 40.40*

In Deutschland hat das Inkrafttreten des Gesetzes zur Reform des Staatsangehörigkeitsrechts zum 1. Januar 2000 die Diskussion um den vorzugswürdigen Anknüpfungspunkt im deutschen IPR neu entfacht. Es wird untersucht, ob sich der Gesetzgeber als Folge der Reform des Staatsange hörigkeitsrechts vom Staatsangehörigkeitsprinzip im deutschen IPR abwenden sollte oder ob der Streit um den vorzugswürdigen Anknüpfungspunkt im deutschen IPR auch weiterhin zugunsten des Staatsangehörigkeitsprinzips zu entscheiden ist. Zugleich wird die Frage beantwortet, ob das Staatsangehörigkeitsprinzip und der Vorrang der deutschen Staatsangehörigkeit im Zuge der europäischen Entwicklungen noch zeitgemäß sind.

Aus dem Inhalt: Das Gesetz zur Reform des deutschen Staatsangehörigkeitsrechts · Die Berechtigung des Staatsangehörigkeitsprinzips im deutschen IPR vor und nach dem Inkrafttreten des Gesetzes zur Reform des Staatsangehörigkeitsrechts · Die Sachgerechtigkeit der Alternativvorschläge zum Staatsangehörigkeitsprinzip vor und nach dem Inkrafttreten des Gesetzes zur Reform des Staatsangehörigkeitsrechts

FSC
www.fsc.org
MIX
Papier | Fördert
gute Waldnutzung
FSC® C083411

Kolibri 360 GmbH
Ferdinand-Jühlke-Straße 7
99095 Erfurt, Deutschland
produktsicherheit@kolibri360.de

Druck:
CPI Druckdienstleistungen GmbH
im Auftrag der
Kolibri 360 GmbH
Ferdinand-Jühlke-Str. 7
99095 Erfurt